中文社会科学引文索引（CSSCI）来源集刊

北大法律評論

PEKING UNIVERSITY LAW REVIEW

第 18 卷·第 2 辑（2017）

《北大法律评论》编辑委员会　编

北京大学出版社
PEKING UNIVERSITY PRESS

图书在版编目(CIP)数据

北大法律评论. 第 18 卷. 第 2 辑/《北大法律评论》编辑委员会编. —北京：
北京大学出版社，2019.4

ISBN 978-7-301-30174-6

Ⅰ. ①北… Ⅱ. ①北… Ⅲ. ①法律—文集 Ⅳ. ①D9-53

中国版本图书馆 CIP 数据核字(2018)第 294048 号

书　　　　名	北大法律评论（第 18 卷·第 2 辑）
	BEIDA FALÜ PINGLUN (DI SHIBA JUAN·DI ER JI)
著作责任者	《北大法律评论》编辑委员会　编
责 任 编 辑	王　斐　郭瑞洁
标 准 书 号	ISBN 978-7-301-30174-6
出 版 发 行	北京大学出版社
地　　　　址	北京市海淀区成府路 205 号　　100871
网　　　　址	http://www.pup.cn
电 子 信 箱	law@pup.pku.edu.cn
新 浪 微 博	@北京大学出版社　　@北大出版社法律图书
电　　　　话	邮购部 010-62752015　发行部 010-62750672　编辑部 010-62752027
印 刷 者	北京虎彩文化传播有限公司
经 销 者	新华书店
	787 毫米×1092 毫米　16 开本　24.5 印张　453 千字
	2019 年 4 月第 1 版　2019 年 4 月第 1 次印刷
定　　　　价	69.00 元

《北大法律评论》第 18 卷 · 第 2 辑(总第 35 辑)

目　　录

评论

编后小记

Peking University Law Review

Vol. 18, No. 2 (2017)

Contents

Articles

Comment On

Afterword ·············· (377)

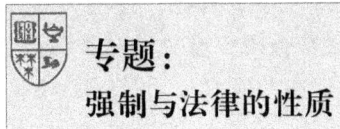

专题：
强制与法律的性质

《北大法律评论》（2017）
第 18 卷·第 2 辑·页 1—2
Peking University Law Review
Vol. 18，No. 2，2017，pp. 1-2

专题介绍

在法理论领域中，很少问题能像"什么是法律"这个问题一样，被反复持续地讨论与关注。自约翰·奥斯丁（John Austin）以降，在英美法理学中人们对于法律之性质的认识大致经历了"主权化"和"去主权化"两个阶段：前一个阶段是借助于主权来解释法律，进一步将主权和强制作为法律的必然属性；后一个阶段学者试图引入新的要素，比如规则，以消解法律的强制力因素并替代主权。后个阶段的一思潮自赫伯特·哈特的名作《法律的概念》出版以来，主导着人们对于法律性质的认识以及对于法律理论的建构。自 20 世纪 80 年代中期以来，德沃金与哈特之争，以及拉兹立足于法律权威理论对于排他性实证主义的辩护，在进一步推动法律基本理论繁荣的同时也使得有关法律的概念、法律的性质、法律的规范性、道德客观性、价值融贯性等议题的讨论陷入某种程度的重复与停滞状态。

美国法学家弗里德里克·肖尔（Frederick Schauer）《法律的强制力》（*The Force of Law*）一书自出版以来，在法理学界引发了巨大争论。在本书中，肖尔主张将基于主权的强制重新纳入法律的性质范畴，似乎提醒人们要重回奥斯丁时代来寻求对法律性质的认识。这一"重回古典"的理论态度以及其对自哈特以降重视法律规则、原则的法学理论形成的冲击，使得一度陷入沉寂的基本法律理论议题——强制、权威、法律的规范性、法与国家关系等再度焕发出现代法理学诞生之时所具有的理论魅力与现实意义。

在由理论视野转向司法实践的转型期，社会法治建设一方面是社会演进、经验积累、惯习养成这一自下而上的渐进过程，另一方面也离不开国家权力对于基本法律制度、社会法治观念自上而下的构建与形塑。在此双向互动中，权力(强制)、法律与社会正义三者之间呈现出纷繁复杂的关系样态。这种关系样态体现在个案中,则是每一次具体的司法判决既要符合国家整体的法律秩序,还要不违背基本的社会正义原则与公民道德要求。在此意义上,讲法治,不仅仅是讲规则,在某种程度上还是"讲政治"。

由上所述,普遍的法律理论探讨以及具体的中国司法实践使我们法律人面临着双重任务:一方面需要在理论层面澄清法律与强制力之间的关系为何;另一方面则需要探讨,在个案中权力或强制力在法律秩序的生成、运作中扮演着怎样的角色,司法裁判的权威性与正确性之间呈现出怎样的辩证多元面貌。鉴于此,本辑以"强制与法律的性质"为专题,围绕肖尔的著作讨论强制力(force)在我们理解法律概念、法律现象以及法理论中所起的作用。

本专题共收录 7 篇有关法律强制力的精彩文章。大体而言,这 7 篇文章涵盖了当下法哲学研究的三种可能进路:朱振副教授、刘叶深副教授以及沈宏彬博士侧重于"分析"取向,讨论法律强制力之于法律规范性、法律的性质以及法哲学理论任务的意义;金韬博士、张强博士侧重于"思想史"路径,将法律的强制力安置于分析法学这一更为宽泛的背景下,讨论其含义与演变;汪雄博士、叶一舟博士则是基于各自理论背景对肖尔的法律强制力命题重构。作为本辑编者,我们不仅希望这些作品能够呈现出我国法理学界对于法律强制力的前沿研究,更希望通过呈现不同的研究方法、写作风格来拓宽我们对于法理学或法哲学研究的理解。此外,编者希望读者留意的是,本专题收录的文章基本上都默认了如下前提,即法律拥有某种普遍的性质,以此我们能够判定"什么是法律"。这一前提预设在近年来遭受到许多学者的挑战,比较晚近且富有影响力的观点来自布莱恩·Z. 塔玛纳哈(Brian Z. Tamanaha)教授。本辑在"论文"栏目中收录了他有关这一预设的批判,读者不妨对照参阅!

《北大法律评论》(2017)
第 18 卷 · 第 2 辑 · 页 3—19
Peking University Law Review
Vol. 18，No. 2，2017，pp. 3-19

强制与解释法律规范性

朱　振[*]

Coercion and the Interpretation on the Normativity of Law

Zhu Zhen

内容摘要：在哈特之前，"强制"一直都是解释法律性质的核心概念，哈特基于授权性规则对法律强制论的批评彻底改变了强制在法性质讨论中的支配地位。当前弗里德里克·肖尔致力于复兴"强制"对法哲学的价值，认为强制是法律的一个普遍特征，这一点能够得到经验上的支持，而分析法学的概念分析方法是有缺陷的。法律提供的是审慎的理由，当法律命令和行动者自己的实践推理即关于最好行动的主观判断相抵触时，法律规范性才有存在的空间。因此，离开强制，法律就无法造成实践差异。肖尔通过个人性来解释规范性，忽视了法律规范性的社会性这个更为重要的面向，从而限缩了规范性的范围。从经验上看，相较于哈特的内在观点，肖尔基于"坏人"观点的理论建构更无法得到社会统计意义上的支持。法律规范性是一个兼具个人性与社会性的概念，必须寻求对二者的统一解释，其中"强制"对于个人性的守法行为也许是重要的，但无

---

* 法学博士，吉林大学法学院、理论法学研究中心副教授，国家"2011 计划"司法文明协同创新中心研究员。主要从事英美法哲学、权利理论和司法理论的研究。

法有意义地说明法律规范性的性质与来源。

关键词:强制　规则　法律规范性

一直以来"强制"(coercion)都是解释法律性质的一个核心概念,无论是对于英国古典实证主义[1]还是对于其他国家的法哲学都是如此[2]。哈特在《法律的概念》中对以边沁和奥斯丁(也包括更为晚近的凯尔森)的学说为代表的法律强制论进行了釜底抽薪式的批评,这彻底改变了强制在法性质讨论中的支配地位。在哈特看来,强制并不是法规范的必然要素,除了强制性规则,法律还包括"授权性规则"(power-conferring rules)或构成性规则,它们创造了诸如婚姻、契约等这样的法律制度。这些制度并不是对人们强加制裁,而是提供生活的便利。在诸如此类的规则存在之前,人们没有这样的生活方式,因为这样的生活方式本身就是由规则构成的。因此,在哈特看来,授权性规则是法律为人类社会生活所做出的伟大贡献之一[3]。

然而,近年来美国弗吉尼亚大学法学院的著名法哲学家弗里德里克·肖尔却致力于复兴强制对法哲学的价值。他于 2015 年出版了《法律的强制》(*The Force of Law*)这本书,重新研究强制对于理解法律的重要意义。他认为强制是法律的一个普遍特征,强制对于法律就像飞翔对于鸟而言所具有的意义,"严格来说并非必要,但是如此地普遍地存在以至于对这一现象的完全理解要求我们应当考虑它"[4]。在这本近来影响比较大的法哲学著作中,肖尔挑战了分析法学的诸多经典论述,从具体观点到概念分析的方法都在其批判之列。本文关注的重点是其运用强制理论对法律规范效力的分析。肖尔也指出在他这本书中,他关于法律和法体系的主要兴趣在于解释它们"形塑或影响人们所做之事的能力"[5]。

肖尔关于法律规范性适用领域做出了一个否定性的界定,即只有当法律之

---

[1] 丹·普利尔(Dan Priel)把霍布斯和边沁视为"古典的实证主义者"(classical positivists),本文也接受这一提法。See Dan Priel, "Toward Classical Legal Positivism", 101 *Virginia Law Review* 987 (2015).

[2] 不仅英国的法学理论家比如霍兰德(T. E. Holland)、梅茵(Henry Maine)和巴克兰(W. W. Buckland)都接受了这种法律的"命令—强制"模式(the command-coercion model of law),而且像霍姆斯、卢埃林这样持"坏人"视角的美国现实主义法学家也认可法律具有施加制裁的能力,此外在欧陆国家,像凯尔森、韦伯这样的法学大家也都主张法律的强制功能。See Frederick Schauer, *The Force of Law*, Harvard University Press, 2015, pp. 20-22.

[3] H. L. A. Hart, *The Concept of Law*, Second Edition, Oxford University Press, 1994, p. 28.

[4] Schauer, *The Force of Law*, *supra* note [2], p. 40.

[5] *Id.*, p. 45.

规定和行动者(公民和官员)之主观慎思[6]不一致的时候,法律所发挥的指引作用(他称之为"强制"或"制裁")才是法律的规范性这个概念所作用的领域。因此,当我们说一个人是基于法律而行动时,只是指这样一种情形,即法律命令和行动者自己的实践推理即行动者关于最佳行动的主观判断相抵触。肖尔认为,只有在这种不一致的情形中,法律才造成了实践差异(the practical difference)。完全非强制的法律就不会造成实践差异,而规范性就是一种制造差异的力量,所以在肖尔看来,强制或制裁是法律的一个普遍特征。

　　本文的主要目的是检讨肖尔的法律强制论对于解释法律规范性的意义。我认为肖尔的理论只具有有限的理论价值,它确实引导我们重新思考强制对于解释法性质的意义,但是基于强制的解释角度它并不符合我们关于法实践的经验直观,也忽视了法律规范性的社会性或公共性面向。在论证结构上,本文分为四个部分:第一部分从实践理由与审慎理由的区分中总结肖尔关于法理由之性质的看法;第二部分讨论强制在行动者实践推理中产生规范性力量的机制;第三部分说明行动者对法律所持有的不同视角对于解释法律规范性的意义;第四部分从个人性与社会性的角度重新反思肖尔理论的不足之处。

一、法律规范性的性质:实践理由与审慎理由

　　法律的规范性(the normativity of law)问题几乎已成为当今法哲学的核心关注点[7],对此安德烈·马莫尔(Andrei Marmor)把它与法律哲学的基本任务和研究方向联系在一起,他指出:"法哲学应当将自己限定在对法律规范性的一种解释上,而不能滑向一种关于是什么使得法律正当或值得拥有的道德—政治说明(moral-political account)。"[8]尽管肖尔的这本书并非专门讨论法律规范性问题,而且从其全书的论述来看,他对"法律规范性"这个概念持有一种广义

---

　　[6]　这里的主观慎思(subjective deliberation)包括个人的欲望、利益、主观偏好、道德判断或价值确信等。这是一个关于行动理由之动机的内在主义主张,伯纳德·威廉斯(Bernard Willians)称之为"主观动机集合"(subjective motivational set),包括"评价的倾向、情感的反应模式、个人的忠诚以及各种各样的计划这样的东西,即被抽象地认为体现了行动者的承诺的一切东西"。参见〔英〕伯纳德·威廉斯:《道德运气》,徐向东译,上海译文出版社 2007 年版,第 150 页。关于内在理由和外在理由的简介,参见 Stephen Finlay and Mark Schroeder, "Reasons for Action: Internal vs. External", *The Stanford Encyclopedia of Philosophy*, Fall 2017 Edition.

　　[7]　See Gerald J. Postema, "Coordination and Convention at the Foundations of Law", 11 *The Journal of Legal Studies* 165 (1982); Jules L. Coleman, *The Practice of Principle: In Defence of a Pragmatist Approach to Legal Theory*, Oxford University Press, 2001; David Enoch, "Reason-Giving and The Law", in Leslie Green & Brian Leiter (eds.), *Oxford Studies in Philosophy of Law*, Oxford University Press, 2011; Andrei Marmor, and Alexander Sarch, "The Nature of Law", *in The Stanford Encyclopedia of Philosophy*, Fall 2015 Edition.

　　[8]　Andrei Marmor, *Philosophy of Law*, Princeton University Press, 2011, p. 60.

的理解(既包括规范性的描述部分,也包括评价部分[9]),但是他关于强制之规范性力量的论述实际上构成了法律规范性讨论的一个侧面。

简而言之,法律的规范性指的是法律作为指引人之行动的规范对于行动者而言所具有的力量强度,用专业的术语来说就是探寻法律在行动者的实践推理中所造成的差异。正如肖尔所指出,法律规范性就是"法律制造一个实践差异的能力"[10]。规范性是一个实践推理的概念,当下在实践哲学领域,普遍用理由这个概念来描述和解释相关问题。解释规范性现象"就在于指出它们与理由相关联的方式"[11],于是拉兹认为:"所有的规范性现象之所以是规范的,这是因为它们提供了理由或在某种程度上由理由所构成。这一点使得理由这个概念对于理解规范性来说是关键的。"[12]法律也是一种规范性现象,而理由是理解规范性现象的关键,因此解释法律规范性就必须解释法律与理由的关系。既然如此,那么对法律规范性的完整理解就包含了对理由本身的解释,对法律规范性性质的深刻洞见正是来自对理由这个观念的某种理解。[13]

既然实践推理与行动理由紧密相关,那么探究法律在行动者在实践推理中的差异就是探究它在行动者的行动理由中所造成的差异(difference in the reasons for action)。[14]这一"差异"可以有强弱之分,因此,在理论光谱上由弱到强存在着从无差异命题到实践差异命题的过渡。从理由的角度来说,前者是认识论的理由,后者是实践理由。对法律规范性的探究就是解释法律怎样给予行动者以行动理由,如果说法律规范所提供的理由一定要在行动者的实践推理中造成差异,那么这就意味着法律是一个事实而不是依赖其内容要取代行动者

---

〔9〕 肖尔指出,法律作为法律(law qua law)能够给予什么样的理由,这是描述性的部分;对法律作为法律的服从,这是规范性的部分。后者涉及服从法律的理由,比如同意、社会契约、互惠、公平原则等。See Schauer, *The Force of Law*, *supra* note〔2〕, p. 55. 更为详尽的论述参见 Frederick Schaure, *Playing by the Rules: A Philosophical Examination of Rule-Based Decision-Making in Law and in Life*, Clarendon Press, 1991, pp. 135-166. 这一章讨论了支持规则的各种理由。

〔10〕 Schauer, *The Force of Law*, *supra* note〔2〕, p. 54.

〔11〕 Joseph Raz, *From Normativity to Responsibility*, Oxford University Press, 2011, p. 6.

〔12〕 Joseph Raz, "Reason, Reasons and Normativity", in Russ Shafer-Landau (ed.), *Oxford Studies in Metaethics*, Volume 3, Oxford University Press, 2010, p. 5.

〔13〕 Christopher Essert, "From Raz's Nexus to Legal Normativity", 25 *Canadian Journal of Law and Jurisprudence* 466 (2012).

〔14〕 Jules L. Coleman, *The Practice of Principle: In Defense of a Pragmatist Approach to Legal Theory*, Oxford University Press, 2001, p. 69.

全部的行动理由,亦即法律理由是内容独立的理由(content-independent reasons)。[15] 内容独立的理由意味着,发布一个法律规范,这个事实就给予行动者一个无条件的行动理由,理由效力无须再重新诉诸对规范内容的评价。

在肖尔看来,法律作为内容独立的权威是可以接受的,但是需要注意两点:第一,法律在提供行动理由方面推定的有效性必然区别于其可能的决定性结论(conclusiveness),即一个理由和一个决定性的理由(a dispositive reason)是不同的。非必然结论性的理由是一个初步的理由,因此人们的实际行动并非必然遵循它,行动者可以遵循自己的理由而行动。第二,在法律理由和其他理由之间进行区分的目的在于分离法律的实际作用与行动者之行动。肖尔指出:“我们能够描述和理解法律规范性,即法律制造一个实践差异的能力,但是我们应当也想知道,不考虑制裁(也许其偶然地作为法律的后盾),法律实际上是否在决定法律受众的行动和决定方面起作用。”[16] 只有在做出上述区分之后,才能发现强制的作用。

由此可见,在“法律给予什么样的理由”这一问题上,肖尔持有一种独特而复杂的观点:一方面,他赞同权威是内容独立的,权威在实践推理中要造成实践差异;但是另一方面,对于行动者而言,法律规范提供的又是一种类似于建议的认识论理由,所以内容独立的法律权威和行动者对认识论理由之遵循的可能性之间并不是一一对应的。在法律规范和行动者的主观慎思之间存在不一致时,法律的规范性或内容独立的权威命令就需要一些外在的要素来保障,比如制裁和奖励,它们都可被称为“法律的力量”(the strength of law)。显然,其中最常见和最重要的保障力量就是法律的强制机制。[17] 与主张“法律理由本身就是

〔15〕 拉兹对于“内容独立的理由”给出了一个简明的界定:“如果在理由和以之为根据的行动之间没有直接联系,这个理由就是内容独立的。”See Joseph Raz, *The Morality of Freedom*, Oxford University Press, 1986, p. 35. See P. Markwick, “ Law and Content-Independent Reasons”, 20 *Oxford Journal of Legal Studies* 579 (2000); Joseph Raz, “Voluntary Obligations and Normative Powers”, 46 *Proceedings of the Aristotelian Society* 95 (1972); R. A. Duff, “Inclusion and Exclusion”, in M. D. A. Freeman (ed.), *Current legal Problems*, Vol. 51, 1998, p. 247; L. Green, *The Authority of the State*, Clarendon Press, 1988, pp. 40-62, 225 & 226; K. E. Himma, “Hart and the Practical Difference Thesis”, 6 *legal Theory* 26 (2000); G. Postema, “Jurisprudence and Practical Philosophy”, 4 *Legal Theory* 349 (1998); Schaure, *Playing by the Rules: A Philosophical Examination of Rule-Based Decision-Making in Law and in Life*, *supra* note 〔9〕, p. 125; Frederick Schauer, “Critical Notice”, 24 *Canadian Journal of Philosophy* 499 (1994); R. Shiner, *Norm and Nature*, Clarendon Press, 1992, pp. 52-53.

〔16〕 Schauer, *The Force of Law*, *supra* note 〔2〕, p. 54. 关于这两点的详细论述参见该书第52—54 页。

〔17〕 Schaure, *Playing by the Rules: A Philosophical Examination of Rule-Based Decision-Making in Law and in Life*, *supra* note 〔9〕, p. 104. See Thomas Bustamante, “Coercion and the Normativity of Law: Some Critical Remarks on Frederick Schauer's *The Force of Law*”, in Christoph Bezemek and Nicoletre Ladavac (eds.), Frederick Schaner Meets the Critics, Springer, 2016, pp. 28-35.

能够造成实践差异的理由"不同的是,肖尔的核心主张在于法律是审慎的理由(prudential reasons),惩罚的威胁和奖励可以提供审慎的理由。

"审慎"是针对行动者而言的,与这里的审慎的理由相对应的是行动者本人所持有的内在主观理由,它是行动者关于行动所可能具有的道德判断和主观偏好等。实际上,法律理由与行动者主观偏好完全相符是一个理想,制度设计不应由此出发。只有存在类似惩罚或奖励这样的审慎的理由,行动者才会遵守规则。正如肖尔所指出:"如果某个具有此种能力[18]的社会体系惩罚那些做出了违反一套规则之行动的行动者——即使是惩罚他们相悖于那些规则背后的正当理由(justification)——那么,被施加惩罚的行动者将拥有审慎的理由把那些规则本身(rules *qua* rules)视为行动理由。"[19]接下来本文将详细地讨论,强制、惩罚、制裁或奖励在肖尔的理论中是如何出场的。

二、强制与实践推理的规范性力量

近代以来的经典分析法理学普遍以命令来界定法律。比如,边沁指出:"一个法律就是一个命令……就此我们必须在所有的场合来这样想象法律,明确地做出这样的想象。不能成为命令的任何事物就不能是一个法律。"[20]但是法律命令在行动者实践推理中起作用的关键并不在于意志或命令,而在于背后的惩罚威胁,正是这一点赋予主权者的命令以强制力,并进而影响行动者的行为选择,于是奥斯丁直接把法律界定为以惩罚威胁为后盾的主权者的命令。因此,在这一解释中,强制是附加到命令之上的必备要素,它保证命令能真正起作用。法律命令论对法律规范性的解释奠基于命令接收者的惧怕心理之上,这种解释在某种意义上是心理学进路的。[21]正如科尔曼(Coleman)和莱特(Leiter)所共同指出:"正是惩罚的威胁给予行动者以一个审慎的理由,并因此提出了关于法律规范性的惩罚论。"[22]

虽然肖尔旨在复兴传统法理学的强制理论,但是他是从分析规则的性质开

---

[18] 此种能力即进行惩罚或奖励。——引者

[19] Schaure, *Playing by the Rules: A Philosophical Examination of Rule-Based Decision-Making in Law and in Life*, *supra* note [9], p. 123.

[20] Jeremy Bentham, "What a Law is", in B. Parekh (eds.), *Bentham's Political Thought*, Croom Helm, 1973, p. 149.

[21] 对于这一判断,肖尔有一个很精辟的总结:"边沁认为强制位于法律的核心地带,他的这一关注建立在其经验主义的心理评价(empirical psychological assessment)上,即关心他人利益和关心社会利益几乎不(但应再次强调的是,并非从来都不)足以激发人们丢弃他们的利己动机。" Schauer, *The Force of Law*, *supra* note [2], p. 14.

[22] Jules L. Coleman and Brian Leiter, "Legal Positivism", in Dennis Patterson(ed.), *A Companion to Philosophy of Law and Legal Theory*, Second Edition, Blackwell Publishing Ltd, 2010, p. 231.

始的。他注意到了规则的一个特征,即一个规则的事实谓项(factual predicate)就是一个一般化(generalization),但是这个一般化并不必然对所有个案都是如此,因此规则存在包含不足与包含过度(the under-indusiveness and over-inclusiveness of rules)两种情形。包含过度指的是,规则的一般化"含有一些事态,它们在特定的情形中也许并不产生体现规则之证成的一些后果"[23]。比如,"限养一切狗""限速每小时55英里""不满21周岁的所有人将不能消费酒精饮料"以及"汝不得杀人"等规则就体现了包含过度的特征,因为"一些狗不会造成令人讨厌的滋扰,超过55英里/小时的某个驾驶行为并不是危险的,不满21周岁的某些人能够负责任地饮酒,以及某个杀人行为在道德上是可辩护的"[24]。与此相反,当规则的事实谓项并不包含可适用规则之正当理由(justification)的某个情形时,规则就是包含不足的。比如,在我国《刑法修正案(九)》通过之前,猥亵罪的对象有性别限制,即仅限于妇女和不满14周岁的儿童。2015年11月1日起施行的《刑法修正案(九)》修改了《刑法》第237条关于强制猥亵妇女、儿童罪的条款,将猥亵妇女改为猥亵他人,"他人"既包括女性也包括男性。其实在这一修正案出台之前,猥亵男性的行为也是符合辩护猥亵妇女罪之正当理由的,但是《刑法》第237条并未规定猥亵男性是犯罪,所以这一条就是包含不足的。在这个意义上,现行《刑法》关于强奸妇女罪的规定也是包含不足的,无论实施强奸行为的人还是被侵犯的对象都应当是没有性别限制的,都应当包含男性和女性在内。

仅仅是注意到规则的这一特征显然不是肖尔的主要目的,正是从规则之背后的证成理由出发肖尔找到了规则与指引行动相关的地方。肖尔指出:"当拒不服从的经历——它占据了包含不足和包含过度的空间——并未出现时,一个调整性规则的存在既不是成问题的,也不是令人感兴趣的。当对一个特定规则的适用并未落在包含不足或包含过度的空间时,做出决定的人本来就能容易地直接适用那一证成,因此这个规则就是多余的。"[25]规则的事实部分所假设的一般化可以被视为人们实际行动领域的一部分,这个领域可以大于、小于或等于事实部分所假设的范围。在肖尔看来,如果人们的实际行动与事实假设之范围相等同,那么这就表明规则并未改变人们的行动过程,规则的存在是多余的。只有在包含不足与包含过度的情况下,规则才能起到指引人们行动的功能。

基于这种独特的规则指引理论,肖尔用"规则性"(ruleness)这个词来表述规范性的核心意涵,即规则给予理由的能力。这种能力只有在规则与行动者个

〔23〕 Schaure, *Playing by the Rules: A Philosophical Examination of Rule-Based Decision-Making in Law and in Life*, *supra* note 〔9〕, p. 32.

〔24〕 *Id.*, p. 32.

〔25〕 *Id.*, pp. 71-72.

人的价值判断和主观偏好相抵触时才产生出来,肖尔用第一人称把这种规则与行动相关的条件概括为,规则"引导我的行为避开在规则不存在的情况下本将会发生的行为,并使得我去做在规则不存在的情况下我将不会去做的事情"。[26] 而在规则与行动者的个人价值和偏好相一致时,规则虽然不产生实践差异,但是在这种情况下,从"法律观点"(legal point of view)[27]来看公民才是负有义务的。肖尔的义务理论颇具特色,他认为分析法学家把义务问题复杂化了而且神秘化了。肖尔认为,一个人只要接受并内在化某种规范性体系(比如礼仪、宗教、道德、时尚、法律等)就负有义务;同理,一个法体系为把法律内在化的公民创造出了义务,他指出:"如果一个人接受——内在化,或视为行动的一个指引——这个体系,那么此体系即为接受它的人们创造义务。此外,作为一个概念的或逻辑的问题,该体系能够为置身于其中的人们创设此类义务,而无须诉诸任何强制力、制裁或者强制(force, sanctions, or coercion)。"[28]反过来说就是,当不接受或不内在化规范体系时,该体系就不能创造义务,这时强制就要出场了! 正如古德哈特(Goodhart)所首先指出的,把制裁或其威胁在逻辑上或定义上视为义务这个观念的一部分,就是把义务观念与强制执行义务或责任的工具混淆了。[29]

肖尔认可权威是内容独立的,所以"权威的出现,只有当权威的服从者不同意权威命令的内容时,才制造了一个差异"。[30] 他认为权威是不对称的:在权威施加者看来,权威命令都是受众应当遵守的理性要求;而在行动者看来,权威命令往往都非最佳选择,因此服从是非理性的。权威与服从者之间经常是存在冲突的,而且仅当二者存在分歧时,权威的问题才会被提出来。权威先于分歧而存在,权威的判断是基于未来行动者之违反权威命令的可能性而产生的,其目的是经由通盘考虑而事先做出最佳判断,从而阻止行动者按照自己的最佳判

---

[26]　*Id.*, pp. 102-103.

[27]　在"内在观点"和"外在观点"之外,拉兹创造性地提出了"法律观点",这只是解释法律的法学教师和解答法律问题的律师等法律人所持有的观点。相较于内在陈述和外在陈述,持法律观点的法律人所做出的陈述被称为"超然陈述"(detached statements),这种陈述在某种意义上是价值中立的(value-free),可以采用规范性语言但无需赞同所陈述的对象。所以,拉兹指出:"存在着一种特定类型的法律陈述,尽管可使用通常的规范性术语来做出它,但是它并不像一般的法律陈述那样具有规范性力量(normative force)。"See Joseph Raz, "Legal validity", in *The Authority of Law*, Second Edition, Oxford University Press, 2009, p. 155. 肖尔认为法律义务这一与众不同的特征源自拉兹的"法律观点"。See Schauer, *The Force of Law*, *supra* note [2], p. 34. 显然肖尔误用了拉兹的观点,"法律观点"表达不了肖尔的看法,因为肖尔指的是位于法体系之内的人所持的内在化态度。

[28]　Schauer, *The Force of Law*, *supra* note [2], p. 34.

[29]　*Id.*, p. 35.

[30]　Schaure, *Playing by the Rules: A Philosophical Examination of Rule-Based Decision-Making in Law and in Life*, supra noto [9], p. 129.

断来行动。[31] 这一点是通过惩罚或奖励来实现的,于是在肖尔看来,"如果我们注意到审慎的行动理由,并注意到制裁与此类理由之间的关联,那么我们就能看到,对于规则而言制裁的作用很可能就尤其地大。对于在一个情形中规则所要求的事情而言,一个规则要是与其接收者就此事情所具有的任何可见的价值相分离,那么其作为规则的价值很可能看起来是如此之微小,以至于对于许多行动者来说,要不是惧怕制裁(包括批评)或希望得到奖赏(包括赞美)就难以认可规则。"[32] 在《法律的强制》这本书中,关于法律权威所给予之理由性质的分析,肖尔所持有的观点与其早期研究没有本质差别,一脉相承。强制在法实践中普遍存在,而且非常重要,因为离开了强制我们无法解释法律规范是怎样给予理由的,强制对于法律规范性(即给予理由的能力)而言可能是唯一成功的解释进路。

　　显而易见,在肖尔关于法律权威所提供之理由性质的观点中,他试图在理论权威与实践权威的二分中发展出第三条道路,即以"强制"来联结二者的道路。一方面,他认可权威的存在是内容独立的,是实践权威而非理论权威;另一方面,他又认为法律所提供的理由是认识论的理由,行动者也许接受、也许不接受这些理由,一般而言这是理论权威所提供之理由的性质。当权威与行动者相抵触时,强制就要出场了,否则规则就不再具有规则性或规范性了。按照大卫·伊诺克(David Enoch)的解释,关于法规范性的说明必须解释法律产生"**强劲**"行动理由(robust reasons for action)的能力,这些理由通过沟通某种意图以一种特定的方式激发了先前存在的独立性理由,而这一意图能够被理由接收者承认,在其实践推理中发挥了一个合适的作用。[33] 肖尔这种复合的解释模式正是通过强制来提供一种审慎的理由以保障在法律与行动者主观理由不一致的场合中权威能够产生出一种强劲的行动理由,而在拉兹等许多论者那里,强制、审慎理由与行动者的理由是合为一体的。而且权威针对所有行动场合都是有效的,无论是一致的还是不一致的场合。在他们看来,法律所提供的理由的性质取决于我们对实践权威性质的分析,在这种分析进路中,权威及其理由基本是独立于行动者本人的,可以被称为"行动者中立的理由"(agent-neutral reasons)。

　　肖尔的视角是把规范性问题视为与行动者相关的(agent-relative)[34],法

----

[31]　*Id.*, pp. 128-134.

[32]　*Id.*, p. 123.

[33]　See Bustamante, "Coercion and the Normativity of Law: Some Critical Remarks on Frederick Schauer's *The Force of Law*", *supra* note [17], p. 32;David Enoch, "Reason-giving and the Law", *supra* note [7], pp. 16-19.

[34]　关于这两类行动理由的一个简洁介绍,参见 Michael Ridge, "Reasons for Action: Agent-Neutral vs. Agent-Relative", *The Stanford Encyclopedia of Philosophy*, Fall 2017 Edition.

律理由自身并不是内容独立的,行动者对法律理由的接受取决于其内容。这是他的一贯看法,他在规则对行动者之影响方面持有一种心理学的(psychological)解释。他指出:"与具体主体关联是规则存在的重要表现形式。"[35]法律理由在内容上不具有排他性,于是法律规则要给予理由,就必须求助于强制等外在力量。布斯塔曼特(T. Bustamante)对此总结道:"作为一个权威的实践,法律必须能够保证它所确立的规则的激发能力,因此法律规范性的一个主要的决定性因素就是它根据制裁的威胁或奖赏的允诺为其服从者所提供审慎理由的能力。"[36]

于是我们看到,肖尔采用了一个常规的区分方式,即把行动者的行为区分为与法律一致的行为和与法律相抵触的行为。只有后一种情形才涉及法律给予理由能力的问题,也才有规范性问题存在的可能;而前一种情形不会产生规范性的问题,因为行动者已经把法律规则内在化了。因此,当法律宣告制造一个差异的时候,它们就与个体的自我利益及个体的最佳判断不相称。[37] 正是这一区分的选择导致肖尔认为造成法律之实践差异的决定性力量是法律制度的强制能力,离开了这一能力,法律作为一种独特的规范体系就与其他类似道德、习惯等这样的规范体系没有什么区别了。

肖尔法律强制论的最大特色在于,分离理由与权威在实践推理中的不同作用继而用强制来保证法规范性。以往的研究者基本都是通过分析实践权威的性质来界定理由的性质,而肖尔却把权威的性质与理由的性质视为两个不同的东西。他基本上把法律理由视为与行动者相关的内在理由(internal reasons)[38],行动者可接受,也可不接受;因为法律理由并非必然的最佳判断,对于行动者而言,法律理由是依赖内容的。当法律理由与行动者的判断一致

---

[35] Schaure, *Playing by the Rules: A Philosophical Examination of Rule-Based Decision-Making in Law and in Life*, *supra* note [9], p. 103.

[36] Bustamante, "Coercion and the Normativity of Law: Some Critical Remarks on Frederick Schauer's *The Force of Law*", *supra* note [17], p. 34.

[37] Schauer, *The Force of Law*, *supra* note [2], p. 98.

[38] 内在理由论对于解释法律规范性具有比较重要的理论意义,本文不拟讨论这一非常复杂的理论问题,而只是致力于对肖尔的批评性分析。关于内在理由论的相关文献参见 Bernard Williams, "Internal and External Reasons", in Bernard Williams, *Moral Luck*, Cambridge University Press, 1981, pp. 101-113; Rachael Cohn, "Are External Reasons Impossible?", 96 *Ethics* 545 (1986); Mark Shelton, "What Is Wrong with External Reasons?", 117 *Philosophical Studies: An International Journal for Philosophy in the Analytic Tradition* 365 (2004); Elijah Millgram, "Williams' Arguments Against External Reasons", 30 *Noûs* 197 (1996); Matthew S. Bedke, "Rationalist Restrictions and External Reasons", 151 *Philosophical Studies: An International Journal for Philosophy in the Analytic Tradition* 39 (2010); Jean Hampton, *The Authority of Reason*, Cambridge University Press, 1998, pp. 53-82; John McDowell, *Mind, Value and Reality*, Harvard University Press, 1998, pp. 95-111; Thomas Scanlon, *What We Owe to Each Other*, Belknap Press of Harvard University Press, 2000, pp. 363-373.

时,法规范性是个多余的问题;当不一致时,权威和强制就出场了,权威是内容独立的,法规范性只是针对"坏人"而言的。总体来说,肖尔是通过个人性来解释规范性的,规范性似乎只是针对某些特定人的,而不认为法律规范性是一个社会性或公共性的问题,所以他限缩了法规范性的范围。与此相关,肖尔在方法论上又批评了分析法学的概念分析,通过诉诸经验统计来辩护"坏人"角度解释的合理性,以辩护强制在法实践中存在的普遍性。显而易见,肖尔的论证策略完全是针对哈特的,其核心是不遗余力地降低基于内在观点的"接受"在解释法规范性中的地位。其实上述两大策略都是存在问题的,下文先检讨相关的方法论问题,在此基础上再正面阐述法律规范性的社会性意涵。

三、遵守的不同视角:"坏人"和"感到困惑的人"

自哈特以来的法实证主义者普遍采用一种概念分析的方法,即探寻法律的本质特征,哈特为其开端者,拉兹则将其发扬光大。哈特和拉兹关于法理论的建构模式的都是概念分析式的,其指向的对象是法律的性质(the nature of law),即被抽象出的法实践的普遍而必然的本质性特征[39]。哈特关于"法律是初级规则与次级规则结合"的命题以及拉兹关于"法律必然主张正当性权威"的命题都是概念分析的理论成果。但是肖尔反对这种本质主义(essentialism)的思维模式,他转而采用一种经验主义的研究路径。他认为建构法理论的任务或一个有趣的法理论不应当是探究所有可能法体系的"必然特征"(necessary features),而应是那些常见的、最有趣的特征。从经验上看,非强制性的法(non-coercive law)——这也许是哈特在《法律的概念》中做出的非常重要的理论贡献——在逻辑上是可能存在的;但是他认为,这一类型的规范在统计学上是不重要的,因为在缺乏强制或鼓励措施的情况下,继续接受法律规范为行动理由的人的数量是如此之小以至于几乎不值得担忧。[40] 显而易见,肖尔不赞同哈特式的概念分析,但是他依然采用了从行动者对法律之态度的分析进路,这是不同于哈特"内在观点"的另一种态度。既然涉及统计意义上的经验分析,肖尔对这种态度进行了更为细致的区分,而这种区分则是直接指向哈特的。

在《法律的概念》的第 3 章,哈特在讨论作为制裁规则的刑法规范时就区

〔39〕 关于概念分析的基本文献,参见 Hart, *The Concept of Law*, *supra* note〔3〕, Chapter 1; Joseph Raz, *Between Authority and Interpretation*: *On the Theory of Law and Practical Reason*, Oxford University Press, 2009, pp. 17-125; Scott J. Shapiro, *Legality*, The Belknap Press of Harvard University Press, 2011; *The Methodology of Legal Theory*, in Michael Giudice (ed.), *Wil Waluchow*, *and Maksymilian Del Mar*, Ashgate Publishing, 2010; Julie Dickson, *Evaluation and Legal Theory*, Hart Publishing, 2001.

〔40〕 Schauer, *The Force of Law*, *supra* note〔2〕, p. 46.

分了对法律持有不同态度的两类人:一类是霍姆斯所定义的"坏人"(the bad man)[41],从"坏人"视角来看待法律,那么法律就是对法院将要做什么的预测;另一类是"感到困惑的人"或"无知的人"(the puzzled man or the ignorant man),他们自愿去做法律所要求的事,只要被告知法律是什么。后一类人也是"希望安排其事务的人"(man who wishes to arrange his affairs),只要他能够被告知怎样去做。[42]哈特正是在对二者的对比中强调对于法律而言强制虽是不可或缺的,但只能起到辅助的作用。刑法规则是典型的制裁规则,制裁为行动者提供了遵守的动机(a motive for conformity),但是这种规则起作用的方式是行动者自己适用规则于自身。"显而易见地,如果我们集中关注要求法院对违法情形强加制裁的规则,或将此作为基本的考量,那么我们将会隐匿这些规则起作用的独特方式;因为要求法院强加制裁的这些规则,是为这个体系的主要目的受挫或失败而预先采取措施。"[43]于是哈特区分了法律的主要功能和辅助功能,比如刑法规范就只起到辅助功能,在法院所发生的适用制裁的情形并非法律的全部。于是哈特总结道:"法律作为社会控制之方式的主要功能并不能在私人的诉讼或刑事追诉中看到,这些功能虽然极为重要,但仍旧是补救体系失败的辅助性预先措施。法律的主要功能在于,不经法院,法律以各种各样的方式被用以控制、指引和计划生活。"[44]

　　哈特讨论法律规范性的出发点就是这些"感到困惑的人",他们是适用法律的官员和一般性的公民。根据肖尔的解释,他们"**有意遵守法律,仅仅因为它就是法律**(just because it is the law)"。[45]用哈特的话来表述就是,一旦他们知晓法律的确切要求,他们就会真正地遵守法律。从中哈特发展出了对法律的内在观点(internal point of view),在科尔曼看来,这可能是哈特对法律哲学最伟大的贡献。哈特的内在观点是群体成员而非外在观察者所持有的观点,它包含两个方面的内容:一是群体成员把规则接受为行动的理由,二是以此为依据来批评偏离规则的行为。[46]但是对于官员和遵守法律的公民为什么持有内在观点,哈特并没有表明他们一定要持有某种特定的道德观点。对此,拉兹做了很好的总结,他指出:"哈特认为,法官和所有其他的官员在有规律地适用并强制执行法律时确实是在接受并遵守法律,在我看来,哈特的这一看法是正确的。法官和官员对于法律的道德正当性(the moral justifiability of law)也许有许多

---

[41]　"bad man"是与哈特的"puzzled man"相对立的。See Oliver Wendell Holmes Jr., "The Path of the Law", 10 *Harvard Law Review* 459 (1897).

[42]　Hart, *The Concept of Law*, *supra* note [3], p. 40.

[43]　*Id.*, p. 39.

[44]　*Id.*, p. 40.

[45]　Schauer, *The Force of Law*, *supra* note [2], p. 42.

[46]　See Hart, *The Concept of Law*, *supra* note [3], pp. 88-91.

保留,但尽管如此,他们出于自己的理由(如薪水、社会参与等)或根本不为任何理由而接受并适用法律。他们的法律陈述通常反映了这一态度。这些陈述是内在的,是完全坚定的规范性陈述。"[47]

肖尔认为,哈特低估了强制在解释法律所给予之理由的性质中的作用,他认为制裁或强制起主要作用而非辅助作用。他解释的出发点类似于霍姆斯的"坏人",即"这些人面对法律的行为完全是法律将向它们做什么或不做什么的一个函数,如果他从事这一或那一行动的话"。[48] 肖尔批评哈特的出发点是要从经验上表明,绝大多数的官员和公民并不是由"感到困惑的人"来构成的,他们并不是一旦知道法律指引他们做什么他们就愿意遵守法律的。肖尔指出,哈特关于法律给予理由的能力的这一解释是一个经验性的问题,很少有证据支持哈特的这一经验性假设是正确的。[49] 布斯塔曼特对肖尔关于这一经验性进路怎样推导出强制的作用做了一个很好的总结:"实际上,只存在非常少的'感到困惑的人'的情形,而且关于遵守法律,最具合理性的解释是,强制为法律行动者提供了激发动机的能力。"[50]

哈特也许并不像肖尔所认为的那样是在进行一种经验性的假设,他只是认为持内在观点的人的角度是解释法律存在的核心方面,而非在经验上假设这些人的数量的多寡;实际上在哈特的理论中,法体系的存在并不取决于一般性公民是否对法律持内在观点,而是取决于官员持内在观点。次级规则的规范性是官员的一个惯习性实践,而初级规则的规范性来源于次级规则。显然,官员的数量是非常少的,但这不是一个重要的问题,因为哈特关于法理论的建构不是一个经验问题,而是一个概念必然性的问题。实际上我们可以有大量经验数据表明,以"坏人"的观点看待法律的人还是居于少数的,大多数都是"感到困惑的人"。即使如此,我们也不能像肖尔那样认为法律对于这些人是不具有规范性的,否则就不恰当地缩小了规范性问题涵盖的范围。法律的规范性是针对其下的全部行动者所具有的一种效力,"感到困惑的人"只是因为偶然的原因而与规范的内容相重合,但是这时规范依然对其有约束力,而不能说法律规范是多余的。

因此,法律规范性问题不完全是一个个人性的问题,而更多是一个社会性或公共性的问题;规范性不是针对某些特定的个人发生的,而是法律本身所具有的

---

[47] Joseph Raz, "Legal validity", in *The Authority of Law*, Second Edition, Oxford University Press, 2009, p. 155.

[48] Schauer, *The Force of Law*, *supra* note [2], p. 42.

[49] *Id.*, p. 47;Bustamante, "Coercion and the Normativity of Law: Some Critical Remarks on Frederick Schauer's *The Force of Law*", *supra* note [17], p. 37.

[50] Bustamante, "Coercion and the Normativity of Law: Some Critical Remarks on Frederick Schauer's *The Force of Law*", *supra* note [17], p. 37.

一种性质。正是在社会性中,我们才能真正找到强制有意义地存在的空间。

四、个体性与社会性张力中的法律规范性问题

哈特解释法律规范性的最重要的基础是说明最终的承认规则的效力或来源,这是整个法体系之效力的基础。哈特认为,这是来自官员的一种聚合性的社会实践(a convergent social practice)。从描述的意义上说,聚合性社会实践包含两层含义:一是官员从内在观点把承认规则接受为法效力的判断标准;二是对其他的偏离行为持有一种"批判反思的态度"(a critical reflective attitude)。但是为什么所有的官员能够聚合在一起,这是解释承认规则之规范性的关键,即说明法律规范性的社会来源。哈特对此只是进行了描述,而没有提出实质性的观点。后来的学者,比如科尔曼借鉴了布拉特曼(Bratman)的"共享的协作行动"(shared cooperative activity,SCA)来解释承认规则之规范效力的来源。[51] 无论如何,这种构成性的或聚合性的惯习是法体系存在的描述性背景,它们并不依赖于一种强制性机制的存在。但是肖尔挑战了这一经典论述,把强制的作用彻底化,他并不认为所有的官员都像哈特所说的那样都对承认规则持内在观点。

在肖尔看来,"法官也许把制定法解释的诸多准则(the canons of statutory construction)内在化,以避免声望损害的惩罚,并获得职业威信和职业晋升的奖赏。此外,许多官员也许内在化并适用法律规则,这只是因为惧怕被送监或死亡。"[52]实际上,肖尔并不是完全反对哈特的解释,只是认为哈特的解释并不是一个必然的现象,即官员对惯习性承认规则的接受并不必然基于独立于惩罚或强制的理由;当然肖尔也承认,官员出于"独立于制裁的理由而承认法体系"[53]是一个普遍现象,正是为这些官员所分享的社会规则奠定了法体系的基础。更进一步,肖尔甚至还认为,人们通常确实为了共同善(the common good)而参与合作行为,由此他们可以创造一个法体系,它不依赖强制力,而是依赖"这样一个共享的承诺,即推进共同的法律事业以及这一事业所能够产生的集体善(the collective good)"[54]。但是肖尔指出,"法律体系依赖一个原始的

---

[51] Jules L. Coleman, *The Practice of Principle: In Defense of a Pragmatist Approach to Legal Theory*, *supra* note [14], p.96. SCA 具有三个典型的特征,即"相互回应"(mutual responsiveness)、"对联合行动的承诺"(commitment to the joint activity)和"相互支持的承诺"(commitment to mutual support)。在科尔曼看来,这些特征体现在官员承诺适用承认规则之合法律性判准的实践中。

[52] Schauer, *The Force of Law*, *supra* note note [2], p.41.类似的论述亦可参见 Schaure, *Playing by the Rules: A Philosophical Examination of Rule-Based Decision-Making in Law and in Life*, *supra* note [9], pp.123-124.

[53] Schauer, *The Force of Law*, *supra* note note [2], p.41.

[54] *Id.*, p.81.

非强制的合作式契约(an original noncoerced cooperative compact)"这一点对于法体系的创立者而言是成立的,但是不能被高估。一旦进入到非常庞大的群体社会,强制或制裁就是非常必要的。不仅如此,对于像法律这样的等级制安排,强制也是一个颇具说服力的特征。"一旦我们从政府等级体系的顶点下来,我们就能够看到,官员的法律责任并非通过官员对服从法律(仅仅因其作为法律)的一般性同意而加以强制履行,而是通过强制性权力,通常来说这些权力被设计用以确保无人超越法律。"[55]

霍姆斯的"坏人"只关心在遵守法律时法律将会怎样对待他,肖尔正是从"坏人"的角度来探讨法律的规范效力和它的实践重要性。分析法学家在描述法律的实践时,一般会认为这些现象是法律实践的边缘的和不重要的部分,肖尔反而认为正是法律规范与行动者主观判断相冲突的领域体现了法律的实践影响力,而这二者相一致的领域却体现不出法律的实践效力。实际上,法规范的存在和效力不是一个个人接受与否的问题,而肖尔是从个人的"单方接受"(unilateral acceptance)与否的角度来看待法律的规范效力。而且他把这种"单方接受"扩展到了哈特式的承认规则,这就彻底消解了法律规范性的社会来源。

肖尔关于规则之存在的论述与哈特的看法有重要差异。肖尔认为,规则之存在不能先于行动者对规则的内在化,否则就是一个乞题式的存在理念;存在不能用来说明内在化一条规则意味着什么,否则就是循环论证。他的观点是:"行动者确实把一条规则视为一个行动理由,仅在这一意义上,对行动者来说这条规则才存在。"[56]因此,为什么内在化就是一个非常重要的问题,在这个意义上强制或惩罚就成为内化规则的主要理由。而在哈特看来,规则的内在化不是单方的,而是社会化的。正如肯尼思·希马(Kenneth Himma)所指出的,"哈特认为并不是单方的接受迫使一位官员遵守承认规则,那将会是成问题的。因为鉴于我们对一般人之心理的了解,单方接受并不提供任何必然具有独立规范性力量的东西。相反,哈特认为,正是官员的联合接受连同对每个人遵守承认规则的社会压力共同保证了承认规则的特征是'义务性的'(obligatory)。"[57]根据哈特的论述,法体系的存在需要两个条件:一是官员对承认规则采取内在观点,二是公民遵守承认规则的效力来自承认规则的初级规则。重要的是前者,因为根据哈特的社会规则理论,出于内在观点对适用承认规则之惯习的接受是所有法律效

〔55〕 *Id.*, p. 85.

〔56〕 See Schaure, *Playing by the Rules*: *A Philosophical Examination of Rule-Based Decision-Making in Law and in Life*, *supra* note 〔9〕, p. 121.

〔57〕 K. E. Himma, "A Comprehensive Hartian Theory of Legal Obligation: Social Pressure, Coercive Enforcemente and Legal Obligations of Citizens", in W. Waluchow & S. Sciaraffa (eds.), Philosophical Foundations of the Nature of Law, Oxford University Press, 2013, p. 169.

力的来源。对此,科尔曼指出:"当聚合性的行为与对那一行为的一个批判反思的态度联合起来时,一个社会规则才存在。"[58]于是科尔曼和莱特提出了一个看法,即规则的规范性来自聚合性行为(the fact of convergent behavior)这个事实,内在观点只是一个描述,不构成真正的理由。[59]

　　哈特关于法规范性的解释是否成功暂且不论,但是他从社会效力的角度揭示法律规范性的来源是可取的。而与之相比,肖尔把强制或制裁提高到解释法律规范性的核心概念的地位则显得过于夸张了,这样就把法规范性变成了一个琐碎的问题。肖尔认为法律理由是审慎的理由,在缺乏强制的情况下,官员和一般公民在法律与其自身利益相抵触的情况下将不会遵守法律。于是他认为,强制是法律最重要的属性之一,当法律命令制造一个差异时,就是要移除个人的自身利益或最好的判断,所以"强制对于激发公民和官员采取行动(因此而移除他们自己的利益和自己深思熟虑的判断)看起来是必要的。这就是为什么法律中的强制是如此的普遍,以及为什么强制也许是把法律与其他规范体系、众多社会组织机制在盖然性上(即使不是在逻辑上)区分开来的特征"。[60] 从这些论述来看,法律理由确实符合拉兹的**无差异命题**(no difference thesis),即"权威并不改变人们的行动理由"[61]。在肖尔的理论中,法律对行动者来说提供的是主观性的认识论理由,本身并不具有强制性,惩罚和制裁才是最后的保障力量。与其说这是在解释法律的规范性,不如说这是在解释惩罚和制裁的规范性。

　　实际上,一味地强调个人性和一味地强调社会性都不是解释法律规范性的最佳方式。要认识到,法律规范性本身就具有两面性:从其建制性而言,其规范性来自制度性,制度化的实践确保了法律效力的普遍性和稳定性,这并不随着个人的接受与否而转移;而从其指引行动而言,规范性无法达到其理想的结果,因为总有些人是不服从法律的,这个角度的法规范性最终还是要落实到行动者身上,而非一味地做描述性的、概念性的与理想化的分析。于是在辩护哈特的初级规则之规范性的问题上,肖尔的强制论可以发挥比较大的作用。对此布斯塔曼特总结道:"正是关于遵守的社会压力而非对承认规则的内在化,确保了公民负有一个法律义务。尽管对于这一社会压力的根基,也许存在不同的解释,但是在我看来,希马(Himma)的如下观点是解释这一根基的一个合理的哈特式说明,即正是授权(官员)强制执行连同公民的默许解释了公民怎样有义务遵

　　[58]　Coleman, *The Practice of Principle: In Defense of a Pragmatist Approach to Legal Theory*, *supra* note [7], p. 82.

　　[59]　See Coleman & Leiter, "Legal Positivism", *supra* note [22], pp. 228-248.

　　[60]　Schauer, *The Force of Law*, *supra* note [2], p. 98.

　　[61]　Joseph Raz, *The Morality of Freedom*, Clarendon Press, 1986, p. 31.

守法律官员所确立的初级规则。"[62]

总之,只是通过肖尔式的审慎的理由和强制的工具性作用,我们无法有意义地解释法律规范性,法规范性理论的要旨不在这里,而在于"解释法律怎样以一种社会性的方式成为规范性的,以及官员和一般人们为什么把国家视为被授权去强加制裁于不服从法律义务的人。……强制仅仅是工具性的,而且不应被视为法律之激发能力的基础。强制也许能解释一个人怎样以一种特定的方式发现一个行动理由,但是它不足以解释社会群体怎样分享一些规范,它们在政治社群中被广泛地承认为有效的行动理由。强制不能解释为什么官员有理由制裁不服从法律义务的人"[63]。布斯塔曼特的这段话很好地表达了法规范性理论的性质及其任务。

结语

强制主要在于确保个人的服从,虽然它无法说明法规范性的社会性质,但其对于法律秩序依然具有重要意义。尤其对于守法而言,它先确保相互地遵守,再发展为自愿地遵守。法律命令相当于定言的、无条件的规范;但遵守的时间性是假言的、有条件的。前者意味着法规范力量是社会性的、制度性的、绝对的、独立于内容的、能造成实践差异的;但相对于行动者而言,后者意味着法律之规范力量是个人性的、依赖于语境的、有条件的、依赖于内容的、无实践差异的。总之,前者是行动者中立的,后者是行动者相关的。法律规范性必须寻求一个对二者的统一的解释,在这一解释中,"强制"也许是重要的,但并不像肖尔认为的那么重要。

(审稿编辑　潘　程)
(校对编辑　邵博文)

---

　[62] Bustamante, "Coercion and the Normativity of Law: Some Critical Remarks on Frederick Schauer's *The Force of Law*", *supra* note [17], p. 34; Himma, "A Comprehensive Hartian Theory of Legal Obligation: Social Pressure, Coercive Enforcemente and Legal Obligations of Citizens", *supra* note [57]. 172-178.

　[63] Bustamante, "Coercion and the Normativity of Law: Some Critical Remarks on Frederick Schauer's *The Force of Law*", *supra* note [17], p. 50.

《北大法律评论》(2017)
第 18 卷·第 2 辑·页 20—44
Peking University Law Review
Vol. 18，No. 2, 2017，pp. 20-44

错位的批判

——肖尔论法律的强制性与法哲学的任务

刘叶深*

Misplaced Criticism：

Schauer on Coercion of Law and Task of Legal Philosophy

Liu Yeshen

内容摘要：弗里德里克·肖尔在《法律的强制》一书中对哈特开创的法哲学传统提出了两个批评，其中源自法哲学研究任务的挑战是其主要批评。他主张转变法哲学研究任务，将更多的经验研究方法引入法哲学。但是肖尔的批评建立在对哈特法哲学研究任务的错误建构之上，法哲学研究实质上是对作为事物理想型的概念的研究，以实现对法律与其他相关事物的理性分类。这种研究任务的性质也决定了肖尔所推崇的经验研究方法是不适合的。而且，法哲学对实践有着独特的贡献，也不能以经验研究方法对实践有贡献为由而抹杀。

关键词：法律的强制性　法律的规范性　法律的概念　经验研究　理想理论

---

* 法学博士，北方工业大学文法学院法律系副教授。感谢张琼文女士通读全文并提出诸多宝贵的修改意见。

1961 年,赫伯特·哈特在《法律的概念》一书中为法律的强制性提供了一种法哲学分析,这种分析已经成为当代英美法哲学的经典范例。虽然法律的强制性有多种表现,但法律制裁无疑是最明显且无争议的体现之一。[1] 制裁正是哈特分析的聚焦点。在《法律的概念》诞生之前,制裁是杰里米·边沁、约翰·奥斯丁定义法律的必然要素。按照奥斯丁的理论,法律是主权者发出的以制裁威胁为后盾的命令。[2] 因此,制裁在分析、理解法律概念中占据关键的核心位置。哈特在《法律的概念》中彻底地消解了借助制裁来理解法律的必要性。他通过两个论题来展现其批判的火力。第一,很多法律规范是不以制裁为要素的,例如授予公权力或者私权利的规范和构成性规范。拥有言论自由权的人无论是发言还是保持沉默,都不会引发制裁。没有按照法定要求发起设立公司,不能有效地建立起一个公司,这里也没有出现制裁这个要素。[3] 第二,虽然违反法律义务通常会招致制裁,但制裁并不能带来义务,就像持枪的匪徒让你交出钱包,并不意味着你肩负着把钱包交给匪徒的义务。按照哈特的理论,义务有着内在方面,义务拥有者以内在观点"接受"产生义务的规范。[4] 第一个论题强调了并非所有法律规范都与制裁相关,第二个论题则展现出即使对于包含制裁要素的法律规范来说,制裁也不具有核心地位。哈特这两个论题成功地削弱了制裁在法律概念中的核心地位。哈特这种对制裁的定位几乎成为英美法哲学的共识,很多法哲学家都使用不同的术语和手段来展现和强化这一点,其中最为生动的就是约瑟夫·拉兹提出的"天使社会"这一思想实验。[5] 我们设想一个由无私的天使组成的社会,他们不会因为私利而违背服务于公共利益的社会规则,所以制裁在这样的社会中没有存在的必要。那么,在这样一个"可能世界"中是否存在法律呢?拉兹试图通过这一虚拟情境来探求理解法律概念的必然要素是什么,以及没有制裁法律是否能够存在。很明显,天使社会也是需要法律的,因为天使们虽然不会故意去违背规则,但是关于何为该社会中适当的共同规则,天使们之间可能是存在分歧的。换句话说,天使们足够善良(所以不会故意违规),但还未智慧超群,不能直接识别出最佳规则或者瞬间达成合作共识。

2015 年,弗里德里克·肖尔出版了《法律的强制》[6] 一书,对法律的强制

---

〔1〕 法律强制与制裁并不完全等同。See Grant Lamond, "The Coerciveness of Law", 20 *Oxford Journal of Legal Studies* 39 (2000).

〔2〕 参见〔英〕约翰·奥斯丁:《法理学的范围》,刘星译,中国法制出版社 2002 年版,第 17—24 页。

〔3〕 See H. L. A. Hart, *The Concept of Law*, Oxford University Press, 1994, pp. 27-41.

〔4〕 *Id.*, pp. 88-91.

〔5〕 See Joseph Raz, *Practical Reason and Norms*, Princeton University Press, 1990, pp. 157-161.

〔6〕 Frederick Schauer, *The Force of Law*, Harvard University Press, 2015.

性问题(包括制裁的问题)提出了精致且丰富的论题。这些论题组合起来就是要挑战由哈特开创的对法律强制性的法哲学分析,结论是法律的强制性被错误地忽视了,其应当得到法哲学更多的关注。以一本书的容量对法哲学中的主流理论展开系统性的批评,无论成败与否,肯定都触及极为重要的问题。而且,肖尔很多论证都很有启发性,其中包括他借助广泛的社会科学成果来反思法哲学引出的一些问题。然而,我认为,虽然存在诸多思想闪光点,但肖尔对法律强制性的研究并未对哈特的观点构成实质性的挑战,而且他对哈特开创的法哲学研究传统的性质理解得并不准确,这导致其提出的批判是错位的。

本文将以如下次序展开:第一部分简要梳理肖尔对哈特提出的两个挑战——反本质主义挑战和源于法哲学研究任务的挑战,并指出只有后一个挑战才是肖尔全书一以贯之的、最主要的挑战武器。为了回应源于法哲学研究任务的挑战,第二部分则回到《法律的概念》这一经典文本,重塑哈特法哲学的问题意识与研究任务,并证明这一任务是可能完成的(回应反本质主义挑战);相形之下,肖尔对哈特法哲学研究任务的理解则过于简单粗糙,低估了其理论意义。第三部分则通过修正哈特的一些错误,来进一步展现法哲学研究任务的性质及适当的研究方法。即法哲学是探究事物的理想型;作为概念分类的依据,研究方法则是以基本道德理念为框架吸纳经验知识,而非纯粹的经验方法。第四部分则论证法哲学(以及范围更广的道德哲学)对实践有着独特的贡献,它和经验研究并不是非此即彼的替代关系。第五部分是一个简短的总结。

一、肖尔的两个挑战

在《法律的强制》中,肖尔对哈特的法律强制性分析提出了两个方法论层面上的挑战。一个我称之为"反本质主义的挑战",另一个是"源自法哲学研究任务的挑战"。我们来分别概述它们。

(一)反本质主义的挑战

在本文的引言中,我们已经看到,哈特通过这两个论题极大地限制了制裁在理解法律概念中的核心地位。制裁虽然经常与法律相伴而生,但并非法律的必然特征。哈特这一论断背后隐含着一个方法论层次上的区分:事物间的必然联系与偶然联系的区分,或者说,事物的必然特征与偶然特征的区分。同时,法哲学研究应该关注法律的必然特征及其相关问题。

需要简要说明的是,必然特征和普遍特征是不同的。[7]普遍特征是指归属于某一概念下的事物在我们所在的这个世界中均具有的特征,例如,制裁就

---

〔7〕 参见刘叶深:《法律的概念分析:如何理解当代英美法理学》,法律出版社 2017 年版,第29—42 页。

是我们这个世界上所有法律体系均具有的特征。普遍特征可以通过经验归纳的方法获知或者证伪。而必然特征则不同,必然特征是指归属于某一概念下的事物在任何一个它们存在的可能世界中都具有的特征。必然特征是这类事物如果存在,就必须具备的特征,失去了这一特征,该类事物也将不复存在。普遍特征则有可能不是因这类事物存在而具有的特征,可能来自这类事物所存在的世界的性质。例如,哈特在《法律的概念》中就提出,"不得杀人"这样的规范内容是任何一个法律体系都具有的,否则这个法律管辖的社会很快就会因暴力泛滥而崩塌。但哈特并不认为拥有"不得杀人"这样的规范内容是法律的必然特征,因为这并非来自法律的本性,而来自法律所存在的我们人类社会的一些特征,如人类身体上的脆弱性,正是这种脆弱性使得我们所在的这个世界上的法律都规定了相似的规范内容。[8] 有了上述的区分,我们可以说必然特征是一类事物的本质特征。通过这类特征,我们可以更深刻地理解这类事物到底是什么,而不是外在世界"带给了"该类事物什么。

肖尔正是牢牢抓住了哈特这一方法论前提,他指出,对事物必然特征的探求是无望的,因为一类事物可能根本就没有必然特征,这就是本文所说的反本质主义的挑战。肖尔的反本质主义挑战的论证比较庞杂,他或举例,或求助于语言哲学中的理论,提出了对本质主义的两个反驳。

首先,他提出了一种得到认知科学家支持的观点(认知科学论证)[9]:人们使用概念并不是遵照本质主义的方式,也并不以事物的本质特征来指导概念的使用,而是诉诸"典型特征"。也就是根据一类事物通常具有的特征来指导某一概念的使用,同时也允许概念有一些边缘情形,即偶尔也适用于不具有典型特征的事物。他以"鸟类"这个概念为例,人们使用这个概念经常依赖于某种动物是否能飞翔,同时人们也会在此基础上允许一些不会飞翔的动物(例如企鹅)分享"鸟类"这一概念。而能够飞翔是鸟类的典型特征,而非必然特征。[10]

其次,肖尔借助维特根斯坦提出的"家族相似性"观点,认为某类事物往往没有共享的必然特征(家族相似性论证)。被归为一类的事物并不会共享必然特征或本质特征,而是其中一些典型事物拥有共同特征,其他事物则与这些典型事物分享各种各样的非必然特征。[11] 肖尔还引用了维特根斯坦最常用的"游戏"的例子,并追问游戏如此多样,它们是否有必然特征。肖尔还"以子之矛攻子之盾",指出哈特在《法律的概念》中就讨论过,"车辆"一词就有意义的核心

---

〔8〕 See Hart, *The Concept of Law*, *supra* note〔3〕, pp. 194-195&199. 哈特也称普遍特征为"必然"——"自然的必然",以区别于作为真正具有必然性的"逻辑的必然"。

〔9〕 对肖尔观点的这一概括来自托本·斯帕克。See Torben Spaak, "Schauer's Anti-Essentialism", 29 *Ratio Juris* 182 (2016).

〔10〕 See Schauer, *The Force of Law*, *supra* note〔6〕, p. 37.

〔11〕 *Id.*, p. 38.

地带和阴影地带,落入概念阴影地带的"车辆"并不具有核心地带"典型车辆"的特征,这就意味着概念无法通过一组相同的必然特征来把握。[12]

肖尔希望通过撼动哈特依赖的概念理论,来破除法哲学家追求法律必然特征的幻想,以达到重新把制裁这样的非必然特征带回讨论中心的目的。

(二)源自法哲学研究任务的挑战

反本质主义的挑战在《法律的强制》中只占了第3章里一节的篇幅,两个论证也大多是简单援引他人的观点,没有深入地展开或回应对立的观点。而且,肖尔在该书第4章开头就说,反本质主义挑战主要是为另一个不同的挑战"清除障碍"[13],而这个新的挑战则贯穿《法律的强制》全书始终。我称这一挑战为"源自法哲学研究任务的挑战"。

该挑战概括起来是这样的:即使承认被归于一类的事物有必然特征,且像哈特论证的那样,以制裁为代表的强制性并不是法律的必然特征,制裁在现实世界的法律中也是"无处不在的"[14] 相形而下,哈特阐释的法律的必然特征——针对规则持有的"内在观点",则在现实世界中非常少见。放弃像制裁这样常见的"典型特征"[15],而钻进只能在"可能世界"中觅其踪迹的"必然特征",将使得法哲学严重脱离我们所在的现实世界,也就使得法哲学失去了"重要性"。而研究制裁这样的典型特征必须引入社会学、心理学等社会科学经验研究方法[16],拓宽了研究方法的法哲学将不是先于经验的,而是和经验融为一体的。由此,我们可以看出,源自法哲学研究任务的挑战主要攻击的是,既有法哲学研究的问题不具有"重要性"。通过消解既有研究的重要性,强制性这一被忽视的、具有重要性的问题就再次回到法哲学研究的中心。

哈特阐释的法律的哪种必然特征被肖尔认为不常见并且不具有重要性呢?这就是法律规则所具有的"内在方面",或者说是人们对法律持有的"内在观点"。在哈特看来,内在观点是受法律管辖者对法律规则的"接受",即受法律管辖者将法律规则作为指导自己行为的正当性理由,作为评价(包括批评)相关行为的基础。换句话说,内在观点把法律规则当作正当的公共行为准则,并激发人们去行动。[17] 制裁虽然也通过理由来激发人们做出选择,但是其理由是出

---

[12] *Id.*, p. 40.

[13] *Id.*, p. 43.

[14] *Id.*, p. 1.

[15] *Id.*, p. 4.

[16] *Id.*, p. 81.

[17] 在《法律的概念》中,正当理由并未得到很好的阐释,哈特在之后的作品中试图弥补这一缺陷。See H. L. A. Hart, *Essays on Bentham: Studies in Jurisprudence and Political Theory*, Clarendon Press, 1982, pp. 243-268. 哈特对内在观点的界定也有含混之处,本文第三部分将予以讨论。

于个人利益考量的"审慎理由",如面对匪徒的枪口,保护生命是有理由的,并非哈特所谓的正当性理由,当事人也不会希望匪徒的命令成为普遍的行为标准。

肖尔把对法律持有内在观点的人称为"困惑的人"(puzzled man)[18],他们并不是为了避免制裁、保障个人利益而去遵守法律,而是"因其是法律而遵守法律"。[19] "困惑的人"很类似于拉兹提到的天使社会的组成者,他们需要法律是为了解决"何为公共行为标准"的困惑与分歧。一旦法律将这样的标准清楚地规定下来,他们便不会为了个人利益去违法,而是去忠实地遵守法律。换句话说,法律是用来解惑的,不是用来鞭策的。

肖尔质疑的就是,在我们这个现实世界中,"困惑的人"到底有多少呢?经过一番探究,他的答案是微乎其微。肖尔的证明可以分为两个步骤,先是哲学分析,继而是经验研究。在哲学分析阶段,肖尔提问:何为"因其是法律而遵守法律"?他把遵守法律的理由分为三类,分别为私人利益、道德、法律本身。肖尔认为只有最后一类理由才是真正地遵守法律的理由;前两类守法都是出于"独立于法律的理由"[20],即使没有法律人们也会如此行为,法律并没有给人们的行为带来丝毫的差别。在这两种情形下,与其说是遵守法律,不如说是遵守私人利益或者遵守道德。在经验研究阶段,肖尔借助了大量社会科学研究成果,质疑因法律本身而遵守法律的人到底有多少。这些观察包括:(1)在很多情况下,人们都是遵循道德,而非因法律本身而遵守法律,例如,人们不杀人不是因为法律这样规定,而是遵循已经内化了的道德标准[21];(2)当道德与法律指向相冲突的行为时,人们并不会盲目地遵循法律的规定,这更为突出地说明了法律本身作为行为理由的有限性[22];(3)法律外的奖励和制裁而非法律本身对人们的行为决定作用是很大的,不仅对普通公民如此[23],对官员特别是低级别的官员也是如此。[24] 这些都是非常合理的经验观察,所以真正"困惑的人"在现实世界中是非常稀少的。经验上几乎不存在的现象不具有研究重要性的标志。

肖尔还提出,研究必然性可能会导致非常荒唐的理论。例如,法律必然不会在我们面前爆炸,这一必然特征难道也是法哲学需要关注的问题?研究该问

---

[18] See Schauer, *The Force of Law*, *supra* note [6], p. 45.

[19] *Id.*, pp. 49-50. 注意,肖尔用"因其是法律而遵守法律",代替了哈特的"因其是正当理由而遵守法律"。这并不是对哈特观点的正确概括。

[20] *Id.*, p. 50.

[21] *Id.*, pp. 58-60.

[22] *Id.*, pp. 63-67.

[23] *Id.*, pp. 100-104.

[24] *Id.*, pp. 86-87.

题能够得出什么有意义的结论呢？[25]

二、《法律的概念》中法哲学研究任务的重构

我将展现，肖尔对哈特法哲学研究任务的总结是过分简单化的，他抓住了对方的只言片语，但忽略了其更有层次的研究背景和研究目标。展现的方法就是重新回到《法律的概念》，通过聚焦于一些关键的字句来重建哈特法哲学的问题意识和研究任务定位。

（一）作为分类工具的概念与法律的概念研究

就像《法律的概念》这一书名所指示的，哈特在该书中主要处理的问题是"法律"这个概念。但在该书的开篇，哈特就"法律的概念为什么值得研究"进行了讨论。哈特指出，与"什么是法律"这个聚讼纷纭的问题相比，"什么是医疗""什么是化学现象"这些同类的问题并没有引起人们足够的理论兴趣。[26] 为什么法律的概念如此的特殊？哈特紧接着论述道，对法律概念的理论兴趣并不是由以下两个原因引发的：第一，人们在通常情况下能够无分歧地使用"法律"这个概念。在被问到"什么是法律"时，连儿童和外国人都能很轻松地列举出很多法律的"典范"。[27] 例如，国会通过特定程序制定的规则毫无疑问是法律，就像大夫开处方、做手术无疑是医疗手段一样，这是毫无争议的。也就是说，产生"什么是法律"这一争议更大的原因不在于人们无法在通常情况下正常地、无争议地使用这一概念。第二，这种争议及人们的理论兴趣也不是由概念使用中存在模糊情况或边缘情况引起的。原始社会的规范、国际法是不是法律，确实可能引发困惑，但其他概念也均存在适用的边缘情形，而且不见得比"法律"这个概念少。哈特举例说，"光头"这个概念有清晰的适用（没有一根头发）或不适用（满头秀发）的情形，但也存在适用模糊的情形（只有稀疏的几根头发），可"什么是光头"为什么没有引起同样的理论兴趣呢？[28] 医疗和化学现象的概念也同样如此。因此存在边缘情形不能解释为什么单单法律的概念具有争议性。相反，关于法律的概念的诸多争议恰恰是针对法律中的典型，换句话说，人们对"什么是法律的典型"往往没有争议，有争议的是这些典型在哲学上意味着什么。[29] 下面我们重构《法律的概念》中哈特相关的论述，以证明这一点。

哈特认为，关于"什么是法律"这一争议的背景涉及学术史上三个经久不息的问题。它们分别是：(1) 法律义务是不是就是以制裁为后盾的命令？(2) 法

---

[25] Id., p.45.

[26] See Hart, *The Concept of Law*, *supra* note [3], p.1.

[27] Id., p.3.

[28] Id., p.4.

[29] 参见刘叶深：《法律概念分析的性质》，载《法律科学》2011 年第 1 期。

律规则实质上是否是道德规则的一种？（3）作为法律的上位概念，规则到底是什么？[30] 这三个问题中的"法律"都不是那些有分歧的"边缘事物"，因为"法律义务""制裁""规则"这些概念毫无疑问都在法律的典型中可以经常地被观察到，但是，这些要素到底意味着什么，它们之间有着什么样的关系，则是理论家的分歧之所在。例如，边沁、奥斯丁就把法律义务与制裁必然地联系在一起。再如，美国法律现实主义者对"什么是规则"有着自己独特的看法，他们认为，规则是对法官如何判案的预测。正是这些对法律的典型的不同理论阐释使上述三个问题成为"经久不息的问题"。

下面我们对哈特总结的三个问题进行重整，就会看出其实它们是一个问题的不同方面。我们把问题按照（3）（1）（2）的顺序重新排列，以便更清楚地看到它们之间的联系。问题（3）针对的是法律的上位概念——规则，规则的特性在于它不是事实，在于它具有规范性，即它能够约束人，能够为人们的某一行为模式提供行动的理由。该问题实质就是在哲学上阐明什么是规则的规范性，为法律的规范性的阐明提供基础。接下来就是问题（1），规则的规范性是不是源于制裁给人提供的理由呢？换句话说，用制裁能不能很好地说明规则的规范性，特别是法律的规范性？问题（2）则是借用制裁进行反面的探索，即假如制裁不能说明规则的规范性，那么是不是一定要求助于道德？以及法律的规范性是不是也只能求助于道德来说明，以至于法律和道德之间变得没有本质的差别？通过这样的重整，我们发现这三个经久不息的问题实质是何为法律的规范性，以及对法律规范性两种探求方法是否成立。如何在哲学上阐明法律的规范性是学术史上尚未解决的问题，换句话说，是既有的学术史指向了规范性这一法律的必然特征，使其成为问题。

从这番重构当中，我们至少可以看到哈特按照如下几点来解释法哲学的任务：

第一，哈特研究的法律必然特征是在学术史难题指引下选定的。这种必然特征是不是为法律所共享往往不是问题的关键，因为法律具有规范性这一点一般是无分歧的。问题的关键在于这种规范性意味着什么，以及如何在哲学上为其提供一个有说服力的、明晰的阐释。所以，肖尔以"法律必然不会在我们面前爆炸"这一必然特征为例，带有嘲讽意味地批评哈特的法哲学是不公平的。诚然，"不会爆炸"是法律的必然特征，"法律不等于数字 3"也是法律的必然特征，但既有的学术史并没有把哈特引向这些特征。法律的概念是关于法律必然特征的研究，但这种研究并不是研究法律所有的必然特征，也不是列出法律存在

---

[30] See Hart, *The Concept of Law*, *supra* note [3], pp. 6-13. 问题经过本文作者的改写。

的所有"充分必要条件"[31]，因为这样做可能是没有任何学术价值的。

第二，法哲学中的这种概念研究的本质是要对世界上的事物进行分类。从问题(1)和问题(2)我们就可以看出，哈特的工作是要把法律与其他容易与之混淆的东西(诸如以制裁为后盾的命令、道德)区分开来，以确立法律的独特性。概念的功能主要在于将性质相同的东西归为一类。[32] 当然，这里并不排除有分类不当的概念，那么概念研究的任务就是要去除这些不当的概念。因此，概念研究的目的并不是盲目遵循既有概念的用法，而是积极去寻找事物分类的理性基础。任何事物都有着诸多特征，但事物分类的理性基础必须诉诸其中的本质特征，该种特征来自事物的本性，即事物在任何情况下都不会失去这些特征。对这些特征进行哲学上的考察，就能够把握世界上事物分类的理性基础。《法律的概念》就是这样一种学术尝试，即对法律具有规范性这一必然特征进行考察，以此来把握法律的规范性是不是等于制裁的效果，是不是等于道德规则的规范性。哈特的分类工作就是在这种问题意识和任务设定下展开的。

在肖尔对哈特进行归纳概括时，上述两个方面恰恰被忽视。哈特的法哲学有着明确的问题指向，其目的是要通过把握法律与其他事物的区别，来加深我们对法律的理解。哈特绝非遁入了盲目的、不着边际的空想和自娱自乐，研究一些基本不存在的东西或特征。他试图通过自己的工作纠正我们大多数人可能持有的关于法律的诸多误解，或者让我们对熟悉的事物产生全新的看法。这也确立了哈特式法哲学传统的学术重要性。

最后值得说明的是，哈特聚焦于"法律"这个概念本身，并不意味着法哲学只存在这一个问题值得研究，学术史上经久不息的问题也不只限于上述三个。正如莱斯利·格林(Leslie Green)在批评肖尔《法律的强制》时指出的那样，法哲学有很多有价值的论题，如关于犯罪、宪法、侵权、权利、责任的研究。与此相对，关于法律这个概念的研究是"小众的兴趣"。[33] 但是这些研究的问题意识和任务都是相同的，即借助必然特征，对法律中的相关概念做出哲学上的阐释，以澄清事物分类的理性基础。范围更广的政治哲学研究也可以作如是观。当然，这些出发点不同的研究可能会在某个地方勾连、交叉起来。

(二) 完成概念研究任务的可能性：回应反本质主义的挑战

明确了哈特的问题指向后，我们还要看看法哲学的研究任务不是什么。哈特在《法律的概念》中小心地做出两个区分，即概念研究与词语研究或者语义研

---

[31] See Joseph Raz, "Can There Be a Theory of Law", in Martin Golding and William Edmundson (ed.), *The Blackwell Guide to the Philosophy of Law and Legal Theory*, Blackwell Publishing Ltd, 2005, p. 326.

[32] *Id.*, pp. 326-327.

[33] Leslie Green, "The Forces of Law: Duty, Coercion, and Power", 29 *Ratio Juris* 164 (2016).

究的区别,以及概念使用与概念的区别,以此来说明法哲学研究的任务不是什么。对这两个区分的混淆,是肖尔率然地提出反本质主义挑战的原因。

首先,词语与概念的功能不同。

词语的功能主要是在特定语境下实现交流。交流者完全可以用"law"这个词在交谈中时而指称"规律",时而指称"法律",只要听众可以根据语境准确捕捉到其中的差异即可。只要语境足够丰富,多义性并不影响交流的实现。这种不严格性并不是词语的缺陷。整理、总结词语意义是词典编纂者的工作,概念分析才是哲学家的工作。我们接触世界并交流知识的唯一手段就是词语,概念分析当然无法完全脱离词语研究,但是,这并不能否认概念分析需要透过词语的表象,研究深层的分类结构。

哈特在《法律的概念》中明确地区分了概念分析与语义分析。在谈到词语的意义时,哈特指出,某些抽象词语涵盖了不同的对象,这些对象以不同的方式与核心情形相联系,甚至是以比喻的方式。他指出,人的"脚"和"山脚"虽然都包含了同一个词"脚",但是两者只具有微弱的联系,不属于同类事物。[34] 而在谈到作为哲学事业的概念分析时,他认为,我们"不仅仅关注词语本身,而且还关注我们用词语所谈论的实在"。[35] 他将《法律的概念》工作目的定性为:不是提供规则来指导词语的正确使用,而是对现代法律体系的独特结构提供一种深入的分析。[36] 哈特将"一阶规则与二阶规则的结合体"作为法律的本质(法律的独特性),但是,他清楚地意识到,人们并不用这一标准来衡量"法律"一词使用的对错。实际上,正确使用该词语的人可能对哈特的这番分析闻所未闻。[37] 德沃金批评哈特的理论存在"语义之刺"[38],哈特倍感冤枉,因为"语义"本来就不是其理论试图应用的对象。[39]

肖尔在其反本质主义挑战中使用了认知科学进行论证。他认为,人们在使用概念时都是将一些"典型特征"作为标准的,同时也承认一些例外情形不具有这些"典型特征"。但是,人们确实可以按照这种方式来使用概念。例如,"鸟类"这个词,你把蝙蝠叫作"鸟",别人也能理解你的意思,在"会飞翔"这一特征上,蝙蝠确实和鸟很相似。这在交流上没有问题。但是,假如你想诉诸概念,对世界进行分类,那么"会飞翔"这一典型特征就会淡出研究者的视野。更为严格的生物学深层属性将更好地起到为生物分类的作用:企鹅将会被纳入"鸟类"概念之下,蝙蝠则被归入"哺乳动物"概念之下。总之,认知科学家观察到的词语

---

[34]　See Hart, *The Concept of Law*, *supra* note [3], p. 15.

[35]　*Id.*, p. 14.

[36]　*Id.*, p. 17.

[37]　*Id.*, p. 151.

[38]　See Ronald Dworkin, *Law's Empire*, Hart Publishing, 1998, pp. 45-46.

[39]　See Hart, *The Concept of Law*, *supra* note [3], pp. 244-248.

用法并不能替代概念分析。

其次,概念与概念使用也不能混淆。

作为分类工具的概念在使用时,仍然会存在某些模棱两可的个体事物很难被归入某一概念之下或者排除到概念之外的情形。肖尔指出,哈特在《法律的概念》中列举的"车辆"这一概念就是如此(童车是车吗?轮滑是车吗?)。但这与概念研究并不矛盾,概念研究的目的是为探索世界分类提供理性依据,存在模棱两可的个体事物并没有推翻对世界上事物进行分类的必要性,反而,假如没有分类,所谓的模棱两可事物也不会存在。借助概念进行分类,目的并不是要让世界上的事物完全整齐划一,而是要为理解世界的性质提供一个背景性框架。你会因为模棱两可事物的存在,就放弃成年人和未成年人的划分,并因此放弃一些依赖于这一划分的实践与评价吗?[40]

反本质主义挑战中的家族相似性论证就没有理解概念作为理性分类工具的作用。假如用家族相似性原理来看待作为分类工具的概念,那么这将带来很严重的后果。家族相似性的要求其实十分松散,事物之间只要有各种各样的相似之处而不需要共享特征就可以被归入到同一概念之下。那么,世界上相互联系的事物之间多少都会有些相似性,这就导致几乎所有事物都可以被归入到同一概念之下。[41] 我们不再需要那么多概念,一个足够了!人类因此也应该放弃对世界分类的探求。我们使用概念其实是毫无理性的表现,那我们还是不说话为妙!这些极端的结论很难让人接受。

综上所述,假如肖尔对哈特的理论任务及其中的微妙区分保持足够的敏感,他应该不会提出反本质主义挑战。因此,以概念研究为己任的法哲学是可能的。

三、法哲学任务的性质及探求方法:从哈特再出发

学术史上的疑难将哈特引向了如下的道路,即如何在哲学上阐明法律的必然特征——法律的规范性,并借此界定法律的独特性,以实现对世界的分类。哈特对法哲学任务的厘清具有里程碑意义。但遗憾的是,哈特在完成这一法哲学任务的过程中,显示出他对该任务性质的理解存在一些偏差,根本原因在于他有意或无意间采纳的法哲学方法是有缺陷的。本文这一部分将循着哈特的脚步并借鉴约翰·罗尔斯的正义理论,去探寻如何正确理解法哲学任务的性质及其研究方法。

---

〔40〕 18周岁仅仅是一个为了便利的人为划分。18周岁的人就具有成年人必备的品质?你完全可以质疑它。

〔41〕 See Spaak, "Schauer's Anti-Essentialism", *supra* note〔9〕, p. 199.

(一)法律规范性的实践理论及其缺陷

对三个经典问题的回答可以展现出哈特是如何认识规则的规范性。《法律的概念》第 5 章、第 6 章则以此为基础阐释了法律的规范性。哈特法哲学的缺陷集中体现在他对规则规范性的处理上,这些缺陷也被带到了法律规范性问题中,本文主要关注前者。

针对问题(1),哈特认为,制裁难以合理地说明义务规则的规范性,因为它无法区分被迫和义务。在义务存在的情形中,义务指出的行为模式是有正当理由支持的,一个人向另一个人指出后者所肩负的义务,就是向其揭示这种正当理由的存在;而在被迫的情形中,行动者因制裁的胁迫,有充分理由不去选择本来可以选择的选项[42],这里充分的理由是与某一行动者相关的理由(例如,在抢劫情形中与被抢劫者相关的理由)。而正当理由则是中立于行动者的理由,即它能够适用于每个人。[43] 这两种理由在性质上是不同的。例如,在面临劫匪时,被抢劫者有充分的理由交出钱包以保命,但他绝不会认为劫匪的发出的命令应该适用于每一个人。因此,正当理由的存在是义务存在的关键。借助正当理由及其所属的类型,哈特完成了义务规则与强制性命令的概念分类工作。

但哈特对正当理由的理解有其特殊之处,即正当理由等同于人们对规则所持有的内在观点,是把规则当作正当理由接受下来的主观态度(哈特的术语是"接受规则")。换句话说,哈特认为"有正当理由做什么"就等同于"一个人认为自己有正当理由做什么",这里面蕴含着一种对理由的主观主义理解。[44] 借助这种特殊的理解,哈特回答了问题(3),即规则的规范性就是人们持有的内在观点。哈特对问题(2)的回答是,对规则持有内在观点并不等于规则具有道德正当性,这也使得他完成了社会规则与道德的分类工作。

《法律的概念》对内在观点似乎给出了两种界定:一种界定是行动者在主观态度上把规则作为"正当的理由"[45];另外一种界定是行动者对规则所持有的内在观点是极其庞杂的,里面包括"对长远利益的估计""对不加考虑的、继承下来的传统的尊重""想像别人那样行动"[46]等。这两种迥异的对内在观点的说明,我们可以称前者为"纯粹的内在观点",后者为"庞杂的内在观点"。这两种对内在观点的界定都暴露了哈特在说明规则规范性上是失败的,因而以其为基

---

[42] 关于被强制的界定,参见 Joseph Raz, *The Morality of Freedom*, Clarendon Press, 1986, pp. 148-151. See also Scott Anderson, "Coercion", at https://plato.stanford.edu/entries/coercion/(last visited on August 13th, 2018).

[43] See Raz, *The Morality of Freedom*, *supra* note [42], pp. 146-147.

[44] See Kevin Toh, "Hart's Expressivism and His Benthamite Project", 11 *Legal Theory* 75 (2005).

[45] See Hart, *The Concept of Law*, *supra* note [3], pp. 82-91.

[46] *Id.*, p. 203.

础的概念分类也是失败的。

首先，假如内在观点是庞杂的，那么规则与以制裁为后盾的命令就有发生混淆的可能。因为当行动者面临一个制裁威胁选择服从时，他是基于与行动者相关的理由（如保护个人生命、财产）行动的，该理由并不是正当理由。而在庞杂的内在观点中"对长远利益的估计"诉诸的就是个人利益这种理由，这并不能把哈特想做的区分确立起来。而像"对不加考虑的、继承下来的传统的尊重""想像别人那样行动"这样的理由也不是在所有情形下都能够成为正当理由的。《法律的概念》提出庞杂的内在观点，说明哈特对何为社会规则应该具有的正当理由缺乏系统的思考，因此哈特对社会规则（其中包括法律）与其他事物的分类是失败的。

其次，纯粹的内在观点也是有问题的，因为客观存在正当性理由不等于"认为自己拥有正当性理由"，将二者等同起来就等于消灭了个人或集体错误地理解正当性理由的可能性，即消灭了理由认识的可错性[47]。纠正自己过去犯下的理由认知上的错误都成为不可能的了。这是很荒谬的结论。具体到社会规则上，人们接受一条公共行为规则的正当理由绝不等同于"该社会中大多数人接受了该规则"，换句话说，正当理由并不必然等于从众。[48]例如，我们接受"不应杀人"这一规则，其背后的理由是"无辜生命的珍贵"等，而绝不是"这个社会上大多数人都认可不得杀人"。

无论是哪种版本的内在观点，哈特都把规则及其规范性等同于主观态度这种社会实践（所以可以称其为规范性的实践理论），这种理论的缺陷使其不能完成社会规则（其中包括法律）与其他事物的分类任务。

（二）哈特为何犯下上述错误

哈特犯下上述错误的原因也许有很多。可能源于哈特缺乏系统的关于理由的道德哲学理论，而且哈特似乎是一个价值相对主义者。也可能源于他没有对社会规则以及法律功能进行深入分析，即便他已经触及了相关问题。[49]但我认为，哈特犯下上述错误的根本原因在于，在研究过程中，他无意间模糊了其确立的法哲学研究任务的性质。

在本文第二部分中，我们看到，概念研究是探究我们以概念为工具对世界进行的分类及其包含的理性。但是，何为概念所具有的必然特征，并不是通过考察概念经常使用于哪些事物的性质来确定的。因为被概念所涵盖的事物可

〔47〕 See Joseph Raz, *Engaging Reasons: On the Theory of Value and Action*, Oxford University Press, 1999, pp. 124-125.

〔48〕 See Ronald Dworkin, *Taking Rights Seriously*, Harvard University Press, 1977, pp. 53-58.

〔49〕 拉兹则对相关问题有着更为深入合理的探讨，参见 Raz, *The Morality of Freedom*, *supra* note〔42〕, pp. 23-69.

能具有多种庞杂的性质,有些性质并不来源于该类事物的本性,与概念分类问题是不相关的。仅仅止步于对这些庞杂性质的描述,是无法探寻到事物分类的理性基础的。但是,哈特在具体展开对法律规范性的分析中无意间忽视了自己确立的研究任务。这集中地体现在哈特对自己理论的另外一个界定上——描述社会学。

哈特称他的概念分析旨在成为"一个描述社会学的尝试","通过考察相应词语的标准用法……最清晰地把握这些(社会现象)重大的差别"。[50] 也就是说,哈特很关注概念在使用中都囊括了哪些事物,在这种考察中,概念使用中一些模棱两可情形或者不是最典范的情形也在"描述"之列,这使得哈特的研究带有经验研究的味道。比如,哈特会比较关注"法律"这一概念具体在实践中是如何使用的,人们对法律有着如何复杂的态度与观点。这有可能与概念研究产生冲突,非本质的特征也会被当作概念本身必然具有的属性。也就是说,概念研究与描述社会学并不是完全一致的,哈特的理论缺陷在这种不同方向的拉扯中产生了。

庞杂的内在观点就是这种方法论缺陷的典型产物。在一个存在法律的典型的情形中,人们对法律持有的态度当然是非常庞杂多样的,有人认可法律内容的道德正当性,有人认可创制法律程序的公平性,有人只是出于避免麻烦的从众心理,有人是害怕违反法律义务可能会遭到的制裁。一个以描述为目的的经验研究当然需要考察所有这些情形以及这些情形各自占据的比例。但是,概念研究必须区分这些情形,因为这些庞杂的特征并不都是法律作为一类独立事物的根本所在。例如,因害怕制裁而选择接受法律的态度就属于典型的被迫的情形,不能作为区别于强盗命令的法律的分类依据。

纯粹的内在观点也是执着于描述的产物。描述不仅给法哲学带来了庞杂的经验现象,也产生了一种看待法律某些必然特征的角度。虽然哈特成功地看到法律义务与以制裁为后盾的命令的不同之处在于前者被受众看作是行动的正当理由,但是止步于描述任务的哈特法哲学却不愿意对何为正当理由进行道德哲学的分析与评价,而只是考察人们主观上对正当理由的认知(内在观点)。

摆脱这种思想上的混淆,清晰地界定法哲学与经验研究应有的分界,就是要比哈特本人更为彻底地贯彻其提出的法哲学聚焦于法律概念研究的任务。

(三)理想型作为分类的依据:法哲学任务性质的厘清

概念的作用是对世界上事物进行分类,这就意味着用有限的工具来把握复杂的、无限的事物,即"以有涯随无涯"。其目的是使世界变得更有条理,使人们

〔50〕 See Hart, *The Concept of Law*, *supra* note〔3〕, p. v. 描述社会学与牛津日常语言分析有着紧密的联系。关于哈特哲学背景的转折,参见刘叶深:《法律的概念分析:如何理解当代英美法理学》,同前注〔7〕,第52—57页。

的认知或实践成为可能,使人们能够用差别的方式来对待被归入不同概念下的事物。尽管被归于同一概念下的事物具有必然特征的程度是有差别的,但是如果这些事物被归于同一概念之下能够满足人们认知与实践的要求,那么这些事物被归于同一概念之下就是合理的。没有必要为这些程度上有差别的事物分设多个概念,否则概念数量就将飙升,从而借助概念有效地理解世界的简明价值就被牺牲掉了。

因此,概念实质上是人类构造出来的、统摄一类事物的理想型。被归于其下的诸多事物可能在不同程度上符合这一理想型,甚至还存在事物是不是被归入这一概念之下模棱两可的情形。因此,概念所担负的使命可以用马克斯·韦伯提出的理想类型来说明。[51] 比如,我们在判断世界上哪些国家的经济模式是市场经济,我们就需要提炼一些要素组合作为市场经济的理想型,用这个理想型来衡量世界上各个经济体。虽然有些经济体十分接近该理想型,有些则在稍低的程度上符合该理想型,但它们都可以被归于市场经济这一概念之下。这个世界上也许根本不存在完全符合理想型的经济模式。排除程度差异,追求百分之百的精确性,在这里是不必要的,因为那将使得这个世界上没有一个国家是市场经济,我们也就失去市场经济与非市场经济这对概念,从而使我们对经济模型的认识陷入混沌。

我们日常生活中对概念的使用基本上都是诉诸理想型的。例如,"椅子"这一概念的必然特征或本质是其"可以用来坐"这个功能,椅子的某些其他特征(如高度适中、椅面面积适中)都与这一本质有着紧密的联系。通过这一本质,椅子作为独立的一类事物得到了很好的阐明。但现实中的椅子在实现可以用来坐这一功能上却是有差异的,有舒适的椅子,有不那么舒适的椅子,还有坏掉的、一坐就坍塌的椅子。有了作为理想型的椅子的概念,我们才能把这些程度上有差异的事物归于一类,去认知它们、评价它们。

关于理想型作为分类依据,需要做以下几点说明:

第一,不同领域中的理想型性质是不同的。

至少存在三个目标不同的领域,其性质影响着理想型的样态。[52] 这三个领域分别为认知领域、制造领域和价值领域。[53] 在认知领域中,人类活动的目标是掌握事物之间的因果关系及规律,诸多严格的科学概念就服务于此。例

---

[51] 参见〔德〕马克斯·韦伯:《社会科学方法论》,李秋零、田薇译,中国人民大学出版社1999年版,第31—42页。See also Spaak, "Schauer's Anti-Essentialism", *supra* note〔9〕, pp. 206-208.

[52] 德沃金指出,概念的正确标准取决于它在其实践领域中所扮演的最佳角色。See Ronald Dworkin, *Justice for Hedgehogs*, Harvard University Press, 2011, pp. 158,160.

[53] 此分类来源于约翰·菲尼斯,他区分了四种秩序。See John Finnis, *Natural Law and Natural Rights*, Clarendon Press, 1980, pp. 136-139.

如,原子、DNA、动物、动能、质量等概念,就是为更好地认知事物而服务的。像"美丽"这样的概念,在认知领域就是不合适的。制造领域处理的是通过生产将人类的规划和意图转变为人造物的问题,而产品的功能是设计蓝图所规划好的,因此该领域中概念的理想型都是按照功能所打造的,如工厂、家庭、椅子。在价值领域中最重要的任务是评价,其中包括对人类行为的评价,即伦理和道德领域。该领域的概念都是起到评价功能的,如正义、自由、平等、繁荣、团结。法律也属于评价领域。

有一个疑问需要澄清一下。认知领域中的概念真的是理想型的吗?狮子这个概念属于"自然种类"概念,其本质特征在于狮子类动物所共享的DNA,该本质决定了狮子诸多表面特征。属于"狮子"这一概念之下的动物,虽然外观上有所差异,甚至差异很大,但DNA肯定是相同的。这里不存在不同程度地符合理想型的问题。所以,理想型何在?认知领域中的概念虽然有其独特性,该独特性就包括该类事物和理想型的符合程度更高的特征,但这并不意味着该种概念缺乏理想型维度。像"狮子"这样的自然种类概念其本质不仅是狮子的DNA,而且是"该类事物的深层属性"。在现有的技术条件下,也许最有说服力的深层属性就是DNA,但是我们不应认为科学不能进步,对于狮子的本质我们一劳永逸地获得了终极真理。所以,DNA只是我们逼近"深层属性"这一认知理想型的中途站。一旦我们探知,狮子的表面特征更多是由另外一些遗传要素决定的,包括DNA也是由它决定的,那么狮子的本质就发生了变化。[54]

第二,随着语境的变化,概念可能会在不同领域之间迁移。

通常属于一个领域中的概念,有可能在某些情境下迁移到另一个领域中,并开始改变其理想型的样态。例如,"蔬菜"这个概念一般属于认知领域,其有生物学上的深层结构作为理想型来统合各种蔬菜。但是,一旦"蔬菜"被写入海关进出口货物纳税清单后,"蔬菜"这一个概念就进入了法律这个规范性评价的领域。蔬菜的界定就不能仅仅根据其生物学上的定位,还要看其是否符合相关税法所要实现的目的,包括按照植物学原理来划分蔬菜与非蔬菜会不会造成评价上的武断。[55] 当然,你也可以说这里存在两个不同的"蔬菜"概念,而非一个概念发生了迁移,但这都不会影响我这里所要表达的意思。"法律"这个概念也存在领域迁移的问题。假如一个社会学家研究法社会学,他可以正当地建构一种像韦伯那样的法律概念[56],服务于社会科学认知的目的。但是,法哲学领域

---

　　〔54〕　德沃金曾举激光射线改变深层结构为例,这也说明现有生物基因的知识不是事物的终极本质。See Dworkin, *Justice for Hedgehogs*, *supra* note 〔52〕, p. 165.

　　〔55〕　*Id.*, pp. 164-166.

　　〔56〕　参见〔德〕马克斯·韦伯:《论经济与社会中的法律》,张乃根译,中国大百科全书出版社1998年版,第14—16页。

通常把法律看作一个能够指引行为、为行动提供理由的事物,那么法律的概念在这里发挥的作用就更多是在法庭上、立法中以及日常法律生活中进行评价、批评、指引。[57]

第三,法律所在的评价领域中的概念理想型就是呈现出最佳状态的价值。

与本文主题最相关的是评价领域中的概念理想型具有什么样的性质,特别是政治概念和法律概念。其中有两个问题虽然不能展开,但有必要进行概要性的论述。

一是法律为什么被归入评价领域(之下的道德评价领域)?确实,这一问题不是没有争议的,传统的法律实证主义者更倾向于把法律看作是事实,从而使法律与道德相区分。但是,假如你像哈特一样,在学术史的指引下把法律看作具有规范性的事物,试图说明为什么法律能够对人的行为提供行动理由,那么把法律看作纯粹事实的尝试多半是要失败的。本文这里不详尽展现这件学术公案,只概要地展现哈特用事实性的"内在观点"去说明法律规范性是失败的,而且在哈特之后的法律实证主义者和非实证主义者观点上虽然千差万别,但都求助于价值特别是政治价值来说明法律为什么可以作为一种独特的规范性事物而存在。[58]

二是在评价领域中,作为分类的概念理想型到底要多么"理想"?是要将该价值呈现出最佳状态,还是只需要证明其具有一定价值即可?本文认为,我们没有办法止步于一种不那么理想的概念(例如正义),因为这将无法起到分类的作用。例如,假如有人提出"不考虑个人贡献,经济资源完全均等分配就是正义"这样一种明显带有缺陷的界定,如果以这种不那么理想的类型作为正义概念,那么就无法有效地区分正义的分配体制与非正义的分配体制,也无法正确地将批评施于应受批评者。也就是说,我们没能清晰地完成分类任务以及实现价值领域中分类应有的评价功能。作为价值领域中的法律概念也是如此,借用德沃金的话语——追问什么是法律,就是要呈现出法律在其所在的种类中最好的样态。[59] 当然,没有必要担心如此理想的概念,有多少事物能够符合它。因为概念下的事物可以在不同程度上符合这一理想型,恰恰是这些事物都"有志

---

〔57〕　德沃金区分了社会学法律概念和教义法律概念。See Ronald Dworkin, *Justice in Robes*, Harvard University Press, 2006, pp. 1-5.

〔58〕　法律实证主义者如拉兹、斯科特·夏皮罗。See Joseph Raz, *Ethics in the Public Domain: Essays in the Morality of Law and Politics*, Clarendon Press, 1994, pp. 215-220. 〔美〕斯科特·夏皮罗:《合法性》,郑玉双、刘叶深译,中国法制出版社 2016 年版,第 275—281 页。非法律实证主义者如德沃金、菲尼斯、阿列克西。See *id.*, pp. 168-171; Finnis, *Natural Law and Natural Rights*, *supra* note〔53〕, pp. 12-18; Robert Alexy: *The Argument from Injustice: A Reply to Legal Positivism*, Clarendon Press, 2002, pp. 35-39.

〔59〕　See Dworkin, *Law's Empire*, *supra* note〔38〕, pp. 95-96.

于"同一理想型,才会被归为一类的。当然,在获得这种最佳样态的过程中,理论是不可缺少的,最佳样态往往只能在比较各种理论(诸如正义理论、法治理论)后才做出判断。当然也不排除各种价值在呈现出最佳状态后相互之间具有紧密的关系,并彼此支持。

(四)理想型道德概念与经验知识:回应肖尔的经验研究方法

那么,什么是建构道德概念理想型的正确方法呢? 或者如何来确定某一道德理想型是最优的呢? 方法应该是非常多样的。本文此处主要讨论的问题是,在道德理想型的证立中,经验知识占据什么地位,以及肖尔在《法律的强制》一书中极力推荐的经验研究方法是否是适当的方法。本文会以约翰·罗尔斯在《正义论》中的论述为例来展示更为适当的方法。

经验研究方法并不适合道德概念或法律概念研究。理由如下:

首先,必须对法律概念先有一个清晰合理的哲学上的界定,然后才能够开始在经验世界中观察该法律现象出现的频度与规律。概念是先于一般的经验观察的。正如莱斯利·格林在批评《法律的强制》一书时指出:"概念上盲目的经验主义快速前进,但没有方向。在开始计算某现象出现多少次之前,我们要先知道这个现象本身是什么。不知道它是什么,我们就没法计算。"[60]在前面我们看到,哈特为法律的内在观点提供了两个版本:纯粹的和庞杂的内在观点。在经验上研究法律规范性在多大程度上被内化时,分别以这两种版本的内在观点为基础,我们将得出截然不同的答案。哪个版本更正确是要先行解决的问题。

其次,评价领域中的理想型问题对应的根本不是一个经验的回答,只能诉诸价值论证。只诉诸经验观察,看到的事物特征将是极其庞杂的。例如,面对典型的法律,你会观察到人权保护、法律面前人人平等、法律规定的强制手段、执法者以权谋私等。那么,问题是法律的概念这一理想型应该吸纳哪个或哪些特征作为分类的根据呢? 哪些特征又不是法律自身的特征,而是外在环境带来的呢? 即使诉诸跨文化比较的经验方法也不能彻底解决这一问题,因为各个社会的一些外在环境是共同的,它们也许带给法律某一普遍特征,但该特征仍然不能说是法律的必然特征。你只能追问,人类为什么需要法律呢? 法律具有什么样的正当功能,以至于人类愿意建立它并为之奋斗呢? 你会发现只有法律具有的这种价值才能把受其评判的好的法律和坏的法律汇集为一类事物,无论对好的法律和坏的法律是赞美还是批判,都要诉诸它们共同的理想型。

经验研究方法不适合,完全抛弃经验观察的路也注定是走不通的。罗尔斯在建构其正义概念时就批评过这样一种方法论企图:

---

[60] See Green, "The Forces of Law: Duty, Coercion, and Power", *supra* note [33], p.179.

　　有些哲学家认为伦理学的首要原则应当独立于所有偶然的假定,他们认为如下认识是理所当然的:除了逻辑的真理以及通过概念分析从这些逻辑真理推出的真理之外,不存在任何真理。道德观念应当对所有可能世界都有效。……从契约论观点来看,这等于说原初状态中的人们对于他们自己或其所在的世界毫无了解。要真是这样的话,他们怎么可能做出决定呢?[61]

　　这种被罗尔斯称为"创世的伦理学"的方法把正义看作完全独立于偶然经验世界的先验理念,必然是失败的。因为:(1)这样得出的正义原则只能是一种从抽象到同义反复程度的表述,诸如"正义就是公平",这使得正义原则完全失去了对现实世界的指导作用;(2)正义只能在至少具有底线特征的世界中存在。例如,在某个可能世界中根本不存在人类,这个世界还有正义吗?或者再如,在某个可能世界中只有一个人,这个世界可能存在法律吗?因此,关于世界的某些经验知识是正义、法律这些概念存在的前提。创世的伦理学即使存在,也会成为"无聊的乌托邦"[62],它会摆脱所有的经验束缚去建立一种荒谬的"理想"。

　　罗尔斯所推荐与践行的方法旨在打造一个理论上的"现实的乌托邦"(realistic utopia)[63],即以人的既有状况和规律为基础,来探求最好的正义原则,理想理论在罗尔斯那里是要探求"可付诸实践的政治可能性的边界"[64]。也就是说,罗尔斯的作为理想理论的正义理论是不排斥经验知识的,但也不等于经验研究。因为经验知识要以有限制的方式进入正义的思考过程。那么,哪些经验知识能够进入到思考过程?其进入的方式是什么样的呢?

　　我们以罗尔斯提出的"原初状态"来展示这一点。罗尔斯提出的原初状态就是以一种形象化的方式展示其正义思考方法,它深刻地模仿了"人人平等"这一被普遍分享的道德信念。[65] 例如,在原初状态中,每个人都能得到代表,最终成果必须达到全体一致。更重要的是,为了准确地模拟"人人平等",在原初状态中还设置了"无知之幕",受"无知之幕"的阻隔,原初状态中的代表们不知道在未来社会中自己的社会地位、阶级出身、天资能力,不知道自己持有的善观念,也不知道自己可能处于哪个时代当中。[66] 但是,在原初状态中,人们还是

---

[61] John Rawls, *A Theory of Justice*, Belknap Press, 1971, p. 159.

[62] A. John Simmons, "Ideal and Nonideal Theory", 38 *Philosophy & Public Affairs* 8 (2010).

[63] *Id.*, p. 7.

[64] *Id.*, p. 7.

[65] See Dworkin, *Taking Rights Seriously*, *supra* note [48], pp. 177-183.

[66] See Rawls, *A Theory of Justice*, *supra* note [61], pp. 136-137.

拥有其他经验知识。例如,原初状态中的人必须知道"未来社会的资源属于中等匮乏程度",不然正义原则都没有必要出现;[67]还必须知道人类一般的心理特点和经济规律(如效用边际递减规律等),不然也无法建构出适用于社会经济利益分配的差别原则。[68] 而且,在两个正义原则产生之后,建设正义的政治制度、社会制度的过程要经历四个阶段:接受正义原则阶段、立宪阶段、立法阶段与司法阶段。每到达一个新的阶段,"无知之幕"就会"变薄",上一个阶段不了解的经验知识就会参与到考量过程中来。[69]

可见,罗尔斯提出的是一种有选择性地、有序地利用经验知识的方法,经验知识必须以一种与"人人平等"基本道德理念相一致的方式被引导到道德思考中来。设想原初状态中的代表假如知道其在未来社会中的社会阶级,他选择的原则便会偏向这一阶级,就不可能是正义的。甚至都不应允许原始状态中的代表知道未来社会中各个阶级的比例,因为这一知识也会损害代表们选择的原则的公正性。当然,罗尔斯原初状态的设计也不是没有争议的,不是不可改变的,但改变后的新版本必须是更加精准地模拟了"人人平等"这一基本道德理念,也必然排斥一些经验,允许另一些经验。当然,你也可以不采用罗尔斯这种有点"思想实验"性质的论证方法,但这种方法体现的原理是不容否认的:在对道德概念(包括正义概念)进行思考时,很多情况即使我们知道,也不能被纳入思考过程中。

与法律的或政治的强制性这一主题高度相关的是,在罗尔斯的理想正义理论中,不考虑与不服从(包括对不服从的制裁)相关的经验知识。在《正义论》中罗尔斯将其正义理论区分为两个部分:理想理论和非理想理论。[70] 理想的正义理论是适用于或者产生于良序社会的,即在该社会中,每个人都接受也知道别人接受同样的正义原则,而且社会制度也符合该正义原则。[71] 在这样一个严格服从的社会中[72],不存在故意违背正义原则的行为,制裁也无从存在。换句话说,理想的正义概念是不考虑制裁的,强制问题或制裁问题只有到了两个正义原则确定以后,才会被考虑。因此,制裁问题属于部分服从问题,或者属于与非正义相关的非理想问题,包括惩罚问题、正义战争问题、公民不服从问题等。[73]

---

[67] Id., pp. 126-129.

[68] Id., pp. 154-156.

[69] Id., pp. 195-200.

[70] 用这一区分来解读肖尔理论的尝试,参见 Jose Juan Moreso, "Schauer on Coercion, Acceptance, and Schizophrenia", 29 Ratio Juris 215 (2016).

[71] See Rawls, A Theory of Justice, supra note [61], pp. 4-5.

[72] Id., p. 8.

[73] Id., pp. 363-395.

为什么罗尔斯在正义理论的理想部分不考虑关于不服从现象的经验知识呢? 罗尔斯并未详尽地说明理由。我认为,理由在于,考虑不服从现象可能会建构出错误的理想正义概念,或者与建构理想正义概念是不相关的,所以这种知识被排除到"无知之幕"之外。具体来说,即使我们得知确立的正义原则会被未来社会某些普通公民或者官员所违反,这也不会改变我们将选择的正义原则。例如,只要资源分配是公平的,盗窃行为的存在并不会让我们回过头去修改正义原则(该原则本来就包含了"不得盗窃"的禁令),来给盗窃者多分配一些资源;也不会因为官员攫取不当权力谋私,就修改正义原则所确立的政治结构(该结构本来就包含了权力约束机制),以满足这种贪欲。面对这些不服从行为,我们考虑执行已确立的正义原则就足够了。如果允许违背正义原则的行为影响原则本身的建构,无论对这种违反行为做出安抚,还是施加更为严苛的惩罚,都是违背正义的:安抚等于向邪恶低头,更严苛的惩罚则违背罪刑相适应这一正义原则。而且,允许原则根据服从与否而变动内容,反而会激发更多的违背行为,正义原则也变得不具有确定性。[74]

所以,在建构理想的正义概念(其中包括法律概念)时不考虑不服从问题以及制裁问题,并不像肖尔批评的那样,是忽视了不服从和制裁现象的普遍存在,而是作为理想型的概念研究的内在要求。

四、理想理论的实践意义

法哲学的任务是阐明作为分类工具的理想型法学概念(如法律、权利、义务等),这与政治哲学主要任务在于阐明自由、民主、正义这些概念在性质上是相同的。而价值领域中的这些基本概念都是理想型,这也意味着法哲学要证明哪种法律概念能够得到最佳的道德证立。但是,即使这种理论在内在逻辑上有说服力,其实践意义也遭到了不少的质疑。

一种质疑认为,关于什么是理想的法律、理想的正义的分歧是无法理性解决的,关键的问题在于如何实现这种理想。很多理想看上去很美,实现起来很难。我们把实现途径问题解决之后,很多理想就顺理成章地被排除在外了。[75] 这种观点明显忽视了政治哲学、法哲学在理想理论讨论上取得的进步以及所达成的阶段性共识。至少在《正义论》之后,功利主义要么很难站住脚,要么必须做出彻底的改造,这展现了在理想理论上理性讨论是可能的。再者,难道我们反对纳粹政权是因为它实现途径不畅,而非因为它本身是邪恶的?

另一种质疑则认为,理想理论可以被理性地讨论,有其理论价值,但是理想

---

〔74〕 See Simmons, "Ideal and Nonideal Theory", *supra* note 〔62〕, pp. 8-9.

〔75〕 参见〔美〕理查德·波斯纳:《道德和法律理论的疑问》,苏力译,中国政法大学出版社 2001 年版,第 52—59 页。

距离现实过于遥远,所以该理论没有现实意义,没有办法指导当下的实践。[76]
肖尔在《法律的强制》一书批评的重点不是哈特法哲学的逻辑自洽性,而是认为
哈特忽视了无处不在的法律强制性,也失去了把握当下实践问题的能力。下面
我将展现,经验研究确实与实践高度相关,但是这并不意味着理想理论与实践
是脱节的。理想理论对实践有着其独特的、不可替代的贡献。

(一)作为实践目标和要求的理想理论

理想理论对于实践来说,至少有两种不可替代的贡献。[77]

(1)理想理论确定的政治道德概念、法律概念是相关实践的目标。

这一贡献可以分为两个方面:

第一,以不同理想作为目标,对实践走向有着重要的意义。不同正义理论
确立的理想是截然不同的。例如,假如按照罗尔斯两个正义原则中的差别原则
推荐的分配方案,我们在实践中就要向建设一个福利国家而努力,就要循序渐
进地建设医疗保险、廉价住房等公共项目。[78] 假如我们以诺齐克的自由至上
主义正义理念为理想,则这些项目大多是在违背理想,而非促进理想。在本文
第三部分讨论罗尔斯探究理想正义概念的方法论中我们看到,正义理念并非完
全先于经验的超验理念,它是以特定模式吸纳、指导经验知识的产物。因此,正
义理念可以是足够具体化的,不会停留在"正义就是公平"这样抽象表述的层面
上,从而对于实践而言,作为目标的正义理念具有可见的指引作用。德沃金、阿
克曼就是将罗尔斯开创的正义理论进一步具体化,并用于美国实践。[79]

第二,以理想型作为政治实践、法律实践的目标,将决定不同的实践模式。
存在两种政治实践、法律实践的模式:一种可以被称为"零敲碎打模式",另一种
是"整体转变模式"。[80] 第一种模式没有长远的目标,例如,没有对资源分配的
理想、没有理想的司法裁判方法,只聚焦于眼前的问题,一次解决一个问题。[81]
后一种模式则以政治理想为长远目标,针对这一目标做出长远规划,虽然知道
这一目标不可能一蹴而就,其规划的路线免不了曲折,但这一规划最终要通向

〔76〕 参见〔印度〕阿玛蒂亚·森:《正义的理念》,王磊、李航译,中国人民大学出版社 2012 年版,第 88—94 页。See also David Wiens, "Prescribing Institutions Without Ideal Theory", 20 *The Journal of Political Philosophy* 45 (2012).

〔77〕 参见陈景辉:《法理论为什么是重要的:法学的知识框架及法理学在其中的位置》,载《法学》2014 年第 3 期。

〔78〕 See Rawls, *A Theory of Justice*, *supra* note 〔61〕, pp. 274-283.

〔79〕 See Ronald Dworkin, *Is Democracy Possible Here? Principles for a New Political Debate*, Princeton University Press, 2008. 参见〔美〕布鲁斯·阿克曼:《自由国家的社会正义》,董玉荣译,译林出版社 2015 年版。

〔80〕 See Simmons, "Ideal and Nonideal Theory", *supra* note 〔62〕, pp. 21-22.

〔81〕 典型的例子就是桑斯坦的观点,参见〔美〕凯斯·桑斯坦:《就事论事:美国最高法院的司法最低限度主义》,泮伟江、周武译,北京大学出版社 2007 年版,第 38—48 页。

理想目标。这两种模式在实践时虽然有时是重合的,但也有着根本的区别。因为零敲碎打式的"改进"有可能远离了最终的目标。比如,一个国家存在着严重的种族不平等,零敲碎打模式可能在就业领域中看到了这一问题,并要求在制度上做出改变。但是这种改变可能激起种族主义者更强烈的反击,种族平等非但没有被推进,反而倒退。这就是过激的害处。根据整体转变模式,一个措施是否应该被采取、是否是明智的,只能取决于是否有利于长远的理想目标,别无他法。肯定理想对实践有贡献就会选择后一种实践模式。当然,我们所掌握的知识与技术可能制约了我们做出长远规划,但是,某些情形下不能做出长远规划与根本放弃长远规划有着根本的不同。

(2) 作为理想型的概念也会对实现理想的手段有所制约。

作为理想的政治概念和法律概念不仅是长远的目标,也会作为道德要求渗透到每个实现长远目标的阶段里。例如,罗尔斯在谈到实现正义理想的过程中,每个举措都要满足三个标准:道德可允许性、政治可行性与最大可能的有效性。[82] 政治可行性是指能够获得政治力量的支持;最大可能的有效性是指手段适合实现目的;而道德可允许性则是一种道德要求,这种道德要求来自多种政治概念(其中包括正义这一概念)所设定的理想。例如,为了建设理想的正义制度,不能完全牺牲某一代人,即便可以要求处于某一历史阶段的人们多承担一些负担。再如,为了实现法治的理想,不能采取严酷的独裁手段来推动这一理想的实现。

肖尔很重视的法律强制就可以被如此看待。在本文第三部分中我们看到建构理想的法律概念并不需要强制这一因素,法律的规范性并不能由制裁而获得很好的哲学阐明。法律的强制性只是在非理想理论中占据一席之地,为了实现法律所要实现的目的(如保护合法的私人财产),法律在某些情况下(如发生盗窃犯罪)必须动用制裁等强制性手段来确保法律理想的实现。但作为实现理想的法律强制(包括制裁的使用)也要求道德上的证立。[83] 有些学者也指出,强制虽不是法律特有的手段,但是国家对强制有着"最终的垄断",所以强制尤其具有危险性。因此,法律强制力的使用应该慎之又慎,他们甚至提出应该使冲突货币化、通过交流减少强制的使用等观点。[84] 有的学者则对强制的种类做了细致的区分(如意图强制与强制的效果),并揭示其需要不同的正当性依据。[85]

---

[82] See Simmons, "Ideal and Nonideal Theory", *supra* note [62], pp. 18-21.

[83] See Anderson, "Coercion", *supra* note [42].

[84] See Ralf Poscher, "The Ultimate Force of the Law: On the Essence and Precariousness of the Monopoly on Legitimate Force", 29 *Ratio Juris* 311 (2016).

[85] See Lamond, "The Coerciveness of Law", *supra* note [1], pp. 52-57; Grant Lamond, "Coercion and the Nature of Law", 7 *Legal Theory* 35 (2001); Nicos Stavropoulos, "The Relevance of Coercion: Some Preliminaries", 22 *Ratio Juris* 339 (2009).

这些学术上的努力都说明法律在实现其理想的过程中,其所使用的手段也要符合理想的道德要求。

(二)经验研究的适当位置

现在我们来看硬币的另一面。指出理想理论对实践的贡献,并不是否定肖尔极力推荐的来自社会学、经济学等学科的经验研究方法。明确了理想理论所做的贡献,也就清楚地界定出经验研究的专长与边界。这主要体现在两个方面:

一方面,在理想型概念的建构过程中,以道德原则为框架,社会科学的经验方法生产的经验知识发挥了其应有的作用。例如,罗尔斯在建构正义第二个原则中的差别原则时,就考虑到经济利益对人所产生的积极激励效果。[86] 在评价差别原则是否对那些非最不利者是否公平时,就要考虑经济利益的涓滴效应。[87] 这些都是来自经验研究方法的贡献。

另一方面,在非理想理论中,经验研究方法做出的贡献更为明显。在确定何为最佳的实现理想的方案中,必须要考虑"政治可行性",这需要政治科学对政治力量和政治规律进行观察与分析;还要考虑举措的"实践有效性",这就需要充分参考社会学、经济学、心理学等经验研究成果。例如,关于法律制裁是否必要、如何使用、能达到什么效果,就要考虑经验研究的成果。肖尔在《法律的强制》中对为何国家更愿意使用惩罚手段而非奖励手段的分析就很精彩,这就是经验研究力量的充分展示。[88] 只不过经验研究和哲学研究应该是一种各有适当领地的分工关系,而非非此即彼的关系。贬低某一研究路径应有的重要性,并不会增加另一路径的意义。其实,哈特在《法律的概念》一书中虽然没有从事经验研究,但其对经验研究是有比较清楚的定位的。其中,他多次强调强制手段对于实现法律的目标具有重要性。[89] 例如,在说明为什么法律体系会出现时,他强调前法律规则体系的三个缺陷就包含"缺乏压力",而法律体系规定的制裁就是矫正这一缺陷的适当手段[90]——虽然制裁并不是分析法律规范性特征的适当要素。

五、结论

哈特在《法律的概念》一书中清晰地确立了法哲学研究的任务,即法哲学是通过在哲学上阐释法律某些具有理论重要性的必然特征,阐明法律的概念,来

---

[86] See Rawls, *A Theory of Justice*, *supra* note [61], pp. 79-80.

[87] *Id.*, pp. 80-83.

[88] See Schauer, *The Force of Law*, *supra* note [6], pp. 117-118.

[89] See Green, "The Forces of Law: Duty, Coercion, and Power", *supra* note [33], p. 171.

[90] See Hart, *The Concept of Law*, *supra* note [3], pp. 96-97.

实现对世界的合理分类。但哈特在研究的过程中也犯下了错误,他没有意识到概念欲实现其分类功能,必然要建构概念所涵盖的事物的理想型,而且作为评价性概念,法律的理想型建构要证立其政治道德上的正当性。哈特也因此没有意识到法哲学是一种理想理论。

《法律的强制》一书虽然带来了很多精彩的见解,但是其主要理论目标——批判哈特的法哲学范式——却没有达到。肖尔没有清楚地认识到,法哲学研究的任务并非研究毫无意义的必然特征,而是研究与学术疑难有着深刻联系的必然特征,以建立概念分类,进而实现对法律等事物的深刻理解;他也没有准确把握与该任务相适合的方法,因此其对法哲学没有把经验上常见的法律强制纳入研究核心的批评是不得要领的;此外,他也没有明晰地看到,法哲学研究是一种理想理论,以及其可能对法律实践做出的独特贡献。

(审稿编辑　谢可晟)

(校对编辑　邓　伟)

《北大法律评论》(2017)

第 18 卷·第 2 辑·页 45—60

Peking University Law Review

Vol. 18, No. 2, 2017, pp. 45-60

法律与强制

——对《法律的强制》的批判性检读

沈宏彬[*]

Law and Force:

A Critical Reading of *The Force of Law*

Shen Hongbin

导论

对熟悉当代法哲学讨论的读者来说,哈特于 1961 年出版的《法律的概念》无疑具有里程碑意义。在方法论层面,这本书重新确立了描述性法哲学的地位。通过分析法律概念的必然要素,将它和强制与道德这两者区分开来,从而阐明法律思维的一般结构。在实质主张上,这本书对之前占主导地位的"法律命令说"给予了毁灭性的批评,以一种以"规则"概念为核心的法律理论代之。尽管之后哈特的理论遭到了很多批评,但几乎没有人怀疑一般性法哲学是一种阐明法律必然性质的理论,也很少有人再系统性地为法律命令理论辩护。

然而,美国弗吉尼亚大学的弗里德里克·肖尔(Frederick Schauer)在其2015 年于哈佛大学出版社出版的《法律的强制》(*The Force of Law*)中,则尝

---

[*] 华东政法大学法律学院讲师。

试在方法论和实质观点上对哈特的理论同时发起挑战。[1] 他主张,哈特的理论预设了一种相当成问题的概念理论。究竟在何种意义上这种理论揭示了法律的必然属性,是含混不清的。但哈特恰恰是借助这种成问题的概念理论,否定了强制在说明法律性质时扮演的重要角色。因此,他打算重塑描述性法理论的方法,借助这种方法,恢复强制在描述性法哲学中的地位,并对其进行充分的说明。显而易见,这本书有强烈的理论雄心,对任何关注法哲学的读者来说,都不容错过。

　　这本书一共11章。第1章是导论,介绍了本书的基本主张和论证路线图;第2章介绍了既有的法律命令理论,特别是边沁和奥斯丁的看法;第3章说明了哈特对法律命令说的批评,并进而对哈特理论所预设的方法论进行了分析;第4到7章则为一种以强制为核心的实质法理论辩护;第8到11章则可被视为对这种实质理论可能遭到的批评的回应,从而进一步展示这种观点的理论解释力。

　　本文作为一篇学术书评,无法做到全面的评介这本书的所有主张和论证,我将把评论的重点放在决定肖尔理论成败的两个关键点上:首先,他对概念分析方法的批评是否成功?其次,在实质层面,相较于哈特的规则理论,这种强制理论是否是一种更好的描述性理论?对这两个问题,我都将给出否定的回答,具体来说,我不认为肖尔在方法论上击败了哈特。同时,通过对其实质主张的反省,我将指出,肖尔借助强制的概念说明法律的约束力,这会招致更严重的混乱,因此在实质层面,肖尔的主张也未必站得住脚。当然,我并不主张这本书一无是处,在余论中我将指出这本书对既有的法哲学讨论在客观上贡献了什么。

　　鉴于本文并不打算照顾本书的所有看法,因此本文的论证并非依照这本书的论证顺序予以安排,而是围绕所欲检讨的两个议题展开。总的来说,本文分为四个部分。在第一部分中,我将勾勒出对法律性质讨论的既有脉络;第二部分,我将重构肖尔在方法论和实质观点上的基本论证;第三、四两个部分则对他在上述两个方面上的主张做出评论。

一、问题与脉络

(一) 问题

　　既然肖尔的著作是对以哈特为代表的当代描述性法哲学理论发动挑战,那

----

〔1〕　关于这本书中的"force"如何翻译,的确值得推敲。肖尔在本书中所说的,force字面的意思是法律的某种"力量"或"强力"。这种力量相当宽泛,甚至包括某些社会舆论的压力等。但与此同时,肖尔又强调自己的理论和奥斯丁的法律命令理论之间的连贯性,而后者已经被学界通称为"法律的强制理论"。如果文章中同时出现"强力"和"强制",可能会引起读者的混乱,因此我暂时将 force 翻译为"强制",以显示该理论和之前强制理论的关联性。至于肖尔对"强制"外延的扩展,对本文的分析并不非常重要,因此这里不考虑使用"强力"的翻译。

么要想理解其论证并做出恰当的评论,首先应该澄清既有的法哲学讨论所试图解决的问题和脉络。哈特在《法律的概念》的前言部分明确说明,这本书"所关心的是阐明法律思维的一般结构,而非批评法律或法律政策",采取的方法是对法律的概念进行分析。[2] 所谓"对法律的概念进行分析",可以等同于阐明法律的性质。而在哲学上,阐明 X 的性质往往包含了两种可能的工作。其中一种是回应"识别问题",即在 XYZ 中将 X 识别出来的标准是什么。例如,将老虎和其他猫科动物区别开来的关键是它所具有的某种 DNA 结构,那么这种结构就可被视为老虎的性质。另一种是回答"必然条件问题",即 X 存在的必然条件有哪些。例如,信用卡的存在,必然预设了一套现代金融信用体系。当然,在某些情况下,这两个问题的答案是重合的。例如,老虎存在的必然条件就是某种 DNA 结构,而这也是将老虎和其他生物相区别的关键;但识别数字"3"的标准是,在自然数列中,它位于数字"2"之后,然而这个事实并非是"3"自身所具有的必然属性。[3]

不过,对于法哲学家而言,分析法律的性质主要是指法律存在的必然条件,即当法律存在时,必然预设了哪些条件。这是一种纯粹形式性的说明理论。所谓"形式性"是指,这种理论不涉及理论家个人认为何种法律是好的、对的,而只是中立地阐明法律这种规范性实践客观的深层结构,正如生物学家分析老虎的 DNA 结构一样。在这个意义上,这种理论被称为"描述性法哲学",与"批评法律或法律政策"的评价性法理论相区别。值得提醒读者注意的是,描述性法哲学本身是形式性和说明性的,这并不等于其内容就是价值中立的,也不等于其结论不包含任何规范性的内涵。[4] 例如,按照拉兹对法律性质的分析,当法律存在时,必然预设了一种主张自己拥有正当道德权威的事实权威。这个观点本身是说明性的,因为它并不主张我们应该拥护或者反对这种形式的权威,但同时它包含了强烈的规范性内涵。因为如果这个看法为真,则意味着法律和道德存在内在的必然联系,对法律的理解和实践必然总是和客观为真的道德条件关联在一起。可见,理论本身的形式性和说明性,与结论包含规范性内涵,是并行不悖的。

那么,要提出一种合格的法律性质理论,关键是说明什么呢?这就必须考虑法律的实践特征,这是因为法律的概念被人们创造出来,并非是用来表达某种自然或社会特征,而是用来指涉某种规范性实践,在这种实践中我们以法律的名义向他人提出要求。这就是说,法律的存在会对我们的行动造成实践差异,即不存在法律时,人们的行动是自由的,而一旦法律出现,我们的行动就受

---

[2] 〔英〕哈特:《法律的概念》,许家馨、李冠宜译,法律出版社 2006 年版,第 1 页。

[3] See Scott. J. Shapiro, *Legality*, Harvard University Press, 2011, p. 9.

[4] 〔英〕哈特:《法律的概念》,同前注[2],第 223 页。

到义务性的约束。因此,对法律性质的说明,必须首要说明,法律在行动上所产生的这种**实践差异**必然需要预设哪些条件。

(二) 脉络

奥斯丁的法律命令理论,对法律何以产生实践差异,给出了一个相当简明的回答。法律是一种以强制为后盾的命令,如果人们违背法律的指令,将会遭到强制所带来的严重的不利后果。因此,为了避免这种后果,人们就会遵照法律的指令行动。[5] 强制是社会中常见的现象,在很多情形中,一些社会成员会对另一些成员发布以强制为后盾的命令,但很显然,并非所有的这些命令都是法律。奥斯丁强调,只有"主权者"发布的这种命令,才具有法律的资格。而所谓的"主权者",是一个政治社群中的"政治优势者",其他社会成员习惯性地服从于他,而他不习惯性地服从于任何人。[6] 换言之,主权者具有在整个政治社群的范围内,通过强制单方投射自身意志的能力。法律就是这种意志投射的产物。因此,借助主权者的概念,奥斯丁说明了法律与其他类型强制的区别。

这是一种相当简明而具有说服力的理论,在相当长的一段时间内,它支配着人们对法律的基本理解。奥地利法学家凯尔森,以及美国的法律现实主义者们所提出的理论,相较于奥斯丁的命令理论,在很多方面都有相当程度的修正,但他们都分享了通过强制理解法律这个基本观点。不过,肖尔同时注意到,在哈特之前并非没有针对命令理论的批评声音。美国法学家庞德就提出了某些非常接近哈特在《法律的概念》中提出的异议。最主要的是,命令理论过于强调法律在施加强制或制裁方面的作用,忽视了法律在授予人们权力方面的作用。成立公司、订立遗嘱、签订契约等,所涉及的大多数法律条款,都是授予人们相应的法律权利,从而使其能够完成上述任务。然而,某种修正版本的命令理论可以说明授权性规范,例如将授权性规范视为法律的部分内容,或是将"无效"视为一种制裁等。总之,这并不构成对命令理论的颠覆性批评。

哈特在《法律的概念》中提出的批评则是颠覆性的。其核心是指出法律义务给出理由的方式和强制给出理由的方式存在本质不同,因此法律在性质上并不等于强制。详言之,按照命令理论的看法,人们之所以遵守法律的指令,是为了避免遭受强制。然而,避免遭受强制的审慎理由,并不是法律新给予人们的,而是人们本来就有的,强制只是激发了这个理由,并使其具有相当的分量,从而影响人们的实践推理。借助抢匪情景就能直观地说明这一点。受害者将钱财交给抢匪,最根本的理由是"保全性命",而这个理由并非是来自劫匪的命令,而是人们本来就有的。劫匪的强制,只是将这个本来有的理由激发出来,并给予

---

[5] 参见〔英〕奥斯丁:《法理学的范围》,刘星译,中国法制出版社 2002 年版,第 17—30 页。

[6] 同上注,第 30—32 页。

其相当强的分量,从而使得我们交出钱财。但法律显然不是激发性地给予理由。我们完全可以想象,存在某些法律规定,这些规定不包含任何值得一提的制裁,不可能激发人们任何审慎理由遵守它,但人们依然会承认,在相关的事项上的确存在一个法律上的义务性要求,而这依然会导致实践差异。比方说,法律规定禁止随地吐痰,否则罚款一元。对绝大多数人而言,这显然是不值一提的制裁,但没有人会否认此处存在一项“不随地吐痰”的义务性要求。正因如此,奥斯丁的理论是失败的,强制并不是导致法律产生实践差异,并对人们施加义务的必要条件。从奥斯丁的失败中所得到的教训是,法律这个事实本身必须能够向人们提供行动理由,而不只是激发人们已有的行动理由。这就意味着,法律本身必须是某种规范性的事实。但同时,这个事实和同样作为规范性事实的道德之间,又存在本质的不同。[7]

哈特提出的代替性方案是以“规则”的概念为核心的。他所给出的这种规则,本身是规范性的,但同时它的存在和内容完全是由社会事实所决定的。这种规则被称为“社会规则”(social rule)。它的存在预设了两个条件。首先,从外在观点看,人们存在某种一致性的行动。其次,从内在观点看,参与其中的人们认为,自己的行动是一种“遵循规则”的行动。这一点可以从他们对该行动的反思批判态度中得出,他们会在行动中使用“应当”“必须”的规范性概念,并且当某些人偏离规则的时候,他们会对援引规则加以批评,而这种批评被普遍认为是正当的,不会招致进一步的批评。[8] 社会规则在生活中并不鲜见。例如,“春节应当回家”的规则,并非是由任何人制定而存在的,而是由中国人以上述方式在事实上予以遵循而存在的。当你打算春节不回家时,可能的确需要一个足够充分的免责理由,以免遭到父母、亲戚猛烈的批评。

进而,哈特主张,法律的规范性基础就奠定在某种社会规则上,这种规则即承认规则。例如,我国《刑法》之所以被视为有约束力的法律,只因为中国法体系中的承认规则规定,“凡是全国人大制定的规则,都是法律规则,都具有法律规范性”。那么,既然我国《刑法》是全国人大制定的,自然就会被视为具有规范性。哪些人能被视为这项社会规则的“局内人”呢? 显然,一项规则要想具有法律的规范性,就必须使人们的行动在事实上受到其约束,而非任意行动。法官在确保法律做到这一点上具有特殊的地位。这是因为法官这个职位的设立,就是用来在事实上援引法律规则解决争议,使得人们的行动在事实上与法律保持一致,并对违反的行为,依照规则施加强制,确保法律的实效。因此,究竟哪些规则在事实上具有法律规范性,取决于法官将哪些规则视为法律,而承认规则

---

〔7〕　参见〔英〕哈特:《法律的概念》,同前注〔2〕,第78—86页。
〔8〕　同上注,第235—236页。

就是法官用以识别法律的客观标准。[9]

　　这样,哈特就借助规则的概念,刻画了法律的结构。其中,普通的民众遵循法律官员所制定的规则。而究竟哪些官员制定的规则是在法律上必须遵循的规则,则是由承认规则所决定的,这项规则是由法官在事实上遵循所形成的。当然,人们究竟因为什么深层理由接受法律这套规则,并非是法理论要回答的。重要的是,当法律发挥作用时,所发生的并不是人们遭到了胁迫这件事,而是人们在遵循规则。规则为对持有内在观点的人们提供了规范性约束,而这才是法律产生实践差异的真正原因。由于哈特对奥斯丁理论的批评,并非如庞德那样,只是简单指出存在某种从直观看来命令理论很难说明的规则,而是指出命令理论对法律所产生的实践差异的说明是错误的,而后者正是命令理论散发理论吸引力之处。因此,在哈特之后,即便很多理论家对哈特的理论提出了很多批评,但鲜有理论家再尝试回到奥斯丁式的理论中去。而肖尔尝试做的,就是这项看似不可能的理论任务。[10]

二、肖尔的基本论证

(一)方法论上的分歧

　　肖尔注意到,按照哈特的理论,法律之所以能对人们的行动产生实践差异,并非因为它背后的强制,而是因为它是规则。人们将规则这种规范性事实反思性地确认为自己的行动理由,从而受到法律的约束。肖尔将这种状态称为法律的"内化"(internalization)。[11] 他承认,在社会中有很多公民都是在法律内化为自己真心接受的行动规则之后,遵循法律的要求。但问题是,为什么这种状态就能够作为确定法律必然属性的基础? 显然,在社会中,还有很多对法律的其他观点和态度。为什么这些其他的态度就不能被视为表达了法律的本质属性? 肖尔认为,这是因为哈特预设了一种方法论观点,这种主张旨在发现法律的"必然"属性。因此,如果我们能构想某种可能的状态,其中法律可以对人们施加义务性要求导致真正的实践差异,但并不需要依赖强制,那么就能将强制排除在法律必然属性之外。[12]

　　然而,肖尔认为,哈特的这种方法论观点存在严重问题。例如,人们普遍承

---

[9]　参见〔英〕哈特:《法律的概念》,同前注[2],第239页。

[10]　需要说明的是,哈特提出的社会规则理论在之后的讨论中的确受到广泛的质疑,这导致其后期转向成规主义。在我看来,当我们将社会规则理论的解释范围限定在社会成规这种特定的规则下时,它还是取得了部分的成功。对行动者而言,是否参与一个成规,的确需要依靠深层的规范性理由,但一旦参与其中,其行动就会受到成规本身的调整。而成规的存在和内容,的确依赖于参与成规之人事实上所持有的规范性态度。承认规则就可视为一种司法成规。

[11]　Frederick Shauer, *The Force of Law*, Harvard University Press, 2015, p. 32.

[12]　*Id.*, pp. 35-37.

认，"会飞"是鸟的属性，但也可以明确构想出某些不能飞的鸟，如鸵鸟、企鹅等。按照上述方法论，似乎应该主张"会飞"并不是鸟的属性，或者主张这些不会飞的鸟实际上不是鸟。但无论是哪种主张，都将和我们对鸟这种生物最基本的深思熟虑的判断（considered judgement）相冲突。因此，这两种看法都无法证明自己是一种优于对方的关于鸟的概念主张。[13] 这种局面实际同样发生在对法律必然属性的分析中。尽管的确有很多人将法律内化为自己承认的规则，从而接受他的指引，但人们对法律还存在不同的规范性态度和观点，类似霍姆斯笔下的"坏人"，并没有将法律内化，而就只是将其视为一种强制。这种理解并非是极个别犯罪分子对法律的理解。在日常生活中，我们在很多情况下都会觉得，法律的规定和自己认为妥当的行动方式之间存在一定程度的背离。如果不是法律背后存在着强制，多数人肯定会按照自己的方式行动。因此，那种认为法律需要诉诸"象征性和说服性的力量"（the symbolic and persuasive power of law）就能约束人行动的看法，实在过于幼稚。[14] 肖尔特别强调，每个人自己认为妥当的行动方式，并不必然是道德上错误的方式，相反它很可能是正确的。只是由于我们生活在同一个社会框架中，为了实现稳定的社会合作，不可能允许每个公民都按照自己妥当的方式行动。这就更加说明了，将法律理解为一种附加强制的秩序，是每个人都会普遍遇见的理解。[15] 这样，肖尔认为，我们就陷入与之前飞鸟例子同样的困境：哈特的概念理论抓住了我们将法律理解为规则的那一部分，但明显忽视了法律作为强制秩序这一点，而将法律作为一种强制的理解，似乎又不能很好解释法律作为规则的这种特征。

因此，肖尔主张，解决这一困境的根本办法，就是放弃导致这种困境的概念分析方法，转而拥抱一种反本质主义（anti-essentialism）的方法论。应当将法律的概念，视为维特根斯坦所说的家族相似概念。其中并不存在一组明确的"必然属性"等待我们去发现。而对这种概念的分析，是对概念"核心情形"（central case）的分析，即对那些被人们广泛认可为某个概念典范的情形加以分析。[16] 具体到法律的概念上说，将法律理解为一种强制秩序，是人们广泛接受的一个观点，并且能得到大量社会事实的印证，那么这就是法律概念的一个核心情形。这样，对法律的概念分析就不能将它排除在外，因为这些事实说明，这种对法律的理解表达了"法律"这个家族相似概念中的一个概念分支。[17]

通过对哈特的概念分析方法提出批评，肖尔至少首先给法哲学家提供了一

〔13〕 Id. , p. 37.
〔14〕 Id. , pp. 69-73.
〔15〕 Id. , pp. 104-109.
〔16〕 Id. , pp. 37-40.
〔17〕 Id. , pp. 40-41.

个理由,恢复关注法律所包含的强制。但对他来说,将法律理解为一种强制秩序,并不仅仅是诸种对法律属性之理解中处于同一水平的一种理解方案,而是一种更好的理解。这里的"更好"是指,它实际上抓住了绝大多数人对法律的基本理解,而哈特式的理解反而可能是一种边缘化的理解。换言之,作为一种强制秩序的法律,是法律这个家族相似概念中,目前处于支配地位的一个分支。

（二）强制与实践差异

为了说明人们普遍将法律理解为一种强制秩序,首先要对人们事实上的行动动机予以研究。首先遇到的难题,来自社会心理学家汤姆·泰勒（Tom Tyler）在《人们为何服从法律》（*Why People Obey the Law*）中的研究。在这本书中作者成功证明了,经济学家所假设的经验世界中的人们,归根结底都是遵循自利动机行动,这一点是错误的,法律是否具有道德正当性,这对经验中的人们事实上是否服从法律具有很大的影响。然而,这个结论对既有的法律命令理论而言,实际上是灾难性的。奥斯丁的理论,就预设了人们按照自利动机行动这一点,进而才主张应当将法律理解为一种强制,这是因为强制是一种能有效改变人们自利的方式,激发出趋利避害的自利考虑,从而使法律对人们的行动产生实践差异。因此,泰勒的结论实际上证明了,奥斯丁这种法律命令理论在其人性论预设上就存在问题,因此经验研究并不支持将法律理解为一种强制。[18]

然而,肖尔认为,泰勒的这个结论预设了一个成问题的二元对立,即将人们的行动动机简单划分为自利动机和道德动机,似乎如果经验数据证明了人们并不总是与前一种动机的要求保持一致,就必然等于他们在遵循后一种动机行动。实际上,人们所拥有的行动动机是相当广泛的,我们可能会基于自利或道德的动机行动,也有可能基于对某种习俗的尊重,或基于对某个宗教神祇的虔敬,或仅仅是随大流,等等。这些五花八门的动机,不可能完全被还原为上述两种动机。这就需要对人们的行动动机,做进一步的分析,以确定法律在约束人们行动时,究竟诉诸了何种动机。[19]

分析的起点依旧是描述性法理论出发的起点,即法律的存在约束了人们的行动。"这是法律的规定"这个事实,构成了约束的理由。从第一人称视角看,如果法律规定的内容 X 是人们基于与法律无关的动机就能去予以遵循的,那么"这是法律规定的"这个事实就不会出现在人们的实践推理中。这很好说明。例如,对我这个从来不吸烟的人来说,"吸烟有害健康"这个事实,就给予了我强有力的理由不去吸烟。北京市（通过的）《控制吸烟条例》规定一切室内场所禁

---

〔18〕　*Id.*，p. 61.
〔19〕　*Id.*，pp. 59-61.

止吸烟之后,这个事实并没有对我的行动产生丝毫的改变。使得我不抽烟的,依旧是我追求健康生活的动机,而不是遵循法律规定的动机。相应地,法律只会出现在那些烟民的实践推理中,即本来有动机让我去抽烟,但由于我具有遵循法律的动机,而法律又规定了禁止吸烟,这导致我最终决定不去抽烟。如果上述论证大体上是正确的,那么肖尔就排除了因为某些独立于法律之外的动机去遵循法律的行为,这些行为不足以说明,法律何以约束我们的行动。这自然就包括以下这种行为:从某个人的观点看,法律的内容在道德上是正确的,因此他遵守法律。这是典型的基于道德动机发出的行为,同样与法律实践无关。[20]

现在的问题就集中在,那个烟民所具有的"遵循法律的动机"究竟是什么?按照肖尔的看法,这种动机只可能是避免遭到法律的强制。这不难理解。上述论证已经排除了由于法律内容上的合理性激发人们行动的可能,那么除了内容之外,法律就只剩下强制了。此处可能会遇到哈特主义者的反对,他们主张,除了避免法律所带来的不利后果,人们也可能因为"遵循规则"而遵守法律的规定。对多数人而言,他们可被称为"困惑之人"(the puzzled man),为了实现社会合作,他们有遵循立法者所制定的规则的动机。因此,对那个烟民来说,他不再吸烟并不是担心法律的强制可能带来的不利后果,而是因为"遵守规则"这个动机所致。然而,这种看法错失了焦点。此处要考虑的问题是,为什么"困惑之人"有深层动机,去产生一个"遵守法律规则"的具体化动机。哈特本人在这里并没有将这种动机具体化,他认为这种动机可以是任意的,可以是担心遭到惩罚,可以是道德动机,甚至可以是随大流。但肖尔认为,上述分析已经指出,真正能够激发人们因为"这是法律规定的"这个事实而去遵守法律的,只可能是由法律的强制所激发的审慎的动机。这就证明了,将法律视为一种强制秩序,抓住了绝大多数人对法律的基本理解,**因此相较于哈特的理解具有优先性**。[21]

然而,真正的问题是,如果遵守法律的动机只可能是由法律的强制所引发的审慎的动机,那么此处究竟何为强制就变得非常含混。之前提到,法律对违反随地吐痰的禁止性规定,可能只施加了微乎其微的罚款,这对绝大多数人而言,都不足以激发审慎的理由遵守它。但我们依然会认为,自己有真实的动机去遵守。或者,人们为了运用制订合同的法律权利,从而遵循合同法上授权条款的规定,这似乎也不是为了避免某种强制,而只是为了达成签订契约的目的。即便由于未能严格遵循法律导致签订的合同无效,这也很难说是法律强制带来的后果。

肖尔对此的回应是,的确不应将法律的强制简单地同某种类似刑罚的强制

---

〔20〕 *Id.*, pp. 61-62.

〔21〕 *Id.*, pp. 73-74.

或制裁关联在一起,而应采取一种广义的理解。尽管他本人并未对这种广义的理解究竟是什么做出明确的界定,但我们似乎可以将其归结为,那些能够让人们违背自己意愿而行动的事实。肖尔主张,在运用授权性规则的例子中,我们的确可以采取类似"将无效视为一种制裁"的观点。简言之,一个基本的事实是,即使不存在法律,人们也能做出承诺、缔结契约、订立遗嘱等,而人们之所以选择通过法律做这些事,主要是因为,法律所具有的强制将会确保自己所制订的合同或遗嘱,即使面临某些情况使得相关方不再愿意执行时,法律的强制也会确保它们得到执行。因此,当人们因为未能按照授权性规则的要求制订合同,导致最终合同无效时,这意味着人们诉诸法律的一个核心愿望落空了。这个后果将会使人们不得不改变自己随意签订合同的做法,认真遵循授权性规则的规定。那么可见,诉诸无效这个后果,也能说明为何人们会遵循授权性规则。[22] 而如果法律归根结底并没有对某种禁止的行动施加任何值得一提的不利后果的话,那么应该承认,法律并不打算真心实意地限制这种行动,对随地吐痰处以微乎其微的罚款就可被视为这种情形。当然,诉诸强制说明法律导致人们在行动上产生的实践差异,总会存在某些边缘情形,但这并不影响这种理论抓住了人们对法律最基本的某些认识,这已经足够使其成为一种法律某种核心情形加以充分说明的理论了。[23]

以上两节就是概述的核心论证。可以看到,通过对哈特所采用概念分析方法的批评,肖尔促使法理论重新注意到作为法律核心情形的强制,进而通过对人们行动动机的区分,进一步证明了强制是法律造成人们在行动上的实践差异的核心。当然,这本书还包含了对进一步问题的处理,但这些问题都是从上述基本论证中派生出来的。因此,如果上述论证是成功的,那么对细节的处理即便存在错误,也并不危及根本,故本文不再予以分析。而在本文余下的部分中,我将对方法论和基本实质主张这两点基本论证做出检讨。

三、模态与概念分析

回顾之前肖尔对哈特在方法论上的批评,其基本论证是这样的:哈特构想了一种基于规则的法律结构,法律能够对人的行动加以约束,是因为人们将法律内化为自己的正确行动准则,此时法律的强制就是多余的。这固然是一部分人对法律的理解。但将法律理解为强制秩序,同样是一种相当广泛的理解。为什么要主张前一种观念反映了法律的"本质"属性,而后者则并非如此呢?妥当的看法是将法律理解为一种家族相似概念。而对家族相似性概念的分析,应当

---

〔22〕 *Id.*, pp. 28-29.
〔23〕 *Id.*, p. 74.

瞄准这种概念的核心情形,将法律理解为一种强制秩序,对法律如何约束人们的行动产生实践差异给出了一种妥当且被广泛接受的看法,自然是法理论需要分析的一种核心情形。

首先应当指出的是,正如本文在开篇中所说,一般性法哲学在分析法律的性质时,并非是在分析某种柏拉图所说的抽象实体或者理念,而是指对法律存在所必然预设的条件的形式化分析。这一点肖尔事实上也认可,强制就是他所得出的必要条件。分歧在于,哈特会主张,自己所分析出的这组必要条件,就是法律存在的必要条件,并不存在额外的条件。而肖尔主张,哈特所主张的条件,只是对法律这个家族相似性概念中一个概念分支的分析结果。还存在另一些概念分支,肖尔得出的就是另一分支的必要条件。因此,我们必须回答,法律是否是一个家族相似概念? 或者说,是否存在唯一一组明确的必要条件决定法律的存在? 两种不同的概念主张之间,是否客观上存在对错可言?

我认为上述三个问题答案,除了第一个是否定性的,其余两个皆为肯定的回答。在我看来,肖尔似乎误解了概念理论的性质。与经验性理论不同,概念理论是一种模态化的理论。所谓模态理论,分析的并不是经验状态下的 X 的必要条件,而是某种可能状态下 X 的必要条件。这种可能状态是由 X 的功能所界定的,即我们发明 X 这个概念是为了实现什么功能。只有充分实现其功能的 X,其存在所需要的必要条件,才是 X 概念的必然属性。[24] 举一个简单的例子。如果我们要分析人这种生物必然包含哪些器官,分析的对象必然不能是那些残疾人或是尚未发育成熟的人。这是因为这些人尽管在道德意义上依然是完整的人,但在生物分析上,并不足以作为分析的基础。此处所要分析的,只能是成熟健康的人,而所谓"成熟健康"实际上就包含了对人功能或者目标的某种理解。这个道理在分析法律的概念时,同样适用。对法律概念的分析,必须瞄准"成熟健康"状态的法律,它能够完美地实现我们引入它时所赋予它的功能。这种功能就是指引人的行动,从而对人的行动产生时间差异。

分析至此,肖尔可能会说,上述主张他并不反对。他主张的是,强制同样可以解释法律的实践差异,并且这种理解是绝大多数人所支持的。为何它不能被视为一种合理的概念主张呢? 这种看法在方法论上的问题在于,并未将概念分析的模态化贯彻到底。对法律的概念分析,固然是对法律的模态分析,但这种分析所预设的条件,同样需要是模态化的,其中"指引人的行动"中的"人",也需要是模态化的行动者。这就涉及理论家必须确定,理性行动者的概念究竟意味着什么。[25] 在这一点上,奥斯丁反而比肖尔更为深刻,他很清楚自己的命令理

〔24〕 See John Gardner, *Law as a Leap of Faith*, Oxford University Press, 2012, pp. 167-170.

〔25〕 这一点得益于与中国政法大学范立波教授的交流,在此表示感谢。

论需要依赖某种特定的理性行动者概念,这种行动者就是功利主义理论所刻画的那种只基于自利动机行动的人。强制可以通过带来严重的不利后果,来影响人们对自我利益的权衡计算,最终影响人的行动。

与此同时,哈特对奥斯丁的批评,也并非单纯建立在我们能构想某种场景之上,其中法律对人的行动构成约束并不需要诉诸强制,而是建立在他对何谓理性行动者的新看法之上。在哈特的理论中,人们不再被刻画为自利的行动者,而是具有将规则视为正确行动标准并加以遵循的能力的。而对于指引这种行动者行动,强制就是不必要的。进而,多数理论家之所以不再支持强制理论,从深层次上说,也就是因为他们已经放弃了强制理论所预设的行动者概念。因此,即便世界上绝大多数人都将法律理解为一种强制秩序,通过诉诸强制来约束人们,这也并不等于在概念上强制就是法律存在的必要条件。相反我们应该说,绝大多数人都犯了一个错误,既错误地理解了法律,又错误地理解了作为行动者的自己。值得一提的是,被肖尔所引用的泰勒的《人们为什么服从法律》,恰恰同时在经验层面击败了法律命令理论,因为泰勒的经验研究,明确发现人们并不是只依赖自利的动机行动。这就说明,即便在经验层面,我们对自身的深层理解也不支持法律命令理论。因此,可以说,肖尔在方法论层面上的批评,完全失败了。

然而,肖尔方法论层面的失败,并不直接导致其实质主张同时是错误的。在实质层面,他给出了一个看上去非常简洁明了的说明,指出即便不必预设自利行动者的概念,对那些有丰富行动动机的人来说,法律对他们行动的约束,只可能来自于强制这个层面。如果这个主张是正确的,结合本节所澄清的方法论,那么肖尔的法律强制理论反而可能取得更大的胜利,即它不再是对某个概念分支的说明,而就是对法律这个概念本身的说明。

四、法律义务、强制与实践差异

肖尔的实质主张是从对人们服从法律的动机入手进行论证的。概言之,法律对人们的行动施加约束力,并不等于人们的行动外在地和法律的要求保持一致。除了这种一致性外,还要求人们是因为"这是法律规定的"这个事实,才做出相应的行动。按照这个标准,肖尔认为,尽管哈特所刻画的将法律规则"内化"为自己行动标准的人,的确是一种普遍存在的事实,但这些人的行动实际上很难说是由法律激发并引导的。这是因为"内化"就意味着将法律的规定视为正确的行动标准,那么他们在如此行动的时候,就不是因为"这是法律规定的"这个事实,而是"这样做是正确的"这个事实。可以设想,即便此时相应的法律已经悄无声息地被废除了,这些人依然会这么行动。因此,只有当我认为做 X是正确的,而法律要求做 Y,此时我去做 Y 才会是因为"这是法律规定的",而法律要有能力让我背离自己认为妥当的行动方案，遵循它提供的方案。肖尔认为，此处只有强制才能达到这个效果。这样，对法律约束力及其所造成的实践差异，最佳的说明就是诉诸强制。

上述论证看上去相当坚固，但实际上却建立在一个非常脆弱的前提之上。这个前提就是，如果做 X 是道德的要求，那么法律对行动者来说就必然变得冗余。只有当做 X 不存在任何非法律之外的基础时，法律才会发挥自身的作用。但肖尔忽视了第三种情况，这种情况就是，做 X 的确是道德的要求，但行动者从一般性的道德原则中不能直接推导出做 X，法律发挥了将一般性道德原则具体化的作用。[26] 这并不难理解。例如，一般性的道德原则要求我们在行动时不能相互伤害，那么在出行这件事上，它可能会要求我们确定一套共享的交通规则。但对于究竟是靠左行还是靠右行，并无法直接从这个一般性的原则中推导出来。此时就需要法律提供一个决定。如果法律最终决定"靠右行"，人们的确可以主张，这个决定最终的约束力来源是那项道德原则，但法律并没有因此变得冗余，它在实践推理的中间层发挥了具体化的作用：人们最终没有靠左行，而是靠右行，是因为"这是法律规定的"。

事实上，法律在日常生活中解决的问题，较上述确定交通规则而言，要复杂得多。从性质上说，交通规则是一种"不带偏好的合作难题"。或许在某种情形下，诉诸法律这种体系化的权威，可能并不是最佳方案。但法律真正面对的，很多是"该不该允许计划生育""该不该通过户籍制度对公民给予区别对待"等这类高度争议的道德难题。这些道德难题之所以困难，是因为冲突的双方持有不同的合作方案，并且这些合作方案都有自己的一套价值排序。其中一种方案可能侧重于实现个人自由，而另一种则重视共同体整体的经济实力。同时，这两种价值排序之间，并不存在一个客观的衡量标准，它们之间不可通约。这就构成了一个"带偏好的合作难题"，最终确定任何一种合作方案，都意味着其他合作方案的支持者所重视的价值的重要性将被降低甚至落空。在这种局面下，我们就需要法律这种体系性的公共权威来有效率地解决这类问题。单纯依靠任何道德原则，都无法直接确定这些争议话题的唯一解决方案。总而言之，道德原则加法律的决定，构成了某个特定解决方案的完整合理性基础。[27]

相反，如果我们接受肖尔对法律约束力及其实践差异的说明，那么就会在

[26] See Joseph Raz, "Incorporation by Law", in his *Between Authority and Interpretation*, Oxford University Press, 2009.

[27] 这个观点为实证主义者和非实证主义者所共享。See John Finnis, "Law as Coordination", in his *Philosophy of Law*, Oxford University Press, 2011. And see Joseph Raz, "The Problem of Authority: Revisiting the Service Conception", in his *Between Authority and Interpretation*, Oxford University Press, 2009. And see Ronald Dworkin, *Justice for Hedgehogs*, Harvard University Press, 2011, pp. 319-320.

更根本的层面上出现混乱。肖尔之所以会认为,法律只能以一种强制的面貌介入到人们的实践推理中,是因为他预设了一个非常宽泛的强制的概念。尽管这个概念并没有在这本书中明确表达出来——事实上这本书也并没有提供任何一个对强制概念的详细分析,但我们可以从其论证逻辑中初步将这个概念界定出来,即强制是那些能够使人们违背自己意愿而行动的事实。既然如此,凡是人们"内化"的事实,都将不会和自己的意愿冲突。既然法律要在实践推理中制造实践差异,这就意味着必须给出某些和行动者自己意愿相冲突的指令,那么只能诉诸强制。但这明显忽视了实践推理的复杂性。义务这种断然性的要求,同样能够对人们施加一个违背自身意愿的要求。

此处,肖尔可能主张,义务固然能施加这样的要求,但在反思批判的层面上,这个要求依然是人们有理由接受的,尽管事实上可能他们不愿接受。因此,归根结底,按照这个要求行动,是因为这个要求是合理的,而不是"这是法律规定的"。法律所要造成的实践差异只能诉诸强制,因为只有它能确保法律可以向行动者施加"自己的"指令,无论指令具体内容究竟是什么。如果这是一个概念主张,那么这就意味着法律的指令和劫匪的命令在性质上是一样的。撇开哈特已经提出的那些致命批评不说,按照这种主张,我们很难说明,在何种条件下法律这个东西会存在。因为似乎没有任何合理性条件,会支持这样一个"法律"出现在人们的公共生活中。法律就成了一个荒唐的玩笑,人们如此严肃地对待这个实践,甚至令其决定一个人的生死,就变得彻底无法理解。这显然是一个糟糕的概念理论。如果这是一个经验主张,那么肖尔自己援引的泰勒的成果已经证明,法律在道德上的正当性,对人们最终决定是否遵循法律有很大的影响。因此,如果法律归根结底是一种赤裸裸的强制,那么它在经验世界中也会很快被人们所抛弃。[28]

如果肖尔的实质主张不对,那么这是否意味着强制的确在法律实践中,根本不扮演任何角色?答案显然是否定的。强制在解决社会中带价值偏好的合作难题上,扮演了两个重要的角色:(1)当法律做出了某个特定的决定X,那么它必须有能力在事实上即刻改变那些反对者的实践推理结构,强制在其中扮演辅助性理由的角色。此时,人们不仅有一个道德理由服从X,同时额外还有一个强制带来的审慎理由,这就提高了X在事实上被服从的可能性;(2)法律所解决的合作难题,主要是出现在范围较大且高度复杂的现代社会之中,而合作

---

〔28〕 值得说明的是,上述批评并不能直接适用于法律现实主义。尽管这种流派同样尝试将强制置于法律的核心,但正如积极为现实主义辩护的布莱恩·莱特所指出的,现实主义实际上并不关心法律的"概念"或"性质"问题,它更多地是一种对裁判过程的社会学理论,旨在描述裁判时实际会发生什么。马默将这种观点称为"议程替代性理论",即当他们表面上在讨论"法律是什么"这一问题时,实际上在讨论与之有差距的另一个问题。因此,肖尔理论的失败,并不会导致法律现实主义同时失败。

难题的解决,必须依赖于各方都遵循特定的解决方案。如果某些人遵循,而另一些人成为搭便车者,那么遵循者就会很快调整自己的行动策略,整个合作就将崩溃。法律所具有的强制性,大幅提高了人们搭便车的成本,因此能更有效地维护法律所确立的秩序。[29] 令人疑惑的是,尽管肖尔指控目前主流的法哲学讨论几乎将强制完全忽视,但上述观点实际上就是目前主要法哲学家都认同的看法。无论是作为实证主义者的拉兹,还是非实证主义者的德沃金,都对强制在法律发挥指引功能中所扮演的角色有特别的强调。[30] 因此,我们完全可以得出结论,肖尔的实质主张也是站不住脚的。

余论

行文至此,我们似乎沮丧地发现,肖尔的这本著作几乎是一个全面失败的总记录。这似乎和我在导论中主张,这本书值得所有认真对待一般性法哲学的学者注意这一点存在严重的矛盾。在本文的结论部分,我想指出这本书究竟在何种意义上促进了我们对法律的哲学思考。

我认为,这本书在深层次上,可能是由一个更为深刻的哲学观点所激发的。这个观点主张,政治和法律问题与道德问题在性质上存在根本的不同。在道德领域,我们要关注的问题是,对错的合理标准究竟是什么。它完全是在反思批判的层面讨论问题。因此,如果通过分析发现,人们有遵守承诺的道德义务,那么这个义务就是一个客观存在的道德义务。即便在经验世界中,每个人严格遵守自己做出的每个承诺,几乎是不可能的,这个事实对这项义务的存在而言,依然是不相关的。在很多情况下违背自己的诺言,可能只会招致很小范围的批评,并无更多的事情会发生。

在政治和法律领域,情况就不同了。我们在经验世界中的确构建了相当多的制度,大量的公职人员在其中工作,并且他们的决定将会直接影响我们。因此,即便我们意识到,某个目标在反思层面应当是该制度的目标,但这并不必然导致,在经验世界中,这个目标得到严格的遵循。相反,它可能遭到了普遍的忽视。更重要的是,政治法律制度对该目标的忽视,并非像一个人违反自己的承诺那样在多数情况下只会招致小范围的轻微批评而已,而是会真正地影响大量公民的真实生活。因此,在政治和法律领域中,似乎真正重要的事情,并不是在反思层面上确定某些目标,而是去思考真实的政治中,究竟什么能抓住人心,能真真切切地影响人们的行动。在这种哲学观点的最深处,是伯纳德·威廉斯对

〔29〕 See Joseph Raz, *Practical Reason and Norms*, Oxford University Press, 1999, pp. 161-162.

〔30〕 拉兹的看法可参见注〔26〕,德沃金的看法主要在《法律帝国》中。See Ronald Dworkin, *Law's Empire*, Harvard University Press, 1986, pp. 109-113.

政治哲学的思考。[31]

按照这种看法,对法律真正重要的理解,就不是一种模态化的理解,而是一种更现实主义的理解。从某种理想化的理性行动者的概念分析出一个模态化的法律的概念,可能对现实世界中的人而言,并无任何重大的意义。相反,对处在真实政治中的人们而言,避免遭到严重的不利后果,避免自己营造的生活被侵犯或摧毁,这是最深层次上能抓住人心的东西。那么,对法律的理解就应当强调它强制的一面,只有这样才能说明,它如何能在真实的政治中对人们施加切实的约束。[32]

此处我无法全面评论这种威廉斯式的哲学规划。不过,我认为即使这种规划以及肖尔在这种规划下所做的具体分析是正确的,这种理论也应被视为一种马默所说的"议程替代理论"。[33] 这就是说,尽管肖尔同样主张自己在讨论"法律的概念"或"法律的必然属性",但在这个主题下,实际上进行的是另一套议题。他所关心的是,真实政治中法律是如何"抓住人心"的。这与哈特、拉兹、德沃金等法哲学家所主张的法律的概念理论,实际上是两套虽有联系但相互独立的议题。如果上述看法大体是妥当的,那么肖尔的这本书真正重要之处是,它或许可被视为一种在新的哲学规划下讨论法律的尝试。诚然,肖尔本人可能并未自觉将自己的理论和这种哲学规划相关联,但我们或许可以期待,在一种更明晰的理论自觉下,会出现一种更具说服力的想象法律的新模式。这大概是这本书对每个法哲学学者都有启发性的地方。

(审稿编辑　赵英男)
(校对编辑　金雨萌)

---

[31]　上述看法参考了斯坎伦在一次访谈中对威廉斯政治哲学所发表的评论,http://www.the-utopian. org/T. M. -Scanlon-Interview-3,最后访问日期 2016 年 11 月 13 日。威廉斯的政治哲学主要集中于以下这本书。See Bernard Williams, *In the Beginning Was the Deed*: *Realism and Moralism in Political Argument*, Princeton University Press, 2007.

[32]　这一点的确是肖尔反复强调的一个关键。See Shauer, *The Force of Law*, *supra* note [11], pp. 55-56.

[33]　Andrei Marmor, *Philosophy of Law*, Princeton University Press, 2011, p. 30.

《北大法律评论》(2017)
第 18 卷 · 第 2 辑 · 页 61—84
Peking University Law Review
Vol. 18，No. 2，2017，pp. 61-84

摆正强制力的位置

——在拉兹和肖尔之间

金　韬*

Putting Force in Its Place：
Between Raz and Schauer

Jin Tao

内容摘要：传统法哲学将强制力视为法律的必要组成部分，哈特指出了这些理论将法律与强制力联系过于紧密而带来的困难。但肖尔认为当代法哲学在去强制化上走得太远，并从方法论和经验层面上对其进行了批评，认为强制力是法律非本质却典型的特征。在另一端，拉兹的理论几乎彻底抛弃了强制力的位置，其法律实证主义的渊源论无疑是本质主义的，是分析法律性质时所采用的分析方法，但其权威和理由共同构成的规范性理论却并非如此。拉兹的规范性理论聚焦于法律完全具备合法性权威的理想状态，肖尔的批评却聚焦于现实状态，因此两者并不冲突。强制力的重要性体现在，它可以巩固现实社会中规范性体系的存在，改变社会主体的行动动机，使他们认识到法律提供的保护性理由；而在规范性不足的时候，它也可以暂时弥补由于规范性不足带来的不稳定状态，确保既有的规范性理由能够正常运转。

---

* 中国社会科学院研究生院博士研究生，中共遵义市委党校讲师。

关键词:法律实证主义　强制力　规范性　拉兹　肖尔

20 世纪 80 年代以来,英美法哲学研究似乎进入了一个沉寂期,无论在创造力方面还是影响力方面都未能出现掷地有声的理论作品,反而纠缠于诸如承认规则的排他性和包容性这样的琐碎细节之上——这似乎是一场注定无意义的争论。因此,弗里德里克·肖尔的《法律的强制》(*The Force of Law*)一书的出版颇为引人注目。作为法哲学圈内部人士的肖尔公开宣称当代法哲学走错了方向,只研究法律的本质问题使得法哲学画地为牢,这些研究看不到法律现象最重要和最典型的方面,比如制裁、强迫或强制力,将法哲学研究降低到边缘位置。[1]他给出了法哲学研究的一种新方向,对法律和强制的关系进行哲学反思,借此更为深入地认识和理解法律现象。这种"新法哲学"引起了学界的充分关注,然而肖尔说对了吗? 当代的法哲学理论真的撇开了强制力吗? 强制力应该在法哲学研究中扮演什么样的角色? 笔者打算对这些问题给予适当的评估。本文的第一部分简要地梳理法哲学中强制力地位的演变以及肖尔对此的批评;第二部分介绍肖尔理论的对立面——拉兹的法哲学理论,这种理论似乎将强制力排除在法哲学研究之外,极易成为肖尔直接攻击的对象;第三部分笔者将比较和评估这两种理论的不同旨趣,指出强制力在法哲学研究中的应有位置。

一、强制力与法律理论

(一)法哲学理论中强制力的浮沉

法律与强制密切相关,人们经常会被法律强迫去做自己并没有动力去做的事,也有一些人因违背法律而被制裁,失去了自己的生命、自由或财产,因此将强制与法哲学研究联系起来并不是什么新鲜事。除去过去的五十多年,几乎所有从古希腊到现代的理论都将强制力视为理解法律和法律现象的要素所在。契约论者认为强制力是维系社会契约的重要手段;德性法理学家将其视为推进法律道德化的理想工具;法律实证主义者则认为它区分了法律与其他非法律规范,是法律规范的构成性因素。这样看起来,在强制力与法律的关系上,不同的法哲学学派似乎能够达成一个最低限度的共识:强制力是法律的**必要**组成部分。

在这些理论中,早期的法律实证主义是最为重视强制力的学派之一。法律实证主义者坚持法律与道德的概念性分离,因此这就为强制力进入法律理论之

---

〔1〕　Frederick Schauer, "Incomplete Responses", in Christoph Bezemek, Nicoletta Ladavac (eds.), *The Force of Law Reaffirmed: Frederick Schauer Meets the Critics*, Springer, 2016, p. 157.

中留出了很大的空间。具体而言,早期的法律实证主义者——边沁、奥斯丁和凯尔森——认为强制力与法律的关系可能体现在三个不同的方面。首先,早期的所有法律实证主义者都同意强制力是法律的重要特征。边沁和奥斯丁都主张法律定义的"命令说",这种理论将法律视为政治主权者的一种普遍化命令,其中最为严格的版本主张主权者的命令要被治下的臣民"习惯性地服从",这种对命令的服从被强制力所支持,一旦不服从命令在逻辑上就会产生制裁性的剥夺。也就是说,强制力一方面胁迫人们服从法律,另一方面对不服从的行为进行处罚。国家的合法性暴力是否真正出场并不重要,隐含的强制也是法律强制力的体现形式——很可能还是最主要的体现形式,因此强制力会时时刻刻伴随着法律,是法律的重要特征。其次,在某些法律实证主义者看来,不但整个法律制度与强制力相联系,而且他们甚至认为只有当个别化的规范与制裁相联系时,具体命令才能成为一条法律规范。凯尔森就主张任何法律规范都必须与制裁相联系,要么直接联系成为一条真正的法律规范,要么间接联系从而制裁只是规范的一部分。如果没有丝毫联系,它就失去了法律规范的身份。再次,最为强硬的法律实证主义者将强制力或制裁当作法律定义的关键所在。奥斯丁似乎就是这类理论的拥护者,他区分了"法律是什么"和"法律应当是什么",认为自然法学将后者视为前者的定义基础是犯了范畴错误。根据"命令说","如果我不服从你指示的意愿,就会招致你带来的不幸(evil),我被你的命令所约束或责成,或者我处于服从它的职责之下"。[2] 所以在奥斯丁看来,法律无非是带有对不服从恐吓的一条条命令,其功能既不在于对行为的合法化,也不在于对社会价值的实现,而仅仅是通过制裁可能带来的不幸,使人们转变行为动机服从命令而已。

这样看来,早期法律实证主义者预设了强制力在其理论中的重要位置,然而吊诡的是,同样也是法律实证主义者——当代的法律实证主义者——将强制力与法律进行脱嵌,把强制力驱赶到学派理论关注的边缘,甚至排除出他们的法哲学视野之外。开启这种转变的就是当代法律实证主义理论范式的奠基者——哈特。

当然,早在哈特之前就有不少学者批判过奥斯丁等人的理论,但是他们的批判过于零散,并且很少在哲学层面对其进行攻击,因此并未损害强制力在法哲学理论中的地位。作为一个哲学专业出身的学者,哈特从完全不同的角度展开了自己的批评。哈特将几千年来的法哲学概括为"什么是法律"这一本体问题的思考。具体来说有三个反复出现的议题共同界定了这个研究对象。"法律

---

　　〔2〕 John Austin, *The Province of Jurisprudence Defined*, Cambridge University Press, 1995, pp. 21-22.

与由威胁所支持的命令有何区别和关联？法律义务与道德义务有何区别和关联？什么是规则，以及在何种程度上法律是属于规则的问题的？大部分对法律'本质'之思辨的主要目标，就在于消除对这三个议题的疑虑和困惑。"[3]而奥斯丁的"命令说"自然就被哈特视为当时对这些问题最为主流的回答。然而，哈特发现虽然奥斯丁将法哲学的事业向前推进了很大一步，但他的回答是不那么令人信服的，在上述三个问题上这种理论都有无法克服的难题。

在与本文密切相关的第一个问题上，哈特指出了奥斯丁理论的两大困难。一方面，以强制力为基础的命令说无法识别法律的规范性，很难将法律与其他强制性命令区分开来。在抢匪情形中，抢匪向银行职员下达一个命令："把钱交给我，不然我要开枪了。"[4]这种情形与奥斯丁对法律的定义非常相似，类似于政治社会中的主权者。抢匪是两造之间的"强者"，因此他下达的是一个命令（order），而非平等主体之间的建议或者请求；而使他成为强者的原因是在该情境下，他拥有对方无法企及的自然或社会资源，如手枪或匕首。通过这些资源向对方施加威胁，意图使其依照命令的内容行动，否则在逻辑上会产生制裁性的剥夺。在加上一般性、普遍性和持续性等特征之后，抢匪情形就和奥斯丁的法律定义难以区分，然而无论是普通公民还是法律人都不会将这种抢匪的命令视为一道法律。哈特认为这是由于奥斯丁以制裁为基础的定义忽略了法律规范性维度，他称其为"内在面向"，人们通过法律规范辩护自己的行动并批评与之相反的行动，其通常表现在援引法律规范进行的"我/你应该……"推理形式之中。正如黑尔所说，在这类规范性词汇出现的场合，其"描述性意义……从属于它的评价性意义"[5]，也就是说法律的规范性维度不能化约为命令和制裁这样的经验事实，否则就犯下了"自然主义谬误"。

另一方面的困难则是法律规范的类型问题。早期法律实证主义者将法律规范与制裁联系在一起，无论是直接的还是间接的，这导致他们采取了一种化约论的方式研究法律规范。现代法律体系中的法律规范丰富多彩，并非所有的法律规范都是施加义务的规范，也并非所有的施加义务的法律规范都与制裁直接或间接相关。哈特区分了初级规则和次级规则，前者是施加义务的规范，后者是授予权力的规范，而这些授予公共权力或私人权力的规范并不能被制裁和被"命令说"所囊括，然而它们毫无疑问都是法律体系的一部分。进一步，哈特考虑了两种可能的反对意见，但他认为这些意见为了理论上的化约整洁（tidiness），扭曲了人们对法律现象的日常理解。首先，私法尤其是契约法有很多契约的生效条件，一旦达不到这些条件，契约就不能被视为一项合法契约或

---

〔3〕〔英〕哈特：《法律的概念》，许家馨、李冠宜译，法律出版社 2006 年版，第 13 页。
〔4〕同上注，第 19 页。
〔5〕〔英〕理查德·麦尔文·黑尔：《道德语言》，万俊人译，商务印书馆 1999 年版，第 113 页。

有效契约,这一反对意见将无效视为一种制裁。然而,哈特反驳道:"规定契约之法法律形式的法律规则,并非是设计来压制某些行为的。这些规则只是使得约定无法获得法律上的承认。"[6]如果我们将"制裁"一词扩张到这种无效化的情景中,反倒使这个词语失去了在日常语义中的重要意义,因为制裁常常是与生理或心理上的剥夺感或恶紧密相关的。其次,第二种反对意见并没有改变词语的含义,反倒是改变了规范的形态以求得理论化约。凯尔森就是这样的代表,他将强制性规范或制裁支撑的规范视为真正的法律规范,而授予权力的规范只是这些义务性规范的"条件子句"。也就是说,授予权力的规范是一种不完整的规范形态,前述的契约法规范必须将其转化为"当契约被违反并被诉讼至法院之后,法院应当实施XX的制裁"这样的完整格式。哈特认为这样做或许在逻辑上存在可能,但是为此付出了相当大的代价。法律规范有着不同的社会功能,凯尔森将关注点放在法院的制裁之上,因而忽视了法律在日常生活中的最重要的行为指引功能。

哈特的两个批评直接命中早期法律实证主义理论的要害,后者将制裁放在其理论的重要甚至中心位置,既无法识别法律的规范性,又忽视了法律规范的不同形态和社会功能。这就使强制力在哈特的理论中处于一种比较微妙的位置。"强制是真实的(real)但又是第二位的(secondary)。首先,只有在法律没能完成给予行为标准和评价行为的初级任务之时,才需要它。其次,可以构造一个完全无须强制的法律体系。[7] 由此出发,哈特建立了自己的理论范式,既在法律规范性问题上以"内在观点"作为其理论视角,又在法律的功能上区分了初级规则和次级规则,因此,无论是整体的法律体系还是个别化的法律规范都开始与强制力拉开了距离。哈特对旧范式的批评和新范式的建立赢得了英美法哲学界的一片赞同,后续的法律实证主义者延续了这条理论进路,进一步强调法律的行为指引功能和规范性维度,以强制力为基础的早期法律实证主义理论也就被抛弃到历史的残骸堆里了。

(二)本质主义的"谬误"

然而,当代的法律实证主义者在"去强制化"的道路上似乎走得太远了,很多学者不但将强制力与个别化的法律规范脱钩,还将强制力与法律体系脱钩,开始在理论上建构一种无须强制力的法律体系。这就把强制力抛弃在法哲学的研究视野之外,认为强制力只是一种经验的或者非必然的特征,不值得法哲学进行研究。因此,在肖尔的专著出现之前,强制力并非是法哲学的争论热点,似乎所有学者都同意并深化了哈特的批判,奥斯丁他们以强制力为基础的理论

---

〔6〕〔英〕哈特:《法律的概念》,同前注〔3〕,第34页。
〔7〕 Leslie Green,"The Concept of Law Revisited",94 *Michigan Law Review* 1687 (1996).

是一个极端,我们需要向另一端不停地走下去。但是,一个奇怪的现象在于,当英美法哲学界,特别是法律实证主义学派在理论中不停"去强制化"时,现代社会法律体系中的强制力因素不但没有减少,甚至还不断增加,以不同类型的强制形态渗透到法律管制的各个领域之中。同样不容忽视的是,普通公民、政治家和其他研究领域的学者仍然将强制力视为法律现象主要的表现形式[8],如美国前总统尼克松倡导的"法律与秩序"运动将法律带来的强制力视为恢复社会秩序的工具,法律社会学与法律人类学在进行跨文化分析时仍然将强制力视为可比较的"法律"分析单元,而法经济学则将强制力视为人类行为选择的成本之一,"去强制化"的趋势似乎仅仅发生在法哲学这个狭窄的理论领域之内。

　　这样看来,肖尔可以被称为法哲学特别是法律实证主义内部难得的反叛者。但是首先需要指出的是,肖尔并非提倡回归早期的法律实证主义理论,而是反对其他学者在"去强制化"的道路上越走越远,看不到强制力在法哲学研究中的重要地位。肖尔对"去强制化"的第一个质疑是在方法论层面,肖尔质疑了法哲学研究的"本质主义"(essentialism)。这种研究方式认为法哲学的任务在于分析法律现象的必要或本质的属性,而非必要或非本质的事物不属于法哲学的研究范畴。所谓必要或本质的属性同时包括了肯定和否定的含义,肯定的层面是指在所有既有的法律现象中都肯定存在的重要属性,否定的层面要求我们无法构想出一个法律情景不存在这些属性。而强制力就是满足了肯定条件而不满足否定条件的法律现象,比较法和法律史研究告诉我们目前尚未发现不规定制裁的法律体系,不同的法律体系有所区别的只是制裁的类型和制裁的强度。但是法哲学家指出,即便这样我们仍然能想象出一个没有制裁的法律体系,即使它在现实中并不存在。比如,在一个假想的社会中,法律体系乃至每一条法律规范都制定得非常完美,同时每一位公民和官员都高度理性,认识到这些法律是实现他们个人善和社会善的最佳手段,在这样的一个社会中,法律可以不规定任何制裁,仍然能完美运行。当然,这样的社会是不存在的,甚至可能永远不会存在。但是没有关系,一个假想出来的社会使我们看到无须制裁法律体系仍然能正常运转,实现它们的行为指引功能。只要有这样的一个反例,就可以使强制力被剔除出法律现象的必要或本质特征,成为研究永恒和普遍问题的哲学家和法哲学家无暇关心的事实。然而,肖尔质疑道,并非所有的事物都有必要或本质的特征,或许对于一些自然类型的对象,我们可以通过概念的种属定义寻找这种覆盖所有个例的特征,但是其他研究对象并不具有唯一或者通用的特征,最典型的就是"游戏"。我们可以说足球、象棋、跳绳甚至是电

---

　　[8]　Christoph Bezemek, "Bad for Good: Perspectives on Law and Force", *supra* note [1], p. 22.

脑游戏都属于游戏的范畴,但却很难概括出这些游戏之间有何种必要或本质的属性,因此维特根斯坦提出"家族相似"来研究同一词汇覆盖不同特性的情况。肖尔认为,法律同样也是如此,"任何概念或范畴的本性或本质可能有时、经常甚至总是一系列相互联系的属性,没有哪种属性是个体必需的。至少,很可能法律的概念、种类或制度没有什么本质,只是一种现象的集合,能够被一种或多种属性捕捉或是说明"。[9] 这是后哈特时代的法哲学误入歧途的情形,因为哈特本人其实也是一个反本质主义者。哈特自己就秉承着维特根斯坦式的信念,将法律或法律相关词汇的定义置于语境中进行分析,并不认为它们有什么固定的本质。因此,法哲学想去寻找什么法律现象的必要或本质属性往坏处说注定就是徒劳,往好处说可能会将很多重要的法律现象撇开到分析之外。肖尔认为,对于理论研究来说,寻找"典型"(typical)的特征可能比寻找必要或本质的特征重要得多,这种典型就寄居在日常生活之中。比如,并非所有的鸟类都能飞,鸵鸟和企鹅都属于动物分类中的鸟纲,与其他鸟类有着共同的祖先,但为适应生活环境的演变进化(或是退化)成了现在的样子,有翅膀却无法飞翔,因此"能飞翔"就不是鸟类的一个必要或本质属性(甚至无法满足本质研究的肯定要件)。但这不妨碍我们在很多时候将"能飞翔"作为典型特征来研究鸟类,因为大多数鸟类都能够飞翔,只要我们不是进行一种定义性质的研究,就可以将典型特征"能飞翔"作为鸟类理论研究的直观出发点。与此相似,"非强制性的法律可能就像不能飞翔的鸟:有助于告诉我们关于所有鸟类的事情,但并不值得排他性或哪怕是支配性的关注"。[10] 在肖尔看来,这种反本质主义方法论不但能够扩大法哲学的研究范围,还能够使我们对法律现象获得真正重要的理解。当代法律实证主义者的问题在于在反对强制力为基础的理论范式时,忽视了在典型情况下进行法哲学反思的重要意义。用一句俗语来说就是,将脏水和婴儿一同抛出。因此,我们需要方法论上的反本质主义转向。

(三)强制力的"现实性"

肖尔对"去强制化"的第二个质疑是从经验层面出发的。当然这两个质疑并非毫无关联,经验层面的质疑可以显示本质主义者的错误,而反本质主义方法论同样强化了肖尔在经验层面上的质疑。但是在理论分析中这两方面的质疑仍是可以分开的,肖尔本人也将它们区别对待。

经验层面上,肖尔得出的结论是大多数公民和官员都是强制力强迫其服从法律的。如前所述,哈特对奥斯丁的批评之一就是制裁和"命令说"忽视了法律的规范性维度,由此哈特引入了"规则的内在面向"理论,认为如法律这样的社

---

[9] Frederick Schauer, *The Force of Law*, Havard University Press, 2015, p. 4.
[10] *Id.*, p. 40.

会规则(至少是承认规则)要求行动主体将其反思性地接受并作为自己的行动指引,"接受"一词似乎排斥了强制力的成分。然而肖尔认为"规范性"这个概念在法哲学理论中是非常神秘的,它掩盖了日常生活中法律发挥功能的真实情况。规范性概念至少暗示了行动主体对法律规范的认知或是认同,麦考密克就将规范性的"内在观点"进行了划分:"认知性内部观点"与"意志性内部观点"。前者似乎包括哈特书中提到的"无知的人""感到困惑的人",这些人只需理解规则及其中的规范性意义,用以指导自己的行为即可,社会中这样的人比比皆是,他们并不需要主动的意志层面的认知,也没有用理性的态度进行反思,法律说什么他们就做什么。而"意志性内部观点"才是"内在观点"的核心,它也包含了"认知性"的部分,但进一步通过反思性的批判建构了规则的规范性,"行为人对规则主动遵奉,这些行为人根据某些自认为有利的理由,主动遵守一个给定的行为模式,使该模式成为他自己、他人或者大家共同的行为标准"。[11] "认知性"适用规则,"意志性"在适用的同时,也保证了规则本身的存在。因此,在哈特那里,将认知性和意志性混为一谈的"内在观点"或"规则的内在面向"也并非是一个完备的规范性理论[12],法律规范性的生产最终只能依赖于意志性的部分。

退一步说,即使我们将规范性的概念放宽到"认知性内部观点"的范围内,社会之中这样的人群似乎也被过度夸大了,肖尔在两方面展开了这个质疑。一方面绝大多数普通公民都不会像哈特笔下的"困惑之人"[13]那样去主动寻找并服从法律规范,而更像是霍姆斯所言的"坏人"(当然不一定是道德上的坏人),生活在法律的阴影之下,强制力的威胁驱使他们的行为与法律的规定相一致。即使是在一个制定良好的法律体系中,法律规范也不可能与人们的最佳判断完全一致。肖尔正确地指出,为了保证法律的一般性和稳固性,所有的法律规范都不得不呈现出"包含过度"与"包含不足"的情况,前者囊括了太多的规范设立的背景性理由,后者却不得不抛弃某些背景性理由。因此,在某些特定情境中,

---

〔11〕 〔英〕尼尔·麦考密克:《法律推理与法律理论》,姜峰译,法律出版社 2005 年版,第278—279 页。

〔12〕 与麦考密克类似,朱利斯·科尔曼批判哈特并不足以完全解释法律的规范性,他自己规范性理论就只采纳了哈特"内在观点"中具备道德视角的那一部分。Jules L. Coleman, "The Architecture of Jurisprudence", 121 *The Yale Law Journal* 2 (2011)。

〔13〕 格林认为肖尔误读了哈特,在哈特那里"困惑的人"只是寻找规范,但并不预设任何的视角,也不涉及对规则的内在化,因此"困惑之人"就不一定与规范性的"内在观点"有关。笔者同意格林的这一批判,但由于"困惑之人"是肖尔批判的起点,本文依然遵从肖尔的用法,忽视其中的误读之处。See Lesile Green. "The Force of Law: Duty, Coercion, and Power", 29 *Ratio Juris* 164 (2016)。

法律规范就与行动主体哪怕最为理性的最佳判断产生了冲突[14]。法律作为一种权威性的制度就应当排斥与之相冲突的其他判断,这就是很多学者指出的法律权威的"实践差异命题"。然而法律如何要求人们放弃自己的最佳判断呢?肖尔认为强制力在其中起了决定性的作用,它提供的制裁胁迫人们放弃自己的判断,而使行为与法律规定的内容相一致。他指出了政治学和社会学经验研究的证据,认为尽管根据法律制定的完善程度和对法律尊重的历史文化因素,在不同的社会中因强制力而服从法律的比例不一,但其数量之大绝不可以像其他法律实证主义者那样简单将其置之不顾。

　　另一方面,肖尔认为,从经验上看正是强制力确保了官员行为的一致性。官员如何对待法律与强制力的关系更为重要,因为几乎所有当代的法律实证主义者都赞同哈特的承认规则理论,公民们是否采纳"内在观点"对待法律规范并不是十分重要,但是官员们(特别是司法和执法官员)是否用这样的观点对待承认规则却是法律体系存废的关键。根据这种理论,承认规则是一种社会规则,官员们如何行为决定了承认规则是否存在。在哈特那里,官员们是通过对"内在观点"反思性的接受和集体反复践行使这条元规则产生和持续的。但这产生了一个严重的问题,"内在观点"强调的是承认规则乃至法律体系的规范性维度,但并非所有的法律体系都具备如此高标准的合法性。当官员们出于对制裁的恐惧践行承认规则,从而维系"法律体系"时,我们还能不能认为承认规则和法律体系存在?肖尔似乎认为,根据哈特的"接受说",我们无法得出一个肯定的答案,但是当我们把目光转向经验性的证据时,就能清晰地看到规范性本身不能成为承认规则和法律体系存在的条件。纳粹德国很多官员的内心信念并不赞同该国的法律体系,也不认同承认规则识别对法律的识别,只是由于惧怕盖世太保的威胁才不得不执行纳粹规则,但是我们不可能认为这个国家没有法律可言,尽管这些法律是非常邪恶的法律。官员的行为对于承认规则和法律体系的存续至关重要,但是肖尔强调我们没有必要将这种行为与认同、接受相挂钩,"设想法律体系的法律身份最终必须系于强制力的使用或威胁之上肯定是错误的,但设想它从不或很少这样做同样也是错误的"[15]。也就是说,强制力和哈特的接受概念一样,都不是法律体系的唯一基础,我们可能有着多种不同的对待法律的态度,经验层面上它们常常混合着,保证承认规则的正常运转。即使官员们是出于恐惧而行动,只要确保与承认规则的反复实践相一致,也能

　　[14]　〔美〕弗雷德里克·肖尔:《依规则游戏:对法律与生活中规则裁判的哲学考察》,黄伟文译,中国政法大学出版社 2015 年版,第 37—41 页。
　　[15]　Schauer, *The Force of Law*, *supra* note [9], p. 84.

维系法律体系的再生产[16]。

二、拉兹的本质主义与法律规范性理论

(一)渊源论的本质主义

肖尔的批判看似把我们带回到早期法律实证主义的年代,但事实上他并没有认证边沁、奥斯丁、凯尔森或其他早期任何人以制裁为基础的理论。在很大程度上,他同意哈特对奥斯丁的批判。肖尔与这些早期学者相似之处仅仅在于他们都对强制力的作用进行肯定,但是后者却同样犯下了"本质主义"错误,将制裁或强制力作为法律的定义性元素,或者最起码将它们视为法律现象的必要或本质的属性,将每个法律体系其至每条法律规范与之相联系,这在肖尔看来同样是不可接受的。强制力只是法律现象的典型属性,而不是必要或本质属性。肖尔赞同我们可以设想一个没有制裁的法律体系,但强调这在现实中并不存在,而且在想象中我们也必须添加很多限制性条件(比如法律的完善、人类的绝对理性、极小规模的社会)。反之,他对强制力的肯定是在经验层面上的,现代社会的大多数公民和许多官员都被强制力迫使采取与法律相一致的行动,即使是早期的法律实证主义理论也沉迷于本质的幻象而没有从这个层面进行考察。不过,肖尔心目中的"假想敌"绝非早期的法律实证主义者也非哈特本人,而是同时代的其他法律实证主义者。有趣的是,尽管肖尔并未直接承认,但他所指向的理论敌人无疑是同属排他性法律实证主义阵营的约瑟夫·拉兹以及其追随者,因为无论是方法论还是对待经验问题的态度上,拉兹都持有与肖尔完全不同的观点。

拉兹曾经挑衅式地区分了法哲学和法律社会学的任务。"法律社会学提供在某些特定社会中的详细信息以及法律的功能分析。法哲学不得不致力于所有法律体系都必须拥有的少量特征。"[17]很不幸,肖尔上述两方面的质疑都可以被视为对这段话的批评。一方面,这段话犯了"本质主义"的错误,认为只有被"所有"囊括的"必需"的特征才是法哲学的研究对象。也就是说,法哲学研究的对象是非常狭隘的,但又绝对重要,就是遍布在所有既存的和可以想象的法律体系中的特征。而一旦不符合"本质主义"的要求,哪怕多么重要、多么典型,

---

〔16〕 需要将肖尔的批评和实证主义之外的批评区分开来。如亚瑟·利普斯坦以及罗纳德·德沃金出于不同的理论旨趣对国家的强制进行证成,并认为规范性权威与规范性强制不可分开。在他们看来合法性强制是首要的,合法性权威是派生的。不同于利普斯坦使用一种规范性的制裁概念,肖尔在谈到强制力、强制和制裁概念时,使用的是一种经验性和非本质的路径,所以他的理论和拉兹的理论形成了鲜明的对照。利普斯坦的理论参见 Arthur Ripstein, "Authority and Coercion", 32 *Philosophy & Public Affairs* 2 (2004).

〔17〕 Joseph Raz, *The Authority of Law: Essays on Law and Morality*, Clarendon Press, 1979, pp. 104-105.

都应该留待其他学科进行解决。需要提醒的是,拉兹从来没有将法哲学置于其他学科之上,而是认为它们都是同等重要的学科,只是出于研究方法和研究对象的不同而有所区分,但这并不能将拉兹从肖尔的质疑中拯救出来。另一方面,拉兹将法律的经验研究留给了法律社会学领域。法律体系在不同的时空表现形式和典型特征都不相同,拉兹甚至认为法律没有唯一的特定功能[18],这些功能根据不同国家的政治目标和历史文化有着区别。因此,即使是功能研究也不属于法哲学的研究对象,这些都是法律现象的偶然因素,只能通过法哲学之外的经验性研究进行发现。因此,拉兹自己的著作就通过关注必要的或本质的特征来建构一般性法哲学,这个特征就是社会渊源,以及建立在社会渊源这个特征之上的一些基本主张,比如所有法律体系都主张合法性权威,所有法律规范都试图提供行动理由影响人们的行动。

　　拉兹的本质主义只限于对法律实证主义渊源论的论述,具体来说就是关于"法律是什么"问题的部分讨论。根据这种理论,法律只能是一种社会渊源,其内容和存在不依赖偶然具备的道德性而获得识别,相反其识别只能通过实证性的社会事实。[19] 这是对法律进行的一种概念分析,因此只有考察所有法律都占有的特征才能对其定义。肖尔多次谈到的"会飞的鸟",确实对理解鸟类有着非常重要的直观价值,并且和日常语言相一致,但却不能被视为鸟类的正式定义。对词语概念,我们可以通过所有该概念的类型都拥有的特征,或者是通过该概念的类型适用时产生的普遍特征进行定义。前者包含了很多自然类型的概念,后者则包含了很多拟制的概念。肖尔谈到的家族相似的游戏概念就可以通过后者进行定义。一个候选的非精确定义可能是玩游戏带来的娱乐,另一个候选可能会是玩游戏"求赢避输"[20]的目的,不管哪个定义都需要覆盖到游戏概念之下的所有实例。因此,拉兹在考察法律定义之时确实是采用了本质主义方法论。而强制力并非所有法律体系都拥有的特征,因此被排除在概念定义之外。这是定义概念必不可少的方法,相信同为排他性法律实证主义者的肖尔本人也会同意这一点。如前所述,强制力并不符合必要或本质属性中的否定性条件,我们可以构想出一个无需强制力的法律体系——拉兹称之为"天使的社会"。因此,在渊源论中本质主义就排斥了强制的位置,强制力不是法律必要的或本质的特征。

　　然而,本质主义只是拉兹在分析法律性质所采用的方法,他本人绝非是一

　　〔18〕　Joseph Raz, *Between Authority and Interpretation*: *On the Theory of Law and Practical Reason*, Oxford University Press, 2009, p. 374.

　　〔19〕　Raz, *The Authority of Law*: *Essays on Law and Morality*, *supra* note〔17〕, p. 47.

　　〔20〕　〔英〕约瑟夫·拉兹:《实践理性与规范》,朱学平译,中国法制出版社 2011 年版,第 129 页。

个本质主义者。在他的法哲学之中,本质主义方法论占有重要但绝非唯一的位置,被限定在渊源论的探讨之中。法律是一种社会渊源,所有法律体系都主张合法性权威,所有法律规范都试图提供行动理由影响人们的行动。但纳粹时期的法律体系并不真正拥有合法性权威,白色恐怖的时期法律规范也失去了提供行动理由影响人们行动的能力。如果只通过本质主义对法律进行分析,那么这种法哲学可能不会为我们对法律和法律现象带来太多的理解。什么时候法律这两个必要的或本质的主张才能变成现实? 或者说法律体系在什么情况下才能发挥自身功能? 在这些问题上拉兹离开对"所有法律体系都必须拥有的少量特征"的关注,延续了哈特对法律规范性的重视,只不过即使在此本质主义之外,强制力也未能在拉兹的理论中占有一席之地。

(二) 理由论与规范性

规范性是一个模糊不清的概念,或许正是因为如此,有学者就将强制力和规范性混为一谈,"制裁的威胁给予了法律的规范性力量与权威,因此接下来创建了法律义务的理念"。[21] 然而这并非是规范性的标准含义,哲学上的规范性概念是指关于"应当做什么"的研究。根据乔纳森·丹西的理解,规范性对"应当做什么"采取了一种广义的理解,既包括了对什么是好或坏的评价性应当,也包括对什么是对或错的道义上的应当[22],而理由就成为解释规范性的关键概念。通过对理由的分析,规范性卸掉其模糊的装束,成为伦理学与法哲学研究的确定领域,"所有的规范性就在于它规范的构成,或者提供理由,或者其他相关的方式与理由相联系"[23]。

并非所有的理由都是规范性的构成要素。比如,哈特提及的抢匪情景中,抢匪对生命的威胁虽然为银行职员的行动提供了审慎理由,但这并不表明抢匪的命令就因此获得了规范性。这时对银行职员的实践推理起作用的是威胁,而不是命令的内容本身,正如扔出去的铅球总会落在地上一样,它更像是一种因果法则,而非"应当做什么"这种评价性或道义性的行动指引方式(详见后文关于动机和理由的分析)。因此,拉兹就认为道德理由是解释规范性的唯一工具。但即使我们没有走向这样极端的论断,也可以承认审慎理由和道德理由、其他类型的理由之间有重要的区别,前者本身不具备规范性,甚至可能不具备理由的身份。与抢匪情景类似,法律中的强制或制裁力量也只能提供一种审慎理由,人们由此估计自身利益和行动后果之间的关系,他们很可能最终会采取与

---

[21]　Nicoletta Ladavac, "Coercion and Sanctions as Elements of Normative Systems", *supra* note [1], p. 78.

[22]　Jonathan Dancy, "Editor's Introduction", in Jonathan Dancy (ed.), *Normativity*, Blackwell Publishers, 2000, p. vii.

[23]　Joseph Raz, "Explaining Normativity: On Rationality and the Justification of Reason", 12 *Ratio* 354 (1999).

法律规定的内容相一致的行为,但这不能说是接受或服从法律,强制力本身并不能产生法律的规范性。因此,拉兹明确指出合法性权威是其研究理由的前提,这表明了他的理由论是一种规范性的理由论。

在排除掉审慎理由之后,拉兹提出了一种关于理由的类型学,其中法律提供的理由在其功能和运行方式上不同于其他类型的理由,与奥斯丁理论中的命令概念非常相似。比如,一个军官向其属下的士兵下达一个往 A 地行军的指令,这就要求士兵们在即使考虑到战时的最佳目的地应该是 B 地时,也应当依照军官的命令行事。法律也是这样,哪怕制定完美的法律规范也经常出现各种包含过度或包含不足的情况,但即使在这种情况下法律也主张社会主体依照法律规范行事,而非执行自己的最佳判断。而在什么情况下这样的主张能够真正实现呢?尽管拉兹和肖尔都认可法律的这种"实践差异"能力,但在如何解释这一点上两人存在分歧,肖尔认为这种能力体现在强制力对社会主体进行威胁的情景,而拉兹则认为这种能力体现在法律处于具备规范性的情景中。

拉兹根据理由发挥作用的方式区分了一阶理由和二阶理由。一阶理由是行动理由,具体来说就是根据理由所规定内容直接去做或不做某事的理由。因此,一阶理由是根据其内容在特定环境中产生一定的规范性。由于现实生活的复杂性,一阶理由之间经常存在冲突,解决冲突的方式就是行动主体在具体的场景之中权衡各种理由的重要性,分量最为重要的理由将胜过其他的一阶理由成为实践推理的大前提。也就是说,在具体的场景之中,一个不败的理由就是某人应当如此行动的适当的规范性理由。[24] 但这并非理由与行动关联的唯一方式,并非所有的理由都是一阶理由,比如上述例子中的军官对士兵下达的命令,就要求排除士兵们依照行军路线各自的最佳判断去行动。拉兹将国家法律的规定视为一种保护性理由,它既是一个按照法律规定行动的一阶理由,同时又是一个排他性的二阶理由。[25] 后者本身并非是一个行动理由,而是关于一阶理由的理由,意在排除与其所保护的一阶理由相抵触的其他一阶理由。因此,在一个有效的保护性理由与其他一阶理由冲突之时,并不考虑它们内容的重要性,而是由排他性的一面排除掉相冲突的一阶理由的适用,使被保护的一阶理由最终成为一个不败的理由。也就是说,排他性理由的实现方式就是排除相冲突的一阶理由,无论这些一阶理由的重要性如何,有效的排他性理由"包赢不输"。[26]

所有的法律主张自己给予的理由是一种保护性理由,可以排除相冲突的一

〔24〕 Joseph Raz, *From Normativity to Responsibility*, Oxford University Press, 2011, pp. 113-120.

〔25〕 Raz, *The Authority of Law: Essays on Law and Morality*, *supra* note 〔17〕, pp. 17-18.

〔26〕 〔英〕约瑟夫·拉兹:《实践理性与规范》,同前注〔20〕,第 41 页。

阶理由,这是拉兹理由论中仅有的本质主义。也就是说,法律要求社会主体不管自己的理性慎思会得出什么样的结果,都必须只依照法律的规定行动。但是只有在法律具有规范性的时候,法律的要求才会被实现,拉兹关于理由论的分析完全集中在这种规范性状态下,因而排除了基于强制力的审慎理由的位置。法律提供的保护性理由同时具有排他性理由和一阶行动理由,重要的是前者,只有当排他性理由发挥作用时才能够确保具有规范性的一阶理由进入人们的实践推理。为什么法律具有规范性时就能够获得这种排他性能力呢?拉兹认为这因为给出保护性理由的法律是一种拥有合法性的权威。"所有有效权威中的常见因素就是,它们涉及一种信念:有关的主体拥有合法性权威。因此,对有效权威的解释将合法性权威作为预设的前提。"[27]这就进入到拉兹后期的权威证成理论。

(三)权威的道德证成

　　尽管有些学者将拉兹从理由论转向权威论视为一种理论转向,但事实上更恰当的观点或许是其理论的自然延伸。早期的拉兹关注的是法律实证主义的基本教条事实论或渊源论,将理由进行多重划分就是为了体现出法律不同于道德等一阶理由的特点。然而这种理论面临着一个难题,就是法律提供的理由为什么会有排除与之冲突的一阶理由的能力,或者如果法律的本质只是主张保护性理由的话,法律的这种主张如何能成为现实。他只是笼统地承认,"合法性权威的概念被有效性权威所预设。某人不仅仅需要权力(影响力)来拥有事实权威,他还必须要么主张他拥有合法性权威,要么被他人所支持拥有合法性权威"。[28]然而这两者是完全不同的概念,主张权威不等于就能拥有权威。一个披着权威外衣但并不拥有合法性威权的政权所颁布的法律自然不具备规范性和排他的作用,拉兹认为在这种情况下人们就没必要服从法律。因此,主张权威是法律基于渊源的本质属性,但拉兹关于法律权威的证成理论是基于非本质的道德理论的。

　　合法的实践权威具备产生"实践差异命题"的能力,当行动主体自身理性判断出的行动理由不符合时,权威有资格改变主体的行动理由。因此,对服从法律理由排他能力的证成就自然转向了对实践权威的证成。如果实践权威不拥有合法性的话,它提出的理由即使非常清晰和非常有价值,也不具备这种排除冲突一阶理由的能力。我们可以设想在纳粹德国时期,法西斯政权很出人意料地制定出一条很优秀的法律,遵从这条法律给出的理由就能够提升社会总体的福利,那么这条法律是否具备规范性,提供的理由能否排除掉其他与之相冲突

---

〔27〕　Raz, *The Authority of Law: Essays on Law and Morality*, supra note 〔17〕, p. 29.
〔28〕　*Id.*, p. 9.

的道德理由呢？比如当时的异议分子或犹太人主张不服从包括这条法律在内的所有法律，他们是不是正当的呢？根据拉兹的理论，在法西斯政权和纳粹法律体系整体不具备合法性权威的情况下，这条制定良好的法律也没有规范性，因此不具备排除其他一阶理由的能力。因此，证明实践权威的合法性才是法律规范性理论的重点。

有些学者认为，像国家政权和法律体系这样的普遍性权威是无法证成的，因此法律永远不具备合法性，任何国家中对法律的服从仅能依靠强制力带来的审慎理由，这种理由不具备规范性特征。格林追溯了惯习主义、社会契约论、同意论、承诺论等传统的证成方式，分别指出它们各自的缺陷，最后得出结论——现阶段的既有理论是不可能证成普遍性权威的，对哪怕合法性实践权威也只存在个别服从义务，没有普遍义务。"个人生活的复杂性、需求与利益的多样性都表明，要求一种忠顺理论解释为什么我们的政治义务可以是道德的、独立于内容的、约束性的、特殊的、普遍的，这是没有用的。最后一个要求应该要放弃，同时也要放弃通常所持的那种政治义务观念。"[29]然而，这种哲学上的无政府主义论证对法律的权威是致命的，它全面否定了包括法律在内普遍性权威的存在可能性，在这种情况下强制力可能会带来致命的后果。不过仔细考察格林的论证就能发现，他对权威的论证是一种形式主义的论证方式，这可能和他秉持的中立性的权威观有很大的关系。但这种道德中立的论证方式不是唯一的证成形式，既然是证成权威的合法性或规范性就不可能完全地道德中立和内容独立。拉兹对权威的证成就采用了一种实质性道德论证的路径。他认为，合法的实践权威给出的理由是道德中立的，但权威本身不必如此，它作为行动理由和行动主体的中介而存在，因此吸收了道德理论作为其合法性基础。因此拉兹提出的是一种"服务型权威观"的权威证成方式，他认为这是一种对"道德问题"的回答[30]，在特定的条件下法律可以具备合法性权威。权威的这种道德性就蕴含在常态证立命题（normal justification thesis）的道德证成之中[31]：

常态证立命题：确定一个人应当被承认对另一个人拥有权威的常规且

---

〔29〕〔英〕莱斯利·格林：《国家的权威》，毛兴贵译，中国政法大学出版社 2013 年版，第 289 页。相似的论证思路，参见〔美〕A. 约翰·西蒙斯：《道德原则与政治义务》，郭为贵译，江苏人民出版社 2009 年版。拉兹本人对此持有一个颇为暧昧的态度，一方面他同意这些哲学上的无政府主义理论，认为普遍的政治义务不存在，另一方面他认为权威的合法性或规范性是可以证成的。也就是说，他拆卸了权威和政治义务的关系。但对本文来说，至少拉兹承认法律的权威并提出一种证成方式。

〔30〕 Raz, *Between Authority and Interpretation*：*On the Theory of Law and Practical Reason*, *supra* note〔18〕, p. 136.

〔31〕 Joseph Raz, *Ethics in The Public Domain*：*Essays in the Morality of Law and Politics*, Clarendon Press, 1994, p. 214.

主要的方式是要表明,如果所断言的服从者把断言的权威命令接受为有权威性约束力,并尽力遵循它们,那么相比于他尽力直接遵循适用于他的理由而言,他能更好地符合适用于他的那些理由(而不是所断言的权威命令)。

具体来说,常态证立命题是一个实质性的道德命题,它的实质性体现在能使行动主体更好实现理由的价值,一旦权威提供的理由不能通过常态中"更好"的检测,它也就不是一个完全的规范性理由,其排斥与之相突出的一阶理由的能力也会受到影响。[32] 可以看到,常态证立命题将权威规范性的来源赋予了道德理由,只有当权威能够证成自身比行动主体更好地服务于道德理由之时,权威才能享有最完整的规范性力量,也能在任何环境中给予排他性的规范理由。这一点正如科尔曼所言,拉兹法哲学基础的权威理论是一种彻底的道德理论,将任何不道德的因素排除在其分析过程之外[33]。

将拉兹的权威论和理由论统合起来,就构成了一套完整的法律规范性理论。理由论部分解释规范性的运作方式,而权威论部分解释规范性的来源。在这种"背景性理由→权威→权威性(保护性)理由"的完整理论链条中,具备完整规范性的权威所给出的法律理由就进入了人们的实践推理。"理由是本质上的行为指引,这就是使它们成为理由的东西:我们能够被它们所指引。"[34]在这个链条中,每个步骤都具备完全的规范性,作为规范性对立面的强制力完全无法进入到分析过程中。但是这种理论并不能通过本质主义获得,在现实社会中它不可能是所有法律体系甚至任何法律体系完全具备的必要的或本质的特征。换句话说,拉兹奠基在本质主义之上的渊源论只是提出一种定义法律的标准,在此之上所有法律都主张权威,所有法律规范都试图提供行动理由影响人们的行动,但只有满足特定的条件——常态证立命题的测试之后,法律才能具备规范性。因而法律规范性理论尽管排除了强制力,也和本质主义并不相干。

三、强制力的真正位置

(一) 无强制力的中心案件

肖尔对本质主义的批判虽然合乎情理,但他似乎树错了靶子,无论是哈特还是拉兹都并没有犯下本质主义的错误。当拉兹采用本质主义方法论时,他是在对法律性质的渊源论进行分析,但他并没有将法哲学的事业局限在渊源论或

---

〔32〕 Noam Gur, "Legal Directives in the Realm of Practical Reason: A Challenge to the Preemption Thesis", 52 *American Journal of Jurisprudence* 159 (2007).

〔33〕 Coleman, "The Architecture of Jurisprudence", *supra* note 〔12〕.

〔34〕 Joseph Raz, "Comments and Responses", in Lukas H. Meyer, Stanley L. Paulson, Thomas W. Pogge (eds), *Rights, Culture, and the Law: Themes from the Legal and Political Philosophy of Joseph Raz*, Oxford University Press, 2003, p. 257.

本质主义之内。他的法律规范性理论就不符合本质主义的限定,只不过这种规范性理论站在了强制力的对立面,在完全具备规范性的理想情境中可能并没有强制力的位置。也就是说,拉兹的本质主义主张只限定在渊源论的范围内,并不适用于其规范性的理由论和权威论。很明显并非所有的法律体系都能够通过拉兹的命题检验,享有合法性权威,这清晰地表明了其对合法性权威的分析并非是本质主义方法论的结果。规范性和强制力似乎处于对立的两级,现实社会中的法律体系通常是两造混合的产物,两者都无法洞见法律的本质。事实上,拉兹的本质主义只是强调了所有法律都主张合法性权威,以及所有的法律都主张提供一种有效的保护性理由影响人们的行动,这两者是辨别法律性质的重要特征,但只有那些通过服务型权威检测的法律体系才能享有规范性。这样看来,当肖尔认为法律实证主义者只关注本质主义时,他的方法论批判并不适用于拉兹的规范性理论。但是,我们需要继续追问的是,如果拉兹的法律规范性理论不是一种本质主义方法论的话,拉兹和肖尔的方法论之间是否有着同样的研究旨趣。这就要求我们不仅要在否定意义上证明两者之间不存在冲突,还需要首先证明拉兹的法律规范性理论对强制力的排除是否正确,这种非本质主义的方法论能否避免肖尔的第二个批评。

为了更好地说明拉兹独特的方法论特征,让我们首先回到阿奎那主义者的理论。阿奎那将法律与理性进行了对接,认为法律是理性的命令,但如何理解这句话却存在着很大的分歧。其中一种理解是形式的可普遍性,对于所有统治下的主体来说,它都应当成为一项法律理由,这就是理性的命令,所有人都应当服从。另外一种理解却并非如此,它不是化约为普遍性的量化条件,而是对于这种法律类型来说,主张其是理性的命令就是指给出了属于这种类型的一项"非缺陷性的条件"。[35] 约翰·菲尼斯就采用了第二种理解,在他的理论中始终将法律的非缺陷性状态作为研究对象。进一步,菲尼斯区分了"中心案件"和"边缘案件",认为在法哲学中只有前者具有分析的价值,因为前者处于非缺陷性状态之下,始终通过实践理性服务于共同善,而后者中理性处于一种不完备的状态,或是无法认识共同善,或是无法真正实现共同善。因此,后者只能作为法律的败坏,无法通向法律的根本问题,而我们"必须通过询问那些通过关注、决定和活动来创造或构成主题事项的人认为在该领域被认为重要的内容,来评估其主题内部的相似和差异的重要性"。[36] 这是因为法律规范将人们的行为导向共同善,只有在"中心案件"之中它们才能发挥出这样的功能,如果法哲学

---

〔35〕　Mark C. Murphy, "Defect and Deviance in Natural Law Jurisprudence", in Matthias Klatt (ed.), *Institutionalized Reason: The Jurisprudence of Robert Alexy*, Oxford University Press, 2012, p. 46.

〔36〕　John Finnis, *Natural Law and Natural Right*, Oxford University Press, 2011, p. 12.

家坚持描述性理论的话,就无法区分"中心案件"和"边缘案件",也就看不到阿奎那提及的"理性的命令"。

菲尼斯的解释招来了很多批评。在方法论上最为严重的困难就是菲尼斯将"边缘案件"与道德缺陷进行了等同,在法学领域这些案件不值得法哲学审视的原因在于它们不具备某一或某些"中心案件"的重要条件。比如,朝令夕改的法律缺乏确定性这一法律的形式要件,社会主体无法有效地得知法律规范究竟要求其做什么,因此就无法通过法律来获得共同善。在菲尼斯看来,这样的法律不符合实践理性的要求,即使我们并不因此去除它们的法律身份,也不值得将其纳入法哲学的聚焦范围。但是墨菲正确地指出了,这种方法论并不能完全达到菲尼斯的目的,因为菲尼斯并没有在评价意义上区分"中心"和"边缘"。一只跑得比人还快的乌龟无法成为乌龟的"中心案件",因为可能 99.99％的乌龟都做不到,但是我们绝对不能因为这只乌龟跑得快而将其视为一种缺陷[37]。在法律中同样也是如此,菲尼斯从来没有明确地指出法律的"中心案件"需要具备哪些非缺陷性条件。如果我们以"多数"为标准进行划分的话,绝大多数法律体系都设立了宪法审查制度,那么没有设立这种制度的法律体系是否就不能成为理性的命令,不值得法哲学反思了呢? 而如果我们从规范意义上进行划分的话,世界上所有的法律体系都可能未能达到菲尼斯关于法治价值的要求,或许溯及既往又或许前后矛盾,这些法律无法在规范意义上指导人们的行为,那是不是只有尚未存在的法律体系(如果我们秉承进步论的话)才值得法哲学考察呢? 菲尼斯在进一步回答这些问题之前,我们不能说他的方法论选择是正确的。

墨菲的意见不仅仅是对菲尼斯的反对,还可以在更广泛意义上被视为对拉兹与肖尔之争的一个质疑:我们采用研究方法论的目的到底是什么? 菲尼斯对"中心案件"和"边缘案件"的区分如果不在更广泛的意义上考虑方法论构建的目的,我们就无法评述这场争论的意义。如果我们把"中心案件"视为一种数字上的中心,那我们就回到了肖尔的论证方式,法哲学的研究应该考虑经验上的"典型案件"。这种案件在数量上占据了绝大多数,通过大数法则归纳出的特征可能不是一种分析意义上重要的特征,而是在经验意义上显得最为直观、最为突出的典型特征,比如乌龟走得慢,鸟儿会飞,法律伴随强制力,等等。当然它们都是考察的类型,作为本质特征所覆盖的部分实体,也肯定会带着本质特征,但是这并不能推断出其所具备的本质特征,也不能说这些特征就是值得分析的特征。数字本身不具备评价意义,评价和判断最终还是必须溯源到规范性的问

---

〔37〕 Murphy, "Defect and Deviance in Natural Law Jurisprudence", *supra* note 〔35〕, pp. 48-50.

题上来。然而,如果我们对"中心案件"从规范意义上进行考察的话,不具备指引能力的法律规范和法律体系自然就被视为"边缘案件"。也就是说,中心和边缘的区分从一开始就有了规范意义,这就使我们必须承认"边缘案件"不仅仅是对"中心案件"的偏离,而且是"中心案件"的缺陷形式,这种缺陷可能是坏相对于好的评价缺陷,也可能是错相对于对的道义缺陷。比如,下雨天我被困在外面,打电话给同学请他带一把伞来,这时他带来的伞就应该是能遮雨的伞,如果他只是带来一把只有伞骨没有伞面的"伞",那我就可以在规范意义上对这把"伞"进行评价,对比功能良好的伞它只能算是一个"边缘案件"。拉兹的法律规范性理论就是采用的这样一种研究方式,"法律的理想类型……合法性权威的主张和未被强制的服从置于实践的中心特征"[38],尽管在经验层面上有着不可计数的反例,甚至可能没有一个法律体系达到他的规范性理想状态,但这不妨碍我们将其视为一种理念或是愿景的研究模型,从而寻找出关于法律现象的重要结论。

(二)典型方法论与焦点方法论

肖尔和拉兹在方法论上的不同旨趣已经非常明显,本文将前者在方法论层面上的建构称为"典型方法论",而后者称为"焦点方法论"。典型方法论和焦点方法论都不是本质主义的方法论,这样看来肖尔在方法论上对拉兹的批评并不成立。肖尔主张强制力并非是法律的本质特征,却是对理解法律现象重要的一种特征,它虽然不出现在所有法律体系和法律规范之中,但是"将限制我们考察概念本质的必要性之中解放出来,我们就能逃离可疑的本质主义的投射,恢复法律中关于强制的理论和哲学检视"[39]。在对本质主义的批判上,肖尔并没有错,但拉兹可以轻易地逃脱"本质主义"的指控。但在谈到法律规范性时,拉兹就不是一个本质主义者了。焦点方法论要求将研究的重点放在完全拥有规范性的法律身上,即使这样的法律规范和法律体系从来没有存在过(要完全满足服务型权威观的两大命题几乎是不可能的事)。现实社会中虽然法律规范性总有这样或那样的不足,但这不妨碍我们在法哲学层面思考真正完全拥有规范性的法律能为我们带来什么。在这个问题上考虑法律规范性的"边缘案件"并不能为我们带来多少有价值的认识,"通过将自身限定在非评价的描述,它(典型方法论)否定并抛弃了自身作为识别为什么这些规范性特征如此重要的工具"。[40] 那么,抛开本质主义的批判,我们可以看到典型方法论与经验研究以及焦点方法论与规范性研究,两造之间并没有矛盾,因此肖尔的第二个批评似乎也可以通过方法论旨趣的不同得到解释。

---

[38] Jeffrey A. Pojanowski, "The Place of Force in General Jurisprudence", 21 *Legal Theory* 242 (2015).

[39] Schauer, *The Force of Law*, *supra* note [9], p. 43.

[40] Pojanowski, "The Place of Force in General Jurisprudence", *supra* note [38].

一方面,典型方法论和焦点方法论有平行的关注点,在法哲学研究中无法相互化约。典型方法论强调用经验的方式进行研究,可以看到许多在本质主义之下掩盖的重要价值。与肖尔相似,布莱恩·莱特也对形而上学的本质主义表示怀疑,认为法律理论最终可以化约为一种经验事实,因而强调经验研究的重要性。但与肖尔不同的是,他并没有简单地试图用经验性的理论去取代规范性理论,而是将攻击的目标指向概念分析的完全描述性理论。"因为这些研究计划(暗中)依赖于法律实证主义的法律的'概念',排他性实证主义将由其在我们最佳法律的后验理论中内在的角色以及在自然因果秩序中的位置所维护。"[41]因此,莱特要求将拉兹关于概念定义的回答加上一个经验性的基础,他似乎认为,作为一个描述性的法律理论,失去经验的基础就会回归到无意义的定义之争。在这个意义上,被拉兹明确排除在法哲学事业之外的社会学、人类学、统计学理论又有了用武之地。然而,即使是莱特,也没有将枪口对准拉兹的法律规范性理论及其焦点方法论。他认为没有人会反对,"确实,如果某人认为描述性法理学必须回答实质性的道德和政治哲学——应当做什么,什么法律应当服从——这不能是纯粹描述的"。[42]法律规范性理论正是如此,它需要回答法律应当怎么样指引人们的行为,人们应当服从什么样的法律,因此他所谈到的描述性的经验基础就不可能对准拉兹理论的这个方面。这样看来,莱特不仅不是肖尔的同盟,还在很大程度上算是一个肖尔的反对者。典型方法论的关键在于找到社会生活中某一事物普遍存在的重要特征,其中经验性考察可以提供关于普遍和重要的判准。与本质主义不同的是,普遍并不是必要的。普遍是一个经验上的大数法则,可以用数据上的统计来找准普遍性特征,但是更关键的还是在于重要性的判别。某物具有 ABC 三种普遍特征,其中 A 特征有九成个体拥有,B 特征八成,C 特征七成,但仅仅是数量上的多少不具有哲学研究的重要性判别。两只脚的鸟儿可能比会飞的鸟儿更多,但在典型方法论看来,前者并不比后者更具备哲学研究的意义。[43]简单地说,典型方法论的典型判别是通过普遍性和重要性两个标准,和聚焦于理想状态的焦点方法论完全不同。因此,典型方法论不能覆盖的非典型案件是不具有普遍性和重要性的案件,但是它不是一种非理想状态。用墨菲的语言来说,非典型案件是典型案件的描述性偏离,而不是一种缺陷。在其他研究方法的辅助下,这种典型方法论可以拓展我们对法律现象非本质的一些重要洞见。但是焦点方法论与之完全不同,它研究

---

　　[41]　Brian Leiter, *Naturalizing Jurisprudence: Essays on American Legal Realism and Naturalism in Legal Philosophy*, Oxford University Press, 2007, p.135.

　　[42]　*Id.*, p.172.

　　[43]　如果要上升到哲学层面的话,就要对经验范畴的典型进行追问,即"什么是典型"。格林就谈道,在我们能够计数之前,我们必须知道"什么算作什么"。这又是在二阶层面上涉及本质的问题。Green, "The Force of Law: Duty, Coercion, and Power", *supra* note [13]。

的是一种法律的理想状态,也是一种要求现实法律体系不断向之完善的理想追求。这种焦点的法律体系让我们看到在理想状态中,法律会如何发挥出功能,法律又如何与道德、价值等规范性事态联系在一起。因此,它从一开始就是理想的。也是道德的,与这种理想状态的差距,也就不仅仅是一种偏离,而且是一种道德缺陷。

另一方面,两种方法论在法哲学研究中有着不同的作用。拉兹认为法哲学只研究本质问题,这肯定是错误的,或者说这是当代法哲学路子越走越窄的原因。事实上,非本质的典型特征在法哲学研究中一直占据重要的位置,除了肖尔关注的强制力之外,还有很多法哲学关注的典型而非必要特征。比如,《法律的概念》第一版中似乎并未将次级规则视为一种必要的特征。因为如果将其视为一种所有法律体系都必须占有的特征,就可能不得不将国际法这样重要的法律现象排除在法律之外,因为它们没有完善的承认规则、改变规则和审判规则。在这个问题上哈特给出了相对模糊的答案,"国际法在形式上倒比较类似原始法律或习惯法的体制",只有初级规则。[44] 然而,如果将这样的规范性体系排除在法律体系之外,我们不但大大限缩了法律概念的范围,并且这种限缩是完全反直觉的,杰里米·沃尔德伦就对此进行了强烈的批判。[45] 然而,如果将哈特的分析视为法律体系的一种典型特征,我们就可以避免沃尔德伦的批评,典型案件有助于我们看到法律的一般情形,但作为偏离的非典型案件并不因此排除在法哲学研究之外。就像不会飞的鸟,尽管可能无助于我们直观地认识鸟类这种一般性概念,但在特定的情形中,我们需要对这些非典型的案件进行专门研究,为什么会偏离、何种程度的偏离以及偏离会造成功能上的何种转变等。因此,在描述性意义上,尽管典型方法论并不能给出概念的定义,但仍然能提供直观的认识起点和重要性的有关思考。[46] 而焦点方法论是我们研究应然问题的一种方法,它能给出法律应当往何处去,我们应该怎样完善法律,以及作为一种独特规范体系的法律会发挥何种作用等问题的答案。焦点方法论关注理想的道德状态,把规范性的对立面排除在分析之外,但这并不等同于焦点方法论是唯一可行的法哲学方法论,或者强制力就因此失去了其法哲学的位置。拉兹

---

〔44〕〔英〕哈特:《法律的概念》,同前注〔3〕,第 213 页。因此,哈特认为国际法中强制力的作用更加明显。但需要注意的是,在第二版后记中,或许是受到德沃金对规则存在的批评,哈特似乎将承认规则视为法律体系存在的本质和必要特征。

〔45〕Jeremy Waldron, "International Law: 'A Relatively Small and Unimportant' Part of Jurisprudence?", in Andrea Dolcetti, James Edwards (eds.), *Reading HLA Hart's The Concept of Law*, Hart Publishing, 2013, pp. 213-218.

〔46〕然而即使是描述性意义上,我们对典型方法论的使用也会部分涉及规范性因素。比如,评价什么是描述性意义上的重要性,"99％的鸟都会飞"和"99％的鸟都有一个鼻子"可能在描述性意义上的价值也不是等同的。这种描述性意义上的规范性或价值因素被当代法哲学视为"间接评价理论"。See Julie Dickson, *Evaluation and Legal Theory*, Hart Publishing, 2001.

自己也曾说过,"规范的、制度化的、强制性的"是法律最为一般和重要的特点。[47] 如果说规范性的分析可能要求焦点方法论,制度化的分析可能需要一些本质主义的方法,那么对强制性的全面分析或许又会采纳完全不同的方法论——典型方法论就成为一种选项。事实上,真正的法哲学事业既要面对很多描述性问题,也要回答作为规范现象的法律所面临的规范性问题,对于前者本质主义和典型方法论各有其用,而对于后者焦点方法论的独特地位是无法被轻易取代的。

（三）动机、理由与强制力

这样看来,典型方法论和焦点方法论针对的是不同的法哲学事业。肖尔不但对本质主义的批判树错了靶子,而且对关注规范性的焦点方法论的质疑也是不得要领,忽视了"是与应当"这个难以逾越的哲学界限。然而,这是不是表明在规范研究中完全没有强制力的位置呢? 或者如拉兹的理论中偶尔出现的"天使的社会"[48],这种社会有着极其完善的法律体系,所有社会主体都有着如天使般的理性认知、利他主义和对共同善的渴求,因此它是一种不可能存在的社会。但是,焦点方法论只是规范研究的一种方式,法律实证主义理论甚至可能需要强制力理论进行补充才能成为最为完整的法哲学理论,这就需要超越拉兹和肖尔之争。由此看来,摆正强制力在理论中的位置尤为重要,在这里我们需要仔细鉴别强制力在法哲学理论中的两种不同作用。肖尔曾经谈到我们常常在两种不同的意义上使用"理由"这一规范性的词汇[49],表面上看两种意义都符合日常语言的用法,但事实上是混淆了经验层面上动机和规范性层面的理由,这就可能导致如奥斯丁一般无法区分责成(obliged)和义务(obligation)之别。

第一种是强制作为社会主体服从法律动机中的"理由"。肖尔认为在这一意义上使用理由,是在问为什么人们确实在做服从法律的事情,也就是可以还原到动机层面上的心理状态,因此就不是一种真正意义上的规范性用法,这个意义上的强制力和其他动机手段一样起着重要的作用。动机和规范性理由确实密切相关,但两者并不能相互化约,前者与行动类似一种自然上的因果关系。"动机说明是一种生产性的说明(productive explanations)。它们说明什么带来了行动的实施。"[50] 而这种将动机和理由进行混淆可能源自哈特。如前所述,哈特创造性地将"内在观点"或规则的内在面向引入了法律领域,从而发现了法律的规范性领域。但是哈特在这个问题上犯了不小的错误,这是因为他把

---

〔47〕 〔英〕约瑟夫·拉兹:《法律体系的概念》,吴玉章译,中国法制出版社 2003 年版,第 4 页。

〔48〕 〔英〕约瑟夫·拉兹:《实践理性与规范》,同前注〔20〕,第 180 页。

〔49〕 Schauer, "Incomplete Responses", *supra* note 〔1〕, p. 153.

〔50〕 Joseph Raz, "The Guise of the Bad", 10 *Journal of Ethics & Social Philosophy* 2 (2016).

反思性的接受当作规范内在化的唯一标准,这就导致他关于内在观点的描述不能很好地捕捉法律的规范性状态。在哈特看来,内在观点不必然包含道德动机,但必然不包含出于制裁或习惯服从法律的动机,"对于特定行为模式被视为共同标准,应持有反思性批判的态度,而这个态度应在评论中(包括自我批判)表现出来,以及对遵从的要求,和承认这样的批判与要求是正当的"。[51] 在这里,动机和理由明显产生了混淆,每个人是由于特定的动机而采取了不同的对待规则的态度。动机带来刺激,刺激人们改变自己原有的动机去认识法律和确切地遵从法律。这些人可能由于某些原因自身无法认识或遵从规范性理由,"法律不仅仅是针对道德怪物,或是阻止好人想变坏,还针对那些有着良好意愿却做错事的人。……法律强制能够通过刺激人们做他们(错误地)认为是错的事来提升公共善"。[52] 然而动机层面并不会要求人们排除"坏人观点",坏人出于对惩罚的畏惧和困惑之人出于对法律的尊敬都同样地会因此改变自己的行为,因此哈特将官员个人动机层面的内在观点视为法律体系存在的基础似乎欠妥。在纳粹德国时期可能很多官员都是基于恐惧服从纳粹法律,但法律实证主义几乎都同意纳粹法律也是一种法律体系。事实上,肖尔更多是在这个动机层面上强调强制力。"法律使我们去做我们不想做的事。它也有其他的功能,但可能法律最直观的方面是它要求我们与它的意愿相符合,不管我们自己的个人利益或最佳判断。"[53]这样看来,在动机层面上强制和道德、习惯、承诺等手段并没有什么区别,它们都提供了一种将个别认知与法律理由相结合的刺激,尽管它们都很重要,但没有必要区分这些手段的不同。

然而理由不同于动机,动机是非常个别化的心理状态,而理由是客观化的行动指引。[54] 的确,具有道德性的理由可以刺激人们服从法律,但并不必然如此,习惯、承诺、强制力在动机层面上可能发挥着比理由更大的作用。前者就是规范性层面的理由,而不是用来可以还原为心理动机的理由。正如拉兹最近所谈论的,规范性推理被理由所引导和组织,而动机层面上的心理过程并不是规范性推理的一部分。[55] 这种规范性的理由又被称为"证成理由"(justification reason),它不同于因果关系式的动机层面,承担着对所指引的行动的合法性进

[51] 〔英〕哈特:《法律的概念》,同前注〔3〕,第55页。

[52] Pojanowski, "The Place of Force in General Jurisprudence", *supra* note 〔38〕.

[53] Schauer, *The Force of Law*, *supra* note 〔9〕, p. 1.

[54] 这两类不同意义上的理由,有时被称为"动机理由"和"规范性理由",或是"主观理由"和"客观理由"。Kenneth M. Ehrenberg, *The Functions of Law*, Oxford University Press, 2016, pp. 150-151.

[55] Joseph Raz, "Normativity: The Place of Reasoning", 25 *Philosophical Issues* 144 (2015).

行证成的作用。[56] 基于道德价值(比如通过了拉兹服务型权威观的检测),某项法律规定就能成为行动理由。即使社会主体没有察觉、没有认识到这项理由,或是出于特定原因发生了认知错误,这都不影响理由的存在。比如,"禁止故意杀人"这条法律规范提供了一个不伤害他人的行动理由,但某法盲不知道这条法律规范,但看到电视中有过杀人行为的人都被处决,因此不敢杀人。在这种情况下,这位法盲的行为与法律提供的理由相一致,但他并不是服从法律,而是出于恐惧制裁的心理动机而不敢杀人。但这一事实并没有否定法律理由的存在。因为规范性理论只是在理想状态中进行分析,现实中法律体系可能永远会处于规范性不足的状态。尽管人们有义务完善法律体系并使之规范性不断增强,但在法律权威的合法性不能完全得到证成的时候,其行动理由有时无法合法地排除与之相冲突的一阶道德理由。因此,无法仅凭自身就能影响人们的行动,在这种状态下要获得法律确定性并实现其社会功能,法律规范性就需要强制等动机手段进行补足。尽管强制力提供的审慎理由并不是一种规范性理由,不是规范性的构成部分,但它可以起到巩固法律规范性的作用。"不可避免的结论就是,尽管在所有人类法律体系中,制裁以及行使强制性力量以强制执行制裁具有毋庸置疑的重要性,但是制裁导向说明法律之规范性的尝试却走进了死胡同。它说明了法律构成理由的一种方式。但是它无法说明法律何以是规范。"[57] 或许,我们可以提出一个规范性公式:在特定的社会中,以制裁为后盾的法律体系为所有社会主体提供了多种法律理由。当法律体系接近于完全拥有合法性权威的状态时,这些法律理由就可以独自发挥自己在实践推理中的先占功能;而仅仅是主张不拥有合法性权威的状态,就要通过制裁提供的审慎理由改变人们的行为激励,使社会主体的行为与法律规范相一致;而在规范性间隙中,越接近于完全拥有合法性权威一端,法律理由的功能越明显,审慎理由的作用越小,反之亦然。

这样看来强制力有着自身的法哲学位置,尽管它不能完全取代规范性的分析,而是与后者一同成为本质主义之外的法哲学理论。强制力的重要性体现在,它可以巩固现实社会中规范性体系的存在,改变社会主体的动机状态,使他们认识到法律提供的保护性理由;而在规范性不足的时候,它也可以暂时弥补规范性不足带来的不稳定状态,确保既有的规范性理由能够正常运转。只有通过这样的安置,肖尔提出的强制力的重要性才能在法哲学理论中占有一席之地。

(审稿编辑 张天白)

(校对编辑 金雨萌)

---

[56] Kenneth Einar Himma, "The Authorisation of Coercive Enforcement Mechanisms as a Conceptually Necessary Feature of Law", 7 *Jurisprudence* 593 (2016).

[57] 〔英〕约瑟夫·拉兹:《实践理性与规范》,同前注[20],第 183 页。

《北大法律评论》(2017)

第 18 卷·第 2 辑·页 85—110

Peking University Law Review

Vol. 18，No. 2，2017，pp. 85-110

论分析法学强制观念的变迁

——由肖尔《法律的强制》引发的思考

张　强[*]

On the Change of the Concept of Coercion in Analytical Jurisprudence：

The Thinking Induced by *The Force of Law* Written by Schauer

Zhang Qiang

内容摘要：边沁、奥斯丁和凯尔森将强制置于法律理论的核心地位，一度使强制成为界定法的性质与特征的中心要素。这一主导观念在哈特、拉兹及其追随者的攻击下被瓦解，"强制不是界定法的性质及特征的中心元素"成为后哈特时代分析法学中占主导地位的共识。近年来，这一共识遭到肖尔的强力批判，争议再起。强制观念的变迁直面法理学的方法论和法的性质问题，并凸显出垂直式的国家法、水平式的国家法和包容性法这三种法概念，可以为反思当下中国的法概念提供对照。

关键词：强制　制裁　法的性质　反本质主义　困惑人

　　"强制不是界定法的性质及特征的中心元素"是后哈特时代分析法学中占

---

　　*　法学博士，武汉市东湖高新区管委会市场监督管理局工作人员。

据主导地位的共识。然而,2015 年肖尔《法律的强制》的出版,向该无甚异议的主流观点发起了攻击,重启了"强制在法的性质理论中的地位"之争论。及至目前,该争论尚未引起我国学者的足够关注,然而该争论直面法理学方法论和法的性质问题,具有开陈出新的理论意义。聚焦此争论,并对强制观念在思想史中的整体变迁进行审视,有利于我们深入了解法理学的方法论选择和法概念的转换,从而为反思当下中国法概念提供理论对照。

一、法的性质之争中强制的中心化与去中心化

从事一般法理学研究的学者们普遍认为一般法理学的中心目标乃至唯一目标就是使用哲学分析工具帮助我们理解法的性质。[1] 在这场历时久远的学术征程上,关于强制与法的性质之关系的探寻贯穿于分析法学发展的始末。在肖尔试图复兴强制观念之前,强制在法的性质之争中已经经历了一个从中心化到去中心化的过程。这一变化过程见证了分析法学内部不断自我反对从而壮大自身成为独树一帜的理论流派的成长史。

(一) 强制的中心化:早期分析法学代表者之功

强制成为理解法律性质的中心要素,主要归功于边沁、奥斯丁和凯尔森这几位分析法学派的代表人物,他们的法律理论至今仍是我们绕不开的智识高峰。

1. 边沁:制裁之于法律的必要性

通常认为,分析法学肇端于边沁,边沁极力将法的识别与对法的道德评价相隔离,发展出后世名之为"法律命令理论"的实证主义法律观。根据命令理论,法律是一种命令。但是命令有许多种,何以将法律命令与其他规范体系的命令区别开呢?边沁认为,区别的关键在于当人们不遵守法律时,法律体系具有以令人不快的制裁的威胁支持命令的能力。边沁有时甚至主张以制裁的可能性定义法律义务:有义务即是在国家强制之下,没有强制的可能性时,不存在法律义务,也不存在法律。[2] 边沁强调制裁对于理解法律的重要性与其关于人类动机的心理学理论密切相关。在他看来,人的自利性动机是第一位的,最大化个人利益的欲望凌驾于对社会整体福利的追求,追求个人利益与社会福利发生冲突时,为了防止社会崩溃,外在强制就成为必要。法律为了促进公共善有时就要以牺牲个人偏好和利益为代价,强制也因而对法律是必不可少的。[3] 但是,边沁并没有将制裁的威胁作为命令的定义性要素,在他的理论中,制裁的

----

[1] See Julie Dickson, *Evaluation and Legal Theory*, Hart Publishing, 2001, p. 17.

[2] See Frederick Schauer, *The Force of Law*, Harvard University Press, 2015, p. 13.

[3] 参见〔英〕边沁:《道德与立法原理导论》,时殷弘译,商务印书馆 2005 年版,第 18—21 页。

威胁只是法律最普遍的形式和最有说服力的特征,提供一个法的正式定义并不是他的主要目标。[4]

2. 奥斯丁:制裁作为法的定义性要素

真正将制裁的威胁作为法的定义性要素和中心特征的是奥斯丁。奥斯丁指出,法律就是命令,而命令的含义是:

> 第一,一个理性存在提出的要求或意愿,是另一个理性存在必须付出行动和遵守的;第二,在后者没有服从前者要求的情况下,前者设定的不利后果,会施加于后者;第三,前者提出的要求的表述和宣布,是以文字或其他形式表现出来的。[5]

如此一来,命令、义务和制裁三位一体。当命令发出者的要求得到表达时,命令就存在了,命令发出者就为接收者设定了义务;而当命令没有得到遵守时,义务就不能实现,实施制裁的不利后果就会施加在冒犯者身上。命令、义务和制裁三者中缺少任何一个都无法构成法,制裁的威胁成为法的定义性要素。此外,制裁的威胁由"命令发出者"实施,那么作为逻辑起点的"命令发出者"必然是一个有能力施加制裁手段的优势者,而这个"优势者"就是奥斯丁需要首先设定的。奥斯丁指出,在实在法的语境下,政治上的优势者为主权者,其有两个特点:其一,主权者处于政治上的优势地位,受到政治社会中其他群体的习惯性服从;其二,主权者自身并不习惯于服从其他群体。因为主权者在受到习惯性服从时,其处于最高地位,主权者若是服从于其他群体,其必然对另一个上位者存在服从或依附关系,该主权者治下的政治社会就不是"独立"的政治社会,法律体系也只是另一个法律体系的附庸。[6] 如此一来,奥斯丁为我们打造了一个垂直的法律结构,人们习惯性地服从主权者制定的以威胁为后盾的法律,下位者服从上位者,而主权者并不习惯性地服从任何人。奥斯丁的法律命令理论在其后数十年间成为英美法理学界的主导理论,不仅为分析法学打下一片天地,与自然法学分庭抗礼,也为法律现实主义者所接受。例如,霍姆斯笔下的"坏人"形象[7],"坏人"并不是发自内心地遵守法律,而是基于恐惧制裁的威胁而服从法律。

3. 凯尔森:强制作为法的本质特征

虽然奥斯丁的法律命令理论在欧洲大陆受到了凯尔森的批评,但凯尔森自陈他的纯粹法理论与分析法学一致,认为强制要素是法的本质特征。凯尔森将

---

〔4〕 See Schauer, *The Force of Law*, *supra* note 〔2〕, p. 14.

〔5〕 〔英〕约翰·奥斯丁:《法理学的范围》,刘星译,北京大学出版社2013年版,第26页。

〔6〕 同上注,第241—266页。

〔7〕 See Oliver Wendell Holmes, "The Path of the Law", 110 *Harvard Law Review* 991 (1997).

强制分为精神强制和外在强制。精神强制属于社会学范畴,其"并不能将法律秩序与其他社会秩序区分开"[8],不应被纳入分析法学,而"外在强制是法的本质"[9]。因为,在凯尔森看来,"凡设法以制定强制措施来实现社会所希望有的人的行为,这种社会秩序就被称为强制秩序。它之所以是这样一种秩序,就因为它以强制来威胁危害社会的行为……正是在这一意义上,法是一种强制秩序"。[10] 制裁是强制的表现形式,具体而言,"制裁是法律秩序对不法行为的反应,或者说就是法律秩序所构成的共同体对作恶者即不法行为人的反应"。[11] 此外,在凯尔森看来,对法律义务的阐释也离不开强制。"法律作为强制秩序也意味着只有在行为人的相反行为是强制行为针对的对象时,一个行为才被视为合法的(作为法律义务的内容)。"[12]既然法律秩序是强制秩序,那么"组成法律秩序的规范就一定是规定强制行为,即制裁的规范"。[13] 这意味着法律规范的本质在于当个体违反法律规范时,法律秩序设立的机关将实施规定的制裁。但是,单个规范并不一定会规定制裁,所以是不完全的,这些不完全的规范需要依赖另外一些规定官员实施制裁的不完全规范。前者构成后者的条件,当前者具备且产生特定法律后果时,后者将指示官员实施制裁。[14] 凯尔森将前者称为"次要规范",而将规定了制裁的后者称为"主要规范","法律是规定制裁的主要规范"。[15] 凯尔森依此对授权性规范做了说明,在他看来,授权性规范也不过是官员实施强制行为的一个条件,是次要规范。[16]

从边沁基于心理学对制裁在法律中必要性的强调,到奥斯丁将制裁作为法的定义性要素和中心特征,再到凯尔森明确声称强制是法的本质,强制在分析法学的早期发展中居于法律理论的中心地位,对法的性质的探寻离不开强制。

(二)强制的去中心化:哈特、拉兹及其追随者之功

在哈特《法律的概念》问世前,强制作为法的主要性质为英美法理学界普遍接受,但随着哈特、拉兹及其追随者对这一主导观念的多次批判,强制逐渐被驱逐出法律理论的中心区域。

---

〔8〕 Hans Kelsen, *Pure Theory of Law*, Trans. from the Second Revised and Enlarged German Edition by Max Knight, University of California Press, 1967, p. 35. 精神强制无法使法律与道德、宗教相区分的原因,参见〔奥〕凯尔森:《法与国家的一般理论》,沈宗灵译,中国大百科全书出版社 1996 年版,第 24 页。

〔9〕 See Hans Kelsen, "The Pure Theory of Law and Analytical Jurisprudence", 55 *Harvard Law Review* 44 (1941).

〔10〕 〔奥〕凯尔森:《法与国家的一般理论》,同前注〔8〕,第 19 页。

〔11〕 同上注,第 21 页。

〔12〕 Kelsen, *Pure theory of law*, *supra* note〔8〕, p. 50.

〔13〕 〔奥〕凯尔森:《法与国家的一般理论》,同前注〔8〕,第 45 页。

〔14〕 See Kelsen, *Pure theory of law*, *supra* note〔8〕, pp. 54-58.

〔15〕 〔奥〕凯尔森:《法与国家的一般理论》,同前注〔8〕,第 68 页。

〔16〕 See Kelsen, *Pure theory of law*, *supra* note〔8〕, p. 56.

1. 哈特的典范批判:强制对法律只有辅助作用

哈特将奥斯丁作为显性对手,将凯尔森作为隐性对手,对强制的主导地位展开了猛烈批判[17],哈特的批判在随后数十年里成为典范,备受推崇。

(1)哈特对奥斯丁的批判

哈特对奥斯丁的全面批判是其法律规范性理论的垫脚石,对强制的批评在其理论中占据了重要位置,主要表现在以下两方面:强制扭曲了法律的多样性,强制无法阐释法律义务。前者主要表现为奥斯丁的法律命令理论以刑法为范本,忽视了授权性规则的存在。授权性规则分为授予私人权力的规则(例如规定使契约、遗嘱或婚姻有效成立的法律规则,借由授予个人以法律权力,通过特定的程序和条件,创设权利和义务,为人们提供便利)和授予公共权力的规则(该规则为公共机构的运作规定条件和程序,比如规定法院管辖的规则)。授权性规则的存在无法用以威胁为后盾的命令解释。[18]

哈特认为强制无法阐释法律义务主要表现在奥斯丁混淆了"被强迫"(be obliged)和"有义务"(have an obligation)。奥斯丁用制裁阐释法律义务,如同抢匪情景中被抢者因为恐惧遭受不利后果而被迫遵从,这种主观心理状态足以解释"被强迫",但却无法解释法律义务。[19] 哈特指出,义务意味着社会规则的存在[20],有规则存在才会有义务,对法律义务的阐释应基于规则的实践理论。根据哈特的论述,一项社会规则存在需要满足四个条件:第一,社会群体中存在规律性的聚合行为;第二,对聚合行为的偏离会遭受要求遵从的压力,会受到批判;第三,这种批判是实际存在的,并且对标准的偏离普遍地被认为是受到批判的好理由;第四,也是最重要的,群体成员对该标准抱有批判反思态度,即人们对规则持内在观点。[21] 当社会规则存在,且表现出三个特征时,义务就产生

---

[17] 其实早在哈特之前,已有学者对奥斯丁的理论进行了批判。早在19世纪,弗里德里克·哈里森针对奥斯丁就已指出财产法、公共特许经营法、政府公职法等法律都不能被理解为以强制力威胁作为后盾的命令。See Wilfrid E. Rumble, *Doing Austin Justice: The Reception of John Austin's Philosophy of Law in Nineteenth Century England*, Continuum, 2005, pp. 225-232. 进入20世纪,艾伦也同样指出,许多法律根本就不包含强制,不是命令性的。See Carleton Kemp Allen, "Legal Duties", 40 *Yale Law Journal* 331(1931). 而后,庞德在书评中也批评了奥斯丁,庞德认为指导法官裁判的制定法规则是法律的一部分,但它们并没有以制裁作为后盾,庞德还批评了奥斯丁以刑法作为典范将法律化约为命令,忽略了私法的重要性,他特别指出合同、遗嘱、合伙等都无法由命令进行解释。See Roscoe Pound, "Book Review", 23 *Texas Law Review* 415-418 (1945), cited from Schauer, *The Force of Law*, *supra* note [2], pp. 24-25. 这些批判不少都与哈特的批判重合,但都被哈特《法律的概念》的巨大声望淹没了。

[18] 参见〔英〕H. L. A. 哈特:《法律的概念》,许家馨、李冠宜译,法律出版社2011年版,第26—31页。

[19] 同上注,第75—76页。

[20] 同上注,第78页。

[21] 同上注,第51—52页。

了:第一,人们对遵守规则的要求是持续且强烈的;第二,对违反规则的人施加的社会压力是强大的;第三,规则所要求的行为可能与负有义务之人心中所愿相冲突。[22] 法律义务的产生也是如此,在哈特看来,法律是初级规则与次级规则的结合,初级规则规定法律义务,次级规则是关于初级规则的社会规则。[23] 作为法体系基础的承认规则建立在司法官员的惯习性实践基础上,司法官员对承认规则持批判反思态度,接受其为识别法律体系成员的判准,被承认规则识别的规则为法律规则,规定法律义务。[24] 奥斯丁的法律命令理论以"坏人"形象刻画守法者,而哈特从内在观点的角度揭示了法律义务的生成,法律义务并不依靠强制,其笔下的守法者是"困惑人"形象,哈特针对"坏人"形象问道:"为什么法律不同样地关心那些自愿去做所规定之事的'感到困惑的人'或'无知的人'(只要能够被告知法律是什么)? 或者关心那些'希望安排自己事务的人'(只要能够被告知该如何去做)?"[25]

这两点在形式和内容上构成哈特对奥斯丁制裁理论的核心批判,但他也未完全否定强制的作用。哈特认为强制对于国内法律体系具有"自然必要性",因为人是脆弱的、人们近乎平等、有限的利他主义、有限的资源以及有限的理解和意志力量等这些自然事实和人类求生存的基本意图,使得国内法体系的制裁规定既是可能的,又是必要的,其不只是作为服从的动机,而且能保证那些自愿守法的人不会被那些不守法的人牺牲掉。[26] 换言之,在哈特看来,强制对于阐释法律的形式和内容并不是必要的,但其对于保证法律体系不至崩溃具有自然的必要性,强制对法律体系只有辅助作用。

(2)哈特对凯尔森的批判

哈特认为凯尔森将规定官员实施制裁的主要规范作为法律,扭曲了人们对法律的一般理解。因为此时法律的中心概念是指示官员施加制裁的命令,法律变成对官员的指示,并不是对一般公民的指示。具体表现为:如果任何 X 种类的事作为或不作为或发生,则施加 Y 种类的制裁。[27]

这颠倒了制裁的位置,因为刑法的实体规则不仅引导运作着刑罚体系的官员,而且引导着与官方生活无涉的一般公民。这个观念是无法消除的,除非抛弃法律作为社会控制方法这个极为重要的特征。要求法院施加制裁的规则只是在法律的主要目的受挫或失败时所做的准备。这些规则是不可或缺的,但是

---

[22]　同上注,第 78—79 页。

[23]　同上注,第 74 页。

[24]　同上注,第 234 页、第 95—106 页。

[25]　同上注,第 37 页。

[26]　同上注,第 172—176 页。

[27]　同上注,第 34—35 页。

只作辅助之用。[28] 那么,法律作为社会控制的方法,其主要目的是什么呢?哈特指出:"法律作为社会控制之方法的主要功能,并非是见于私人诉讼或刑事追诉,这些虽然极为重要,但仍旧是补救体系失灵的辅助性措置。法律的主要功能是:在法院之外,法律以各种各样的方式被用来控制、引导和计划我们的生活。"[29]

另一方面,将授权规则化约为产生义务之条件陈述的做法也扭曲了授权规则的性质。在哈特看来,如果要理解授予私人权力的规则,就必须从运用法律权力之人的观点来看它们。如此,这些规则就像是强制性控制之外,由法律引进社会生活的额外要素。拥有这些法律权力使得私领域的公民成为私领域的立法者,如果没有这些规则,这些公民将只是义务的负担者。人们以不同的理由重视、思考、谈论和使用这种能够通过建立权利义务结构提供巨大便利的授权规则,其具有不同于义务规则的运作方式,因而必须被承认为是一种独立的规则,而不仅仅是义务规则的条件陈述。[30]

总而言之,哈特通过对奥斯丁和凯尔森的批判,强调了强制对法律体系只有辅助作用,以强制作为阐释法律形式和内容的中心特征只会扭曲法律的多样性,模糊法律的主要功能。

2. 拉兹的"天使社会":强制之于法律体系并不必要

拉兹虽然指出法律三个一般的和重要的特点是规范性、制度化和强制性[31],但他认为强制与法律体系的存在没有必然的逻辑关联,不是法的性质。拉兹通过"天使社会"这个著名的思想实验对此进行了阐释。

拉兹认为法律体系是一种独特的制度化体系,它具有区别于其他制度化体系的三个特征:第一,法律体系是全面的,即法律体系主张具有调整任何种类行为的权威;第二,法律体系主张至高无上,即每一法律体系都主张有权威调整其臣民共同体对其他制度化体系的设立和适用;第三,法律体系是开放的体系,即法律体系能将本体系之内的约束力赋予不是它的规范。[32] 拉兹承认没有规定制裁或者没有授权使用强制性力量实施制裁而又具有效力的法律体系在人类社会是不可能的,制裁对于保证合理的守法程度和防止法律完全崩溃是必要的,但这种法律体系在逻辑上却是完全可能的。因为他认为缺乏制裁的"天使社会"的规范体系一旦符合这三个特征,也应被承认是一个法律体系,而这完全

---

[28] 同上注,第36—37页。

[29] 同上注,第37页。

[30] 同上注,第38页。

[31] 参见〔英〕约瑟夫·拉兹:《法律体系的概念》,吴玉章译,中国法制出版社2003年版,第4页。

[32] 参见〔英〕约瑟夫·拉兹:《实践理性与规范》,朱学平译,中国法制出版社2011年版,第168—174页。

是能够达到的。所谓的"天使"是这样一种理性存在者:他们服从法律,并且知道有足够充分的理由服从法律,而不必考虑制裁。在这样一种社会中,立法者无须规定制裁,因为它们是不必要的、多余的。[33]

对于"天使社会",人们最直接的质疑就是这样的一个社会根本不需要立法权威和法院,因而也就没有法律体系。拉兹对此做了回应:首先,"天使社会"需要立法权威来保证协调一致。拉兹强调"天使"不应被设想为是圣人,他们也追求自身的利益,利益、价值目标可能会相互冲突,而这个社会并没有预设一致的尺度。因此,他们拥有和我们一样的需要立法权威和一个执行者的所有理由。他们与我们的不同之处只在于,他们对于他们的法律制度具有普遍的和根深蒂固的尊重,以及没有违反立法权威的裁决的任何愿望。其次,"天使社会"也需要法院。因为对于法律行为以及法律后果的解释,会有许多实际的分歧和纠纷,这需要法院的决断。并且,会有许多至少部分没有得到规范的纠纷需要法院通过行使自由裁量权进行调整。此外,拉兹还指出在"天使社会"里,人们会因为误解了事实或法律而做错事从而造成损害,这就使得必须存在规定救济性的权利和义务的法律。但这种救济性规定没有必要是刑事措施,通常是民事救济,而民事救济并不是制裁。[34] 既然没有制裁的法律体系在逻辑上是可能存在的,即强制对于法律体系的存在并不是必要的,那么制裁就无法充当法律的定义性特征,强制也不是法律的本质。

3. 追随者的延续:以夏皮罗为代表

哈特和拉兹对强制作为法的定义性特征的批判在法理论界产生了重要的影响,这种批判性态度不断地被法律实证主义阵营里负有盛名的理论家延续,最有代表性的当属夏皮罗。夏皮罗认为,奥斯丁抹杀了"好市民"的存在,"好市民"与"坏人"不同,他们遵守法律不是为了逃避制裁,而是将法律施加的义务作为一种新的道德理由予以遵从。夏皮罗强调,法律确实是不仅要控制"坏人",也要指引"好市民"的行为,而通过对"好市民"施加法律义务激励他们比威胁他们更有效,一个只以强制力作为说服方式的体制将很快会破产。正因如此,夏皮罗认为关于法的性质的一般理论必须充分地展现法律可自行使用的所有方法,而不是排除其他,只优待其中一种。[35] 由此可以看出,在夏皮罗看来,强制不是法的必要要素;没有强制,法律可以通过其他方式实现社会控制。

正是哈特、拉兹及以夏皮罗为代表的追随者,使得"强制不是界定法的性质及特征的中心元素"成为后哈特时代分析法学主导性的共识。

---

〔33〕 同上注,第179—180页。

〔34〕 〔英〕哈特:《法律的概念》,同前注〔18〕,第180—181页。

〔35〕 See Scott J. Shapiro, *Legality*, Belknap Press of Harvard University Press,2011, pp. 70-71.

二、强制观念的复兴:肖尔的努力

尽管在肖尔之前,已有学者对哈特和拉兹进行了批判[36],但再次引发强制在法律性质理论中的地位之热烈争论的是《法律的强制》一书的出版。该书中,肖尔更新了分析法学在此问题中的方法论,并以哈特为主要靶子,试图基于强制的普遍存在证成强制对于法律的重要性。肖尔的努力是否成功尚待辨明,但我们首先需要正视这一难得的学术努力。

(一)方法论上的反本质主义:以典型性代替必要性

自哈特以降,法哲学家们基于本质主义方法论普遍认为强制不是法的性质。所谓本质主义,就是探寻某事物的性质,即探寻该事物本质的或必要的特性。法律的性质就是法律本质的或必要的特性,法律没有这些特性将不再是法律。[37] 这种立场在拉兹等人的著作中随处可见,拉兹认为法社会学关注特定社会偶然的和特定的法律现象,而法哲学关注的是法律体系必须具备的特征[38],阐释法的性质的法理论只有由关于法的必然正确的命题构成且解释了法律是什么才算是成功的。[39] 夏皮罗也认为法律的概念分析就是寻找法律的"自明之理"(truisms),它们不是偶然的经验性真理,而是关于法律必然真理。[40] 正因如此,如前所述,在拉兹和夏皮罗看来,强制对于法律不是必要的。

肖尔对以"必要性"为基石的本质主义方法论进行了批判,其反本质主义方法论立场主要基于以下两点:(1)认知科学家的研究表明人们通常并不以概念形成所需的必要条件即概念的"本质特征"对其进行思考和运用,而是理解概念本身具有中心情形与边缘情形。人们的思考和言说基于概念的中心情形、典型特征,例如,人们通常以"能飞"作为鸟的中心特征,但这并不能否认不能飞的企鹅、鸵鸟也是鸟,这些即是鸟的"边缘情形"。并且,并不是概念所有的情形,甚至不是所有的中心情形都共享一种特性。[41] 正因如此,肖尔认为关注典型特

[36] See Andrei Marmor, *Positive Law and Objective Values*, Oxford University Press, 2001, pp. 43-45; also see K Gerry, "The Role of Coercion in the Jurisprudence of Hart and Raz: a Critical Analysis", 2010, at https://ssrn. com/abstract = 1911249 (last visited on March 27th, 2018).

[37] See Robert Alexy, "On the Concept and the Nature of Law", 21 *Ratio Juris* 281 (2008).

[38] See Joseph Raz, *The Authority of Law: Essays on Law and Morality*, Clarendon Press, 1979, pp. 104-105.

[39] See Joseph Raz, "Can There Be a Theory of Law?", in Martin P. Golding & William P. Edmundson(eds.), *The Blackwell Guide to the Philosophy of Law and Legal Theory*, Basil Blackwell, 2005, p. 324.

[40] See Shapiro, *Legality*, *supra* note [35], pp. 13-22.

[41] See Schauer, *The Force of Law*, *supra* note [2], pp. 37-38.

征比所谓的本质特征更有价值。[42] （2）在反本质主义的哲学传统中,维特根斯坦的家族相似概念极具代表性。维特根斯坦的理论以"游戏"概念对家族相似进行了阐释,在诸多游戏形式中,A 与 B 在某一特性上相似,B 与 C 在另一特性上相似,C 与 D 在其他特性上相似,那么 A、B、C、D 家族相似。这些具有家族相似性的游戏并不具有共同的特征,而且即使是游戏的中心情形也不具有必然的本质特征。伯纳德·休茨(Bernard Suits)反对维特斯根坦,并提出了一种本质主义的"游戏"概念:游戏是人们基于规则自愿尝试克服不必要障碍的活动。肖尔认为休茨的定义并不能解释人们为了金钱而从事体育竞技的事实,并且抽象程度太高,以致根本没有借鉴性。肖尔还引入了"集群概念"(cluster concept)和"范型"(generic),他进一步指出这些概念都允许例外情形的存在,并不存在其得以合理运用的必然标准。就法律而言,肖尔认为问题的关键并不在于探寻法律是否和其他事物一样存在中心情形和边缘情形,而在于中心情形是否能够根据必要特征进行理解。有人持肯定观点,也有人反对。肖尔支持后者,因为后者有确定的哲学出处和更为实质性的经验支持,这在认知科学家的例子和反本质主义哲学传统中皆有佐证。因此,法律是一个范型,一种家族相似,一个集群概念。[43] 可以发现,第二点是对第一点在理论上的强化说明,肖尔的重心在于说明典型性对于法的性质的重要性。

肖尔在方法论上的另起炉灶旨在从根本上摧毁本质主义法理学对强制作为法的性质所设置的障碍。当人们以典型性而非必要性界定法的性质时,强制将是法的性质,因为强制之于法律如同飞行之于鸟类,不是必要的,但却是普遍存在极具典型性的。这将在后文得见。

（二）"困惑人"形象的证伪:经验维度上反对哈特

在从方法论上清除了重申强制重要性的障碍后,肖尔试图瓦解哈特理论中作为守法公民具体形象的"困惑人"。肖尔认为与恐惧遭受制裁而以自利为行动动机的"坏人"相比,"困惑人"想知道法律的具体内容以便予以遵守,并且其遵守法律的理由仅因为法律作为法律而应当遵守,而不是因为被强制。[44] 换言之,他们将法律规则予以内化,以独立于制裁的法律义务作为行动理由。肖尔从守法理由的分类和"困惑人"经验数量上的真实性两个方面对"困惑人"形象展开了攻击,试图将强制拉回视野中心。

1. "困惑人"形象背后守法理由二分法的谬误

在对守法理由进行分类前,肖尔对"守法"的含义进行了阐明。通常而言,人们看重法律是因为法律在行为后果上能产生实践差异,但是行为后果的合法

---

[42] Id., p.4.
[43] Id., pp. 38-40.
[44] Id., p.48.

律性并不能反过来证明行为人本身的守法性。因为行为与法律规定的一致性在行为后果上与因为法律规定而遵守法律相同。例如，虽然行为人意欲盗窃车辆，但其自身对该行为持否定性评价并放弃了盗窃行为，法律也将盗窃车辆规定为违法，此时行为人放弃盗窃与因为法律规定盗窃违法而放弃盗窃的效果相同，但此时我们并不能说行为人是在遵守法律。也因如此，一般认为只有将法律本身作为行动理由而使自身行为与法律保持一致才是守法，而出于法律以外的其他理由使自身行为与法律保持一致不属于守法。但是，肖尔认为此种论证只是表明了前述二者之间的区别，并没有揭示"守法"本身的含义，焦点应该放在，如果不是因为法律的命令，人们出于独立于法律的理由本该会做什么。[45]至此，肖尔的讨论中心转向了独立于法律的理由。

　　在出于自利的审慎理由之外，肖尔指出了另外两种重要的独立于法律的理由：第一种为独立于法律的个人偏好、欲望、价值或品味。例如，在一些法律体系中，食人与兽交都是不合法的，但是人们避免食人和兽交的行为并非是因为法律的规定，而是他们本身对这些行为就没有什么欲望。即使相关法律规定被废止了，他们也不会改变自己的行为实践。第二种为独立于法律的道德理由。此种情况下，人们出于道德理由而克制或放弃意欲从事的行为。例如，一些人出于自利意欲进行内幕交易，但是内幕交易在其看来本身是不道德的，因而予以放弃。法律禁止内幕交易，但是即使没有法律，这些人出于道德理由仍会放弃进行内幕交易。肖尔对这两种独立于法律的理由的细分旨在说明人们决定做与不做某事乃是基于复杂的理由，除了法律外，这些理由还包括偏好、审慎和道德。并且，大多数人在大多数时候并不是因为法律而做某事，而是出于这些独立于法律的理由行事，其结果往往与法律的规定一致。[46]

　　肖尔所称的"大多数人在大多时候不是因为法律而做某事"，固然尚需经验上的支撑，这也是肖尔接下来的论证重心，但至此，肖尔已经足以否定出于法律动机的"困惑人"和出于自利动机的"坏人"之间的二分法。当然，如果确有经验数据证明"困惑人"在生活中占绝大多数，那么肖尔的推论就不攻自破了。但是，如果"困惑人"确实是少数，那么即使强制在逻辑上不是必要的，其重要性在提供独立于法律的行动理由方面也将凸显出来。所以，困惑人在经验数量上的真实性就成为矛盾的焦点。

　　2."困惑人"在经验数量上的非真实性

　　肖尔通过泰勒关于"人们为什么遵守法律"的问卷调查结果以及其他相关的经验研究否定了困惑人在生活经验中占据绝大多数的观点。泰勒对于法律

---

〔45〕　Id., p. 49.

〔46〕　Id., pp. 49-50.

在影响人们行为中的因果角色很感兴趣,他将人们行为的动机区分为自利性动机和法律关联性(law-related)动机,其问卷调查的关键在于探究除了恐惧制裁外人们守法的理由。调查结果表明,并非如通常认为的那样,人们主要是出于自利而行为,道德才是形塑法律关联性行为的首要因素。[47] 在肖尔看来,泰勒与哈特一样,其坚持的守法动机二分法是错误的,因为既然道德是影响人们行为的首要因素,那么调查结果并不能表明法律本身对人们行为的影响。[48] 换言之,基于泰勒的分类法,调查结果只能表明人们克制自利行为可能是因为道德也可能是因为法律。造成如此模糊局面的原因在于道德内置于法律关联性动机,二者混合在一起。既然如此,肖尔进一步主张应当将道德从法律关联性动机中剥离,使其成为一种独立于法律的理由。在肖尔看来,大多数人可能经常从事道德激励性行为,其结果恰好符合法律,但是将其称呼为"法律关联性"行为的原因却是很模糊的,他认为应该称之为"道德"行为。也只有如此,才能在"符合法律"(consistency with the law)和"遵守法律"(obedience to the law)之间进行清晰界分。[49] 一旦如此区分,那么肖尔在泰勒调查结果的基础上自然就可以得出结论认为既然人们并非如想象是出于自利而行为,且独立于法律的道德是影响人们行为的首要因素,那么事实上也就不存在足够多的"困惑人"因法律本身而遵守法律。

"困惑人"在经验数量上的非真实性并不止于此,肖尔进一步用泰勒的调查结果进行了说明。在泰勒的调查结果中,第二个结论是合法性(legitimacy)虽然在决定法律关联性行为中的作用不如道德,但也是一个重要的因素。具体而言,当制裁的可能性较低时,民众对法律合法性的信念在引致符合法律的行为方面相对于制裁的威胁更为重要。[50] 人们基于对法律合法性的信念而受法律约束,是因为如是之法律是通过公平且公开的方法制定的,是程序常规性的产物,民众有参与的机会,并且受到官员的尊重。当法律对入店行窃、乱扔垃圾、过高噪音和汽车停放进行规制时,人们遵守法律不是因为害怕制裁,而是因为在其看来这些法律是合法(legitimately)制定的善法。在肖尔看来,这同样不能说明人们因为法律本身而遵守法律。[51] 肖尔这里将法律的合法性与法律本身进行了区分。以富勒的程序自然法理论观之是可以成立的,因为法律的合法性体现的是法律的内在道德,人们因法律的合法性而遵守法律反映的是一种道德

[47] See Tom R. Tyler, "Beyond Self-Interest: Why People Obey Laws and Accept Judicial Decisions", 8 *The Responsive Community* 44 (1998).

[48] See Schauer, *The Force of Law*, *supra* note [2], p. 58.

[49] Id., p. 59.

[50] See Tom R. Tyler, *Why People Obey the Law*, Princeton University Press, 2006, pp. 19-68.

[51] See Schauer, *The Force of Law*, *supra* note [2], p. 60.

倾向。

此外,肖尔还利用其他相关研究进一步强化其论点。一组研究表明,即使法律是明确的、有守法的激励,或者明知他们的政策偏好对法律决定没有影响,法科学生也更乐意于根据他们自己的政策偏好做决定,而不是根据法律做决定。[52] 肖尔据此认为这些研究再次表明人们受法律指引并没有想象中的那么普遍,法律指引的重要性被过高估计了。[53] 随后,肖尔转向了数据统计,他列举了包括美国纽约、中国香港等不同地方的民众对不同法律的偏低的遵守率,来展现人们真实的守法情况,并以之说明不切合人们独立于法律的偏好和判断的非强制性法律通常是效果不佳的。[54]

总而言之,肖尔从反面论证了不是因为法律本身而遵守法律的人占大多数,以法律为行动理由的"困惑人"并不具有经验上的可信性。

3. 肖尔的自我防卫与进一步攻击

在前述经验分析中,肖尔主张法律与道德的分离,秉持法律实证主义的基本立场,但这有可能遭到德沃金法律理论的反对。为了巩固经验分析中的立论,肖尔直面德沃金理论,进一步强调了遵守法律之"法"为实证法。

基于反法律实证主义的立场,德沃金将政治道德、政策考量一并纳入法律框架内。这样一种宽泛的法律概念使评价一种不包含道德等规范性考量的法律对行为的影响变得不可能,最重要的是无法评估作为法律的制定法、规章、司法判决、成文宪法和法律分析的传统机制对法官、政策制定者、民众和官员做决定的影响。嘉韦逊将这些法律种类统称为"一阶法"[55],只有在一阶法的角度才谈得上法律与道德的冲突,人们对行为的法律理解才有可能。因此,肖尔坚持认为,无论这些法律种类有何称呼,其组成部分的命令才是人们行动的理由。[56] 虽然肖尔的狭义法律概念将道德作为一种独立的行动理由,但他同时指出将独立于法律的行为动机完全与法律的象征性和说服性力量相分离也是错误的,因为法律能影响道德信念。[57]

在进一步强化了自身实证主义的法律立场后,肖尔试图通过阐释守法的文化偶然性将强制拉回视野中心。肖尔通过实例说明了守法随着文化的变化而

[52] See Joshua R. Furgeson, Linda Babcock, & Peter M. Shane, "Do a Law's Policy Implications Affect Beliefs about Its Constitutionality? An Experimental Test", 32 *Law & Human Behavior* 219 (2008).

[53] See Schauer, *The Force of Law*, *supra* note [2], pp. 64-65.

[54] Id., pp. 65-66.

[55] See Ruth Gavison, "Legal Theory and the Role of Rules", 14 *Harvard Journal of Law & Public Policy* 727 (1991).

[56] See Schauer, *The Force of Law*, *supra* note [2], p. 70.

[57] Id., pp. 71-73.

改变,具有偶然性。因为通过观察可以发现在美国人们并不将交通标志当回事,但是当美国人在德国、芬兰等国家旅游时,他们会发现诸如芬兰人那样在没有警察时仍自觉守法的大有人在。这一事实直接对"困惑人"造成了冲击。因为如果"困惑人"只是一种分析构造,那么守法的文化偶然性使其不具有普遍性;如果"困惑人"不是一种分析构造而是经验基础,用以支撑认真对待非强制性法这一具有好的实践理由的命题,那么这种人的实际出场就变得重要。文化多变性使得某些国家的"困惑人"比其他国家多,与之相应地,泰勒所指的"独立于制裁的守法者"也将依特定时空而定。如此一来,探寻不是文化特定的普遍法律注定失败。当然,在肖尔看来,本来也没有理由认为法律必须具有跨文化的本质,"法律"可能仅仅是附着于各种社会管理现象的一个标签,本来就不具有共同的性质,也无心于连结不同的法律体系。虽然如此,法律的强制力即使对于法律的存在而言不是必需的,但它却能够跨越文化在不同的法律体系中存在,其相对于"困惑人"指代的法律的规范性力量更稳固持久。[58] 至此,肖尔对"困惑人"的攻击结束,而强制的普遍性、典型性得到强调。

(三)强制重要性的证成:强制普遍存在

在对哈特的理论从方法论与经验维度进行批驳以后,肖尔基于强制普遍存在且是法律的一种典型特征,试图对强制的重要性进行证成。肖尔强调,即使强制对于法律的存在不是必需的,但其存在于每一个法律体系之中,具有哈特所称的"自然必要性"。尤其是当独立于制裁的真正守法并不如想象中的那么常见,而通过保护真正的守法以维护社会或道德规范、实施反对错误的个人判断和过分自利的法律又是必要的时候,通过强制保护真正的守法将是一种主要的机制。[59] 由此可见,虽然肖尔认为真正的守法并不普遍,但其对于维护社会价值和规范的意义是重大的,而这种意义的实现依赖于强制的保驾护航,强制因而具有法律体系中不可低估的重要性以及在法理论中作为中心关注点的正当性。强制普遍存在于法律体系的形成、法律的实施、法律与社会规范互动过程中:

1. 法律体系形成中强制的重要性

肖尔勾画出一个"强制难题"。制裁是强制的主要形式,而制裁需要法律体系中的官员实施,那么随之而来的问题是:官员何以真正实施制裁?其实施某些制裁而非其他制裁的依据为何?直接的答案是:这是法律的规定,但是做出规定的法律仍需官员来实施,而此种实施又由上一层级的法律予以规定,如此往复。[60] 在奥斯丁的法律命令理论里,最高的主权者不受约束,实施最终的制

---

[58] Id. , pp. 73-74.

[59] Id. , p. 75.

[60] Id. , pp. 76-77.

裁,"强制难题"得以解决。但如哈特所说,主权者不受约束并不符合现代法律的事实,主权者也受法律约束,这自然引出一个问题:谁来制裁主权者? 换言之,谁来强制"强制者"? 与之相应的问题则是法律体系中不同层级法律的效力如何保证。依据层级化原理,低层级法律的效力由上层法律决定,如此不停追溯,直至最高法律。那么,最高法律的效力又来源于何处? 这是对法律体系的基础进行追问。

奥斯丁层级化的主权者命令和制裁无力回答这一问题,哈特引入了作为次级规则的承认规则对法律体系的基础进行回答。哈特指出,规定义务的初级规则和授予权力的次级规则的结合是法律科学的关键,而承认规则处于法律体系的顶端。承认规则由官员的接受予以内在化,只有经过承认规则识别的规范才属于法律体系,法律体系内部规范的效力可以上溯至承认规则,但承认规则本身不存在有效或无效的问题,也不需要进行追问,承认规则的存在是一个社会事实。换言之,法律体系的基础是非法律的。哈特的理论至此即可,但承认规则是如何形成的呢? 这是哈特之后法律实证主义的主要问题,肖尔汲取了相关研究成果,将之归于导向合作行为的人类互动。肖尔承认人们通常会为了共同善而参与合作行为,当人们不是基于强制力,而是基于促进共同法律事业与法律能产生的共同善的共享承诺而合作时,他们将创造一个法律体系。政治组织可以使用强制来维持法律体系,但是法律体系在其形成之初并不是由强制决定的。[61]

尽管许多法律体系是基于非强制的合作形成的,但是肖尔同时强调低估强制的作用也是错误的。原因有三方面:第一,有的法律体系直接就是基于强制形成的。比如暴君使用强制力创造法律体系,该法律体系同样由初级规则和次级规则构成,并能有效地提供公共服务。[62] 第二,当我们以一种广义的方式理解强制,强制不是仅仅指军队武器的力量时,对于决定竞争性的法律体系中何者是真正的法律体系,强制的作用更普遍。有时候最终的决定因素是民众的接受,但是肖尔认为"接受"是一个不稳定的(slippery)概念,因为有时人们是基于法律体系的合法性而接受,有时是因为习惯的力量(force of habit)而接受,有时则是因为与具有相同习惯的他者相协调的好处而接受。尤其是在第三种情况下,当协调不存在时,法律体系将面临崩溃的危险,此时的接受其实是法律体系存在的好处这种外在力量使然,这也构成一种强制。[63] 而有些时候,是军事力量直接决定何者是真正的法律体系。如埃及革命运动中军方决定何者是埃

---

〔61〕 Id., pp. 81-82.

〔62〕 Id., p. 82.

〔63〕 Id., p. 83.

及的法律体系。[64] 第三,即使是基于合作形成法律体系,强制也能发挥作用。因为当合作的人数增加时,大规模的合作容易引发欺骗性的道德风险,此时强制性制裁措施可以起到预防和惩罚的作用。[65]

2. 法律实施过程中强制的重要性

强制在法律实施中真的重要吗? 这首先得从法律出现的场合谈起。通常而言,人们针对特定行为而制定法律,如果不是为了预防、惩罚某些行为或者鼓励某些行为,那么法律就不会存在。有些法律是为了实施反对违规者的社会规范或道德规范,比如法律对谋杀、强奸的禁止。肖尔认为这能凸显出强制的重要性,在他看来,没有理由认为不遵守这些社会规范或道德规范的违规者会接受独立于制裁的守法义务,此时法律若是试图保护社会或道德规范就必须借助于强制。此外,人们也许并不会参与这些严重的犯罪行为,但却会有超速、偷税等自利占主导的违法行为。肖尔指出,相比于严重的违法,人们对较轻的违法行为在道德上的自制强度较弱,而自利性较强,道德与自利的强度处于变化中,强制的平衡作用也是必要的。[66] 强制一旦出场,那么它本身就成为法律严重性的一种指标,法律可以通过强化其严重性来鼓励遵守。并且,支持人们守法的强制会客观上创造守法的大环境,改变人们的行为模式和守法态度,从而使人们的非强制性遵守变得更为可能。[67] 除此之外,强制在法律的处置功能(settlement function of law)中也发挥重要作用。因为当法律发挥协调功能时,强制可能不是必需的,但是当法律面对道德、政治争议并需要进行处置时,如果没有强制支持法律,那么法律对一阶争议的二阶处置就不可能是终局的和权威的。[68]

虽然强制是重要的,但是奖励也是一种行为动机。奖励是积极的,强制性惩罚是消极的。国家作为利益提供者在西方国家中已变得较为普遍,那么奖励对于法律实施的作用如何、强制与奖励之间关系如何就成为需要考虑的问题。肖尔指出,现代国家提供的利益分为两种:一种指向引导和控制人们的行为,比如对戒烟者的奖励;而另一种不指向行为,如提供公共福利、医疗。[69] 第一种和强制具有可比性,都是指向法律对行为的影响,是肖尔着重关注的。肖尔认为制裁相比于奖励具有优先性,原因有两点:第一,虽然奖励被作为引导和控制行为的方式,但总体上仍显得较少,这与奖励的效果不无关系。消极后果相对于积极后果在影响行为方面的力量往往更大,并且就使用领域而言,老师和家

---

[64] Id., pp. 83-84.
[65] Id., p. 85.
[66] Id., 101-102.
[67] Id., p. 103.
[68] Id., p. 105.
[69] Id., pp. 114-116.

长相比于政府往往更多地使用奖励。[70] 这有一定的道理,奖励往往是可以放弃的,但制裁是不可逃避的,效果自然更好。第二,制裁的实施成本比奖励低。比如对制造厂的管理,如果是为了引导制造厂进行安全生产而给予其奖励,例如提供资金用于购买安全设备,那么政府必须配套相应的公共基金和职能部门,管理成本会随着厂家数量增加而剧增。但是,如果是设定一个法律标准,对违法者施加制裁,那么厂家会自动控制生产行为,而政府只需承担通过法律程序制裁违法行为所产生的执行成本。[71]

在此前的论述中,强制与制裁等术语是交换使用的,随着讨论的细化,肖尔进一步明确了概念术语之间的关联与区分。肖尔指出,强制最好被理解为是法律对特定主体的决定产生影响的一种性质,而制裁是法律使用的机制。二者具体关联在于:当法律的命令不被遵守时,法律施加制裁;物理性强力的使用是法律有效的制裁方式中的一种;当法律的制裁能够为人们提供行动动机,那么法律就是强制的;而当法律的强制真正引致人们行为的改变时,我们可以说法律在行使强制力。[72] 在明确了与强制有关的术语之间的关系后,肖尔通过实例阐释了法律实施中罚款、征税、施加商业成本、声誉机制、驱逐等具体的强制机制。[73] 在谈到驱逐时,肖尔特别阐释了世界贸易组织及宗教组织、私人组织和黑手党组织是否属于法律体系的问题。在肖尔看来,有些国家间或国内的组织虽然不具有最终的强制性权力,但也能够对其成员进行驱逐,并且有初级规则和次级规则的结合,相比于将之类比于法律体系,直接将之称为法律体系也未尝不可。至于黑手党组织,肖尔则更鲜明地指出,黑手党具有最终的强制性权力,具有初级规则与次级规则的结合,并且从严格的法律实证主义立场看,也不需要其具有道德价值和道德目标,其本身就是一种不同于传统市民法体系的非国家法律体系,是一种不同于历史上惯常种类的法律体系。[74] 前述法律实施的实例和论证都是以刑事法为范本的,在此之外,肖尔也肯定了私法和公法一样,具有强制实施公共规范的功能。这种功能既可以通过公法包含私法的维度来实现,如民商事领域的刑事犯罪,也可以单独通过私法来实现。[75] 如此一来,肖尔既避免了奥斯丁忽视私法的错误,又全面强调了强制在法律实施中的作用。

3. 法律与社会规范互动中强制的重要性

肖尔概括性地指出,人们的行为受到法律和社会规范的制约,法律和社会

〔70〕 Id., p. 117.

〔71〕 Id., pp. 118-119.

〔72〕 Id., pp. 128-129.

〔73〕 Id., pp. 130-136.

〔74〕 Id., pp. 136-137.

〔75〕 Id., pp. 138-139.

规范能相互影响。法律对社会规范的影响主要表现在,法律有时候不是直接通过强制或法律的内化促使人们去实施可欲的行为,而是间接地通过创造或强化那些能够直接影响行为的社会规范来实现相同的目的。法律通过社会规范实现行为引导和控制是对强制的隐而不用,而社会规范对法律的影响彰显了法律强制的效能。因为社会规范对法律产生影响的情形发生于反对具有严重破坏效果的行为的社会规范力量弱小,客观存在的可欲性不为公众承认之时,此时由法律对规范的一阶目标进行确认和实现,而这自然离不开法律强制,强制可以通过提供行为动机,强化社会规范背后的价值追求。[76]

既然法律与社会规范不同,那么有何不同?肖尔认为,这表现为多种分化(differentiation)形式。第一种为社会分化,即法律与其他社会制度有各自的职业派别、协会组织、职业路径、职业语言等。法律的社会分化与其他维度的分化形式交叉,既是法律分化的起因,也是分化的结果。第二种为程序分化,即在大多数法律体系中,法律判决程序与其他社会或公共制度的决定程序都不同。诉讼是法律原生的程序机制,当事人是对立双方、裁判结果有胜负、法官对判决结果无利益、同案同判是其典型特征,这都区别于其他决策程序。第三种为方法论分化,即法律采用一种分化型的思考、推理和决策方法。法律推理不同于其他学科中的推理,法律具有"技艺理性",需要很长时间的学习和实践方能掌握。第四种为渊源分化,即决定的做出依赖于一定的渊源,法律是一种权威起重要作用的制度,其他制度中所允许的做决定所依赖的信息、渊源在法律中不具有权威性,不一定被允许。确认何种渊源是允许的、何种不是,让法律理论家们苦心孤诣,哈特的承认规则是一种确认机制,经过承认规则确认的渊源才属于法律,才是判决的权威渊源。除此之外,肖尔认为存在第五种分化形式,即基于强制的分化。在他看来,强制普遍存在于法律中是不可否认的,强制是法律的比较优势,它描绘法律的特征、区分法律与其他制度,应该被作为阐释法的分化的一种要素。[77] 需要指出的是,肖尔特别强调了分化不是划界(demarcation),分化最好被理解为一种差异性的关注(differential concentration),而不是一种边界(boundary)。当强制和其他要素一同作为分化性特征时,它们并不是彼此排斥的,它们各自只是阐释法的性质的理论所必须解释的一部分。[78]

肖尔将强制作为法的分化特征之一面临着一个难题,即前述已经提到的"非国家法"。在这些非国家法中有初级规则与次级规则的结合,有对规则的内化,也有强制,但人们并不承认其是一种法律体系,如此一来,强制就无法成为法的分化特征。肖尔试图通过削弱法律体系与民族国家的关系来克服这一点。

---

〔76〕 Id., pp. 140-153.
〔77〕 Id., pp. 155-159.
〔78〕 Id., pp. 157-159.

在他看来,现代市民法律体系理论以民族国家为疆界,人们一般认为民族国家有自己的法律体系是民族国家内涵的一部分,这是错误的。因为民族国家有特定的法律体系,并不能产生"只有民族国家存在法律体系"这样一个逻辑推论,民族国家和法律体系都有中心情形与边缘情形,前者的中心情形并不必要由后者的中心情形去界定。另外,民族国家的法律具有全面管辖性,非国家法虽然只对组织范围内的成员具有管辖性,但不能错误地认为法律性必须与全面性一致。因此,非国家法也最好被理解为法。[79] 当民族国家的市民法和非国家法都是法的时候,强制作为其共同的特征,都是普遍存在的,得以作为法的分化特征之一。

肖尔证成了强制对于法律的重要性,但肖尔也深知强制不是法律的一切,甚至不是法的定义性特征。然而,他强调这并不代表强制对于法律毫不重要,将法律的强制维度贬谪至理论兴趣的边缘是不可取的。[80]

三、争议再起:对肖尔的批评及其回应

肖尔的新书在英美法理学界引起了不小的反响,学者们从各个角度进行了回应。本文旨在从强制观念的整体变迁中关注方法论和法的性质问题,因而无需将所有回应都进行讨论,笔者将选取关于方法论、"困惑人"形象和强制作为分化特征的争议进行论述。

（一）对反本质主义方法论的质疑与回应

方法论作为起点,决定了理论叙事的成败,肖尔赖以展开论述的两点方法论基础都遭到了质疑,需要认真对待。

1. 对认知科学主张的质疑

如前所述,肖尔的第一点方法论基础是认知科学家的研究成果。托本·斯帕克(Torbon Spark)认为对其存在三种不同的解释:其一,肖尔试图以通常人们对概念的理解和运用方式来否定本质主义法理学所运用的哲学分析方法。在斯帕克看来,这种解释是不相关的,因为哲学分析并不取决于人们实际上根据必要和充分条件来思考概念的合理运用。其二,肖尔的意图在于表明人们思考概念和用概念思考的方式型构(constitute)概念本身的存在和特性。人们根据中心情形和边缘情形思考概念、用概念思考并接受不是所有的中心情形都共享一种特性意味着,并不是所有概念甚至不是概念所有的中心情形都共享一种特性,因此任何以必要条件和充分条件作为运用概念的标准的尝试都注定是失败的。这与哲学分析方法是相容的,但斯帕克认为这是一种相当强的主张,也

〔79〕　Id., pp. 160-163.

〔80〕　Id., p. 167.

是不可取的。因为肖尔没有明确声称概念的存在和特性取决于概念的实践或人们对概念的一般看法,更没有解释这种依赖关系是怎样的,如果它存在的话。其三,斯帕克猜测肖尔可能会满意另一种弱解释:对人们通常所持的前述观点的最好解释在于概念实际上确实有这些特性。但是同样地,肖尔也并没有做出相关的解释。因此,肖尔的认知科学主张尽管是相关的,却是不完整的,需要予以具体化。[81]

　　2. 对法律家族相似性的质疑

　　斯帕克首先表达了对家族相似的质疑。一方面,尽管他认为伯纳德·休茨对"游戏"从本质主义立场所做的界定相当抽象,但对他而言已经足够;另一方面,他赞同科林·麦吉恩(Colin McGinn)的观点,在其看来,家族相似概念太过宽泛,因为任何事物都和其他事物具有一定的相似性,按照家族相似的逻辑,最后可能只存在一个吸收了其他概念的单一概念。[82] 至于法律是不是家族相似概念,斯帕克采取了以退为进的策略。在他看来,即使家族相似本身成立,法律也不会是一个家族相似概念。因为就理想类型而言:(1)法律是法律体系与法律组织间的关系;(2)法律体系是一种规范体系;(3)规范可追溯至能以事实因素为基础进行处理的某些渊源;(4)法律组织由法律体系的规范型构并加以规制;(5)法律组织的任务是解释和适用规范,也可能创造一些规范;(6)如是之法律意在规制社会生活,乃是非任意的、强制的,且优胜于其他竞争的规范体系。斯帕克以之为标准对各种法律类型进行了对照,国内法律秩序、欧盟法满足前述所有条件,而国际法、跨国法满足部分条件,无论如何,这些法律类型都共享前述条件中的部分特性,这些特性是其得以成为法律的必要条件,因而法律并非如肖尔所说是家族相似的。以之为基础,斯帕克附带地批评了肖尔"法律并不必须具有跨文化的本质"这一观点,因为在其看来,如果法律这种实体不具有某些共同的特性,那么法学家为什么应该认为法律这种实体是法律而不是其他东西?[83]

　　此外,斯帕克还指出,肖尔所持的两点方法论主张本身是相互矛盾的:当概念 C 是主张(2)中的家族相似概念时,主张(1)中概念 C 的中心情形很难成立。因为通常而言,概念 C 的中心情形就是这样一种情形,它具有概念 C 的各种情形所共享的全部或大部分的特性,而边缘情形只具有那些特性中的少数。如果如主张(2)所言,家族相似概念本身甚至是其中心情形并不共享任何特性,那么 C 的中心情形何以成为区别于边缘情形的中心情形呢?正因如此,在斯帕克看来,肖尔要维持反本质主义立场就必须放弃两个主张中的一个。而如前所述,

[81]　See Torben Spaak, "Schauer's Anti-Essentialism", 29 *Ratio Juris* 182 (2016).
[82]　Id. , p. 199.
[83]　Id. , pp. 200-202.

斯帕克论证了法律本身不是家族相似概念,那么肖尔只能坚持主张(1),但是对主张(1)也应采取前述第二种解释方法,并在此基础上加强论证,因为第一种解释是不相关的,而第三种解释太弱。[84]

3. 肖尔对方法论质疑的简单回应

从斯帕克的质疑可见,其秉持一种本质主义的方法论。对此,肖尔首先声明他对反本质主义方法论的阐释并不是为了强调其相比于本质主义的优先性,而是为了使读者明白本质主义并不是唯一值得尊重的哲学立场,对概念本质的探寻也并不仅仅是哲学的定义性工作。揭示出本质主义本身的争议性,旨在避免将不属于本质主义的、对法的特性所进行的理论性和哲学性的探寻划归为不属于法理学或法哲学的错误。就具体内容而言,肖尔承认斯帕克所指出的两个方法论主张之间的紧张,但其对于斯帕克否定家族相似概念的存在仍持反对态度,遗憾的是肖尔并没有详述理由,仅表明了立场而已。[85]

(二)对肖尔笔下"困惑人"形象的质疑与回应

肖尔笔下的"困惑人"是因法律之为法律而予以遵守的市民,如果"困惑人"的数量占据绝大多数,那么强制的作用就微乎其微了。对"困惑人"在守法理由上的划分和经验数量上的证伪是肖尔反对哈特的重要倚仗,如果对肖尔描述的"困惑人"形象的质疑成立,那么对哈特的批评也就瓦解了。

1. "困惑人"形象的误导性

哈特笔下的"困惑人"真如肖尔所描述的那样,是因法律之为法律而予以遵守的市民吗?卢卡斯·苗托(Lucas Miotto)认为肖尔的描述不符合哈特的原意,在其看来,哈特描述的"困惑人"是指"在知道法律要求的情况下甘愿遵守法律的人"。这种甘愿可能是出于道德动机,也可能是出于爱国,等等。肖尔排他性地认为"困惑人"是因法律之为法律而对法律予以遵守的市民具有误导性,并且没有捕捉到哈特引入该人物形象的意图。哈特旨在表明,还存在不是出于自利动机而遵守法律的人,并且法律在帮助和规划人们的生活方面也能起到重要作用。苗托还指出,一旦认识到这一点,那么困惑人就自然包含那些出于道德动机遵守法律的人,其数量也就比肖尔所认为的要多得多。肖尔虽然将道德作为一种重要的行动理由,但他却拒绝承认此类人属于"困惑人",结论自然有误。[86] 无独有偶,莱斯利·格林也认为肖尔对"困惑人"的描述不符合原意,且限缩了"困惑人"本身内含的守法理由的空间。[87] 换言之,人们遵守法律除了

---

[84] Id., pp. 204-205.

[85] See Frederick Schauer, "A Reply to Five Friends", 29 *Ratio Juris* 348 (2016).

[86] See Lucas Miotto, "Evaluating the Force of Law's Force: Review of Frederick Schauer's the Force of Law", 40 *Australian Journal of Legal Philosophy* 229 (2015).

[87] See Leslie Green, "The Forces of Law: Duty, Coercion, and Power", 29 *Ratio Juris* 164 (2016).

自利动机外，还包含了许多不同的动机，肖尔将其化约为一种，即基于法律本身的遵守。

2. "困惑人"形象的内在张力

托马斯·布斯塔曼特接受苗托的观点[88]，并提出了另一质疑：肖尔将法律视角和内在视角混为一谈。在布斯塔曼特看来，肖尔一方面认为法律体系通过其成员内化法律规则，即接受法律规则作为行为指引而创造义务，法律义务起源于内在视角，另一方面又声称法律义务的显著特征在于它起源于拉兹所称的"法律视角"[89]。然而，哈特的内在视角与拉兹的法律视角并不相同：前者的核心在于群体的成员接受规则并对其持批判反思态度；而后者的核心在于成员接受法律是有效的，对其具有约束力，其不必如持内在观点的群体接受法律规则本身，而只需要出于法律的视角，以法律的标准为基础进行陈述论辩即可。换言之，法律视角是一种价值中立的视角，既区别于对聚合性行为进行描述、预测的外在视角，也不同于接受和内化法律规则的内在视角。[90] 在肖尔笔下"困惑人"是将法律规则予以内化从而将法律义务作为行动理由的，如果布斯塔曼特的质疑成立，那么"困惑人"形象也将因肖尔对两种视角的混淆而出现内在的张力。

3. 肖尔对布斯塔曼特的回应

布斯塔曼特、苗托和格林一致认为"困惑人"形象存在误导性，肖尔对布斯塔曼特的回应也可适用于其他人。遗憾的是，肖尔在专门回应布斯塔曼特的文章中却对此只字未提，只对布斯塔曼特关于法律视角和内在视角的区分进行了肯定。他认为这一区分是有价值的，并以此为基础转为回应布斯塔曼特对他在法律规范性问题上的指责。[91] 肖尔的回应可能错失了澄清或弥补其理论的机会，因为法律规范性在其理论中本非核心，对其进行重点回应使得本该予以认真对待的"困惑人"形象的内在张力问题被搁置了，而一旦前述两点质疑得到默认，那么其理论的说服力将大打折扣。

（三）对强制作为法的分化特征的评论与回应

虽然肖尔强调了强制对于法律体系的形成和法律实施的重要性，但强制作为法的分化特征是尤为重要的，因为肖尔多次强调法律区别于其他社会制度，

---

[88] See Thomas Bustamante, "Coercion and the Normativity of Law: Some Critical Remarks on Frederick Schauer's The Force of Law", in C. Bezemek, N. Ladavac (ed.), *The Force of Law Reaffirmed: Frederick Schauer Meets the Critics*, Springer International Publishing, 2016, p. 38.

[89] See Schauer, *The Force of Law*, *supra* note [2], pp. 33-34.

[90] See Bustumemte, "Coercion and the Normativity of Law: Some Cnigical Remerks on Frederick Scheners The Force of Law", *supra* note [88], pp. 29-30.

[91] See Frederick Schauer, "Incomplete Responses", *supra* note [88], p. 152.

而"解释这些区别的来源和性质是法律理论的重要任务"[92]。那么,肖尔是否成功地完成了这一任务呢? 这一问题的答案并非不言自明。

1. 对强制作为法的分化特征的补强性建议

如前所述,肖尔通过弱化法律体系与民族国家的联系将非国家法也纳入法律的范围内,以证成强制是法的分化特征。在其看来,即使是具有初级规则与次级规则的结合和最终强制性权力的黑手党组织也属于法律体系。拉尔斯·文克斯(Lars Virx)虽然赞成强制是法的分化特征,但认为肖尔的论述以及关于黑手党的例子并无法有力地证成这一点。在其看来,黑手党组织稳定的、基于规则的体系化结构使其被认为(类比)是法律体系,而不是因为它是强制的。要想证明强制是法的分化特征,就必须证明是其本身的强制性使其被承认为是法律。文克斯料想到肖尔会以人们是因为黑手党的强制力而遵守其规则要求来进行反驳,在他看来这将导向对法律必然主张实践权威这一命题的拒绝,因为这默认了如果法律不是强制的,将无法对人们的行为产生实践差异,换言之,法律是否具有实践权威不重要,关键在于强制性。文克斯认为这无法排除非强制性法律体系的存在,这些法律体系可能是依靠其他的分化特征得以存在,而不是依靠强制。并且,以此认定黑手党组织是法律体系是非常反直觉的,法律的概念也因此变得涵盖过广。文克斯强调,为了避免这种困境,对合法性的阐释必须关注法律对实践权威的主张。[93]

法律必然主张实践权威包含正当性的要求[94],如此一来,文克斯强调必须关注法律对实践权威的主张则意味着强制的使用具有正当性。文克斯除了增加正当性的要素外,还增加了垄断性这一要素。他指出,现代市民法律体系之所以和民族国家紧密关联,正是因为国家对强制的正当使用具有垄断性,法律有国家组织化的强制力作为后盾,并对这种强制力的适用进行规定,法律与国家相互加持,将法律体系置于国家中是最为有效和可行的方式。当肖尔将法律体系从国家中剥离,强调非国家法也是法,且强制是其分化特征时,强制也必须是垄断性的,因为只有如此,人们才会接受法律的终局裁断性。而黑手党组织并不满足这一条件,它并不关心其强制力是否是垄断的和正当使用的,而只关心收取保护费,并力图以其强制力实现这一点,也正因如此,黑手党的强制性使其成为犯罪组织而非法律体系。尽管如此,文克斯并不否认非国家法的法律地位,他认为有些非基于国家的规则体系能够垄断强制力并得以成功地确立起

---

[92] Schauer, *The Force of Law*, *supra* note [2], p. 155.

[93] See Lars Vinx, "Schauer on the Differentiation of Law", *supra* note [88], 2016, pp. 132-135.

[94] 参见〔英〕约瑟夫·拉兹:《法律的权威:法律与道德论文集》,朱峰译,法律出版社2005年版,第24—26页。

来。所以，垄断性的正当强制使法律得以分化出来，法律对国家的亲和性并非是不可避免的，只是为了满足强制力的垄断这一条件。[95]

2. 肖尔对文克斯的回应

文克斯对肖尔的补强在于并不只是强制，而是法律对垄断性的正当强制使强制得以作为法律的分化特征。对此，肖尔做了如下回应：首先，他肯定了强制和垄断性强制之间有着重要的差别，在强制上添加垄断性要素，即使不是必要的，却是有价值的。其次，他声明之所以不强调正当性，是因为正当性是一个复杂的概念，存在多种竞争性的解释，对正当性的强调有陷入道德前载的（morally front-loaded）法律概念的风险，而这是像他这样的实证主义者所极力避免的。再次，肖尔认为单纯的强制、强制的正当性、强制的垄断性这三个要素中的其中两个会抵消另一个。一个包含初级规则和次级规则的结合的体系，一个与主权政治国家紧密关联的体系，一个使用强制执行其命令的体系都可能被认为是法律体系，即使该体系的强制与强制的垄断使用关系不大，甚至其使用的强制力也远非正当的。这样的体系并非是想象的，在索马里和阿富汗即存在。[96]

肖尔的回应如他自己的命名，显然是"不完全的"。明显可见，其对文克斯的补强有所保留，但却没有阐明为何垄断性要素不是必要的。以正当性概念事实上的争议性证成无需强调强制的正当性，也无力逃脱"是"与"应当"之间不可推导的责问，且有夸大实证主义者排斥道德概念的嫌疑。而最后一点不仅被阐述得较为模糊，而且可能与其方法论相抵牾。索马里的法律体系属于边缘情形，并不具有典型性，以之来否定三个要素间的关联性似有不妥。

四、以强制为中心的法的性质理论变迁的意义

肖尔的努力仍有待检验和澄清，强制观念的变迁似乎并没有形成一个既定的结论。与之相关，对法的性质的追问是否具有一个正确的答案，也尚未可知。[97] 即使如此，这项学术努力仍具有方法论和法概念层面的意义，值得我们认真对待。

---

〔95〕 See Vinx, "Schonr on the Dillonentiantim of Law", *supra* note〔93〕, pp. 138-141.

〔96〕 See Schauer, "Incomplote Responsts", *supra* note〔91〕, pp. 147-148.

〔97〕 有一种观点认为法的性质问题并不存在一个正确的答案，法律与政治之间紧密关联，不同的国家有不同的政治形式，而不同的政治形式将产生不同的法律形式，法律的角色、对法律的理解在不同的国家中都不一样，存在不同的法概念，对法的独特性质的探寻是误入歧途的。See Dan Priel, "Is There One Right Answer to the Question of the Nature of Law?", in Wil Waluchow, Stefan Sciaraffa（eds.）, *Philosophical foundations of the nature of law*, Oxford University Press, 2013, p. 336.

（一）方法论层面的意义

强制观念的变迁过程主要呈现出本质主义与反本质主义两种方法论立场的对立，两者导向完全不同的结论。本质主义方法论是当代法哲学的主流，其依靠概念分析强调事物的必然本质，强调逻辑和概念上的必要性。比如在拉兹的"天使社会"中，天使出于自愿遵守法律，根本不需要强制，强制在逻辑上对于法律体系并非必要，因而不构成法的本质。由此可见，本质主义方法论的抽象程度很高，真实世界对逻辑推导的正确性不产生影响，对法的性质的理论阐释是脱离于人们的生活经验的。人们通常批判分析法学仅仅追求自身逻辑的自洽、脱离实际、不实用，这些批判都与本质主义方法论的贯彻不无关系。而反本质主义方法论的一大特点就在于反抽象，其关注真实世界法律体系的普遍特征，以典型性、中心情形界定法的性质，不再追求法的必然本质，这使得在本质主义视域内居于边缘的强制得以重回理论视野的中心。这是对本质主义方法论反思的结果，即使这种反思也仍有待于强化和检验，但它至少使法理学研究具有了另一种可能性，具有开拓性的意义。

（二）法概念层面的意义

在奥斯丁的法律图景中，法律与政治强制和权力有密切联系，法律的形成是国家命令的发布，法律的遵守是个人对主权者的习惯性服从，而一旦个人违反法律其将遭受层级化政府的制裁。这描绘的是一种垂直式的国家法。之所以如此，是因为奥斯丁接续的是霍布斯的政治思想遗产，即试图回答稳定良好的政府如何可能[98]，其重心在于国家，人民对法律的服从是政府稳定的需要。哈特的法律理论则将重心转向了社会，描绘出水平式的国家法。哈特弱化了主权者的地位，将主权者置于法律的约束之下，法律的起源、存在和识别归功于人们的社会实践，生成于社会实践的承认规则居于最高地位。此时，强制不再是人们遵守法律的排他性理由，人们出于内在观点将法律内化，法律本身成为行动理由，规制和引导人们的行为。及至肖尔，在其证成强制的重要性的过程中，其视野扩及国内法、作为法律的非国家法，将法的概念范围进行了扩大，姑且被称为包容性法概念。

这三种法概念可以为我们反思当下中国的法概念提供对照。概而言之，当下中国的法概念包含如下三个部分：（1）法是国家制定和认可的行为规范；（2）与前一点相联系，法依赖国家强制力来运作；（3）法在基本层面是有关权利义务配置的规范。这三点指示了一个核心观念：法是自上而下的。国家制定法律的权力、国家强制力量的支持、权利义务来自权力都在暗喻一种上下统摄

〔98〕　参见〔英〕韦恩·莫里森：《法理学：从古希腊到后现代》，李桂林等译，武汉大学出版社2003年版，第214页。

关系的存在。[99] 这种国家主义法概念有合理性,因为如肖尔所言,强制是法的典型特征,国家对强制的垄断使法律与国家具有天然的亲缘性。但其弊端也十分明显,在此之下,法律关系会被化约为权力关系,个人面对国家这个庞然大物具有被倾轧的危险。此一法概念与奥斯丁的垂直式国家法具有内在的契合性,忽视了法本身的社会维度。如今,在建设法治国家的进程中,社会已成为个人与国家之间不可忽视的一环,社会主体的实践既是价值与规范的生成机制,也是个人与国家冲突的缓冲地带。法治的基本要义是规则之治,规则除了是自上而下赋予的,也可以是哈特所描绘的在社会中自然生成的,当下中国之法概念必须同时反映国家和社会双重维度,方能实现价值整合与规范建构。

肖尔的法理论强调强制的重要性,既表现出国家法的垂直维度,又看到了社会维度的合作对于法律体系的重要意义,在一定程度上对奥斯丁和哈特的理论进行了综合。而其对非国家法的法律地位的强调虽然有待商榷,但也提醒我们看待法的时候,大可不必固守于"国家中心主义"的视角,国家法固然占主导,但并不能以此排斥和否定其他法律形式。这也为我们法概念的发展提供了一种可能的指引,整合垂直要素和社会维度的国家法只是法律形式中的一种,法概念本身可以具有更多的包容性。

（审稿编辑　康　骁）

（校对编辑　谢可晟）

---

[99] 参见刘星:《语境中的法学与法律:民主的一个叙事立场》,法律出版社 2001 年版,第30—31 页。

《北大法律评论》(2017)
第 18 卷・第 2 辑・页 111—127
Peking University Law Review
Vol. 18,No. 2,2017,pp. 111-127

论命令的内容与结构和命令的强制性基础

汪　雄[*]

On the Content and the Composition of Command
and the Coercion of Command

Wang Xiong

内容摘要:法律的一个重要特征是强制性。强制性指法律的意志取代人的意志。法律与命令共享了这个重要特征,通过研究命令的性质可以帮助我们探索法律的性质。命令与要求、建议、陈述的区别在于,命令完整地具有三个意图。三个意图都以言辞的方式表达,既可以是口头的,也可以是书面的,甚至以作为方式也可表达命令。而第三个意图的实现依赖于命令发出者对命令接受者的支配关系。对这种支配关系的考察就进入到对先在义务的考察。目的的正当构成先在义务的基础,但是目的正当并不直接为命令的强制性辩护,而是为命令发出者的资格辩护,这种资格为命令的第三个意图的实现提供了保障。

关键词:法律的强制性　命令　意图　先在义务

---

* 法学博士,首都师范大学政法学院讲师。本文为教育部人文社科青年基金项目"多重身份背景下义务的冲突及其解决"(项目编号:16YJC820032)和北京市社会科学青年基金项目"清代'祥刑'文献的点校、笺注与思想研究"(项目编号:17FXC029)的阶段性成果。本文为博士论文的副产品。感谢恩师舒国滢教授的关心与支持,感谢诸多师友一直以来的帮助和指点,当然文责由笔者自负。

一、导论:命令的效力与法律的强制性

当我们的行为与规则所要求的行为相吻合时,我们通常感觉不到规则的存在,这个时候我们把行为看成是自己发挥自由意志的结果,而不是规则引导的结果。例如,某人在充手机话费时一不小心把钱充到我的账户,我自觉地把钱返还给他,我会认为这是我自己意愿的结果,而不会把返还行为归结为我国《民法总则》第 122 条[1]对我的引导,这时,我国《民法总则》第 122 条的存在与否,于我而言没有关系。可见,只有当规则限制我们的行为,我们的任意性意志得不到自由施展的时候,我们才感觉到规则的存在。当我拒绝返还话费并收到对方根据我国《民法总则》第 122 条提出的返还请求时,我才意识到《民法总则》第 122 条的存在。

虽然规则具有禁止、引导和教育等功能,但是,相对于禁止性功能而言,引导和教育的功能较弱,禁止是规则的显著功能。无论是道德规则、社会规则还是法律规则,其禁止性功能都强于引导和教育功能。禁止获取不当得利是一个法律规则,但它同时也是一条道德规则,它存在的地方,我们的行为就不是自愿性的了。这也同样适用于社会规则,例如"葬礼上禁止讲笑话"就是一条社会规则,无论你想起一个多么好笑的笑话,多么想与他人分享,在葬礼上你都不能任意讲笑话。

因此,无论是道德规则、社会规则还是法律规则,我们因为禁止性而感受到了它们的存在,这是它们类似的地方。正因为这一点,我们经常容易把法律规则与道德规则和社会规则混淆。[2] 我们在考察法律规则的独特性进而回答法律是什么时,就从考察法律规则与道德规则、社会规则的区别着手。[3] 但是在这里,我们关注的是它们的类似性,法律的重要属性蕴含在这个类似性中。道德规则、社会规则和法律规则共享强制性特征,以法律规则最为明显。所以,哈特会说法律最为显著的特征是它的存在意味着某类行为不再是随意性的,而是在某种程度上具有强制性。[4]

命令的强制性是法律的强制性的简单形态,二者的内容和结构是一致的。

---

[1]　我国《民法总则》第 122 条规定:"因他人没有法律根据,取得不当利益,受损失的人有权请求其返还不当利益。"

[2]　有一些规则是依赖舆论而实施的规则,我们叫它"社会道德规则"或"社会伦理规则",这些规则与第二类法(非政治优势者制定的法)具有某些类似处,所以在隐喻意义上被称为"法",而奥斯丁所要做的是把这类隐喻意义上的法与政治优势者制定的法区分开来。John Austin, *Lectures on Jurisprudence or the Philosophy of Positive Law*, Vol. I, 5th ed., revised and edited by Robert Campbell, John Murray, 1885, pp. 86-87.

[3]　H. L. A. Hart, *The Concept of Law*, 3rd ed., Oxford University Press, 2012, pp. 7-12.

[4]　*Id.*, p. 6.

本文虽不直接探讨法律的强制性,但是通过剖析命令的强制性意涵来理解法律的强制性。具体而言,本文将细致讨论两个问题。第一,命令通过强制某人的意志来改变他的行动。但是,我们的意志是如何被强制的,意志的哪个方面被强制了? 第二,命令的强制性的原因和基础是什么? 在劫匪发布的命令中,强制性的基础是武力;在父亲的命令中,强制性的基础是父亲的权威。这些都是简单的模型,边沁、奥斯丁等人都是考察这些简单模型来分析法律的强制性特征,他们发现法律是一类命令,但是法律的强制性肯定不能建立在武力或血缘权威的基础之上,而需要更为妥善的证明。

　　我们的意志是如何被强制的? 早期理论家对第一个问题的回答是比较粗糙的。边沁将命令视为一种决定的宣告或意图的表达。[5] 但是,表达命令的意图到底是什么? 命令是如何表达的? 边沁并没有具体论述。奥斯丁则诉诸"惩罚"来说明这个问题。他说:"万一我没有服从你的意志,你将给我带来一种恶。"[6] 你之所以接受(accept)命令者的单方意志是因为不服从会引发惩罚,惩罚是一种你应当避免的恶,所以你应当改变你的意志。哈特进一步认为这种"改变"就是"放弃自行判断"和"阻断自行考量"。一个人的意志受到限制通常有两种方式:一种是外在要求作为附加要素影响行动者的意志;另一种是外在要求直接取代行动者的意志,行动者没有选择的余地。在第一种情形中,外在要求通常是行动理由的附加性理由(additional reason),附加理由意味着它作为一个要素参与到行动者的判断中去,它最后是否能构成行动的直接理由是不确定的,行动者在考虑如何行动时既可以按这个附加理由行动,也可不按这个附加理由行动,这取决于附加理由的内容是否能说服行动者。例如,当 X 得到一百块钱的不当得利之后,X 的室友说:"你最好把钱还给他人。"对 X 而言,室友的话就是一个附加理由,X 是否按这个理由行动取决于这个理由能否在 X 的主观慎思过程中说服 X。在这种情况下,行动者的意志受到了影响,没有受到限制,所以室友的话不具有强制力。另外一种情形就是外在要求直接取代行动者的意志,行动者不再有机会在自己的主观慎思中考虑这个外在要求,而是直接放弃自己的意志或者放弃自己的自行判断,把外在要求直接当作行动的理由。

　　什么是放弃自行判断的核心内容呢? 弗里德曼和拉兹的观点有微妙的区别。弗里德曼认为放弃自行判断就是不把对外在要求之事的内容的自行反思

---

　　[5]　H. L. A. Hart, *Essays on Bentham: Studies in Jurisprudence and Political Theory*, Clarendon Press; Oxford University Press,1982, p. 250.

　　[6]　Austin, *Lectures on Jurisprudence or the Philosophy of Positive law*, *supra* note [2], p. 89.

和评价当成服从的条件,而仅仅把它当成服从的充分理由。[7] 也就是说,不放弃自行判断就是把自己的评价和反思当成服从的条件,而放弃自行判断就是把自己的评价和反思当成服从的充分条件而不是必要条件。拉兹认为弗里德曼的观点是一个误导。当且仅当服从者去做外在要求之事的意愿并不以服从者对所要求之行为的品质(merit)的同意为条件,这时才能认为服从者放弃了自行判断。这个条件有两种解释。狭义解释认为,假如他们对所要求的行为的品质没有判断,他们愿意服从。广义的解释认为,即使对行为的品质的权衡反对服从,他们也应当服从。[8] 狭义解释太弱,因为它认为从来没受到外在要求的约束。广义的解释更能被接受。

最后拉兹举了裁判者的例子来说明"放弃自行判断"。当发生争议时,双方同意把决定权交给某位裁判者,这就意味着他们要服从裁判者的决定,无论最后判决的内容是什么。也就是说,裁判者的判决是要取代它基于的那些理由,也就是取代它所依赖的理由。[9] 因此,裁判者的判决确立了他们该做什么,双方当事人的原始理由融入(merge into)裁判者的判决中。融合了原始理由的判决最后作为一个整体具有阻断性(pre-emptive)效果,双方当事人要放弃自行判断,而直接把判决当作行动的理由。

在 Y 充话费误充入 X 的手机号的情形中,X 得到了 100 元钱的不当得利,当 X 的室友对 X 说"你最好把钱还给 Y"时,室友的话显然并不具有阻断性效果。如果法官命令 X 说"你应当把钱还给 Y",法官的话显然具有阻断性效果。法官命令的效果和我国《民法总则》第 122 条所具有的效果是一样的,无论你的主观意愿是什么,你都得按照法官的命令或者按《民法总则》第 122 条的规定而行动。室友的话是一个建议(advice),而法官的话是一个命令(command),在阻断性效果这一点上,命令和法律规定具有同样的效果。所以,对命令的结构和内容的深入分析必定可以揭示出法律的强制性特征。"虽然法律命令理论作为一个系统化的主张,的确已经成为历史的一个部分,但是其中所蕴含的与我们关于法律直觉相吻合的部分,以及其中所揭示出来的诸种理论可能性,始终影响着今天关于法之基本性质的看法。"[10]但是,对命令的分析又必须借助对建议的分析来完成,命令所具有的而建议所不具有的要素恰恰是命令的本质要素。

所以,下面第一部分通过比较命令句与建议句、请求句的区别,提炼出命令

---

〔7〕 Robert Paul Wolff, "The Conflict between Authority and Autonomy", in Robert Paul Wolff, *In Defense of Anarchism*, University of California Press, 1998, p. 40.

〔8〕 *Id.*, p. 41.

〔9〕 *Id.*, pp. 41-42.

〔10〕 陈景辉:《命令与法的基本性质》,载《北方法学》2013 年第 4 期。

的三个意图,在前人理论的基础上完整细致地展现命令的内容,推进对命令语句的理解。命令的内容决定了命令的结构,这是第二部分的重点。命令的目的是为了实现第三个意图,这个意图的实现依赖于命令关系人之间的"优势"与"劣势""上位"与"下位"等不平等关系,这种不平等关系是由"先在义务"决定的。所以,第三部分讨论先在义务,这是命令的强制性的基础。最后,本文的核心观点为:命令的强制性的关键内容在于三个意图,而最后那个意图是重点,它的实现依赖于命令发出者与接受者的不平等关系,因此也依赖于决定这种不平等关系的先在义务,先在义务的存在是因为政治优势者或上位者的目的正当性。目的的正当性为先在义务的合理性提供了基础,命令的强制性实际上奠基在命令发出者的目的正当性之上。

二、命令的内容:三个意图

在 Y 充手机话费误把 100 元钱充进 X 的手机账号的情形中,如果 Y 说"X 获得了不当得利",Y 表达了一个陈述(statement)。Y 是描述 X 获得了 100 元钱的不当得利这个事实,这个事实是否为真是另外一回事,因为 X 有可能没有获得这笔不当得利,但是当 Y 说出这样一个句子时,他以某种缩略的方式描述他自己相信这个事实。所以,这个句子的完整形式应该是:"我相信 X 获得了不当得利。"在陈述句中,言说者向接受者表达了一个言语,接受者为什么要相信言说者所说的是真的呢? 有两个原因:第一,言说者自己相信他所说之事,即主观可信性(subjective trustworthiness);第二,言说者在某种程度上对所说之事十分熟识,即客观可信性(objective trustworthiness)。[11] 当审判过程中被告说自己无罪时,我们质疑的是他的主观可信性,而不是客观可信性。在这里的不当得利情形中,Y 表达的也是一种主观可信性,是 Y 对 X 获得了不当得利的主观判断,至于这个判断的真假则是另一回事。

如果 X 的室友听到上述的陈述句知道了这个事实之后对 X 说"你最好把钱还给 Y",X 的室友就不是在描述一个事实,而是在表达一种期望。陈述句的功能是让接受者觉得这个言语描述的事情是真的,建议、要求等指令句的功能是让接受者按言语的要求去行动。要求 X 返还 100 元钱,这是一个将要发生的事实,X 的室友期望这个事实发生,但是这个事实能否发生取决于 X 是否采纳他的意愿。对于 X 的室友来说,他当然希望他的意愿被 X 采纳;对于 X 来说,他既可以采纳,也可以拒绝。所以,正如上面所说,"你最好把钱还给 Y"仅仅是一个建议。在陈述句中,当 Y 说"X 获得了不当得利"时,Y 的言说不带意图。而在建议中,当 X 的室友说"你最好把钱还给 Y"时,X 的室友有一个希望

---

〔11〕　参见〔丹麦〕阿尔夫·罗斯:《指令与规范》,雷磊译,中国法制出版社 2013 年版,第 31 页。

X把钱还给Y的意图。可见,陈述与建议的第一个区别在于陈述者不带意图,而建议者带意图;第二个区别在于言说的对象是否特定。因为在陈述句中Y的言说不带意图,所以在陈述句中Y的言说对象不特定,Y既可以对X也可以对其他第三人描述"X获得了不当得利"这样一个事实。但是在建议中因为X的室友有一个希望X还钱给Y的意图,当X的室友向X以外的人言说时就不能实现这个意图,所以在建议中X的室友的言说对象是特定的,只能是X。

对于接受者X来说,他可以自由决定是否采纳他的室友的意愿并接受他的建议。如果X从事情的本身去考虑觉得他的室友说得有道理,那么他就接受室友的建议,把钱还给Y;如果X觉得室友说得没有道理或者X有其他理由不还钱,那么他就可以不接受室友的建议。"建议者提出建议是为了让他人将其看作一个理由去相信建议是真实的、对的或者正当化的。但是建议者并不必然是为了让他人将其看作一个行动的理由,即使在某种情形中,他给出的建议对接受者而言是有效的行动理由,也并不必然如此。"[12]这一点和"要求"(request)不一样。

如果X不采纳室友的建议拒绝还钱,Y就会对X提还钱的要求。"请你把钱还给我",Y向X表达了一个要求。与建议一样,要求也是对未来的期待,所以在要求中Y也有一个意图——希望X还钱。但是与建议相比,在要求中,Y多了一个在建议中没有的意图——X要按照Y的言说内容还钱。即在要求中,Y除了有一个要求X还钱的意图之外,还意图X把Y的言说内容当成X的行动理由。例如,当X的室友对X说"你最好把钱还给Y"时,X可以是因为室友说得有道理而把钱还给Y,这时室友的话起了作用;也可以是因为X本来就想还钱而把钱还给Y,这时室友的话没有起作用。在建议中,X准确知道了他的室友的意图后,也可以不把室友的意图当成自己的意图,这并不矛盾。但是,要求就不一样了。当Y对X说"请你把钱还给我"时,只有当X的还钱行为响应了Y的意图时,Y的要求才具有意义。如果X在准确知道了Y的意图后,不响应Y的意图而还钱,而是因为X自己本身有其他理由而还钱,对X来说,哪怕他实际上还了钱,做了和Y的要求相一致的行为,但他并没有把Y的言说当成一个要求,这时也不能说要求的目的达到[13],也不能说X服从了Y的要求。所以,服从(obedience)不只是去做他人吩咐你做的事情,而是去做他人吩咐你做的事情,仅仅因为他吩咐了。[14] 所以,偶然的符合不是服从。这就是为

[12] Joseph Raz, *The Authority of Law*, Clarendon Press, 2009, p. 14.

[13] 这个时候行动仅仅是符合(conform with)要求,而不是遵守(comply with)要求,拉兹认为"符合"还是"遵守"是无关紧要的,因为在符合的情况下,行动者没有过错。See Joseph Raz, *Practical Reason and Norms*, Princeton University Press, 1990, p. 183. 我反对拉兹的观点。因为按照拉兹的观点,"要求"和"命令"的区别就会进一步淡化。

[14] Wolff, "The Conflict between Authority and Autonomy", *supra* note [7], p. 9.

什么对于建议,没有服从与不服从的问题,但是对于要求,就存在服从与不服从的问题。

　　如果 X 既没有响应 Y 的要求还钱,也没有因其他理由做偶然符合要求的还钱行为,那么 Y 就会提起诉讼。当法官在判决书或者支付令中对 X 说"你必须还钱给 Y"时,法官对 X 表达的是一个命令(command)。在表达一项命令时法官有三个意图,除了"要求"中的两个意图外,多了第三个意图,即要求 X 放弃不服从的理由,不管这个理由是 X 自身所具有的不服从的理由,还是第三人给予 X 的不服从的理由。可见,在命令情形中,作为命令发出者(addresser)的法官有三个意图:第一个意图是希望命令接受者(addressee)X 去行动。例如,希望 X 还钱,至于 X 出于什么样的理由还钱则不管,这是建议、要求和命令这三者与陈述的区别。[15] 在陈述句中,Y 并没有针对 X 的任何意图,而建议、要求和命令都有这个意图。第二个意图是希望命令接受者 X 按照命令的内容来行动,这要求 X 还钱给 Y 的原因仅仅是法官的命令,而不是自己的私人理由。X 是在理解并接受了法官的命令之后做出行动,这是命令成为命令的必要条件。[16] 第三个意图是希望命令接受者 X 放弃自己不服从命令的理由。如果 X 有其他不服从的理由,那么这时应该断然放弃。这是命令与建议、要求相比较而言之所以具有最大强制力的原因,它不仅要求命令接受者依照命令的内容照做,而且还要排除命令接受者所具有的不照做的理由。在要求中,Y 表达的是一个决定性理由[17],X 可以自我权衡,并不排除反对理由。但是,在命令中,法官表达的是一个排他性理由。哈特曾一针见血地指出,命令者的意志表达不是为了在听者的意图里面作为一个做某事的理由而起作用,相反,命令者的目的是削减或者排除听者的意图。哈特认为,这就是这样一种事情,即说出命令就意味着要求某个行为和称某个命令为一种断然性的表达方式。[18] 这是命令与陈述、建议、要求的最大区别。

　　当然,除此之外,命令与建议还有其他诸多区别。首先,建议只提给那些想要它的人,而命令还要针对那些不想要它的人,这就决定了对建议的采纳是自由的,但是不能自由决定是否接受命令,否则命令就蜕变成了建议。因为听从

---

　　〔15〕　当然也有可能存在不真正的命令(insincere commands)。例如,Y 作为老板为了找他的员工 X 的茬并扣 X 的工资而命令 X 在周一早上 7 点来公司上班,这时 Y 并没有要求 X 去行动的意图,所以 Y 的命令是不真正命令,但是这种情况是罕见的。See Hart, *Essays on Bentham*: *Studies in Jurisprudence and Political Theory*, *supra* note〔5〕, p. 246.

　　〔16〕　*Id.*, p. 246.

　　〔17〕　决定性理由(a conclusive reason)是指,当且仅当对 x 来说,p 是做 φ(它未被取消)的理由,而且不存在胜过 p 的 q,则对 x 来说,p 是做 φ 的决定性理由。See Joseph Raz, *Practical Reason and Norms*, Princeton, Princeton University Press, 1990, p. 27.

　　〔18〕　Hart, *Essays on Bentham*: *Studies in Jurisprudence and Political Theory*, *supra* note〔5〕, p. 253.

建议的理由出自事情本身,而听从命令的理由出自发出者的意志。[19] 其次,如果命令是要求那些不想要它的人按命令的内容去做,这必然包含了命令者意图取代接受者意图。这是因为命令者的意图里包含"取代"的意志,这个意志来自命令发出者对接受者拥有权力,而建议的发出者不拥有这类权力。

三、命令的结构:三个维度

从以上的分析可以看出,命令的第三个意图即意志取代的意图是命令与要求、建议等其他指令的核心区别,而这个区别又是命令与法律所共享的一个显著特征。所以,通过研究命令的这个显著特征就可以探索法律的显著特征。而对命令的这个显著特征的研究要从它的内部结构开始。

(一)命令的表达形式

无论是命令、建议、要求还是法律都包含有意图,而意图要以一定的形式才能表达出来,最主要的形式当然是言辞。"一切法律规范(规则),无论是其中的行为规则,还是裁判规则,都必须以语句形式表达出来。"[20]言辞通常可以被分为独语(soliloquy)或者对话(dialogue)。前者没有言说的对象,表现为法律或命令的言语肯定不是独语,而是对话。后者有言说的对象,这个对象可以是特定的,也可以是不特定的。言说者与接受者可以是在同一时空,也可以不在同一时空。例如,你可以和你远在他乡的朋友聊天,你也可以给未来的人留下言辞,但是你不能和已经死去的人对话。言辞的接受者可以是现在这一时间点上的人,也可以是未来某一时间点上的人,但是绝不能是过去某一时间点上的人。法律和命令都有其规范的对象,所以,在一定意义上,法律和命令是对话,不是独语。它主要以文字为表现形式,它的接受者是不特定的,接受者可以存在于现在,也可存在于未来某一时间点上。例如,法律颁布之后经常会在未来某一个月的 1 日生效,但是其对象绝不能是存在于过去某一时间点的接受者,所以法律不溯及既往,对过去的人和事没有约束力。

另一方面,这个言辞既可以是口头的,也可以是书面的,因此命令既可以表现为语言形式,也可以表现为文字形式,只要是能充分表达意志即可。如果某些默示行为充分表达了意志,那么它们也可以成为命令的表达形式。例如,表达命令某人离开这间房的意图不仅可以通过说"滚"来表达,而且可以通过"推"这个动作来表达。可见,以作为表现的默示方式可以成为命令的恰当表达方式。但是,问题在于,以不作为表现的默示方式可否成为命令的恰当表达方式?例如,中士命令他的士兵做一些和军务不相关的杂役,并明确表示如果不服从

---

〔19〕 参见〔英〕霍布斯:《论公民》,应星等译,贵州人民出版社 2002 年版,第 144 页。

〔20〕 舒国滢:《法哲学沉思录》,北京大学出版社 2010 年版,第 102 页。

的话会遭受体罚。中士的上司将军知道此事,但是没有任何作为。[21] 在这种情况下,我们能否通过将军的默示不作为推断"士兵要做杂役"也是将军的意志表达呢? 也就是说默示不作为能否成为命令和法律的恰当表达形式? 这是有争论的。

　　早期的法律理论会把法律认为是主权者的意志。如果承认默示不作为是命令和法律的恰当表达形式的话,那么当主权者知道某一流行的习惯规则的存在但却保持沉默时,主权者的沉默就可以被认为是一种意志的表达。这种理论认为习惯法就是这么产生的。例如,霍布斯认为习惯取得法律的权威不是由于时间长,而是由于主权者的缄默不言说明了自己的意旨,缄默有时表示同意;[22] 习惯成为法律不在于它的流行广度和流行的时间,而在于主权者在能否定它的情况下对它的流行采取了一种默示支持的态度。而反对者罗斯认为,仅仅通过考察主权者的态度是不足以判断一项习惯是否是法律的,还要看对这项习惯的违反是否导致有组织的制裁。他说:"如果存在既定的司法权威,且当出现违反默认指令(的行为)时制裁被有组织地运用,习俗就是法律性的,就构成了习惯法。不然的话,习俗就是惯习性的。"[23] 因为这种制裁通常是主权者的积极作为,或者是能代表主权者的人的积极作为,所以,能更为准确地判断主权者的真实意志。但是,无论是霍布斯的默示理论还是罗斯的理论,无论二位如何限定默示行为,他们的理论都被哈特概括为默示确认理论。默示确认理论认为,当立法者可以干涉也可以不干涉时,没有反对某项习惯是法律,那么这项习惯就被默认是法律,只不过当法院后续表达了一个与习惯的内容一致的命令时,那些习惯才第一次被确认为法律。[24] 哈特认为这种理论的最大问题是,在法院第一次明确表达某一与习惯的内容相一致的命令前,在立法者明确发布某项命令前,我们只是知道某项习惯有可能是命令,但是我们不能知道某项习惯必然是命令,它并不具有法律地位。而默示确认理论直接把它认定为法律显然是不对的。

　　(二)命令的目的

　　如果命令的表达方式是口头或者书面等作为形式,那么其表达的目的是什么呢? 很明显,是传达言说者的意志。法律命令论的代表奥斯丁认为命令是意志的表达或昭告。[25] 这个意志的内容当然是上述所分析的命令的三个意图。其中最主要的是第三个意图,即命令发出者的意志取代命令接受者的意志,同

---

　　[21]　Hart, *The Concept of Law*, *supra* note [3], p. 45.

　　[22]　参见〔英〕霍布斯:《利维坦》,黎思复、黎廷弼译,商务印书馆 2013 年版,第 207 页。

　　[23]　〔丹麦〕阿尔夫·罗斯:《指令与规范》,同前注[11],第 121 页。

　　[24]　Hart, *The Concept of Law*, *supra* note [3], p. 46.

　　[25]　Austin, *Lectures on Jurisprudence or the Philosophy of Positive Law*, *supra* note [2], p. 89.

时命令发出者要求接受者放弃自行判断。也就是说，无论命令接受者的意愿如何，无论命令的内容是什么，他都要把命令发出者的意愿付诸行动，命令的内容独断性地取决于命令发出者的单方意志。"我们常常看到发布指令者希望指令接受者承认其发布指令的行为并把他的指令当成一个理由，然而，这太弱了，指令者的意图是他的指令应当被（shall be）视为一个排他性理由。"[26] 命令的这个排他性特征是霍布斯第一次提出的。当一个人说"得如何如何"或"不得如何如何"时，如果其理由是从说话的对象因此而得到的利益上推论出来的，那么这句话便是建议；如果除了说话者的意志外别无其他理由，那么这句话便是命令。[27] 也就是说，当命令接受者去行动的理由是命令发出者从接受者的利益出发给他的行动策略时，命令接受者可以从自己的角度再次来考虑命令发出者的策略是不是最优的，从而自己权衡是否要按命令发出者的话来行动。这时命令发出者发出的仅仅是建议，不是命令。只有当命令发出者要求命令接受者那么去做的理由仅仅是自己的意图，并不表达自己发布这一意图背后的理由时，命令发出者才发出了一个命令。这时命令接受者就不能自行考虑如何行动了，他要放弃如何去行动的私人理由，命令的断然性（peremptory）[28]特征就出来了。因为"命令者的意志取代了听者自身的权衡和推理，即有关做某事的命令者意志的表述，排除或切断了听者所有的独立的考量，这种考量是围绕做此行为的利弊分析展开的"。[29] 这个断然性特征通常以某些表达指令的动词来表示，例如，"应当"（ought to）、"不得不"（have to）、"必须"（must）、"一定要"（be bound to）、"有……义务"（owe）等。

对于命令接受者来说，他要明了命令发出者的意志内容才会进一步放弃自行判断。因此，命令的接受者必须是能了解命令内容的人。"和由于天生或偶然事故而普遍不能了解一切法律的人一样，由于任何并非本身的过失所造成的偶然事故而失去了解某种特殊法律的能力的人如果没有遵守的话，是不加追究的。确切地说，这种法律对于他根本不是法律。"[30]如果由于主观误解或者客观原因，命令接受者不能了解命令的内容，那么命令的意志就没有顺利传达。这时的命令与独语无异，即使命令接受者偶然巧合做出了符合命令内容的行为。如上所述，在这种情况下，命令的第二个意图就得不到实现，这时命令的目

---

[26]　Raz, *Practical Reason and Norms*, *supra* note [13], p. 82.

[27]　参见〔英〕霍布斯：《利维坦》，同前注〔22〕，第198页。

[28]　peremptory 来自罗马法，表示排除进一步争论，它的拉丁词源是 peremptorie，其动词形式是 perimō，表示阻止某事情的发生。参见《柯林斯拉丁语—英语双向词典》，世界图书出版公司2013年版，第157页。

[29]　Hart, *Essays on Bentham: Studies in Jurisprudence and Political Theory*, *supra* note [5], p. 252.

[30]　〔英〕霍布斯：《利维坦》，同前注〔22〕，第211页。

的就无法实现。

因此,命令目的的实现以命令者的意志被成功传达和接收为条件,而这个传达可以是一次性的,也可以是非一次性的。任何具体命令和偶然命令都是一次性的,命令被一次成功传达并实施之后,命令的效力就终结了。此时,命令要么针对具体的事,要么针对具体的人而发布。在非一次性传达中,命令的接受者是不特定的人,命令是可以得到反复适用或者普遍适用的。在政治主权者非一次性传达的命令中,还必须要有明显的证据说明该命令是来自主权者的意志。[31] 证明命令来自主权者的意志的最好方式是主权者以正当程序公布命令的内容,经过公布的非一次性命令就是法律。所以,公布是法律形式有效性的一个必要条件,并且公布方式必然包含书面形式。因此,命令可以是口头的,但法律只能是书面的。之所以强调公布是出于两个原因:一个原因是,在命令被公布之后,避免潜在的命令接受者以没有收到命令为由,拒绝承认自己已明了命令的内容;另一个原因是,命令被公布之后,潜在的命令接受者可以依据命令来调整自己以后的行为,使其行为不至于违反命令,也能监督他人的行为是否违反命令。第二个原因实际上把命令当作了一个固化的规范。

命令的非一次性表达,要么设立了一个法律规则,要么设立了一个行为标准,规范和调控以后出现的所有类似行为。无论是设立一个法律规则,还是设立一个行为标准,都会把命令固化为一种规范形式。这种规范形式在反复的适用之后就会在时间中沉淀下来,可以作为判断行为是非对错的标准。霍布斯曾说:"约法(civil law)对于每一个臣民来说就是国家以语言、文字或其他充分的意志表示命令他用来区别是非的法规;也就是用来区别哪些事情与法规相合、哪些事情与法规相违的法规。"[32]命令被固化之后,人们在考察某一行为的对错是非时,不是考察行为的内容是否符合道德上的是非对错,而是直接在形式上判断行为是否符合命令的要求。前者是实质考察,后者仅仅是一个形式判断。

(三)命令的关系人

既然法律和命令都是对话而不是独语,那必定存在言辞的发出者和接受者。依据接受者是特定的还是不特定的,命令就可以被分为具体命令、偶然命令和普遍命令。以一次性表达为存在形式的命令是具体命令或偶然命令,以非一次性表达为存在形式的命令是普遍命令。普遍命令创设法律规则或行为标准,是最接近法律的命令。也正是在这个点上,奥斯丁认为具体命令和偶然命令不是法律,只有普遍命令才是法律。但是,当我们说"准确意义上的法是一种

---

〔31〕　同上注,第 212 页。
〔32〕　同上注,第 206 页。

命令"时,我们不能反过来说"命令是一种准确意义上的法"。因为命令有两种,即具体命令和普遍命令,而具体命令或个别命令(occasional or particular commands)不是法。例如,你命令儿子今天必须带雨伞就是一个具体命令而不是法。法总是意味着普遍的行为约束力。"在迫使普遍行为或某类禁止的地方,命令就是法则或规则。"[33]普遍命令要求在时间上是可以反复适用的,在空间范围上是可以规范某类不特定的人的行为的。

　　建议、要求和具体命令、偶然命令的接受者都是明确的某个人。而普遍命令和法律的接受者不具体到某个特定的人,所以是不明确的。罗斯把前者称为人格化指令(personal directive),后者是非人格化指令。[34] 人格化指令又被分为三类:倾向言说者利益的指令,倾向于听者利益的指令,以及无利益倾向的指令。[35] 命令属于典型的倾向言说者利益的指令,建议和警告属于典型的倾向于听者利益的指令。由于命令属于倾向言说者利益的指令,而命令的第三个意图又要求命令接受者放弃自行判断并排除其他反对理由,那么对命令接受者而言,他去做的行为有可能是对命令发出者有利而对自己不利,他如何甘心情愿去做呢? 制裁是其中的一个常用办法。命令接受者之所以接受命令者的第三个意图是因为不接受会引发一种恶。当接受者不服从发出者的意志时,发出者设定的恶会施加于接受者,并且恶的可能性和其实际后果越大,命令的约束性就越大。[36] 这种恶就是一种制裁。在奥斯丁看来,命令是以制裁为后盾的。"制裁"嵌在每个命令句的后面,尽管有时候会被省略,但它们通常以"万一""假如"作为引导词,例如,必须履行合同,如有/万一违反将偿付违约金。

　　如果命令发出者对命令接受者拥有强制制裁的权力的话,那么命令发出者与接受者就不再是平等的关系,而是政治优势者(political superiors)与劣势者的关系。奥斯丁认为"优势"这一术语是暗含在"命令"这一术语中的。因为在平等主体之间的言辞不可能产生"意志的取代""制裁"等。制裁意味着某种权力关系,权力关系存在于上与下的格局中,存在于优势者与劣势者之间。但是问题在于,优势形成的原因是什么呢? 为什么优势者具有通过不利后果来强迫他人意志的力量? 这是因为劣势者有服从优势者的一项先在义务(prior obligation),这项先在义务是强制制裁得以可能的基础。所以,霍布斯在提到法律与建议的区别以及法律与命令的相同点时精辟地指出,建议者与被建议者之间是平等的,没有服从与被服从的先在义务,而法律和命令情形中包含有服

〔33〕　Austin, *Lectures on Jurisprudence or the Philosophy of Positive Law*, *supra* note〔2〕, p. 92.

〔34〕　参见〔丹麦〕阿尔夫·罗斯:《指令与规范》,同前注〔11〕,第53—63页。

〔35〕　同上注,第52页。

〔36〕　Austin, *Lectures on Jurisprudence or the Philosophy of Positive Law*, *supra* note〔2〕, p. 90.

从与被服从的先在义务。"法律普遍说来都不是建议而是命令,也不是任意一个人对任意另一个人的命令,而是专对原先有义务服从的人发布的那种命令。"[37]可见,命令之所以具有第三个意图,并能成功实现其内容,其原因在于先在义务。

四、命令的强制性的基础:先在义务

在上述所举的不当得利的例子中,X 的室友不能给 X 一个还钱的命令,仅仅只能给一个建议;Y 也不能给 X 一个命令,仅仅只能给一个要求;而只有法官能给 X 一个命令。这是为什么呢? 从表面上看,我们看到 X 的室友与 X 是平等关系,Y 与 X 也是平等关系,因此 X 的室友和 Y 都不能下达命令;而法官与 X 不是平等关系,所以能给出命令。但是,实质原因在于 X 有服从法官的先在义务。前面在讨论命令、法律与建议的区别时已触及这点了。法律出自那些对接受他指令的人拥有权力的人,而建议出自无权者。所以,完成法律对人发出指令的事情是义务的问题,而采纳建议则是自由决定的。[38] 完成法官的指令是因为先在义务,是否采纳建议则与义务无关。先在义务成了命令的基础,那么什么是先在义务呢?

不同的人对先在义务有不同的回答。霍布斯认为,命令行之有效是因为服从者负有先在义务,而这个先在义务来源于命令发出者与接受者之间的盟誓或者契约。[39] 因为命令对命令发出者有利而对接受者不利,所以问题的关键在于,命令接受者为什么与发出者签订这样一个"不平等的"契约? 霍布斯的社会契约理论认为,不平等是表面上的,真实的情况是命令接受者在签订契约后的状况要好于签订契约前的状况。具体而言,在霍布斯看来,幸福就是欲望的一个接一个的发展,前一个目标不过是为后一个目标铺平道路。但是,个体间欲望的膨胀必然导致挤压和战争,所以人和人之间就不会形成一种秩序,即使有强者有弱者,也不存在强者统治弱者的秩序。因为就体力而论,最弱的人运用密谋或者与其他处在同一种危险下的人联合起来,就能具有足够的力量来杀死最强的人。所以,没有人处在安全状态,每个人都是处在恐惧之中。"由于人们这样相互疑惧,于是自保之道最合理的就是先发制人,也就是用武力或机诈来控制一切他所能控制的人,直到他看到没有其他力量足以危害他为止。"[40]并且,他还会经常超出自己的自保限度,从征服中获得额外的乐趣。当人们处在

---

〔37〕　参见〔英〕霍布斯:《利维坦》,同前注〔22〕,第 206 页。
〔38〕　参见〔英〕霍布斯:《论公民》,同前注〔19〕,第 144 页。
〔39〕　Hart, *Essays on Bentham*:*Studies in Jurisprudence and Political Theory*, *supra* note 〔5〕, p.253.
〔40〕　〔英〕霍布斯:《利维坦》,同前注〔22〕,第 94 页。

没有共同权威威慑他们的状态中时,他们就处在所谓的战争状态中。"使人们倾向于和平的激情是对死亡的畏惧,对舒适生活所必需的事物的欲望,以及通过自己的勤劳取得这一切的希望。于是理智便提示出可以使人同意的方便易行的和平条件。这种和平条件在其他场合下也称为自然律。"[41]因为这些自然律,他们达成契约放弃争斗,才能从恐惧和暴死的危险之中走出来。

与霍布斯不同的是,奥斯丁认为先在义务来源于习惯性服从(the habitual obedience)。这就是奥斯丁的高明之处。之所以称他为"法实证主义的开山祖师",是因为他试图不诉诸道德来说明法律有效性的条件(the conditions of legal validity)。按奥斯丁的观点,法律有效性的条件可以完全被化约为一类非规范性事实,构成政治主权的相关社会现实(social reality)的事实,并且可以被习惯性服从所识别。[42]通过这种方式,他把法律规范性的说明建立在事实基础之上。

但是我们可以接着追问:"习惯性服从从哪里来? 我们为什么要对政治优势者具有习惯性服从?"奥斯丁当然可以回答,这是一种既存的社会事实,不管我们接受与否,它都先于我们而存在了。先辈们一直处在服从政府的习惯中。[43]但是我们依然可以问:"在起源意义上臣民对主权者表现出习惯性服从的原因是什么?"这是奥斯丁在《法理学的范围》一书第六讲不得不面对的一个问题。奥斯丁认为,主权政治的目的是最大可能地提高人类幸福(human happiness),政府的目的就是促进这个人类福祉(mankind weal)。所以,"假如臣民认为政府是完美的,或者认为政府正在实现它的目的,这种确信就是他们服从的动机"。[44]臣民把服从当成实现幸福的手段。但是并不是每一个政治社会都有这个完美的目的,也不是每一个政府都会孜孜以求地追求这个目的,大多数情况下人们的服从是习惯的结果(the consequence of custom),他们服从之前的或正在建立的政府的原因是他们的祖先有服从的习惯。[45]所以,臣民的习惯性服从来自两个原因:第一,服从政府是因为政府可以提高人类幸福。这是一种理想状况,并不是每一个政府都能实现这个目的。所以,第二个服从的原因是习俗,祖先服从所以我们也服从。

并且,奥斯丁对以霍布斯为代表的"合意组建政府"的模式展开了批评。首先,他认为学者们总是试图通过原始社会契约(original covenant)或基本市民

---

[41]　同上注,第97页。

[42]　Andrei Marmor, "The Nature of Law", in Andrei Marmor (ed.), *The Routledge Companion to Philosophy of Law*, Routledge Press, 2012, p.5.

[43]　John Austin, *Lectures on Jurisprudence or the Philosophy of Positive Law*, *supra* note [2], p.294.

[44]　*Id.*, p.292.

[45]　*Id.*, p.293.

契约(fundamental civil pact)的假设来解决这个问题,即政府是通过人民的合意而出现和存续的,政府对人民的义务或人民对政府的义务都来自这个基本市民契约。奥斯丁坚决反对这个假设,如果这个假设成立的话,社会中的大多数人可以随意抛弃已经建立的政府,这种理论使得先在义务随时处在不稳定的状态。

其次,霍布斯的理论预设了一个完整的社会契约理论,但是在奥斯丁看来,承认基本市民契约的学者恰恰把契约与实定法的关系弄反了。契约论的支持者们认为,是契约保证了主权者的权威并使得主权者所制定的实定法有效。但是奥斯丁不这么认为。他认为实定法给予了每一个在法律上有拘束力的契约以效力,不管是基本市民契约还是准确意义上的契约,其效力(legal efficacy)都来自实定法。换言之,不是契约使得实定法产生(engender)了法律义务,而是实定法使得契约有效并产生了法律义务。[46] 对于主权者来说,不存在合法与非法的问题,因为主权者不能用自己颁布的法律来判断自己是否合法。主权者是独立政治社会(independent political society)的一个事实存在。只要我们所处的是一个独立政治社会,那么就存在主权者,因为主权者的存在是独立政治社会的构成性特征。而在一个独立政治社会中,如何确定具体的主权者呢?那就看这个社会中的大多数人习惯性地服从于谁。

因此,"为什么主权者发布的命令就是一个有效的命令"这一问题的答案又落在习惯性服从上了。主要是回答为什么会存在习惯性服从这样一个事实。奥斯丁反对用基本社会契约来回答这个问题,但是他却把习惯性服从的原因建立在促进人类幸福(human happiness)的目的基础之上。他认为一个既存的主权政治政府(a sovereign political government)应该有一个适当的目标,就是最大可能地促进人类幸福。[47] 这应该是主权者的首要目的,并且这个目的并不等于直接增加社会财富。增加社会财富是实现幸福的必要手段之一,但是为促进社会幸福却可能采取限制社会财富的方式。所以,臣民服从主权政治政府的终极原因是它有一个促进人类幸福的目标。这个目标的合理性为先在义务的存在提供了恰当的基础。

五、结论:目的正当为命令的强制性辩护

命令、请求等都是祈使句,都包含要求他人去做事的愿望。劫匪对银行职员的命令是一个祈使句,法官对 X 的命令也是一个祈使句。从它们的内容和结构上来看,两种命令没有差别。但是,第一种命令的实现依赖劫匪的暴力,而

---

[46] *Id.*, p. 305.
[47] *Id.*, p. 290.

第二种命令的实现依赖先在义务。即使 X 不服从法官的命令或者判决有可能会导致法院强制执行,这个强制与劫匪的强制也是有区别的,法院的强制是正当的,而劫匪的强制是不正当的。奥斯丁在一开始就注意到了这个区分,所以《法理学的范围》第六讲讨论了主权和服从关系的起源,这就是在为这个正当性奠基。可见,奥斯丁在开篇讨论命令时确立的政治优势者与劣势者的支配与被支配关系绝不是哈特后来所批评的劫匪与银行职员的关系。因为银行与劫匪的关系是不能被正当化的,而奥斯丁在后面努力为政治优势者与劣势者的关系提供了一个正当性说明,并论述了先在义务的合理性。所以,是哈特故意曲解了这一点,把奥斯丁的命令理论错误地还原为劫匪理论。哈特这样做的原因或许在于,劫匪理论能便捷地展示命令的强制性特征及其缺陷。哈特认为这个缺陷是两方面的:一方面,相对于劫匪的命令(order)而言,法官的命令(command)与法律的观念更为接近,因为法官的命令与权威有很强的联系。[48] 奥斯丁的命令理论能说明命令语句和法律语句共享的强制性特征,但是,离完整地说明法律的强制性还有很长距离。另一方面,法官的命令还需要补充两个元素才具备法律的形式,第一个元素是普遍性(generality),第二个元素是持续性。[49] 但是,在笔者看来,哈特的这两个批评不足以动摇奥斯丁命令理论对强制性和先在义务的解释。因为劫匪的例子虽然足以说明命令的强制性内涵,但哈特所批评的劫匪的命令与法律的差距是另一个问题,与本文所关切的命令的强制性无关。另外,哈特并没有直接批评奥斯丁在第六讲中对先在义务的论述。因此,哈特对奥斯丁命令理论的批评不影响本文的论断。

在《法理学的范围》第六讲中,奥斯丁认为政治劣势者之所以负有服从政治优势者的先在义务,是因为作为主权者的政治优势者有一个适当的目标,即促进人类幸福。目的的正当为先在义务的合理性提供了基础,从而也为命令的强制性提供了基础。这样,命令的强制性实际上奠基在命令发出者的目的正当之上。但是目的正当并不直接为命令的强制性辩护。而是为命令发出者的资格辩护,这种资格为命令的第三个意图的实现提供了保障,具有这种资格的人发出的命令才能被接受者(receiver)接受(accept),而不是屈服。

拉兹的权威理论也为命令发出者的资格辩护,但他的辩护路径与奥斯丁不同,他认为权威的角色是服务行动者,帮助他们更好地行动。[50] 如果权威能胜任这个角色,那么权威就能发布具有强制力的指令。这就是拉兹的服务权威观。人们自然会问:凭什么权威者能使得服从者更好地服从应用到其身上的理

---

[48]　Hart, *The Concept of Law*, *supra* note [3], p. 20.

[49]　*Id.*, pp. 22-23.

[50]　Joseph Raz, *The Morality of Freedom*, Oxford University Press, 1982, pp. 55-56.

由？对此，拉兹给出了五种论据[51]：① 权威更具智慧，因此能更好地确定个体如何行动；② 权威有更坚定的意志，不容易被偏见、柔弱或者急躁所败坏，也不太容易因为诱惑或者压力而偏离正确的理由；③ 试图遵守正确理由的直接个体行为可能会适得其反；④ 一个人该做什么的决定会引起焦虑、疲劳或者涉及时间和精力成本，相反遵守权威并没有大的缺陷，不会带来这些问题，权威由此被证立；⑤ 权威处在好的位置可以实现个体有理由实现但是不在其位不能实现的东西。很明显，①和②是说权威比个体更具有判断的优势，而④是反过来说个体的劣势，③和⑤是说权威能解决个体无法解决的协调问题和合作难题。这五个论据说明了行动者依照权威性指令行事比自行行动更符合正确理由。每一个论据都可单独作为证立权威的资格的理由，但是每一个都不足以证立权威，拉兹集合了这些分散的论据，强化了"权威能更好地服务行动者"这一论证。可见，能帮助行动者更好地行动是权威的指令具有强制力的基础。他是从权威的指令的效果来为权威的指令的强制性辩护，而奥斯丁是从命令发布者的目的来为命令的强制性辩护。前者是通过效果的好来辩护，后者是通过目的的善来辩护，哪一种更有力？后果主义支持前一种立场，目的论支持后一种立场，对这个问题的讨论只能另行撰文论述了。

（审稿编辑　郑力海）
（校对编辑　谢可晟）

---

[51]　*Id.*, p.75.

《北大法律评论》(2017)
第 18 卷・第 2 辑・页 128—147
Peking University Law Review
Vol. 18，No. 2，2017，pp. 128-147

强制、符号与法律的性质

——兼评肖尔的《法律的强制》一书

叶一舟*

Coercion，Sign and the Nature of Law：
A Comment on Schauer's *The Force of Law*

Ye Yizhou

内容摘要：肖尔在《法律的强制》一书中试图把强制重新引入到当代法理学的研究视野中，改变自哈特以来的法理学面貌，恢复"边沁—奥斯丁"的命令理论传统的问题意识和探讨。为此，肖尔一方面致力于全面展现强制在法律体系中的广泛运用，另一方面则致力于修正当代法理学研究偏重概念分析的倾向。然而，法律的强制与法律的概念之间的紧张关系一直贯穿于肖尔的理论之中，使其未能真正阐明强制与法律之间的关系。实际上，命令理论并不是一套运用

* 法学博士，中山大学粤港澳发展研究院副研究员。本文的写作经历了几个阶段，大部分主体内容形成于笔者在比利时学习期间，笔者在荷兰的蒂尔堡大学及奥地利的维也纳经济大学的两个学术会议上对本文的相关内容做了报告。为此，笔者尤其要感谢格拉斯哥大学的乔治・帕夫拉科斯(George Pavlakos)教授在多个方面的指导及肯定。此外，亦感谢杰拉尔德・波斯特玛(Gerald Postema)教授在一次会议期间向笔者说明和明确了他文章中的一些核心观点，确保笔者的理解尽可能地忠实于他的原意。最后，感谢爱丁堡大学的理查德・拉塔(Richard Latta)博士和安特卫普大学的塞巴斯蒂安・巴尔丁格(Sebastian Baldinger)博士在与笔者同窗期间，围绕本文的许多观点进行了多次探讨，并提供了许多有益的意见。若本文有任何谬误之处，文责自负。

还原分析方式来解释法律规范性的一般理论,而是致力于说明法律如何得以与其他形式的规范区分开来的理论。通过揭示强制作为符号在认知法律方面的作用以及强制性法律的原型地位,强制与法律的概念关系就能得到初步的建立。

关键词:强制　法律规范　命令理论　联系性分析

作为弗雷德里克·肖尔(Frederick Schauer)在法律理论方面的最新力作,《法律的强制》(*The Force of Law*)一书在 2015 年甫一问世即获得学界的广泛关注。在该书中,肖尔以批判的眼光审视了哈特以来的法理学面貌,试图通过阐明强制(coercion)在法律运作中的广泛运用和重要性,从而把以边沁和奥斯丁为代表的命令理论传统重新带回到当代法理学的探讨中。众所周知,哈特《法律的概念》一书以批判奥斯丁所代表的法律命令说为起点,运用分析哲学的方法,不但开启了英美法理学的新天地,还奠定了往后数十年的理论潮流,在当下仍然有广泛的影响力。因此,肖尔为了实现其十分具有挑战性的目标,从规范理论、法学方法论及经验现象等层面出发,对哈特所代表的理论潮流进行了全面反思。在肖尔的作品问世后,学界很快给予了回应。其中,莱斯利·格林(Leslie Green)在《法律的强制》问世约一周之后,先是在社会科学研究网(*Social Science Research Network*,SSRN)发布了评论文章,随后又在《法律理论》(*Ratio Juris*)期刊上正式发表该文。不久之后,马克·格林伯格(Mark Greenberg)也在《哈佛法律评论》上发表长篇书评,对肖尔的理论进行了全面分析并提出了批判性的意见。诚然,参与相关讨论的学者绝不仅限于上述二人,但这两人的评论在深度和全面性上,都具有相当的分量和代表性。因此,本文将在《法律的强制》一书的基础上,重点结合格林和格林伯格的述评展开论述。而本文的最终目的,是要表明肖尔实际上并未找到在强制与法律之间建立起理论联系的合适进路。尤其是他未能化解法律的强制与法律的概念之间的紧张关系,这导致他所致力于建立的理论事业陷入十分困难的境地。

基于上述考虑,本文将分为以下几个部分。第一部分将对肖尔的问题意识和论述的重点进行简要介绍,并分析其中的理路,从而为后续的探讨做准备。总体而言,肖尔正确地意识到强制是法律运作中不可或缺的一部分,法律理论必须予以正视。但肖尔提出的问题比他所提供的回答更重要。本文的第二部分,将结合格林和格林伯格的评述,揭示肖尔的理论所包含的问题和缺陷,以及这些问题和缺陷产生的根源。在笔者看来,未能真正理解奥斯丁的思想导致肖尔的理论面临严重的困难。第三部分通过重新审视哈特对奥斯丁的批判以及哈特自身理论的不足,阐明强制与法律规范性之间的内在联系。为此,本文将借助托马斯·里德(Thomas Reid)的符号认知理论及认知语言学的洞见来揭示强制在法律认知中的地位与作用。

一、法律的概念与法律的强制

《法律的强制》一书力图实现两个目标:第一,在法律理论层面重新正视强制对于法律的重要地位和作用,促使当代法理学更好地解释"法律具有广泛强制性"这一经验事实。第二,挑战当代法理学的方法论及基于此种方法论得出的结论,反对将法理学的研究主旨定位为探究法律的本质属性(essential properties)即探究所有可能世界里的法律体系都具有的属性。[1] 在肖尔看来,正是哈特在《法律的概念》中运用的研究方法以及由此得出的一系列重要结论,致使强制沦为法理学研究的边缘问题。在哈特及其追随者眼里,法律的建构和授权属性远比强制属性要普遍,因而质疑强制或制裁对理解法律的性质(nature)而言如常人所认为的那样重要。[2] 为此,肖尔尝试通过全面反思以哈特为代表的这种理论潮流,以及恢复"边沁—奥斯丁"的部分理论传统,将强制重新带回到当代法理学的理论图景当中。从《法律的概念》与《法律的强制》两个书名"相映成趣"也可以看出,二者间的张力构成了肖尔思考的原动力。

肖尔认为,哈特及其追随者通过阐明法律规则如何以内化(internalization)的方式对人的行为产生规范作用,表明独立于制裁的法律义务在逻辑和概念上都是可能存在的,从而在法律的性质这一论题上发展出一套有别于"边沁—奥斯丁"理论传统的理解。[3] 根据此种理解,"即便所有现实的法律体系都采取了大量的强制手段来贯彻其创制的义务,但由于非强制性的法律在事实上是可能的以及现实的法律体系中确有部分运作无须借助于强制,本质主义的观点就认为有充足的理由把强制从法律的性质中排除出去"。[4] 哈特在《法律的概念》里所描绘的"困惑的人"(puzzled man)意在表明,实际中有人之所以遵守法律仅仅是因为那是法律,而无须依赖任何强力的威胁。[5] 然而,肖尔却认为这一论点在经验层面上并没有什么说服力。在他看来,即便非强制性的法律在哲学层面有其突出意义,这也不应妨碍我们承认一个重要的事实,即经验中的法律在绝大部分情况下都是强制性的。在现代国家治理活动的众多领域中,各种形式的强制手段都得到了不同程度的运用。与其偏重论述那些仅仅因为法律是法律就遵守的人,倒不如关注人们在法律缺席或法律与独立于法律的理由相冲突的情形下是如何行动的。因为诸如欲望、个人偏好和道德等独立于法律的理

---

〔1〕 See Frederick Schauer, *The Force of Law*, Harvard University Press, 2015, pp. x-xi.
〔2〕 See *id.*, pp. 2-3.
〔3〕 See *id.*, pp. 31-35.
〔4〕 *Id.*, p. 36.
〔5〕 See *id.*, p. 42.

由在社会生活中更为普遍,有时人们不做某个禁止行为仅仅是基于道德理由。为此,肖尔指出,"大部分人在决定做什么或不做什么的时候,所依赖的是一种包括个人偏好、慎思和道德等因素混合的复杂理由,却并不需要包括法律在内……他们的行为与法律保持一致,但并不是因为法律才如此行为的"。[6] 此外,还有许多实证研究表明,当强制缺席且所涉及的问题与人们独立于法律的理由无关时,大部分人不会仅仅因为法律做了规定就按照法律的要求来行为。哈特所描述的"困惑的人"并不如他设想的那样广泛存在。[7] 所以,肖尔主张,法律的强制性力量比独立于强制的规范性力量要更为普遍。即使前者对于法律的存在不是必要的,我们也应该把更多的注意力放在其上。[8] 换言之,强制即便不是决定法律存在的必要属性,其事实上的无处不在也表明强制是法律的一个普遍特征。对此,法律理论应该予以正视并对诸多相关现象给出恰当解释。

尽管肖尔已经在法律运作的经验层面对强制进行了多方位的论述,但他并没有止步于此,而是进一步将讨论推进到更深层次。借用格林的说法,肖尔将探讨提升到了"法理学的方法论,法哲学之哲学"[9]的层面。在肖尔看来,当代法理学深深地陷入到了概念分析的迷思之中,以探明充要条件为目标的概念分析无益于阐明法律的性质或解释一些重要的法律现象。[10] 如前所述,肖尔认为当代法理学以研究和确定法律的本质属性为己任,因而沉醉于分析哪些属性是在所有可能世界里的法律体系都具有的属性。[11] 更为重要的是,持此类观念的大部分法理学家把事物的性质等同于事物的概念,并把事物的性质理解为构成其存在的充要条件。只要制裁无涉的法律义务或法律在逻辑上有存在的可能性,那么强制就需要从法律的性质中被剔除出去。诸如拉兹和斯科特·夏皮罗等学者坚称,法哲学或法律的概念分析的要务就是要确定哪些对所有的法律体系而言是必然的内容,因而在探索法律的性质时不把强制包含在考虑范围之内。[12] 肖尔指出,"这类关于法律的性质或法律的概念或法律的概念之性质的本质主义理解导致一些理论家把存在着制裁无涉的法律义务或法律的可能性视为无比重要"。[13] 格林伯格把肖尔的上述立场延伸为一种方法论的倡议,

---

[6] See *id.*, p. 50.

[7] See *id.*, pp. 65-67.

[8] See *id.*, p. 74.

[9] Leslie Green, "The Forces of Law: Duty, Coercion, and Power", 29 *Ratio Juris* 164 (2016).

[10] See Schauer, *The Force of Law*, *supra* note [1], p. 4.

[11] See *id.*, pp. x-xi.

[12] See *id.*, pp. 35-37.

[13] *Id.*, p. 36.

即在研究法律的性质时避免采取传统、狭隘的概念分析作为进路。[14] 那么,肖尔采取了怎样的路径来取代他所称的那种概念分析? 一方面,他借助认知科学的理论资源,主张人们在认知事物的性质或理解概念时,往往通过与所涉概念或词语有关的原型(prototype)、范式或中心事例来进行,而非依靠确定充分条件和必要条件。[15] 有中心就有边缘,有原型就有以原型为基质繁衍出来的各类变化,以原型或中心事例为基点差异化发展才是关于事物性质或概念的真实图景。这表明了人们对概念的理解和使用并不如本质主义者所论述的那样。此外,他提出了一种"差异化"(differentiation)的进路以说明法律如何区别于其他规范形式从而成就自身。申言之,就是不依赖概念或性质等"神秘"的东西,直面经验的法律现象,从社会差异、程序差异、方法论差异和渊源差异等角度出发说明法律是如何从其他制度形态中脱颖而出的。[16] 换言之,就是通过描述法律与其他制度之间在各个重要方面的差异来理解和解释法律的性质。一旦采取了这种进路,在法律运作中无所不在的强制就要重新回到理解和解释法律的性质之中。

　　实际上,借助认知科学在"原型"等方面的理论资源以及采取差异化的视角来思考法律的性质,其目的都是为了反对将理解法律的性质等同于确定充分条件和必要条件。正如格林伯格所言,差异化的进路意味着承认模糊性(vagueness)和边际事例,同时也意味着拒绝以明确充分条件和必要条件的方式来阐明法律的性质,而是转为通过识别典型的(typical)或经验上普遍的特征来实现。[17] 可见,肖尔在此试图纠正当前法理学的一种倾向,即过度偏重概念分析尤其是致力于获得分析性、先天真理的传统概念分析。然而,上述进路的展开以承认"强制在概念上对法律体系而言并不具有必要性"为前提,但却否认这一点之于法理学研究的重要性。[18] 法律的概念与法律的强制二者间的紧张关系贯穿于肖尔的理论之中,并始终没有得到妥善处理。尽管肖尔强调法律的强制是法律区别于社会规范的关键[19],但他从未将讨论延伸到强制的概念以及强制与法律义务之间的概念联系。归根结底,肖尔把强制与法律之间的关系定位为工具性的关系,把强制重新纳入当代法理学的研究当中是为了让法律能得到更为明智和有效的运用。[20] 可是,肖尔的主张及其进路是否适恰? 是否对哈特的理

　　〔14〕　See Mark Greenberg, "How to Explain Things with Force", 129 *Harvard Law Review* 1932 (2016).

　　〔15〕　See Schauer, *The Force of Law*, *supra* note 〔1〕, pp. 37-40.

　　〔16〕　See *id.*, pp. 158-159.

　　〔17〕　See Greenberg, "How to Explain Things with Force", *supra* note 〔14〕.

　　〔18〕　See Green, "The Forces of Law: Duty, Coercion, and Power", *supra* note 〔9〕.

　　〔19〕　See Schauer, *The Force of Law*, *supra* note 〔1〕, p. 145.

　　〔20〕　See *id.*, pp. 167-168.

论构成有效批判? 是否真正有助于让奥斯丁的思想在当代实现复归,从而提升人们对法律的认识? 在本文看来,肖尔的理论在这些问题上都是值得商榷的。本文的余下部分将围绕这些问题展开更为深入的分析和讨论。

二、概念分析与命令理论

在强制与法律的关系上,一边是奥斯丁所代表的命令理论,另一边则是哈特所代表的分析法学。如何在一些重要议题上回应哈特对奥斯丁的批判,是在理论上集中阐明强制与法律之关系的关键。在这一点上,肖尔在其作品中完成的工作并不能令人满意。详言之,肖尔在其批判中所称的概念分析致力于以还原的(reductive)方式探寻较之被分析的目标概念而言更为基础的概念,以期能获得先天真理。[21] 然而,这一点不仅对哈特的理论难以适用,也是对奥斯丁的诸多误解的根源。

(一)哈特的概念分析及其对奥斯丁的批判

抛开哈特的追随者不谈,仅就哈特本人所使用的概念分析而言,无论是称其为还原式的分析还是称其为以探寻充要条件为根本目的的分析,这都是值得商榷的。在整体上,分析哲学包含两个重要的理念:第一,对词语意义的分析可以揭示出对象的性质;第二,对意义的分析必须要顾及合格的言说者实际使用词语的方式。[22] 后者的代表就是被称为"牛津日常语言哲学"的学派,其中的代表人物包括话语行为理论的提出者 J. L. 奥斯丁、黑尔及斯特劳森等颇具影响力的哲学家。这些哲学家以 J. L. 奥斯丁为核心组成了一个著名的学圈,哈特就是该学圈的第一代成员。然而,当分析的方法进入到法学研究领域时,它就发生了细微而关键的变化。详言之,法学研究里的概念分析包含两个层面的追求:一方面追求关于法律的性质与特征的先天真理,另一方面则追求基于经验证据为真而为真的后天真理(a posteriori)。[23] 更为重要的是,哈特提供了一套动态的概念分析理论,其目标并非是为了探明充要条件,而是阐明一种新的标准(criteria)类型。在哈特的理论中,这种标准与充要条件不同,以之为基础产生出来的法律概念是可变的,而非一成不变的最终概念。[24] 此种概念分析的先天层面阐明了法与义务之间的必然联系,后天层面则阐明了在一个共同体中何者为法由社会惯习决定,而这也是承认规则的理论深意:承认规则因法律体系而异,并且对其所处的法律体系而言是一种建构性惯习。[25] 可见,哈特

[21] See Greenberg, "How to Explain Things with Force", *supra* note [14].

[22] See George Pavlakos, "Law as Recognition: H. L. A. Hart and Analytical Positivism", in Tim Murry (ed.), *Western Jurisprudence*, Sweet & Maxwell, 2004, p. 231.

[23] See *id.*, pp. 232-233.

[24] See *id.*, p. 235.

[25] See *id.*, pp. 237-242.

的概念分析与传统的概念分析有显著不同,前者不仅融入了后期维特根斯坦的反本质主义思想,还试图揭示有关法律性质的动态规则。

在分析模式上,哈特的概念分析也与传统的概念分析截然不同,继而这为他自己超越前人的理论奠定了基础。约翰·加德纳曾生动地形容哈特对奥斯丁的批判可以被视为法理学研究的"尤里卡时刻"(Eureka Moment),即认为哈特从反思奥斯丁的法律命令说到提出承认规则,是解答法律规范或法律义务是什么之问题的关键。[26] 也正是哈特对奥斯丁的批判,使得强制、主权者等命令理论传统的核心概念淡出了法理学研究的主流视野。哈特不但未采取传统概念分析的还原式分析,而且他对奥斯丁所做的一系列批判的有效性恰恰端赖于他对奥斯丁的分析模式所做的批判,即他认为奥斯丁采取了还原式的分析模式消解了法律的规范性。哈特对奥斯丁的批判不仅全面和深入,还是当代法理学范式转变的关键,其一系列批判的根基在于对奥斯丁的分析模式的否定。哈特认为,奥斯丁的命令理论尝试通过还原的分析方法并基于原始事实来解释法律规范和法律义务的性质。因此,哈特对奥斯丁的分析模式的批判在其理论中扮演了十分重要的角色,也是他重构法律实证主义的奠基性步骤。在《法律的概念》中,哈特用"枪手情形"(Gunman Situation)来批评奥斯丁的命令理论,认为奥斯丁的理论不仅未能解释现代法律体系的一些显要特征,还混淆了"事实上的被强迫"与"法律上的有义务",误解了法律规范性的性质。基于上述批判,哈特提出了他自己版本的法律实证主义,用批判反思的态度即公众接受替换了习惯性服从,用承认规则替换了主权者。[27] 可以说,正是由于深信奥斯丁的分析是还原性的,哈特指出了奥斯丁的一系列错误之处。哈特也表示,由于他将奥斯丁的理论视为一个理论范式,该范式"成了特定理论类型的依赖,而且无论它有什么缺点,都具有恒久的吸引力"[28],所以他实际上是对整个命令理论的思维范式进行批判。

基于上述对奥斯丁的理解,哈特针对性地提出了另一种分析模式,该模式被加德纳理解为斯特劳森所提出的"联系性分析"(connective analysis)的另一个版本。[29] 加德纳相信,哈特与斯特劳森的这种思想连接表现在当哈特描绘自己的分析蓝图时,他使用了与斯特劳森相同的术语。[30] 此外,在哈特的几处

---

[26] See John Gardner, "Why Law Might Emerge: Hart's Problematic Fable", in Luis Duarte D'Almeida (eds.), *Reading HLA Hart's The Concept of Law*, Hart Publishing, 2013, p. 81.

[27] See Pavlos Eleftheriadis, "Hart and Sovereignty", *supra* note [26], pp. 63-65.

[28] H. L. A. Hart, *The Concept of Law*, Oxford University Press, 1994, p. 18.

[29] See Gardner, "Why Law Might Emerge: Hart's Problematic Fable", *supra* note [26], p. 82.

[30] See *id.*, p. 83.

论述中也清晰地显示出他接纳了维特根斯坦关于家族相似理论的思想,并将其运用于分析法律规范和法律义务。[31] 后期维特根斯坦的哲学被视为日常语言哲学和联系性分析的思想源头之一。受维特根斯坦的启发,牛津日常语言哲学将概念分析视为一种进行"概念解释以及通过排除歧义和预设来描述概念联系"的活动。[32] 这一思路显然与斯特劳森所说的"联系性分析"的概念有内在相通之处。斯特劳森认为,在哲学研究中有两种分析模式,即还原性的和联系性的。还原性分析追求的是完全简单的概念,并致力于说明一个复杂概念是如何通过特定逻辑进路在这些简单概念的基础上建构出来的。联系性分析则是将一个复杂概念考虑为一个由相互联系的概念或对象组成的体系或模型,并认为只有通过对该体系或模型中的这些概念的联系以及它们在整个体系里各自所属的位置进行描述,方能阐明该复杂概念的内涵。[33] 所以,哈特不仅采取了与还原性分析不同的分析哲学进路,并且相信该进路能更好地揭示法律和法律义务的性质。沿着这个进路,哈特最终到达了他的"尤里卡时刻",即法律是初级规则与次级规则的结合。而命令理论所强调的强制连同其背后的主体即主权者一道被剔除出了有关法律规范和法律义务之研究的视野。

根据上述内容可以发现,肖尔敏锐地意识到欲在当代法理学的研究中重新引入强制,就需要在方法论的层面进行反思、批判。然而,他却错会了哈特在《法律的概念》中所做的工作的实质。实际上,不是因为哈特采取了还原性分析从而把强制从法律的性质里剔除了出去,而是他认为奥斯丁的还原性分析把不同功能的法律还原到了一个简单的模型之中[34],在扭曲了法律的真实面貌的同时也把法律规范性消解为了诸如强制、习惯性服从等原始事实(brute fact)。换言之,哈特认为奥斯丁的"剃刀"太锋利了,继而他通过联系性分析提供了另一幅理论图景。在此幅崭新的理论图景中,法律只与义务、规则及各种包含规则在内的实践相联系,而没有强制的位置。至于何者能进入到此幅图景并与其他概念建立联系,则由概念分析的先天层面与后天层面共同决定。因此,重新思考强制与法律规范性之间的关系,就需要回应哈特对奥斯丁的批判,并着重澄清两个问题:第一,哈特对奥斯丁的分析模式所做的批判是否有效?第二,强制与法律之间是否没有概念联系?在本部分余下的内容里,笔者将首先致力于回答第一个问题,随后在第三部分里回答第二个问题。

---

[31] See Hart, *The Concept of Law*, *supra* note [28], pp. 15-16.

[32] Hans-Johann Glock, *What is Analytic Philosophy*, Cambridge University Press, 2008, p. 158.

[33] See P. F. Strawson, *Analysis and Metaphysics*, Oxford University Press, 1992, pp. 17-19.

[34] See Hart, *The Concept of Law*, *supra* note [28], pp. 38,41 & 49.

（二）命令理论的传统及奥斯丁的分析模式

如前所述，哈特对奥斯丁最为重要的批判在于认为奥斯丁采取了还原性的分析模式，从而把法律规范性还原为了几个简单的原始事实，结果误解了法律规范与法律义务的性质。然而，值得认真反思的是，奥斯丁的法律命令说真的是一套关于法律规范性的还原理论吗？实际上，命令理论并非奥斯丁首创，亦非法律实证主义所独有。在 17 世纪前后，以普芬道夫和苏亚雷斯为代表的自然法理论也采纳了法律命令说，所不同的只是命令的发出者。在对命令理论这一学说传统进行了仔细而又全面的考察后，波斯特玛指出："任何将命令模式视为还原主义进行否定的尝试，即将命令模式视为意在将法律还原为一些不含规范性的社会事实或仅仅依赖这些事实来解释法律规范性，都没有理解该学说传统。"[35]波斯特玛如此说的目的是为了说明，如果我们把命令理论理解为试图通过还原的方法来解释法律规范性的一般理论，那么这就是对命令理论的误解。因为，命令理论的核心"是一个关于法律权威及其与众不同的（distinctive）规范性理念，以及它引导行动的与众不同的模式"。[36] 所以，主权者、命令与强制都是技术性术语，它们的功能是表达法律与众不同的规范性或者法律作为一种规范性存在的与众不同之处。依照波斯特玛对命令理论的解读，可以发现奥斯丁的理论关注与哈特的理论关注相去甚远。与哈特相信的情况相反，奥斯丁关注的是那些使实定法与其他类型的规范得以区分开来的要素，尤其是那些在法律的执行和传达过程中凸显出来的要素。简而言之，哈特与奥斯丁之间的关键区别在于：哈特的理论是关于法律规范性的一般理论，奥斯丁的理论则早已假定了法律的规范性，并致力于阐明是什么能让法律从众多类型的规范中脱颖而出。在笔者看来，这一点是真正理解奥斯丁理论的关键。为了公正地解读奥斯丁的理论，绝不能忽视奥斯丁在其作品中的一些陈述，它们明确表明，他将法律看作是一个要通过对法律与主权、命令和强制的必然联系进行描述才能被正确分析的复杂概念。此外，由于这些陈述的内容与哈特对奥斯丁的解读几乎无法相融，将奥斯丁的分析模式理解为联系性的（尽管存在缺陷[37]）而非还原性的，是更为适切的做法。

奥斯丁在《法理学的范围》开篇部分介绍了他的主要目标、关键概念和分析的结构，这些内容可以被视为他的理论蓝图。在相关的段落中，奥斯丁描绘了他的分析模式。他如此说道：

---

[35]　Gerald J. Postema, "Law as Command: The Model of Command in Modern Jurisprudence", 11 *Philosophical Issues* 470 (2001).

[36]　*Id.*

[37]　实际上，无论是奥斯丁的分析模式还是哈特的分析模式都不是最纯正的联系性分析。联系性分析在法律理论中最为彻底和纯正的运用来自霍菲尔德。相关内容请参见〔美〕霍菲尔德：《基本法律概念》，张书友译，中国法制出版社 2009 年版。

在精确说明"命令"的性质时,我会明确地说明"命令"这一术语所涉及的另外一些术语的意思。这些术语,包括"制裁""强制服从""义务""责任""上位者"和"下位者"。[38]

随后,当他分析"命令"这一术语时,他指出:

同样明显的是,从前面分析的结果来看,"命令""义务"和"制裁",是不可分割的相互联系的术语。每个术语就像另外两个术语一样,具有同样的意思,尽管每个术语是以自己独特的叙述方式来展示这些意思的。[39]

那么这些术语之间的相互联系是怎样的呢? 对此,奥斯丁给出了更进一步的说明:

每个术语直接地而且间接地说明了如下含义:"一个人设想的而且对他人表达或宣布出来的要求,在这一要求没有被服从的情形下,契合伴随了可能施加的不利后果,或者伴随了可能发生的不利后果。"每个术语都是这一同样复杂的内涵的表达方式……对那些熟悉逻辑学家语言(因为简洁、明确和精确而无与伦比的语言)的人来说,我可以顺畅精确地表达我的意思:其一,三个术语中的每一个,都在**符指**(signifies)同样的含义;其二,尽管如此,其中每个又**指称**(denotes)了这个含义的不同部分,而且是**意指**(connotes)其余的。[40]

在奥斯丁的原文里,符指(signify)、指称(denote)和意指(connote)是三个逻辑术语[41],与符号(sign)、指称(denotation)和意涵(connotation)这些术语有着紧密的联系。关于符指,它源自符号(sign),一个符号总是指向一个对象或一个概念,而被指示出来的这个概念或对象的意涵才是真正需要被理解的。例如,路标作为一个符号,它标示出一个地点,这个被标示出来的地点才是我们真正要知道的,而符号本身只是起到把我们的认知和理解活动指引到特定对象之上的作用。而指称所关乎的则是概念的外延,意指所关乎的则是概念的内涵。不同的词语或表达式可以具有不同的外延而表达相同的内涵,也可以具有相同的外延而表达不同的内涵。[42] 奥斯丁所称的"主权""命令"和"强制"虽然具有

---

〔38〕 John Austin, *The Province of Jurisprudence Determined*, Hackett Publishing House, 1998, p.4.

〔39〕 See *id.*, pp. 17-18.

〔40〕 See *id.*, p.18.

〔41〕 本文将按照逻辑术语的译法来使用这三个词,即将它们分别译为符指、指称和意指,而非按《法理学的范围》中文版的译法。

〔42〕 在现今哲学中对概念的外延与内涵关系的最为重要的探讨,请参见〔美〕索尔·克里普克:《命名与必然性》,梅文译,上海译文出版社1988年版。

不同的外延,但是却共同指向同一个复杂概念即法律,并且对它们其中任何一个概念的意涵进行理解时,都必须要联系另外两者来进行,而非分割开来。换言之,任何将它们割裂看待的观点,都是对奥斯丁的误解和扭曲。更为重要的是,奥斯丁的上述理念与还原性分析的理路格格不入,唯有通过联系性分析的视角才能得到更为恰当的解读。详言之,奥斯丁的理论与斯特劳森所称的"联系性分析"之间的相似之处并不单单是在术语层面上,更在于理解一个复杂概念的方式上。在斯特劳森看来,"一个概念可能是复杂的,在于对它的哲学阐明要求建立起它与其他概念的联系,并且它同时是无法还原的,即不依据那些与其必然关联的概念进行定义的话,将不可避免地陷入循环论证当中"。[43] 可见,还原性分析和联系性分析在结构上有重要的区别:在还原性分析的结构中,复杂概念被不断地向下分解为一些绝对简单的概念,该复杂概念唯有根据这些简单概念才能得到解释;在联系性分析的结构中,复杂概念是通过对无法割裂的、相互联系的那些概念进行描述来分析的,而该复杂概念唯有以理解这些概念的必然联系为基础才能得到解释。不难看出,当奥斯丁主张命令、责任和制裁是不可分割、相互联系的,并且各自是同一个复杂概念的不同名称时,他实际上所提出的是一条更接近于联系性分析的进路。

倘若奥斯丁的分析模式更接近于联系性分析的话,那么应如何看待一些常见的针对奥斯丁的批判呢?首先,奥斯丁其他的著名论述,例如,"如果我在不服从你表达的一个要求的条件下,可能遭受你所施加的不利后果,那么我就受到了你的命令约束或者限制"[44],应如何理解?类似的论述似乎表明奥斯丁将规范性术语与某些简单或原始的事实混为一谈了,所以哈特的解读有充分依据。一种便捷的回应是,由于自然语言的性质和限制,我们不能仅凭类似的陈述就断定一个作者是采取了还原性分析的进路还是联系性分析的进路。比如,无论是还原主义者还是联系主义者都可以用以下方式来说明一个复杂概念——"当某人说 X,这意味着 A,B 和 C"或"X 由 A、B 和 C 组成"或"概念 X 表达了 A、B 和 C"。因此,确定一个作者是还原主义者还是联系主义者的最佳方法是仔细研读作者介绍他的分析模式和基本思路的章节段落。显然,在奥斯丁身上,这个最佳方法能够适用。然而,此处还有一个根本的回应,即概念的基本性(basicness)是一回事,而概念的结构关系是另一回事,二者并不当然地相互排除。所以,奥斯丁对更为基础或基本的概念之追求,在某种程度上会削弱其联系性分析的效果,但不能必然否定其基本主张,即法律是一个复杂概念,它必须依靠与主权、命令和强制的联系才能得到确切理解。详言之,"概念是否被

[43] Strawson, *Analysis and Metaphysics*, *supra* note [33], pp. 22-23.

[44] Austin, *The Province of Jurisprudence Determined*, *supra* note [38], p. 14.

算作是基本"与"特定分析是还原性还是联系性",是两个根本不同的问题。前者关注一个概念是否能在一个更为基本的层面得到解释,后者关注一个分析的结构或在该分析里的概念之间的结构性依赖(structural dependence)是如何的。因此,一个分析是还原性的还是联系性的,是一个有关分析结构的问题,它并不预先排除概念基本性的思考——概念的基本性是另一个层面的问题。这一点亦与斯特劳森的理论一致。尽管还原性分析总是倾向于把绝对简单的甚至是原始的事实作为概念的基本层面,但斯特劳森却不认为有必要在联系性分析中拒绝追求基本概念。[45] 根据斯特劳森的观点,在日常生活中被预设的且必然与所涉复杂概念相关联的那些概念,应该被视为联系性分析中的基本概念。[46] 对上述预设的合理理解是,当我们说 C 预设 D,指的是"当且仅当某人把握 C 时必然也把握 D",这表明,"为了找到对于理解联系性分析而言尤为重要的预设关联,我们必须离开概念及其内容的结构性依赖层面,并回到功能性层面:回到我们人类使用这些概念的次序中"。[47] 上述观点表明,在联系性分析中,涉及的复杂概念是通过描述它与其他预设概念的必然联系来得到分析的。因为该复杂概念只有在其他特定概念被把握以后,才能得到理解。但是,这些概念各自又可以根据我们如何使用它们而被进一步地解释或与其他现象相连接。对奥斯丁而言,把规范性术语和特定事实联系起来的问题是概念基本性层面的问题,这与认为奥斯丁是还原主义者的说法有根本区别。

或许还会有一种反对意见认为,还原性分析与联系性分析的区分仅仅是在玩弄文字游戏,只要在定义某对象时将该对象下降到另一类实体的层面,那这就是一种还原主义的理论。此种观点的一个例子就是,马默主张奥斯丁的理论是一种形而上学还原论。[48] 在本文看来,马默所说的形而上学还原论与塞尔所说的本体还原论一致,即主张"现象 A 能在本体论上还原为现象 B,当且仅当A 除了是 B 以外什么都不是"。[49] 对此,本文对上述反对意见的回应如下:如果我们同意波斯特玛对命令理论的理解,那么奥斯丁的理论就不能被视为是关于法律的本体论研究,而是一个对法律规范性的与众不同之处的解释,即是一套解释法律是如何与其他形式的规范区分开来的理论。申言之,此处需要明确的是,描述那些使得某个对象得以与其他同类对象区分开来的特征,并不等同于一种本体论。对奥斯丁而言,法律作为一种规范存在,是早已被接受的前提。

---

[45] See Strawson, *Analysis and Metaphysics*, *supra* note [33], p. 21.

[46] See *id.*, pp. 22-23.

[47] Tadeusz Szubka, "Connective Analysis and Basic Concepts", 26 *Philosophia* 141 (1998).

[48] See Andrei Marmor, "Farewell to Conceptual Analysis (in Jurisprudence)", in *Philosophical Foundations of the Nature of Law*, Oxford University Press, 2013, pp. 215-216.

[49] John Searle, *Mind: A Brief Introduction*, Oxford University Press, 2004, p. 83.

因此，主张奥斯丁的理论是一种形而上学还原论或本体还原论并加以批判的观点，都无法真正地适用于奥斯丁的理论。因为奥斯丁的理论已经预设了法律具有规范性，其所致力于解决的问题是如何把法律从其他类型的规范中区分出来，而并不是去定义法律规范的本体是什么。对此的例证就是，奥斯丁反复申明他的理论目的就是令实定法能区分于其他基于类比而关联起来的对象，如神圣法或实在道德，从而确定法理学的范围。[50] 换言之，奥斯丁试图通过描述概念之间的必然联系来明确实定法，使之免于与自然法、习惯法和道德等其他类型的规范相混淆。因此，需要明确概念的结构依赖性和基本性之间存在着根本不同。仅仅由于某个分析所涉及的概念可以上升或下降到某个层面，就取消掉概念在结构依赖层面的区别，这是一种范畴错误。

总而言之，试图把奥斯丁的理论理解为关于法律规范性的还原性理论并加以批判的观点，其效力在很大程度上是成疑的。奥斯丁一方面强调法律作为一个复杂概念必须与主权、命令和强制等概念联系起来才能得到恰当的理解，另一方面则致力于阐明法律何以能从各类规范当中脱颖而出。肖尔不仅未能察觉奥斯丁的理论所包含的联系性分析的倾向，也未能意识到不能将强制与主权割裂开来。这导致他所称的法律的强制过度泛化，进而导致格林伯格批判其理论无法真正地使法律区分于黑帮制度等其他制度。[51] 然而，奥斯丁的理论也在两个方面面临严峻的挑战。首先，值得追问的是，法律作为一个复杂概念是如何与强制等要素建立起概念联系的？其次，倘若法律与强制有概念上必然联系，那么如何与哈特所指出的建构性及授权性法律相兼容？对此，本文将结合里德的符指认识论和认知语言学的思想，在下一部分对其进行阐述。

三、强制的认知角色及其与法律的概念联系

在 17 世纪，将法律定义为上位者向下位者发出的一般性命令的理论是学界通说。波斯特玛把这称为"法律的定义性要素"，即该要素是法律能区别于其他形式的秩序，如要求或惯习性规则，因为法的突出标志就在于它的义务性和约束力。[52] 这类主张的假设是，法律必须主张对自由自治的行动主体提供与众不同的实践性引导。详言之，"法律仅凭自身就要施加约束性义务"，而这种能力是在"主权者的命令这一理念中得到表达的"。[53] 因此，"主权者的命令"这一术语所表达的或欲表达的内涵是"法律若要如其所是，则要创造出新的、绝

---

〔50〕 See Austin, *The Province of Jurisprudence Determined*, *supra* note 〔38〕, pp. 9, 13, 33, 192&354.

〔51〕 See Greenberg, "How to Explain Things with Force", *supra* note 〔14〕.

〔52〕 See Postema, "Law as Command: The Model of Command in Modern Jurisprudence", *supra* note 〔35〕.

〔53〕 *Id.*

对的行动理由,这些理由是预备在实践性慎虑的执行阶段运作的"。[54] 而奥斯丁则致力于从法律理论的视角出发,揭示法律的此种独特性必然与主权、命令和强制相联系。为此,我们就有必要理解主权、命令和强制作为奥斯丁所使用的术语,各自表达了什么内涵。

(一)奥斯丁的两个抱负

在理解主权、命令和强制作为奥斯丁的术语所表达的内涵之前,我们首先需要理解到他在《法理学的范围》中所显露出来的两个相互关联的理论抱负。第一,政治抱负,即试图说明正是主权者通过发布一般性的命令建立了统一秩序,并由此令共同体走出自然状态,开启现代文明生活。第二,法律抱负,即试图说明由主权者建立的统一秩序就是法律体系,是主权者把实定法整合为一个体系并使之与其他类型的规范区分开来。二者的关联之处在于主权者是一个等同于国家的抽象实体[55],并"把命令整合起来成为一个体系使之作为法律"。[56] 在奥斯丁看来,自然状态与政治状态是两个相对的人类生存状态。在自然状态中,个人通过私人间的相互交往联系在一起[57],不同的单位则有着不同的平行秩序,但却没有一个统一的、体系化的秩序。与此相反,政治状态是一个统一的秩序状态,并要求一个特定的、共同的上位者被其他人习惯性服从。因此,共同体进入成为政治状态就等同于共同体拥有一个面向所有成员的统一的体系化秩序。政治状态和自然状态是相对立的,后者的成员间或许有某种形式的关联,但缺乏一个统一秩序。成为主权者就意味着为共同体带来进入政治状态所需的同一性(identity),"习惯性服从"则是一个表达该同一性的术语。[58] 值得注意的是,共同体成员间的同一性在某些时候是由于一些外部的、事实性的条件而暂时形成的,例如战争。但奥斯丁强调的同一性是内在的、规

---

[54] Id.

[55] See C. E. Merriam, Jr, *History of Theory of Sovereignty Since Rousseau*, Batoche Books, 2001, p. 71.

[56] Eleftheriadis, "Hart and Sovereignty", *supra* note [27], p. 61.

[57] See Austin, *The Province of Jurisprudence Determined*, *supra* note [38], p. 200.

[58] 这一点或许会遭到如下观点的反对,即习惯性服从仅仅是一个原初事实或是基于对制裁的恐惧而向事实性权力屈服。这种观点不仅是对奥斯丁的误解,也是对习惯性服从的误解。对于奥斯丁而言,他不曾将习惯性服从设想为单纯发自对制裁之恐惧的行为。反而,他主张习惯性服从是发自基于功利计算所形成之合意的行为。See Austin, *The Province of Jurisprudence Determined*, *supra* note [38], pp. 301-304. 对于习惯性服从自身而言,尽管它在某种意义上是对行为的描述,它也有反思性的成分。更为重要的是,奥斯丁的理论正确地指出了,对于像法律体系这样的社会结构而言,重复性实践对其建构而言是至关重要的。See Michael Rodney, "What is in a Habit", in Michael Freeman and Patricia Mindus (ed.), *The Legacy of John Austin's Jurisprudence*, Springer, 2013, pp. 211-214。

范性形成的。[59] 而主权者带来此种统一性所依赖的方式就是命令与强制。

如前所述,"主权者的命令"作为术语的功能是用于表达法律的独特规范性。申言之,命令表达的是"意志的臣服"(subjection of will),因为一个恰当意义上的命令总是由上位者向下位者发出的。如果两个意志处于平等地位或是下位者向上位者表达意志,那么意志至多构成协商或请求,而不能说是命令。由于法律的独特规范性要求独自提供新的、绝对的行动理由,故唯有基于这种意志的臣服关系方为可能。与此同时,强制基于其与主权者和命令的联系也被引入。在命令理论里,强制融合在命令这一概念中,是命令关系所包含的意志臣服内涵的逻辑预设,同时也是一个处于权力结构中的权威的表达。这种表达是实践性的而非单纯语义性的。而哈特通过"枪手威胁"的模型不仅将主权者命令的述行维度消解了,还将法律与强制的逻辑联系当作赤裸裸的暴力威胁。肖尔试图扭转这一局面,其策略是驳斥所谓的"可能世界"语义学在法律理论中的运用,继而强调法律理论必须向人们日常生活所处的世界负责。然而,肖尔却拒绝把经验层面的强制范畴化,并从概念联系的角度出发阐明强制与法律规范之间的关系。之所以如此,在于肖尔反对在概念层面探究相关问题,也并不认为强制与法律之间能建立起概念联系。因此,他只是把强制作为法律体系在经验上常见或典型的特征而使之与法律规范联系在一起。[60] 在本文看来,肖尔的上述观点十分值得商榷。首先,范畴化是人类认知活动的一个基本过程,也是经验得以转化为知识的关键。其次,如果我们无法说明强制与法律的概念联系,那么正如斯塔夫罗普洛斯所说的那样,纵然强制在"法律实践中无处不在,它也不过是哲学上的干扰而已"。[61] 所以,肖尔回避强制与法律在概念层面上的问题,导致其观点无法有力地揭示出法律的强制属性。对此,本文接下来将尝试从强制的概念内涵出发,并结合其在法律认知中的角色来阐明强制是如何与法律建立概念联系的。

(二) 强制的概念内涵

尽管奥斯丁十分看重强制的作用,但他对强制的概念内涵的理解却不如诺齐克全面和成熟。与奥斯丁的观点相类似,诺齐克也把强制视为是意志臣服的表现,但同时认为强制还有其他固定的元素和模式,例如威胁、不理想的后果及选择的限制等。其中,威胁是中心元素,因为当某人行动之结果的变化"显著地涉及威胁时,某人通常是不愿意让此变化发生的"[62],那么我们就说某人受到

---

〔59〕 See Austin, *The Province of Jurisprudence Determined*, *supra* note 〔38〕, pp. 207-209.

〔60〕 See Schauer, *The Force of Law*, *supra* note 〔1〕, p. 128.

〔61〕 Nicos Stavropoulos, "The Relevance of Coercion", 22 *Ratio Juris* 339 (2009).

〔62〕 Robert Nozick, "Coercion", in White Morgenbesser (ed.), *Philosophy*, *Science and Method*: *Essays in Honor of Ernest Nagel*, St Martin's Press, 1969, p. 449.

了强制。而强制仅仅表明了意志的臣服和非完全自愿的选择——事实性的暴力元素并不必然牵涉其中。[63] 基于诺齐克的理论,强制的基本内涵可总结为如下内容:当人们说"A 被强制去做某事"时,意味着 A 可选择的行动理由由于可能的、较不理想的后果而受到限制,该不理想的后果是由他方基于 A 的不服从而带来的,而 A 因此做出了他在正常情形下亦即上述不理想的后果不存在的时候不会做出的行动选择。该不理想结果的威胁并不必须是表达出来的,A只需有合理的理由相信威胁的后果会到来即可。[64] 这表明,在任何来自行动主体以外的他方刻意干预改变了行动理由或行动选项的原初平衡时,这些干预就构成了强制。

然则并非所有的强制都可以与法律建立概念联系,否则法律就难以和黑帮或各类私人组织的规则区分开来。换言之,并非所有改变行动理由之原初平衡的刻意干预都和法律相关。只有来自国家,以规制特定行为类型或调整特定社会关系的刻意干预才与法律联系在一起。因此,只有强制与主权者结合在一起,才能构成对法律的独特规范性的完整表达。大部分法律都是直接要求人们做特定的事或按特定的方式做事,即便有些法律在形式上不是如此,但由于政府有道德义务去维持其政策和决定的一致性和连贯性,政府机构使用强制手段来实施规制或贯彻主张的能力和可能性,使得所有的行动主体在特定相关情形下的权利义务平衡都会受到影响,所以这些法律也是强制性的。[65] 因此,对于法律规范和法律义务而言,强制从一开始就在场并与它们融为一体。对于这一点,即便是哈特的理论也无法否认。正如普瑞尔所指出的那样,在哈特的理论中,法律体系存在的最低条件并非是社会大多数人的接受,而是法律官员(legal officials)的接受。这意味着,对一个法律体系的存在而言,可能存在一种情况,即只有法律官员以内在观点接受相关规则,而社会中的其他人则仅仅是基于强制去遵守这些规则。[66] 并且,由于一个规则只有是法律体系的一部分时才是法律,因而"或许并不需要制裁来表明特定要求是义务,但在表明一个要求是法律义务时,就需要制裁"。[67]

然而,肖尔却十分轻易地放弃了上述内容,因为他承认有非强制性的法律规则,即建构性规则。[68]随后,为了在这一点上挽救他关于法律强制性的主张,他使用了认知科学的"原型"概念,试图在经验层面奠定强制与法律的关系。可

---

[63] See *id.*, pp. 459,463.

[64] See *id.*, p. 444.

[65] See Stavropoulos, "The Relevance of Coercion", *supra* note [61].

[66] See Danny Priel, "Sanction and Obligation in Hart's Theory of Law", 21 *Ratio Juris* 404 (2008).

[67] *Id.*

[68] See Schauer, *The Force of Law*, *supra* note [1], p. 30.

是,肖尔的这一步将他的整个理论推到了一个十分尴尬和难以让人满意的位置,因为哈特的理论恰好与肖尔的这种主张相容。[69] 不过,在掌握了强制的概念内涵后,我们就有了一个更好的角度来考察哈特的理论。对建构性规则而言,如果做出相关行动的方式是任意的而非必须按照规则规定的方式,那么该规则就再也不能被称为"建构性的",因为一旦失去了最基本的规定性力量,其作为规则的维度就被消解至无形了。由此所带来的结果是,它将不可避免地变成建议或提议,而不是任何规则。

对"困惑的人"而言,无论是在理论理性还是实践理性的层面,意识到一个法律义务总是先于理解一个法律义务。认知活动是具有内在次序的,感知到某对象必然先于理解某对象的内容;作为认知模式,行动主体需要特定的记号或符号来使其注意到特定对象的存在及特征。就法律而言,意识到一个义务指的就是行动主体注意到,在特定的情形中,他们的行动理由受到来自国家的限制。理解一个法律义务指的就是行动主体完全或高度领会该义务的内涵——这才是与"困惑的人"对应的活动。在此意义上,强制和法律主张的排他性权威是高度统一的,并且作为一个指示物指示出了两个内容:第一,特定事态受到一个具有实效的法律体系规制;第二,相关指令中的内容是不可协商的,相关行动的选项也不是可以自由选择的。更进一步来说,知道在某事态中,存在一个有实效的法律体系并且该体系由国家权力贯彻实施,同时根据上述意识调整自己的行为,这展现了强制与法律规范从一开始就是联系在一起的。[70] 此处也为最终阐明强制与法律建立概念联系的原理指明了方向,即强制作为法律认知中的典型符号被范畴化为法律的概念的一部分。

（三）作为认知符号的强制与法律的概念

如前所述,强制并不等同于赤裸裸的暴力,即便暴力的元素不时参与到强制活动中,但强制的基本内涵是指刻意改变行动理由或行动选项之原初平衡的干预。换言之,倘若某人因某种干预导致其可选择的行动选项的范围受到了限缩或指定,那么他就受到了强制。这一点在人们意识到法律在场的活动中有着重要的作用,而意识到法律在场是理解法律规范的必要前置阶段。一些看似没有法律强制的领域,实际上只是强制的显现条件、形式和程度不同而已。但法律的强制措施与作为一个整体的法律体系是始终在一起的,并且对人们意识到法律在场而言是必要的。经验层面的强制在人类认知法律的过程中,起的是符号的作用,即提示法律的存在并激活相应的认知官能(faculty)。也正是由于其作为符号的作用,强制被范畴化为法律的概念的一部分。

---

〔69〕 See Green, "The Forces of Law: Duty, Coercion, and Power", *supra* note 〔9〕.

〔70〕 See Kenneth Einar Himma, "Coercive Enforcement and a Positivist Theory of Legal Obligation", 3 *Belgrade Law Review* 216 (2012).

里德曾指出,人们之所以能理解事物的性质并形成相关的信念和概念,都有赖于符号在其中所起的作用。详言之:

> 在知觉中,无论是原始的还是习得的,都有某种可以被称为符号的东西,以及被该符号指示给我们或带入我们的知识中的某种东西……在原始知觉中,符号是靠印象作用于感官产生的各种感觉……在习得知觉中……我们靠经验发现,被指物与该符号关联在一起了。[71]

在人类的各种认知和理解活动中,无论是基于触觉、视觉还是语言,都缺少不了符号的参与及其所起到的指引作用。正如人们基于语言文字和发音等有形或无形的符号产生交流和理解一样,在认知对象的活动中,"对象通过符号在知觉中呈现给我们,这些符号是自然与人进行交流的语言"。[72] 因此,我们通过认知获得概念或信念的过程与从符号过渡到符号的所指物的过程一致,而符号与所指物之间的联系可以是自然建立的,也可以是人为建立的。[73] 前者是自然符号,后者是人工符号。由于里德系统以符号与所指物之间的关系来说明人类认知事物的活动是一个动态交互的过程,因而亦有学者将里德的这部分思想称为"符指理论"。无论是基于自然抑或习得经验,符号与其所指物之间始终存在固定关系,而符指理论则意在阐明人们"何以能够从感觉正确地获得关于外界事物存在和属性的概念和确信"。[74] 里德的思想不仅对摩尔及维特根斯坦产生了不可低估的影响[75],同时也与当代的认知语言学分享了许多重要的洞见。认知语言学抛弃了传统的特征束或充要条件理论,转而以后期维特根斯坦的思想为基础提出了原型范畴论,主张概念是人类的体验认知和互动的产物。申言之,认知语言学揭示了范畴是"人们在互动体验的基础上对客观事物普遍本质在思维上的概括反映……是在社会实践的基础上概括出来的成果,又反过来成为人们认识世界和改造世界的工具"。[76] 在人们基于体验认知获得概念的过程中,原型和家族相似性起到了至关重要的作用。原型是一种具体的典型代表或者是范畴的典型实例,同一范畴的其他成员是基于与原型之间的家族相似性而被纳入其中的。[77] 因此,不仅概念的形成源自人们对事物的体验,

---

〔71〕〔英〕托马斯·里德:《论人的理智能力》,李涤非译,浙江大学出版社 2010 年版,第166—167 页。

〔72〕〔英〕托马斯·里德:《按常识原理探究人类心灵》,李涤非译,浙江大学出版社 2009 年版,第 212 页。

〔73〕同上注,第 218—219 页。

〔74〕张晓梅:《托马斯·里德的常识哲学研究》,上海人民出版社 2007 年版,第 40 页。

〔75〕See Alan R. White, G. E. Moore: *A Critical Exposition*, Basil Blackwell Press, 1958, p. 38.

〔76〕王寅:《认知语言学》,上海外语教育出版社 2007 年版,第 93 页。

〔77〕同上注,第 114—115 页。

概念的内容也是如此。特定对象的突出特征或体验所构成的原型处于概念的中心,其他相似但不相同的个体则以该原型为参照点向四周拓展,并与原型共同构成了相关概念的全部内容。换言之,决定一个对象是否属于特定概念范围之内的标准不是传统理论所认为的充要条件,而适用于同一个概念的不同对象没有共同享有完全相同的、本质的属性,也不具有同等的地位。

回到强制与法律的问题上来,强制与法律的概念联系可以在两个方面得到说明。首先,强制作为符号与法律规范建立起了固定的联系。尽管肖尔也从经验论和认知科学获取理论资源,但由于他断然拒绝在概念层面上做进一步的思考,因此他未能触及这部分内容。实际上,拒绝探讨概念层面的问题不仅使肖尔的一些主张显得含混不清[78],也不利于切实地说明强制与法律之间的关系。正如本文之前所阐明的那样,强制的基本内涵是刻意改变行动理由或行动选项之原初平衡的干预。因此,事实上的强制措施对法律体系而言,所起到的就是一种符指的作用。基于事实性的强制措施,法律规范在某个情境中的存在被指示了出来,并且这使得人们通过符指关系认识到自己的行为选择受到了限制,继而按照法律规范的要求或限定的范围来安排自己的行为。也正是由于强制对于法律的符指作用,其在概念层面上与法律相互联系。诚然,即便强制作为符号与法律联系在一起,但事实性的强制措施的形式多样导致强制与法律规范的联系有强弱、直接与间接的差别。与强制有直接联系的或强联系的法律构成了范畴中的原型,与其他类型的法律规范一同决定了法律的概念。那些与强制构成直接联系的、强联系的法律与那些与强制构成间接联系的、弱联系的法律之间是一种家族相似的关系,但前者是原型并处于概念的中心位置。因为,前者作为一个整体借由其强制性符指了整个法律体系的存在,这不但令人们意识到法律有有别于其他规范形式的基本属性,也为行动者切换至法律视角(legal point of view)提供了可能。尽管肖尔敏锐地认识到"原型"概念有助于说明相关问题,但却没有真正在理论上奠定强制的地位,这造成了法律的强制与法律的概念之间的紧张关系。而本文结合符指理论和认知语言学的理论,消弭了二者之间的这种紧张关系。

四、结语

强制对法律而言具有重要的作用,因而在学术史上吸引了诸如边沁和奥斯丁这样的伟大学者为了阐明强制与法律的联系,付出了不懈的努力。也正因为如此,肖尔以"法律的强制"为主题在当代法理学之中重新引入有关强制的探讨,试图为强制与法律续接断裂已久的联系。可以说,肖尔的尝试本身也说明

---

[78]　See Green, "The Forces of Law: Duty, Coercion, and Power", *supra* note〔9〕.

了关于强制与法律的研究的重要性,否则这一研究主题不会引起不同时代的法理学家的关注。然而,肖尔提出的问题远比他所给予的回应有价值。尤其是世界各国各类社会矛盾日益激化,破坏国家整体秩序的活动日益频繁和加剧,更直接考验法治国家捍卫自身安危的能力。这不禁引起我们的反思,法律若没有强制力是否可行? 拒斥强制的法律的概念又是否能忠实地反映法律的属性? 此外,还需要注意到,强制与主权在法律理论中是相互联系的两个概念,二者与法律的概念一道构成了现代法治国家亟须充分协调的三个元素。因此,关注强制也是关注法治国家的主权秩序如何能恰当运行的问题。从这个角度看,围绕强制与法律的联系所展开的讨论,实际上与实现国家治理体系和治理能力现代化息息相关。在有限的篇幅里,本文仅仅希望能在基础理论层面厘清几个问题,以为探讨更为具体的问题提供便利。本文仍有不甚成熟的地方,希望能与学界同仁共商。

（审稿编辑　包康赟）

（校对编辑　邓　伟）

《北大法律评论》(2017)
第 18 卷·第 2 辑·页 148—172
Peking University Law Review
Vol. 18, No. 2, 2017, pp. 148-172

论 文

法律的必然和普遍真理？

〔美〕布莱恩·Z. 塔玛纳哈[*]

陈力兆[**]　译

Necessary and Universal Truths about Law?

Brian Z. Tamanaha Translated by Chen Lizhao

内容摘要：杰出的分析法学家们宣称，法律理论由关于法律性质的必然和普遍真理构成。本文批判性地探讨这个常被重复提及但从未被系统地论证的主张。我首先讨论自然种类（natural kinds）和社会人工物（social artifacts）的区别。借用社会哲学的洞见，我认为，关于法律的必然性的主张，需要我们对法律的本体论和认识论的基本理解予以彻底修正，但法哲学家尚未启动这一工程。然后，我指出法律不能适用于先天知识、后天知识的区分。之后，我区分了普遍适用（universal application）与普遍真理（universal truth），我认为前者可取而后者不可取。最后，我阐明了对于法律核心情形的最初选择以及论证这一选择必须得到证立的深意。此外，我还揭示了分析法学家避免其法律理论被证否的两种套路。本文对分析法学家追求法律性质的必然和普遍真理这一主张，

---

　　[*]　美国圣路易斯华盛顿大学、约翰·S.莱曼大学教席教授。作者对曾给予本文初稿批评的肯尼思·希马（Kenneth Himma）、米夏埃尔·朱迪切（Michael Giudice）、约翰·加德纳（John Gardner）、格雷瓜尔·韦伯（Grégoire Webber）表示感谢。
　　[**]　美国圣路易斯华盛顿大学在读科学博士（J. S. D.）。

提出了有力质疑。

关键词：必然和普遍真理　前理论识别　法律的性质　因袭主义

一、导言

分析法学家追求法律的必然和普遍真理。拉兹说："一个理论由必然真理构成，因为只有法律的必然真理才能够揭示法律的性质。当我们谈论'法律的性质'或者其他任何事物的性质时，我们谈论的是那些构成法律本质的特征，即那些使法律成为法律的特征。"[1]一个真正的法律理论，在任何地点任何时间都能成立。"很明显，法律的本质属性就是法律的普遍特征……回顾各个时代中不同社会的不同社会制度，我们会发现以各种各样方式与法律相似的制度。然而，只要它们不具备法律的本质特征，它们就不是法律体系。"[2]

另一些当代分析法学家也持有类似观点。科尔曼认为："描述性法理学的任务，在于辨识我们的法律概念的本质或必然特征。"[3]迪克森认为，一个法律理论必须"由关于法律的必然为真（而非偶然为真）的命题构成"，因为"只有关于法律的必然为真的命题才得以解释法律的性质"。[4]夏皮罗认为："发现法律的性质，在一定程度上是发现法律的必然特征，即那些法律不可能不具备的特征。"[5]阿列克西也说过类似的话："因此，'法律的性质是什么？'这个问题，可以替换为'法律的必然属性是什么？'这个问题……法律的本质或必然属性，就是那些如果缺乏了它们则法律将不是法律的属性。"[6]关于"法律的性质"，加德纳写道："（法律的性质）就是能使某物具备法律资格的、必须为真的那些要素，因此，无论是关于法律的描述性观察还是评价性观察，这些要素都完全被包含于数据集（data set）之中。"[7]

本文批判性地探讨了"存在关于法律的必然和普遍真理"这一主张。首先我将讨论自然种类和社会人工物的区别。社会哲学家已经着手处理在回答"社会人工物是否具备必然特征"时碰到的难题，且触碰到了分析法学家尚未开始处理的问题。接下来我将探究，关于法律必然特征的断言是**先天**知识

---

〔1〕 Joseph Raz, *Between Authority and Interpretation*, Oxford University Press, 2009, pp. 2417.

〔2〕 *Id*. p. 25.

〔3〕 Jules Coleman, "Incorporationism, Conventionality, and the Practical Difference Thesis", 4 *Legal Theory* 381 (1998).

〔4〕 Julie Dickson, *Evaluation and Legal Theory*, Hart Publishing Company, 2001, p. 18.

〔5〕 Scott Shapiro, *Legality*, Oxford University Press, 2011, p. 9.

〔6〕 Robert Alexy, "On the Concept and the Nature of Law", 21 *Ratio Juris* 281 (2008).

〔7〕 John Gardner, *Law as a Leap of Faith*, Oxford University Press, 2012, p. 270.

还是**后天**知识。分析法学家对各自的主张所依赖的基础尚有分歧,且他们中的大多数人还完全没有解释他们的观点。然后,我转而讨论关于法律必然特征的普遍真理主张,特别是约瑟夫·拉兹弥合地方性与普遍性的努力,以此证明普遍适用可取而普遍真理不可取。之后我会揭示,对法律核心情形的前理论识别(pre-theoretical identification)(它决定了所谓的法律必然特征)所隐含的重要意蕴。分析法学家预设了未经证立的法律的范式,没有思考过可能会产生具有不同特征的法律理论的替代方案。我指出,分析法学家没有给出一个明确标准用以验证法律理论的正确性。我将会通过反例揭示他们避免自己的法律理论被证否的两种套路。最后,我将通过指出如何不借助必然特征理解法律的性质来结束讨论。确立关于法律的必然和普遍真理的基本问题,在于法律和法律制度的概念并非一成不变,它们具有社会性和历史偶然性,随着时间而改变。

二、社会制度与必然特征

讨论像法律这类基于观念、信念与行动(它们有诸多变奏且随时间而改变)的社会制度的本质和必然特征,会使人感到困惑。德沃金曾如此反驳:"法律制度不隶属于具备本质属性的自然种类,它隶属于社会种类。认为法律具备本质属性,其错误不亚于认为婚姻或社群具备本质属性。"[8]

拉兹和夏皮罗在阐述他们观点的时候,都用水(H_2O)作为例子。拉兹说:"如果水的本质由 H_2O 构成,那么无论人们是否相信水的本质是这样,也无论人们是否相信水有本质属性,水的本质就是 H_2O。"[9]夏皮罗说:"具备 H_2O 结构就使水成为水。相应地,对法律来说,依这个解释来回答'法律是什么',就是去发现究竟是什么使得所有的法律实例且只是法律实例成为法律实例,而不是其他什么。"[10]

拉兹和夏皮罗都没有说出水和法律在本体论意义上明显的区别。哲学家们普遍同意,水的本质属性是独立于人的心智而存在的内在属性,"我们已习惯认为事物的本质受自然法则支配"。[11] 可法律并不独立于人的心智而存在,也不受自然法则支配,而是通过具有意义的人类行动在社会中建构而成。法律是大众的(folk)概念,它因为与随时间而变迁的制度息息相关而形态多样。正如研究概念的心理学家所发现的:"情况可能的确是这样的:任何一类人工物在发

---

〔8〕 Ronald Dworkin, "Hart and the Concepts of Law", 119 *Harvard Law Review* 95 (2006). See Brian Bix, "Conceptual Questions and Jurisprudence", 1 *Legal Theory* 465(1995).

〔9〕 Raz, *Between Authority and Interpretation*, *supra* note〔1〕, pp. 27, 23&7.

〔10〕 Shapiro, *Legality*, *supra* note〔5〕, p. 9.

〔11〕 Crawford L. Elder, "On the Place of Artifacts in Ontology", in Eric Margolis and Stephen Laurence (ed.), *Creations of the Mind: Theories of Artifacts and Their Representation*, Oxford University Press, 2007, p. 37.

生、形式和功能上都存在着几乎无限种变体。"[12]

　　另一些社会哲学家争论道，从必然特征的角度，可以理解社会人工物中有限的种类。其中一位著名的提倡者是托马森，她认为一个具有说服力的论述"需要完全不同的本体论、认识论和语义学"。[13] 因为社会人工物依赖人的心智而存在，具备多种变体且随历史的变化而变化，这就使社会制度的本质主义主张颇成问题，因为不能以和自然种类相同的方式来理解社会人工物的这些特征。托马森承认，功能分析并不能找出社会现象的本质属性，因为受制于物质、文化和历史环境，社会现象充满了偶然与变化。[14] 她同意社会人工物的特征"可能是功能的、结构的、美学的、历史的，或者是各种其他种类的复合"[15]；社会人工物没有自然的界限；取决于特定的目的或者语境，社会人工物可以根据不同标准被归类。此外，托马森认同："人工物种类就其性质而言，众所周知是易变的与历史性的。"[16]"一个概念（及其相对应的一类东西）在一段相当长的时间内，可能慢慢地就发生了巨大的变化，以至于我们会思考，将这个概念初期和后期所指的东西归为一类是否恰当。"[17] 为了克服以上障碍，托马森将社会人工物的本质属性置于创造者的意图之中："人工物的特定性质会（经常逐步地、集体地）被创造者对于何种特征与其所属种类相关这一概念决定。"[18]她的核心观点是，我们对根据自己设计而有意创造出来的人工物的特征的认知是不可能出错的。

　　这个仅适用于复制或再造人工物的论证，除了为典型特征和家族相似性提供理据外，它本身并没有证立事物的本质和必然特征。此外，托马森的解释不同于分析法学家们的观点。她将本质特征置于人工物创造者的创造意图和设计之中，而拉兹则认为"可能根本没有人对一个概念有完全正确的理解或认知"。[19] 他断言："法律有许多本质特征，我们没有办法全都知道。"[20]他关于法律和水的类比，就说明了即使人们尚不能辨认出本质特征可能是什么，两者

　　〔12〕　Frank C. Keil, Marissa L. Greif, and Rebekkah S. Kerner, "A World Apart: How Concepts of the Constructed World Are Different in Representation and Development", *supra* note 〔11〕, p. 233.

　　〔13〕　Amie L. Thomasson, "Realism and Human Kinds", in 67 *Philosophy and Phenomenological Research* 580 (2003).

　　〔14〕　Amie L. Thomasson, "Artifacts and Human Concepts", *supra* note 〔11〕, pp. 56-57, 71.

　　〔15〕　Thomasson, "Realism and Human Kinds", *supra* note 〔13〕, p. 598.

　　〔16〕　Thomasson, "Artifact Concepts and Human Concepts", *supra* note 〔14〕, p. 62.

　　〔17〕　Thomasson, "Realism and Human Kinds", *supra* note 〔13〕, p. 601.

　　〔18〕　Thomasson, "Artifacts and Human Concepts", *supra* note 〔14〕, p. 73.

　　〔19〕　Raz, *Between Authority and Interpretation*, *supra* note 〔1〕, p. 23.

　　〔20〕　*Id.*, p. 97.

也具有本质特征。[21] 拉兹的说法预设了法律的本质特征在一定意义上独立于个体和集体知识而存在,且有待被发现;而托马森则认为"我们"是具有意图的人工物创造者,因此人工物的本质特征取决于"我们"。此外,托马森还将概念的正确性限定在概念使用的"时间和传统"之中,因为本质属性是依赖使用者意图而存在的。[22] 相反,分析法学家则认为他们的理论是普遍真理,不受托马森的那种限制(稍后将予以更多讨论)。

更为复杂的问题是,心理学在研究分类时发现,人们没有将人工物置于具有离散边界(discrete boundaries)的固定组别之中。

> 任意一个人工物都可以被分入不止一个组别。一个橡皮球,在不同的情况下,可以被分在圆形组,可以被分在弹性物体组,可以与其他被称为"球"的东西被分在球组(包括那些没有弹性的沙包球和非圆形的美式足球),可以与布偶、桌游被分在游戏组,也可以与那些带去游乐场的东西如三轮单车或零食被分在同一组。[23]

我们对人工物的观念"能在不同的维度和不同的向度扩展延伸"。[24] 这意味着并不存在独一无二的方式来对社会人工物分类,因此我们不应当期待存在唯一正确的概念。[25]

社会人工物具备本质属性的论证并没有说服许多哲学家。约翰·塞尔在包括法律制度(他将之归于政府范畴)在内的社会制度本体论方面著述广泛,他拒绝"任何种类的本质主义"。他说:"并不存在一套必要且充分的条件来定义政治事物的本质。"[26]他论断,社会制度的类型可以依据同类型特征的家族相似性进行区分。

在提出本质主义主张的分析法学家中,约瑟夫·拉兹最广泛地介入了这些问题。但他留下的仅是一系列引人关注的声明而非系统的分析。一个基本的含混之处在于,本质和必然特征是在**概念**里面还是在概念所指的**对象**里面。对此拉兹并没有直接回答。有时候他指前者,有时候他又指后者。在指后者的时候,他说:"完全掌握某一概念所需的知识,即关于这个概念所指**对象**的所有本质特征的知识。"[27]"那么,什么是对法律的性质和法律的本质属性的说明呢?

---

[21]   Id., pp. 23&7.

[22]   Id., p. 63.

[23]   Barbara C. Malt and Steven A. Sloman, "Artifact Categorization: The Good, the Bad, and the Ugly", *supra* note [11], p. 86.

[24]   Id., p. 122.

[25]   Id.

[26]   John R. Searle, *Making the Social World: The Structure of Human Civilization*, Oxford University Press, 2010, p. 171.

[27]   Raz, *Between Authority and Interpretation*, *supra* note [1], p. 21.

我已经提议，我们正试图对某类社会制度的性质做出说明。"[28]"让我们接受我们正在研究的,正是被法律概念所指涉的那一类制度的性质。"[29]以上表述将法律的本质属性落脚于法律概念所指涉的社会制度之中。

但在另一些段落里,拉兹似乎认为本质属性源自概念本身。"使用一个概念时并不需要用到**它的**任何一个必然特征。"[30]拉兹认为,概念属文化产物,哲学家们从诸文化概念中抽象出它们的核心内涵。"那些确定特定概念特征的条件是一种构造自我们概念实践的理想化的过程,也就是说,源自对于这些概念的一般性使用。"[31]拉兹还说,法律的概念是"一个植根于我们社会的自我理解的概念",学者再从里面抽象出能与其他事物做出区别的诸要素。[32]"我们研究法律的性质,很大程度上是在研究我们自我理解的性质。"[33]

所以,本质和必然特征究竟是在**概念**里面还是在概念所指涉的**对象**里面?如此重要的问题拉兹居然没说清楚:

> 难道我们的目标不是研究法律的性质,而是研究我们自己的文化以及我们自己的法律概念吗?**是,也不是。**我们以完善我们自己对法律性质的理解为目标。法律是一种社会制度,这种制度由法律的概念所选定(指涉)。因此,在完善我们自己对法律性质的理解时,我们预设了一个对法律概念的理解,并对它加以完善。[34]

"是,也不是"并非分析上的清晰。为解决这个模棱两可的表述,一些分析法学家认为必然特征在概念里,有些则认为在对象里。[35]

重构那些可能是拉兹的论证,首先让我们区分两种表述:(1)"水是 H_2O ";(2)"在今天水这个**概念**所指涉的**对象**的本质特征就是 H_2O "。当水(或法律)的含义和概念可以随时间变化而变化时,那么即使命题(1)现在为真,但在将来如果"水"指涉的是其他实体时,那么第一个命题就不一定为真了。但在命题(2)中,如今由水(或法律)所标志的**对象**的本质属性,则必然为真且不会改变。拉兹说,揭示关于某事物本质特征的信息,将会帮助我们理解某一事物的概念。

---

[28]　*Id.*, p.31.

[29]　*Id.*, p.32.

[30]　*Id.*, p.23.

[31]　*Id.*

[32]　*Id.*

[33]　*Id.*

[34]　*Id.*, p.31.

[35]　夏皮罗认为分析的**客体**是概念所指的对象而不是概念本身。Shapiro, *Legality*, *supra* note [5], pp.405&9. 朱尔斯·科尔曼则相反,他将法律的必然特征落脚于概念之中。他写道:"'某概念是必要的'和'大家都认同的偶然概念的必然特征',这两个表述是不一样的。" Coleman, "Incorporationism, Conventionality, and the Practical Difference Thesis," *supra* note [3], p.393 n.24.

如果这确实是拉兹的论证，那么该论证对于水有效而对于法律则无效。上述第一个命题会出现问题，因为与水不同，法律的概念有许多种，它们用于指称不同的现象（下文将会详细讨论）。第二个命题也会出现问题，因为，如上文所示，水的自然属性限定了它的本质特征，但是像法律这样的社会制度，并不存在与自然属性类似的东西来限定其特征。此外，真实世界的法律制度在形式和功能上有一系列不同的变体（分析法学家理想化地把它们看作一个单一的"事物"），观察者能从许多角度去谈论社会制度，角度不同将得出不同的核心特征。

三、先天的还是后天的？

意识到关于法律的必然和本质特征主张的基础含混不清，最近一些分析法学家更为系统地讨论了这个问题。他们以区分**先天**知识和**后天**知识为分析的出发点。**先天**命题，即是可以简单地通过词语自身的含义或定义而理解的命题，例如，"所有单身汉都是未婚的"或者"立方体有六个面"。[36]这些都是分析的先天命题，因为"未婚"就是"单身汉"概念的一部分，"六个面"也是"立方体"概念的一部分。**后天**命题则包含经验的成分，需要通过外在经验的验证才能理解，例如，"水是 H_2O"或"正在下雨"这些命题只能通过实验调查才能确定真假。

根据肯尼思·希马的解读，关于法律的性质或本质的主张，通常被认为先天地存在于我们的法律概念之中。[37]但这个观点的困难在于，用**先天**命题来表达法律的概念并不恰当。没有人会对"单身汉都是未婚的"或"立方体有六个面"有异议。相反，法律的概念广受争议。可能有人会认为"单身汉都是未婚的"与"法律都包含规范体系"之间存在对应性，但是这过于粗陋以至于不能将法律和其他具有规范性的体系做出区分，而且这将超出**先天**命题的范围。这也就是为什么每一个讨论这个问题的法学家都提出了与他人完全不同的法律理论。

进一步来说，法学家建构法律理论时，他们并不是简单地研究法律的含义或者法律的概念。首先，他们会对"什么算作是法律"做出初始的前理论确定，我稍后会阐释这带来深远影响；然后他们再进行分析性工作。这个过程的每一阶段，都涉及基于标准与信息的选择，而这些标准和信息并不包含于法律概念本身。哈特的初级规则与次级规则的结合，是在排除掉那些他认为对国家法概念而言并非本质的特征之后所做的抽象，以此他得出了国家法的本质特征。他

---

〔36〕 例子均从"A Priori and A Posteriori"中借取，它们为二者的区分提供了颇有启发的解释。*Internet Encyclopedia of Philosophy*，ISSN 2161-0002, at http://www. iep. utm. edu/apriori/(last visited on Oct. 18th, 2016).

〔37〕 希马解释了这个观点，但他对其并不表示认同。

的双规则系统法律理论并不是纯粹地源自概念的逻辑蕴含与演绎。哈特自己也承认,比如,他完全可以将法律的二元结构化约成仅针对法律官员适用,规定官员在 X 情况发生时必须做某事的规则;但他拒绝这个化约,因为它遮蔽了过多法律的功能。[38]

另一个做出关于法律的本质主义主张的分析法学家米夏埃尔·朱迪切则质疑法律的本质特征可以被先天地认知。[39] 当哈特阐述分离命题和初级及次级规则结合的时候,朱迪切发现,"两个命题都没有得到任何种类的语义分析或论证上的支持"。[40] 与朱迪切的看法一致,拉兹也质疑法律本质可以通过研究**法律**的含义而被获知。拉兹强调:"法律理论试图阐释的法律的本质属性并不能用于说明任何一个或一组术语的含义。"[41]"我们正在研究社会制度的类型学。"[42] 由于法学家和其他人以各种方式使用"法律"这个术语,拉兹说:"尽管在阐释法律性质的过程中,人们很可能会对某些术语的含义给出解释,但是阐释法律性质并不能够等同于分析术语含义。"[43]此外,拉兹曾援引法律官员颁布命令的事实去支持法律具备正当权威的主张,即他以超出法律的概念和含义而诉诸经验的方式去证明他的主张。[44] 并且拉兹也将法律和**后天**获知的 H_2O 做比较。基于这些分析,朱迪切总结道,如果法律具有必然或本质要素,就必须通过**后天**的途径来理解和确立。

"法律的本质特征可以被**后天**地认知"这个结论将我们带回到了最初的反对意见,即法律和水是不一样的。朱迪切承认以下问题对分析法学家构成**唯一**挑战,不过他自己没有回答。"请说明自然种类(或者自然物)的后天必然性论证如何得以扩展到像法律这样的社会种类或实践。"[45]可以想象,自然必然性的规则可能存在于人类社群中,例如那些保护财产和人身的规则。[46] 如果这是真的,那么它必须建立在经验的基础上,绝不能仅靠直觉和概念推理得出,同时它也仅和数个法律概念中的一个相关。

分析法学家必须解决的另一个难题则是,**后天**命题显然仅适用于真实世界

〔38〕　H. L. A. Hart, *The Concept of Law*, Clarendon Press, 1961, pp. 238-39.

〔39〕　Michael Giudice, *Understanding the Nature of Law: A Case for Constructive Conceptual Explanation*, Edward Elgar, 2015, pp. 93-96.

〔40〕　*Id.*, pp. 204-205.

〔41〕　Raz, *Between Authority and Interpretation*, *supra* note 〔1〕, pp. 29-30, 19-20.

〔42〕　*Id.*, p. 29.

〔43〕　*Id.*, p. 30.

〔44〕　Joseph Raz, *Ethics in the Public Domain*, revised edition, Clarendon Press, 1995, pp. 215-216; Raz, *Between Authority and Interpretation*, *supra* note 〔1〕, pp. 38-39.

〔45〕　Giudice, *Understanding the Nature of Law: A Case for Corstrnctive Conceptual Explanation*, *supra* note 〔39〕, p. 102.

〔46〕　朱迪切提出过这个建议。*id.*, p. 99.

的真理,而必然真理事关所有真实和想象的可能世界。[47] 拉兹和其他分析法学家经常使用形而上学的术语。拉兹宣布,他自己的法律理论在"所有的法律,所有的法律体系;那些既存的法律,那些将会存在的法律,甚至那些可以存在但永远不会存在的法律"面前都为真。[48] 格林也说,法律的必然特征"不但可以在所有现存的和过往的法律体系中找到,而且可以在一切可能的人类的法律中找到"。[49] 但分析法学家必须说明,一个偶然概念和一系列因人类社会发展的地点和程度不同而不同的特征,该如何在一切可能的世界里为真。

肖尔已多次通过指出概念和社会制度的变体和变迁去挑战"法律具有本质和必然属性"的诸种主张。[50] 肖尔尤其批评这样的结论,因为不以强制力(force)为后盾的法律形式在想象中是可能的,所以强制力不是法律的本质特征。(在它们看来,一个本质属性必须在所有可能的世界里为真,无论是真实还是想象的世界;它们可以想象一个不需要依赖强制力的法律体系)。肖尔认为,用维特根斯坦的家族相似性的观点更能恰当地把握法律。将法律视作集群概念(cluster concept)更为合适:

也许"法律"这个词和我们的法律概念都是由一系列相互交织的属性所构成的,其中任何一个属性,都不能够成为正确理解法律概念或者正确使用"法律"这个词的必要条件,也没有一系列属性能够成为这样做的充分条件。[51]

分析法学家唠叨了几十年,强调他们的任务就是找出法律性质的本质和必然特征。然而,大部分这么说的人都没有解释他们的主张依赖的基础,而让这些主张停留在含混状态;而确实给出说明的学者之间则对最基本的观点存有异议。如果上文的难题得不到回答,则关于法律性质的本质和必然属性的讨论将会停留在玄虚且没有说服力的阶段。

---

[47] 先天和后天的区分是认识论的,而必然性的命题则是形而上学的,虽然它们在某些点上会重合,但他们并不是一回事。See Internet Encyolopedia of Philosophy, *supra* note [36].

[48] Raz, *Between Authority and Interpretation*, *supra* note [1], pp. 91-92.

[49] Leslie Green, "The Morality in Law", at http://papers. ssrn. com/sol3/papers. cfm? abstract _id=2223760, published in L. Duarte d' Almeida, J. Edwards, and A. Dolcetti (eds.), *Reading H L A Hart's The Concept of Law*, Hart Publishing, 2013, pp. 177-207.(作者未注明最后访问时间。——译者)

[50] See Frederick Schauer, *The Force of Law*, Cambridge, Harvard University Press, 2015, pp. 35-41; Frederick Schauer, "On the Nature of the Nature of Law", at http://papers. ssrn. com/sol3/papers. cfm? abstract _ id = 1836494(作者未注明最后访问时间。——译者); Frederick Schauer, "The Best Laid Plans", 120 *Yale Law Journal* 586, (2013); Frederick Schauer, "The Social Construction of the Concept of Law: A Reply to Julie Dickson", 25 *Oxford Journal of Legal Studies* 493 (2005).

[51] Schauer, "On the Nature of the Nature of Law", *supra* note [50].(作者未注明最后访问时间。——译者)

四、普遍适用与普遍真理

普遍真理诸主张的基础同样是含混的并引发如下悖论。拉兹一再地发出"绝对普遍性"的宣言：

> 很容易去解释法律哲学在何种意义上是普遍的。它的命题，如果为真，则普遍适用，即它能涵盖所有的法律，所有的法律体系，涵盖那些已经存在的法律，那些将会存在的法律，甚至那些可以存在但永远不会存在的法律。此外，它的命题因为是必然普遍的而是完备的(advanced)。[52]

然而，拉兹接下来却说了相反的话。他说："一般法律理论是普遍的，又是地方的。"[53]它具有地方性是因为"法律的概念是特定文化的产物"。[54]"当我们说**那个**法律概念的时候，真正指的其实是**我们自己的**法律概念。如前文所述，法律概念随时间的变化而变化。不同的文化有着不同的法律概念。不存在唯一的法律概念，而且，当我们提及法律概念时，我们所指的仅是我们自己的法律概念。"[55]"接着，我们生产法律理论的时候，其实是在解释我们自己对社会和政治本质的自我理解。"[56]另外，"变化"也被拉兹纳入法律的概念之中。"我们对法律本质的通常理解（当"法律"按平常的方式来理解时）包括法律本质随着时间的变化而变化。"拉兹接着说："法律本质随着社会、政治的改变而改变，也随着文化、哲学改变而改变，或更一般意义层面上，也随着我们看待我们自己和我们社会的方式的变化而变化。"[57]拉兹认为："我们的法律概念很可能永远处于不断变化之中。"[58]

我们暂时把拉兹在为哪个高贵的"我们"代言这个问题放一旁（之后再做讨论），上文的主张马上招致的反对意见便是：一个随时间而变的地方性法律概念并不能够成为必然和普遍真理的基础。拉兹怎么解决这个矛盾呢？实际上，在识别受制于此时此地的"我们自己的"法律概念的本质特征时，他坚持时间和空间的恒定。"重要的是那个（我们正拥有和使用的）法律概念指称的制度的性

---

[52]　Raz, *Between Authority and Interpretation*, *supra* note [1], p. 91.
[53]　*Id.*, p. 92.
[54]　*Id.*, p. 95.
[55]　*Id.*, p. 32.
[56]　*Id.*, p. 97.
[57]　*Id.*, p. 27.
[58]　*Id.*, p. 98.

质。"[59]如果其他社会过去、现在和未来的制度缺乏那些法律的本质属性,那么从我们的概念出发,它们就没有法律。

只要拉兹把主张做如下限定,即我们地方性的法律概念可以**适用于**探讨和评价过去、现在和未来的情况,他的论证就是有效的。大多数的概念(在适当注意的前提下)可适用于探讨其他时间和地点的情况。例如,我们可以使用我们的衰退的概念,去研究经济学发明衰退概念之前的历史上的衰退。韦伯的法律概念,即公职人员手握强制力去执行规范(他视其为一种理想类型),可以用来分析过去、现在和将来的任何情况。如果这即是拉兹的意思,便无其争议。

但拉兹做出了更强势和完全不同的主张,即他对法律本质的阐释不但普遍地适用于所有时间和所有地点,而且在任何时间和任何地点都是普遍真理。这使他卷入了麻烦。在如下关键点上,他再一次首鼠两端:

> 很容易去解释法律哲学在何种意义上是普遍的。它的命题,如果为**真,则普遍适用**,即它能涵盖所有的法律,所有的法律体系,涵盖那些已经存在的法律,那些将会存在的法律,甚至那些可以存在但永远不会存在的法律。此外,它的命题因为是必然普遍的而是完备的……一般法律理论是普遍的,因为它包含了所有法律性质的主张,所有法律体系的主张,以及司法、立法和法律推理的性质的主张,无论它们在哪里出现,无论它们呈什么样子。而且,它的主张,**如果为真,则必然为真**。可以说,**一般法律理论命题的真理性并不决定于现存的政治、社会、经济或文化条件,制度或实践**……
>
> **一般法律理论命题的普遍性源于它们主张自己必然为真的事实,舍此,它们也不能做出其他主张**……对必然性的主张是这项事业的性质。[60]

第一个强调句事关普遍适用性(偶然真理)。随后强调的段落则把普遍性和真理捆绑在一起。

拉兹论证的核心部分有一个缺陷。他认为的"一般法律理论的命题的真理性并不需要依赖现存的制度与实践得以证实"将能够被以下事实证否,即一般法律理论的确是源自**我们自己的**法律概念。正如他说过的,"我们在阐述我们自己的自我理解"。[61] 这个偶然的来源在理论建构的抽象过程中并没有被抹

[59] *Id.*, p.97. 拉兹说,当我们谈论其他时间和其他地点的法律,"做主的是我们的法律概念;当且仅当他人的概念以恰当的方式与我们的概念相关联时,它们才是法律概念"。我们从自己的法律的概念出发去研究其他社会过去或者现在的制度安排,然后称它们是"法律",在这一点上拉兹是对的。但这并不能使我们自己的法律的概念具有普遍性,能确定的仅仅是我们正在从我们自己的角度看待事物。

[60] Raz, *Between Authority and Interpretation*, *supra* note [1], pp. 91-92, 97.

[61] *Id.*, p.97.

掉,它反而披着精巧的哲学外衣嵌入到建构出来的理论之中。活在中世纪欧洲的法哲学家,在看待法律方面就和今天的人完全不一样,他们的世界有多种法律交叉共存,他们认为他们时代的法律的主要表现形式是习惯法和宗教法。在他们的时代,那些和今天的"国家"相似的东西还没有完全出现。

以下两者,即概念的地方性来源和概念与制度的变迁,一旦和普遍真理的主张结合在一起,将会产生悖论。我们假设,1000 年以后有一个叫"拉兹 3000"的法哲学家。我们再假设,接下来的 1000 年内,法学家为法律的概念增添另一个本质特征。比如在公元 3000 年,人们认为法律内在地具备道德正确性这个特征(简称为"D 特征")。就像今天的拉兹那样,拉兹 3000 将会依据他那个时候他们自己的法律概念来阐述他的一般法律理论。拉兹 3000 的法律理论能无比正确地识别他那时候的法律的本质和必然特征。今天的拉兹说法律的本质特征是 A、B 和 C;而拉兹 3000 在未来则说法律的本质特征是 A、B、C 和 D。双方都主张自己的理论是必然且普遍地真,但如果用任意一方的理论来衡量对方,对方都会是错误的。(依据拉兹观点)尽管两个理论都必然且普遍为真,但只要彼此用对方标准来评价自身,每个理论都不是对法律性质的正确论述。顺着拉兹的逻辑,就会得出以上这些甚无意义的结果。

拉兹可能会回应说,上述情况中法律的概念已有巨大变化以至于它已转化成了新的概念。在 T1 时刻有一个"法律"的概念,在 T2 时刻又有另一个"法律"的概念,这两个概念虽不一致但可同时为真,因为它们是不同社会中不同的法律的概念。这个回应绕开了一个明显的矛盾之处;但这个回应却要求,一个真确的法律理论,只有在它认为"理论在任何时间和地点都为真"这一主张不再有效时,该法律理论才为真。

只有当人们设定法律概念和社会制度是一种变化却不会改变其本质特征的概念时,该矛盾才可得到避免。但拉兹前面已承认,法律的概念"很可能永远处于不断变化之中",而且他也没有理由来做出上述限定性设定。我们知道,法律多样的形式随时间变化已发生巨大改变。

拉兹的主张就其本身立场而言已不再站得住脚,他的普遍真理主张因为他晚近的立场而土崩瓦解。他提出,法哲学家必须解释和国家法不一样的"其他类型的法律",包括国际法、教会法、伊斯兰法以及其他[62]。数十年来,拉兹的法律理论完全基于国家法,成为**一种必然为真的法律理论**的基础。而现在他竟希望法理学家去关注不具有共同的核心特征的不同的法律表现形式。举个例子,有些习惯法成体系,有些则不成体系。在下列情况中,习惯法在共同体中呈

---

〔62〕 See Joseph Raz,"Why the State?",at http://papers. ssrn. com/sol3/papers. cfm? abstract_id=2339522.(作者未注明最后访问时间。——译者)

现不同的样态:在国家出现之前,被纳入国家法之后,不受国家规管之时以及受殖民统治之中。宗教法的表现形式在以上情形也呈现了不同的样态。以上两种法律的形式在一些方面和国家法相似,另一些方面又不相似。确认法律形式的多样化,这就排除掉拉兹之前的单一化的主张。法律形式的多样化,正如拉兹和拉兹 3000 遇到的问题,将引起多样且相互冲突的所谓普遍为真的法律概念。

上文的批评集中于拉兹的观点,因为其他分析法学家追随他的脚步,而且拉兹已广泛地参与讨论这些问题。[63]所有以普遍真理谈论法律的本质和必然特征的法学家都会因以下事实而落入上文提出的悖论,即概念和社会制度随着时间的变化而变化。这个悖论出现在了约翰·加德纳的一段话中:"哲学家专门研究所有偶发事件的永恒必然性,即那些永恒普遍的真理,例如,法律和法律观念,那都是人类文明中偶然且可变的特征,是可能哪一天就消失了或者被遗忘了的特征……它们确实都是关于非普遍事物的普遍真理啊。"[64]这段话如浓雾般令人费解,这也是他们的困境的写照。

普遍真理的主张不能建立在偶然的社会历史形式之上。普遍真理的主张,面对多种不共享核心特征的法律形式,更不能得彰。分析法哲学家最多可以这么说,那些被识别的特征,在"他们"自己的法律的概念上是真理,并且人们可以用这个概念去探讨其他社会和制度。但这绝不是普遍真理。

五、对"必然"和"普遍"的温和解读

如上文所示,可以温和地将拉兹的理论解读为,他并非主张普遍真理,而主张普遍适用。如果这的确是他的观点,那他应该消除疑虑,并且把说过头的话改回去。拉兹说过:

> 很明显,法律的本质属性就是法律的普遍特征。无论法律在何时何处存在,都能在它身上发现这些属性。此外,这些属性成为法律的普遍属性并非偶然,也不是因为某些主导的经济或社会环境,而是因为没有了它们,法律就不存在…回顾各个时代中不同社会的不同社会制度,我们会发现以各种各样方式与法律相似的制度。然而,只要它们不具备法律的本质特征,它们就不是法律体系。[65]

以上主张并不是"我们可以用'我们'自己的法律概念的本质特征去探讨其

---

[63] See J. Dickson, "Methodology in Jurisprudence: A Critical Survey", 10 *Legal Theory* 117 (2004).

[64] Gardner, *Law as a Leap of Faith*, *supra* note [7], pp. 300-301.

[65] Joseph Raz, "Can There Be Theory of Law?", in Martin P. Golding and William A. Edmundson (eds.), *The Blackwell Guide to the Philosophy of Law and Legal Theory*, Blackwell, 2005, p. 328.

他过去和现在的法律表现形式"这种温和的主张。相反，拉兹毫无保留地宣布，如果其他的法律表现形式缺乏这些特征，"那就不是法律体系"，并把他的法律理论当作评判在所有时间和所有地点"什么才能真正地被称作法律"的权威标准。

我们也可以温和地解读莱斯利·格林对本质和必然特征的说明。"法哲学家尝试去理解什么是法律的必要和充分特征；他们为此收集实例和做出论证；他们尝试深刻地理解我们的概念；他们以有用和有启发性的方式使这些概念更加清晰。"[66]格林还说，对概念进行仔细分析，指的就是"尝试说出它的必要和充分条件"。[67] 对格林的一种温和解读，即是"必要和充分"只不过是分析法学家对研究对象惯用的专业术语罢了，是外行们把它看得过于重要了。他们对所有可能世界的囊括（如果温和地去理解）只是一种程式化的展示，只是用于强调和满足严谨的表达需要。比如，朱迪切就为他说的"实用的必然性"做辩护，即关于"法律真正是什么，仍属于形而上的必然性概念"；但是，他拒绝了以下观念，即必然特征是"在某个地方，独立于任何关于法律概念的构想而存在，并且总是为所有真实和可能的形而上的概念的解释提供真值条件"。[68]

如果那是他们的观点，那就没什么深层次问题可争论的了。但是格林下面这段话貌似走得有点远：

> 必然性给所有经验论者提出了难题。无论有没有工具的协助，感官经验在发现什么是"严格意义上的必要"时将会失败。它注定要失败，因为我们的经验（无论个体的还是集体的）都是有限的。法律的必然特征，是从所有现存的和过往的法律体系、可能存在的（人类的）法律体系，以及数不清和看不见的法律体系里面找出来的。怎么找？方法仅有一个。我们从最可靠的源自真实的法律体系的知识开始，然后，我们提出假想的但可以理解的反例，用它们去检验假说的哪个普遍特征是必然特征。[69]

像拉兹那样，格林似乎也在把必然性主张和普遍真理捆绑在一起，认为这样就能够识别所有地方和所有时间的真正的法律。

格林没有努力证明法律是一个可以用必然真理加以解释的概念或事物，但前文提到的托马森却一直在社会哲学领域做这个努力（而且她明确否认普遍性）。格林发现，正如托马森所说的那样，"许多社会种类具备多重标准（multi-

[66] Leslie Green, "The Forces of Law: Duty, Coercion, and Power", 29 *Ratio Juris* 164 (2016).

[67] *Id.*, p. 179.

[68] Giudice, *Understanding the Nature of Law: A case for Constructive Conceptual Explanation*, *supra* note [39], pp. 108-109.

[69] Green, "The Morality in Law", *supra* note [49], p. 33.

criterial）；它们由各种各样的特征和本质组成"。[70] 格林还认识到，"不存在一个为所有法律体系所共有的功能，以此能解释法律体系自身拥有的结构特征；也不存在一个功能为法律体系所特有"。[71] 以上的认识，似乎把格林将法律的必然普遍真理固定于"法之上"的任何坚实基础给毁掉了。

如果拉兹、格林以及其他分析法学家并不是真的试图主张普遍真理，而仅仅主张普遍适用的话，那他们应该明确地说出来，因为这对他们的立场非常重要——尤其是因为，他们为自己事业设定的目标就是，为法理学带来分析的和概念的清晰性。需要注意的是，他们不仅仅需要做出澄清，还需要仔细地评定和调整迄今而言大胆的宣言，即适用于现在和未来所有人的法律性质的真理。他们做出改变之前，还是有必要揭示为什么普遍真理的主张站不住脚。

霍姆斯曾非常怀疑地看待自然法，他说："我认为，那些信奉自然法的法学家竟然天真地觉得他们和邻人业已熟悉和认同的东西必须要被所有地方的所有人接受。"[72]拉兹努力推举一个的确是地方性的法律概念并企图让它成为法律本质的普遍标准，亦会招致相同的怀疑。分析法学家对普遍真理的主张也让我想起了霍姆斯对自然法的评价。霍姆斯觉得自然法是人类对"出类拔萃的渴求"的一种表现形式。霍姆斯写道："在我看来，这种渴求既是哲学家努力追求绝对真理的动力，也是法学家在自然法主旨之下追寻普遍正当性标准的基底。"[73]讽刺的是，这个渴求在这里却是由自然法学家之前的理论对手法律实证主义者[74]做出的。到头来，双方其实都在用不同的方式追求普遍性。两派各自观点的相似之处，以及它们要求的批判性审慎，将会在法律实证主义分析法学家夏皮罗以及自然法学家菲尼斯的身上表现得更为显著。[75] 两人都把自己假设为不言自明的命题当作论证的基底，然后将它们转化为所有地方的必然普遍真理。

六、识别和证立什么是法律的核心情形

格雷瓜尔·韦伯巧妙地提出另一些重要的问题：什么数据集（data set）代表法律的核心情形？它是怎么选出来的？由谁做的选择？以上问题的答案，将决定最后什么会被识别为法律的本质特征。韦伯写道："这个问题很重要，因为

---

[70]　*Id.*，p. 3.

[71]　*Id.*，p. 31.

[72]　Oliver Wendell Holmes，"Natural Law，" 32 *Harvard Law Review* 40 (1918).

[73]　*Id.*，p. 40.

[74]　虽然几乎全部提出本质主义主张的分析法学家都是法律实证主义者，但是罗伯特·阿列克西（Robert Alexy）是一个反实证主义者。

[75]　See Shapiro，*Legality*，*supra* note〔5〕，p. 13；John Finnis，*Natural Law and Natural Rights*，Clarendon Press，1980，pp. 64-69.

它清晰地道出了'不变性'和'普遍性'主张都取决于**被前理论地**（在建构一般法律理论**之前**）识别为法律数据集中一部分的那些东西。"[76]学者可以基于它提出为真的命题，但提出普遍性命题则是另外一回事。"仅**对数据集而言**，它们为真；顶多，作为这个数据集的**一般性概括**时，它们为真。但研究人类事务的时候，一个命题对一个数据集为真，并不能说明它对另一个不被这个数据集包括的数据为真。"[77]不同的数据集将会生产出不同的法律特征的解释，因此，"所得出的关于法律的描述—解释的真理将会取决于它出自哪一个数据集"。[78]

这便发现了分析法学家论证上的短板：他们并没有对前理论地（pre-theoretically）纳入他们数据集的一切进行证立。[79] 在识别法律范式（建立数据集）的时候，分析法学家简单粗暴地宣布，法律就是法律人或受过教育的人觉得是法律的那个东西，即国家法。他们没有考虑过人们可能有其他的法律概念。[80] 这是个循环论证：分析法学家预设的法律范式决定了由此产生的回答"法律是什么"的理论，然后他们再用这个理论来判断所有地点和所有时间的制度能否被称作法律。顺着这个方法，我们可以看到，如果某个法律形式在一开始便被纳入前理论数据集，那么它会被当作是法律，接下来法学家将会建构法律理论去说明它的特征；如果这个法律形式在开始阶段被排除在外，那么生产出来理论将不能说明它的特征，并且，"理论上讲"，它不配被称作法律。[81]

以下例子将展示前理论识别如何决定法律特征。哈特通过宣称"受过教育的人"都把国家法视作法律来证明他把焦点放在国家法上是正当的[82]。这好像就足够了。但是，要是哈特接着问："你相信国际法是法律吗？"许多受过教育的人很可能会肯定国际法的"法律"地位；毕竟我们还称呼它为"法"，而且新闻也常提起国际法条约和违反国际法的事件。如果哈特把国际法和国家法一同纳入他的前理论数据集，那么他定会修正次级规则理论以适应国际法的特征，并且他还会放宽他认为对法律而言是必要的体系性（systematicity）。如果真这样，国际法便会被哈特授予"法律"的资格，将与他之前认为的"前法律"的状态相反。杰里米·沃尔德伦基于以下理由尖锐地批评哈特：

---

〔76〕 Grégoire Webber, "Asking Why in the Study of Human Affairs", 60 *American Journal of Jurisprudence* 51 (2015).

〔77〕 *Id.*

〔78〕 *Id.*

〔79〕 Tamanaha, B. Z., "What Is 'General Jurisprudence'? A Critique of Universalistic Claims by Philosophical Concepts of Law", 2 *Transnational Legal Theory* 287 (2012).

〔80〕 普利尔这样辩解，如果"不同的人都把不同的事物当成被称作法律的那些东西一部分，那学者们做研究就没有起点"。D. Priel, "Jurisprudence and Necessity", 20 *Canadian Journal of Law & Jurisprudence* 173 (2007).

〔81〕 See Webber, "Asking Why in the Study of Human Affairs," *supra* note 〔76〕, pp. 62-65.

〔82〕 Hart, *The Concept of Law*, *supra* note 〔38〕, pp. 2-3.

《法律的概念》在全书之初提出:"通过对国内法律体系的独特结构提供一个较为完善的分析以推进法律理论的研究"。对涉及国际法问题的分析哈特却总是和这个任务脱离,他也没有在该章中放胆讨论我们把国际法和一个与国内法相似的体系一同当作是法律范式的可能性;他不愿意提出这个可能性,也不愿意去思考如果国际法和国内法同时被当作法律的范式的话,我们的哲学分析将会有何种不同。所以国际法在一开始就被当成边缘情形。[83]

我们再接着上述情况往下说。如果哈特问居住在非洲大陆乡村或西太平洋岛屿的人们"法律是什么",他们很可能会第一时间说习惯法,然后再说国家法,或许还会说国际法。如果这样的话,哈特的前理论法律数据集要纳入的东西就更多了,它们都影响着哈特之后建构的法律理论的轮廓。如果哈特把它们当作不同的法律形式,另一种处理还可能是,哈特将因此建构出与之一一对应的法律概念,这样的话,就会出现多种法律概念,而不是一种。

那些以"我们的"法律概念为其主张的基础的分析法学家,至今还没有说明为什么其他的法律形式并不能获得与国家法一样的对待,也没有说明为什么它们就不比国家法更合适于建构法律理论。[84]正是因为他们标榜自己追求必然真理和普遍性,所以"由于其他的法律形式不是**我们的**法律概念,因此它们对哲学研究就不甚重要"这个表述是不充分的,特别是即使在"我们的"社会,也会有许多人觉得国际法是法。[85]另一个能说明这是重要问题的标志是,拉兹在他的论文《为什么是国家》中指责了法学家在此之前的研究将重点仅仅落在国家法而把习惯法、宗教法、国际法以及其他的法律形式排除在外。[86]他的论证含蓄地证实了,分析法学家并没有证立前理论阶段识别的法律的核心情形。

七、法律识别的因袭主义(conventionalism)进路

格林认为肖尔对法律的本质和必然特征的怀疑犯有"降格到天真的经验主义"的错误。[87]格林说:"不涉概念(concept-blind)的经验主义将行之不远"。因为对客体无概念,学者则无法知道在探讨什么。"任何人在着手处理任何事

---

〔83〕 See Jeremy Waldron, "International Law: 'A Relatively Small and Unimportant' Part of Jurisprudence?", at http://papers. ssrn. com/sol3/papers. cfm? abstract_id=2326758.(作者未注明最后访问时间。——译者)

〔84〕 正如比克斯所发现,拉兹并没有严肃地思考过法律的其他代替性概念。

〔85〕 基于这个观点,当代有一些法理学家从法律的"充分和成熟的系统性"建构奥斯丁式的一般法理学。

〔86〕 See Raz, "Why the State?", *supra* note 〔62〕.(作者未注明最后访问时间。——译者)

〔87〕 Green, "The Forces of Law: Duty, Coercion, and Pawer", *supra* note 〔66〕, p. 179.

之前,我们需要知道什么是什么。"[88]

正如格林所说,不涉概念的经验主义的确毫无用处。这就是为什么没有学者犯这个错。如果开始没有一些方法识别什么是法律,那么对于法律在理论上或经验上我们将没有什么话可说。

为达到这个最低要求,我在先前的作品提出**"法律就是人们通过他们的社会实践辨别出来并且当作'法律'(或者 droit,Recht 等)的任何现象"**。[89] 这里说的并不是法律概念,而只是法律识别的一个因袭主义的标准。法律的因袭主义识别,典型地与特定表现形式相关,例如纽约州的法律、伊朗的伊斯兰法、利比亚的习惯法、欧盟法等。这些法律形式,一旦被识别,通常就被归入某个更大的范畴,通常至少会被归入一个诸如国家法、习惯法、自然法、宗教法、国际法、跨国法、人权法的范畴。[90]

因袭主义进路有多个阶段。在第一阶段,学者必须分辨出一个地区的人民将什么因袭地当作法律。这一最初的识别阶段构成了法律的前理论数据集;被认为是法律的现象可以被全部纳入某个单一集合,也可以根据类型的不同而建构不同的集,将现象分别纳入。第二阶段,学者必须努力地把握人们是如何理解每一个经因袭而被承认的法律形式。这意味着学者得抓住每一个法律形式的大众的概念。第三个阶段,学者必须获得以下的经验的信息:某法律形式是如何被建构的、它具有什么功能、人们用它来做什么、人们怎么看待它等。第二和第三阶段要求学者做出针对该法律形式的社会学、人类学以及政治学的研究。第四阶段,学者必须展开概念性工作,特别是去确定每一个法律形式是否具备独有的特征,如果具备,它可能是什么。当然,学者还可以思考许许多多的问题,例如某些特征对其他法律类型而言是否常见,某些特征是否常见于(或者区别于)其他类型的社会制度,等等。

所有法学理论家都会参与第一阶段,如我马上提到的,即使他们自己没有意识到或不承认,他们都依赖因袭主义。我提出的进路和分析法学家正在使用的进路的主要不同点体现在第二阶段和第三阶段。分析法学家将"受过教育的人"或者"法律人"认为的法律预设为法律,它们完全没有尽一丝力去了解人们对法律的真正想法(如第二阶段要求那样)。而且,分析法学家几乎完全依靠他们朴素的直觉——例如夏皮罗[91]将它吹捧为"不言自明的自在真理"——充当分析工作的基础。而第三阶段则需要他们从其他知识资源中学习关于各类法

---

[88]　*Id.*, p. 179.

[89]　Brian Z. Tamanaha, *A General Jurisprudence of Law and Society*, Oxford University Press, 2001, pp. 166& 194.

[90]　*Id.*, pp. 224-230.

[91]　Shapiro, *Legality*, *supra* note [5], p. 13.

律形式的知识,而不是依靠他们自己的预设。分析法学家可能会反对,说他们是在做分析性工作而不是在做社会学。但是第二阶段和第三阶段仅要求他们留意一下那些最容易获得的知识再去做分析,这并不会让他们成为社会学家。这样的话,他们在第四阶段的分析性工作将会具有更以经验为基础的对于法律形式的理解。

法律识别的因袭主义进路会引起许多可能的批评。拉兹指出,**法**是一个在所有领域使用的词语,比如物理法则,因此这个词语本身并没有缩小它使用的范围。[92] 简单的回应是,词语潜在的歧义可以通过它所在的研究语境得以消除。学者可以从中确认被因袭地贴上"法律"标签的事物是不是法学家认为的法律。

另一个可能的反对意见如下。韦伯说过:"并不存在非独断(non-arbitrary)的理由让一般法律理论仅解释说英语的人所指的那个'法律'……此外,好些语言有不止一个词语指称'法律'。有的语言就有两个这样的单词:它们从拉丁文的 ius 和 lex 衍生而来。难道两个词都要包括在内吗?。"[93]我的因袭主义进路明确地将其他语言中被因袭地贴上"法律"标签的现象包括在内,例如 droit,Recht,等等。如果一个地区的方言里面有许多不同的词汇都被翻译作"法律",并且当地人因袭地用这些词汇指称许多现象,那么,它们都被当作法律。

这将招致另一个反对意见。加德纳正确地发现:"理解译自"droit"或"Recht"或其他语言的'法律',人们必须把词汇映射(mapping)到观念上;人们也必须知道,这些不同的词和它们的同源词,都指向某个它们共享的东西。"[94]加德纳说因袭主义进路是"神秘的",因为"塔玛纳哈让我们去找的东西……**大概是法律的各种当地观念(或曰"概念")**"。[95] 加德纳还反对说:"当我们不知道什么东西能被当作法律,我们怎么能识别它的概念。"[96]我这个进路一点也不神秘。对"法律是什么"的看法(还不是完整的概念)完全可以被其他语言表达。我们知道这是可以做到的,因为被**法律**这个词指代的那一连串看法,已经从古典时代的语言翻译成今天全球的各种语言。加德纳的反对意见可用在所有的翻译上,而不仅仅用在**法律**上。的确,译文难免产生歧义和不确定性,但这并不妨碍它们表达的意思。使用因袭主义进路识别某共同体的法律,学者应当留意当地人用他们的语言认定的"法律",从中找到可取的对译。

法律的观念及其制度形式在历史的传播使上述翻译更为容易。欧洲殖民

---

[92] Raz, *Between Authority and Interpretation*, *supra* note [1], pp. 28-29.

[93] Webber, "Asking Why in the Study of Human Affairs", *supra* note [76], p. 61.

[94] Gardner, *Law as a Leap of Faith*, *supra* note [7], p. 298.

[95] *Id.*

[96] *Id.*

输出和全球化的一个结果便是在全世界传播了"国家法""习惯法""国际法""人权"的观念（以及它们的称呼）。由于帝国主义和应对帝国主义的地方性国家建设，今天"国家法"已无处不在（尽管三个世纪前并非如此）。因地各异的"习惯法"，连同它的名字，均是殖民地政权的创造物，今天仍然可以在许多发展中国家中找到它们。习惯法、自然法、宗教法、国际法、人权法以及跨国商事法，它们的表现形式和面向已广为人知，并且被翻译至世界各地。

因袭主义和翻译都有一定局限性。它们并不能识别人类早期狩猎采集社会中的法律，因为我们对它们的观念完全空白，而且它们的社会生活和我们的非常不同。遇到这种情况，我们可以用谱系学的方法，从今天被视为"法律"和"法律体系"的现象为原点回溯人类历史，看看它们的"前身"是否存在[97]。从我们的目的出发这些"前身"或许被视作"法律"，但这并不是因为当时社会的人因袭地将它们识别为法律（我们无从得知），而是因为它们与今天具备法律地位的现象有明显的相似之处。

批评我的因袭主义进路的分析法学家未能认识到他们也始于相同的出发点。他们同样以某个共同体识别的"法律"为起始点。当哈特将"受过教育的人"认为的国内法预设为法律，他马上跳到法律的大众的概念，即上文提到的第二阶段。他视它为出发点，正是因为那时候英国（以及许多其他国家）的人们因袭地把国家法律视作"法律"，即上文提到的第一阶段。因袭主义进路只是把识别的第一阶段明确地说出来，而哈特、拉兹以及其他人，则视之为理所当然，没有思考就跳过去了。

拉兹在《为什么是国家》中表明，分析法学家（不明显地）依赖因袭主义识别法律。上文已经提到，拉兹现在希望分析法学家去探讨"其他的法律类型"，包括**"国际法，或者像欧盟这样的组织的法律，还有教会法、伊斯兰法、苏格兰法、原住民法……"**[98]让我们想一下：拉兹是怎么想到这些法律类型的？注意，它们的称呼就带有"法"字，人们都把它们当作法律——这就是我所说的"因袭主义的法律识别"。在阐述我的因袭主义进路时，我也像拉兹一样，列出了"国际法""伊斯兰法、希伯来法和教会法""雅浦习惯法"等。[99] 我们能想到许多相同的例子，是因为它们都被共同体的人们当作"法律"。无论假设什么样的法律前理论数据集，它最终都源于因袭地（大众的）识别。

两者的主要不同点并不在于我们一开始如何识别什么能被当作法律，而在

---

〔97〕 塔玛内哈在"Insights about the Nature of Law from History"中使用了这个方法。Brian Z. Tamanaha, "Insights about the Nature of Law from History", *Social Science Research Network*, at http://ssrn.com/abstract52441256(last visited on May, 1, 2014).

〔98〕 Raz, "Why the State?" *supra* note〔62〕, p. 3.

〔99〕 Tamanaha, *A General Jurisprudence of Law and Society*, *supra* note〔89〕, pp. 226-229, 193-199.

于我没有预设人们仅有**一个法律概念**,或者法律**仅存在一种核心情形**。拉兹现在诧异地想知道为什么分析法学家之前会忽略其他的法律形式,却不承认他自己在这一点上已被批评十几年。[100] 我给出的部分解释是,除了分析法学家们不熟悉其他的法律形式,"法律是什么"这个经典的问题也误导了学者。因为这个问题以单数形式提出,所以学者便努力寻找一连串要素以符合一个单数的、正确的法律概念,他们因此也就不去思考多种法律形式的可能性。正如肖尔说的,法律不仅仅是一个集合概念。法律还有多种表现形式,每种都有一系列特征,没有一个特征是本质的或必然的,而且它们之间的差异巨大。学者必须对因袭地识别多种法律形式这一点保持开放,方能看到这一点。

还有最后一条对因袭主义的反对意见。有人批评道:"如果'法律'只是人们通过社会实践而视之为法律的任何东西,那将会陷入听任唯名论支配的危险,使法律在本质上易变而偶然。"[101]这一点可能让学者忧虑,但是法律就是偶然的,像任何社会建构一样,它随着时间的改变而改变。而且,法律的偶然并不意味它易变。各种因袭地识别的法律形式是坚实、稳固、不断演化且长久的社会制度。

有人认为因袭主义进路会剥夺法律的实质,这是误解。法律是人们因袭地视为法律的任何事物,但这并不意味着人们能够随意称呼任何事物为"法律"。人们可以尝试对某类社会形式贴上"法律"的标签,但必须是那些得到社会的普遍接受的事物才能被称作**因袭的**。法律常常承载着社会的庄严感、强制力的权威以及权利等多种意义[102],人们不会轻率地将"法律"的标签贴在一个毫无隐喻意义的社会现象之上。被识别为"法律"的社会形式的种类不会很多,因为"法律"充满意义。

八、分析法学家如何让其理论免遭经验事实证否

法律理论必须以某些方式解释法律的经验事实。上文曾引用格林的一段话:"我们从我们关于真实的法律体系最可靠的知识开始,然后,我们提出假想的但却可以理解的反例,用它们去检验假说的哪个普遍特征是必然特征。"这看起来是用假想的经验事实来检验法律理论的有效性。然而,证否一个理论绝非如此简单。约翰·加德纳在拒绝批判性引入反例时着重谈到了这个问题:

---

[100]　See *Id.*, pp. 138-148, 151.

[101]　Sionaidh Douglas-Scott, "Brave New World? The Challenges of Transnational Law and Legal Pluralism to Contemporary Legal Theory", in Richard Nobles and David Schiff (eds.), *Law, Society, and Community: Socio-legal Essays in Honour of Roger Cotterrell*, Ashgate, 2014, p. 82.

[102]　这些意义常常被附在"法律"上,但它们并不构成法律的必要和本质的特征;它们是可或缺的,会遭到质疑,也可以是相互矛盾的。

一个反例足以证明一个对某物性质做出的解释在边界上是错误的。但是，无论提出多少个假想的反例都不能证明一个范式不是范式。这是因为一个范式或核心情形只不过是一个个案，它展示其他个案（包括那些假想的反例）应当如何。这恰恰属于核心情形观念的一部分，即可能存在（甚至在统计上是多数情形）并不能呈现出使得核心情形成为核心情形的一切特征。[103]

需要注意的是，加德纳的观点假定学者已经前理论地识别出什么是正确的法律核心情形，正如上文所示，这通常都是些没被证立的预设。加德纳的这段话表示，即使许多现存的和过往的法律表现形式都不具备那些特征，我们依旧不可以证明那些法律的必然特征的理论为不正确。那么问题就来了，如果连统计上占多数的反例都不足以证明一个法律理论为不正确，那怎样才能证明呢？如果不存在一个能用现存的或过往的法律体系（暂且不提所有可能的法律体系）来检测其理论有效性的评判标准，那么这个法律理论就不是可证伪的理论。

问题不仅在于分析法学家不能给出用以评判一个法律理论是否正确的标准。分析法学家有两种套路来使其法律理论免于被经验事实证否。第一种是宣布现存的和过往的法律体系不符合他们理论中的诸特征，这样的话，它们就**不是**法律体系——从而使其理论毫发无损。一如早些时候解释的那样，这个结论推导自以下事实，即学者前理论地将某些法律体系排除于用以决定法律诸特征的数据集之外。如果这些法律体系在一开始就被视为法律的典型而纳入数据集，之后建构的法律理论将能抓住它们的特征。普约尔解释如何操作能让法律理论免于被证否：

> 学者没有办法区分真的法律事例（它们可作为法律性质的说明的反例）和假的法律事例（它们并不会影响学者给出的说明，因为它们并不是学者尝试解释的那类事物中的一员）。因为和自然科学家不同，法学家总是能够把想象中反事实的事例当作另一组的成员，回避诸如"哪个事例该归于称作法律的那一组"这样的最为重要的问题，由此让理论免于被证否。[104]

因此，如果有人举出例子，以中世纪的法律、殖民政权的法律、今天南方国家（Global South）[105]偏远地区的法律去证明分析法学的理论，在许多方面都与

---

[103]　Gardner, *Law as a Leap of Faith*, *supra* note [7], p. 152.

[104]　Priel, "Jurisprudence and Necessity," *supra* note [80], p. 187.

[105]　"Global South"直译为"南方国家"，亦可意译为"发展中国家"。

事实不符[106]，分析法学家可能回应说，这些反例并不是法律（因为它们不具备法律的必然特征），因此它们并不能证否他们的理论。需要提醒的是，这个结论是从以下事实推导出来的，即分析法学家在构建理论的起始阶段已经预设了"我们的"国家法的概念才是真的法律概念。

第二种使法律理论免于被经验事实证否的套路是，宣布那些与分析法学理论不符的法律体系是"腐败"的、有缺陷的、异常的或者边缘的（如上文加德纳那样）。丹尼斯·加利根将这种套路说清楚了：

> 在一个真实的法律制度里找到对法律概念而言是不一致的、腐败的、异常的一些特征，并不会使法律概念无效或错误。应当说明，这不会使法律概念无效是因为一个概念并不是对经验证据的概括。一个和概念不一致的特征，在经验层面顶多只能成为重新思考或者修正这个概念的理由；经验领域中另类或者不寻常的事例应当在概念领域被重视，恰恰是因为这些事例引起我们驻足思考概念分析是否需要修正。学者应当去留意腐败的、有缺陷的、异常的或者边缘的法律体系。不过了解完情况后，他们很可能会就像哈特那样得出结论：这些情况并不会对法律的概念造成什么影响。实践中存在变化这一事实并不会影响本来就是有差异的概念。[107]

同样，这个观点也预设分析法学家挑选出了唯一正确的法律核心情形，而这正是许多反例质疑它的地方。分析法学家没有表明该给出多少个反例或者有多大程度的差异才能证否他们的理论，他们把与自己理论不一致的法律表现形式视作"腐败"的、异常的、边缘的或有缺陷的而不予理会，进而使他们的法律理论毫发无损。

预设国家法是法律的范式，许多分析法学家认为法律是统一的和成体系的（哈特观点），主张法律是最高的正当性权威（拉兹观点），认为法律解决复杂的道德难题（夏皮罗观点）。许多过去与现在的法律体系与上述法律理论所识别的本质特征相冲突。[108] 能解释这个现象的原因，不但在于分析法学家对法律的说明是基于他们对当下国家法的直觉，而且在于他们的直觉和预设都过于理想化，不能反映法律现实状况。[109] 如果有人审视一下法律体系在做什么，以及它们实际上如何运作，那么对它的理解就会因为察觉到法律体系在变异谱中多

---

[106] Tamanaha, "Insights about the Nature of Law from History", *supra* note [9], (last visited on May 1, 2014).

[107] Denis J. Galligan, "Concepts in the Currency of Social Understanding of Law: A Review Essay on the Later Work of William Twining", 35 *Oxford Journal of Legal Studies* 373 (2015).

[108] Tamanaha, *Insights about the Nature of Law from History*, *supra* note [106].

[109] 沃尔德伦批评哈特不把国际法视为法律而把国家法的系统性理想化。

维度的铺开而变得复杂丰满起来。

这两种套路——或宣布反例不是法律,或称其为法律的"腐败"形式——建立在可被质疑的前提上,它们欠缺清晰的标准,更缺乏分析上的严谨和可责性。

九、法律有性质吗?

本文列出了一些重要理由去质疑分析法学家一再主张的法律的必然和普遍真理。分析法学家没有解释随时间变化而变化的偶然概念和社会制度如何可能具有必然和本质特征。他们也没有界定他们的知识主张是**先天**的还是**后天**的,或者是其他的。普遍真理的主张建立在地方的、偶然的、随历史而变的概念和制度之上,这些主张是含糊的且已陷入悖论。分析法学家没有证立其选择也没有思考其他的方案,便预设了法律的核心情形,他们也没有给出评判标准来检验法律理论的有效性,同时他们想出两种套路让其法律理论免于被证否。对他们的论证抽丝剥茧后发现,分析法学家对关于法律的必然和普遍真理主张似乎是建立在他们自说自话的执着之上。

迪克森说,一个成功的法律理论,"由满足以下条件的命题构成:(1) 必然为真;(2) 充分地解释法律的性质"。[110] 她还说,"法律的性质"指的是"如果一些现象要成为法律则必须要展现的那些本质属性"。[111] "性质"这个词在这样的表述中将仅限于指法律的本质的和必然的属性。按分析法学家的说法,说某个法律缺乏本质和必然特征,那这个法律便丧失了"性质"。这样的话,其实可以忽略"法律性质",将它揉作一团扔一边,因为它已不再重要了。

或许还存在另一种方式,不需要本质和必然的特征,"法律的性质"仍然有意义。在哈特《法律的概念》第三版导言中,格林写道:"法律和法律体系不是自然的事物而是人工造物(artifice)。我们可以说它们是社会建构。"[112] "任何东西在法律中存在,是因为人们需要它们存在,无论是有意的还是无意的。它们全部都是历史的产物;它们可以被改变;它们要么是已知的要么是可知的。"[113]

格林的描述触及了法律性质的核心部分:它是一种社会建构,依赖人们具备意义的行动而存在,它有自身的历史,也可以用完全不同的方式对它进行建构和改造。在历史发展进程中和今天,人们已因袭地识别了多种法律形式,包括习惯法、自然法、宗教法、国家法、国际法、跨国商法以及人权法,其中每一个

---

[110]　Dickson, *Evaluation and Legal Theory*, *supra* note [4], p. 17.

[111]　*Id.*

[112]　Leslie Green, "Introduction", *in The Concept of Law*, Oxford University Press, 2012, p. xvii.

[113]　*Id.* p. xviii.

都有各种变体。诸种形式的法律,与社会、经济、政治、生态以及技术诸因素相关联,随着时间而出现与改变。[114] 虽然只有在经过实证研究和分析后才能被最终确定,但它们围绕规范、权利主张、制裁等方面的特征很可能具有广泛的特征重叠群。法律是一个开放的集合,里面容纳了并不固定的成员,容纳了在不同语境下变迁和变化的社会中各种形式、功能、特征以及互动。

（审校编辑　张瀚天）

（校对编辑　邵博文）

---

[114]　Tamanaha, *A Realistic Theory of Law*, Cambridge University Press, 2017.

《北大法律评论》(2017)
第 18 卷 · 第 2 辑 · 页 173—189
Peking University Law Review
Vol. 18，No. 2，2017，pp. 173-189

论法价值的衡量

王 磊[*]

Theory on Balancing of Legal Value

Wang Lei

内容摘要：法效果妥当性的达致，非利益的比较而在于法价值的权衡，法价值的判断才是利益衡量得以正当化的基础。价值衡量需要厘清价值的不可通约性与不可比较性乃不同内涵的概念，不可通约性并不必然导致不可比较性，不可通约的价值在个案场景下可以予以比较衡量。法价值的衡量实质上包括"结论发现"与"结论证立"两个层面的内容。通过明晰权衡框架与引入法律论证理论达致结论的妥当性与衡量的客观性，从而实现法价值衡量的理性。此外，对法之确定性概念的明晰可以得出"价值衡量与确定性并非必然的矛盾关系"这一结论，价值衡量乃法律适用过程中必要的手段。

关键词：价值衡量　不可通约性　个案场景　法律论证　法的确定性

引言

"从本质上说，缺失价值理论的法学理论是不完整的。法律规则和其他的

---

[*]　南京大学法学院 2016 级博士研究生，研究方向为民法学。

法律形式不仅仅是形式的容器,还是有实质的内容的。当法律被创设和适用时,它的内容必定被价值锁定"[1],法学的视野终究无法避开价值问题的判断。现代社会从形式法治向实质法治的发展进一步要求法律适用关注法效果妥当性,此乃实质正义的当然要求。同时,法律创设过程中不确定概念、概括条款、规范冲突等问题的存在也迫使司法裁判不得不实施价值的衡量。然而在当前的私法领域,尽管"结论的发现"过程经常会充斥着利益衡量、价值判断的阐释与说明,但利益如何得以衡量、价值如何予以判断的框架仍然未得到深入的解剖与论证。以此为基础,诸如衡量的应用场景、价值的不可通约性、法的确定性等围绕利益或价值衡量领域的相关问题也未得到进一步探寻。面对该一系列亟须澄清但在私法领域却少有深入论证的课题,本文以"法价值的衡量"(以下简称"价值衡量")为中心论题意欲对价值衡量的核心领域及与之相关的关联领域进行相应的阐明与论证,以期明晰司法实践中实现法效果妥当性之手段的内部构造,一方面在理论层面上对价值的衡量这一法学核心论题起到抛砖引玉的效果,另一方面为法律适用中实质正义的获取提供有益的视角。

一、衡量的标准:"价值"抑或"利益"

有学者认为"价值衡量是各种法律方法中的最高境界","司法过程实际上也是法官价值考量的过程"。[2] 然而,实际上学者多使用"利益衡量"这一术语来指代裁判在过程中为达致法的妥当性而运用的手段,其宣称"我们权衡的正是在于利益"。[3]这里的问题在于衡量的过程是以何者为标准来予以评判,换言之,案件的裁判到底是通过利益的衡量还是通过价值的权衡来达致法的妥当性。

在述及衡量问题时,虽然我们更多地关注利益的冲突,但即使利益法学派将重点聚焦于利益的探讨,其也并未排斥价值的评价作用。作为"起源的"利益论,耶林认为权利的实质要素在于法律上所保护的利益,他从而将利益导入权利的概念中。然而,耶林之所以将利益作为权利的实质是因为其希望通过阐述"利益"来导出"法律上的目的"这一概念。其阐述到利益的概念迫使其注意到目的,这使得原来以"利益"为中心的研究对象被扩大到"法律中的目的"这一对象。[4] 因此,利益只是连接客观意义上的法律与其目的的中介而已,利益真正落脚点在于"法律中的目的"。那么该目的如何才能实现?在耶林的观念里,价值才是实现"法律中的目的"之关键,耶林认为法律像是人类用来掌握(实现)法

<hr/>

[1] 〔美〕罗伯特·S.萨默斯:《美国实用工具主义法学》,柯华庆译,中国法制出版社 2010 年版,第 28 页。

[2] 陈金钊:《法治与法律方法》,山东人民出版社 2003 年版,第 225 页。

[3] Stavros Tsakyrakis, "Proportionality: An Assault On Human Rights?", 7 *International Journal of Constitutional Law* 4 (2009).

[4] 参见吴从周:《概念法学、利益法学与价值法学》,中国法制出版社 2011 年版,第 108 页。

律秩序中的"目的"之制度。这种法律感觉就是正义感或价值感，它超乎所有法律形式概念，为最高事物，并引导着整个实证法的实际运用（适用与续造）。[5]可见，虽然利益与价值都成为耶林的法理论之关键内容，但就法律中的目的而言，利益作为权利的实质性要素只是导出目的的方式，真正用以实现法律秩序中的目的的乃在于"法律感觉"，即价值感。作为"生产的"利益论，海克认为利益冲突的解决乃在于"对相关利益所做的'衡量'"。"这种衡量是以一个'价值理念'为基础"[6]，衡量的标准其实在于价值理念。然而，为了赋予法学以"独立性原则"，海克对方法论（法律适用问题）与法哲学（法律的"正确性"问题）进行了划分，并将价值问题排除在利益衡量的范畴之外。这就导致利益衡量失去了界定的标准（价值的层级秩序）。利益衡量被批评根本不是一种方法，只是提出了一个衡平的任务。因此海克在其方法论的建构中其实已经注意到了评价的问题，但其为了法学学科的独立性又强行将价值问题抛弃在其体系之外，从而导致其理论体系失去了一个更深层次地对利益予以评价的基础，这也成为利益法学转向价值法学的一个根本原因。

作为德国利益法学的一种"变态"，日本利益衡量论也注意到了价值判断在衡量过程中的关键地位。加藤一郎把利益衡量看作是一种实质价值判断，认为"价值判断为利益衡量之一，或者说是指更看重什么样的利益，也是利益衡量的基础，而且进行作为全体的利益衡量时应考虑哪一方应该获胜，也称为价值判断"。[7]可见，虽然利益衡量理论阐述到通过冲突利益之间的衡量与取舍来达致法效果的妥当性，但真正作为衡量标准的或用以进行法效果判断的乃是价值判断而非利益本身。有学者提出"在一些案件中并非冲突的利益之间具有共同的刻度就使得衡量的结果具有正当性，例如牺牲一个人用其器官去拯救另外五个人，我们不能仅通过五个多于一个这样的数学计算来解决案件"。[8]对此，星野英一也认为"并非将两个利益加在一起再除二就能解决的，正是需要由价值判断做出决定"。[9]

从利益法学与价值法学的关系问题可以看出，价值法学乃是在对利益法学批判与继承的基础上发展而来，其觉察到利益法学中的"利益"是从一个广义的角度来进行把握的概念，其缺陷在于混淆了评价的对象与评价的标准。凯尔森

〔5〕 同上注，第 141 页。

〔6〕 同上注。

〔7〕 〔日〕加藤一郎：《民法的解释与利益衡量》，梁慧星译，载梁慧星主编：《民商法论丛》（第 2 卷），法律出版社 1994 年版，第 77 页。

〔8〕 Kai Mdller, "Proportionality: Challenging the Critics", 10 *International Journal of Constitutional Law* 719 (2012).

〔9〕 〔日〕星野英一：《现代民法基本问题》，段匡、杨永庄译，上海三联书店 2012 年版，第 226 页。

就指出利益衡量仅仅提出了问题但并未做出回答,并未提出供衡量相互冲突之利益的客观方法。[10]"价值法学则明确将'利益'界定为评价的对象,不再将其混淆于评价的标准,并且将评价的标准的正确性问题重新回归到海克一再排斥的法哲学层面上。"[11]这样,"利益"与"价值"就被分别置于评价对象与评价标准两个层面,法律适用的过程是首先分析案件中存在的利益状态及利益冲突,然后探寻制定法中对该利益冲突的评价标准并以之对利益冲突实行评价。利益的位阶性不再是评价的标准,"因为优胜的利益本身依然是被评价的对象"。[12]

综上所述,衡量应该是价值的权衡,而非利益的衡量。"价值衡量是从超验哲学层面来认识问题,利益衡量则是在经验实证层面上来分析评价问题。利益是价值在实践层面的体现,是价值在实证经验层面上的集中体现"。[13]利益与价值的关系为,"利益是直白的诉求,价值则是利益背后的正当化理由与宣称"。[14]换言之,在通过衡量实现法效果妥当性的过程中,真正对结论予以正当化的标准是价值的评价,价值的衡量乃利益分配的正当化理由。不同的利益如何加以保护的问题,最终要通过价值判断来决定。[15]当然,不同案件中价值的判断存在强弱之分。现行法本身就是最周全的价值衡量的产物,是最低的价值共识。[16]在现行法明确规定的场合,无须另行做出价值衡量,海克将其称为"制定法价值判断的远距作用",也有学者将其称为简单案件裁判中的"弱价值判断"。[17]但在非简单案件(hard case)中,比如异质利益的衡量,并没有确定的价值判断作为其正当化依据,星野英一认为"作为解决的办法就是用较之利益考量位阶更高的价值判断来做出比较"。[18]这时就需要裁判者通过价值的实质衡量来得出妥当的结论,此即疑难案件裁判中的"强价值判断"。总而言之,真正实现法效果妥当性的乃价值的衡量而非利益的比较。

二、价值衡量的前置性问题

(一)价值的不可通约性与可比较性

衡量的标准在于价值,但价值判断问题一般会受到价值不可通约性

---

[10] 参见〔奥〕凯尔森:《纯粹法理论》,张书友译,中国法制出版社 2008 年版,第 101 页。

[11] 顾祝轩:《制造"拉伦茨神话"》,法律出版社 2011 年版,第 101 页。

[12] 王海桥、马渊杰:《我国刑法解释理论变迁中的利益衡量思考》,载《中国刑事法杂志》2012 年第 5 期。

[13] 李秀群:《司法过程中的利益衡量》,载《法律方法》2003 年第 2 卷。

[14] 王旭:《论权衡方法在行政法适用中的展开》,载《行政法学研究》2010 年第 2 期。

[15] 参见张利春:《星野英一与平井宜雄的民法解释论之争》,载梁慧星主编:《民商法论丛》(第 40 卷),法律出版社 2008 年版,第 409 页。

[16] 参见许德风:《论法教义学与价值判断》,载《中外法学》2008 年第 2 期。

[17] 参见孙海波:《在"规范拘束"与"个案正义"之间》,载《法学论坛》2014 年第 1 期。

[18] 张利春:《日本民法中的利益衡量论研究》,山东大学 2008 年博士学位论文,第 167 页。

(incommensurability)的诘难。价值的不可通约性问题自被伯林首倡后,就成为价值判断的前置性问题。伯林认为价值是多元的同时也是冲突的、不和谐的,某一部分价值的实现必然导致其他价值不能实现。同时"价值之间是不可公度因而也不可比较的,所以没有一个唯一的或终极的标准可以仲裁这种冲突"。"价值冲突时的选择会以另一种价值的牺牲为代价的悲剧可能性是不能被完全消除的。"[19]因此,价值的多元性及不可通约性导致了价值衡量的非理性问题。当然,有学者希望在多元的价值之间寻找到一个共同的基础价值并以之进行比较衡量,但如果真正以此基础价值进行衡量,那么这似乎又回到了"一元论"的思路。为此,从"价值多元论"到"选择牺牲论"的逻辑进路似乎成为价值判断的当然选择。

然而,法律既是一个规范体系,更是一个价值体系。司法的过程乃是通过价值权衡对利益进行合理分配的过程,以此保证法价值的实现。鉴于价值权衡的不可避免性,价值的不可通约性问题也成为法学领域亟须解决的论题。如前所述,价值不可通约性论者主张"人类价值来自特殊的制度或个人的信念,这些价值不能被简化成可以度量的基本单位以适用于所有的情形"[20],这就使得"我们很难去比较它们从而得出谁更具有优先性"。[21]斯卡利亚(Scalia)法官对此做了一个形象的比喻,价值的衡量"就像将线的长度与石头的重量来进行比较一样"[22],这显然是很困难的。因此,学者批评道"权衡实际上具有欺骗性,其所表述的并非实际从事的内容"。换言之,尽管衡量论者声称其在多元的价值中做出了客观的、中立的分析判断,但价值不具有通约性导致权衡实际上仅仅是权衡者的一个决定而已。[23]那么是否价值权衡就真的无法实现了呢? 有学者也反驳道,从生活层面来看,"衡量那种不具有通约性的价值是我们生活的一部分,我们每天都在不能转化成共同规范基础的选择之间做出取舍。这种比较不具有通约性的选项并没有给我们的生活带来限制,其是我们的政治决定或道德决定的一部分"。[24]换言之,当不具有通约性的价值从抽象命题转向具体

---

〔19〕 马德普:《历史唯物主义对伯林价值多元论的破解》,载《中国社会科学》2013 年第 11 期。

〔20〕 Nick Smith, "Incommensurability and Alterity in Contemporary Jurisprudence", 45 *Buffalo Law Review* 505 (1997).

〔21〕 Henry S. Mather, "Law-making and Incommensurability", 47 *Mcgill Law Journal* 347 (2002).

〔22〕 Niels Petersen, "How to Compare the Length of Lines to the Weight of Stones: Balancing and the Resolution of Value Conflicts in Constitutional Law", 14 *German Law Journal* 1387 (2013).

〔23〕 Francisco J. Urbina, "A Critique of Proportionality and Balancing as Reasoning", 27 *Canadian Journal of Law and Jurisprudence* 168 (2014).

〔24〕 Petersen, "How to Compare the Length of Lines to the Weight of Stones: Balancing and the Resolution of Value Conflicts in Constitutional Law", *supra* note 〔22〕.

的生活场景时,选择并非不可能。从抽象的层面来看,不可通约性与不可比较性之间是否存在必然的联系,抑或价值的不可通约性是否必然导致选择的不可比较性,仍然值得探讨。

有学者提出解决价值的不可通约性问题的关键之处在于厘清不可通约性与不可比较性的关系,明晰两者之间的界限。[25]对于什么是不可通约性,约瑟夫·拉兹认为:"当我们不能得出 A 选项与 B 选择之间哪一个更好或同样好,那么这两个选项就是不可通约的。"[26]该定义实际上将不可通约性与不可比较性等同起来,认为如果不能通过衡量得出何者更优就不具有可通约性。这就使得我们在理解价值衡量时因价值之间不具有通约性而导向了不可比较性的困境。实际上,不可通约性与不可比较性是两个不同的概念,若将其等同视之就会混淆两者之间的内涵而导致价值之间的不可比较性。不可通约性(incommensurability)的意思在于:(1) 价值 A 的一切要素不能通过价值 B 来表达或测量;(2) 价值 B 的一切要素不能通过价值 A 来表达或测量;(3) 价值 A 与价值 B 不能通过其他共同的价值或刻度来表达或测量。[27]其仅仅表示不同价值之间不能找到一种共同的刻度来进行通约(reducibility)式的比较,重点在于共同刻度的缺乏,而非不可比较。不可比较性(incomparability)是指 A 与 B 没有任何可以测量的共同点。若 A 与 B 具有某一共同点,那么它们多多少少能在一定程度上进行比较。[28]由此可见,不可通约性与不可比较性实质上是两个层面的问题,其各自强调不同的着重点。"不可通约性并不意味着完全不具有可比较性,或不能在更好与更坏之间排序。相反地,不可比较性意味着这种序列比较是不可能的。"[29]换言之,法律中价值的不可通约性问题是真实存在的,但价值的不可通约性并没有排除我们理性地做出比较的可能性。"也就是说,即使不同的价值不能转换为一个共同的刻度,但通过理性的估算,我们仍然可以在不具有通约性的价值之间做出选择。不可通约性并不必然导出不可比较性。"[30]学者通常批评衡量过程是权衡者基于印象主义的、恣意的决定,与其说这是"价值之间能否权衡"的是非问题,还不如将其作为"权衡是否具有理性"这一问题来看待。换句话说,价值的不可通约性并不必然导致不可比较

---

[25] Bret G. Scharffs, "Adjudication and The Problems of Incommensurability", 42 *William and Mary Law Review* 1376 (2001).

[26] Cass R. Sunstein, "Incommensurability and Valuation in Law", 92 *Michigan Law Review* 805 (1994).

[27] Scharffs, "Adjudication and The Problems of Incommensurability", *supra* note [25].

[28] *Id.*, p. 1389.

[29] Stephen Gardbaum, "Law, Incommensurability, and Expression", 146 *University of Pennsylvania Law Review* 1687(1998)

[30] Sunstein, "Incommensurability and Valuation in Law", *supra* note [26].

性,不可通约的价值仍然是可以权衡比较的,但这里的问题在于不可通约的权衡是否能得出理性的结果。这样,真正与不可通约性相联系的问题实质上是权衡的实践理性问题,即当面临价值的不可通约性时,我们如何保证判决远离恣意。而正如下文所述,价值的权衡通过引入实践商谈的法律论证理论是可以被理性证立的。

(二)价值衡量的应用场景

明确不可通约性与不可比较性的关系后,我们可以得出不可通约的价值仍然是可以比较的。但即使承认价值的可比较性,有时我们仍然会疑惑:行为自由与权益保障哪一个更加重要? 意思自治与合理信赖何者具有优先性? 公正与效率之间应该如何取舍? 这一系列的问题又使得我们需要对具有可比较性的价值进行进一步的探讨:不可通约的价值在何种场景下才能得以进行比较?

首先应弄清的是,当涉及自由、安全、公正等价值的比较时,为何我们不能对此做出明确的回答。亨利.S·麦泽尔(Henry S. Mather)对此论述道:"如果我们抽象地去比较一些基本价值,那么是不能通过量度的衡量来完成的,因为它们都是一些抽象的概念,就像我们抽象地去说'光'有多少、'人类的脚'有多长一样,这必然是无效的。"[31]由此可知从抽象的概念层面去探讨生活场景中具体的价值排序是无意义的。其原因在于"无论它们(抽象命题)提供什么样的指导都不足以反映价值所赖以寓居的具体现实"。[32] 如果我们习惯了一种抽象化的思维方式,而淡忘了一个具体的生活世界,那么我们就失去了自身的存在尺度,看不到具体世界与普遍抽象世界所存在的差异,因而也就难以真切把握和感受人的生活世界的存在和发展机理。[33] 如果选择从抽象层面上去判断价值的优先性问题,那么就需要制定一张包含价值优先顺序的表格。在发生价值冲突的时候,只需要在现存的价值层级结构中选取上位的价值即可。只要存在固定的价值阶层,那么从抽象层面上决定何者优先的问题就能得以解决。然而,制定这种固定顺序的价值阶层显然是不现实的,因为如果执着于这种固定的价值阶层的探寻,那么就会将焦点从结论的"正当化"论证之上转移到"价值体系的排序"问题之上,从而导致"非合理主义倾向"的出现。因此,对于价值的衡量而言,抽象层面的概念并未给具体场景中的判断提供任何实质性的帮助,价值衡量的求解进路只能从抽象层面转向具体案件。换言之,针对具体案件,结合具体的案件背景,法官可以确定何种利益应该获得优先保护。[34]

在个案中去实行价值权衡的优势在于"其避免了抽象价值序列的适用,仅

〔31〕 Mather, "Law-making and Incommensurability", *supra* note 〔21〕.

〔32〕 〔美〕罗伯特·S.萨默斯:《美国实用工具主义法学》,同前注〔1〕,第45页。

〔33〕 参见武建敏:《实践法学要义》,载《河北法学》2009年第1期。

〔34〕 参见梁上上:《异质利益衡量的公度性难题及其求解》,载《政法论坛》2014年第4期。

在具体的场景中来权衡价值的比重"。[35] 基于此,当我们在个案中进行价值权衡时,并非是在抽象层面上去探讨价值的优先性问题,而在个案中比较不同价值在具体场景下应实现的程度。具体而言,个案中规范主体会存在各种不同的情节,如意思表示错误中表意人的过错、重大损失,相对人的合理信赖、说明义务等,这些情节在一定程度上会促进或抑制某种法律价值的实现,对这些情节的整合通常会对不同价值应实现的程度得出直观的评价。换言之,这种价值应实现的程度可以表述成价值实现的紧迫性或必要性,实现必要性高的价值优于实现必要性低的价值,而这种价值实现必要性的直观评价通常仅在个案中才得以进行。因此,从抽象层面上来说,尽管我们不能比较"线之长度"与"石头之重量",但在具体场景中我们可以主张"'线之长度'的增加幅度比'石头之重量'的增加幅度更大"。[36] 阿列克西的原则权衡理论就认为在确立竞争原则之间的优先关系时,要依据具体个案的具体情形在原则之间建立"条件式优先关系","相冲突原则中某个原则的优先适用完全取决于特定场景中的个案条件"。[37] 实质上,将价值衡量的前提定位于个案乃"实践法学"的内在要求。实践法学认为,法律世界通常包含"抽象的规则世界"和"具体的生活世界",传统的法律理论过于注重抽象层面的思考而忽视从"具体的生活世界"的角度来思考问题,而"法律事件是具体的,其本身是一个特殊,而不是一个普遍,对于法律事件的认识不能够从一个法律普遍加以把握,否则就很难理解和掌握法律事件的本质特色"。[38] 因为若"将普遍性教条化、抽象化,从而希望特殊性完全依照普遍性的规律去运行的时候,那么这种普遍性就失去了现实的实践的基础,现实的合理性永远都无法离开对于特殊问题的合理解决,而解决特殊问题所需要的就是将普遍性与特殊性相结合,从而将普遍性整合到特殊性之中的过程"。[39] 鉴于此,法官在进行价值衡量的时候,应舍弃抽象的思维方式,转而采取一种"在场化"的观察方式或"情景化"的衡量态势,从具体的语境出发探寻不同价值实现的紧迫程度,"否则就难以真切把握在司法过程中所可能出现的各种对峙,更无法合理地解决这些矛盾"。[40] 总而言之,在价值冲突及衡量的场合,"比统一概念和术语更为重要的(是)事实、情景、效果"。[41]

---

〔35〕 Petersen, "How to Compare the Length of Lines to the Weight of Stones: Balancing and the Resolution of Value Conflicts in Constitutional Law", *supra* note〔22〕.

〔36〕 *Id.*, p. 1391.

〔37〕 彭诚信:《从法律原则到个案规范》,载《法学研究》2014 年第 4 期。

〔38〕 武建敏:《实践法学要义》,同前注〔33〕。

〔39〕 同上注,第 14 页。

〔40〕 武建敏:《实践法学:一种思维方式的变革》,载《西部法学评论》2010 年第 2 期。

〔41〕 〔美〕罗伯特·S. 萨默斯:《美国实用工具主义法学》,同前注〔1〕,第 145 页。

三、价值衡量的过程与理性

价值的衡量作为各种价值的权衡过程,最终目标是实现法效果的妥当性,其重点在于如何发现一个妥当的结论。换言之,在个案情景下,价值之间存在不同程度的冲突,何种价值优先实现与法效果的妥当性存在直接的关联,这就需要衡量者通过合理的手段对价值实施恰当的权衡得出正当的结论,这表现为一种实质意义上的正当。因此,得出妥当结论的过程首先应属于一个"决断模型"。然而,"决断模型"与衡量者的主观作用存在必然的联系,从而产生了主观恣意的可能性。有学者就提出:"当法官们可以根据自己的主观能动性来形成规范时,怎样才能防止恣意呢?"[42]为了确保衡量的正当性,在实质意义上的正当性之外尚需引入程序意义上的正当性,即区分"结论的发现"与"结论的证立",在形式上必须具备防止衡量者专断的论证程序,权衡结果应立基于说理论证的论辩程序之上,以此达致衡量的客观性。因此,衡量不仅应作为结论发现意义上的权衡过程,而且应作为结论证立上的权衡过程,即衡量除了作为"决断模型"之外,也是一个"证立模型",两者处于一种"一体两面"的关系。以此为切入视角,通过"决断模型"与"证立模型"两方面的构造来确保衡量的正当性。

(一)作为"结论发现"的衡量

价值衡量的目的在于实现法效果的妥当性,虽然价值衡量通常会遭受专断恣意的批评,但实际上,一方面,可以将价值判断过程还原为一个可供操作的分析框架,将衡量还原为一个可分析讨论的过程;另一方面,不同于道德判断,在法秩序之下具体情景中何种价值更具有优先性并非不可知,其存在于对现存法秩序一致性的要求之中。为了达致一种可普遍化的衡量构造,本文关注的乃阿列克西基于规则与原则的区分而建构的权衡理论。[43]阿列克西主张"规则作为确定性的规范,是一系列明确的命令,其适用方式是涵摄"[44],这种确定性命令在性质上与分量的"最大化实现"存在本质性的矛盾。[45]与此不同,原则作为一

---

[42] 季卫东:《法律解释的真谛(上)》,载《中外法学》1998年第6期。

[43] 阿列克西认为,在原则与价值之间存在深层次结构上的一致性。每一个原则碰撞都被可以阐释为价值碰撞,每一个价值碰撞也都可以被阐释为原则碰撞。唯一的区别在于,原则碰撞涉及的问题是应当做什么,而价值碰撞涉及的问题是什么更好些。一个规定应当做什么的标准具有义务性的特性,相反,假如它规定什么是好、什么是坏,那么它就具有价值论的地位。因此,原则与价值是同一回事,它一会穿着义务论的外衣,一会穿着价值论的外衣。价值理论的所有问题都可以在原则理论的框架内探讨,反之亦然。参见〔德〕罗伯特·阿列克西:《法 理性 商谈》,朱光、雷磊译,中国法制出版社2011年版,第213页。

[44] Robert Alexy, "Constitutional Rights and Proportionality", 22 *Journal for Constitutional Theory and Philosophy of Law* 52 (2014).

[45] 当然,从实质意义上来说,规则与规则或原则之间的冲突可以转化为原则与原则之间的冲突,而通过衡量的方式来做出取舍。但这已经成为原则之间的衡量,从规则表面意义的适用方式来说,其仍然不适用于衡量的方式。

种最优化的命令,可以在不同程度上被满足,满足的程度不仅依赖于实际的可能性,还依赖于法律的可能性。[46]原则的作用方式也就可以表述为"最大限度地实现",就性质而言与衡量理论是契合的,原则的作用方式在于"衡量"。原则的"权衡公式"作为狭义的比例原则(proportionality in its narrow sense)的核心,可以表述为:"对一个原则的非满足或损害程度越大,那么另一个原则的重要性程度就越大。"[47]该权衡公式可以分解为三个阶段:"第一阶段是得出对一个原则的侵害程度或不满足的程度;第二个阶段是得出竞争原则的重要性程度;第三个阶段是竞争原则的重要性程度对前一个原则侵害程度或不满足的程度能否正当化。"[48]三阶段的关键之处在于衡量的可实施性。阿列克西的解决方式是将"侵害程度"与"重要性程度"转化为"干涉密度"这一可通约性的表达方式,然后在第三阶段通过不同原则的"干涉密度"来判断何者应当优先。详言之:(1) 对于原则 Pi 的侵害程度或不满足程度而言,可将其表述为法律原则受到干涉的程度,即"干涉密度 Ii",且该"干涉密度"是在个案意义下通过不同情况的考察而得出。(2) 对于竞争原则 Pj 的重要性程度而言,同样可以将其转化为"干涉密度 Ij",即假设在 Pi 与 Pj 的对抗中,若排除原则 Pi 对 Pj 的影响,那么 Pj 会发生什么样的效果。例如,表达自由与保障名誉权在具体案件中通常作为对抗的两个原则,将对表达自由的侵害程度表述为对表达自由原则 Pi 的干涉密度。对保障名誉权原则 Pj 的重要性程度而言,如果我们对表达自由原则 Pi 不做任何干涉,允许通过行使表达自由对名誉权造成侵害,那么对保障名誉权原则 Pj 的重要性程度就会被置换为"若排除对表达自由的干涉,那么对保障名誉权的干涉程度有多大",这个对保障名誉权的干涉密度就是它的重要性程度。这样在第二阶段中对竞争原则的重要性程度的判断就可以置换为对竞争原则 Pj 的"干涉密度",干涉密度就成了比较竞争原则之间的"公约式"。(3) 除了干涉密度的判断外,尚需考虑不同原则的抽象分量。若原则的抽象分量很重,即使在个案中只有很小的关涉性,那么在权衡时该原则也有很大的分量;相反,若原则的抽象分量很轻,则必须在个案中被特别强地关涉,才能实现权衡的重要性。在此用 Wi 与 Wj 来分别表示 Pi 与 Pj 的抽象分量。另外用 Ri 与 Rj 来表示原则 Pi 被侵害的确定程度及与其相竞争的原则 Pj 侵害 Pi 所采取的措施的经验性前提的确定性程度。原则之间的权衡公式就可以表达成:Pi/Pj＝(Ii・Wi・Ri)/(Ij・Wj・Rj)。这样原则之间的权衡可以转化为公式性的

---

[46] Alexy, "Constitutional Rights and Proportionality", *supra* note [44].

[47] Robert Alexy, "Balancing, Constitutional Review, and Representation", 3 *International Journal of Constitutional Law* 573 (2005).

[48] *Id.*, p. 574.

表达,从而"使得原则的权衡在某种程度上被精确化了"。[49]

　　然而值得注意的是,原则的衡量,也就是价值的衡量过程中所达到的"精确化"并非数学或科学意义上的精确化,实质上是一种规范意义上的"精确化"。具体而言,尽管权衡过程可以转化为"Pi/Pj＝(Ii・Wi・Ri)/(Ij・Wj・Rj)"这样的数理公式,但在该公式中:(1) 干涉密度 I、抽象分量 W 的具体数值的赋予仍然无法通过科学的方式来进行。干涉密度 I 需要衡量者在个案情景下通过相关因素的综合权衡而"主观性"地确定其比值,抽象分量 W 比值的确定也是建立在一种共识的基础上。(2) 原则 P 的综合分量乃 Ii、Wi、Ri 三者共同作用的结果,但该三者并非以乘积的数学运算形式发生作用,而是在衡量者以一种类似于乘积的方式"主观地"估算出其具体分量。因此,衡量过程的"精确化"并非数学意义上的精确化,衡量的过程不可避免地会受裁判者个人的影响,即使我们要求摒弃个人影响和主观确信,但也因无法调查裁判者的内心考量而无法兑现上述要求。实际上,这里的"精确化"是指衡量过程显示出裁判的获取需要具体考量的哪些因素,权衡过程是如何在这些因素的综合作用过程中达致的,权衡的整个过程以一种可以被批判及被论证的方式显示了出来,这就为"结论的正当化"论证提供了一个明确的途径。"精确化"是在作为"结论发现"的衡量过程与作为"结论的证立"的衡量之综合作用下而获得的。这里"结论发现"的衡量过程作为"结论证立"的前提,为规范意义上的"精确化"奠定了基础——提供了论证的规则。

　　从"结论发现"的角度来看,衡量乃强调如何通过价值判断获得裁判结论。阿列克西将结论的获取定位于竞争原则之间侵害程度与重要性程度的比较。实质上,作为一种规范性判断,结论的获得乃裁判者在具体情景下对不同价值实现必要性(紧迫性)的判断,尼尔斯・彼得森(Niels Petersen)将其表述为"价值的实现程度"(the degree of realization)。这种建立在不同价值实现必要性之上的最优权衡,"必须考虑关于在议结论尽可能多的正反两方的相关理由,同时建立它们的相对权重"。[50]有学者提出可以运用所有的这些信息客观明确地表达出一个完全式列表,该列表包括支持以及反对它的所有可虑及的理由,且没有进一步的理由或反论可加入表中。[51]实际上,个案中的价值衡量在于通过理由的支撑得出价值实现的紧迫程度。若通过判断得出此价值较于彼价值具有更大紧迫程度,那么就可以基于紧迫程度的比较而做出权衡。这里据以判断紧迫程度的理由主要来自两个方面:(1) 价值的抽象分量,即一般情况下价值

---

[49]　雷磊:《基本权利、原则与原则衡量》,载《法律方法》2011 年第 11 卷。

[50]　〔瑞典〕亚历山大・佩策尼克:《论法律与理性》,陈曦译,中国政法大学出版社 2015 年版,第 75 页。

[51]　同上注,第 76 页。

的重要性程度。抽象分量小的价值若要在权衡过程中优先实现则需要更多的个案情节予以支撑。例如,L.霍桑(L. Hawthorne)在考察合同的可执行性时就认为"自由"价值的抽象分量为40%,"正义"价值的抽象分量为30%,"安全"价值的抽象分量为30%。[52] (2)个案情节,即促进或抑制价值实现的理由。价值的抽象分量并不能决定价值的最终取舍,价值的衡量实质上取决于个案中支持价值实现的理由之间的权衡。哈格认为原则推理的权衡在支持和反对某结论的理由间进行,权衡相对立的理由决定哪一组具有更重要的分量。[53]具体而言,在实际的个案场景中,价值实现的紧迫程度除了抽象分量的影响外,更重要的乃行为人之间不同行为情节的影响。无论是行为人的还是相对人的具体情节,通过类型化的方式获得某一类情节所具有的共同特征在于其能共同促进某种价值的实现,反之,另一类情节则共同促进竞争价值的实现。价值的权衡在于,通过两类相冲突的行为情节在个案中比较衡量,何者更能促进冲突价值的实现紧迫程度。综上所述,衡量结论的得出最终取决于价值的抽象分量与个案情节对价值实现的增加程度这两者之间的综合作用。然而,在确定了这两方面的相对分量之后,这里的综合作用就不能被视为二者的乘积,结论只能以类似乘积的方式叠加在衡量者主观作用之下合理地导出,即某一价值的抽象分量或个案情节支持的实现紧迫度越高,则该价值在被权衡时则越应该取得优先地位。

（二）作为"结论证立"的衡量

就法律结论的得出而言,从价值衡量的角度来看显然已经逸出了确定主义的范畴,同时从法治国家的理念来看,决断主义的倾向也不可取。经过道德哲学领域中论证理论的发展,法律论证理论成为法律确定主义与法律决断主义之间的第三条道路。[54]法律论证理论旨在将裁判背后关涉结论得出的实质性因素进行明示,并以理性的标准及程序对结论予以证立。这样,裁判结论虽然取向于法律,但并非由法律完全决定,裁判的正确性在一定程度上也取决于理性和实践意义上证成的可能性。而在不同法律论证模型中,程序性法律论证的理念目前获得了更多的认可,因此"对理性法律论证概念的这样一种说明或解释可以在程序性理论的框架中进行"。[55]

程序性论证理论的典型特征在于规范判断之正确性与程序的关系之上,两者之间的关系在于:规范的正确性取决于这个规范是否是或者可能是特定程序导出的结果。可以将其表达为"如果一个规范性陈述 N 可能是程序 P 的结果

〔52〕 L Hawthorne, "Walter Wilburg's 'Flexible-System Approach' Projected onto the Law of Contract by Means of the European Draft Common Frame of Reference Principles", 45 *Comparative and International Law Journal of Southern Africa* 219 (2012).

〔53〕 参见雷磊:《规范理论与法律论证》,中国政法大学出版社 2012 年版,第 20 页。

〔54〕 参见〔德〕乌尔弗里德·诺依曼:《法律论证学》,张青波译,法律出版社 2014 年版,第 2 页。

〔55〕 〔德〕罗伯特·阿列克西:《法 理性 商谈》,同前注〔43〕,第 88 页。

时,那么它就是正确的"。[56]这样,只要是通过程序性证立的陈述都可以作为"正确的"判断予以对待(陈述 N 与非 N 都存在是"正确的"可能),实质规范判断的正确性就转化成了其与程序的关系问题。相反,若将正确性的判断与可证立性或可证明性完全分离,从而排除程序性的理念去寻求一种实体意义上绝对正确的本体论命题,这种观点是不可信的。人们不应当认同对于每个实践问题总是只可能有唯一的答案,这一命题至少在实践领域展示了一个不能被证成的本体论虚构。[57]因此,在阿列克西看来,即使是共识也不能成为正确性的标准,真正的正确性在于依据商谈规则的程序导出的结果。当然,依程序规则导出的结果并非总是确定的,其存在多种可能性。有学者认为,就此而言,商谈理论不是一种确定裁判的理论。这种确定性裁判或唯一正确性的观点实际上是在"绝对正确""唯一答案"的意义上来理解正确性概念。从"程序正确性"的维度来看,依程序导出的多种可能性结论都具有"正确性",理性并非确定意义上的理性,而是一种可证立的理性。而这里导出结论的程序性规则被阿列克西以法律商谈为基础构建成系列规则组成的体系[58],要求论证需要遵循无矛盾性、语言清晰性、经验真值性与真诚性的规则,以及通过保障每个人对商谈的参与和在商谈中对每个人的平等考量来表述出可普遍化思维等规则。[59]

的确,价值的多元性与复杂性导致价值的取舍呈现出一定的不确定性,同时价值存在不可通约性的问题更致使价值衡量的非理性倾向。此外,作为"结论发现"的衡量过程仍与法官"独白式"的主观判断存在一定的联系,我们尽管不能排除主观恣意,但我们应该尽量降低价值衡量的恣意可能性,实现价值衡量某种程度上的客观性。换言之,价值衡量的结论不可能都是"唯一的"确定答案,"法律适用程序的理性本质取决于这些附加性的评论是否以及在多大程度上可以得到理性的控制"[60],这就导出了对价值判断之理性可证立性的追问,因而价值的权衡尚需遵循理性的论证程序。详而言之,从"结论发现"的角度来看,衡量的过程乃衡量者得出妥当结论的框架结构,而从"结论证立"的角度来看,该框架结构乃理性商谈程序中的具体形式,即衡量者对价值予以权衡需同时遵循理性的论证规则,不管是抽象分量的确定还是实现紧迫程度的比较都应建立在"普遍证立规则"[61]及"论证负担规则"[62]等论证形式之上。这样,价值

---

[56] 同上注,第 89 页。

[57] 同上注,第 115 页。

[58] 参见〔德〕罗伯特·阿列克西:《法律论证理论》,舒国滢译,中国法制出版社 2003 年版。

[59] 参见〔德〕罗伯特·阿列克西:《法 理性 商谈》,同前注〔43〕,第 105 页。

[60] 同上注,第 224 页。

[61] 〔德〕罗伯特·阿列克西:《法律论证理论》,同前注〔58〕,第 239 页。

[62] 同上注,第 243 页。

衡量一方面是形成结论的过程,权衡者应展示所有影响结论形成的因素,以实现结论的妥当性;另一方面也是一个论证这些结论的过程,权衡者应就各个因素与结论的关系做出解释及论证,以此防止衡量者的主观恣意,使价值衡量实现最大限度的客观化。因此,只要该论证的过程是公开的、合理的,观点是有合理论据支撑的,那么就可以说结论的得出是趋近于理性的。我国也有学者提出"遵循作为程序性技术的论证规则和形式,运用妥当的论证方法,去论证自己所持守的价值取向的正当性。唯有如此,才能保证民事立法和民事司法的决定不至于建立在无根据的决断或无理由的任性之上"。[63]由此可见,价值的衡量不仅在于实质意义上价值之间的角逐,还在于通过法律论证实现其客观化、正当化,权衡过程同时也应作为一种"结论正当化"的衡量。

我们可以看出,面对生活世界的复杂性,概念法学完备无漏洞的规则体系是不存在的,规则体系尚需要原则来为其解决漏洞。然而,原则并非法律体系的终点,作为一种价值的取舍,原则尚存在不确定性的弊端,这就进一步地需要理性的程序来弥补原则的不确定性漏洞。

这样,法律体系呈现出不同层面的模式。从规则与原则的关系来看,法律体系乃"规则、原则、程序"模式的综合体。[64]从规则漏洞的价值填充来看,法律体系乃由规则、价值、程序三者构成的复合物。

四、价值衡量与法的确定性

(一)何为法的确定性

就价值衡量的过程而言,结论的得出有赖于价值的抽象分量与价值实现程度的综合作用,而不得不承认该两者的判断与衡量者的主观状态存在必然的联系,价值的衡量因而遭受到法的不确定性之批判,从而与法治国家的理念相背离。换言之,法官在衡量时并未受到明确规则的约束,"同案同判"未得到实质的保障,这最终导致了法是不确定的、不可预测的。[65]有学者提出司法审查中衡量的运用将会增加公法的不确定性[66],当然这种批评同样适用于私法领域的价值衡量。针对"价值衡量导致法的不确定性"这一批评,问题的关键在于我们如何理解法的确定性这一概念。

传统理论认为,法的确定性作为法形式理性的内在要求,乃指"对人们的法律行为及其法律后果的预测","当人们采取某种行动时,就可以预见到相应的

[63] 王轶:《民法价值判断问题的实体性论证规则》,载《中国社会科学》2004年第6期。
[64] 〔德〕罗伯特·阿列克西:《法 理性 商谈》,同前注[43],第223页.
[65] Urbina, "A Critique of Proportionality and Balancing as Reasoning", *supra* note [23].
[66] Tom Hickman, "Problems for Proportionality", 2010 *New Zealand Law Review* 316 (2010).

法律后果"。[67] 实现法确定性的基本条件在于,一方面,法律规则应明确清晰,"尽可能地排除所有的'弹性'或'可塑性'——含混性、模糊性及笼统性";[68]另一方面,结论以规则为前提通过逻辑推理的方式自然得出,这样行为人根据法律的指示事先预测到其行为的法律后果,避免法律制定及适用过程中权力的专制,保证个人的自由。[69]这里值得注意的是,传统理论在表述法的确定性时通常将法的确定性作为法的一种内在品质或基本特征,即确定性被传统理论描述为一种法律体系的内在质地(quality)。[70]然而,这一法律实证主义的产物遭受到了强烈的批判:法确定性无法达到的原因不仅在于法律规则自身意义的不明确性,更在于社会关系的复杂性。无论是基于法律语言的限制还是基于立法者理性的限制,法律无法将复杂的社会关系统一涵盖为其调整对象,法律的滞后性及局限性不可能与发展的、复杂的社会现象呈现出一一对应关系。因此,"我们不能过于夸大确定性作为法律及司法的目标"。[71]那么为什么传统理论会如此迷恋法的确定性这一要求?弗兰克将这里法律的确定性比作为"父亲的替代品"(father-substitute),认为在法律发展的初级阶段,对法确定性的强调就像孩子对具有权威性的父亲的需要,这也导致了我们无法真正地窥视到法律到底是什么。[72]可见,我们不得不重新审视法的确定性这一观点,以期对价值权衡与法的确定性两者之间的矛盾做出一定程度上的调和。

法的确定性作为法治国家的基本要求,在法的适用过程中追求法的确定性无可置疑。然而,首先,我们应将法的确定性作为一种价值(legal ideal),而不应将其当作法的内在品质(trait)。换言之,确定性应作为法所追求的目标(aims),而不是法的一种实际要素(actual elements)。因此,犹如追求语言的更大确定性一样,我们也只能追求法的更大确定性,确定性应作为法努力追求的目标而非特质。[73]法的确定性并非是本体论领域内的概念,而是认识论领域的一个问题。其次,确定性若作为一种不断接近的目标或价值,那么可推论出确定性的达致并非一蹴而就,而是存在一定的程度之维的。凯尔森即认为确定性并未遵循"全有或全无"的逻辑,而是体现在法律体系上不同程度的性质。[74]换

---

[67] 周世中:《法的合理性研究》,山东人民出版社 2004 年版,第 236 页。

[68] 王人博、程燎原:《法治论》,广西师范大学出版社 2014 年版,第 170 页。

[69] James R. Maxeiner, "Legal Certainty: A European Alternative to American Legal Indeterminacy?", 15 *Tulane Journal of International & Comparative Law* 546 (2010).

[70] Stefano Bertea, "Towards a New Paradigm of Legal Certainty", 2 *Legisprudence* 30 (2012).

[71] Shawn J. Bayern, "Against Certainty", 41 *Hofstra Law Review* 58 (2012).

[72] Julius Paul, "Jerome Frank's Attack on the 'Myth' of Legal Certainty", 36 *Nebraska Law Review* 548 (1957).

[73] Bertea, "Towards a New Paradigm of Legal Certainty", *supra* note [70].

[74] *Id.*, p. 32.

句话来说,法的确定性并不代表着绝对的确定性,其在某种程度上也帮助认识到不可避免的不确定性问题,因此对于法的确定性我们需要提出一个动态的概念(dynamic concept)。[75]因而判决的确定性问题在一个"可能性之框架"内予以确立即可。在该"可能性之框架"范围内,法的确定性实际上是指公民所预测到的可能性问题,"只要法官做出的判决能够落入一般性法律规范在规范上可能的适用范围之内,就可以被认为已经满足了法的可预测性或安定性的要求"。[76]

（二）价值衡量的确定性

如前所述,价值衡量实际上也包含了一种程序性的法律论证框架,以此来实现价值衡量的客观性。从程序性法律论证角度来看,有学者将其称为确定性的一种新范式,即以一种程序的视角来看待法的确定性问题。斯特凡诺·贝尔塔认为对于确定性问题,传统理论的缺陷在于没有认识到确定性与法律论证的深层次关系,我们应该将视角转移到法律论证上来,通过法律论证的理性控制来实现安定性的达致。[77]实际上就是以程序性法律论证理论来对法的确定性进行重构。哈贝马斯认为,确定性不能以传统的意义来理解,法的确定性本身就是一个必须同有关的其他原则进行权衡比较的原则。[78]这样,法的确定性乃一种程序权利的确定性,在程序规则中保证每个参与者都可以提出观点、说明理由、予以反驳,从而满足参与者对程序规则的期待,实现从实质意义上的确定性到程序意义上的确定性转向。结合确定性作为一种具有维度之分的价值来理解,"确定性"实质上并非传统理论意义上完全的确定,而是一种与正确性相竞争的价值,即应该在与结论正确性的关系中去理解法的确定性问题,从而实现判决的确定性与正确性的平衡。法的确定性乃通过理性程序规则的设置,使每个人能自由平等地在商谈程序中表达其观点。只要一种理性和可预见的论证程序是可能的,法的确定性就在很大程度上可以得到确保。法的确定性不在于"独白式"的说明,而是通过理性的对话、规则的遵循而实现的。这其实与价值衡量的"理性证立"存在一致性。换句话说,价值衡量不仅包含着结论的发现,同时也在于通过程序论证的方式对结论予以证立,这种内含的程序性论证因素使其实现了与法的确定性的内在契合。

从另一个角度来看,法语言的模糊性、现实的复杂性实际上已经使形式意义上的确定性成为一种"概念的假象"。尽管我们不能完全否认法的确定性的价值,但与其在一个假象的概念下进退两难,毋宁直接面对法的有限确定性,以一种实质意义上的妥当性去理解法的确定性,即不要"通过形式主义法学所主

---

[75] Patricia Popelier, "Five Paradoxes on Legal Certainty and the Lawmaker", 2 *Legisprudence* 52 (2008).

[76] 雷磊:《法律方法、法的安定性与法治》,载《法学家》2015 年第 4 期。

[77] Bertea, "Towards a New Paradigm of Legal Certainty", su*pra* note [70].

[78] 陈伟:《司法确定性的寻求》,载《法律科学》2011 年第 1 期。

张的对法条的刻板遵守而实现。在价值判断的情境下,其客观性其实只能通过践行'同等情况同等对待''类似情况类似处理'的'黄金法则'而实现"。[79]换言之,在规范的可能性框架之内,更应该追求价值妥当的稳定,若权衡的过程及内容是确定的,法官在普遍的价值共识或职业共同体之下进行判断时一般应遵循共同的价值观,照此法官根据这种共同的判断就会得出近似的价值判断,而近似的价值判断就会得出近似的结果,以达到"同案同判"的效果。当然,有时会面临这样的批评:"当我们可以正确地衡量的时候,法官通常并没有这样去做,而是以一种印象主义的方式恣意地做出了选择",这样价值衡量的结论就没有以一种常规的方式得出而逸出可能的确定性框架之外。对此,有学者辩驳道"这并非是对衡量理论做出的一个批评,而只是在批判法官并没有正确地实施衡量程序。我们会要求法官通过衡量去实现理性的建构或论证,如果法官没有达到这个要求,那这仅仅是法官的责任,并不是衡量理论的错误。"[80]诚然,法官在价值衡量的外衣之下恣意做出决定并非理论的错误,而在于法官的失职。但从尽可能防止法官主观专断的角度来看,这其实更需要从有效法律论证的角度去降低法官恣意的可能性,从而最大地实现衡量的客观性。

五、结论

瓦尔特·威尔伯格(Walter Wilburg)认为法律体系存在价值与目的的复数性(Plurality),并认为,如果从一个单一的价值出发来理解和实施法律的话,那么法律将很难被理解。法律是由一个复数原则构成的体系,法律结果通常是这些位于不用层次的原则或要素相互作用的结果。因此,法律适用中法的效果的妥当性的达致必然离不开法的价值的衡量,然而法的价值的衡量又离不开对"正确性"问题的回答。尽管在大多数情况中都会存在一个"共识",但"每个实践问题总是有唯一的答案实乃一种本体论虚构",这样,法的价值的衡量在为我们提供妥当的法结论的同时,仍应该引入限制主观专断的机制——程序性论证理论,共同实现法的价值衡量的正确性与客观化。从程序性的角度来看,对于法的价值衡量的诘难——不可通约性问题、法的确定性问题——实际上可以通过程序性论证予以化解。然而,程序性论证在一定程度上仍然存在"先验"的性质,实践中如何达到论证的理想标准以实现妥当的目的仍然需要进一步的探索,这也为价值衡量的科学化提供了后续的课题。

(审校编辑　邵博文)
(校对编辑　邵博文)

---

[79]　李可:《价值判断的客观化》,载《哈尔滨工业大学学报》2012 年第 2 期。
[80]　Mdller, "Proportionality: Challenging the critics", *supra* note [8].

《北大法律评论》(2017)
第 18 卷·第 2 辑·页 190—228
Peking University Law Review
Vol. 18, No. 2, 2017, pp. 190-228

被诱拐儿童快速解救机制实证研究
——基于对美国安珀警报系统的考察

李文军[*]

Empirical Research on the Mechanism of Rapid Rescue for Abducted Children:
Based on the AMBER Alert System in the United States

Li Wenjun

内容摘要:安珀警报系统是集行政部门、社会组织、民间力量为一体的被诱拐儿童快速解救机制。执法部门接收到报案的信息,经审核符合安珀警报发布标准的,执法部门须迅速通知应急管理部门、广播公司、运输部门,向案发区域民众及时发布案件信息。其他与"全国失踪与受虐儿童中心"有协议的次级发布机构,也可以将报警信息上传到本机构的信息发布平台,或者发送到经用户自愿注册并选择接收一定范围内警报信息的电子设备。尽管安珀警报系统的构建理论、发布标准、运行效果、预期目标等受到部分批评者的质疑,但该系统的运用若能使被诱拐儿童或失踪儿童尽快被解救或寻回,被诱拐儿童或失踪儿童遭受人身伤害或死亡危险的系数会明显降低。安珀警报系统在解救被诱拐儿童方面发挥了重要作用,并对此类犯罪具有威慑功能。安珀警报系统对完善

---

[*] 法学博士,西南政法大学人权研究院师资博士后。

我国儿童失踪信息紧急发布平台的启示有：成立协调机构以促进各部门的合作；合理制定并严格执行信息发布标准；优化调整警报信息的传递方式；警惕责任分散效应的负面影响；培训解救被诱拐儿童的相关人员。

关键词：安珀警报系统　构建历程　实践运行　实证研究

一、引言

　　每年全球发生的拐卖人口犯罪有数十万起，根据联合国毒品与犯罪问题办公室（United Nations Office on Drugs and Crime，UNODC）2007 年报告显示，世界范围内的人口贩运主要从 127 个拐出国流向 137 个拐入国。[1] 拐卖人口犯罪是继武器交易、毒品交易犯罪之后的世界第三大非法交易，其中拐卖儿童犯罪则是所有拐卖人口犯罪中最为恶劣的一种。由于其严重践踏人权且与现代文明伦理相悖，已经引起世界各国和地区政府的广泛关注，世界各国和地区政府制定了一系列旨在预防控制拐卖儿童犯罪的政策。[2] 犯罪预防离不开社会力量特别是公众的积极参与，因此构建与完善能够削弱和消除犯罪社会性因素的防控措施就显得尤其必要。[3] 美国的安珀警报系统（AMBER Alert System）是集行政部门、社会组织、民间力量为一体的诱拐儿童犯罪快速解救机制。[4] 它要求执法部门接收到的诱拐儿童报案信息，经核实符合安珀警报发布标准的，执法部门必须尽快将该警报信息通知相关部门。其他与"全国失踪与受虐儿童中心"（National Center for Missing and Exploited Children，NCMEC）有合作关系的次级发布机构（secondary distributors），如无线运营商、网站内容提供商、大型零售商，也可以将报警信息上传到本机构的信息发布平台，或者发送到经用户自愿注册并选择接收一定范围内安珀警报的电子设备。[5]

　　美国安珀警报系统从发起到全面建成大约历经了 14 年（1996—2009）。受其影响，其他国家和地区（如加拿大、法国、英国等）纷纷效仿，也构建起自己所属区域的失踪儿童信息紧急发布系统。针对传统协查通知存在不及时、低效

---

　　〔1〕　Alice Edwards, "Traffic in Human Beings: At the Intersection of Criminal Justice, Human Rights, Asylum/Migration and Labor", 36 *Denver Journal of International Law and Policy* 9 (2007).

　　〔2〕　参见王锡章：《拐卖儿童犯罪的现象与遏制对策——以 F 省为例的实证研究》，载《中国人民公安大学学报（社会科学版）》2015 年第 5 期。

　　〔3〕　参见张远煌：《犯罪学原理》，法律出版社 2008 年版，第 471 页。

　　〔4〕　Timothy Griffin, "An Empirical Examination of AMBER Alert 'Successes'", 38 *Journal of Criminal Justice* 1053 (2010).

　　〔5〕　Monica K. Miller, Samantha S. Clinkinbeard, "Improving the AMBER Alert System: Psychology Research and Policy Recommendations", 30 *Law & Psychology Review* 1 (2006).

率等问题,近年来我国官方机构和民间组织在充分利用现代网络技术基础上,先后展开了多方面的努力和尝试,相继分别推出了"儿童失踪信息紧急发布平台"和"中国儿童失踪预警平台"(CCSER)。但是,被诱拐儿童快速解救机制在我国尚属新生事物,尚需积累更多有益经验。鉴于此,本文拟对美国安珀警报系统的构建历程、运行标准、运行效果以及对其受到的批评质疑进行考察,以期对我国早日建成一套覆盖全国、行之有效的诱拐儿童犯罪快速解救机制有所助益。

本文的实证数据资料主要来源于美国联邦司法部网站提供的"全国失踪与受虐儿童中心"(NCMEC)制作的分析报告(2005—2015)、中国法律年鉴社出版的《中国法律年鉴》(2006—2015),以及我国公安部公布的部分数据。在研究美国安珀警报系统的相关文献中,多数学者在肯定该系统功能的基础上,对其构建理论、发布标准、运行效果以及预期目标等提出了质疑,并提出了一些具有实际意义的改进建议。兹戈巴(Zgoba)在早些时候指出,媒体大量报道儿童被诱拐、被性侵以及被杀害的消息,引发了民众对儿童安全的"道德恐慌"(moral panic),而安珀警报系统正是这些"恐惧因素"作用的产物。因此,他认为安珀警报系统的构建并没有经过深思熟虑,对其可能出现的消极后果,执法当局并没有给予充分关注。[6] 格里芬等(Griffin et al.)认为,与其他针对儿童犯罪的仓促回应类似,安珀警报系统的理论假设和实践运行存在较多问题,但它的倡导者似乎对其进行了过高的评价。实证研究显示,安珀警报系统仅可适用于一些对儿童生命威胁较小的家庭诱拐案件(Family Abduction,FA),而对于有预谋的"典型"绑架案却束手无策。实践中,执法人员在一些"边缘性"案件(marginal cases)中出于谨慎或者因害怕遭到批评,以至于不加甄别地、常态化地发布警报信息。这可能会无限加重民众的注意负担,进而导致"安珀疲劳"(AMBER fatigue)产生。[7]

格里芬等(Griffin et al.)和科里等(Corey et al.)在随后发表的一系列文章中,将安珀警报系统称为执法部门的"犯罪控制表演"(crime control theater),认为其是一种仅具表面而非实质意义的犯罪控制策略。尽管安珀警报系统发挥的作用非常有限,但它足以使执法当局夸大性地向民众展示他们为儿童福利所做的贡献,而不是使执法当局以极高的热情去面对日益严峻的诱拐

---

〔6〕 Kristin Zgoba, "The AMBER Alert: The Appropriate Solution to Preventing Child Abduction?", 32 *Journal of psychiatry & Law* 71 (2004).

〔7〕 Timothy Griffin, Monica K. Miller, Jeffrey Hoppe, Amy Rebideaux, Rachel Hammack, "A Preliminary Examination of AMBER Alert's Effects", 18 *Criminal Justice Policy Review* 378 (2007).

儿童犯罪问题。[8] 米勒等(Miller et al.)和洛里等(Loria et al.)在从心理学的视角进行研究后认为,外部条件会影响民众对他人身份信息的记忆和辨认。当某人的肖像被首次曝光时,若干因素已经被证实会影响人们的辨认能力。这些因素包括:信息曝光时间的长度,信息曝光范围的深度,以及与他人不同的面部特征。责任分散效应还表明民众往往不愿意插手一些与自己无关的事情。当民众偶遇警报信息描述的犯罪嫌疑人,而恰好又有其他人在场时,责任分散效应会使民众犹豫是否应该向执法部门报告这一情况。基于此,他们认为应该重视从心理学的角度来完善安珀警报系统,以提升警报信息发布的有效性。[9]笔者认为,这些文献从不同视角对安珀警报系统提出的批评和建议,对完善我国儿童失踪信息紧急发布平台意义重大。

本文共有七个部分。第一部分为引言;第二部分和第三部分是对美国安珀警报系统构建历程和运行状况的考察;第四部分是对美国安珀警报系统受到批评的分析及回应;第五部分是对我国诱拐儿童犯罪现状和特点的考察,以及对我国诱拐儿童犯罪的应对策略与其存在的不足之处的实证分析;第六部分在结合我国社会背景基础上,就美国安珀警报系统对我国的借鉴意义进行了深入探讨;第七部分为结语。

二、美国安珀警报系统的构建历程(1996—2009)

(一)初步提出

1996年,得克萨斯州阿林顿地区的安珀·海格曼(Amber Hagerman)在家附近的停车场骑车玩耍时失踪,随后有目击证人报案称看到她被一名驾驶黑色平板卡车的男子从自行车上强行带走。安珀的尸体后来被发现于离家3.2英里(约5.1公里)的一条水沟边。但是,这起儿童诱拐谋杀案至今没有被警方侦破,犯罪嫌疑人仍然逍遥法外。[10] 达拉斯沃尔斯堡地区民众对此非常愤怒,纷纷向地方电台打电话以示他们对执法当局的不满,并提出各种建议以防止此类

---

[8] Timothy Griffin, Monica K. Miller, "Child Abduction, Amber Alert, and Crime Control Theater", 33 *Criminal Justice Review* 159 (2008); Corey Jessup & Monica K Miller, "Fear, Hype, and Stereotypes: Dangers of Overselling the AMBER Alert Program", 8 *Albany Government Law Review* 467(2015).

[9] Miller & Clinkinbeard, "Improving the AMBER Alert System: Psychology Research and Policy Recommendations", *supra* note [5]; Monica K. Miller, Timothy Samantha S. Clinkinbeard, Rebecca M. Thomas, "The Psychology of AMBER Alert: Unresolved Issues and Implications", 46 *The Social Science Journal* 111(2009); Lorie L. Sicafuse, Monica K. Miller, "Social Psychological Influences on the Popularity of AMBER Alert", 37 *Criminal Justice and behavior* 1237 (2010).

[10] Jennifer D. Greer, Po-Lin Pan, David Flores, Marti Cecilia Collins, "Priming and Source Credibility Effects on Individual Responses to AMBER and Other Mediated Missing Child Alerts", 49 *The Social Science Journal* 295 (2012).

犯罪的再次发生。其中,一位名叫戴安娜·西蒙(Diana Simone)的当地居民提议[11]:当发现儿童被诱拐后,应当允许利用紧急警报系统(Emergency Alert System,EAS)通知民众;随着民众对报警信息反应意识的提升,反馈回的案件线索就可以协助执法当局展开调查。她向当地广播公司邮寄了一封信,并要求以此来纪念安珀·海格曼。

广播公司利用紧急警报系统(EAS)向民众发布被诱拐儿童和犯罪嫌疑人的信息,与利用紧急警报系统向民众发布恶劣天气信息的原理相同。支撑这一想法的观点是快速反应机制可以挽救被诱拐儿童的生命,即通过紧急警报系统向民众发布失踪儿童或者犯罪嫌疑犯的信息,以便民众可以向执法当局及时提供相关线索来解救被诱拐儿童。该建议很快引起了当地广播公司管理层的重视。在经过多番讨论后,广播公司决定与地方执法部门合作,尝试构建一套解救被诱拐失踪儿童的快速反应机制。这一计划很快得到了"全国失踪与受虐儿童服务中心"(NCMEC)的大力支持,该中心在全国范围内发出了构建被诱拐儿童应急响应系统的倡议。[12] 最终该倡议逐渐演变成现在美国民众所熟知的、用于纪念安珀·海格曼的"美国失踪人口:广播紧急回应"(America's Missing:Broadcast Emergency Response,AMBER)。[13] 安珀警报系统的运行流程大致可划分为三个阶段:

第一,执法部门接到诱拐儿童报案信息后进行核实,并将经核实符合安珀警报发布标准的信息,须迅速通知应急管理部门(Emergency Management Division)、广播公司(Broadcaster)、运输部门(Department of Transportation),由上述机构向案发区域民众及时发布警报信息;

第二,执法部门根据民众提供的案件线索展开调查,并尽可能在案发后快速、安全地寻回被诱拐儿童[14];

第三,被诱拐儿童被寻回后,执法部门申请结案并撤销已发布的警报信息。

在联邦司法部推动下各州建立起的安珀警报系统,在一定程度上汲取了阿林顿地区的成功经验,并严格遵循了司法部随后发布的一系列准则要求,各州之间的警报系统在某种程度上具有相当的一致性。

就警报信息的具体发布流程而言,各州拟定的计划可能有些许不同,但整体上差别不大。以华盛顿州安珀警报系统的发布流程为例[15](如图 1 所示),

---

[11] National Center for Missing & Exploited Children® 2014 AMBER Alert Report, p. 5.

[12] Id., p. 5.

[13] Jessup & Miller, "Fear, Hype, and Stereotypes: Dangers of Overselling the AMBER Alert Program", *supra* note [8].

[14] Lisa Rodriguez, "A National Amber Alert Plan: Saving America's Children", 28 *Seton Hall Legislative Journal* 169 (2003).

[15] Washington Statewide AMBER Alert Plan, p. 7.

执法部门在接到报案信息后进行审查,信息经审查被核准,执法部门立即启动安珀警报系统。反之,则需要执法部门进一步调查,信息在经过审核被批准后系统才能被启用。如果被诱拐儿童的相关信息需要更新,执法部门可以在做出相应变更后再次启动安珀警报系统,直到结案后方可撤销已发布的警报信息。

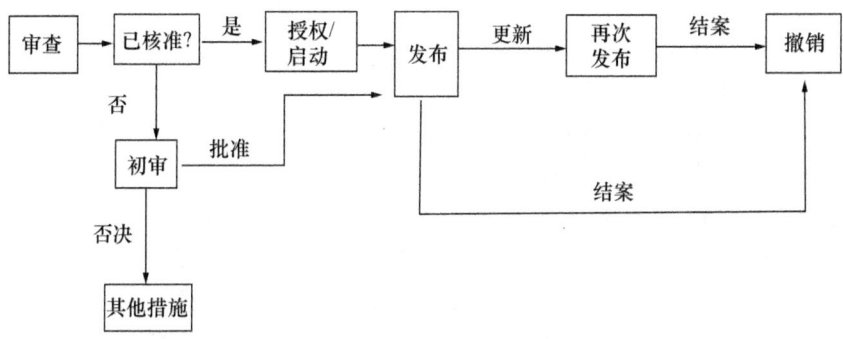

图1　安珀警报信息的发布流程

(二)具体展开

根据美国联邦司法部网站提供的资料,在 1996 年到 2001 年之间的最初阶段,安珀警报计划的执行并没有取得令人满意的预期目标,仅有四个州展开了此项计划。而直到 2002 年该计划才在全国引起了各州政府和民众的重视。因为在第一次关于"失踪、被虐待以及离家出走儿童"(Missing, Exploited, and Runaway Children, MERC)白宫会议上,安珀警报系统全面构建的提议成为民众关注的焦点。[16] 乔治·W.布什总统要求联邦司法部协助各州建立自己所属区域范围的安珀警报系统,并要求联邦司法部长任命首任全国安珀警报协调官,以促进各州和地区安珀警报信息服务平台的构建。紧接着,联邦司法部司法规划办公室副司法部长黛博拉·J.丹尼尔斯(Deborah J. Daniels)被任命为第一任全国安珀警报协调官。2003 年 4 月,乔治·W.布什总统签署了《检察救济和其他措施结束当下剥削儿童法》(The Prosecutorial Remedies and Other Tools to End the Exploitation of Children Today, PROTECT Act),全面地提升了执法当局阻止、调查、起诉以及惩处针对儿童暴力犯罪的能力。此法案整合了联邦司法部之前设置的安珀警报协调官的职责,并赋予协调官如下职责:促进安珀警报网络系统的构建;支持各州开展构建安珀警报系统的计划;帮助消除安珀警报网络系统在地理上的空白;提供地区间安珀警报网络系统的协作;拟定并发布安珀警报的指引标准。2004 年,联邦

---

〔16〕 *AMBER Alert Timeline*,at http://www.amberalert.gov/pdfs/AMBERAlertTimeline-508c.pdf(last visited on Nov. 25, 2016).

司法部为广播公司、执法部门、交通管理部门以及社会公众,启用安珀警报系统制定了指引性信息发布标准,但并没有强制要求各州制定的信息发布标准与其完全相同。最终大多数州制定的信息发布标准与联邦司法部推荐的相接近。这为后来在全国构建一个统一的、彼此能够协作的安珀警报系统,以减少因不同州之间因信息发布标准不同而造成可能的致命延误具有重要作用。

2005 年 2 月,夏威夷州成为第 50 个在自己所属范围构建成安珀警报系统的州。这标志着美国全国性的安珀警报网络系统初步建成。随后,联邦司法部联合其他政府部门和无线通信公司宣布,无线设备用户可以通过安珀警报无线信息传输系统,选择性地接收特定地域范围内的警报信息。同年 11 月,联邦司法部率先在全国范围内发起了培训"儿童诱拐应对小组"(Child Abduction Response Teams,CART),目的是在发生诱拐案件和儿童失踪案件时协助地方执法部门。"儿童诱拐应对小组"(CART)可以应用于所有的儿童失踪案件,并可以作为安珀警报系统的配置部分。[17] 2006 年 5 月,联邦司法部、无线通信基金会以及"全国失踪与受虐儿童服务中心"与公益广告协会合作,发起了一个全国性多媒体公共服务活动,通过报纸、广播、户外以及网络广告,鼓励民众注册并通过其无线设备接收安珀警报信息。2006 年 7 月,联邦司法部宣布已率先同部落首领对话,准备将安珀警报系统引入印第安人领地,以构建一个无缝隙的全国性安珀警报网络系统。2007 年 9 月,联邦司法部着手将安珀警报系统引入部分印第安人部落,选取了 10 个部落居住点作为其他美洲原住民社区的示范性基地,并授权负责批准次级机构(secondary distributors)发布警报信息事宜的"全国失踪与受虐儿童服务中心"(NCMEC),和"我的空间"(MySpace,MS)以及运输安全管理局,就拓宽安珀警报信息发布的次级网络系统,建立了合作伙伴关系。2008 年 5 月,美国户外广告协会(Outdoor Advertising Association of America,OAAA)加入了发布安珀警报信息次级网络系统。到 2009 年底,全美 50 个州、华盛顿哥伦比亚特区、波多黎各自治邦(The Commonuealth of Puerto Rico)以及美属维京群岛(U. S. Virgin Islands),都构建了自己所属区域的安珀警报系统。此外,安珀警报系统也被加拿大各省采纳,并可被延展适用于与墨西哥边境相连的各州。

---

〔17〕 "儿童诱拐应对小组"(CART)可以适用于儿童被诱拐或失踪后不符合启动安珀警报系统信息发布标准的情形。*Child Abduction Response Team Training*, at https://www. ncjtc. org/AmberAlert/Courses/AMBER％20Alert％20Courses％20％20Example％20Agendas/CART_Flyer_Franklin_WI_April_19_22_2016. pdf(last visited on Nov. 25, 2016).

三、美国安珀警报系统的实践运行

（一）运行标准

2003 年通过的《检察救济和其他措施结束当下剥削儿童法》（The Prosecutorial Remedies and Other Tools to End the Exploitation of Children Today，RROTECT），要求联邦司法部任职的安珀警报协调官就警报信息的发布拟定最低的指引标准，但各州可以根据本州的具体情况决定是否采纳。联邦司法部随后制定了可供各州参考的全国性安珀警报发布标准，并建议在报警信息符合以下标准时执法部门才能启用安珀警报系统：

其一，执法部门有合理的理由相信诱拐已经发生。在警报信息发布之前，要求执法部门确认儿童诱拐案是否已经发生，这对于评估被诱拐儿童所处危险的状态至关重要。显然，非家庭诱拐（Nonfamily Abduction，NFA）[18]对被诱拐儿童的人身安全威胁最大，当然这也是启动安珀警报系统最常见的情形。但当发生儿童诱拐案时，在缺乏足够信息的前提下贸然启动安珀警报系统，不仅可能使得安珀警报系统被肆意滥用，长此以往还有可能会削弱乃至消减安珀警报系统解救被诱拐儿童的功能。执法人员必须根据每一个案件报案时报案人员所描述该案特征的全部信息，对该案的案件类型进行全面评估。然而，在没有任何规则可循的情况下，执法人员应该根据自己的工作经验迅速做出判断。不过，建立于证据基础上的案件类型划分才是最可靠的评估方式。

其二，执法部门相信儿童有立即受到重伤或死亡的危险。安珀警报系统的启动需要被诱拐儿童处于危险之中，而且被诱拐儿童必须有受到重伤或者死亡的危险。该标准同样要求执法人员认识到，非家庭诱拐（NFA）对于被诱拐儿童的人身安全威胁最大。[19]但值得注意的是，执法人员除了要求必须明白无误地理解安珀警报的发布标准外，还必须及时、准确地搜集、反馈案件信息。因为随着案件调查的逐渐深入，执法人员可能会根据新查获的信息再次对案件进

---

[18] 执法部门在启动安珀警报系统之前，需要根据案件性质对报警信息进行分类，包括：（1）家庭诱拐（Family Abduction，FA），是指父母一方、其他家庭成员、代理人，剥夺父母另一方或其他家庭成员监护权（包括探视权），将未满 18 周岁的儿童带走、扣留或者隐藏的行为；（2）非家庭诱拐（Nonfamily Abduction，NFA），是指与儿童没有血缘或姻亲关系的人，强制、非法带走未满 18 周岁儿童，或者因其他犯罪目的而将儿童诱拐走的行为；（3）走丢、受伤或其他失踪（Lost，Injured，or Otherwise Missing，LIM），是指没有足够证据证明未满 18 周岁的儿童失踪的原因，或者未满 10 周岁儿童自动失踪的情形。这些也可归入"有生命危险的失踪"（Endangered Missing）；（4）有生命危险的离家出走（Endangered Runaway，ERU），是指没有经父母或者法定监护人同意，介于 11 岁到 17 岁之间的儿童自动失踪。National Center for Missing & Exploited Children® 2014 AMBER Alert Report，*supra* note [11]，p. 6.

[19] Jessup & Miller，"Fear，Hype，and Stereotypes：Dangers of Overselling the AMBER Alert Program"，*supra* note [8].

行分类和评估,并决定是否撤回或者更正已发布的警报信息。[20] 比如,发布安珀警报时执法人员可能相信该案是一起非家庭诱拐(NFA)案,但经过调查后最终查明该案实际上是一件有生命危险的离家出走案(Endangered Runaway,ERU)。所以,执法人员除了认真对待案件事实之外,还应该根据自己的工作经验迅速对案件做出判断,以此来评估被诱拐儿童是否有遭遇人身严重伤害或者面临死亡的危险。

其三,有受害人和诱拐案的详细描述,供执法部门发布警报信息,以帮助寻回被诱拐儿童。安珀警报系统之所以能安全寻回被诱拐儿童,在于其有一套向民众发布警报信息的完整系统机制,让民众明白需要寻找什么、和谁联系以及正处于紧急危险的状况。[21] 当然,这要求报案人员和执法部门尽可能多地搜集、调查被诱拐儿童、诱拐儿童嫌犯以及诱拐儿童嫌犯作案车辆的详细信息。决定安珀警报发布成功与否的关键因素,除了快速、及时向民众发布警报信息,警报信息本身的详细程度也是决定能否安全寻回被诱拐儿童的重要因素。因此,执法部门在发布安珀警报之前必须要详细评估向民众发布的警报信息,这可以提高其寻回被诱拐儿童以及逮捕犯罪嫌疑人的概率。所以,信息发布标准要求尽可能详细地提供被诱拐儿童的相关信息、儿童被诱拐时的情形以及诱拐者和其所驾驶汽车的信息。因为在发布警报信息时如果缺乏儿童诱拐案件的重要信息,这有可能使得安珀警报系统被滥用,最终削弱乃至消减其解救被诱拐儿童的功能。

其四,被诱拐者是未满17岁(包含17岁)的儿童。在美国,跨州诱拐儿童案件时有发生。每次发布的警报信息可能会涉及一名或者一名以上的被诱拐儿童,并且该信息可能在州或区域的、地区的、局部地区的范围内发布。而安珀警报系统一旦被启用,最先发布警报信息州的协调员,有可能要求将该信息转发到其他州或区域,这样就形成了一个跨州的(multistate)或跨区域的(multiterritorial)发布状态。[22] 但是,根据执法部门调查后反馈的结果,安珀警报的发布一般有地理范围限制。警报信息可能会在多个州或者跨区域的范围内被发布,但基本上不会在全国性的范围内被发布。为促进各州之间在警报信息发布上的合作,信息发布标准趋同甚至一致,其中尤其以年龄的划分标准最为关键。虽然大多数州的发布标准对被诱拐儿童的年龄做了相应要求,但被

〔20〕 National Center for Missing & Exploited Children® 2014 AMBER Alert Report, *supra* note〔11〕, pp. 6-7.

〔21〕 Rodriguez, "A National Amber Alert Plan: Saving America's Children", *supra* note〔14〕.

〔22〕 州(state)或区域的(territorial)警报信息是指该警报信息在该州的或该区域的范围内发布;地区的(regional)警报信息是指该警报信息在多个县(county)的范围内发布;局部地区的(local)警报信息是指该警报信息在一个县或者更小的范围内发布。National Center for Missing & Exploited Children® 2014 AMBER Alert Report, *supra* note〔11〕, p. 6.

诱拐儿童年龄的划分标准却呈现出极大不同。一些州信息发布标准规定的年龄上限是 10 岁，一些是 12 岁，而其他的甚至是 14 岁、15 岁或者 16 岁。[23] 信息发布标准中不同年龄的划分标准，使得各州之间的合作颇为不便，甚至制造了很多障碍。所以，这种年龄划分标准不同导致警报信息在其他州发布困难的情况，有可能会削减安珀警报系统在快速、安全寻回被诱拐儿童方面所发挥的作用。

其五，儿童的名字和其他关键数据，附带"儿童诱拐"标示后，被上传到"国家犯罪信息中心"（National Crime Information Center，NCIC）的数据库。执法人员最终确认需要发布警报信息的案情属实的，会迅速将案件资料上传到国家犯罪资料中心（NCIC）的系统和联邦调查局。在资料被传入联邦调查局所属的国家犯罪资料中心时，文本资料需要详细记载儿童被诱拐时的所有情况，并且该案件被及时标示为"儿童诱拐"。这些信息资料可帮助执法人员判断儿童被诱拐时的情形、可能面临的危险以及搜寻的大致范围。但大多数州制定的信息发布标准并没有被强制要求数据上传至国家犯罪资料中心，这一疏漏可能会削弱安珀警报系统解救被诱拐儿童的功能。[24]

（二）运行效果

联邦司法部和各州政府的密切合作，使安珀警报系统从得克萨斯州阿林顿地区逐渐遍及全国，成为民众所熟知的全国性安珀警报信息服务平台。该系统就其自身的构建历程来看无疑是成功的，但它的实际运行效果如何呢？有数据统计，2002 年以来全美解救的被诱拐儿童中，通过安珀警报系统寻回的约占 80%。[25] 笔者统计美国联邦司法部网站提供的历年分析报告后发现，2005 年到 2015 年安珀警报系统共解救被诱拐儿童 634 名（见图 3）[26]。而根据已披露的部分成功案例，值得一提的是，部分犯罪嫌疑人在获知发布的警报信息后主

---

〔23〕 *Guidelines for Issuing AMBER Alerts*，at http://www. amberalert. gov/guidelines. htm(last visited on Nov. 25，2016).

〔24〕 *Id.*

〔25〕 Miller & Clinkinbeard，"Improving the AMBER Alert System：Psychology Research and Policy Recommendations"，*supra* note〔5〕.

〔26〕 National Center for Missing & Exploited Children® 2005 AMBER Alert Report，p. 14；National Center for Missing & Exploited Children® 2006 AMBER Alert Report，p. 27；National Center for Missing & Exploited Children® 2007 AMBER Alert Report，p. 29；National Center for Missing & Exploited Children® 2008 AMBER Alert Report，p. 29；National Center for Missing & Exploited Children® 2009 AMBER Alert Report，p. 28；National Center for Missing & Exploited Children® 2010 AMBER Alert Report，p. 29；National Center for Missing & Exploited Children® 2011 AMBER Alert Report，p. 27；National Center for Missing & Exploited Children® 2012 AMBER Alert Report，p. 27；National Center for Missing & Exploited Children® 2013 AMBER Alert Report，p. 27；National Center for Missing & Exploited Children® 2014 AMBER Alert Report，*supra* note〔11〕；p. 28；National Center for Missing & Exploited Children® 2015 AMBER Alert Report，p. 28.

动释放了被诱拐儿童。总之,安珀警报系统对预防和控制诱拐儿童犯罪取得了一定成效。具体来看,主要体现在以下三个方面:

其一,信息发布数量和涉及儿童人数整体上呈下降趋势,而解救儿童人数与涉及儿童人数、成功案件数量与已结案件数量的比值却呈上升趋势。

一方面,根据图 2[27] 统计的数据,2005 年到 2015 年这 10 年间警报信息发布总数量与涉及儿童人数整体上呈逐年下降趋势。尤其是 2005 年到 2008 年以及 2009 年到 2011 年之间,警报信息的发布总数量分别从 275 条减少到 194 条、208 条减少到 158 条;同样,涉及儿童人数分别由 338 名减少到 256 名、264 名减少到 197 名。需注意的是,尽管 2008 年到 2009 年以及 2011 年到 2014 年之间,信息发布总数量和涉及儿童人数略有上升,但波动的幅度较小。由此可见,安珀警报系统在一定程度上减少了诱拐儿童犯罪的发生。

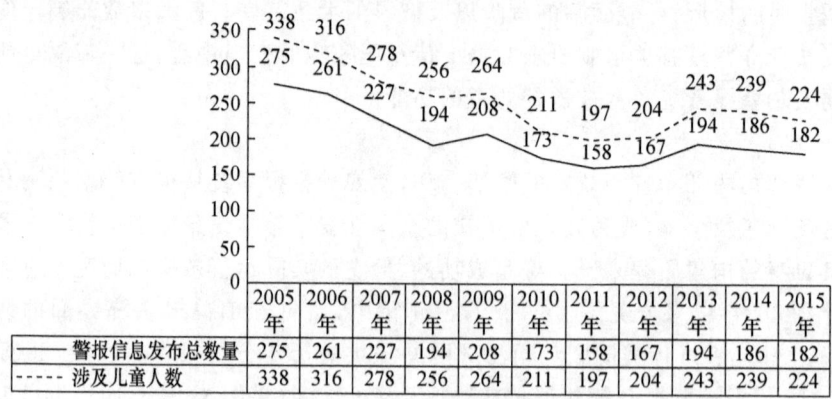

	2005年	2006年	2007年	2008年	2009年	2010年	2011年	2012年	2013年	2014年	2015年
警报信息发布总数量	275	261	227	194	208	173	158	167	194	186	182
涉及儿童人数	338	316	278	256	264	211	197	204	243	239	224

图 2　信息发布数量与涉及儿童人数变化趋势(2005—2015)

另一方面,根据图 3[28] 和图 4[29] 统计的数据,2005 年到 2015 年解救儿童人数与涉及儿童人数、成功案件数量与已结案件数量的比值大体上呈上升趋势。虽然解救儿童人数与涉及儿童人数的比值,每年变化的幅度不大,甚至在 2007 年到 2011 年之间有倒退的趋势,但整体上看二者的比值呈上升趋势。例如,2011 年到 2012 年之间由 17% 上升到了 33%,增加了 6 个百分点;2013 年到 2014 年之间由 21% 上升到了 30%,增加了 9 个百分点;而 2005 年到 2014 年之间由 18% 上升到了 30%,增加了 12 个百分点。同样,成功案件数量与已结案件数量的比值,每年变化的比值相差不大但总体上呈上升趋势。又如,

〔27〕 *Id.*, p. 6; p. 7; p. 8; p. 8; p. 8; p. 8; p. 8; p. 8; p. 8; p. 8; p. 8.
〔28〕 *Id.*, p. 6-14; p. 7-27; p. 8-29; p. 8-29; p. 8-28; p. 8-29; p. 8-27; p. 8-27; p. 8-27; p. 8-28; p. 8-28.
〔29〕 *Id.*, p. 6-14; p. 7-27; p. 8-29; p. 8-29; p. 8-28; p. 8-29; p. 8-27; p. 8-27; p. 8-27; p. 8-28; p. 8-28.

2005 年到 2007 年由 22％上升到 26％,增加了 4 个百分点;2010 年到 2012 年由 19％上升到 33％,增加了 14 个百分点;2013 年到 2014 年由 22％上升到 34％,增加了 12 个百分点。这表明,安珀警报系统在解救被诱拐儿童方面发挥了重要作用及力量。

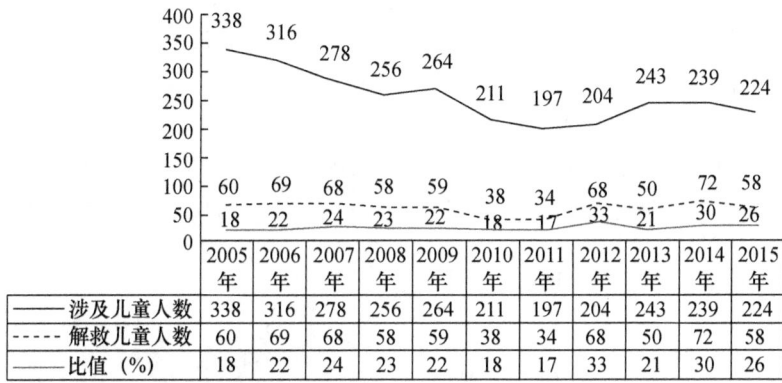

	2005年	2006年	2007年	2008年	2009年	2010年	2011年	2012年	2013年	2014年	2015年
——涉及儿童人数	338	316	278	256	264	211	197	204	243	239	224
----解救儿童人数	60	69	68	58	59	38	34	68	50	72	58
——比值（%）	18	22	24	23	22	18	17	33	21	30	26

图 3　解救儿童人数与涉及儿童人数比值变化趋势(2005—2015)

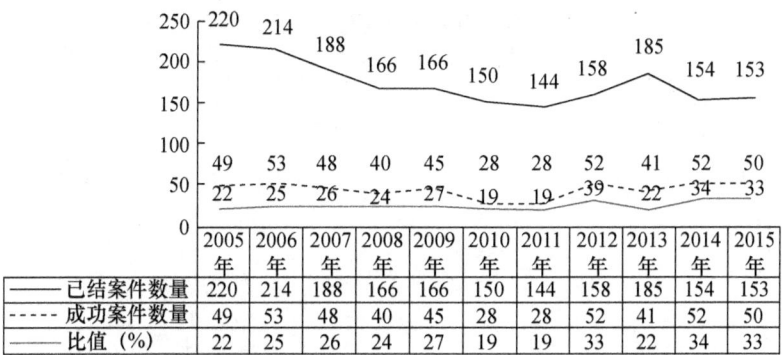

	2005年	2006年	2007年	2008年	2009年	2010年	2011年	2012年	2013年	2014年	2015年
——已结案件数量	220	214	188	166	166	150	144	158	185	154	153
----成功案件数量	49	53	48	40	45	28	28	52	41	52	50
——比值（%）	22	25	26	24	27	19	19	33	22	34	33

图 4　成功案件数量与已结案件数量比值变化趋势(2005—2015)

其二,实践中对儿童生命威胁最大的非家庭诱拐(NFA)警报信息的发布量明显呈下降趋势,而对儿童生命威胁较小的家庭诱拐(FA)警报信息的发布量却呈上升趋势。

首先,根据图 5[30] 统计的数据,2005 年到 2015 年非家庭诱拐的发案率明显呈下降趋势。2005 年非家庭诱拐(NFA)的信息发布量为 101 条,大约占警报信息发布总量的 37％,而 2015 年非家庭诱拐(NFA)的信息发布量仅 47 条,大约占警报信息发布总量的 26％,较 2005 年减少了 11 个百分点。这表明安

〔30〕　*Id.*, p. 6;p. 7;p. 8;p. 8;p. 8;p. 8;p. 8;p. 8;p. 8;p. 8.

珀警报系统对儿童生命威胁最大的非家庭诱拐(NFA)具有显著的威慑功能。其次,根据图5和图6[31]统计的数据,2005年到2015年历年来家庭诱拐(FA)的信息发布量要高于非家庭诱拐(NFA)的,同时家庭诱拐(FA)信息发布量与警报信息发布总量的比值逐年呈上升趋势。其中,尤其以2009年比例最高,家庭诱拐信息(FA)发布量大约占警报信息发布总量的60%。在警报信息发布总数量逐年下降的趋势下,家庭诱拐(FA)在信息发布总量中的比值却逐年上升。这些数据直接或者间接表明了安珀警报系统对减少非家庭诱拐(NFA)起到的积极效果。在绝大多数包含从肯定和否定的不断强化获得顺序的情景中,犯罪与刑罚之间有着内在的联系。[32] 只有使犯罪与刑罚之间衔接紧凑,才能期望相关的刑罚概念能够使那些粗俗的头脑从诱惑他们的或者有利可图的犯罪

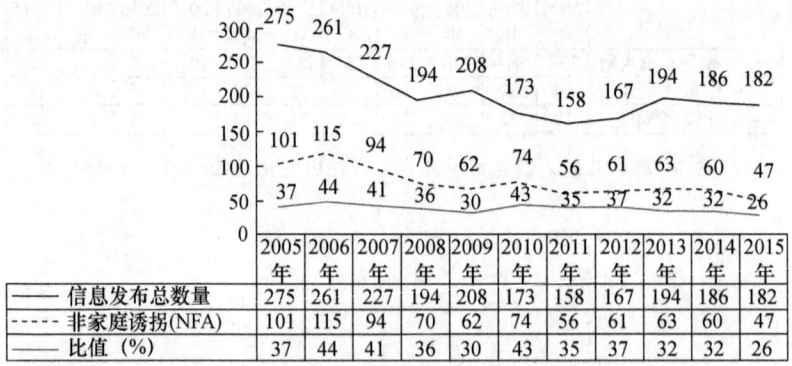

	2005年	2006年	2007年	2008年	2009年	2010年	2011年	2012年	2013年	2014年	2015年
信息发布总数量	275	261	227	194	208	173	158	167	194	186	182
非家庭诱拐(NFA)	101	115	94	70	62	74	56	61	63	60	47
比值(%)	37	44	41	36	30	43	35	37	32	32	26

图5　非家庭诱拐(NFA)与信息发布总数量比值变化趋势(2005—2015)

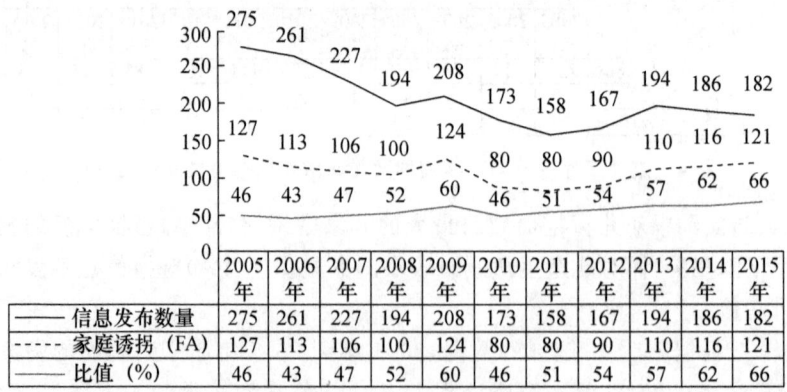

	2005年	2006年	2007年	2008年	2009年	2010年	2011年	2012年	2013年	2014年	2015年
信息发布数量	275	261	227	194	208	173	158	167	194	186	182
家庭诱拐(FA)	127	113	106	100	124	80	80	90	110	116	121
比值(%)	46	43	47	52	60	46	51	54	57	62	66

图6　家庭诱拐(FA)与信息发布数量比值变化趋势(2005—2015)

---

〔31〕　*Id.*, p. 6; p. 7; p. 8; p. 8; p. 8; p. 8; p. 8; p. 8; p. 8; p. 8; p. 8.

〔32〕　参见〔美〕卜思天·M. 儒攀基奇:《刑法——刑罚理念的批判》,何慧新等译,中国政法大学出版社2002年版,第104页。

场景中立刻猛醒过来。推迟刑罚产生的结果只会使这两个概念分离开来;虽然推迟刑罚也可给人以惩罚犯罪的印象,但它造成的印象不像是惩罚而像是表演。[33] 由此可知,迅速而确定地发现犯罪并使其受到惩罚,比拖延、极不可能发现并惩罚犯罪,更能威慑诱拐犯罪嫌疑人特别是非家庭诱拐(NFA)犯罪嫌疑人。

其三,执法部门根据民众反馈的案件线索展开调查,所以安珀警报系统的运行效果也体现在民众的参与方面。

实践中,在发挥技防(技术设施预防)和物防(用物质装置预防)对于犯罪的现实作用和特殊预防优势的同时,应强调人防(组织人力、发动群众预防)是关键,不能用物防和技防的作用来代替人防的作用。[34] 根据表1统计的数据,在2015年通过安珀警报系统成功解救被诱拐儿童的各种原因中,涉及民众因素的有五个[35]:第一,民众或执法部门根据警报信息辨认出了作案车辆。该类型案件数量为21起,占成功解救儿童案件数量的42%;成功解救儿童人数为27名,约占成功解救儿童总人数的47%。第二,民众或执法部门根据警报信息辨认出了被诱拐儿童以及/或者诱拐者。该类型案件数量为4起,占成功解救儿童案件数量的8%;成功解救儿童人数为5名,约占成功解救儿童总人数的9%。第三,执法部门收到民众提供的线索。该类型案件数量为7起,占成功解救儿童案件数量的14%;成功解救儿童人数为8名,约占成功解救儿童总人数的14%。第四,民众知晓诱拐者或者被诱拐儿童的行踪。该类型案件数量为6起,占成功解救儿童案件数量的12%;成功解救儿童人数为6名,约占成功解救儿童总人数的10%。第五,民众获悉警报信息后说服诱拐者自首。该类型案件数量为2起,占成功解救儿童案件数量的4%;成功解救儿童人数为2名,约占成功解救儿童总人数的3%。可见,民众因素涉及的案件数量有40起,占成功解救儿童案件数量的80%,成功解救儿童人数为48名,约占成功解救儿童总人数的83%。以上数据表明,民众在参与执法部门解救被诱拐儿童工作中发挥了重要作用,诱拐儿童犯罪预防控制离不开民众的支持,依靠民众是打击此类犯罪不可或缺的一项重要原则。

---

[33] 参见〔意〕切萨雷·贝卡利亚:《论犯罪与刑罚》,黄风译,中国法制出版社2005年版,第70页。

[34] 参见张远煌:《犯罪学原理》,同前注〔3〕,第483页。

[35] National Center for Missing & Exploited Children® 2015 AMBER Alert Report, *supra* note〔26〕, p. 29.

表 1 成功解救原因总结（2015 年）

成功解救原因	案件数量	所占百分比（%）	儿童人数	所占百分比（%）
民众或执法部门根据警报信息辨认出了作案车辆	21	42	27	47
民众或执法部门根据警报信息辨认出了被诱拐儿童以及/或者诱拐者	4	8	5	9
执法部门收到民众提供的线索	7	14	8	14
民众知晓诱拐者或者被诱拐儿童的行踪	6	12	6	10
诱拐者获悉警报信息后释放被诱拐儿童	10	20	10	17
民众获悉警报信息后说服诱拐者自首	2	4	2	3
共计	50	100	58	100

四、美国安珀警报系统受到的批评及对批评的回应

如前所述，通过联邦司法部和各州政府的共同努力，安珀警报系统在解救被诱拐儿童方面发挥了重要作用。但对其构建理论、发布标准以及预期目标不乏有学者提出了批评质疑。

（一）道德恐慌驱使下的犯罪控制表演

犯罪嫌疑人针对儿童实施的暴力威胁，历来为倡导儿童保护的道德恐慌者提供了强有力的立法动力。1981 年亚当·沃尔什（Adam Walsh）被残忍杀害就刺激了一项立法仓促的产生。[36] 广泛的媒体关注引发倡议者的急切呼吁，过于笼统的定义和不实的失踪儿童人数，与诸如亚当·沃尔什谋杀案这种耸人听闻的典型案件结合，导致公众对儿童诱拐案的非理性评估，以及受害儿童恐慌症。[37] 犯罪控制政策的公共导向通过筛选社会问题成为人们头脑的过滤器，尽管受害儿童恐慌症现在有所消解，但其对人们关于犯罪与正义认识的影响继续存留。而只要某种偏见在头脑中被牢固树立，那么仅需要一个偶然的事件就可以煽动潜在郁积起的灰烬将另一个公众关心的问题点燃。地方执法部门向联邦调查局提供失踪儿童信息，以及联邦政府支持的"全国失踪与受虐儿童服务中心"（NCMEC），正是道德恐慌驱使下执政者的"犯罪控制表演"（Crime Control Theater）。[38]

---

〔36〕 Michelle Hammond, Monica K. Miller, Timothy Griffin, "Safe Haven Laws as Crime Control Theater", 34 *Child Abuse & Neglect* 545 (2010).

〔37〕 Zgoba, "The AMBER Alert: The Appropriate Solution to Preventing Child Abduction?", *supra* note 〔6〕.

〔38〕 Hammond, Miller & Griffin, "Safe Haven Laws as Crime Control Theater", *supra* note 〔36〕.

批评者认为,轰动性案件引发的恐惧和不理性使得立法者们匆忙制定了许多具有纪念性的犯罪控制法规,但这是毫无意义的甚至会引发相反的效果。比如,性侵犯者的登记和通报义务,暴力犯罪再犯的"三振出局法"(three-strikes-and-you're-out),以及对性犯罪者加重处罚的规定,这些政策很少仔细探讨可能的支出和收益。与其他针对儿童犯罪的仓促应对防控政策类似,安珀警报系统的倡导者对其预期效果似乎给予了过高的评估,安珀警报计划只是表面而非实质意义上的犯罪控制政策。虽然安珀警报系统所起的作用微乎其微,但它足以使执法当局夸大性地展示他们对儿童福利所做的贡献,而不是以极高的热情去面对日益严峻的儿童诱拐问题。但公众对造成威胁的普遍性和集中性夸大认知,可能会使立法者超越客观事实层面产生错误的假想甚至具有破坏性的社会回应,用纪念性立法去解决社会造成的问题。尽管象征性地制定这些犯罪控制政策没有任何危害,但对此若抱有过高期待,可能会使执法当局和社会公众对犯罪产生错误的认知。而官方迫于强大的舆论压力采取措施阻止此类犯罪的发生,这仅表明在确有此类案件的发生时当局有能力迅速展开行动。

但笔者认为这种质疑缺乏根据,批评者并没有对安珀警报系统的功能和价值做出理性、客观的评价。有研究发现在被诱拐儿童被杀害的案中,谋杀通常发生在儿童被诱拐后的三小时内。[39] 向民众快速、准确发布儿童诱拐或失踪信息,这关系到被诱拐儿童或者失踪儿童能否被成功解救或寻回。当民众意识到有一套值得信赖的机制可以快速、安全地寻回被诱拐儿童时,也乐于协助执法部门并提供与案件相关的线索。根据联邦司法部历年来提供的数据(2005—2015),被诱拐儿童数量整体上逐年下降,尤其是对被诱拐儿童生命威胁最大的非家庭诱拐(NFA)案件明显减少。这表明,安珀警报系统对诱拐儿童犯罪起到了一定的威慑功能。安珀警报系统的构建并非是儿童权益保护者个人意志的体现,它从得克萨斯州阿林顿地区最先被提出到最终遍及美国联邦各州和地区历经了14年,这充分体现了美国政府(包括联邦政府和各州政府)和民众在保护被诱拐儿童方面做出的积极努力以及重视儿童保护的理念。事实上,安珀警报系统是一套被民众广泛认可、具有较高价值的社会综合反拐机制,受到了其他国家和地区的纷纷效仿。这一遍布于全美各州和地区的被诱拐儿童快速解救机制,现受联邦司法部和"全国失踪与受虐儿童中心"(NCMEC)共同监管,其运行效果得到了公共安全组织以及儿童权益保护者的一致好评。同时,安珀警报系统取得的一系列重大成功,也促进了民众融入该快速解救机制运行的热情。所以,安珀警报系统是美国犯罪控制政策制定中重视实效、关注弱势群体的一个缩影,是解救被诱拐儿童或失踪儿童的重要机制。

(二)对"反应速度越快越能拯救生命"存疑

1996年,得克萨斯州阿林顿地区的安珀·海格曼被诱拐后惨遭杀害,这促

---

〔39〕 Griffin, "An Empirical Examination of AMBER Alert 'Successes'", *supra* note 〔4〕.

成了现在民众所熟知的被诱拐儿童快速反应机制——安珀警报系统的构建。事后，报案人员称其目睹了安珀被强行带走时的情形，有民众受此启发并向当地广播公司提议，根据广播公司通过紧急警报系统发布恶劣天气的原理，假如安珀被诱拐的相关信息能够迅速公之于众，接收到案件信息的民众就有可能向执法部门提供其发现的案件线索，而执法部门据此线索就有使她有获得解救的可能。因此，安珀警报系统构建的基本理论前提之一是"反应速度越快，越能拯救生命"(faster response to save lives)。[40]

批评者认为，安珀警报系统的倡议者似乎忽略了其他因素的存在。比如，几乎可以肯定造成被诱拐儿童死亡的因果关系中暗含的犯罪人"预谋"(intent)和"本性"(nature)因素，比反应速度更为重要。[41] 被诱拐儿童在这些案件中死亡的可能性更大，而试图用一些简单的方法来阻止被诱拐儿童被谋杀，可能会促使犯罪嫌疑人以非常残忍的速度实施犯罪。龙勃罗梭的生来犯罪人理论认为，与生俱来犯罪特质的人是由他们异常的生物特征决定的，这种具有犯罪性的生物异常特征则是通过隔代遗传(atavism)而来的。倾向犯罪人既无特殊的生理特征，也没有可以识别的精神疾病，但其情绪和精神特征在某些情况下会有特殊表现，从而使他们容易进行凶恶和残忍的犯罪行为，这类人大致相当于心理学和精神病学所说的"人格障碍者"或"病态人格者"。[42] 值得怀疑的是，诱拐和谋杀之间短暂时间考量促使了安珀警报系统的构建。然而，其他更重要的因素的存在可能会削弱该系统的基本理论前提，以至于使该系统无法起到拯救被诱拐儿童生命的作用。在一定程度上，反应速度快慢与被诱拐儿童死亡之间不必然存在正向关系，缓慢回应不一定会导致被诱拐儿童的死亡。因此，反应速度的迟缓并不一定会导致被诱拐儿童死亡结果的发生，而反应速度越快也并不一定能够安全解救被诱拐儿童。所以，安珀警报系统通常只适用于一些没有危险性的或者家庭成员实施的诱拐案件，而对有预谋的陌生人诱拐案件往往显得束手无策。更确切地讲，在恶性的儿童诱拐案中，犯罪分子若倾向于杀害被诱拐儿童，任何迅速的应急解救措施都将难以拯救被诱拐儿童的生命。

但笔者认为，一方面，执法部门将诱拐儿童相关信息迅速公之于众，民众获取警报信息后快速提供线索，对于拯救被诱拐儿童的生命非常重要。统计数据显示，在大多数被害人被诱拐后惨遭杀害的案例中，谋杀通常发生在被诱拐后

---

[40] Sicafuse & Miller, "Social Psychological Influences on the Popularity of AMBER Alert", *supra* note [9].

[41] Griffin & Miller, "Child Abduction, Amber Alert, and Crime Control Theater", *supra* note [8].

[42] 参见吴宗宪:《再论龙勃罗梭及其犯罪学研究》，载〔意〕切萨雷. 龙勃罗梭:《犯罪人论》，黄风译，中国法制出版社 2005 年版，第 14—17 页。

的 3 小时内。[43] 缓慢回应可能为儿童诱拐犯提供充分的作案时间和逃跑机
会。反应速度的迟缓可能会间接造成被诱拐儿童的死亡,因为这使得诱拐犯获
得了较为充裕的时间来完成作案。另一方面,快速回应会打乱诱拐犯的犯罪计
划。但必须注意的是,在发布相关的警报信息之前,执法人员应该事先对案件
情况做一个大致评估。如果发布警报信息可能会激怒诱拐犯,执法部门可以采
取相对平缓的应对策略。比如,以勒索钱财或报复为目的的绑架案中,为防止
诱拐者发现被绑架儿童家属报警而杀害被诱拐儿童,就不能贸然采取发布警报
信息的方式来进行解救。对此,首先应采取比较缓和的策略以确保人质的安
全。而以贩卖或收养为目的的儿童诱拐案中,诱拐犯通常不会杀害被诱拐儿童,
其作案后首先考虑的往往是如何能快速逃离案发现场,在此情形下就有必要发
布警报信息以快速解救被诱拐儿童。实际上,通过安珀警报系统快速发布警报
信息,在拯救被诱拐儿童生命安全方面发挥了重要作用。根据图 7 统计的数
据[44],美国历年来被诱拐或者失踪的儿童死亡人数维持在一个很小的幅度内,

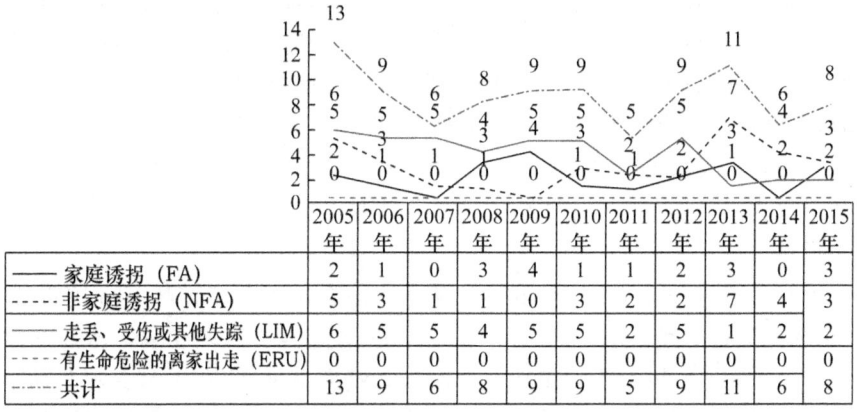

	2005年	2006年	2007年	2008年	2009年	2010年	2011年	2012年	2013年	2014年	2015年
—— 家庭诱拐 (FA)	2	1	0	3	4	1	1	2	3	0	3
---- 非家庭诱拐 (NFA)	5	3	1	1	0	3	2	2	7	4	3
—— 走丢、受伤或其他失踪 (LIM)	6	5	5	4	5	5	2	5	1	2	2
---- 有生命危险的离家出走 (ERU)	0	0	0	0	0	0	0	0	0	0	0
---- 共计	13	9	6	8	9	9	5	9	11	6	8

图 7　被诱拐儿童死亡人数(2005—2015)

〔43〕　Griffin, "An Empirical Examination of AMBER Alert 'Successes'", *supra* note 〔4〕.

〔44〕　National Center for Missing & Exploited Children® 2005 AMBER Alert Report, *supra* note 〔26〕, p. 28; National Center for Missing & Exploited Children® 2006 AMBER Alert Report, *supra* note 〔26〕, p. 28; National Center for Missing & Exploited Children® 2007 AMBER Alert Report, *supra* note 〔26〕, p. 30; National Center for Missing & Exploited Children® 2008 AMBER Alert Report, *supra* note 〔26〕, p. 30; National Center for Missing & Exploited Children® 2009 AMBER Alert Report, *supra* note 〔26〕, p. 30; National Center for Missing & Exploited Children® 2010 AMBER Alert Report, *supra* note 〔26〕, p. 30; National Center for Missing & Exploited Children® 2011 AMBER Alert Report, *supra* note 〔26〕, pp. 28-29; National Center for Missing & Exploited Children® 2012 AMBER Alert Report, *supra* note 〔26〕, p. 29; National Center for Missing & Exploited Children® 2013 AMBER Alert Report, *supra* note 〔26〕, p. 29; National Center for Missing & Exploited Children® 2014 AMBER Alert Report, *supra* note 〔11〕, pp. 41-42; National Center for Missing & Exploited Children® 2015 AMBER Alert Report, *supra* note 〔26〕, p. 40.

在各种诱拐类型中家庭诱拐(FA),非家庭诱拐(NFA),走丢、受伤或其他失踪(LIM),有生命危险的离家出走(ERU)的死亡情况无明显较大变动。

(三)信息发布标准过高造成两难局面

安珀警报系统的启动需要满足一定条件,但如果制定的警报信息发布标准不合理,解救被诱拐失踪儿童的任务就不太可能被完成。在儿童诱拐案发生后,监护人在向执法部门报案时,往往无法及时提供案件的相关信息。例如,执法部门相信儿童有立即受到重伤或死亡的危险,有受害人和诱拐案的详细描述。但在案发的初始,报案人员和执法人员通常很难对儿童诱拐案的危险程度做出详尽描述和准确判断。过高的警报信息发布条件使得民众寻求安珀警报系统帮助的愿望几乎很难实现。而执法人员如果严格按照指引的发布标准,在一些案件中不可避免地出现如下问题,即在案发时虽然无法提供详实的案件信息以满足发布标准的要求,但案件随后却被证实是一起诱拐儿童的严重犯罪案件。[45] 诺内特和赛尔兹尼克认为:"如果外在的控制把一个机构牢牢地束缚于某种特定的使命,或者使它保持对这种使命负责,那么完整性就得到保障。可是,受约束的机构变得太拘泥于它们行事的观点和方法,它们对周围环境丧失了敏感性。如果行动能够由确定的标准来衡量,那么就非常容易保持负责任;同时,在责任被严密界定并且很容易履行的地方,要求负责任也会助长不安全感和一种寻求官僚避难所的行为。"[46]因此,严格执行发布标准孕育了形式主义和退化主义,这会使得安珀警报系统本身变得僵硬,从而无法应对突发的诱拐儿童事件。

也有调查人员注意到,安珀警报系统因信息发布标准过高,在相当的数量的"边缘性案件"(marginal cases)中,由于过度谨慎而招致社会公众和儿童保护组织的批评[47],以至于执法部门可能为了避免被批评,在不符合发布标准时也倾向于"开放性"地启动该系统。这从另一个方面反映出,"开放性意味着宽泛地授予自由裁量权,以便官员的行为可以保持在灵活、适应和自我纠正错误的状态。但是,责任如果不严格,就比较容易躲避,因而存在着一种寻求于灵活性而放松约束的危险。开放性很容易退化为机会主义,即无控制地适应各种事变和压力"。[48] 问题在于执法人员如此"常态化"地忽视发布标准而"自由"启动安珀警报系统可能面临的风险却是:第一,无限加重民众对警报信息注意力

---

[45] Griffin & Miller, "Child Abduction, Amber Alert, and Crime Control Theater", *supra* note [8].

[46] 〔美〕诺内特、赛尔兹尼克著:《转变中的法律与社会》,张志铭译,中国政法大学出版社2004年版,第84—85页。

[47] Griffin & Miller, "Child Abduction, Amber Alert, and Crime Control Theater", *supra* note [8].

[48] 〔美〕诺内特、赛尔兹尼克著:《转变中的法律与社会》,同前注[46],第85页。

持续时间的负担,最终可能导致民众形成"安珀疲劳"(AMBER fatigue)[49];第二,容易导致安珀警报系统可能被滥用,善意的执法人员在匆忙发布警报信息后,最终有时信息被证实为恶作剧(hoax)和无根据(unfounded)案件(见图8)[50],或没有任何威胁的监护权纠纷案件。对此,有建议要求仅在信息严格符合发布标准时执法人员才能启动安珀警报系统。批评者认为,安珀警报系统信息发布标准制定的不合理在无意间造成了这种两难局面,系统的启动承受着规则"完整性"与"开放性"之间冲突的束缚和约束。

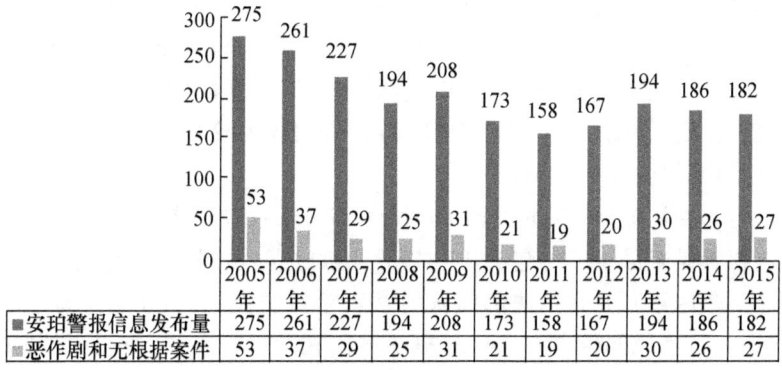

	2005年	2006年	2007年	2008年	2009年	2010年	2011年	2012年	2013年	2014年	2015年
■安珀警报信息发布量	275	261	227	194	208	173	158	167	194	186	182
▪恶作剧和无根据案件	53	37	29	25	31	21	19	20	30	26	27

图 8　恶作剧和无根据案件情况(2005—2015)

笔者认为,批评者对信息发布标准的质疑具有一定的现实意义,其注意到联邦司法部信息发布标准的不合理之处。但是,这仅是一个供各州参考的指南(guideline),并没有强制各州严格遵循其信息发布标准,各州完全可根据本州的具体情况做出适当调整。同时,不能因个别州制定的标准不合理而一概否定其他州标准的合理性。

以华盛顿州(State of Washington)的安珀警报发布标准为例,根据案件的

〔49〕 Miller, Clinkinbeard & Thomas, "The Psychology of AMBER Alert: Unresolved Issues and Implications", *supra* note〔9〕.

〔50〕 National Center for Missing & Exploited Children® 2005 AMBER Alert Report, *supra* note〔26〕, p. 6; National Center for Missing & Exploited Children® 2006 AMBER Alert Report, *supra* note〔26〕, p. 7; National Center for Missing & Exploited Children® 2007 AMBER Alert Report, *supra* note〔26〕, p. 8; National Center for Missing & Exploited Children® 2008 AMBER Alert Report, *supra* note〔26〕, p. 8; National Center for Missing & Exploited Children® 2009 AMBER Alert Report, *supra* note〔26〕, p. 8; National Center for Missing & Exploited Children® 2010 AMBER Alert Report, *supra* note〔26〕, p. 8; National Center for Missing & Exploited Children® 2011 AMBER Alert Report, *supra* note〔26〕, p. 8; National Center for Missing & Exploited Children® 2012 AMBER Alert Report, *supra* note〔26〕, p. 8; National Center for Missing & Exploited Children® 2013 AMBER Alert Report, *supra* note〔26〕, p. 8; National Center for Missing & Exploited Children® 2014 AMBER Alert Report, *supra* note〔11〕, p. 8; National Center for Missing & Exploited Children® 2015 AMBER Alert Report, *supra* note〔26〕, p. 8.

所有事实情况,以下五项标准需要同时被满足,信息才符合安珀警报系统的发布要求:第一,被诱拐者是未满 18 岁的儿童,不包括离家出走或者被遗弃的情况。第二,被诱拐儿童有受到重伤或死亡的危险。第三,案件符合安珀警报发布标准的,执法部门应该在 4 小时内启动安珀警报系统,除非有其他方面的情况或者信息及时发布要求。第四,为帮助寻回被诱拐儿童,民众应该提供足够的信息来启动安珀警报系统(尽量包含下列信息):a. 发生诱拐案的地方;b. 被诱拐儿童的身体特征,包括最后看到他/她时穿的衣服、体重、年龄、头发和眼睛的颜色、头发的长度以及任何其他可以辨别的身体特征;c. 诱拐犯的身体特征,包括大致身高、体重、头发颜色和长度、眼睛和皮肤的颜色、穿着打扮以及任何其他可以辨别的身体特征;d. 最后露面的地点;e. 作案车辆信息描述,包括颜色、构造、样式、号牌、大致使用情况(较旧或者较新)。第五,情况必须向执法部门报案并由其展开调查。[51]

　　再如,弗吉尼亚州(Commonwealth of Virginia)的安珀警报发布标准为:第一,被诱拐者是未满 17 岁(包含 17 岁)的儿童或者是在联邦注册在读的中学生(不考虑年龄因素),并且执法部门认为儿童已被诱拐(未经儿童父母或者监护人的允许强行将他们带离)。第二,执法部门相信儿童有立即受到重伤或死亡的危险。第三,执法部门通过调查核实了诱拐案的发生或者排除了其他可能情况。第四,有足够向公众发布的案件信息以帮助定位被诱拐儿童、诱拐犯,或者诱拐犯的作案车辆。第五,被诱拐儿童信息必须尽快被录入针对失踪人群的弗吉尼亚州刑事信息网络(the Virginia Criminal Information Network, VCIN)以及国家犯罪信息中心(NCIC)。如果不符合上述所有的信息发布标准,弗吉尼亚州的安珀警报不会被启动,但有危险的失踪儿童媒体警报(the Endangered Missing Child Media Alert, EMCMA)可能会被启用。[52]

　　华盛顿州和弗吉尼亚州的信息发布标准是对联邦司法部信息发布标准的进一步细化,兼顾了信息发布标准的明确性和合理性要求。当然,应该理性看待批评者对信息发布标准的质疑,这涉及安珀警报的发布是否有效以及可能会被滥用的风险。

(四)非家庭诱拐与其他类型"诱拐"混淆

　　如果儿童诱拐案的犯罪嫌疑人为有亲属关系的家庭成员,通常在警报信息发布后寻回被诱拐儿童的概率较高。但犯罪嫌疑人若为有预谋的陌生人,则寻回被诱拐儿童的可能性就十分有限。发生于家庭成员之间的儿童诱拐案,其少有造成被诱拐儿童受伤或死亡的可能。黑格尔认为,作为精神的直接实体的家

---

[51]　Washington Statewide AMBER Alert Plan, *supra* note [15], p. 4.
[52]　Virginia AMBER Alert Plan, p. 5.

庭,以爱为其规定,而爱是精神对自身统一的感觉,但在国家中就不再有这种感觉,在其中人们所意识到的统一是法律,又在其中内容必然是合乎理性的。[53] 家庭与公共政治中的内涵存在着明显差别,这里涉及人与人之间关系的属性。也有学者认为,"家庭总是以亲密关系为出发点",其目的则是确认或者重新肯定这种亲密关系,与之相对应的家庭政治就表现为家庭成员间"起于亲密关系,终于亲密关系"的一种权力游戏。[54] 因此,以"爱"和"亲密关系"为出发点建立的家庭关系,亲属对儿童的伤害是极其罕见的,由监护权之争引发的所谓家庭诱拐(FA)更是无稽之谈。而陌生人诱拐案中的犯罪嫌疑人则不同,如果其倾向于杀害或出卖被诱拐儿童,执法部门往往没有任何阻止的可能。[55] 家庭诱拐(FA)相较于有预谋的陌生人诱拐对被拐儿童的生命威胁更小,但被诱拐儿童若因监护权争议被具有监护权的亲属带走,随后在民众提供线索下被寻回,那么把解救被诱拐儿童的成功因素,完全归结于安珀警报的发布就不具有合理性。[56] 监护人或其他亲属很少有直接或间接伤害被诱拐儿童的可能,此类诱拐案的发生多起因于亲属之间对儿童抚养问题的纠纷。所以,安珀警报发布的失败通常是没有任何希望的案件,而安珀警报发布的成功仅是几乎没有任何人身威胁的情形。

虽然联邦司法部声称安珀警报系统已解救上千名儿童,但其中真正属于被诱拐儿童的人数值得怀疑。例如,2006 年 8 月联邦司法部发布消息称,到信息发布时为止安珀警报系统在 2006 年度已安全寻回 42 名儿童。但在其列举的34 条警报信息中,有 18 条涉及诱拐者是父母或者其他家庭成员,而仅有 3 条与促成安珀警报系统构建的典型诱拐案稍有关联,分别是:a. 一名年轻女孩被前男友用枪挟持;b. 一名男孩被家中不常往来的旧识带去麦当劳后失踪;c. 一件筹划不周的敲诈勒索案中,一名 13 岁女孩被两名少年挟持并被强制放入汽车行李箱。[57] 而根据图 4 和图 5 统计的数据(2005—2015),历年来有重伤或死亡危险的非家庭诱拐(NFA)警报信息,占信息发布总量的比例并不高。又如,2015 年非家庭诱拐(NFA)警报信息的发布量为 47 条,约仅占该年信息发布总量的 26%;家庭诱拐(FA)警报信息的发布量为 121 条,约占该年信息发布总量的 66%;其他类型(LIM、ERU)警报信息发布量仅有 14 条,约占该年信息发布总量的 8%。另外,根据美国"全国失踪与受虐儿童服务中心"

---

〔53〕 参见〔德〕黑格尔:《法哲学原理》,范扬、张企泰译,商务印书馆 1979 年版,第 175 页。

〔54〕 参见王飞:《家庭与正义》,载《读书》2013 年第 7 期。

〔55〕 Griffin, "An Empirical Examination of AMBER Alert 'Successes'", *supra* note〔4〕.

〔56〕 Rodriguez, "A National Amber Alert Plan: Saving America's Children", *supra* note〔14〕.

〔57〕 Griffin & Miller, "Child Abduction, Amber Alert, and Crime Control Theater", *supra* note〔8〕.

(NCMEC)对诱拐者与被诱拐儿童关系的统计数据(表2)[58],2015年家庭诱拐(FA)中父母单方实施的共计有98起,约占家庭诱拐总数的80%。如果没有任何威胁的家庭诱拐(FA)都被算作成功的案件,安珀警报系统最好被定位成普通的失踪儿童寻回系统,而非拯救儿童生命的被诱拐儿童犯罪快速解救机制。

表 2　诱拐者与被诱拐儿童关系(2015)

诱拐者 与被诱拐 儿童关系	家庭 诱拐 (FA)	所占 百分比 (%)	非家庭 诱拐 (NFA)	所占 百分比 (%)	走丢、受伤 或其他失踪 (LIM)	所占 百分比 (%)	共计	所占 百分比 (%)
姑姑	3	2.46	0	0	0	0	3	2.13
保姆	0	0	1	5.88	0	0	1	0.71
男友	0	0	2	11.76	0	0	2	1.42
哥哥	1	0.82	1	5.88	0	0	2	1.42
前男友	0	0	1	5.88	0	0	1	0.71
父亲	54	44.26	1	5.88	1	50	56	39.72
父亲女友	2	1.64	0	0	0	0	2	1.42
朋友/同学	1	0.82	2	11.76	0	0	3	2.13
家庭朋友	0	0	2	11.76	0	0	2	1.42
爷爷	1	0.82	0	0	0	0	1	0.71
奶奶	3	2.46	0	0	0	0	3	2.13
母亲	44	36.07	0	0	0	0	44	31.21
母亲男友	4	3.28	5	29.41	1	50	10	7.09
其他亲戚	3	2.46	0	0	0	0	3	2.13
姐姐	1	0.82	0	0	0	0	1	0.71
继父	2	1.64	0	0	0	0	2	1.42
老师/教练	0	0	1	5.88	0	0	1	0.71
叔叔	3	2.46	1	5.88	0	0	4	2.84
共计	122	100	17	100	2	100	141	100

　　笔者认为,批评者对信息发布类型的质疑具有一定的合理性,毕竟非家庭诱拐(NFA)与家庭诱拐(FA),走丢、受伤或其他失踪(LIM)以及有生命危险的离家出走(ERU),对被诱拐儿童的生命或身体的危害程度存在差异,特别是近

---

[58] National Center for Missing & Exploited Children® 2015 AMBER Alert Report, *supra* note [26], p. 20. 2015年发布的安珀警报信息涉及的185名诱拐者中,已查清有141名诱拐者与被诱拐儿童的关系。一条警报信息可能涉及多个诱拐者。因此,诱拐者的数量可能超过所有类型案件的数量,而一条警报信息所涉及的多个诱拐者可能与被诱拐儿童有不同的关系。例如,诱拐自己孩子的母亲可以利用她的男朋友作为帮凶,相应地其男友也会被认为是该家庭诱拐案的诱拐者,尽管他与孩子没有血缘关系。

亲属实施的"诱拐",实践中多出于家庭成员之间的监护权纠纷。但是,对于走丢、受伤或其他失踪(LIM)以及有生命危险的离家出走(ERU)而言,如果不尽快将儿童寻回,仍然有可能被陌生人诱拐或者遭受死亡或者人身伤害的危险。对此,在联邦层面有"儿童诱拐应对小组"(CART)可以应用于所有的儿童失踪案件,并可以作为安珀警报的配置部分,而各州也有相应的应对机制,例如,弗吉尼亚州在安珀警报系统之外配套有"有危险的失踪儿童媒体警报"(EMCMA),在满足其信息发布标准时可以被启用。

五、我国拐卖儿童犯罪的实证分析

自20世纪90年代以来,随着我国拐卖儿童犯罪逐渐增多,民众纷纷强烈要求公安机关严厉打击拐卖儿童犯罪。对此,政府先后出台了两个反拐行动计划[59],目的是建立集预防、打击、救助和康复为一体的反拐工作长效机制,以有效遏制拐卖儿童犯罪活动。近年来官方机构和民间组织相继分别推出的"儿童失踪信息紧急发布平台"和"中国儿童失踪预警平台"(CCSER),在一定程度上受到了美国安珀警报系统的启示,旨在改善传统协查通知发布不及时、低效率的问题。但是,我国被诱拐儿童快速解救机制尚处于起步阶段,仍面临许多亟待解决的问题。

(一)诱拐儿童犯罪的现状与特点

2009年以来,公安部在全国范围内展开了多次"打拐"专项行动,扎实开展侦查破案、抓捕人贩子工作,在查找解救被拐卖妇女儿童、推进综合治理方面取得了显著成效。司法活动是贯彻刑事政策目的重要手段,刑事政策对司法活动的指向性和力度具有重要的调整作用。对这些为一定时期刑事政策重点关注的犯罪,司法机关尤其是首先介入犯罪命名程序的侦查机关,往往趋于比其他犯罪做出更为严厉的反应,通常表现为重视程度的提高和人力、物力及时间上的充分保障。随着司法反应能力度的增加,被揭露的犯罪增多,从法律上正式追究和认定某类行为的比例相应提高。[60] 根据《中国法律年鉴》和公安部公布数据(见图9)[61],2011年、2012年、2013年在侦破拐卖儿童案件数量,以及解救被拐卖儿童人数方面变化较大,有效遏制了拐卖儿童犯罪的猖獗势头。在2009年至2014年这6年间,全国共侦破拐卖儿童案件数量分别为2895起、

---

　〔59〕　2007年12月国务院办公厅印发的《中国反对拐卖妇女儿童行动计划(2008—2012)》,以及2013年3月国务院办公厅印发的《中国反对拐卖人口行动计划(2013—2020)》。

　〔60〕　张远煌:《犯罪学原理》,同前注〔3〕,第423页。

　〔61〕　参见《中国法律年鉴(2010)》,中国法律年鉴社出版,第219页;《中国法律年鉴(2011)》,中国法律年鉴社出版,第232页;《中国法律年鉴(2012)》,中国法律年鉴社出版,第241页;《中国法律年鉴(2013)》,中国法律年鉴社出版,第204页;《中国法律年鉴(2014)》,中国法律年鉴社出版,第206页;《中国法律年鉴(2015)》,中国法律年鉴社出版,第203页。

2935 起、5320 起、3152 起、6000 起、6475 起,解救被拐卖儿童人数分别为 3455 名、5532 名、8660 名、14971 名、24000 名、12700 名。但是,根据图 10 统计的数据[62],2005 年到 2014 年之间拐卖妇女儿童立案数占立案总数的比值,分别为 0.06%、0.06%、0.05%、0.05%、0.12%、0.17%、0.23%、0.28%、0.31%、0.25%。整体上看,拐卖妇女儿童立案数及其与立案总数的比值,不仅没有下降反而呈逐年上升趋势。所以,我国诱拐儿童犯罪的态势依然严峻,这不仅引发了国内民众的关注和恐慌,也在某种程度上影响到了我国政府的国际形象。[63]

　　我国拐卖儿童犯罪的成因十分复杂,这与社会的整体法治水平不高、管控能力有限、经济发展不均衡存在较大关联。而运动式的"打拐"难以有效遏制日益严重的拐卖儿童犯罪。所以,面对如此严峻的拐卖儿童犯罪形势,公安部门有必要成立专业的"打拐"队伍,以掌握其犯罪的规律和特点来侦办案件。与传统的拐卖犯罪相比,无论是犯罪的区域、拐卖的手段、侵害的对象,还是拐卖的去向,现在的拐卖犯罪都发生了很大变化。[64] 当前,我国拐卖儿童犯罪主要呈现以下特点:一是以低龄男婴为主。这与"重男轻女、传宗接代"封建思想依然在部分人头脑中根深蒂固有关,不能生养或者没有男孩的家庭设法通过各种渠道向人贩子购买男婴,长时间来在社会上形成了一个潜在购买力很大的买方市场。二是亲生亲卖问题严重。受"重男轻女"思想影响、金钱利益的诱惑,亲生父母贩卖自己子女的现象普遍,有的女性甚至以"亲生亲卖"为生,而这种作案

---

〔62〕 参见《中国法律年鉴(2006)》,中国法律年鉴社出版,第 994 页;《中国法律年鉴(2007)》,中国法律年鉴社出版,第 1027 页;《中国法律年鉴(2008)》,中国法律年鉴社出版,第 1114 页;《中国法律年鉴(2009)》,中国法律年鉴社出版,第 1008 页。同上注,第 927 页;第 1059 页;第 1073 页;第 1218 页;第 1141 页;第 1022 页。

〔63〕 有关拐卖人口犯罪问题,在 2013 年我国甚至被《国际贩运人口报告》(Trafficking in Persons Report)列入人口贩卖的重灾区,从第二列观察名单降级到第三列观察名单,这成为国际人权组织对我国人权保障问题进行批评和挑刺的口实。第二列观察名单(Tire 2 Watch List)是指一国政府没有全面达到《人口贩运受害者保护法》(TVPA)的最低标准,但是正在为达到这些标准做出积极、重大努力,同时:a.严重形式的贩运受害者的绝对人数非常高或者正在快速增加;b.未能提供证据显示与前一年相比加强了打击严重形式的人口贩运的努力,包括增加对贩运罪行的调查、起诉和定罪;c.增加对受害者的帮助;d.以及政府官员对严重形式的贩运的参与有减少的迹象;或 d.判定一个国家是否为达到最低标准做出重大努力的根据是这个国家自己承诺在下一年采取进一步的措施。而第三列观察名单(Tire 3 Watch List)是指一国政府没有全面达到这些最低标准,而且没有为达到最低标准做出重大努力。根据《人口贩运受害者保护法》(TVPA),第三列观察名单国家的政府可能会受到一些制裁,美国政府可能会终止或撤回非人道主义和非贸易相关的外国援助。此外,第三列国家可能得不到对该国政府雇员参加教育和文化交流活动的拨款。按照《人口贩运受害者保护法》规定,受到制裁的政府还将面对美国反对诸如国际货币基金组织和世界银行等国际金融机构向其提供援助(人道主义、贸易相关以及某些发展援助除外)等情况。*U. S. Department of State Diplomacy in Action*,at http://www. state. gov/documents/organization/195800. pdf(last visited on Nov. 25,2016)。

〔64〕 谢望原、卢建平等:《中国刑事政策研究》,中国人民大学出版社 2006 年版,第 565 页。

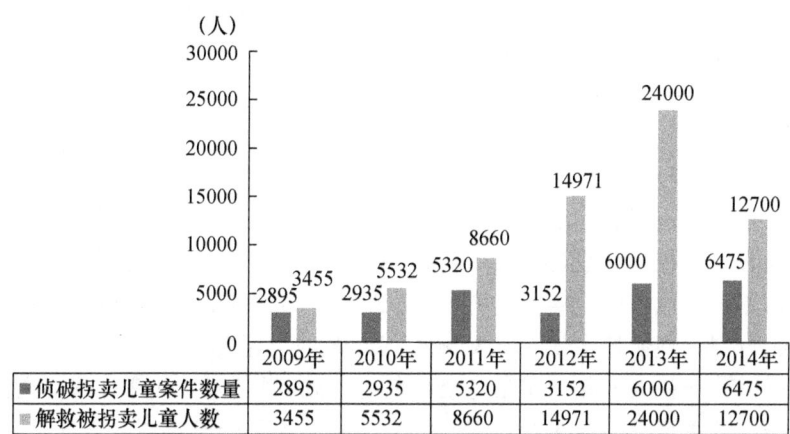

图 9　侦破拐卖儿童案件数量与解救被诱拐儿童人数（2009—2014）

	2009年	2010年	2011年	2012年	2013年	2014年
■ 侦破拐卖儿童案件数量	2895	2935	5320	3152	6000	6475
▨ 解救被拐卖儿童人数	3455	5532	8660	14971	24000	12700

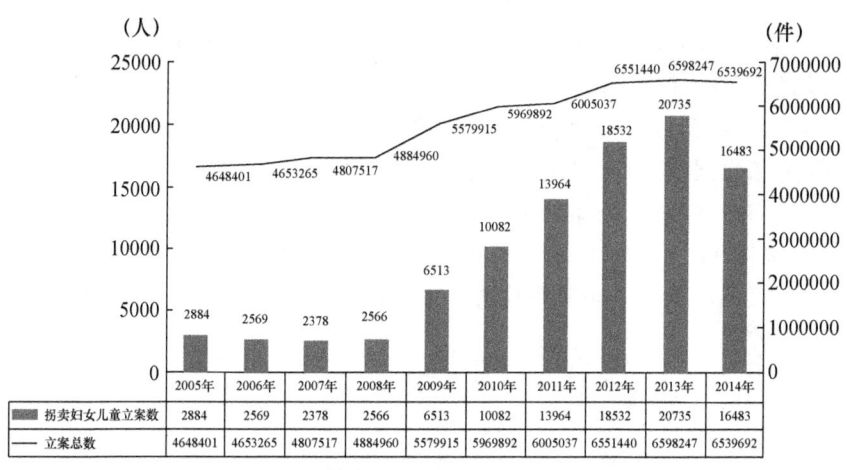

图 10　我国拐卖妇女儿童立案数（2005—2014）

	2005年	2006年	2007年	2008年	2009年	2010年	2011年	2012年	2013年	2014年
■ 拐卖妇女儿童立案数	2884	2569	2378	2566	6513	10082	13964	18532	20735	16483
— 立案总数	4648401	4653265	4807517	4884960	5579915	5969892	6005037	6551440	6598247	6539692

方式隐蔽性强、很难被发现,这也导致被解救儿童寻亲和被领养困难。[65] 三是作案方式多样。常见的诱骗伎俩有"借抱逃离""乘忙带离""乔装亲属"等方式,而贩卖渠道已突破传统的作案模式,开始利用互联网技术搭建贩卖儿童平台。四是犯罪呈团体协作模式。拐卖儿童犯罪已突破传统的"单兵"作案,涉案地域广阔、成员构成复杂、内部分工明确,形成了较为完整的"上线、中间人、下线"犯罪利益链条。[66] 五是跨区域作案增多。犯罪活动逐渐从中西部贫困地区,向经济较为发达东部地区蔓延。拐出地主要是云贵川等欠发达地

---

〔65〕　参见王锡章:《拐卖儿童犯罪的现象与遏制对策——以 F 省为例的实证研究》,同前注〔2〕。
〔66〕　参见高晓莹:《拐卖儿童罪之犯罪学分析》,载《中国青年政治学院学报》2010 年第 6 期。

区,而拐入地主要为东部、南部地区的大城市。六是解救的途径相对单一。在被拐卖儿童的解救工作中,警方承担了主要的解救工作,而政府其他部门、社会团体机构、社会公众发挥的作用甚微[67],社会力量整体参与的综合反拐机制尚未形成。

　　(二) 诱拐儿童犯罪的应对及不足

　　针对我国当前拐卖儿童犯罪的现状和特点,政府相关部门分别从完善反拐立法、加大救助机构建设、强化综合治理等方面,着力推进被诱拐儿童的解救保护工作,逐步形成"社会参与、公安推动、政府主导、国际合作"多层面的救助保护模式。但是,现阶段案发后解救被诱拐儿童的力量却相当有限,主要有以下两种:一是公安机关根据报警信息启动的应急处理机制,如儿童失踪协查通知、"儿童失踪信息紧急发布平台";二是社会公众参与下的自媒体寻亲平台,如"中国儿童失踪预警平台"(CCSER)、"微博打拐"、中国寻人网、宝贝回家网、三秦回家网等。对于110报警平台或派出所接到儿童失踪或被诱拐报警后的处理流程,笔者于2016年8月到9月分别对C市J区Z派出所和D市S区W派出所[68]部分民警进行了相关访谈。具体处理流程如下:

　　首先,派出所或110报警平台在接警后需填写报警信息,并将初步掌握的报警信息依次层报上级分局/市局中心审查,在信息审核通过后即可向相关处警单位发布协查通知,调动其所属辖区的派出所、交警、巡警等街面执勤力量寻找儿童(如图11所示)。这对于打破现有警种之间的界限和常规解救办法,通过简化手续调动警力资源实现执法过程的扁平化协作,以适应快速反应的要求具有重要作用。

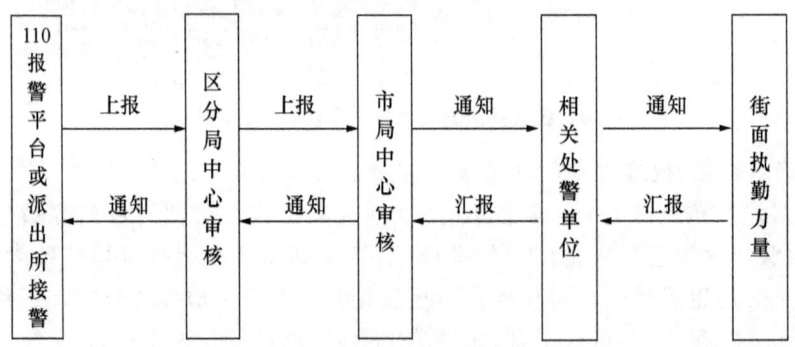

图 11　协查通知发布流程

---

　　[67]　参见李春雷、任韧、张晓旭:《我国被诱拐儿童救助保护现状及完善对策研究》,载《中国人民公安大学学报(社会科学版)》2013年第6期。
　　[68]　按照学术惯例进行了隐名。

其次,采集失踪儿童或被诱拐失踪儿童直系亲属的 DNA 信息。2009 年公安部建立了"全国公安机关查找被拐卖/失踪儿童信息系统",并建立了"全国公安机关查找被拐卖/失踪儿童 DNA 数据库"(简称"全国'打拐'DNA 数据库")。这个数据库的建立使打拐工作建立在科学研判、分析的基础上,对确认被诱拐儿童身份发挥了重要作用。[69] 相关接警单位在填写完《采集儿童血样信息表》和《采集儿童父母血样信息表》后,应派员随同受害家属到当地县级公安司法鉴定中心采集血样。

再次,登记失踪儿童或被诱拐失踪儿童的相关信息;部分案件以涉嫌拐卖儿童罪立案,但仅限于不满 14 周岁的儿童。值得注意的是,根据 2010 年最高人民法院、最高人民检察院、公安部、司法部联合发布的《关于依法惩治拐卖妇女儿童犯罪的意见》(以下简称《意见》)的第 8 条立案部分规定,接到拐卖妇女、儿童的报案、控告、举报的,接到儿童失踪或者已满 14 周岁不满 18 周岁的妇女失踪报案的,发现流浪、乞讨的儿童可能系被拐卖的,经公安机关审查符合管辖规定的,应当立即以刑事案件立案,迅速开展侦查工作。所以,《意见》的出台改变了过去儿童失踪或被诱拐报案后 24 小时内不予立案调查的规定,同时要求监护人提供儿童失踪或被诱拐证据的要求也一并被取消。

但在传统的协查通知应急处理机制中,接警单位由于层报上级部门审核报警信息需要花费大量时间,因此容易错过解救失踪儿童或被诱拐儿童的最佳时机。可见,虽然科层制是复杂组织的最高效管理形式,但这并不意味着科层制组织机构内部不存在各种矛盾。[70] 针对此问题,我国官方机构和民间组织在充分利用网络技术基础上,先后开展了多方面的尝试和努力,分别推出了"儿童失踪信息紧急发布平台"和"中国儿童失踪预警平台"(CCSER)。2015 年 11 月,民间组织构建的"中国儿童失踪预警平台"正式上线运行。[71] 但该平台推出后不久即受到了媒体和民众的质疑。例如,警报信息发布流程的无序性、运营方的非官方性、犯罪嫌疑人对该平台的利用、儿童和家长的隐私保护。可以认为,"中国儿童失踪预警平台"仅初步搭建了一个供监护人寻找失踪儿童的自媒体方式,但无任何可供参考的运作流程、协调机构、发布标准以及法律保障。

---

〔69〕 参见李刚:《"国家寻亲平台":是纽带,更是希望》,载《人民公安报》2013 年 6 月 24 日。

〔70〕 参见敬义嘉:《政府扁平化:通向后科层制的改革与挑战》,载《中国行政管理》2010 年第 10 期。

〔71〕 该平台是以原民政部直接登记主管、中社社会工作发展基金会为依托,并由中社儿童安全科技基金全权负责开发和运作的中国儿童失踪社会应急回应系统。据介绍,"中国儿童失踪预警平台"依托 6 亿月活跃用户的超强微信网络,可在第一时间对失踪儿童进行紧急回应,并充分利用"黄金 3 小时"和"三重保护圈"预警,对失踪儿童实施有效救助。在微信上关注"CCSER 儿童失踪预警平台"后,监护人可以第一时间完成身份认证、儿童信息录入以及防丢档案建立,这为寻找失踪儿童争取更多的时间。参见张晶晶:《微信儿童失踪预警平台上线》,载《中国社会报》2015 年 11 月 23 日。

2016 年 5 月公安部打拐办推出了其主导的"儿童失踪信息紧急发布平台",以适应"互联网＋"时代的反拐要求。公安部及各省、市、县 5000 多名打拐民警,可以通过该信息发布平台向公众及时发布失踪儿童信息。"儿童失踪信息紧急发布平台"会自动将信息推送到儿童失踪地点周边的相关人群,让更多的民众从官方渠道获取权威信息协助公安机关快速侦破案件,最终实现"全民反拐、群防群治"的良好局面。[72] 时任公安部刑侦局副巡视员陈士渠表示,县级以上打拐民警借助信息发布平台,可及时编辑、发布、查看所掌握的儿童失踪信息。同时,报警信息不必经过以往的层报审批程序,仅经过县级公安机关甄别,符合要求的公安民警可及时发布儿童失踪信息。[73] 从当前"儿童失踪信息紧急发布平台"的运行状况来看,警方联动与群众互助方式,在解救失踪儿童以降低意外发生率方面发挥了重要作用。该平台上线 6 个月以来,平台共发布失踪儿童信息 286 条,找回儿童 260 名,找回儿童比例达到 90.91％,其中解救被拐卖儿童 18 名,找到离家出走儿童 152 名、迷路走失儿童 27 名、不幸溺亡儿童 32 名、不幸遇害儿童 20 名、其他原因(如绑架、家庭矛盾)失踪儿童 11 名。[74] 但需注意的是,寻回的 260 名儿童中属于被拐卖儿童的比例不到 7％,而离家出走、迷路走失、其他原因失踪儿童比例却高达 73％。此外,就如何甄别儿童是否被诱拐,不同地域、警种之间如何协作,人员培训、激励机制如何配套,公安部相关部门并没有给出一套切实可行的解决方案。这在某种程度上难以确保信息发布程序的科学性以及发布结果的可预期性。长此以往,"我国儿童失踪信息紧急发布平台"也可能会陷入美国安珀警报系统运行中面临的难题,特别是非家庭诱拐(NFA)与其他类型的失踪和诱拐相混淆,以及信息发布标准阙如和目标考核机制压力导致该快速解救机制可能被滥用。

六、对美国安珀警报系统的延伸思考

虽然安珀警报系统仍有许多不足之处需要改进,但从统计的相关数据来看,应该肯定其在保护被诱拐儿童方面发挥的积极作用。被诱拐儿童快速解救机制在我国尚属新生事物,还需积累更多有益经验。因此,安珀警报系统的构

---

[72] 参见刘子阳:《"互联网＋"让全民打拐成为可能》,载《法制日报》2016 年 6 月 3 日。

[73] 据介绍,在儿童失踪后 1 小时内,微博和地图应用将推送至 100 公里半径范围内,2 小时 200 公里,3 小时 300 公里,超 3 小时会推送 500 公里范围内。超过 500 公里的推送,要考虑其他方式来侦查。平台发布的真实权威的信息,微博网友可以转发,增加知情的受众。因此,该平台主要用于打拐民警发布、查看案件信息,而普通群众一般不必进入该平台。经发布后的儿童失踪信息会第一时间推送到新浪微博和高德地图,推送半径可以达到离儿童失踪地点 500 公里的范围。参见王昊魁:《"互联网＋"助力全民打拐》,载《光明日报》2016 年 5 月 19 日。

[74]《公安部"儿童失踪信息紧急发布平台"二期上线》,http://weibo.com/ttarticle/p/show? id=2309404042418835046554,最后访问日期 2016 年 11 月 25 日。

建经验、运行效果以及受到的批评质疑,对完善我国"儿童失踪信息紧急发布平台"意义重大。当然,对安珀警报系统的借鉴不能完全脱离我国现实国情,就如何完善我国"儿童失踪信息紧急发布平台",有必要在结合自身社会背景基础上进行相应的延伸探讨。

（一）成立协调机构以促进各部门的合作

社会的快速发展为犯罪提供了新的时空条件,流动性、跨区域性是新时期犯罪的典型特点,它们决定了犯罪行为的时空转移性以及犯罪信息的流动分散性。[75] 因此,公安机关开展侦查工作,不应仅限于本部门或本区域之间的配合和协作,实现跨部门、跨区域共享情报信息已成为案件侦查的必然趋势。但是,这种新型的侦查情报信息资源共享机制的创建却面临很多阻碍：

第一,我国现有的侦查管理模式是以地域范围为基础、行政级别为前提、自上而下的垂直管理模式,这使本来应该被综合利用的侦查资源却被人为地割裂、分离,从而无法保证情报信息资源被有效共享。[76] 这种科层制的行政管理封闭体系虽然可以在最大程度上简化自上而下的分工协作,并对组织的目标管理、计划的监督执行给予高度重视,但其固有的缺陷是忽略了横向上的分工协作和自由裁量；过度的竞争和高能的激励使执法人员往往缺乏公共精神,这都对政策的执行造成不必要的重复审批和衔接冗余。批评科层制的人指出,科层制旨在使组织有效率,但这并不意味着只要是科层制组织就一定有效率。[77] 管理的灵活性与等级权威成正比,越往基层走官员越缺乏决策的空间。组织的层级取决于控制幅度的大小,在缺乏扁平化协作机制的情况下,有效控制往往需要较多的组织层级,这使组织对外部环境的需求反应迟缓。[78]

第二,根据《中国反对拐卖妇女儿童行动计划（2008—2012）》的相关规定,我国反对拐卖妇女儿童行动工作部际联席会议由原民政部、公安部、司法部、国务院妇女儿童工作委员会办公室、全国妇联等 28 个部门和单位组成[79],这对组织跨地区、跨部门的反拐行动协作具有较大的促进作用。但是,各部门和单

---

〔75〕 参见钱洋:《侦查情报信息一体化应用机制探析》,载《福建警察学院学报》2013 年第 2 期。

〔76〕 参见裘树祥:《现行侦查协作管理模式存在的问题与改革设想》,载《公安大学学报》2000 年第 4 期。

〔77〕 参见〔美〕彼得·布劳、马歇尔·梅耶:《现代社会中的科层制》,马戎等译,学林出版社 2001 年版,第 2 页。

〔78〕 参见敬乂嘉:《政府扁平化:通向后科层制的改革与挑战》,同前注〔70〕。

〔79〕 《中国反对拐卖妇女儿童行动计划（2008—2012）》规定:"反对拐卖妇女儿童行动工作部际联席会议（以下简称'联席会议'）制度由以下部门和单位组成:公安部、中央宣传部、中央综治办、全国人大常委会法工委、外交部、发展改革委、教育部、民政部、司法部、财政部、人事部、劳动保障部、铁道部、交通部、农业部、商务部、文化部、卫生部、人口计生委、工商总局、民航总局、广电总局、法制办、妇儿工委办公室、扶贫办、全国总工会、共青团中央、全国妇联。"

位之间工作性质跨度大,而反拐任务联系又较为密切,缺乏常设协调机构的反拐协作可能步履艰难。因为科层制的工具理性要求各部门各司其职,形成自己的管辖领域以使作业对象和过程标准化、可预见,并强调在任务的执行过程中各部门仅对正式规定和上级负责。所以,在价值中立、封闭与垄断系统、自上而下的控制导向之间,存在相互依存和连续递进的关系,其中任何一个方面任务的重大调整,都在一定程度上要以其他方面的重大调整或者改变为前提。[80]

　　警察机构组织形式的选择,受一个国家政治、历史、文化传统等多种因素的影响。中国的警察机构是呈金字塔式的、相对独立的科层制组织形式,而美国的警察机构不但联邦与州是相互独立的、平行的机构,而且州以下的警察机构也是相互独立和分散的,这种极端分散的组织形式(decentralized)可能来源于美国民众传统的思维方式,即限制权力过分集中。但是,这种方式可能存在弊端,即给警察机构之间的合作带来阻碍。[81] 美国安珀警报系统极其注重行政部门之间以及行政部门与其他组织之间的纵向协作和横向配合。除此之外,该系统之所以能够在解救被诱拐儿童方面发挥重要作用,关键还在于本身有一套完整的情报信息资源共享机制,以及能够促进政府各部门和社会组织之间密切合作的标准指引,这让民众知晓需要寻找什么、和谁联系以及何时处于紧急危险的状况。[82] 因此,政府各部门之间情报信息资源共享,执法机构与社会组织之间协调有力,使安珀警报信息的发布更具有效性。当前,我国诱拐儿童犯罪快速反应机制的整体联动和全面协作的实现,需要各区域、各单位和各组织之间,由传统的孤立性、封闭性格局向现代的协作性、开放性格局转变,以实现被诱拐儿童犯罪信息采集整合、研判以及推送发布的最优化。对此,《中国反对拐卖人口行动计划(2013—2020)》也明确要求,继续组织开展全国打击拐卖人口犯罪专项行动,进一步完善公安机关牵头,有关部门配合、群众广泛参与的打拐工作机制;各级公安机关完善打拐工作机制,由刑侦部门牵头,有关部门和警种通力协作,定期分析拐卖人口犯罪形式,研究完善打、防、控对策。所以,应针对现阶段我国公安机关管理体制现状、诱拐儿童犯罪特点以及反拐部门和组织之间的不同分工,成立一个常设的层级协调机构,以促进不同地域、不同部门之间开展常规性的反拐行动协作,从而推动我国打击拐卖儿童犯罪侦查信息资源的共享和整合。

---

〔80〕 参见敬乂嘉:《政府扁平化:通向后科层制的改革与挑战》,同前注〔70〕。
〔81〕 参见〔美〕菲尼、〔德〕赫尔曼:《一个案例两种制度:美德刑事司法比较》,岳礼玲译,中国法制出版社 2006 年版,第 395 页。
〔82〕 Rodriguez, "A National Amber Alert Plan: Saving America's Children", *supra* note 〔14〕.

（二）合理制定并严格执行信息发布标准

随着社会的不断发展，标准化的领域逐渐扩大，几乎涵盖了社会生产、生活以及社会管理的各个领域，而标准对这些领域的活动提出了可量化、可程序化的具体要求，在标准文本中大量的内容虽然没有使用"应当""可以""不得"等类似法律规范的用语，但是其规范意义却十分明显。[83] 相应地，现代信息化侦查技术的应用发展，也使侦查活动逐渐呈现诸多不属于法律规则约束和调整的行为类型。这类行为与法律规制的行为完全不同，因而其遵循的规则不再是法律规则而是技术规则。[84] 无论是法律规则还是技术规则，遵循规则化的行为方式，这为社会生活提供了很高程度的有序性和稳定性。人们在生活安排方面对连续性的诉求与在相互关系中遵守规则的倾向存在联系。无论何时，只要人的行为受到相应规范的控制，重复规则性这一要素就会被引入社会关系之中。一种源于过去的权威性渊源，会以一种重复的方式被用来指导私人的或官方的行为。[85] 但对于人类的成长来说，要形成比较成熟的规则观念，不仅要能够区别规则的社会约束和规律的物质强制，而且要能够区别不同类型的行动规则[86]，以符合人们对社会行为以及社会关系的规范化要求。

正因为标准具有规范性，而制定标准的目的在于规范一定的社会行为，因此在定义标准的问题上，《标准化工作指南第 1 部分：标准化和相关活动的通用词汇》（2002 年版）明确将标准定义为"为了在一定范围内获得最佳秩序，经协商一致制定并由公认机构批准，共同使用和重复使用的一种规范性文件"，这一定义体现了标准的规范属性。[87] 信息发布标准作为一种查找犯罪嫌疑人、收集分析证据以及调查其他犯罪事实的技术规则，在制定和运用上必须要遵循一定的客观事实和技术经验，并充分发挥科研机构、行业协会的论证作用，从而确保信息发布标准的权威性、规范性和科学性。安珀警报系统的启动需符合一定的信息发布标准，但部分不合理的标准使民众寻求安珀警报系统帮助的愿望落空。相反，执法人员若贸然启动警报系统，则不实的警报信息可能导致系统被滥用。

我国"儿童失踪信息紧急发布平台"的实际运行，面临的问题可能比美国安珀警报系统更多且更复杂，主要体现在以下几个方面：

第一，相关部门并没有制定可供遵循的信息发布标准，儿童失踪信息的真

〔83〕 参见柳经纬：《标准与法律的融合》，载《政法论坛》2016 年第 6 期。
〔84〕 参见韩德明：《信息化背景下侦查权范式的要素谱系》，载《中国人民公安大学学报（社会科学版）》2016 年第 4 期。
〔85〕 〔美〕博登海默：《法理学：法律哲学与法律方法》，邓正来译，中国政法大学出版社 1998 年版，第 239 页。
〔86〕 参见童世骏：《论"规则"》，载《东方法学》2008 年第 1 期。
〔87〕 参见柳经纬：《标准与法律的融合》，同前注〔83〕。

伪、紧迫程度完全依赖执法人员的个人经验;

第二,不加区别地发布儿童失踪信息或被诱拐信息,可能降低民众对此类信息的关注度;

第三,我国"儿童失踪信息紧急发布平台",从一开始在定位方向上就发生了偏差,进而导致并未真正建立起与官方初衷相符的被诱拐儿童快速解救机制;

第四,美国各州除了安珀警报系统之外,还有对儿童生命或健康没有造成紧急危险的儿童失踪警报机制(包括失踪和离家出走)作为配套,但我国目前构建的"儿童失踪信息紧急发布平台"并没有对此做出合理区分。

笔者认为,相关部门应对儿童失踪信息进行分类,并制定相应的信息发布标准,以规范执法人员筛选符合标准的报案信息。对此,可借鉴前述华盛顿州的安珀警报发布标准。根据拟定的信息发布标准的要求,执法人员有合理的理由相信被诱拐儿童有受到重伤或死亡的危险,而报案者有提供显著的案件相关信息,包括案发地点、案发时间、被诱拐儿童身体特征、诱拐犯身体特征、最后露面的地点、作案交通工具信息等,公安部门即可启动"儿童失踪信息紧急发布平台"。同时,应构建与被诱拐儿童快速解救机制相配套的有危险失踪儿童媒体警报,以帮助寻找走丢、受伤或其他的失踪(LIM)儿童以及有生命危险的离家出走(ERU)的儿童。此外,执法人员应采取确保报案信息真实性的配套措施,如电话录音或者备案程序,来防止"儿童失踪信息紧急发布平台"被用于发布与诱拐无关的离家出走信息,以及避免发布恶作剧和无根据案件信息对民众造成不信任危机。

(三)警惕责任分散效应的负面影响

心理学中的责任分散效应(diffusion of responsibility)表明,民众并非总是乐于助人,尽管他们具有完成某些任务的能力。[88] 根据这一原则,目击者越多,受害者就越不可能得到帮助。毕竟,潜在的帮助者越多,分摊到个人身上帮助他人的责任感就会越少,相反,帮助者越少,个人感受到的责任就越大。[89] 在一项经典的心理学研究中,大学生们目睹了另外一个被试者在试验中癫痫发作。一部分学生被引导认为他们是唯一知晓此情形的人,而其余学生被引导认为其他人也知晓此情形。调查者发现这些被告知只有自己知晓情况的学生,比被告知别人也知晓情况的学生,更乐于去帮助并及时采取行动。[90] 自责任分

---

[88] Leonard Bickman, "Social Influence and Diffusion of Responsibility in an Emergency", 8 *Journal of Experiment Social Psychology* 438 (1972).

[89] 〔美〕巴隆、布兰斯科姆、伯恩:《社会心理学》(第 12 版),邹智敏、张玉玲等译,机械工业出版社 2011 年版,第 245 页。

[90] John M. Darley & Bibb Latane, "Bystander Intervention in Emergencies: Diffusion of Responsibility", 8 *Personality and Social Psychology* 377 (1968).

散效应理论被提出以来,许多研究人员已进行多次重复试验并得出了相同的结论。但他们发现了一些可以减弱责任分散效应的因素,如男女性别、价值大小以及自我暗示。而改变某些方面的要素并使其或多或少与个人相关,能够在一定程度上减少责任分散效应的影响。在另外一项研究中,参与者被要求接触违反社会规范的行为,这些行为涉及的是在大型购物商场电梯中涂鸦,或者在邻居小停车场里乱扔垃圾。研究发现参与者更愿意采取行动阻止发生在邻居停车场乱扔垃圾的行为,而非发生在大型购物商场电梯中涂鸦的行为。[91] 因为在偏离常规的行为发生在邻家小区而非大型购物商场时,被试者认为前者更与个人相关,相应地,对事件的介入就不会过分受责任分散效应的抑制。

责任分散效应不仅是影响安珀警报系统运行的重要障碍,也是影响我国"儿童失踪信息紧急发布平台"信息发布的关键因素。在此心理效应暗示的影响下,民众可能会忽视儿童失踪信息的存在。例如,当偶遇警报信息描述的诱拐犯而又恰好有其他人在场时,责任分散效应就会使人们犹豫是否向执法当局报告这一情况。他们可能认为其他人会留意被诱拐儿童、诱拐犯或者其作案车辆。而即使目击者注意到了儿童失踪信息,并确实发现了案件相关线索,他们也有可能会成为责任分散效应的"牺牲品"。因为信息推送的覆盖范围是相关传播媒介的所有使用者而非个人。在案发时通常不能辨别儿童的去向,因此需发动民众及时提供一些有价值的案件线索以帮助执法部门展开调查。贝卡利亚认为:"预防犯罪的再一项措施是:奖励美德。我发现,当今所有国家的法律对这个议题普遍默不作声。如果说,科学院对于真理的发现者的奖励促进了知识和优秀著作的繁荣,那么,慈善的君主所颁布的奖励为什么就促进不了道德行为的昌明呢?在明智的分配者手里,荣誉的奖金总是用之不竭,一本万利的。"[92]对此,《中国反对拐卖人口行动计划(2013—2010)》明确规定:"动员社会力量支持和参与反拐工作。建立举报拐卖人口犯罪奖励制度,积极培育反拐志愿者队伍,借助微博等网络媒体,广辟线索来源。"同时,我国《人民警察法》第34条也明确规定:"人民警察依法执行职务,公民和组织应当给予支持和协助。公民和组织协助人民警察依法执行职务的行为受法律保护。对协助人民警察执行职务有显著成绩的,给予表彰和奖励。公民和组织因协助人民警察执行职务,造成人身伤亡或者财产损失的,应当按照国家有关规定给予抚恤或者补偿。"所以,为调动民众提供案件线索的积极性,并确保信息发布的有效性,应该采取多种鼓励措施来增加民众的行动意愿。尤其是需要向民众宣传"儿童失踪

---

[91] Peggy Chekroun, Markus Brauer, "The Bystander Effect and Social Control Behavior: The Effect of the Presence of Others on People's Reactions to Norm Violation", 32 *European Journal of Social Psychology* 853 (2010).

[92] 〔意〕切萨雷·贝卡利亚:《论犯罪与刑罚》,同前注〔33〕,第 131 页。

信息紧急发布平台"解救被诱拐儿童的重要性,并给予提供案件线索协助执法部门寻回被诱拐儿童的民众相应奖励。

（四）优化调整警报信息的传递方式

一方面,有研究表明某些因素可能会影响到民众对案件线索的准确辨识,包括信息被曝光的时间长度、信息被曝光的详细程度、嫌疑人与他人不同的面部特征。[93] 民众记忆的完整性会影响到警报信息的发布效果。因为记忆在获取(acquisition)、存储(retention)、恢复(retrieval)三个阶段的任何环节都有可能断链。在获取阶段能够提取到足够详细的信息内容,有助于第二阶段记忆存储时间的延长,也就有利于第三阶段记忆恢复的效果。[94] 心理学研究表明,警报信息的短暂曝光会影响民众对信息的记忆,民众在接收信息时很可能被其他一些任务分散注意力,此时发布的警报信息可能效果较差。但是,如果可以将信息发布在民众停留时间比较长的地方,如休息站的显示屏、广场的电子告示牌,警报信息引起接收者注意并记住的概率就会明显增加。在一项有关安珀警报系统的研究中,参与者被要求在模拟的高速路上驾车行使,并留意路边电子牌上发布的警报信息内容,稍后要求他们回忆那条信息所描述的有关细节。在120名参与者中仅有10名参与者获得了预期分数,这表明警报信息的短暂曝光对多数驾车者而言并不是十分有效的。[95] 所以,在发现犯罪嫌疑人或其他现场情况后,民众获取警报信息的时间长度和详细程度,会影响他们是否能够准确地向执法部门报告案件的相关线索。

另一方面,警报信息的获取和储存会受到大脑认知负荷(cognitive load)的影响,而负荷受被处理信息固有的特征以及外部特征的影响,比如信息的传递方式。[96] 但不管是来自外部因素还是内部因素,认知负荷对记忆的形成占据了重要空间。人们在同一时间、范围内处理的信息量是有限的,随着大脑信息的输入量的增加,人们对相关信息的处理就会变得愈发困难。更何况,能够接触警报信息的民众,此时很可能恰好准备急于完成的一些任务。而关联性不强的信息不仅无助于发现犯罪嫌疑人和受害人,甚至有可能扰乱民众对警报信息的分辨和记忆。警报信息的传递由于受人类记忆认知结构的限制,执法人员在

---

[93] Kenneth A. Deffenbacher, Brian H. Bornstein, Steven D. Penrod, and E. Kiernan McGorty, "A Meta-Analytic Review of the Effects of High Stress on Eyewitness Memory", 28 *Law and Human Behavior* 687 (2004).

[94] Andreas Kapardis, *Psychological and Law: A Critical Introduction*, Cambridge University Press, 2010, pp. 30-40.

[95] Miller & Clinkinbeard, "Improving the AMBER Alert System: Psychology Research and Policy Recommendations", *supra* note [5].

[96] Kapardis, *Psychological and Law: A Critical Introduction*, *supra* note [94], pp. 30-34.

发布警报信息时若没有注意到这些影响因素,往往可能造成信息发布的失败。因此,发布的警报信息应该是基于认知框架能够记住的内容且该内容在运行中能尽量减少记忆的限制。但遗憾的是,现在官方发布的警报信息往往缺乏有效的设计和呈现,其中充斥着大量与案情无关的其他信息,而这些外部信息不太可能帮助任何人找到受害者和罪犯,相反只可能搅乱执法部门对警报信息的有效发布。所以,负责上传和发布信息的执法人员应该注意信息的组织和编排,以使有关儿童失踪的警报信息能够更容易被记忆和甄别。

根据中国互联网络信息中心(CNNIC)于 2015 年 7 月 23 日在北京发布的第 36 次《中国互联网络发展状况统计报告》,截至 2015 年 6 月,我国网民规模达 6.68 亿,互联网普及率为 48.8%,移动商务类应用发展迅速,互联网应用向提升体验、贴近经济方向靠拢;而手机网民规模达 5.94 亿,较 2014 年 12 月增加 3679 万人,网民中使用手机上网的人群占比由 2014 年 12 月的 85.8% 提升至 88.9%,随着手机终端的大屏化和手机应用体验的不断提升,手机作为网民主要上网终端的趋势进一步明显。[97] 然而,尽管我国的手机上网人群和网民规模相比以往有了大幅度提升,但当前儿童失踪信息推送的载体仅限于新浪微博、高德地图、支付宝、滴滴出行、手机淘宝、今日头条等新媒体和移动应用,相关信息传播载体在普通人群尤其是中老年人群中的普及应用率不高。基于此,笔者认为应从以下两方面进行优化调整:第一,执法人员应适当整合需发布的警报信息,并结合新兴的信息传播载体和传统电子媒介拓宽警报信息的传递方式,如手机短信、电子邮件、互联网、广播、电视、路边告示牌等;第二,犯罪嫌疑人和受害人的信息应被重点强调,其他与案件关联程度较小的信息应被严格限制,以便于警报信息可以更好地被民众识别和记忆。

(五)培训解救被诱拐儿童的相关人员

突发事件[98]不仅是对政府应急管理能力的挑战,更是对社会整体应对、协作能力的综合考验,而社会公众对危机的防范意识、预防能力和应急能力,便成为政府危机管理质量考核的重要因素。社会中突发事件在某种意义上是不可避免的,而降低其对社会危害的最根本途径就是及时对民众开展相关培训。政府应急管理部门应组织民众进行预防教育和应急训练,让民众真正了解突发事件的特征以及现有的防范政策。具体来讲,就是要向民众提供与突发事件有关的知识,增强其应对各种突发事件的综合能力。他们可以通过培训来提高沟通

---

〔97〕《第 36 次中国互联网络发展状况统计报告》,http://www.cnnic.net.cn/hlwfzyj/hlwxzbg/hlwtjbg/201507/t20150722_52624.htm,最后访问日期 2016 年 11 月 25 日。

〔98〕 突发性事件通常又称为紧急事件、危机事件,其中紧急事件一般侧重于强调处置事件的紧迫性、时间性,而危机事件则侧重于强调事件的规模和影响程度。参见孙斌:《公共安全应急管理实务》,浙江工商大学出版社 2013 年版,第 32 页。

能力、管理技能以及解决问题的技能。同样,也可以通过应急管理培训和教育来学习相关法律法规、危机沟通能力、领导能力或主持事后会议等,并期望在无线电报、基于计算机技术的 GIS 紧急响应和突发事件信息发布系统以及预警预报系统中获取新技能。[99] 突发事件教育培训强调自助与互助相结合,演习和训练可消除民众应对危机的脆弱性,并提高民众应对突发事件的抗风险能力。因此,培训执法人员以及其他相关人员应对突发刑事犯罪的能力,可能会使被诱拐儿童最终被安全寻回的概率更高。

美国联邦司法部为有效提升安珀警报系统的解救被诱拐儿童的功能,与司法规划办公室以及青少年司法犯罪预防办公室(Office of Juvenile Justice and Delinquency Prevention Programs, OJJDP)合作,共同负责推出了安珀警报培训项目(AMBER Alert Training and Technical Assistance Program, AASTP),此项目包括警报信息与传播媒体的对接,被诱拐儿童案的解救、搜寻策略,失踪和被诱拐儿童案的法庭基本应答,儿童诱拐应对小组的认证,失踪和被诱拐儿童案的领导指挥,失踪和被诱拐儿童案的侦查策略,基于模拟的安珀警报训练等。[100] 例如,儿童失踪和诱拐案的侦查策略培训,为执法人员和侦查监督员提供必要的信息,以合理的方式理解、认识、调查儿童失踪和诱拐案。参与培训人员将会了解儿童失踪和被诱拐大致的范围和规模,以及熟悉如何处理此类案件包括案发初始的应对、大致的询问和审问技巧;随后进一步了解有关犯罪现场证据的搜集、犯罪嫌疑人的辨识以及相关法律问题,包括与儿童失踪和被诱拐有关的搜查和审讯问题。此外,它们鼓励负责解救被诱拐儿童的相关人员,与公共安全部门、执法部门以及非营利性组织合作以明确其培训需求,并通过访问青少年司法犯罪预防办公室(OJJDP)的培训和技术帮助(Training and Technical Assistance, TTA)360 系统获取更多的相关信息。而安珀警报培训和技术帮助项目(Training and Technical Assistance Program,TTAP)将承担培训产生的直接费用,包括培训教材、专家咨询以及后勤保障。[101] 由此可见,安珀警报系统发挥解救被诱拐儿童的功能还有赖于相关配套措施的跟进,而其中较为重要的一个便是培训负责寻找被诱拐儿童的相关人员。对此,《中国反对拐卖人口行动计划(2013—2010)》也明确要求:"加强各级反拐工作人员教育培训和反拐工作队伍专业化建设,提高《行动计划》实施能力。将妇女儿童权益保护和反拐法律法规、政策等纳入教育培训内容,提高侦查、起诉和审判拐

---

[99] 〔美〕托马斯·D. 费伦:《应急管理操作实务》,林毓铭、陈玉梅等译,知识产权出版社2012年版,第19页。

[100] *Training and Technical Assistance*, at http://www. amberalert. gov/training. htm(last visited on Nov. 25, 2016).

[101] *AMBER Alert Scheduled Training Programs*, at http://www. amber-net. org/training. htm(last visited on Nov. 25, 2016).

卖人口犯罪的能力和水平。加强边境地区公安司法人员教育培训,提高防范和打击跨国拐卖人口犯罪的意识和能力。加强从事被拐卖受害人救助工作人员教育培训,提高救助能力和水平。"所以,建议我国应将反拐行动的培训经费列入政府每年的财政预算,主要用于对执法人员和普通民众提供必要的反拐教育培训。当然,可以预见仅依靠政府财政拨款可能很难维持长期的反拐培训工作,相关部门应该积极寻求通过社会赞助和部分收费项目多渠道筹集资金,最终形成以财政拨款为主、社会资金为补充的经费来源模式。

七、结语

防止儿童被诱拐固然应该制定和完善相关法律法规[102],但更为重要和迫切的是建立一套民众广泛参与的被诱拐儿童快速解救机制,以达到压缩诱拐儿童犯罪空间的目的。经执法部门、相关组织以及社会公众的共同努力,安珀警报系统这一缘起于美国得克萨斯州阿林顿地区的诱拐儿童犯罪快速解救机制,现已发展成为覆盖全美的安珀警报信息服务平台。执法部门通过广播公司和交通运输管理部门迅速向全社区发布警报信息,以获取民众提供案件的相关线索,从而在案发后能够快速地寻回被诱拐儿童。这与其在短时间内可以调动相关部门以及有合作关系的社会组织,并迅速向案发区域民众发布符合标准的警报信息有关。虽然安珀警报系统在解救被诱拐儿童方面发挥了重要作用,对诱拐儿童犯罪也起到了一定的威慑功能,但其构建理论、发布标准、运行效果以及预期目标受到不少来自批评者的质疑。然而,毋庸置疑被诱拐儿童或失踪儿童若能尽快被解救或寻回,其遭受人身伤害或死亡危险的系数会明显降低。所以,尽管安珀警报系统还有许多不足之处需要完善,但就美国联邦司法部历年报告中统计的数据来看应该肯定其发挥的作用,其构建历程、运行效果以及受到的批评质疑,对进一步完善我国儿童失踪信息紧急发布平台意义重大。

但实际上,单从制止、惩治的路径很难从根本上解决拐卖儿童犯罪问题,此类犯罪的发生有其深刻的社会根源,包括买卖双方市场的存在、法律惩治的低效、经济利益的刺激、社会矛盾的激化等。特别是在有预谋的杀人案中,倘若犯罪嫌疑人为报复社会或者个人,快速解救机制所发挥的作用就比较有限。在某种意义上,反应速度的快慢可能并不一定是影响解救被诱拐儿童的关键要素。正如德国刑法学大师李斯特所言:"最好的社会政策就是最好的刑事政策。"因此,诱拐儿童犯罪的防控不仅要完善刑事立法、加强营救执法,更重要的是要调

---

[102]　我国《刑法修正案(九)》将收买被拐卖的妇女、儿童"可以不追究刑事责任"的规定修改为"可以从轻处罚"或者"可以从轻或者减轻处罚",对收买被拐卖的妇女、儿童的行为一律做出犯罪评价,以切实加大对此类行为的打击力度。参见沈德咏主编:《〈刑法修正案(九)〉条文及配套司法解释理解与适用》,人民法院出版社 2015 年版,第 167 页。

整生育政策、提高社会经济发展水平、扩大受害警示并及时化解各种社会矛盾。总之,诱拐儿童犯罪问题的治理将会是一项持续的、长期的社会系统工程,需要构建一套多部门联动、全社会参与的长效反拐工作机制,实现从以往的单纯"打拐"政策向综合"反拐"路径积极转变。

（审稿编辑　邵博文）

（校对编辑　崔　斌）

《北大法律评论》(2017)
第 18 卷 • 第 2 辑 • 页 229—250
Peking University Law Review
Vol. 18，No. 2，2017，pp. 229-250

美国有效辩护原则的当代困境

牟绿叶*

The Dilemma of Effective Assistance of Counsel Doctrine in the Contemporary United States

Mou Lyuye

内容摘要:美国联邦最高法院通过吉迪恩案和斯特里克兰案确立了被告人获得有效辩护的宪法权利。本文通过分析美国有效辩护原则在规范和实践层面上的困境，来论证我们应对其应保持一种谨慎的态度。有效辩护原则之初衷在于保障被告人获得公正审判的权利，并非旨在通过制裁无效辩护来提高律师辩护质量。最高法院创制的"行为缺陷—不利后果"是难以证明的实体标准，而且法院审查无效辩护必须跨越"双重尊重律师"的程序障碍，这导致有效辩护原则在现实中成为一项"奢侈品"。此外，美国绝大多数被告人都因贫穷而只能依靠法律援助律师提供的服务，但由于财政预算少、律师报酬低、案件数量多等原因，致使有效辩护的承诺成为破灭的神话。辩诉交易制度的盛行更是掩盖了大量的无效辩护。美国近年来的改革探索能够为我国在推进"以审判为中心"的诉讼制度改革中培育本土化的有效辩护原则提供教训和借鉴。我们选择不同

　* 法学博士,浙江大学光华法学院助理教授。感谢胡铭、元轶、黄士元、吉冠浩、自正法、王震等师友就本文提供的评论和意见,但文责自负。

的思路来提高刑事辩护和法律援助质量时,始终需要谨记:如果没有配套措施,盲目扩大权利毫无意义。

关键词:有效辩护　法律援助　对抗制　辩诉交易　以审判为中心

一、问题的提出

很多美国学者在研究中国法治问题时倾向于一种天然的假设,认为美国现行有效的制度具有无与伦比的优越性,如果将美国模式照搬到太平洋彼岸,中国法治建设中的问题必当迎刃而解。[1] 诚然,西方的法治经验以及本文将要讨论的有效辩护原则的意义毋庸赘言,但这种法律移植逻辑背后却隐藏着尚未证成的前提,即中国为什么需要西方的"普适价值"? 美国著名的比较法学者罗科斯·庞德教授就曾告诫,我们研究的是中国的法律,将适用于中国这片土地。[2]

1984 年斯特里克兰案[3]是美国有效辩护原则发展史上的里程碑,但之后近二十年内美国联邦最高法院(以下简称"最高法院")几乎没有裁决此类争议。时至 2012 年前后,最高法院出人意料地连续通过五个判决,实质性地扩大了被告人在审判前和定罪后程序中获得有效辩护的权利[4],学者们满怀热情地将最高法院这一年开庭期的主题誉为"获得律师辩护的权利"。与此同时,我国 2012 年修订的《刑事诉讼法》进一步完善了刑事辩护和法律援助制度,尤其在党的十八大以后,完善法律援助制度更是贯彻习近平同志关于"四个全面"战略布局的一项重要举措。2015 年 6 月中共中央办公厅、国务院办公厅印发的《关于完善法律援助制度的意见》再次强调法律援助工作是一项"维护当事人合法权益、维护法律正确实施、维护社会公平正义"的民生工程。

关注刑事辩护和法律援助的学者青睐于有效辩护。通过梳理近十余年的文献可以发现,宋英辉教授较早提出了有效辩护的原则,认为其包含被告人获得辩护的权利、辩护人之有效辩护义务以及国家的保障义务[5];熊秋红教授将

---

[1] See William Alford, "Of Lawyers Lost and Found: Searching for Legal Professionalism in the People's Republic of China", in William Alford (ed.), *Raising the Bar: The Emerging Legal Profession in East Asia*, Harvard University Press, 2007, p. 288. 安守廉教授在本文中详细介绍和反思了美国有些比较法学者的这种观点。

[2] Roscoe Pound, "Comparative Law and History as Bases for Chinese Law", 61 *Harvard Law Review* 758, (1947—1948).

[3] *Strickland v. Washington*, 466 U. S. 668 (1984).

[4] See *Missouri v. Frye*, 132 S. Ct. 1399 (2012); *Lafler v. Cooper*, 132 S. Ct. 1376 (2012); *Maples v. Thomas*, 132 S. Ct. 921 (2012); *Martines v. Ryan*, 132 S. Ct. 1309 (2012); *Martel v. Clair*, 132 S. Ct. 1276 (2012).

[5] 参见宋英辉主编:《刑事诉讼原理》,法律出版社 2003 年版,第 118 页。

其归为广义的有效辩护,与有效辩护的标准问题做出区分,并在被告人认罪和不认罪的案件中拓展了有效辩护的具体内涵[6];有的学者更是主张在中国引入有效辩护原则,并设立相应的刑事辩护准入机制来提高辩护质量[7];也有学者认为,在可预见的未来,中国引入无效辩护的可能性较小,但有效辩护的理念和制度在中国法律中的培育和发展却不存在任何障碍[8]。无论观点差异,学者们基本都接受了有效辩护的理念,通过有效辩护来提高刑事辩护和法律援助的质量似乎是美国经验给我们提供的不二法门。

　　本文主要关注的是刑事案件中的有效辩护问题[9],通过评析美国有效辩护原则在理论和实务中的困境,来主张我们应对"有效辩护"保持一种谨慎的态度。美国有效辩护原则之初衷在于保障被告人获得公正审判的权利,并非旨在通过宣告无效辩护的方式来制裁律师,最高法院更在实体标准和程序障碍上对认定无效辩护设置了较高的门槛。有效辩护原则在实践中是一个难以兑现的承诺,它在财政拨款、律师补助、案件数量等方面都面临着严峻的挑战,辩诉交易的盛行更是掩盖了大量的无效辩护。如果我国在"以审判为中心"的诉讼制度改革中充分贯彻落实有效辩护原则,可以吸收美国近年来在有效辩护领域进行的诸多创新性的改革探索,达到扬长避短、兼收并蓄之目的。

二、有效辩护是"奢侈品"

(一)有效辩护旨在保障被告人的公正审判权

　　肇始于1932年的鲍威尔案[10],最高法院判决认为获得律师帮助的权利是公正审判的一项基本要求,如果被告人因贫穷无法聘请律师的话,法院应该提前指派律师并让其为辩护做充分的准备。这是因为《美国联邦宪法第六修正案》赋予的这项权利在对抗制中扮演着关键的角色,律师的经验和知识能够让

---

　　[6]　熊秋红:《有效辩护、无效辩护的国际标准和本土化思考》,载《中国刑事法杂志》2014年第6期;熊秋红:《'两种刑事诉讼程序'中的有效辩护》,载《法律适用》2018年第3期。

　　[7]　冀祥德:《刑事辩护准入制度与有效辩护及普遍辩护》,载《清华法学》2012年第4期。

　　[8]　陈瑞华:《刑事诉讼中的有效辩护问题》,载《苏州大学学报(哲学社会科学版)》2014年第5期。

　　[9]　美国的法律援助制度主要包括民事和刑事两个部分,虽然美国国会于1974年创立法律服务组织(Legal Services Corporation)来为民事法律援助提供资金,但最高法院于2011年在泰纳诉罗格斯案中,明确否定被告人在各种民事程序中享有律师辩护的宪法权利。所以宪法意义上的法律援助制度或者被告人获得有效辩护的权利只限于刑事案件。See *Turner v. Rogers*, 131 S. Ct. 2507 (2011); Laura Abel, "A Right to Counsel in Civil Cases: Lessons from *Gideon v. Wainwright*", 40 *Clearinghouse Review* 275, 278 (2006—2007); Russell Engler, "*Turner v. Rogers* and the Essential Role of the Courts in Delivering Access to Justice", 7 *Harvard Law & Policy Review* 36-37 (2013); David J. Dreyer, "Deja Vu All over Again: *Turner v. Rogers* and the Civil Right to Counsel", 61 *Drake Law Review* 647-650 (2013).

　　[10]　*Powell v. Alabama*, 287 U. S. 45 (1932).

被告人获得充分的机会来对抗指控。[11] 此后,美国律师协会更是豪言壮志地宣称:让辩护权成为一种"必需品",而非"奢侈品"。但仅仅让律师带领被告人进入法庭之门并不能保证其获得公正的审判[12],只有充分有效的辩护才能消除整个审判的不公正因素,故"获得律师辩护的权利即是获得律师有效辩护的权利"。[13] 有效辩护与无效辩护相辅相成,奥康纳大法官代表多数派意见在斯特里克兰案判决中开明宗义地指出,评价无效辩护的基本标准在于律师的行为是否削弱了对抗制,并致使程序难以获得公正的结果[14],因为《美国联邦宪法第六修正案》并不是为了提高辩护质量,而是为了让被告人获得公正的审判。[15] 当然,她也认同提高辩护质量是整个法律制度的一项目标,但这绝不是通过无效辩护的主张来实现的。

我们研究美国有效辩护原则时绝不能忽略至关重要的吉迪恩案。[16] 作为沃伦法院"正当程序革命"的一个分水岭式的判决,吉迪恩案重申获得律师辩护的权利是司法正义的内在要求,是美国对抗式刑事司法的一项制度基石。[17] 更为重要的是,考虑到富人可以聘请私人律师而穷人只得自行辩护,吉迪恩案要求政府通过法律援助制度向穷人免费提供律师,以此来实现"法律面前平等"的宪法精神。鉴于美国当代 80% 以上的刑事被告人都是穷人[18],他们的命运就与法律援助中的有效辩护息息相关。在此意义上,斯特里克兰案与吉迪恩案一脉相承,如果说后者许下了一个保证穷人可以获得正义的承诺,那么接下来的问题即在于斯特里克兰案是否能够保障所有被告人(尤其是穷人)获得有效辩护。

---

[11] *Adams v. United States ex rel. McCann*, 317 U. S. 275 (1942).

[12] *Ake v. Oklahoma*, 470 U. S. 76 (1985).

[13] *McCann v. Richardson*, 397 U. S. 771 (1970), footnote 14.

[14] *Strickland v. Washington*, 466 U. S. 686 (1984).

[15] *Id.*, p. 689.

[16] *Gideon v. Wainwright*, 372 U. S. 335 (1963). 美国康纳尔大学法学院著名的刑事法学者约翰·布鲁教授曾言:"在整个宪法化的刑事诉讼程序中,没有哪个案件的分量能够和吉迪恩案相媲美。"John Blume & Sheri Lynn Johnson, "Gideon Exceptionalism?", 122 *Yale Law Journal* 2131 (2013). 当然,也有学者认为,米兰达案(*Miranda v. Arizona*)跟吉迪恩案同样重要。参见〔美〕卡罗尔·斯泰克编:《刑事程序故事》,吴宏耀等译,中国人民大学出版社 2012 年版,第 94 页。关于吉迪恩案的更多介绍,参见〔美〕安东尼·刘易斯:《吉迪恩的号角》,陈虎译,中国法制出版社 2010 年版。

[17] Justin Marceau, "Gideon's Shadow", 122 *Yale Law Journal* 2484 (2013).

[18] Paul Butler, "Poor People Lose: Gideon and the Critique of Rights", 122 *Yale Law Journal* 2181 (2013); Carol S. Steiker, "Gideon's Problematic Promises", *Daedalus*, Vol. 143 (3), 2014, p. 53; Christopher Durocher, "Are We Closer to Fulfilling Gideon's Promise: The Effects of the Supreme Court's 'Right-to-Counsel Term'", *American Constitution Society for Law & Policy Issue Brief*, 2013, p. 5.

（二）难以证明的实体标准

斯特里克兰案确立的审查无效辩护的"行为缺陷——不利影响"这一标准，不仅要求被告人证明律师行为低于合理的专业要求，更需论证该行为缺陷给案件结果造成了实质性的不利影响[19]，但几乎所有的美国学者都承认这是难以达到的证明标准。[20] 就行为缺陷而言，被告人必须明确指出律师的某个作为或不作为的行为不符合客观的标准，而不能宽泛地指责律师行为没有达到预期效果。与斯特里克兰案同日判决的克劳尼克案[21]中，最高法院拒绝将律师的经验、办案的期限、指控的种类、案件的复杂程度等作为影响辩护质量的考量因素，认为这些制度性的缺陷不能构成行为不合理的正当理由。[22] 此外，几乎所有律师在行为缺陷问题上都会以"诉讼策略"为由进行自我开脱。[23] 因为最高法院认同"律师有义务去进行合理的调查，也可以合理地拒绝进行不必要的调查"[24]，只要他们的决定有合理的法律和事实根据，法院审查时就必须"高度尊重"他们的策略，并且强烈地推定"律师的行为符合合理的客观标准"。[25]

这种推定律师行为合理性的依据在于，法院事后审查律师的行为将可能变相鼓励被告人提出毫无根据的无效辩护主张，导致被告人可能将此作为不满审判结果的宣泄，如此则会大大削弱律师的热情和判决的终局性。[26] 而且，政府没有责任去给律师的错误买单，也就更没有义务去防止律师犯错误。[27] 但是，

---

[19] 参见〔美〕约书亚·德雷斯勒、艾伦·C. 迈克尔斯：《美国刑事诉讼法精解》（第一卷·刑事侦查），吴宏耀译，北京大学出版社 2009 年版，第 627—632 页；陈瑞华：《刑事诉讼中的有效辩护问题》，同前注〔8〕，第 98—99 页；王喆、闫春雷：《美国死刑有效辩护制度及其启示》，载《东北师大学报（哲学社会科学版）》2012 年第 6 期；申飞飞：《美国无效辩护制度及其启示》，载《环球法律评论》2011 年第 5 期；林劲松：《对抗制国家的无效辩护制度》，载《环球法律评论》2006 年第 4 期。

[20] See Erwin Chemerinsky, "Lessons from Gideon", 122 *Yale Law Journal* 2689 (2013); Nancy King, "Enforcing Effective Assistance After *Martinez*", 122 *Yale Law Journal* 2436 (2013); Donald Dripps, "Ineffective Litigation of Ineffective Assistance Claim: Some Uncomfortable Reflections on *Massaro v. United States*", 42 *Brandies Law Journal* 795 (2004); Blume & Johnson, "Gideon Exceptionalism", *supra* note 〔16〕, p. 38; Steiker, "Gideon's Problematic Promises"*supra* note 〔18〕, p. 56; 〔美〕斯泰克编：《刑事程序故事》，同前注〔16〕，第 104 页。

[21] *United States v. Cronic*, 466 U. S. 648 (1984).

[22] National Right to Counsel Committee, *Justice Denied: America's Continuing Neglect of Our Constitutional Right to Counsel* (hereinafter referred to as Justice Denied), at http://www. constitutionproject. org/wp-content/uploads/2012/10/139. pdf, p. 42 (last visited on Oct. 23, 2016).

[23] Rodney Uphoff, "Who Should Control the Decision to Call a Witness: Respecting a Criminal Defendant's Tactical Choice", 68 *University of Cincinnati Law Review* 789 (2000).

[24] *Strickland v. Washington*, *supra* note 〔14〕, p. 697.

[25] *Id.*

[26] *Id.*, p. 696.

[27] *Id.*, pp. 688, 693.

作为该案唯一的异议者,马歇尔大法官警告"行为缺陷"这一标准"在实践中可以被恣意操纵,要么可能根本产生不了作用,要么可能导致各个法院适用的标准参差不齐,最终破坏第六修正案之法理"。[28] 也有学者尖锐地指出,这种"合理性推定"是毫无根据的,尤其是对于那些缺乏培训、经验、技巧、知识、时间和资源的不称职律师而言,恰恰应当做出"行为不合理"的推定,因为大量的案件事实表明,这些律师根本无法胜任提供有效辩护的职责。[29]

即使律师行为不符合客观的专业标准,如果没有因此给判决造成"不利影响",也就不属于无效辩护。[30] 最高法院认为,被告人仅仅证明律师的错误对判决结果造成了一定影响是远远不够的,因为几乎所有的作为和不作为都会对结果带来影响,但并不是每个错误都会削弱程序的可靠性和结果的公正性。[31] 纯粹的结果导向型的标准易于精确界定法院审查的范围,但却容易忽视案件事实和辩护策略的多样性。"辩护是一门艺术,在一个案件中并不专业的行为可能在另一个案件中就是完美的。"[32] 无效辩护的审查并不是一套机械的标准,而是一种个案审查的理念,需要重申的是,它并不是为了惩戒律师的失职行为,而是关注被告人是否获得了公正的审判。

但是,这种法院依靠冷冰冰的案卷记录进行的事后审查的可靠性和准确性令人堪忧,因为通过回溯性的判断,一般难以说明"如果当初律师行为符合专业标准,案件结果是否会发生实质性的改变"。[33] 案卷记录会丢失很多庭审信息,而且,可能正是由于律师的策略或失职,许多关键的证据和事实都无法被呈现到法官面前,我们又如何期待依据更加残缺的信息来审查先前的裁判结果呢?[34] 所以,让被告人来证明"不利影响",无疑是再次提升了确证无效辩护的难度。

(三) 不确定的证明方式

最高法院在斯特里克兰案中也讨论了是否可以参照美国律师协会的行为指引(checklist & guidelines)来评判律师行为的问题。以奥康纳大法官为首的多数派意见认为,美国律师协会的指引可以作为参考因素,但仅仅是一种"参

---

〔28〕 *Id.*, p. 707.

〔29〕 Stephen Bright, "Counsel for the Poor: The Death Sentence Not for the Worst Crime but for the Worst Lawyer", 103 *Yale Law Journal* 1863 (1994).

〔30〕 *Strickland v. Washington*, *supra* note 〔14〕, p. 692.

〔31〕 *Id.*, p. 693. 在哈林顿诉里克特(Harrington v. Richter, 562 U. S. 86 (2011))一案中,最高法院明确强调这种影响必须是"实质性的"(substantial),而不是"臆想的"(conceivable)。

〔32〕 *Strickland v. Washington*, *supra* note 〔14〕, p. 693.

〔33〕 *Id.*, p. 710.

〔34〕 Emily Hughes, "Investigating Gideon's Legacy in the U. S. Courts of Appeals", 122 *Yale Law Journal* 2391 (2013).

考"。[35] 因为没有哪一套规则能够穷尽案件事实的多样性,也就无法用来评判律师是否代表了被告人的最佳利益。此外,僵化的行为规则将会影响律师的独立性,也会掣肘律师谋划灵活的诉讼策略。但马歇尔大法官在反对意见中指出,告诉律师要合理地进行辩护等于没有告诉他们任何实质内容,多数派的意见本质上是用法官事后对"合理性"的评价来替代更为客观的标准。而且,有一些基本的要求,如庭审准备、申请保释、与被告人协商、及时提出上诉等,都可以适用统一的标准,无须下级法院的法官再进行逐案审查。[36]

其实,美国律师协会早在 1968 年就制定了第一版的《刑事司法标准》,于 2003 年又修订了《死刑案件中辩护律师的指定与辩护表现指引》,并于 2008 年再次发布了《死刑案件中辩护团队减刑职责补充指引》。[37] 但可惜的是,最高法院在斯特里克兰案之后就没再继续奥康纳和马歇尔大法官之间的争论。尽管如此,最高法院在近年来审查无效辩护时却不断援引这些指引来评判律师的行为,强烈体现出正在试图逐渐放弃斯特里克兰案确立的"行为缺陷——不利影响"这一标准。[38] 大法官们越来越意识到马歇尔大法官的警告,发现"告诉律师要进行合理辩护基本就是发给他们一张不认真、不尽职的通行证"。但同时,对这些案子做过多解读是一件危险的事情[39],它或许只表明最高法院倾向于通过强调律师指引的重要性来缓减无效辩护对法院的压力,但绝不意味着彻底放弃斯特里克兰案确立的审查标准。这就对被告人试图证明无效辩护带来了极大的困惑,究竟是严格遵照传统的审查标准,还是只需证明律师违反律协指引的某些条款呢?

(四)"双重尊重律师"的程序障碍

除了上述实体性的证明标准之外,最高法院也为无效辩护之诉设置了复杂的程序性障碍。第一重"尊重律师"的程序障碍即是上文中对于律师行为的合理性推定。最高法院坦言,要逾越斯特里克兰案设置的标准并非轻而易举[40],

---

[35] *Strickland v. Washington*, *supra* note [14], p. 688.

[36] *Id.*, p. 708.

[37] 参见吴宏耀、周媛媛:《美国死刑案件的无效辩护标准》,中国政法大学出版社 2014 年版,第 282 页以下。

[38] 在威廉姆斯诉泰勒(*Williams v. Taylor*, 529 U. S. 362 (2000))案中,最高法院援引美国律师协会指引一次,来论证律师的调查行为并不充分;在威金斯诉史密斯(*Wiggins v. Smith*, 539 U. S. 510 (2003))案中,最高法院援引六次指引并将之作为律师行为合理性的基本标准;在罗姆皮拉诉彼尔德(*Rompilla v. Beard*, 545 U. S. 374 (2005))案中,最高法院援引指引八次来论证律师行为不符合宪法标准。John Blume & Stacey Neumann, "It's Like Deja Vu All Over Again: *Williams v. Taylor*, *Wiggins v. Smith*, *Rompilla v. Beard* and a (Partial) Return to the Guidelines Approach to the Effective Assistance of Counsel", 34 *American Journal of Criminal Law* 151 (2006—2007).

[39] 〔美〕斯泰克编:《刑事程序故事》,同前注[16],第 115 页。

[40] *Padilla v. Kentucky*, 559 U. S. 371 (2010).

因为法院必须尽力克服事后评估可能附带的偏见,必须尽力重建律师辩护的当时情景,并将法官自己置身于律师当时的处境来判断其行为的合理性。[41] 第二重障碍则涉及美国刑事司法中定罪后审查的三种途径。一般而言,被告人在被定罪后可以向州上诉法院提起直接上诉,也可以向原审法院提出定罪后审查申请,还可以向联邦法院提出人身保护令申请。被告人只有穷尽直接上诉的救济后,才能提起定罪后的人身保护令申请,而无效辩护的主张一般都是在州或联邦的人身保护令程序中提出的。[42] 因为当同一名律师在初审和上诉中提供服务时,他根本不可能否认自己的工作;新的律师提出无效辩护的主张时需要一些新事实、新证据加以支持,而它们只有在定罪之后的审查程序中才能提交给法院。[43]

可是,最高法院在芬利案中明确指出,在人身保护令程序中,被告人不享有获得律师辩护的宪法权利[44],因而也就不享有获得有效辩护的权利。在没有律师的情况下,很多被告人根本不知道自己有权提出无效辩护的主张;或者,即使知道,也只能依靠自己来证明无效辩护。但此时,被告人身陷囹圄、身心俱疲,根本无法进行调查并收集证据,纵然有心提出无效辩护之主张,也难以提出令人信服的事实和证据。此外,多数州为死刑案件的被告人在人身保护令程序中提供免费的律师,联邦法律也授权各州法院自行裁量决定是否给那些非死刑案件的被告人提供律师。尽管如此,各州受理人身保护令申请的法院也大都会维持原判,因为它们本身就是负责监督初审和上诉法院的,故一般都不会否定下级法院的工作。[45]

第二重程序障碍还源自美国 1996 年《反恐与有效执行死刑法案》(Antiterrorism and Effective Death Penalty Act of 1996)。一般来说,联邦法院对于人身保护令申请中的无效辩护主张态度应该更加宽容,因为联邦法院负有保障宪法权利的当仁不让的责任。但《反恐与有效执行死刑法案》重塑了《美国联邦法典》第 2254(d) 条关于人身保护令的管辖条件,规定只有当(1)判决与联邦法律相冲突或者不合理地适用最高法院判决的联邦法律时,或(2)当州法院根据证据做出了不合理的事实认定时,方能启动人身保护令的程序。最高法院强调,第 2254(d)(1) 条中"不合理地适用联邦法律"不同于"错误地适用联邦法律",当州法院的判决涉及无效辩护问题时,联邦法院必须"高度尊重"州法院

〔41〕 *Strickland v. Washington*, *supra* note 〔14〕, p. 689.

〔42〕 Durocher, "Are We Closers to Fulfilling Cideon's Promise: The Ettects the Supreme Court's, 'Right-to-Counsel Term'", *supra* note 〔18〕, p. 8; Hughes, "In Nestigatiig Gideon's Legacy in the U. S. Courts of Appeds", *supra* note 〔34〕, at 2378.

〔43〕 Steiker, "Gideon's Prblematic Promises", *supra* note 〔18〕, p. 57.

〔44〕 *Pennsylvania v. Finley*, 481 U. S. 395-396 (1987).

〔45〕 Steiker, "Gideon's Prblematic Promises", *supra* note 〔18〕, p. 57.

的判决,只有当"正常的理性人都无法赞同州法院的决定时",联邦法院才可以受理被告人无效辩护的申请。[46] 最高法院坦言,这一标准本身就难以被证明,因为人身保护令的程序设计初衷即是如此:它旨在防止极端滥用各州的刑事追诉程序,而非普通的纠错机制。[47] 第2254(d)条就是为了防止滥用联邦人身保护令程序来动摇州法院判决的终局性。

　　至此,我们发现,被告人一般在直接上诉中由于缺乏新事实、新证据而无法提出无效辩护的主张;在州的人身保护令程序中,又因法院之间的"职业共同体"而难以得到支持;若想要说服联邦法院认定无效辩护,则必须首先证明"正常的理性人都无法赞同州法院的决定",让联邦法院启动人身保护令程序之后,继续证明律师行为不符合斯特里克兰案确立的标准。不幸的是,即使依据彻底重新审查的方式,联邦法院在审查州法院判决或者律师行为时都必须保持高度的克制,因为律师全程参与了诉讼程序,知悉案卷记录之外的信息,让法官在人身保护令程序中再次揣度律师的行为,难免略显强人所难。而且,斯特里克兰案和第2254(d)条设置的标准实属苛刻,两者结合就构成了难以逾越的"双重尊重律师"的程序障碍。

三、有效辩护是破灭的神话

(一)穷人不享有"有效辩护"

　　在理想的对抗制诉讼中,称职的律师能通过交叉询问证人来揭穿谎言,能攻击指控中的弱点来削弱证据体系,更能娴熟地掌握调查技巧来帮助无辜的被告人洗脱罪名;但实际上,只有少数富人和大公司能够负担高额的律师费用,80%以上的刑事被告人都因贫穷而只得依赖政府提供的法律援助。与《美国联邦宪法》和《权利法案》中的多数消极性权利不同,吉迪恩案确立的是一项积极的宪法性权利,即要求政府通过分配资源来积极地保障权利得以实现。[48] 联邦和各州政府分别建立的法律援助体制,主要包括三种模式:一是传统的公设辩护人制度;二是法院将案件委派给私人律师,并按照办案数量给予报酬;三是直接和私人律师签订服务合同。[49] 法律援助的资金来源也有所不同,有的是

〔46〕　*Harrington v. Richter*, 562 U. S. 98 (2011).

〔47〕　*Id.*, p.100.

〔48〕　Chemerinsky, "Lessons from Aidem", *supra* note 〔20〕, p.2685; Steiker, "Gideon's Problemalic Promises", *supra* note 〔18〕, p.53; Susan Bandes, "The Negative Constitution: A Critique", 88 *Michigan Law Review* 2276-2277 (1990).

〔49〕　American Bar Association Standing Committee on Legal Aid and Indigent Defendants, *Gideon's Broken Promise: America's Continuing Quest For Equal Justice* (hereinafter referred to as Gideon's Broken Promise), at http://www.americanbar.org/content/dam/aba/administrative/legal_aid_indigent_defendants/ls_sclaid_def_bp_right_to_counsel_in_criminal_proceedings.authcheckdam.pdf, p.2(last visited on Oct. 25, 2016).

由州政府统一进行财政拨款,有的则完全依靠各郡县自己筹措资金,也会有一些州兼采这两种拨款方式。

但自吉迪恩案以降,法律援助的财政拨款始终处于极度缺乏的状态。[50] 1983 年吉迪恩案二十周年之际,美国律师协会负责法律援助的委员会(the Standing Committee on Legal Aid and Indigent Defendants)就发布报告指出,"穷人获得律师辩护的权利正岌岌可危,由于没有充分的财政支持,我们无法向他们提供称职的律师"。在随后的年份里,诸多报告和文章都在批评美国政府没有投入足够的资金来解决这些问题。[51] 近年来波及全美的财政危机更加恶化了这一局面。譬如,2012 年 2 月,新奥尔良市公设辩护人办公室不得不裁掉三分之一的员工并强制推行每月额外两天的无薪休假[52];同年 4 月,宾夕法尼亚州泽恩郡的首席公设辩护人起诉政府,认为财政削减和员工短缺造成了大量的案件积压,公设辩护人办公室无法提供宪法所要求的有效辩护[53];加利福尼亚州的情况最为糟糕,为了支付不断增长的教育和医疗支出,加州政府几乎腰斩了司法系统 2012 年的财政预算,从 17 亿美元降至 7 亿美元,这使得本已捉襟见肘的法律援助专项资金雪上加霜。[54] 美国前任司法部长埃里克·侯德面对重重危机发出感叹:"在这经济困难的时期,政府的财政预算如此紧张,而我们面对的需求却日益增长,所以,是时候采取改革措施了,刻不容缓。"[55]

问题的根源还是在于美国"分权和制衡"的宪政体制,即使是联邦最高法院也不能控制政府的钱袋,法院可以通过判决确立获得有效辩护是一项宪法权利,但却无法强迫联邦和各州政府去拨款。[56] 最高法院当然深谙此理,至今对具体的实施机制保持缄默,完全交由联邦和各州政府自由掌控。[57] 其实,鲍威尔大法官在阿杰辛格案中就表示担忧:"(吉迪恩案)多数派的意见将依靠联

---

[50] Durocher, "Are we Closers to Fulfilling Cideon's Promise: The Ettects the Supreme Court's, 'Right-to-Counsel Term'", *supra* note [18], p. 12.

[51] American Bar Association Stcmding Committee on Legal Aid and Indigent Pefendams, *Gideon's Broken Promise: America's Contiuing Quest For Equal Justice*, *supra* note [49], p. 7.

[52] John Simerman, "Public Defender Layoffs Could Gum Up the Works at New Orleans Criminal Court", *Times Picayune*, Feb. 2, 2012.

[53] Editorial, "ACLU-PA Sues Luzerne County Alleging Gross Underfunding of Public Defender Deprives Defendants of Constitutional Rights", *American Civil Liberties Union of Pennsylvania News*, April 10, 2012.

[54] Chemerinsky, "Lessons from Gideon", *supra* note [20], p. 2684.

[55] Attorney General Eric Holder, "Address to the American Bar Association National Summit on Indigent Defense", *U. S. Department of Justice News*, Feb. 2, 2012.

[56] Steiker, "Gideon's Problematic Promises", *supra* note [18], p. 53.

[57] National Right to Counsel Committee, *Justice Denied: America's Continuing Neglect of Our Constitutional Right to Counsel*, *supra* note [22], pp. 29-30; Norman Lefstein, "In Search of Gideon's Promise: Lessons from England and the Need for Federal Help", 55 *Hastings Law Journal* 843 (2004).

邦和各州政府给予充分的拨款,但他们显然都不愿意这么做。"[58]因为吉迪恩案的承诺本质上是一种社会福利项目,可是,与那种惠及全社会的基础设施、教育、医疗等项目相比,仅仅让刑事被告人获益的项目显然就不会受到政治博弈的青睐。[59]尤其是在资源紧缺的时期,贫穷的被告人绝不可能是社会主要关注的群体,"他们是被指控犯罪的人,受到社会唾弃,是整个国家最为弱势的人群,所有的政客和法官都不会有热情去改善他们的处境"。[60]

财政紧缩的直接后果就是恶化了"钱少案多"的局面。首先,这里的"钱少"不仅指法律援助经费少,还包括办案律师获得的报酬少。譬如,在经济发展水平较好的伊利诺伊州,法律规定每个轻罪案件的报酬是 150 美元,每个重罪案件是 1250 美元,但这一标准已经实行二十余年,至今没有显著增长[61];在东部经济发达的马萨诸塞州,公设辩护人的年薪从十年前的 3.5 万美元仅仅提升至目前的 5 万美元,根本难以招募到资深律师加入法律援助的队伍。[62] 另外,美国超过半数的州都设定了律师报酬的最高限额,如在肯塔基州,死刑案件的最高报酬是 1.25 万美元,但平均每个律师办案的时间约是 500 个小时,这就意味着每小时的报酬只有区区 25 美元;[63]在弗吉尼亚州,办理死刑案件的律师每小时的报酬甚至只有 13 美元。[64] 尽管各州制定法均规定法官可以不受最高数额的限制,但他们也几乎不会批准更多的报酬。[65]

可以确定的是,在美国特殊的文化中,律师提供服务的质量经常取决于他们能够获得多少报酬。[66] 我们可以通过案件结果来反观报酬对于辩护效果的直接影响。美国司法部的一项调查显示,把公设辩护人处理的案件跟私人律师相比,被告人被判处监禁的年限一般更长。而且,在联邦法院中被判处有罪的被告人中,88%的案件由公设辩护人处理,能够聘请私人律师的被告人只有77%的人最终被判处有期徒刑;在一些州法院中,71%的接受公设辩护人服务

---

〔58〕 *Argersinger v. Hamlin*, 407 U. S. 61 (1972), footnote 30.

〔59〕 Steiker, "Gideon's Problematic Promises", *supra* note 〔18〕, p. 54.

〔60〕 Douglas Vick, "Poorhouse Justice: Underfunded Indigent Defense Service and Arbitrary Death Sentences", 43 *Buffalo Law Review* 459 (1995).

〔61〕 American Bar Association Standing Committee on Legal Ard and Indigent Defendants, *Gideon's Broken Promise: America's Continuing Quest For Equal Justice*, *supra* note 〔49〕, pp. 9-10;

〔62〕 *Id.*, p. 10.

〔63〕 〔美〕斯泰克编:《刑事程序故事》,同前注〔16〕,第 108—109 页。

〔64〕 同上注,第 109 页。

〔65〕 同上注。

〔66〕 Bright, "Counsel for the Poor: The Death Sentence Not for the Worst Crime but for the Worst Lawyer", *supra* note 〔29〕, p. 1855; Chemerinsky, "Lessons from Gideon", *supra* note 〔21〕, p. 2681.

的被告人被判处监禁,而在聘请私人律师的案件中,这一数据只有 54%。[67] 不仅如此,就量刑结果来说,在公设辩护人处理的案件中,被告人更可能被判处重刑,刑期平均可能多出 8 个月。[68]

其次,与"钱少"形成鲜明对比的是,律师所承担的案件量在近年来剧增。尽管美国很多全国性的职业标准都主张律师不应超负荷的处理案件,但无论联邦还是各州都几乎没有规定律师办案的最大限量。[69] 在少数规定最大限量的地区,律师也几乎都是超负荷办案,因为他们都无法拒绝法院的委派,同时也面临着巨大的政治压力,从而不会轻易因案件积压而拒绝办案。[70] 譬如,早在1991 年时,新奥尔良市的一名公设辩护人在 7 个月内就处理了 418 个案件,路易斯安那州最高法院面对资源稀缺、案件剧增的局面束手无策,只得通过判决宣告路易斯安那州"无法向被告人提供宪法所要求的有效辩护"[71];时至 2004年前后,罗得岛州的公设辩护人办公室处理的重罪案件超过当地标准的 35%至 40%,轻罪案件超标 150% 以上,马里兰、宾夕法尼亚州和内布拉斯加州等地的公设辩护人办公室也都处于超负荷的运作状态[72];根据最新的统计,这些州的情况依然严峻,而内华达州、肯塔基州和佛罗里达州等地情况也变得同样令人担忧。[73]

在"钱少案多"的情况下,律师就被迫在所有案件中分清"轻重缓急",如果律师认为案件不存在"法律问题",则会交由助手或实习生处理,根本不会跟进案件的后续发展;如果律师认为案件有一定的"法律价值",则将按照一套日常化的程序来"分割"案件,但基本都会或多或少忽略一些诸如会见被告人、研究案情、调查事实、收集证据、准备庭审等重要的诉讼环节。[74] 学者形象地将这种批量化的案件处理方式戏称为"屠宰场式的司法"(slaughterhouse

---

[67]　Caroline Wolf Harlow, "Defense Counsel in Criminal Cases", Bureau of Justice, Nov. 2000, p. 1.

[68]　Chemerinsky, "Lessons from Gideon", *supra* note [20], p. 2681.

[69]　American Bar Association Standing Committee on Legal Ard and Indigent Defendants, *Gideon's Broken Promise: America's Continuing Quest For Equal Justice*, *supra* note [49], p. 17.

[70]　National Right to Counsel Committee, *Justice Denied: America's Continuing Neglect of Our Constitutional Right to Counsel*, *supra* note [22], p. 67.

[71]　Bright, "Counsel for the Poor: The Death Sentence Not for the Worst Crime but for the Worst Lawyer", *supra* note [29], p. 1851.

[72]　Steiker, "Gideon's Broken Promise", *supra* note [18], p. 18.

[73]　National Right to Counsel Committee, *Justice Denied: America's Continuing Neglect of Our Constitutional Right to Counsel*, *supra* note [22], pp. 67-69.

[74]　*Id.*, p. 65; Gary Bellow, "Turing Solutions into Problems: The Legal Aid Experience", *24 NLADA Briefcase* 106 (1977).

justice)[75],强力鞭挞着这种枉顾穷人命运的法律援助。案件积压也致使很多州降低了律师的从业资格,被迫聘请一些经验尚浅的律师来处理重大案件。譬如,在亚拉巴马州,初出茅庐的法学院毕业生就会被委派去处理谋杀案件[76];加利福尼亚州的有些公设辩护人办公室也让从业未满三年的律师去办理重罪案件。[77] 此时,虽然贫穷的被告人在形式上可以获得律师的帮助,但这绝非《美国联邦宪法第六修正案》强调的有效辩护,宪法的美丽承诺由于"钱少案多"等复杂因素而大打折扣。

(二)法院很少认定无效辩护

不仅是在法律援助案件中,在所有刑事案件中,法院都几乎很少支持被告人的无效辩护主张。有数据显示,在联邦的人身保护令程序中,无效辩护是迄今为止最为常见的申请理由。例如,在 2000 年至 2005 年间,81% 的死刑案件的被告人在人身保护令申请中都提出了无效辩护的主张;在非死刑案件中,这一比率接近 50%。[78] 但总体而言,最高法院几乎不会因无效辩护而签发调卷审查令,认定无效辩护的判决更是凤毛麟角。[79] 另外两份全国性的统计显示,1970 年至 1983 年联邦和各州上诉法院在 4000 个左右的无效辩护的申请中只支持了 3.9% 的主张[80];2001 年在美国所有法院系统中,被告人大约提出了约 37000 项无效辩护的主张,其中只有 3% 获得了法院的支持。[81] 也有学者对个别州法院系统进行了类似的统计。自 1989 年 1 月至 1994 年 4 月,加州最高法院共收到 103 件无效辩护的申请,其中驳回 94 件,发回重审 3 件,最终得到支持的只有 6 件。同一时期,联邦第五巡回区法院收到 158 件申请,其中驳回 142 件,发回重审 10 件,最终也只支持了 6 件。[82]

---

〔75〕 Bright, "Counsel for the Poor: The Death Sentence Not for the Worst Crime but for the Worst Lawyer", *supra* note 〔29〕, p. 1850.

〔76〕 Steiker, "Gideon's Problematic Promises", *supra* note 〔18〕, p. 55.

〔77〕 National Right to Counsel Committee, *Justice Denied: America's Continuing Neglect of Our Constitutional Right to Counsel*, *supra* note 〔22〕, p. 69.

〔78〕 Tom Zimpleman, "The Ineffective Assistance of Counsel Era", 63 *South Carolina Law Review* 438 (2011).

〔79〕 Hughes, "Investigating Gideon's Legacy in the U. S. Courts of Appeals", *supra* note 〔34〕, p. 2378. 例如,有的学者说,在斯特里克兰之后的 20 年中,最高法院只在两个案件中认定律师的行为缺陷对案件结果存在"不利影响",并最终支持了被告人的无效辩护之主张。他们就是前文中提到的威金斯诉史密斯案和罗姆皮拉诉彼尔德案。Chemerinsky, "Lessons from Gideon", *supra* note 〔20〕, p. 2689.

〔80〕 Richard Klein, "The Emperor Gideon Has No Clothes: The Empty Promise of the Constitutional Right to Effective Assistance of Counsel", 13 *Hasting Constitutional Law Quarterly* 632 (1986).

〔81〕 〔美〕德雷斯勒、迈克尔斯:《美国刑事诉讼精解》(第一卷·刑事侦查),同前注〔19〕,第 628 页。

〔82〕 〔美〕斯泰克编:《刑事程序故事》,同前注〔16〕,第 107 页。

这些关于最高法院和各下级法院的数据都印证了无效辩护之诉的难以逾越的实体标准和程序障碍。其中首要原因即在于法院恪守"双重尊重律师"的审查标准,不愿"再次揣度律师的行为究竟是辩护策略还是行为缺陷,尽量避免以事后诸葛亮的眼光去审查律师的先前行为",故表现出"明显的忽略无效辩护主张的倾向并维持原判"。[83] 第二个重要原因与律师和法官的遴选机制有关。在少数司法辖区,公设辩护人由选举产生,他们因此必须向选民展示维护司法公正和公共安全的形象,这就要求他们提高办案效率、节约诉讼资源,并审慎地为"罪犯"提供辩护。[84] 在大多数司法辖区,法律援助律师由司法机关委任,法官为了在选举中获得检察官和警察的政治支持,就必然会容忍甚至欢迎不称职的律师快速处理案件。[85] 而且,很多法官不仅深信"大多数刑事案件被告人都是有罪的"[86],很多法院自身也在堆积如山的案件中疲于应付。[87] 有些法官会更倾向于指定那些他们知道不会制造太多麻烦的律师,例如,加利福尼亚州的一名公设辩护人就经常被委派给穷人进行辩护,因为"他总是能够立即到庭参与审判,即使看上去他并没有足够时间进行准备"。[88]

(三)辩诉交易掩盖无效辩护

美国绝大多数刑事案件都是通过辩诉交易的方式得以处理。在 1963 年,联邦法院系统约有 15% 的被告人最终接受了审判,这一数据在 2010 年则降至2.7%。[89] 最高法院在 2012 年拉夫勒案中更是直接将美国的刑事司法界定为"一套辩诉交易的体制,而不是审判的体制",因为最新统计显示 94% 的州法院通过辩诉交易做出了定罪判决,这一数据在联邦法院系统更是高达 97%。[90]所以,"辩诉交易绝不是刑事司法系统的附属品,它本身就代表着刑事司法系统","律师参与辩诉交易的谈判协商也相应成为被告人获得有效辩护的重要保障"。[91]

但是,由于检察官垄断了辩诉交易的主导权,他们经常变相鼓励甚至威胁

---

[83] Klein, "The Emperor Gideon Has No Clothes: The Empty Promise of the Constitutional Right to Effective Assistance of Counsel", *supra* note [80], pp. 633-634.

[84] Steiker, "Gideon's Problematic Promises", *supra* note [18], p. 55. 关于美国法官遴选制度利弊的介绍,参见邱联恭:《司法之现代化与程序法》,台湾三民书局 2001 年版,第 24 页以下。

[85] Stephen B. Bright & Sia M. Sanneh, "Fifty Years of Defiance and Resistance After *Gideon v. Wainwright*", 122 *Yale Law Journal* 2154 (2013).

[86] Klein, "The Emperor Gideon Has No Clothes: The Empty Promise of the Constitutional Right to Effective Assistance of Counsel", *supra* note [80], p. 634.

[87] *Id.*, pp. 637-638.

[88] 〔美〕斯泰克编:《刑事程序故事》,同前注[16],第 111 页。

[89] David E. Patton, "Federal Public Defense in an Age of Inquisition", 122 *Yale Law Journal* 2581 (2013).

[90] *Lafler v. Cooper*, 132 S. Ct. 1388 (2012).

[91] *Missouri v. Frye*, 132 S. Ct. 1407 (2012).

被告人放弃获得律师辩护的权利,法官也会忽略或者公开支持检察官的做法。[92] 很多州和联邦的法律都赋予检察官宽泛的起诉裁量权,使得他们能够以可能判处的重刑来迫使被告人接受较轻刑罚的辩诉交易;而且被告人也深知,如果案件最终进入审判并被最终定罪,则必然面临更重的刑罚。[93] 尽管如此,律师在现实中也没有足够的时间和资源去和检察官相抗衡,检察官和法官甚至不愿意律师参与辩诉交易,更遑论允许他们提供有效的服务。[94] 学者嘲讽在这种控辩不平衡的辩诉交易中,"检察官决定了一切,法官几乎没有任何量刑裁量权,而律师仅仅是传递消息的工具"。[95]

对于贫穷的被告人来说,如果他们发现律师在辩护的关键环节表现平庸,则有强烈的意愿去接受检察官的建议,因为一旦进入审判,不仅无罪判决的希望渺茫,更可能会因律师糟糕的表现被判处更重的刑罚。一旦被告人接受了辩诉交易,除非程序本身存在法律瑕疵,否则就意味着他们放弃了所有的异议权,当然包括无效辩护的主张在内。实际上,协商的秘密性为律师披上了隐藏行为缺陷的外衣,被告人几乎不可能发现可以质疑辩诉交易的实质性问题。[96] 此时,对于律师而言,最实际的方案莫过于说服被告人接受检察官的建议,这样既能迅速结案,也能避免被指控无效辩护之风险;对于被告人而言,获得量刑优惠的代价就是容忍律师的糟糕行为,因为他们没钱去聘请私人律师,接受法律援助的同时也不得不放弃了《美国联邦宪法第六修正案》赋予的宪法权利。

美国刑事司法体制对于辩诉交易的极度依赖也预示了无效辩护难以胜诉。在吉迪恩案之后不久,最高法院就着眼于规制有罪答辩和定罪判决,当时的大法官们就敏锐地察觉,"辩诉交易不仅仅是美国刑事司法制度的重要组成部分,而是构成了刑事程序的实质内涵"。[97] 从很大程度上看,这引导着美国整个刑事司法制度开始不断地偏离"对抗制"的轨道,毕竟"如果每个案件都进入审判,

---

〔92〕 American Bar Association Standing Committee on Legal Ard and Indigent Defendants, *Gideon's Broken Promise*: *America's Continuing Quest For Equal Justice*, *supra* note〔49〕, pp. 23-24; National Right to Counsel Committee, "Justice Denied: America's Continuing Neglect of Our Constitutional Right to Counsel", *supra* note〔22〕, pp. 88-89.

〔93〕 一个典型的入室盗窃案能充分展示检察官在辩诉交易中的主导地位。参见〔美〕安吉娜·J. 戴维斯:《专横的正义:美国检察官的权力》,李昌林等译,中国法制出版社 2012 年版,第48—50 页。

〔94〕 Bright & Sanneh, "Fifty Years of Defiance and Resistance After *Gideon v. Wainwright*", *supra* note〔85〕, pp. 2162-2163; National Right to Counsel Committee, *Justice Denied*: *America's Continuing Neglect of Our Constitutional Right to Counsel*, *supra* note〔22〕, p. 89.

〔95〕 Bright & Sanneh, "Fifty Years of Defiance and Resistance After *Gideon v. Wainwright*", *supra* note〔85〕, pp. 2158-2159.

〔96〕 Steiker, "Gideon's Problematic Promises", *supra* note〔18〕, p. 59.

〔97〕 *Santobello v. New York*, 404 U. S. 260 (1971).

将会对法院和政府带来巨大的负担和难以预计的灾难"[98]。得到律师的有效辩护固然是被告人之宪法权利,但若在辩诉交易中大规模地审查律师行为或者大范围地支持无效辩护的主张,就意味着鼓励律师更加"对抗性地"参与辩诉交易,随之降低效率、增加成本,这必将动摇整个刑事司法体制的基石。[99] 所以,不仅是被告人难以察觉无效辩护,整个司法体制的发展趋势也在逐渐掩埋辩诉交易中的"对抗性"主张。

四、美国有效辩护原则的改革探索

2004 年美国律师协会发布了名为《吉迪恩案破碎的承诺》的报告,再次呼吁社会关注举步维艰的刑事法律援助制度;此后不久,美国国会成立全国性的专门委员会(National Right to Counsel Committee),将此作为一项"宪法工程"来努力兑现"辩护权是必需品,而非奢侈品"的诺言。该委员会特别关注穷人和未成年人是否得到了有效辩护,在充分调查并征集意见的基础上,发布了历史上最详细的有关法律援助和有效辩护的报告,其开篇就直言:"吉迪恩案保障宪法权利的承诺早已破灭,但问题的严重程度却远远超过了我们的预计……尤其是资金短缺已经到了骇人听闻的地步。"[100]尽管"失落的正义"略微令人沮丧,但报告中提出了诸多积极的改革方案,引导并促使联邦和各州展开了新一轮的试验和探索。

(一)增加拨款和补助

几乎所有关于法律援助和有效辩护的文献中都会将财政拨款列为影响辩护质量的首要原因,也会相应地要求政府增加预算来为被告人的这一宪法权利提供资金支持。例如,美国律师协会于 2004 年就指出:"几乎所有的项目参与者都承认,充足的资金是保障有效辩护的必不可少的条件。"[101]全美刑事辩护委员会对联邦政府和各州分别提出了具体要求,强调联邦政府应当建立全国性的刑事辩护中心,通过联邦政府的专项拨款来帮助各州的公设辩护组织;各州政府应在此基础上继续广泛筹措资金,以可观的报酬和补助来保证律师向被告人提供有效的法律服务。[102] 纽约州政府率先响应了这一号召。之前,纽约州的

---

[98] Id.

[99] Pamela Metzger," Fear of Adversariness: Using Gideon to Restrict Defendant's Invocation of Adversary Procedures", 122 *Yale Law Journal* 2556 (2013).

[100] National Right to Counsel Committee, *Justice Denied*: *America's Continuing Neglect of Our Constitutional Right to Counsel*, supra note [22], p. xi.

[101] American Bar Association Standing Committee on Legal Ard and Indigent Defendants, *Gideon's Broken Promise*: *America's Continuing Quest For Equal Justice*, supra note [49], p. 37.

[102] National Right to Counsel Committee, *Justice Denied*: *America's Continuing Neglect of Our Constitutional Right to Counsel*, supra note [22], pp. 194-195, 201-202.

法律援助预算都由各郡县自行决定,这导致有些地方出现了严重的资金匮乏[103];2012 年前后,州政府成立了法律援助的办公室,专门负责监督、研究和改进各郡县的刑事辩护质量,特别是授权该办公室解决有些偏远郡县资金短缺的问题。[104]

与这种要求增加拨款的建议不同,有些州的法院也通过判例的方式来强调法院有权要求立法机关增加拨款。尽管在三权分立的宪法体制下法院不享有财政权,但法院的依据在于,如果没有充分的资金,他们就无法继续正常履行司法职责,因为"法院的一项重大使命就是保障第六修正案赋予被告人的有效辩护权,从而确保控辩双方之间存在真正意义上的对抗"。[105] 例如,密西西比州最高法院就判决认为:"当我们发现立法机关没能提供充分的资金(其保障被告人的辩护权)时,我们就有权威和职责加以介入……我们深知政府的三个分支应当独立、平等,但当立法机关没能履行宪法性义务来确保司法机关独立、有效地运作时,我们就有权来维护这项宪法使命。当然,如果充分的人员、资金对于司法制度来说不可或缺的话,那么有效辩护同样如此。"[106]类似地,在路易斯安那州、新墨西哥州和佛罗里达州等地,州的最高法院也都以这种方式来促使立法机关增加预算。[107]

(二) 控制案件数量

解决"钱少案多"的另一个思路是控制每个律师处理的案件数量。美国律师协会关于公设辩护人"十大原则"之五特别指出:"我们应当适当控制案件量,以保证律师提供高质量的服务。"如果律师超负荷工作,就不可能在每个案件中都投入足够充分的时间,有时甚至还会违反职业操守;很多情况下,检察官和法官也可能成为共犯,因为他们在明知律师没有准备充分的情况下仍去迫使他们加速办案,枉顾被告人获得有效辩护的权利。[108] 与法院要求立法机关增加预算的个案判决相似,2006 年以来很多的公设辩护组织也在个案中向法院提出

---

[103] See Commission on the Future of Indigent Defense Service, *Final Report to the Chief Judge of the State of New York*, at http://www. nycourts. gov/ip/indigentdefense-commission/ IndigentDefenseCommission_report06. pdf, pp. 15-19(last visited on Oct. 23, 2016).

[104] ABA Standing Committee on Legal Aid & Indigent Defendants, *National Indigent Defense Reform: The Solution is Multifaceted* (hereinafter referred to as The Solution is Multifaceted), at http://www. americanbar. org/content/dam/aba/publications/books/ls_sclaid_ def_national_indigent_defense_reform. authcheckdam. pdf, p. 21(last visited on Oct. 23, 2016).

[105] *United States v. Cronic*, 466 U. S. 656-657 (1984).

[106] *State v. Quitman County*, 807 So. 2d 409-410 (Miss. 2001); National Right to Counsel Committee, *Justice Denied: America's Continuing Neglect of Our Constitutional Right to Counsel*, *supra* note [22], p. 131.

[107] National Right to Counsel Committee, *Justice Denied: America's Continuing Neglect of Our Constitutional Right to Counsel*, *supra* note [22], pp. 131-133.

[108] Norman Lefstein, "Securing Reasonable Caseloads: Ethics and Law in Public Defense", American Bar Association Publisher, 2011, p. 13.

动议拒绝承担更多的案件,法院出于辩护质量等考量,也大都支持了这些动议。[109] 但由于各地案件量、人员数以及办案效率各不相同,所以美国至今仍没有关于律师承担案件最大数量的全国性或地方性的限制或标准。

值得关注的是密苏里州通过德菲尔法(Delphi Method)来估量每个公设辩护人处理不同案件的平均时间以及在合理时间内承担的案件数量(见下图)。兰德公司于 1962 年引入的"德菲尔法"旨在收集专家意见,通过"匿名、循环、控制反馈和量化统计"的方式,获得准确率较高的集体判决结果。[110] 但也有学者提出直接通过"衡量个案办理时间"(Time Record-Based Case Weighting Method)的方法来做出更加直观的估量,因为德菲尔法本质上是一种"两步走",即首先得出特定案件的平均时间,然后计算一定时间内律师办案的合理数量,这不仅过于依靠律师的主观判断,更会忽略资深律师和年轻律师之间的能力差异。[111] 两种方式都是目前广为接受的实证研究方法,不论其优劣如何,确实代表着一种控制案件数量、提高辩护质量的改革思路。

表1 "密苏里工程"

案件种类	平均耗时(小时)
谋杀/杀人案	106.6
A/B类重罪	47.6
C/D类重罪	25
性犯罪(重罪)	63.8
轻罪	11.7
未成年人案件	19.5
上诉案件	96.5
违反缓刑法规	9.8

[109] 成功的案例体现在路易斯安那州新奥尔良市、亚利桑那州莫哈维郡、田纳西州诺克斯郡和佛罗里达州戴德郡。See Lefstein, "Securing Reasonable Caseloads: Ethics and Law in Public Defense", *supra* note [108], pp. 162-174.

[110] See Generally Gene Rowe & George Wright, "The Delphi Technique as a Forecasting Tool: Issue and Analysis", 15 *International Journal of Forecasting* 354 (1999); American Bar Association's Standing Committee on Legal Aid and Indigent Defendants, *The Missouri Project: A Study of the Missouri Public Defender System and Attorney Workload Standards*, at http://www. americanbar. org/content/dam/aba/events/legal_aid_indigent_defendants/2014/ls_sclaid_5c_the_missouri_project_report. authcheckdam. pdf, p. 9(last visited on Oct. 23, 2016).

[111] See Lefstein, "Securing Reasonable Caseloads: Ethics and Law in Public Defense", *supra* note [108], pp. 149-150.

（三）灵活的刑事政策和案件的繁简分流

尽管"增加财政支持、减少办案数量"是保障被告人获得有效辩护的理想途径，但是不可否认的是，当前"钱少案多"的问题不可能在短时间内得到根本性的改善，故在此前提下，美国律师协会不再一味依赖"新资助"，而是依靠"新思维"来探索一种保障辩护权的多元化措施。其中，最为典型的例子就是根据"灵活的犯罪政策"来实现案件的繁简分流。由于美国的反毒品战争等其他严格的犯罪政策，美国的监禁率近十余年来呈爆炸式的增产，成为目前全世界监禁率最高的国家[112]，这就要求刑事政策朝着"减少犯罪和累犯、降低犯罪化和监禁率、节省财政资源"的方向转变，以期通过重塑犯罪体系来减轻联邦和各州法律援助机构的压力。

具体来看，鉴于全美 60％ 以上的嫌疑人都是因涉嫌轻罪而被捕，所以美国公民自由联盟（American Civil Liberties Union）的负责人就建议不再监禁那些轻微毒品犯罪的嫌疑人，而仅需将之作为轻罪处理或科以民事罚金。又如，得克萨斯州 2003 年的众议院法案就规定对轻微毒品犯罪的嫌疑人实行强制性保释，从而将监禁嫌疑人的成本从每天 40 美元降低至保释后的 2 美元；肯塔基州 2011 年的法案将持有大麻作为一种轻罪，规定最高监禁日期为 45 天，并且规定即使嫌疑人持有多种毒品，也可以自动享有获得保释的权利。[113] 这种将轻微违法行为非犯罪化的方案能够将整个刑事司法体制与被告人获得有效辩护的权利结合起来[114]，通过节约资源、提高效率来增加对重大刑事案件的投入，减轻律师的办案压力，是当前经济形势严峻的情形中保障被告人辩护权的现实可行方案。

（四）监督委员会和科学化的数据管理

自 2000 年起，全美掀起了一轮设立监督委员会的立法浪潮，希望以此确保被告人获得高质量的法律服务。例如，加利福尼亚州于 2006 年设立了新的机构来确保律师职业标准的实施，强调"标准本身只是一个必要的起点，关键在于仔细监督律师行为，并引入合适的退出机制"。[115] 除此之外，正如美国律师协会关于公设辩护人"十大原则"之首所要求的那样，监督委员的另一项重要职能

---

[112] Michelle Alexander, *The New Jim Crow: Mass Incarceration in the Age of Colorblindness*, The New Press, 2012, pp. 6-9; Carol Steiker & Jordan Steiker, "Death Penalty and Mass Incarceration: Convergences and Divergences", 41 *American Journal of Criminal Law* 189 (2013-2014).

[113] ABA Standing Committee on Legal Aid & Indigent Defendants, *National Indigent Defense Reform: The Solution is Multifaceted*, *supra* note [104], pp. 14-15.

[114] Roger Fairfax, Jr., "Searching for Solutions to the Indigent Defense Crisis in the Broader Criminal Justice Reform Agenda", 122 *Yale Law Journal* 2327-28 (2013).

[115] ABA Standing Committee on Legal Aid & Indigent Defendants, *National Indigent Defense Reform: The Solution is Multifaceted*, *supra* note [104], p. 21.

是保障辩护律师在遴选、资金和获得报酬方面的独立性。只有律师免受不当的政治性干预，才能实现真正意义上的控辩平等，为有效辩护创造宽松的制度空间。

另外，美国司法部早在1986年就注意到了收集预算、成本、案件量等方面的数据的重要性，因为这些为"决策者启动和完善整个刑事司法制度提供了不可替代的参考依据"。[116] 近年来联邦和各州也在立法中专门规定了数据管理的具体要求，例如，路易斯安那州2007年的法案要求，该州公设辩护人组织应当收集包括工作量在内的多项数据，并及时输入、保存在统一的数据库内，以便政府合理有效的调控资源配置。[117] 密歇根州则建立起了一套个案衡量的数据库，用以收集每个移送到上诉法院的案件信息。[118] 对数据进行科学化的统计和分析无疑有利于掌握动态信息、预测发展趋势，但是要想建立全州乃至全国范围内的数据库本身也是一项耗资巨大的工程，故这种将科学技术转化为保障宪法权利和有效辩护的措施，仍有待进一步统筹规划并密切观察实践效果。

五、美国之镜：中国可以借鉴什么

美国学者说，比较法研究之首要法则是格外谨慎对待国外的理论和制度，然后遵循一种灵活的模式来修正当初的假设[119]；我们发现有效辩护并非旨在提高辩护质量，证明无效辩护更是存在难以逾越的实体和程序障碍，实践中的有效辩护更是一个破灭的神话。美国经验表明，吉迪恩案给予贫穷被告人获得有效辩护的承诺尚未实现，需要通过增加拨款、控制案件量等方式来推进系统化的改革。[120] 我们也正处于一个激烈的改革时代，任何崇高理念和完美制度都难以一蹴而就，但政府、学者和律师都在为提高法律援助和刑事辩护的质量努力探索。美国学者还敏锐地指出，即使存在坚定的政治支持，制度变革也必然是一个缓慢的过程。[121] 我们也发现，中共中央《关于全面推进依法治国若干重大问题的决定》将法律援助定位于一项"民生工程"，这有利于最大限度地获

---

[116] Bureau of Justice Statistics, U. S. Department of Justice, "National Criminal Defense System Study", 1985, p. 1; American Bar Association Standing Committee on Legal Ard and Indigent Defendants, *Gideon's Broken Promise: America's Continuing Quest For Equal Justice*, supra note [49], p. 28.

[117] National Right to Counsel Committee, *Justice Denied: America's Continuing Neglect of Our Constitutional Right to Counsel*, supra note [22], p. 197.

[118] ABA Standing Committee on Legal Aid & Indigent Defendants, *National Indigent Defense Reform: The Solution is Multifaceted*, supra note [104], p. 26.

[119] William Alford, "On the Limits of 'Grand Theory' in Comparative Law", 61 *Washington Law Review*, 946-947 (1986).

[120] Steiker, Gideon's Problematic Promises, supra note [18], p. 59.

[121] Stanley Lubman, "Bird in a Cage: Chinese Law Reform After Twenty Years", 20 *Northwestern Journal of International Law & Business* 407 (2000).

得政治支持和民众理解,但提高辩护质量却是一项更为长远、艰巨的任务。

需要指出的是,这些以美国为镜的思索绝不意味着用域外制度来剪裁中国现状,而是强调我们同样面临着"钱少案多"的问题。根据我国司法部法律援助司一位领导在一次公开会议上的发言,2012 年修订的《刑事诉讼法》和《关于刑事诉讼法律援助工作的规定》实施以来,法律援助案件年均增长 3 倍多,其中河南省竟然高达 10 倍之多。四川、江西、广州等地的案件量亦呈爆炸式的增长。[122] 所以,在我国目前刑事辩护率不足 30% 的情况下[123],贯彻有效辩护就有三条基本思路:一是按照"以审判为中心"的要求,继续扩大法律援助的范围,参考浙江省的经验,逐步将范围扩展为 3 年以上有期徒刑和可能判处 3 年以下有期徒刑但被告人不认罪的案件。[124] 二是保持现有的法律援助范围不变,按照有效辩护理念和《关于推行法律顾问制度和公职律师公司律师制度的意见》《关于推进以审判为中心的刑事诉讼制度改革的意见》等顶层设计文件,逐步提高财政预算来聘请更多的公职律师,缓和"钱少案多"的矛盾,以此在既定的案件范围内率先实现有效辩护。三是兼顾方案一、二的宏大构想,既要扩大法律援助范围,让更多的贫穷被告人获得律师辩护,也要在所有指定和委托辩护中努力实现有效辩护,全面推进庭审实质化和以审判为中心的刑事诉讼制度改革。2017 年 10 月,最高人民法院、司法部联合出台了《关于开展刑事案件律师辩护全覆盖试点工作的办法》,在 8 个省(直辖市)试点在刑事案件审判阶段的律师辩护全覆盖,这是按照方案一的基础上,逐步实现向方案三的发展。如果将来法律援助的覆盖范围进一步扩大,则为实现有效辩护作了坚实的铺垫。

在选择、实施这三个方案并进一步推进"以审判为中心"的改革时,我们始终不能忽略美国给我们的最大启示:盲目扩大权利毫无意义。[125] 或许,我们可以只在私人聘请律师的案件中强调有效辩护,因为律师在此类案件中有充足的动机去维护被告人的权益,存在无效辩护的可能性较小。但若只有富人才能获得有效辩护,这与公正、正义之理念背道而驰。如果我们想要法律援助惠及更多的被告人,或者提高法律服务的品质,必须首先需要破除"钱少案多"的难题。行文将毕,本文重申一种谨慎的态度:面对有效辩护原则或是其他高大洋气的制度,比较法研究是一件有力的武器,但更是一件非常危险的武器。尤其对于

---

[122] 庞莹:《刑事法律援助"扩域"案件"井喷"凸显三大难题》,载《四川日报》2013 年 4 月 16日;徐小勇:《案件数量或"井喷"刑事法律援助遇三大困局》,载《新法制报》2013 年 3 月 1 日;王比学、曹恩慧:《法律援助:质量有保障的"免费餐"》,载《人民日报》2014 年 3 月 26 日。

[123] 参见陈光中主编:《〈中华人民共和国刑事诉讼法〉修改条文释义与点评》,人民法院出版社 2012 年版,第 22 页;左卫民、马静华:《刑事法律援助改革试点之实证研究》,载《法制与社会发展》2013 年第 1 期。

[124] 沈德咏:《论以审判为中心的诉讼制度改革》,载《中国法学》2015 年第 3 期,第 15 页。

[125] Chemerinsky, "Lessons from Gideon", *supra* note [20], p. 2693.

顶层设计之下的司法改革,我们更需秉承批判性的思维去追问,有效辩护的理论基石是什么? 宣告无效辩护是为了惩戒律师吗? 中国法院能够审查无效辩护吗? 最后,是否可以探索出中国本土化的有效辩护原则? 于此,方能"立足于祖国的土地,而把你的思想和心灵置于世界的天空之中"。[126]

(初审编辑　邵博文)

(校对编辑　崔　斌)

---

　　[126]〔德〕伯恩哈德·格罗斯菲尔德:《比较法的力量与弱点》,孙世彦等译,中国政法大学出版社 2012 年版,第 58 页。

《北大法律评论》(2017)
第 18 卷・第 2 辑・页 251—270
Peking University Law Review
Vol. 18，No. 2，2017，pp. 251-270

犯罪"明知"要素及其认定的跨学科研究

——以刑法学、证据学与知识论的视角

罗维鹏 *

The Interdisciplinary Research on the Criminal "Knowledge" and Its Confirmation
—In the View of Criminal Law, Evidence Science and Epistemology

Luo Weipeng

内容摘要：关于犯罪"明知"要素的理解与认定，刑法学主要是通过法教义学的方法分析"明知"是什么，通说采用推定的方法认定"明知"。不同的是，证据学采用合取的方法分析"明知"，着眼于探究为什么"明知"。"明知"在本质上属于知识论的问题，从知识论的视角考察并通过语用学分析，可以深刻揭示"明知"的具体含义，也有助于学理和实务重新认识刑法及司法解释中的"明知"。犯罪"明知"要素知识论分析的价值在于明确"明知"的证据要求和证明要求。前者可以根据正向识别标准和逆向识别标准认定"明知"与排除"不知"，后者可以借助最佳解释推理完成。

---

* 法学博士,西南财经大学法学院研究员。研究方向为刑事诉讼法、证据法学与哲学。本文系西南财经大学 2018 年引进人才科研启动资助项目"犯罪'明知'要素认定的证据学原理及其运用研究"(项目编号:JBK1809049)的成果。

关键词:刑法　知道　明知　知识论　最佳解释推理

> 我们简直看不到"我知道"的用法有多么细致微妙。[1]
>
> ——维特根斯坦

首先,让我们模拟以下四种情景[2]:

情景一:A 与 B 曾经是邻居,同住 C 小区。

情景二:A 与 B 曾经是邻居,同住 C 小区,之后 A 去外地工作遂与 B 失去联系,期间 B 搬往 D 小区。

情景三:A 与 B 曾经是邻居,同住 C 小区,之后 A 去外地工作遂与 B 失去联系,期间 B 搬往 D 小区,但随后又搬回 C 小区。

情景四:A 与 B 曾经是邻居,同住 C 小区,某天 B 告诉 A 说自己准备搬去 D 小区,但嘱咐 A 告诉别人他搬去了 E 小区(隐瞒真实去向);然而,B 在搬去 D 小区的途中临时改主意确实去了 E 小区,没告诉 A。

现在有三个问题,问题 1:情景二、三中,多年在外的 A 能否说:"我知道(明知)B 住在 C 小区?"[3]问题 2:情景四中,如果有人向 A 问 B 的去向,A 说"B 搬去了 E 小区",这对吗? 问题 3:作为听者的我们,能否知道前两个问题的确定性答案?

回答以上问题并不容易。因为根据行为人的行为和言语判断"他知不知道",受制于各种因素的影响,包括:(1) 行为人的行为符号本身不像言语那样明确;(2) 行为人的言行分裂,例如"言不达意"和"言不由衷";(3) 听者当时的心理,例如注意程度、细致程度,以及听者的知识背景,阅历、经历、知识等;(4) 听者能否真正获得确定性结论的哲学立场,例如听者获得的是信念还是知识,听者认识的途径是理性主义还是经验主义、实用主义还是怀疑主义。这之中涉及知识论的几个基本概念:"真"与"知道(明知)",以及将它们与证据连在一起的规则。

关于"真"与"知道"。在理论上,判断真假的学说主要有"融洽说""有效说""一致说""符合说"[4]和"冗余论"[5],其中为我国法学界所熟悉和使用的是真的"符合论"和"融贯论"。然而,对于"知道(明知)"的意义及其认定规则,我国

---

〔1〕 〔奥〕维特根斯坦:《论确定性》,张金言译,广西师范大学出版社 2002 年版,第 3 页。

〔2〕 需要说明的是,为了将情节简化且便于理解,本文以常见的生活事件为案例,实际上如果将这些情景稍做替换就可构造出刑法案例,如将 A 改为被告人,B 改为被害人,C 改为犯罪行为或者行为对象,D 改为实际损害后果等。

〔3〕 此处,A 说"我知道 B 住在 C 小区"中"知道"的意思与"明知"相同。

〔4〕 参见金岳霖:《知识论》,中国人民大学出版社 2010 年版,第 650—656 页。

〔5〕 参见陈波:《逻辑哲学》,北京大学出版社 2005 年版,第 241—242 页。

法学界尚未展开深入的探讨,只有少量刑法领域的研究。[6] 现有研究旨在明确犯罪"明知"要素的刑法功能及其作用原理,是从犯罪论的视角考察"明知"的三大功能:(1)辩明功能——法律性质是构成要件还是责任要件;(2)指引功能——方法运用是阶层论还是平面论;(3)区分功能——实践操作上对区分罪与非罪、罪重与罪轻、此罪与彼罪的意义。刑法学者主要通过法教义学的方法,根据刑法的原则和原理明确每一刑法条文中"明知"的含义,其研究逻辑的基本要求是精准和保守,即以明确条文含义为基础,在有争议的情况下做有利于被告人的解释。

关于将"真""知道"与证据连在一起的规则——"明知"的证明规则,当前研究更加薄弱。如果说"明知"的刑法学分析反映出一种追求立法原意的学院派风格,那么"明知"的证据学分析所要体现的将是一种协调确定性与可接受性的实用派风格。具体而言,证据法学者不会采用刑法学者惯用的那种"析取"(解释)的方式,将被告人与犯罪行为按照犯罪构成要件进行类型划分和功能辩明,以此明确被告人内心的意思表示在其定罪量刑中的作用;而是将被告人和犯罪行为紧密地联系在一起,采用"合取"(调查)的方式,尽力查明被告人从事犯罪行为的时间、地点、方法、过程、结果等事实问题和可能存在的证据碎片,进而认定被告人当时的内心状态。但是,面对复杂多变的司法实践,"合取"又不总是一帆风顺。

犯罪"明知"要素认定的困难,既在于涉及多学科知识的交叉运用,还在于需要解答问题的特殊性。它需要解答的问题不是"我知不知道"而是"他知不知道",不是"被告人现在知道不知道"而是"被告人过去知不知道"。这只能通过重建犯罪现场、模拟再现整个犯罪行为过程来完成。然而,证据具有:(1)片段性,通过证据认识案件事实只能做到相对真实;(2)原因性,证据是案件事实发生的原因,通过证据认定案件事实是解释论而非认识论,因而原因解释存在多种可能性;(3)党派性,当事人控辩主张对立、只会提交对自己有利证据,造成法官认定困难;(4)严格性,收集证据必须合法,(证明标准需达到)确实充分、排除合理怀疑(的程度)。这些证据特性都提醒我们,请法官查明被告人过去做过什么都已经非常困难,再要求法官查明被告人过去知道什么则是难上加难。

这也使我们意识到,通过跨学科的视角和方法分析犯罪"明知"要素的必要

---

〔6〕 参见陈兴良:《刑法分则规定的明知:以表现犯为解释进路》,载《法学家》2013 年第 3 期;周光权:《明知与刑事推定》,载《现代法学》2009 年第 2 期;张明楷:《刑法分则的解释原理》,中国人民大学出版社 2004 年版;王新:《我国刑法中"明知"的含义和认定——基于刑事立法和司法解释的分析》,载《法制与社会发展》2013 年第 1 期;张少林、刘源:《刑法中的"明知""应知"与"怀疑"探析》,载《政治与法律》2009 年第 3 期;邹兵建:《"明知"未必是"故犯"——论刑法"明知"的罪过形式》,载《中外法学》2015 年第 5 期;陈兴良:《"应当知道"的刑法界说》,载《法学》2005 年第 7 期。

性。这正是本文的研究主题和方法。具体而言,下文将从三个部分展开:第一部分着眼于回答什么是知识,即明确"知道"或者"明知"的构成要件,并且提出司法实践面临的"盖提尔难题"和"无限后退难题"。第二部分基于维特根斯坦关于"我知道"的论述,通过对"明知"的语用学分析揭示"明知"的六种含义,目的在于重新认识刑法及司法解释关于"明知"的规定。第三部分从证据要求和证明要求两个方面为司法实践如何认定犯罪"明知"要素提供分析框架。

一、"明知"的认知困境

一般而言,"知道"表达了"明知"。在探讨"明知"之前,我们必须清晰地理解什么是"知道"。人类对事物或者命题的理解通常有两种方式:相信与知道。"我相信"与"我知道"用于表明我们对待该事物或者命题的态度。"知道"的意义与用法属于哲学知识论的重要范畴,对"知道"的探究也就是对"什么是知识"这一问题的回答。关于知识的构成要件,一般认为最早由柏拉图在《提亚提特斯》这篇对话录中所提,而最早明确列出知识三要件是英国哲学家艾耶尔,他指出知识的成立必须具备三大要件:真、信念、证立。[7] 知识的这三个要件构成认知主体之所以"知道"某一事物或者命题的必要条件,如果用 S 表示认知主体、P 表示命题,S 知道 P 可以表示如下:

> P 为真;
> S 在 T 时相信 P;
> S 关于 P 的信念有证据支持;
> 因此,S 在 T 时间知道 P。[8]

第一,真理要件,指如果我们真的知道[9]某一命题 P,则命题 P 一定为真,即不存在我们真的知道一件为假的事情。罗素认为,我们所坚决相信的,如果是真确的就叫作知识,如果不是真确的就叫作错误。当一个真确的信念是从一个虚妄的信念演绎出来的时候,便不是知识。[10] 金岳霖在论及知识论与别的学问的区别时也指出,知识论以知识的理为对象,它的内容不应有假的命题,完整的能通的知识论的内容没有假的命题。[11] 例如,我知道山的外面还是一座山,意味着在现实生活中山的外面确实是有另外一座山。换言之,如果山外面没有另一座山,我是不可能真的知道这个事实的,当然如果山的外面确实有另一座山则证实了我是真的知道。

---

〔7〕　参见彭孟尧:《知识论》,台湾三民书局股份有限公司 2009 年版,第 21 页。

〔8〕　S 在 T 时间知道 P,即 S 在 T 时间知道 P 指称的事实。

〔9〕　需要提醒的是,本文所称的"S 真的知道"与"S 知道"有根本的区别。

〔10〕　参见〔英〕罗素:《哲学问题》,何兆武译,天津人民出版社 2014 年版,第 105、111 页。

〔11〕　参见金岳霖:《知识论》,同前注〔4〕,第 8 页。

第二，信念要件，指认知主体S必须相信所知道的命题P。关于"相信"的概念，金岳霖认为："相信究竟是甚（什）么颇不容易说。从正面说，解释相信是非常之不容易的事情；从反面说，相信总有不怀疑不尝试底成分。在思想上，一个人对于一个命题或一句话不怀疑他不一定相信那句话或那个命题，但如果在行为上他不愿意尝试该命题的反面，他相信该命题。"[12]就相信与知道的关系而言，S相信P不一定代表S知道P，而S知道P一定蕴含S相信P。例如，某人相信上帝是万能的不代表他知道上帝是万能的，因为上帝实际是不存在的。而某人知道明天太阳会升起，必然代表他是相信明天太阳一定会升起的。这里不存在一个人知道P而又不相信P的情况，比如某人知道鱼生活在水中，而又不相信鱼离开水就不能存活的事实。那么，日常语言所谓的"不相信"又如何理解？所谓S不相信P，或者S不满足知道的信念要件，这是指：（1）S没有关于P的信念，包括S没有对P做出断定、主张或者S对P的态度不明确。例如，昨夜小区失火，第二天在问及某业主是否知道"昨夜小区失火"时，该业主表达含糊，时而说看到着火时而又说没有看到着火，这种情况我们就不能认为他知道。再如，在向某人问及是否知道"水的沸点是100℃"，他的回答是"水是由氧元素和氢元素组成"或者"水沸腾后很烫"等，他同样没有对P作明确的断定，因此我们也不能说他知道。（2）S所相信的是非P，此时虽然S是有关于P的信念，但是该信念的内容却是相信P为假。例如，某人不相信"人会飞"，他所信的内容应当是"人不会飞"这一命题。因此，从信念要件来说，所谓的知道即在行为人的认知中存在关于某事的信念，当且仅当该信念能够表达他对某事的明确主张或者判断。

第三，证据要件，指认知主体S对P的信念必须有充分的证据予以支持，是主体经过充分思考而对其信念所做的解释、说明和论证。知道必须满足证据要件，这是区别知道与猜测、臆断和轻信的关键，也是区别知道与"偶然知道"的关键，因为知识论上所称的知道一定是真的知道。例如，某人闻鸡而起，一看表是六点钟，故而他说知道自己是在早上六点起床。但如果实际情况是这样的：他的表昨晚坏了且恰巧停留在六点钟位置，而他却对此不知。此时，尽管他能准确说出自己是在早上六点起床，但我们不能认为他知道自己是在早上六点起床，因为这里不满足知道的证据要件。另外，有时候即便S对P的信念经过了深思熟虑，也不意味着他一定知道P，因为S对P的知道还取决于S的认识能力和知识背景。假设，有一个人一手持打火机，一手拿一张锡箔纸，纸上放一些白色粉末，然后将这些白色粉末吸进鼻子（吸毒行为）。对成年人来说，他立刻会意识到这个人在吸毒，并且会给出很多判断理由，所以我们认为成年人知道

---

[12]　参见金岳霖：《知识论》，同前注〔4〕，第160页。

面前这个人在吸毒。然而,对于五岁孩童来说,虽然接受了同样的外部信息,(仿佛在思考之后)同样说"这个人在吸毒",但我们不能认为该小孩也知道这个人在吸毒。理由在于,在成年人的知识背景中,吸毒行为一般包括手持打火机、锡箔纸、纸上放一些白色粉末、将白色粉末吸进鼻子,而面前的这个人正是实施了以上行为,所以他在吸毒。首先,成年对这一系列的行为有认识;其次,成年人的判断严格基于三段论推理,正是这种逻辑规则帮助他能够得出正确的答案。相反,或许五岁小孩只是知道"手持打火机+锡箔纸+纸上放一些白色粉末+将白色粉末吸进鼻子=吸毒",小孩的答案虽然正确,但他的答案既不基于对每个行为性质的认识,也不基于逻辑规则,只是机械地作答,甚至不会涉及理解问题,因此我们不能认为小孩也是知道的。

此外,本文认为,S 知道 P 不仅要满足以上三个要件,还需满足另一个特殊要件——时间要件。将时间加入知道的构成要件有重要的意义,因为时间 T 作为变量对 S 是否知道 P 有很大的影响。例如,"P＝在 T 时间某地发生着火"。对认知者而言,在 T 之前,P 只是预测;在 T 当时,P 是感知;在 T 之后,P 则成为记忆。因此,S 对 P 的知道情况会随其处于 T 的位置的不同而不同。正是加入了 T,"知道"一词才会有这种使用:"现在我知道了!"[13]具体而言,如果是预测,则不能说知道,知道只存在于正在发生和已经发生两种情况,并且对正在发生的知道要比对已经发生的知道更为可靠。可能有人会对第一种情况产生疑问,例如某人看到预报说明天要下雨,那么说他知道"明天要下雨"有何不妥? 实际上,他知道的命题 P 不是"明天要下雨",而是"预报说明天要下雨","明天要下雨"在说话时并没有发生,所以我们不能说他知道。

至此,在情景二、三、四中,我们都不能认为 A"知道"或者"明知":情景二不满足真理要件,情景三不满足时间要件,情景四不满足信念要件。简言之,某人知道某事,意味着某人在某时间有充分理由相信此事为真,当且仅当此事确实为真,而不包括偶然知道(情景三)。

从证据学的视角来看,研究"知道"的问题似乎并不如此复杂,但也没有想象的那么简单。法律条文中经常会出现"知道"及其同义表述,例如"明知""应知""知道或者应当知道",在司法实践中被告人更是经常使用"我不知道"为自己辩解,企图摆脱有罪控诉。例如,公诉机关指控被告人非法持有毒品,但是被告人辩解自己并不知道持有的是毒品。遇到这样的困境,法官究竟应当采信哪一方的主张? 这就引出了司法中的"盖提尔难题"和"无限后退难题"。

"盖提尔难题",指即使知道的构成要件同时满足,也不能完全肯定某人知道某事。例如,A 实际上并没有毒品,但 B 却误以为 A 有毒品,A 的朋友也经

---

〔13〕 〔英〕维特根斯坦:《哲学研究》,蔡远译,中国社会科学出版社 2009 年版,第 88 页。

常告诉 B 说 A 有毒品,A 也经常告诉 B 说自己有毒品,B 也曾经看到 A 的包里放有毒品。此时 B 深信 A 有毒品。假设有一天 A 交付 B 一些白色粉末,B 没有过问便收下,恰巧这些粉末就是毒品。显然,这里满足知道的四要件,但是我们是否能够就此认为 B"知道或者应当知道所实施的是非法持有毒品的行为"?如果说我们可以在知识论上排除 B 对毒品的知道,但是在司法实践中,法官可以判决被告人无罪吗?答案或许会有争议。恐怕很多法官会根据客观证据的情况推定 B 知道,或者做存疑有利于被告人的推定。但是,一旦被告人辩解道"我不知道",而且辩解也有一定的道理和证据的支持,那么在这种控辩双方各自有理或者各说各话的时候,作为中立裁判者的法官又应当如何认定这个事实?这是目前法官在认定案件事实时面临的最棘手的问题之一。另一个棘手问题,就是"无限后推难题",指我们为了解释某一现象必须给出一定的理由,而给出的理由又需要其他理由支持,如此反复循环。就是说,一个人知道某事是因为他对其他事情的知道。例如,走私毒品的行为,包含被告人知道自己是在"走私",知道走私的是"毒品"以及知道什么是"毒品"等,缺少任何一个环节都会使我们在认定该被告人是否涉嫌走私罪时陷入困境。对于怀疑论者来说,上述情况是无法得到彻底证明的。

问题的根源在于,犯罪"明知"要素的认定问题涉及较强的主体间性。其一,通过审断证据,法官能够知道被告人知道自己的行为是构成犯罪的吗?表面上讲,一个人是否知道某事,只有他自己最清楚(知道),其他人只能相信或者推测他是知道的。但是,维特根斯坦特别强调:"我能知道别人在想什么,而不能知道我正在想什么。说'我知道你正在想什么'这是正确的,而说'我知道我正在想什么'这是错误的。"[14]这又如何理解?在维特根斯坦看来,一个人怀疑自己的身体或者感觉是没有意义的,就像"我知道我是一个人"或者"我知道我有人的器官"这类命题都是不能怀疑的[15],而"只有在人们可以说'我相信'或'我怀疑'的地方没在能够使自己确信的地方,人们才会说'我知道'。"[16]在这个意义上,"知道"与"相信"对法官认定案件事实而言可以相互替换。

其二,法官如何能够知道被告人知道自己的行为构成犯罪?其有两种可行途径:一种是被告人承认自己知道,构成自认的事实;另一种则是"猜"(或推理)。第一种情况,被告人自认的一定是真的吗?对此,法官必须考虑被告人供述或辩解之"真"的问题。例如,在情景三中,如果 A 本身就不想告诉他人 B 搬去的是 C 小区,所以才会说"B 搬去了 E 小区",尽管实际上 B 确实搬去了 E 小区,我们也应当认为 A 说的不是真话,而是谎话,所以 A 不知道 B 搬去 E 小

[14] 同上注,第 322 页。
[15] 参见〔奥〕维特根斯坦:《论确实性》,同前注〔1〕,第 1—2 页。
[16] 参见〔英〕维特根斯坦:《哲学研究》,同前注〔13〕,第 321 页。

区。判断标准是 A 有无想要传递真实信息的主观状态,"真"指的是真诚。另一方面,虽然 A 的本意并不是为了传递真实的信息,但结果却是传递了真实的信息,从结果上讲我们可以认为 A 说的是真话,而不是假话,此时的判断标准是 A 传递的信息是否与真实信息相符,"真"指的是真实,但我们仍然认为 A 不知道 B 搬去 E 小区。

第二种情况,"猜"——维特根斯坦将其称作"猜思想的游戏"[17],但并不是漫无目的、毫无根据的瞎猜,而是依据一定的准则,在逻辑和经验、事实和证据的基础上进行的合法推理,只不过推理的对象是被告人的思想(具体的推理规则待后文详述)。这种推理对于法官认定被告人是否"明知"有重要的意义:首先,推理是法官产生知识或者知道的主要方式。其次,司法证明在现实中只能实现似真的结论,结论的似真性意味着法官无法知道被告人是否知道,法官只能在相信的信念状态下追求裁判的确实性。再次,推理以控辩双方的诉讼主张为基础,在相互竞争的主张中选择最能说明被告人是否知道的主张作为定案的根据。最后,推理的结论在一定程度上允许错误,裁判的上诉、抗诉、再审制度是纠错的主要途径。

总之,在认定犯罪"明知"要素这场"猜思想的游戏"中,法官的首要任务应当是判断被告人对待证事实 F 是否持有相信的信念(知道的信念要件)。其次应当是,判断被告人是否真的知道 F(知道的证据要件),真的知道即"明知"。再次应当是,判断被告人知道的 F 是否为真(知道的真理要件)。最后应当是,将前三个要件放在历史语境下做综合分析(知道的时间要件)。在司法中无所谓"我知道"的证明,只有对"他知道"的推理。

二、"明知"的意义辨析

"明知"与"知道"的关系,大致可以做这样的区分:首先,"明知"属于"知道"的一种特殊类型;其次,在信念要件上,"明知"的相信程度远大于"知道"的相信程度,"明知"就是确实知道;最后,在证据要件上,"明知"的理由较"知道"的理由更加充分。据此,法官在认定被告人是否明知时,首先要明确"明知"的含义,之后是选择合法的推理规则产生相信被告人明知的内心确信。"明知"与"知道"的这三大区别表明二者在概念上存在一定的差异,更重要的是揭示行为人"明知"的心理活动。

(一)"明知"的条文表述与法教义学分析

1. 刑法及司法解释中"明知"的三种形态

我国《刑法》对犯罪的"明知"要素共规定 42 处,此外刑事司法解释还规定

---

[17]　参见〔英〕维特根斯坦:《哲学研究》,同前注〔13〕,第 323 页。

了大量"知道"和"应当知道"的情形。从条文之间的效力关系来看,我国刑法上的"明知"体系包括"明知""知道"与"应当知道"。

第一,"明知"。以刑法为例,《刑法》总则第 14 条规定:"明知自己的行为会发生危害社会的结果,并且希望或者放任这种结果发生,因而构成犯罪的,是故意犯罪。"分则第 120 条之六规定:"明知是宣扬恐怖主义、极端主义的图书、音频视频资料或者其他物品而非法持有,情节严重的,处 3 年以下有期徒刑、拘役或者管制,并处或者单处罚金。"以及分则第 138、144、145、146、147、148、171、172、191、194、214、218、219、244、258、259、265、285、310、311、312、345、350、360、363、370、373、379、399、415、429 条,第 177 条之一、第 210 条之一、第 287 条之二、第 291 条之一,均将"明知"作为构成犯罪的要素之一。这是刑法上"明知"最基本的表达。

第二"明知或应知"。"明知"与"应知"并列是"明知"在刑法上的另一种表达。例如,《刑法》第 219 条第 2 款规定:"明知或者应知前款所列行为,获取、使用或者披露他人的商业秘密的,以侵犯商业秘密论。"这是"应知"术语第一次出现在我国《刑法》当中,也是《刑法》唯一规定"应知"的条款。

第三,"知道或应当知道"。这是司法解释做的一种创制。例如,最高人民法院、最高人民检察院、公安部、国家烟草专卖局于 2003 年发布的《关于办理假冒伪劣烟草制品等刑事案件适用法律问题座谈会纪要》第 2 条规定:"'明知',是指知道或应当知道。"最高人民法院、最高人民检察院于 2004 年发布的《关于办理侵犯知识产权刑事案件具体应用法律若干问题的解释》也规定《刑法》第 214 条的"明知"包括"知道自己销售的商品上的注册商标被涂改、调换或者覆盖的"以及"其他知道或者应当知道是假冒注册商标的商品的情形"。[18]

2. "明知"的法教义学分析

刑法学界对"明知"的研究主要涉及三个有争议的问题:其一,总则"明知"与分则"明知"有何关系?对此,一种观点认为:"总则中的'明知'是故意的一般因素,分则中的'明知'是故意的特定因素;只有具备分则中的'明知',才能产生总则中的'明知';但分则中的'明知'不等于总则中的'明知',只是总则中的'明知'的前提。"[19]而另一种观点认为:"《刑法》总则规定的明知与分则规定的明知不是一般明知与特殊明知的关系。我国《刑法》分则规定的明知是一种前置

---

[18] 其他将"明知"规定为"知道或者应当知道"的司法解释还有:《关于办理妨害预防、控制突发传染病疫情等灾害的刑事案件具体应用法律若干问题的解释》(法释〔2003〕8 号);《关于办理走私刑事案件适用法律若干问题的意见》(法〔2002〕139 号);《关于办理生产、销售伪劣商品刑事案件具体应用法律若干问题的解释》(法释〔2001〕10 号);《关于审理破坏森林资源刑事案件具体应用法律若干问题的解释》(法释〔2000〕36 号),等等。

[19] 张明楷:《刑法学》(第五版),法律出版社 2016 年版,第 265 页。

型的明知,因此其不是对刑法总则规定的明知的例外,而是一种并列关系。"[20]
其二,分则"明知"是否包括过失?该问题源于学界对《刑法》第 138 条"教育设
施重大安全事故罪"的争论。有学者通过法教义学的分析认为:"本罪的责任形
式为过失,法条中的'明知'并不等同于故意犯罪中的'明知',只是表明被告人
已经预见发生侵害结果的危险。"[21]更多的学者认为,该条规定的"明知"实际
上是混淆了故意犯罪与过失犯罪的主观要素,建议将其改为"已经预见"。[22]
持类似观点的学者实际上认为分则"明知"不包括过失。然而,有的观点认为,
由于总则"明知"均表明是故意犯罪,因而认为分则中的"明知"也都是故意犯
罪,这是对刑法"明知"的误解,一些具有分则"明知"要求的犯罪,实际上属于过
失犯罪。[23] 换言之,"'明知'未必是'故犯'。"[24]其三,"应当知道"到底知不知
道?这是最有争议的问题,源于学界对《刑法》第 219 条"侵犯商业秘密罪"的理
解。不少学者认为"明知"不仅包括"确知"而且还包括"应知"。[25] 如前所述,
司法解释也持此观点。"实际上立法者并不是在过失意义上使用'应知'一词
的,它的真实含义应当是指推定知道。"[26]在这个意义上,"应当知道"即"明
知"。然而,有的学者提出了质疑:"明知是指行为人已经知道某事实的存在或
者可能存在,而不包括应当知道某事实的存在,否则便混淆了故意与过失。"[27]
也有学者认为:"从刑法概念的严格角度出发,在刑法明确要求'明知'的条文
中,就不应当将隶属于过失范畴的'应当知道'扩大解释成为故意犯罪中的'明
知',否则就有违刑法的基本原理。"[28]对此争论,本文赞同另一种观点,即"应
知"包括"应当(去)知道"和"应当(是)知道的"。[29] 前者中被告人实际不知道
而我们推定他知道;对于后者,则直接认定被告人是知道的。选择这一理论解
释,既可以消除目前的学术争议,也有利于本文之后的论述。

　　刑法学界在理论上充分讨论了什么是"明知"这一问题,对我们理解"明知"
的概念有积极的意义。然而,以上讨论对司法实践的影响却十分有限。因为一
线法官的兴趣并不在于消解"明知"的理论争议,他们更加关注如何认定或者解

〔20〕　陈兴良:《刑法分则规定的明知:以表现犯为解释进路》,载《法学家》2013 年第 3 期。

〔21〕　参见张明楷:《刑法学》(第五版),同前注〔19〕,第 732 页。

〔22〕　王新:《我国刑法中"明知"的含义和认定——基于刑事立法和司法解释的分析》,同前注
〔6〕。

〔23〕　参见张少林、刘源:《刑法中的"明知""应知"与"怀疑"探析》,同前注〔6〕。

〔24〕　邹兵建:《"明知"未必是"故犯"——论刑法"明知"的罪过形式》,同前注〔6〕。

〔25〕　参见张少林、刘源:《刑法中的"明知""应知"与"怀疑"探析》,同前注〔6〕。

〔26〕　陈兴良:《"应当知道"的刑法界说》,同前注〔6〕。

〔27〕　张明楷:《刑法分则的解释原理》,中国人民大学出版社 2004 年版,第 53—54 页。

〔28〕　参见王新:《我国刑法中"明知"的含义和认定——基于刑事立法和司法解释的分析》,同
前注〔6〕。

〔29〕　参见周光权:《明知与刑事推定》,同前注〔6〕。

释被告人知道或者不知道的问题。至于"明知""知道"与"应知"的概念,司法实践普遍将"明知"等同于"知道",有些官方的案例分析就将"明知"等同于"应知"。[30] 此外,被告人一般也不会使用"我明知"这样的术语为自己辩护,在讯问和庭审中,被告人一般使用的是"我真的知道""我确实知道""我绝对没有搞错""我不知道"或者"我不清楚"这一类表达。

"明知"在理论上和实践中的矛盾告诉我们,对犯罪"明知"要素的研究不能囿于法教义学上的语义分析,还应当关注行为人使用"明知"的语言环境,通过语用学分析深刻揭示"明知"的内涵,最终为法官科学探究被告人心理提供知识和方法上的指引。

(二)"明知"的知识论意涵

"明知"实际上就是确实的知道,蕴含对知道的确定性陈述。对此,我们可以回顾那场维特根斯坦与摩尔的哲学辩论。1939 年,G. E. 摩尔做了题为"外部世界的证明"的演讲,当时摩尔向听众举起他的右手并说:"这儿是一只手。"然后又举起他的左手说:"这是另一只。"由此摩尔证明这儿有两只人类的手。摩尔坦言,他无意为他的证明补充一个进一步的前提,这么做既无可能也无必要,因为"我可以知道我无法证明的东西"。[31] 然而,维特根斯坦认为,凡是知识就必须有理由根据。[32] 在《论确实性》中,维特根斯坦运用大量篇幅对"我知道"进行阐述,从中我们可以归纳出"知道"或者"明知"的六种知识论意义:

第一,表达一种保证。"如果我知道某件事情,那么我也知道我知道这件事情,等等,就等于说'我知道这件事'的意思是'在这件事上我不可能弄错'。"[33] 所谓"在这件事上我不可能弄错",即为"明知"。维特根斯坦将这个意义上的"明知"(我知道)认为是一种保证[34],旨在表明言者对其语言内容的高度自信,是一种表态。

第二,表达一种辩护。以情景一为例,如果有 D 和 E 谈论 A 是否知道"B 住在 C 小区",D 对 E 说"A 不知道"。此时,如果 A 恰巧听见这番对话,他会说"我知道 B 住在 C 小区"。此时,"我对别人说'我知道这件事',而这也就是一种辩护理由。"[35] 显然,A 首先要表达的不是 A 住在 C 小区的事实,而是告诉 D 和 E 他们所做的"A 不知道"的判断是错误的。

第三,表达一种强调。维特根斯坦再举例说:"'我知道这是什么种类的

〔30〕　参见刘德权:《最高人民法院司法观点集成(刑事卷 1)》(第二版),人民法院出版社 2014 年版,第 526、663 页。

〔31〕　参见刘畅:《证明与印证》,载《世界哲学》2011 年第 3 期。

〔32〕　参见〔奥〕维特根斯坦:《论确实性》,同前注〔1〕,第 4 页。

〔33〕　〔奥〕维特根斯坦:《论确实性》,同前注〔1〕,第 4 页。

〔34〕　参见〔奥〕维特根斯坦:《论确实性》,同前注〔1〕,第 4 页。

〔35〕　参见〔奥〕维特根斯坦:《论确实性》,同前注〔1〕,第 31 页。

树'——这是一颗栗子树。'我知道这是什么种类的树'——我知道这是一颗栗子树。人们只有在特别想强调确实性的时候才第二次说出'我知道',也许是为了防备受到反驳。"[36]这种现象在侦查讯问中也很常见,例如侦查人员讯问嫌疑人是否知道车厢里藏有毒品,嫌疑人说"我知道",有时侦查人员会再问一次,有时还会加上"是否确定",随后嫌疑人会重复强调"我知道"。

第四,表明一种关系。基于知道的真理要件,我们知道的一定是确实为真的事情,即能为我们知道的必须是真命题。"'我知道'应该表示一种关系,不是我与一个命题意义(如我'相信')之间,而是我与一个事实之间的关系。这样,事实就摄进我的意识中。"[37]这个意义上的明知体现了维特根斯坦式的"语言游戏"风格,通过语言分析的方法将"明知"作为一种语言表达式,进而将认知主体与外部世界关联起来,如此一来,主体对外部世界的认识才能成为可能。[38]正如罗素所言:"一个信念的'真'或'假'并不依赖于任何内在于信念的东西,而依赖于它与对象体的关系。"这种关系就是"明知"。

第五,表明不再去核实。对于"12×12＝144",我们都会说自己是"明知"的,但问题是,我们为什么会知道"12×12＝144"?原因在于,我们是按照一种规则"…×…＝…"来计算的,并且"12×12＝144"这次计算人们已经核实过了。[39]换言之,如果我们对某一命题,不用再去做经验上的检验就能断定其真假,那么我们对这个命题内容即为明知。例如,"100℃的水会很烫手"这个命题,没有人会先将自己的手伸进100℃的水中,然后取出说"100℃的水确实很烫手。"人们不这么做正是因为,前人已经将手放进过100℃的水或者接近100℃的水,他们的经验已经证实了这个命题,我们没有必要再亲自去检验。[40]

第六,表明不是猜测。"'我知道'经常表达这样的意思:我有正当的理由支持我说的语句。"[41]这是证据要件对"我知道"的要求,一个人必须给出相应的证据和理由来支撑他所谓的知道,否则别人不会相信他是知道的,这一要求对

---

[36]　参见〔奥〕维特根斯坦:《论确实性》,同前注[1],第95页。

[37]　参见〔奥〕维特根斯坦:《论确实性》,同前注[1],第16页。

[38]　例如,在情景一中,A对"B住在C小区"的明知。A作为独立的个体,如果没有看到B每天在C小区进进出出且住在这里的话,A与"B住在C小区"是相互独立存在的,并且"B住在C小区"对A来说属于自在的(事情),甚至不能认为是事实。只有当A看到B每天在C小区进进出出且住在这里这一现象时,看到这个动作会使A对B每天的行为有一个判断,如"B住在C小区",如果B确实住在C小区,则判断为真,即A对此明知。因此,"明知"是将自在(事)物转化为认知主体知识的过程,通过这个过程在主体与事实之间建立了联系。

[39]　参见〔奥〕维特根斯坦:《论确实性》,同前注[1],第10页。

[40]　此处"不再去核实"针对的是在经验上已经被证成的命题,如"100℃的水会很烫手",而对于其他命题如"50℃的会很烫手"这样的命题,则需要分情况讨论,对于成年人来说可能他不会觉得烫手,但对于刚出生不久的婴儿来说,这却是成立的。当然,人们并不会用50℃的水来喂婴儿,也正是因为"50℃的水会烫到婴儿"这一命题之前已经被经验所证实,无须再去尝试。

[41]　参见〔奥〕维特根斯坦:《论确实性》,同前注[1],第4页。

"明知"同样适用。在这种情况下,"明知"强调三个关键:前提为真、结论可靠和论证有效。其中,结论可靠和论证有效是真理要件和证据要件的体现;前提为真强调的是,言者必须具有明知的能力以及客观环境具备支撑言者明知的条件。[42]

(三) 重新认识刑法上的"明知"

刑法学界普遍认为,"明知"意指"行为人确实认识到或预见到犯罪结果"[43],强调行为人认识到结果的可能性。例如,有的学者认为:"刑法分则中的明知基本上是对行为客体的明知,这种明知本身是确定性的认识"[44];有的学者认为明知即"确知(肯定知道)"[45];有的学者认为"确定＋可能性认识说"将确定性认识和可能性认识均纳入"明知"的程度范畴,应当成为我们判断"明知"程度的标准。[46] 以上观点固然可以在概念上解释"明知"的含义,但刑法学研究容易忽视犯罪"明知"要素涉及的主体间性问题,具体表现如下:

第一,混淆"我者"与"他者"。如前所述,刑法学者是从"我者"的角度来解释什么是"明知",研究者大有将自己预设为行为人之意。在"我者"的行为人视角上,"明知"是指我对这件事的认识满足知道的要件[47]或者自以为满足知道的要件[48];而在"他者"的法官视角上,是指我从他人那里接收的信息是否能让我相信这个人是知道的,即被告人为什么明知。后者更强调语用学分析,具体而言,需要借助一定的语言分析工具,将法律条文中规定的明知条款转换为日常语言,包括"被告人说'我知道……'或者'我不知道……'"以及"肯定""确实""真的""保证"等修饰词,并且将被告人所说的"我真的知道""我确实知道""我绝对没有搞错"置于具体的语言环境下考察。根据"明知"的不同用法来理解其含义,例如包括"保证型"(我肯定知道)、"非核实型"(我每天都这么干,我当然

---

〔42〕 例如,在酒会上 A 递给醉醺醺的 B 一杯白水说:"你知道这杯是什么酒吗?"B 说:"肯定是茅台!"(因为整晚他们都在喝茅台酒)。B 的话在于表达他对杯中是茅台酒的"明知",但必须满足两个前提:一是 B 没有喝醉且头脑清楚,二是杯中确实有酒并且是茅台,显然本例不满足这两个前提,因此我们不认为 B 明知杯中的是茅台酒。

〔43〕 〔日〕西田典之:《日本刑法总论》,刘明祥、王昭武译,中国人民大学出版社 2007 年版,第169 页。

〔44〕 参见陈兴良:《刑法分则规定的明知:以表现犯为解释进路》,同前注〔6〕。

〔45〕 参见周光权:《明知与刑事推定》,同前注〔6〕。

〔46〕 参见王新:《我国刑法中"明知"的含义和认定——基于刑事立法和司法解释的分析》,同前注〔6〕。

〔47〕 在"我者"的情形下的"知道",只是就"知道"的前三个要件而言,并不包括时间要件。因为,一个人站在唯我的立场上,是不可能主动意识到自己在过去某时刻的知识,而在现在是错误的。例如,情景二,如果没有其他人或其他因素告诉 A"B 搬去了 D 小区",那么对 A 而言,当然会认为自己明知"B 住在 C 小区"。

〔48〕 "自以为满足知道的要件",即知识宣称,是指人们在说"我知道"时很多情况下忽略了"我认为我知道"。很多时候,人们认为自己知道,其实他并不知道。

知道)、"非猜测型"(我知道,因为……)、"辩护型"(我怎么会不知道?)在内的各种"明知",均旨在回答"为什么知道"这一问题。

第二,混淆"我知"与"他知"。刑法学者与维特根斯坦一样,都是从"我者"的角度解释"我知道",但这与司法实践大为不同,法官是站在"他者"的角度上,认定的是被告人"他知道"的问题。因此,司法实践必须明确的是,被告人在说他知道或不知道时,他做的"保证""非核实""非猜测""辩护"的理由是否充分,这才是实务亟须解决和正视的问题。

第三,混淆可能性与准确性。如果认为"确知是从客观上看,足以直接判断行为人知道,并且还知道得比较确切,甚至连细节也知道"[49],将会混淆"明知"的认识状态和认识对象。如果以"知道"为参照,"明知"则为确实知道,而"确切"又包含知道状态的确实和知道内容的确实,前者强调知道的可能性,而后者强调知道的准确性,二者截然不同。本文认为,"明知"更强调知道的准确性。

第四,混淆证明对象。知道状态的确切的证明对象是"确切",而知道内容的证明对象是"内容"。例如,情景二中,A说:"我明知B住在C小区。"其中,"明知"的证明对象是"确实"而"知道"的证明对象是"B住在C小区",这是需要区分的。

第五,混淆"明知"的认定原理。有的学者据此将"明知"划分为确知、实知、或者、应知和确实不知五个等级。[50] 这是从知道的确定性程度上解释"明知"——知道状态的确实,其认定方法倾向于客观主义,如印证方法或者推定方法。但对于认定犯罪主观要素而言,客观主义的方法显得比较呆板,特别是难以应对孤证案件,也难以与自由心证、排除合理怀疑这样的刑事司法原理对接。另外,无论划分多少个等级,也不能回答被告人到底知不知的问题,况且划分等级的标准也只能依赖经验并没有固定标准。相反,如果从知道的准确性角度理解"明知",通过解释性的方法认定"明知",更符合司法规律和认知规律。

综上所述,什么是"明知",不仅是一个刑法学或实体法问题,也是一个证据学问题、知识论问题。因此,辨析"明知"的含义,不宜单纯地从犯罪论的角度思考"什么是明知",还有必要借助知识论原理来分析"为什么明知",思路如下:

首先,应当注意到"明知"具有"保证""非核实""非猜测"和"辩护"的意义,从解释性程度的角度来认识"明知"。至于"关系型"明知的含义比较抽象,仅具有哲学意义,在刑事司法实践中并不存在;"强调型"(我知道!)明知虽然存在于实践当中,但作用十分有限[51],在法律上可暂不讨论。

其次,以知道的证据要件为基础解释什么是"明知"。其一,这与当前刑法

[49]　参见周光权:《明知与刑事推定》,同前注[6]。
[50]　参见周光权:《明知与刑事推定》,同前注[6]。
[51]　因为法官不会根据被告人反复强调自己知道或者不知道来认定案件事实。

学界从知道的真理要件解释"明知"不同,因为司法证明更要关注知道的证据要件和时间要件或者环境要件,法官的任务不是去认定被告人到底知不知道、知道什么,而是从现有的证据和被告人对此证据的解释中自己能够知道什么。司法证明中,"被告人是否明知?"有必要转换为"被告人能否明知?"的问题,"明知"即被告人有充分的理由说明自己知道。其二,证据要件针对的主体不再只是被告人自己,还包括法官,除被告人对自己之所以明知需要给出理由外,所给出的理由还必须使得法官足以相信其理由为真。

最后,法官的另一个任务是对被告人辩解"我不知道""我不清楚"的意义进行识别和评断。从维特根斯坦《论确实性》中得到的启示是,"我不知道"可能表达被告人对某一行为、某件事情为自己都不敢保证、并不确定、理由不充分、可能会错等意思。实际上,司法实践对被告人是否"明知"的认定也主要是通过排除"不知道"的方式实现的。

本文认为,给"明知"作一个精确的定义,对法律而言,不仅没有这个必要,也很难做到。通过上文分析,如果被告人对客体有准确的认识并能说明理由,以及在排除"不知道"的情况下,即可视为刑法上的"明知"。

三、"明知"的证据与证明

如果明晰"明知"的意义只是问题的起点,那么问题的终点将是法官如何认定"明知",这包括两个方面:一是认定被告人"明知"的理由是什么,即关于"明知"的证据要求;二是认定被告人"明知"时应当采取的推理规则是什么,即关于"明知"的证明要求。

(一)"明知"的证据要求

"明知"的证据要求,不是简单地指需要哪些证据来认定被告人是否"明知",而是指公诉机关和被告人是否有充分的理由解释被告人是否"明知"。法官可以从正向标准和逆向标准两个方面综合分析,前者从假定"不知"到排除"明知",后者从假定"明知"到排除"不知"。

第一,正向识别标准。正如维特根斯坦所言:"'我知道'可能意味着'我不怀疑'。"[52]对法官而言,如果公诉机关和被告人能够提供理由说明被告人不怀疑自己的行为及其后果或者财物的性质,并且客观结果与被告人的主观认识一致,那么可以认定被告人"明知"。具体而言,需要满足以下条件:其一,被告人具备知道特定行为或特定财物的知识背景,客观条件支持被告人知道;其二,被告人有理由相信他所知道的是真实的;其三,被告人知道的确实为真;其四,被告人知道的内容应当足够准确;其五,被告人不知道的理由不成立。正向标准

---

〔52〕　参见〔英〕维特根斯坦:《哲学研究》,同前注〔13〕,第 321 页。

是根据知道的四要件判断被告人是否"明知",而且刑法不排除偶然知道的情况,故偶然知道也属于知道。[53] 如此一来,便可以解决刑事司法领域中的"盖提尔难题"。

第二,逆向识别标准。"即使你对别人的心理状态能有一种完全的确定性,但它仍然只是一种主观的确定性,而不是客观的确定性。"因此,不要问"当我们确定……时,我们内心中发生了什么?",而应问"'对于情况就是这样的确定性'是如何表现在人类的行为中的?"[54]逆向标准就是根据被告人的行为反推他的内心状态,排除被告人不知道从而在反面确认被告人"明知"。

其一,根据不知道的可能性解释"明知",即如果被告人不知道的可能性很小,则认为其"明知"。可能性属于事实评价,需要结合被告人行为时的主客观环境因素并借助经验法则和逻辑规则综合判断。例如,在被告人家里发现毒品,被告人是吸毒者,同他居住的只有在读小学的孩子和患有精神病的母亲。在这种情况下,被告人不知道的可能性极低,所以可以认为他"明知"是毒品而持有。再如,情景一中,既然 A 与 B 是邻居,那么 A 不知道 B 住在 C 小区的可能性就很小,故可认为 A"明知"。

其二,根据不知道的过错性解释"应当知道"。过错性属于价值评价,在此基础上"应当知道"包含"应当(去)知道"和"应当(是)知道(的)"两种理解[55],前者指被告人实际上不知道,但推定他"明知";后者是根据被告人的行为直接认定他"明知"。无论何者,在分析的过程中均将被告人的过错性作为评判因素[56],其具体的思维过程是:首先假设被告人不知道或者说以被告人不知道为分析起点,之后的重点是考察不知道的原因,分为被告人原因和被告人以外的原因。被告人以外的原因造成他不知道的或者阻断知道的,不宜认为被告人"应当知道"。反之,如果被告人有义务去知道,但因未履行义务或者履行义务不符合要求而导致的不知道,可以认为他"应当知道"。再如果,被告人的前行为具有违法性过错且该过错与特定的犯罪构成要件有因果关系,可以认为他"应当知道"。以走私罪为例,被告人如有逃避海关监管,运输、携带、邮寄国家禁止进出境的货物、物品,或者用特定设备或者运输工具走私货物、物品等行为,这些都可认定被告人"明知"所从事的是走私行为,原因在于,被告人前行为的违法性过错很大,以至于不能阻断对其不知道是犯罪行为的解释。当然,能证明被告人确属被蒙蔽的除外,即由于被告人以外的原因造成的不知道,可以

---

〔53〕 类似犯罪的"法定符合说"。

〔54〕 参见〔英〕维特根斯坦:《哲学研究》,同前注〔13〕,第 326 页。

〔55〕 参见周光权:《明知与刑事推定》,同前注〔6〕。

〔56〕 被告人有过错不代表被告人的行为就是过失犯罪。此处的过错既包括过失的过错,也包括故意的过错,因此不宜将此处的表述与过失犯罪与故意犯罪等同。

阻断"明知"。[57]

(二)"明知"的证明规则

"倘使一个真确的信念是从错误的推理过程演绎出来的,即使演绎时所根据的前提是真确的,它也不能称作知识。"[58]对犯罪"明知"要素的认定,同样强调法官从"他知"到"我知"的推理规则。关于"明知"的认定方法,目前主要有"推定说"[59]"认定说"[60]和"推论说"[61]。它们的共同之处在于,以被告人的行为或者已查明的事实为基础,在法定条件下,直接认定被告人"明知",当然法律允许被告人提供证据推翻之前的推定。

然而,"推定""认定"和"推论"只是法官认定被告人"明知"的外部表现。究其本质,我们需要探究法官认定被告人"明知"的内在推理模式。本文认为,这种推理模式就是"最佳解释的推理"(Inference to the Best Explanation,IBE)。最佳解释推理这一概念最初由哈曼(Gilbert H. Harman)提出。[62]哈曼认为:"当有很多假说都能解释某一证据时,推论者在得到一个合理假说时,必须拒绝其他假说。因此,如果一个已知的假说相比于其他假说能为某个证据提供'更好的'解释,那么该已知假说就是真的。"[63]利普顿(Peter Lipton)作为IBE理论最主要的推进者,认为IBE有这样的形式[64]:

> C为资料集合;(事实、观察到的现象、给定的情形)
>
> A为C的解释;(如果选择A,就可解释C)
>
> <u>其他假说均不能像A那么好地解释C;</u>
>
> 因此,A(很可能)为真。

IBE的基本原理,在于通过考察什么将解释一个证据来得到从那个证据推出的东西,从而把一个假说解释证据的能力看成使该假说成立的条件。如果一个假说是对证据的最佳解释,那么反过来该证据也就证明假说的成立。一般而言,IBE包含两个阶段:第一阶段是产生潜在的解释。在第二阶段,在这些潜在

---

〔57〕 参见《关于办理走私刑事案件使用法律若干问题的意见》(法〔2002〕139号)第5条。

〔58〕 参见罗素:《哲学问题》,同前注〔10〕,第105页。

〔59〕 参见陈瑞华:《论刑事法中的推定》,载《法学》2015年第5期。

〔60〕 参见周光权:《明知与刑事推定》,同前注〔6〕。

〔61〕 参见陈兴良:《刑法分则规定的明知:以表现犯为解释进路》,同前注〔6〕。

〔62〕 See Gilbert H. Harman, "The Inference to the Best Explanation", 74 *The Philosophical Review* 88(1965); Gilbert H. Harman, "Enumerative Induction as Inference to the Best Explanation", 65 *The Journal of Philosophy* 529(1968); Gilbert H. Harman, "Knowledge, Inference, and Explanation", 5 *American Philosophical Quarterly* 164(1968).

〔63〕 Gilbert H. Harman, "The Inference to the Best Explanation", 74 *The Philosophical Review* 88(1965).

〔64〕 参见王航赞:《寻求最佳说明的推理——探访彼得·里普顿教授》,载《哲学动态》2006年第11期。

的解释中选出一个作为最佳的解释。[65] 第二阶段又包含确认和排除几个步骤。首先要确认对事实的最佳解释,其次是排除对事实的其他解释,最后将所选择的最佳解释作为推定事实。因此,IBE 具有生成假说、检验假说、发现真理三大功能。例如,雪地中发现人的脚印,可以产生一些假说,如"有人走过"或者"有猴子穿着人的鞋走过",如果根据具体情况可以排除是猴子穿着人的鞋留下的脚印,那么我们可以认为"有人走过"是对这些脚印的最佳解释,以至于我们将"有人走过"认作事实。

IBE 的目标是真理,我们实际的说明活动一定是向真的,但又不能把 IBE 理解成最佳真实说明的推理。[66] 换言之,IBE 的结论无限趋近于最真实或者还原真实,但并不代表绝对的真实。所谓的"最佳解释",可以是最有可能的解释,也可以是提供了最多、最深刻理解的解释,利普顿称之为"最可能的解释"和"最可爱的解释"。[67] 二者的区别在于,最可能的解释强调的是真值,最可爱的解释强调的是理解或者是可接受性。此外,利普顿认为"最佳解释"更应是"最可爱的解释",它以一种最基本的形式把追求真理和追求理解联系起来,又能表明解释上的考虑如何确定可能性。[68] 从这个角度来看,选择最佳解释的过程即追求确定性的过程,不同的是最佳解释体现的"确定"不是统计上的确定性,而是分析上的确实性。如何理解"最佳"? 研究 IBE 的学者们给出了各自的评判。哈曼认为"最佳"很难被精确地定义,但是至少要包含这几个要素:"哪个假说更简单、哪个假说更似真、哪个假说解释的信息更多。"[69]希区柯克(Christopher Hitchcock)就利普顿所谓的"可爱性"提出了三个标准:简洁性、一致性、根本性。[70] 希洛斯(Stathis Psillos)从"可接受"的角度解释"最佳",认为最佳的解释是指包含更多细节的解释,包括:能够引导推理;能够判断什么是相关的解释性关系;能够决定竞争性解释的级别;能够判断对最佳解释而言什么样的假说是到位的;能够判断在最佳解释被接受之前所需要小心的事项。[71] 归结起来,一个能够被称为是"最佳"的解释应满足:首先,该解释应当足够细致,对被解释项的描述要尽可能的详细;其次,该解释在具体语境下具有

[65] Gilbert Harman, "Inference to the Best Explanation", 101 *Mind New Series* 578 (1992).

[66] 参见〔英〕彼得·利普顿:《最佳说明的推理》,郭贵春、王航赞译,上海科技出版社 2007 年版,第 56 页。

[67] 同上注,第 58 页。

[68] 同上注,第 59 页。

[69] Harman, "The Inference to the Best Explanation", *supra* note [63].

[70] Christopher Hitchcock, "The Lovely and the Probable", 74 *Philosophy and Phenomenological Research* 433 (2007).

[71] Stathis Psillos, "The Five Structure of Inference to the Best Explanation", LXXIV *Philosophy and Phenomenological Research* 441 (2007).

合理性、有说服力;最后,该解释能够被一般经验所接受和认可。

IBE 的基本原则、目标、方法和标准都与诉讼发现真实的目标有一致性,并且与司法领域通行"印证证明模式"有相容性。此外,虽然司法裁判的目标是发现客观真实,但受制于各种因素,并不能保证每一起案件、每一个证据都能指向客观真实,因此司法证明的性质当属根据现在有的证据所做的最接近案件事实的解释。

因此,对于认定犯罪"明知"要素这一司法证明难题而言,IBE 可以作为法官裁断案件的内在思维工具,推理过程表现为:

> E 是证据;(已经查证属实的行为、事件、财物等)
>
> H 是对 E 的解释;(H 表示被告人"明知"或者"不明知"的诉讼主张)
>
> 在诉讼期间没有其他解释能比 H 更好的解释 E;
>
> 因此,H(很可能)为真;

法官有理由相信被告人"明知"或者"应当知道"。

具体而言,在刑事诉讼语境下考察上述思维活动包括:首先,解释的对象是危害行为、危害结果、犯罪工具等,并不是直接针对"明知"这一主观状态;其次,应当由控方提供证据解释被告人为什么"明知";再次,被告人可以反解释,以削弱控方解释的说服力,起到产生合理怀疑的效果,从而为自己辩护;[72]最后,法官可以在控辩双方对现有证据提供的竞争性解释中选择最佳的解释作为定案的根据,也可以根据法院查明的事实建构自己的最佳解释作为定案根据,如果无法在竞争性解释中选择出最佳的解释,则应当作有利于被告人的解释,即不宜认定"明知"。如此一来,IBE 也解决了存在于司法实践中的"无限后退难题"。

(三)认定犯罪"明知"要素的实践理性原理:"事情是这样的"

针对本文开篇模拟的四种情景及引出的三个问题,如果将它们置于一起刑事案件中,大致可以做如下判断:就情景一、二而言,根据正向标准可以认定情景一中 A"明知",也可以认定情景二中 A"明知"。不同的是,由于时间要件 T(A 去外地前后)的介入,加之当前 A 不知道的可能性很大,而且 A 对其不知道并没有过错,所以在情景二中我们只能认为 A 当时"明知"而现在不知道。就情景三而言,A 对"B 住在 C 小区"和"B 搬去了 E 小区"的认识符合知道的四个要件,尽管在知识论上属于偶然知道,但在刑法上仍然可以认为 A"明知",这也符合刑法的基本原则和基本制度。就情景四而言,B 对 A 说"搬去 E 小区"本

---

[72]　这表明被告人在一些情况下应当承担"被告人的客观证明责任"。参见张斌:《论被告人承担客观证明责任》,载《中国刑事法杂志》2007 年第 5 期;张斌:《再论被告人承担客观证明责任——以我国刑法规定的持有型犯罪为例》,载《四川大学学报(哲学社会科学版)》2009 年第 3 期。

就是虚假的,含义等价于"搬去非 D 的小区",只不过在结果上恰巧是 E。由于当时 A"明知""B 搬去 E 小区"是虚假的,即不满足信念要件,所以不宜认为 A"明知"。[73]

需要注意的是,法官面对的难题多是被告人否定"明知"情形,对此必须充分考虑 A 的辩解即"我不知道"的理由是否成立。如果被告人只是简单地说"我不知道"而提不出充分的理由,则不能有效阻却对其知道的既有推理。此外,被告人说的"我不知道"是否成立,主要是根据逆向标准来判断。例如,在情景三中,如果 B 在搬迁中曾告诉过 A 从 C 搬至 D 又搬回 C 的经过,但由于 A自己忘记,那么可以认定 A"应当(是)知道(的)";或者在情景四中,A 有义务去核实 B 是否搬去了 D,但 A 无意或有意地没有去核实,那么可以认定 A"应当(去)知道"。

最后,只有被告人自己能够知道自己是否知道其行为是否具有违法性,对法官而言,只能做到根据被告人的行为推断其是否知道,法官知道的只是他已经相信被告人是知道的。这是知道的哲学性质,也是司法证明应当选择的哲学立场。

借助 IBE 这一认识工具,法官在审判中对控辩双方提供的竞争性解释进行选择,所做出的被告人"明知"与否的裁判,并非对被告人当时内心状态的确定性判断,而属于"可爱性的判断",其以竞争性解释对现有证据的解释力为基础。因此,必须修正司法实践中的这样一个认识误区:"在现有的证据下根据经验法则和逻辑规则,法官所认定的被告人'明知'及其内容,就确实是案发时被告人的那个'明知'及其内容。"事实上,司法实践中通过 IBE 所认定的"明知",探究的是被告人为什么会这个样子;如果 IBE 的推理正确,那么它旨在揭示"明知"的情形是怎么回事;其一,诉讼中的"明知"表现为控辩双方对证据的解释;其二,被告人是否"明知"取决于在现有的证据下法官对控辩双方竞争性解释选择;其三,选择的结果即法官已经产生被告人是否"明知"的内心确信。最终,法官为什么这样判决,因为"事情是这样的……"

（审稿编辑　方柏兴）

（校对编辑　康　骁）

---

[73]　可见,在结论上"明知"的法律分析与形而上学分析有一定的差异。

《北大法律评论》(2017)
第 18 卷 · 第 2 辑 · 页 271—293
Peking University Law Review
Vol. 18, No. 2, 2017, pp. 271-293

法院组织及其决策：司法职业保障的系统论观察

刘 涛[*]

Court Organization and Its Decisions：
A Systemic Theoretical Observation on Judicial Career Security

Liu Tao

内容摘要：司法职业改革是法院组织结构调整问题。作为社会功能分化的产物，组织是一种产生决策并形成决策的自我指涉，吸收沟通中不确定性的系统。决策前提与决策的递归式演进构成了系统的双重封闭及其悖论。"禁止拒绝裁判"原则在法院组织中的构建解除了系统的悖论，从而成为法律系统的中心。对法官职业进行保障，必须将司法活动的规律与组织的决策逻辑结合在一起，也必须将法官审理知识的专业化、法官对组织的忠诚以及案件审理模式理解为做出正确司法决策的前提。同样，作为组织决策问题，司法职业保障不能仅仅通过改革法官从业环境实现，还必须将律师在司法中的作用、全面深化改革以及党的领导等关乎司法决策前提的"前提"因素纳入考察的范围。

关键词：司法职业保障 系统理论 组织 决策

"管理者远甚于任何心理学家，他们在这个充满活力、日新月异和生机勃勃

---

[*] 南京师范大学法学院讲师。

的世界里,面对各种复杂性,必须游刃有余。"[1]

一、司法过程与司法职业保障的组织特性

党的十八大以及十八届三中、四中全会以来,新一轮的司法改革明确了一些极为重要的改革方向,特别是对法院的审判模式、司法人员的专业化等问题提出了改革的总体目标和实现路径。近一两年来的法院试点也证明司法改革的总体思想与目标切合我国全面深化改革的总体任务,成为我国治理体系转型与创新的重要环节。

不过,司改试点过程中也反映出总体目标与具体实践上的距离,特别是法院员额制、庭审实质化、法院"去行政化"等改革与我国现有政治与司法制度逻辑仍然存在不小的差距。因此,司法改革方案也在法院内部产生了不同声音,甚至质疑。另外,外部的社会转型与全面深化改革,包括供给侧改革等对法院工作也带来了新的挑战,司法资源不足、法院权威受损等问题凸显,甚至法官人身安全也不再仅仅受到"威胁"。法官职业一时成为与医生职业相似的"高危行业"。《保护司法人员依法履行法定职责规定》(以下简称《规定》)的出台,便是针对上述问题所做出的保障司法职业的纲领性文件。

《规定》多项条款直接与法院功能、法官履职相关。当前针对法院体制改革的研究多集中在对"司法规律"的探讨上。这些研究将改革的基本方向与法官的专业化、职业化相联系,从而也就将司法规律的实现和法官知识结构和教育背景建立了因果联系。要把队伍专业化建设作为司法保障工作的重要保证。在理论研究中,学者往往将衡量司法专业化的标准与法律理论(jurisprudence),特别是各部门法的教义学的发展划上等号,因此司法专业化在实质内容上被理解为法官个体如何学习和实践法律论证、法律方法等。从法学研究的内部视角出发,这在一定程度上具有合理性:作为司法裁判主体的法官自身法律理论素养的高低无疑会影响案件审判质量,进而影响法院的社会评价。

然而,这种从法律理论出发的内部视角往往不能引起司法实践部门的共鸣。法教义学将司法过程视为一种法官个体面对文本和案件证据的解释(意识)活动,将现实中法官乃至法院面对的社会环境予以简化。法教义学理想化的司法论证语境与潜在的法院自治假设在一定程度上并不符合现实司法运作中法官的心态以及法院面对的社会环境与压力。《规定》的出台试图从外部制度构建入手,保障法官司法活动的专业性。但是,司法活动的"专业性"无法与

---

[1] 〔德〕弗里茨·B.西蒙、C/O/N/E/C/T/A 作者组:《彻底的市场经济——系统管理基础》,张东辉、陈飞译,商务印书馆 2007 年版,第 17 页。

社会环境割裂,外部制度保障与内部司法过程具有互动性,也就是说,司法裁判过程,包括教义学实质内容的构建也会影响司法职业保障的推行。

社科法学的研究,特别是从经济学、政治学、组织社会学的研究看到了以个体法官解释模式为出发点的法律内部视角的局限。现代社会的"司法规律"体现在集体性而非个体性的活动中。我国法院案件受理数量以及法官人数决定了法律运作的高度组织化。这与美国基于法官个体释法形成的法院运作机制不同。在一个拥有数百法官的法院中(这在我国并不少见),案件审理即使在庭审中体现所谓抗辩式的"司法规律",也无法避免法院组织结构对裁判生成产生的影响。遗憾的是,与教义学对法院和法官裁判模式所构想的一种"简化论"相似,社科法学在以一种"批判性"视角反思教义学理论的同时,也将具有特殊社会语义和功能的司法活动与法院组织简化为追求"效益—成本"最大化的实体、娴熟运用司法政治学的政治子系统或是只需解决内部管理的"企业管理"问题等。这些研究在指出教义学对司法社会需求回应不足的同时,也将司法理性或法律的逻辑压缩替换为其他社会领域和学科的运作轨迹。在一定程度上顾及"司法人民性"与司法社会效果的同时,社科法学也无疑将司法改革的专业化问题淡化。总而言之,内部视角(法律理论)与外部视角(社科法学)都或多或少对司法运作与社会环境的复杂性及其互动缺乏更为深刻的理解。

司法裁判与司法职业保障(包括司法制度改革)都属于决策,没有理由将其割裂开来,更没有充分的证据表明法教义学与司法组织构建只能分属不同的研究领域。法官审判过程与作为社会组织的法院在结构与内容上具有密切联系。案件审理内化在组织结构中。法院的组织结构还必须具有再生产的能力,从而持续不断地为审判也就是法律论证与司法适用提供制度性支撑。组织内部"人"与"事"协调,成为"司法规律"形成的条件。

因此,何为组织,何为法院组织、法官履职,也就是裁判的专业化又如何在组织中得到保障成为补充现有司法改革研究的重要方面。本文将试图论证作为组织的法院在案件裁判与组织管理上都呈现决策特点。法院的决策将法律沟通(communication)连接起来,形成决策的自我指涉(self-reference)。决策依赖决策前提(decision premises),决策前提构成了法官职业保障和司法规律发生的动力。上述观点源自社会系统论,在后面几部分,我们将进一步通过系统论的视角,考察法院及其司法决策的内部沟通结构与外部环境因素,针对性地对现有文献割裂规范法学与经验研究的立场进行反思,并试图在探讨司法职业保障的现实问题中,以一种新的理论维度揭示司法规律与法院组织逻辑间的互动关系。

二、法院就是为法律系统决策运作而构建的一种组织结构

(一)组织克服决策悖论的机制

系统论认为,组织通过决策形成。卢曼将组织定义为在决策基础上构建起来的社会系统。组织由决策构成,并且不断根据其已存的决策不断产生新的决策。[2] 决策是一种特定的系统沟通。[3] 组织是为了实现理性决策,也就是系统内部针对每一个具体情境做出正确选择的最优化机制。[4] 根据系统理论对个体与社会分离的定位,决策不是由个体产生的,而是通过系统,也就是组织的沟通产生的。[5]

决策的延续是组织的自创生(autopoiesis),每一个决策是前一个决策的产物并且连接起未来的决策。组织通过"决策前提"稳定系统的期望结构,使得一些决策成为排除其他决策的系统结构条件。[6] 选择的不确定性被吸收了(uncertainty absorption)。[7]

通过决策前提的构建,现代社会的组织形成了所谓双重的闭合:在运作上以及在其结构上的闭合。第一种闭合是指组织不断通过决策延续,而且也仅通过决策不断构建自身。组织外部的运作不能进入决策网络,决策也无法溢出组织的沟通。换句话说,在其运作的基础上,组织与其环境不产生交流。因此,组织内部个体,在运作闭合的角度上来看是处在"无知"和"盲目"的状态。组织的自我指涉在决策基础上建立起来。[8]

组织决策运作上的这种"盲目性"通过组织的结构,也就是决策前提得到弥补。决策前提决定了具体决策的样态。因此,决策前提成为组织运作再生产的动力机制。在这个意义上,决策前提替代环境,成为组织对外部信息进行吸收

---

〔2〕 See David Seidl, *Luhmann's Theory of Autopoietic Social Systems*, Ludwig-Maximilians-Universität München-Munich School of Management, 2004 (unpublished manuscript, on file with author).

〔3〕 See Niklas Luhmann, *Social Systems*, Stanford, Stanford University Press, 1995, p. 295.

〔4〕 *Id.*, p. 297.

〔5〕 See Seidl, *Luhmann's Theory of Autopoietic Social Systems*, *supra* note 〔2〕.

〔6〕 决策前提是那些定义当下具体决策情境(decision situation)的组织结构性条件。并不是所有影响决策的因素都是决策前提。从组织运作上的封闭和不断回溯特征上看,决策前提也是一种决策。决策前提与决策的呈现递归状态。不仅决策成为后续决策的前提,而且后续决策也会型构决策前提,从而也在一定程度上影响了对其他决策的定义。

〔7〕 See Seidl, *Luhmann's Theory of Autopoietic Social Systems*, *supra* note 〔2〕.任何决策都是在一种信息不完全的情况下做出的,因此不确定性不会随着决策消除,而只是被后续决策吸收了。由此我们也发现,决策在吸收不确定性的同时,为了实现延续,还必须创造不确定性。不确定性与决策的确定性是共生的。See Niklas Luhmann, *Theory of Society*, Vol. 2, Stanford University Press, 2012, p. 143.

〔8〕 See Seidl, *Luhmann's Theory of Autopoietic Social Systems*, *supra* note 〔2〕.

和运作的通道。不过，决策前提也是决策，不是从组织外部诞生的，这也就产生了组织的第二重封闭。

因此，运作和结构上的双重封闭造就了组织的悖论。如前所述，只有那些无法决策的事项才是真正的"决策"。换句话说，在具体的决策情境中，所有的备选项都具有相同的可能性，没有"更好的"选项，如果决策的备选项具有不同的价值、属性等，决策过程也就名不副实了，决策情境成为一种"被决定"的状态。不过，也正是由于真正的决策是"难以决策的"，在系统论组织学的核心，决策的不可决策性这一悖论被揭示。[9]

在真实的决策状态中，为了防止出现上述悖论，必须构建出一种（或者多种）解除悖论（de-paradoxation）的机制，悖论必须被放置在"别处"。各种组织规则构建使得组织决策能够延续。组织就是这种通过不断构建组织规则、决策前提和决策情境的"解悖论"运作。[10] 法院作为一种组织，也必须面对法律系统运作悖论及其解除的问题。

（二）法院解除系统决策悖论的机制：禁止拒绝裁判原则

在法院组织中，解除决策悖论的过程通过构建系统运作上的"禁止拒绝裁判"原则以及结构上支撑这一原则的各种组织决策前提展开。从系统论组织学的视角上来看，世界并不提供任何关于逻辑性的秩序和推导一致性的保障。禁止拒绝裁判司法原则并不是从法律规范所具有的逻辑束缚力中推导出来的。因为从法律解释中，法官总能发现规范中的漏洞，从而拒绝裁判。因此，必须有一种制度供给协助法律系统具有一种一般性的能力，从而不断做出决策。[11]

正如学者所言，法院不得以事实不清或者法律不足为由拒绝裁判案件。从这一原则出发，可以帮助我们深刻理解法院作为决策组织的属性，同时也有助于认清法院在现代法律生产诸领域中的龙头地位。卢曼认为，现代法律的生产方式有三种：立法、司法与订立契约。在现代法律生产各种领域中，立法可以搁置立法提案，合同可以终止，只有法院在面对案件时不得消极不作为，而必须一鼓作气地对诉讼两造给出裁判。正是因为法院都是在时间限制、信息不完全的情况下需要决策，甚至这意味着在无法做出决策的情况下决策。[12] 因此，案件进入法律系统运作通过一种组织程序，也就是法院的程序展开，并且通过职业化的法律意见和活动有效地运行。[13] 法院就是法律系统沟通所构建出来的一

〔9〕　*Id.*

〔10〕　*Id.*

〔11〕　See Niklas Luhmann, *Law as a Social System*, Oxford University Press, 2004, p. 286.

〔12〕　宾凯：《从决策的观点看司法裁判活动》，载《清华法学》2011 年第 6 期。

〔13〕　See Luhmann, *Law as a Social System*, *supra* note 〔11〕, p. 289.

种法官必须不断进行裁判,从而维持规范与事实互动关系的组织结构,而禁止拒绝裁判原则就是解除系统决策悖论的重要决策前提。

决策前提具有同时创造和限制决策情境的功能。决策前提首先创造了当下决策的情境。没有决策前提,也就没有做出决策的机会。同时,决策前提也通过制造一种具体的决策情境,产生一种给定的状态,来限制决策情境的范围。如果我们将一种特定的决策情境定义为 A 与 B 之间的选择,而不是 X 与 Y 之间的选择,或者说在组织中某人只需同 XYZ 而不是 UVW 打交道[14],这也就限制了组织决策所要使用的信息。[15]

决策前提与决策呈现递归状态。不仅决策成为后续决策的前提,而且后续决策也会型构决策前提,从而也在一定程度上影响了对其他决策的定义。例如,在法律适用中,对一个案件的裁判不仅会对一般性法规范的意涵产生影响,也会对未来发生的案件产生指导价值。我们也可以说,组织中决策产生的效果是一种可预期的、一般化的不确定性吸收。[16]　而这种效果便是组织决策的形式。禁止拒绝裁判通常被理解为一种具有法律论证或者说教义学色彩的法律内部原则,但是从系统论组织学的视角上来看,作为一种元决策(meta-decision),或者说一种对司法活动一般化的限制条件,禁止拒绝裁判促发了其他更为具体的法院组织决策前提的诞生,从而也就将司法职业保障与规范法学的构建联系起来。

首先,将法律适用的重心定位在法院组织上意味着作为组织成员的法官不能懈怠,也就是法官必须不断决策。法官职业素质的培养不仅需要现代社会法律教育系统的支持,更需要法院组织内部决策前提的展开与整合。在禁止拒绝裁判原则基础上,法院组织的重要决策前提是,人事(personnel)呈现出司法过程特有的属性。

人事决策针对组织人员进行招募和管理。人事这种决策前提使得组织中的行动者受到精确的规制。换句话说,在现代社会组织中,个体的其他社会角色被排除,系统沟通的自我指涉通过组织人事结构得到加强。[17]　人事,或者说组织成员权(membership)的认定、剥夺和改变也被系统理论称为系统沟通的社会维度(social dimension),也就是区分与整合不同个体。系统沟通的界限可以通过对组织参与者进入条件的规制予以划定,例如在阶层社会通过社会阶级(stratification)的界定,规范特定系统沟通的参与范围以及参与者能力的构成

　　[14]　参见〔德〕弗里茨·B. 西蒙、C/O/N/E/C/T/A 作者组:《彻底的市场经济—系统管理基础》,同前注[1],第 48 页。

　　[15]　See Seidl, *Luhmann's Theory of Autopoietic Social Systems*, *supra* note [2].

　　[16]　*Id.*

　　[17]　See Niklas Luhmann, *Theory of Society*, Vol. 1, Stanford University Press, 2012, p. 75.

条件。在相当长的一段时间中,组织的社会维度通过垂直关系展现。这与阶层社会的结构相连。这种基于等级的成员评价并没有随着阶层社会解体而全部消失。

基于垂直关系的人员等级划分在现代法院组织中依然存在。但是由于禁止拒绝裁判原则在法律理论中的逐步确认,其评判的标准已被一种新的支配所取代。通过监督,通过同事间的默契合作(collegiality),法官努力完成组织的期待。波斯纳法官也谈到作为组织的法院在运行中,同事间良好或者说至少平等与和平的关系,对于案件审理的效率以及判决的可预期、一致性与延续性都有重要的影响,这也是司法"工匠精神"(judicial workmanship)形成的关键要素,更是"有原则的"(principled)法律解释诞生的组织结构基础。[18] 禁止拒绝裁判,从司法作为现代社会纠纷解决与规范构建的法律理论内部视角出发,却也时刻在影响法院人事组织决策前提的结构。禁止拒绝裁判原则一方面促进了法律解释学的发展和壮大,另一方面也使得行政组织中较为严格的上下级关系无法移植到基于民主立法所代表的法治模式中。我国司法改革中对法院立案制度的改造、对法院法官员额制的探索都是为了保证禁止拒绝裁判原则在司法过程中的实现,而禁止拒绝裁判原则在司法中的确立和实现又可以进一步加快法院在案件审判环节层层审批、内部层次过多的弊病。将司法裁判本身,而非职级设置,作为法院保持司法尺度一致性的主要渠道,成为保障司法职业专业化的重要方面。

其次,将法院看成是一种组织,也意味着组织决策中的"错误",或者说法律程序中的问题,必须被解读为一种"司法"意义上的错误。参与诉讼的人员可以通过上诉程序对司法决策进行质疑和辩论,不过上诉的理由必须被限定在法规范允许的范围内,缺少具有"法律意义"的上诉和申诉理由,法院组织的沟通和决策循环无法展开。禁止拒绝裁判原则也使得司法参与主体不断对法律规范观察,促进了法律以"条件程式"(conditional program)的方式展开。

条件程式与法院组织,特别是审判的决策前提更为吻合,是提供规范性法律期望(normative expectations),也就是在"如果……那么"条件下不断产生对规范的解释和规范的维持的首选组织结构。条件程式这一决策前提在司法中的广泛适用是现代法律规范保持一般性、平等适用等特点和原则的成因。通过组织,一些非自然性的期望可以在最高层次上被一致性、一般化。法律旧有的理所当然的前提被或多或少地推翻。这样,实际上符合要求的、并非理所当然的期望成为可预期的。只有这样,对法律的需要,对规范行为期望之一致性、一

---

[18] See William Domnarski, *Richard Posner*, Oxford University Press, 2016, pp. 127-128.

般化的需要,才可以得到满足。[19] 条件程式与现代社会对实证法的需求相切合。"法律形式的典型化(条件程式)与制度化原则和组织化的观点交织到了一起。"[20]

在运用条件程式的过程中,有关具体决策情境是否满足条件程式中的条件总是不确定的,也就是说,总会存在解释的空间。我们也可以说,禁止拒绝裁判原则促成了"条件式"的法律规范的不断演化,支撑了司法救济渠道的"内化"(internalization)。条件程式也成为法院组织展开沟通的决策前提之一。[21] 法律职业化及其保障从法院组织的自创生及其决策前提设置上体现出来。

最后,禁止拒绝裁判原则还使得法院的运作产生了分化的职位(positions)。为了使得所有案件都成为系统决策的自创生中有用的信息(information),决策需要在组织不同的职位规定中得到细化。每一个职位执行特定的程序、由特定的人员操作并且嵌入具体的沟通途径中。[22] 沟通途径关注的是组织的组织(organization of the organization)。通常在一个组织内不是所有的人都可以随时随地与其他组织人员沟通,组织的沟通被限制在一定的渠道中。沟通途径使得案件的可决策性得以增强[23],降低决策的不确定性。[24]

职位的划分从而也就形成了不同的职业生涯区分。每一种职业生涯都依赖特定决策做出的时间和地点,每一次有关组织内部生涯都牵涉不同职业生涯(决策)之间的互动。例如我国法院中的"竞争上岗(员额)"机制。这些决策形成了组织内部职业生涯与个体法官行动策略的紧密结合,引起了法官工作与追求升迁的动力机制。

综上所述,在有关决策后果的评价体系中,法官不能对决策后果承担超越组织决策前提以外的责任,那些系统外部的不确定性通过组织决策前提的结构被"隐藏",法官的行动不可能对系统外部的未知承当责任。法官的薪水和待遇基于具有组织决策构建意义的司法教义学原则,在绝大多数情况下不会也不应受到系统外部因素,例如媒体报道的影响。[25] 也正是由于对裁判结果外部责任免除,司法独立和法律面前的平等,才是有意义的。[26] 组织在决策(运作)和

---

[19]　参见〔德〕卢曼:《法社会学》,宾凯、赵春燕译,上海人民出版社 2013 年版,第 306—307 页。

[20]　同上注,第 283—284 页。

[21]　同上注,第 283 页。

[22]　See Seidl, *Luhmann's Theory of Autopoietic Social Systems*, *supra* note [2].

[23]　See Luhmann, *Theory of Society*, *supra* note [7], p. 146.

[24]　参见〔德〕尼克拉斯·卢曼:《社会的宗教》,周怡君、张存华、林敏雅译,台湾商周出版社 2004 年版,第 281 页。

[25]　法官对媒体发表的言论、媒体的案件报道都不是根据法院决策前提做出的,因此不仅应当受到限制,也应当与法院决策的自我指涉区分开来。See Richard Nobles and David Schiff, *Observing Law Through Systems Theory*, Bloomsbury Publishing, 2012, p. 99.

[26]　参见〔德〕卢曼:《法社会学》,同前注[19],第 282 页。

决策前提(结构)上的双重封闭决定了法官承担责任的类型和实现机制。[27] 通过对教义学上的禁止拒绝裁判原则的系统论组织学考察,我们发现组织对法律运作,也就是案件裁判后果的重要性在于审判通过组织内部决策前提进行评价,从而使得法教义学的实质内容具有组织结构意义。在系统理论之下,以审判为中心的司法职业改革逻辑可以通过将法律适用的规范科学与组织运作的经验研究结合起来得到更为完整的揭示。

三、以审判为中心的司法职业改革

由于上述组织特性,法院在法律系统中具备其他法律沟通活动(合同制定、立法、行政执法)所不具备的优势,从而对稳定和延续法律解决纠纷、构建社会规范期望起着关键作用。司法职业改革也必须围绕如何重塑法院的司法审判职能展开。以审判为中心的司法职业改革一个重要的方面便是如何构建法院组织的决策自创生,从而将法院组织结构与维持法律的规范性也就是社会守法精神勾连起来。

(一)司法职业分工、庭审实质化与法规范回应性的关系

系统理论通过构建作为组织的法院和以组织决策前提为依托的司法活动意在说明法律适用(决策)是如何确定和限定范围的。卢曼发现,作为组织的法院通过结合决策的独立性原则、对法律文本的依赖、禁止拒绝裁判原则以及责任的内部化等结构上的决策前提来保证决策在运作上的自我指涉。[28] 除了以法官裁判活动为导向展开的各种决策前提,构成法院组织决策前提的还有律师、检察官等法律职业共同体及其行动逻辑。职业间的分工与合作进一步加强了法院组织"禁止拒绝裁判"目标的实现,也使得现代社会法律系统在决策上的双重封闭及其悖论[29],通过巧妙的司法分工得以实现解除,或者说,在系统自创生模式下"决策不可决策性"的隐藏。分工也使得司法面对的外部压力得以通过司法程序的内部结构消解。以审判为中心的司法改革可以在系统论组织学有关法律职业分工及其决策逻辑视角下得到更好的阐释。

---

　　〔27〕　See Luhmann, *Law as a Social System*, *supra* note 〔11〕, pp. 298-299.

　　〔28〕　*Id.*, pp. 299-300.

　　〔29〕　一方面,组织是自治的:组织自身决定组织的运作与结构,组织必须有自我决定的能力;另一方面,双重封闭也意味着这种组织的自我控制是一种"困境",组织被自身的决策所束缚(binding),再也无法超然于自身的命运。因此,运作和结构上的双重封闭造就了组织的悖论。如前所述,只有那些无法决策的事项才是真正的"决策"。换句话说,在具体的决策情境中,所有的备选项都具有相同的可能性,没有"更好的"选项,如果决策的备选具有不同的价值、属性等,决策过程也就名不副实了,决策情境成为一种"被决定"的状态。不过,也正是由于真正的决策是"难以决策的",所以在系统论组织学的核心,决策的不可决策性这一悖论被揭示。See Seidl, *Luhmann's Theory of Autopoietic Social Systems*, *supra* note 〔2〕.

　　第一,基于分工形成的法律共同体对于法律纠纷展开一种形式化的决策运作,也就是说,律师与法官都通过法院组织所构成的决策前提形成对具体案件的决策情境;第二,职业与组织在法律系统中的分出和界定使得真正意义上的价值和利益冲突得以在一定程度上被避免。[30] 职业分工对作为自创生的法律系统的构建与延续起着基础性的作用,其不仅有助于缓解法院与法官的决策压力的功能,而且还使得法律决策的风险,也就是决策的"不可决策性"得到隐藏,司法裁判的可接受度通过系统自我指涉形成的系统决策前提,特别是庭审过程得到评判。

　　在司法审判中,法律沟通过程主要是以过水平式的庭审结构(沟通途径)展开。法院庭审实质化具有连接社会面对面互动,建立一种在场互动语境的效果。[31] 这一方面使得基于管理需要的法院内部上下级垂直关系及其对案件裁判的影响得到缓和,从而有助于当事人与当事人、当事人与法官之间更为平等对话;另一方面,从更为抽象法律规范的演化层面来看,庭审将面对面的交往行动与抽象的规范相连接,从而使得庭审不仅对当下案件的裁判具有意义,也成为法规范"客观目的"的一部分,从而递归式地连接了法律系统的过去与未来。[32] 法规范通过基于职业分工与庭审实质化的决策生成结构产生了更为丰富的内在意涵,具备了适用不同案件的复杂性,使得规范的"漏洞"越来越少,"禁止拒绝裁判"愈发可能。法院组织决策的自创生(即使遇到所谓的疑难案件),与法律职业的分化以及庭审实质化密切相连。

　　我国法院在绝对数量上已经具备不小的规模,在内部的组织管理上也形成了较为完整和有效的垂直监督乃至管理。但是在水平维度上的司法分工、职业分化以及庭审实质化仍远远不够。无论从律师的绝对数量,还是在人口中的占比都无法为司法裁判的运作封闭和风险控制提供有效支撑。这足以对法官职业保障产生全局性,而非局部性的影响。系统论的视角揭示了这样一个简单却又常常被现有研究忽视的问题:法官职业保障并非仅仅涉及法院内部的人事与决策管理,也不可能建立在外部机制,特别是刚性的惩罚机制之上。司法职业的稳定需要以重构组织决策为前提,也就是决策形成的结构框架得到实现。而这些决策前提除了诸如"禁止拒绝裁判"等司法原则,还包括职业分工与庭审实

---

　　[30] See Luhmann, *Law as a Social System*, *supra* note [11], pp. 300-301.
　　[31] 参见〔德〕卢曼:《法社会学》,同前注[19],第376—377页。
　　[32] 由于连接了组织和面对面互动交往,庭审的记录(record)因此也变得重要起来。不过,也正是由于组织决策吸收和隐藏了社会沟通固有的不确定性,庭审记录的公开受到严格限制。See Luhmann, *Theory of Society*, *supra* note [7], pp. 147-148.

质化等。[33] 通常属于司法内部与外部的两种构建与改革模式其实都属于改造法院决策自创生结构的内容。

具体来说，司法职业保障，特别是在法院组织决策上形成的自创生效果依赖律师数量和律师水平的培养和提高，这使律师成为法官决策的"帮手"，或者说真正成为法院司法过程共同的构建者与创造者。这并不是替代法官所承担的"禁止拒绝裁判"的责任，而是使司法决策过程以及司法决策前提的内容更加丰富，使法官较为沉重的办案压力得到一定缓解。"衡量司法体制改革成功的重要标准之一，就是要看改革的法官工作强度是不是有所降低。"[34]这一方面依靠律师职业群体发挥释法的功能，使得当事人通过与律师的交流，对可能的审判结果产生预期，从而减少不必要的诉讼；另一方面，则需要通过建立在法律职业分工基础上的各种简易程序、"认罪认罚从宽"速裁程序、调审适当分离等措施化解"案多人少"，进一步细化法院的决策前提。[35]

在这些决策前提调整的共同作用下，真正进入"实质"庭审环节多数将是"疑难重大"案件。通过对这些疑案的司法庭审，形成"决策的递归"，丰富围绕法律规范的教义理论，使得当下的裁判不仅对未来案件具有指导或者参考价值，而且使得抽象的规范产生回应社会的能力。[36] 正如学者所言，法院的功能是不断再生产一般化的规范性期望，而不是解决个案纠纷。法院是再生产这个社会的期望结构的顶层决策组织，必须把精锐的力量集中在少量案件的精确细刻上，这样才能兑现整个社会对法院这个唯一能够处理法律决策悖论的司法组

〔33〕 达马斯卡在多年前的著作中对中国司法制度多有批判，其认为改革开放以前的中国司法是一种极端的政策推进型（policy-making justice）治理模式，不仅当事人的参与度不高，甚至个案的司法结果也不是完全根据当事人的意愿所决定的。律师参与在审判中就更加无从谈起。See Mirjan Damaska, *The Faces of Justice and State Authority: A Comparative Approach to the Legal Process*, Yale University Press, 1986. 当代中国司法现状已经不同于达马斯卡当年的判断。至少在普通的民事司法程序中，当事人的角色越来越突出，作为当事人利益的律师承担了越来越多原先属于"国家司法工作人员"的责任。庭审过程也不再仅仅是"走过场"，商事审判中激烈的庭审对抗也不再罕见。这种变化乃是由于国家整体治理方式和国家经济生活市场化所造成的，可以说是一种随着国家体制变化而带来的副产品，当然我们也不能否认理念的更新与理论化研究在这种司法模式的转变过程中所起到的作用。庭审的实质化问题研究必须关注一国政治治理结构和原则的变迁。

〔34〕 许前飞：《适应形势任务需要 提高司法能力水平 以改革创新引领全省法院工作实现新提升新发展——在全省法院院长会议上的讲话》，载《江苏省高级人民法院公报》2016年第2辑，法律出版社2016年版。

〔35〕 参见钟亚雅：《刑事速裁有效缓解案多人少压力 广州珠海：制定细则规范程序提高办案效率》，载《检察日报》2014年8月14日。甚至不只是律师，"机器"和人工智能也会成为帮助组织成员加快案件的分流与分化，从而使得司法过程与资源更加集中在"疑案"上，为组织决策前提的构建提供支撑。参见卢志坚、蔡玉婷：《江苏："管案机器人"即将上岗》，载《检察日报》2016年11月26日。

〔36〕 参见〔美〕诺内特、塞尔兹尼克：《转变中的法律与社会》，张志铭译，中国政法大学出版社2004年版。

织的期望。[37]

　　更为重要的是,从组织结构演化的视角来看,法规范内涵的不断更新使得规范吸纳来自法律系统内部与外部双重不确定性的能力显著增强,并进一步形成基于运作与结构的组织双重封闭。由于组织能够不断地将决策转换成进一步决策的前提,组织因而能够在一个极度不确定的世界里构建确定性。并且这种确定性只在组织内部运作的封闭上形成,也就是说,决策的确定性是由外部世界的不确定性支撑的。[38] 因此,法律职业的分工与庭审的实质化并非直接针对社会冲突,或者说试图从实质上化解和消除现代社会的复杂性,而是以其组织决策前提的属性将上述环境的复杂性进行转化,成为具有系统理性和逻辑的沟通。在此基础上形成的规范结构及其对社会其他领域和行动者的在未来情境中的指导意义则可以被看成是其他系统将规范的回应性看成其自身系统运作所必不可少的环境因素。在这个意义上,我们可以说在运作上封闭的法律规范由于法院组织的决策构建具有了积极和深远的"社会效果"。

　　职业分化与庭审实质化等决策前提成为保障法律系统封闭与开放共生结构的内部动力机制。系统理论研究者托依布纳认为这种共生机制正是现代法律反思性(reflexivity)的体现。反思性法的演进不要求对特定的实体规则的执行进行监督和把控,也并不在法律的运作中预先设定任何具体的目标。反思性法并不权威性地决定社会子系统的功能,也不企图规制系统特定的输入与输出,反思性法试图搭建规范运作的程序、组织、成员权和能力条件,从而使得法律系统反思性的搭建与其他社会系统的关系成为可能。[39] 在笔者看来,反思性法主要反映在法院组织的决策前提构建中,从而也就不限于实体性法律规范,也就是系统条件程式的改造。因为法规范需要根据社会结构与案件事实的更新而不断推进,立法又不可能随时展开,通过更为多样的组织决策前提构建,司法过程能够对法规范的社会回应力进行更为及时的调整,构建司法公信力。在组织决策视角下,司法职业改革在一定程度上直接影响传统教义学的演进。

　　正如前述,司法职业保障,不仅仅甚至主要不是,通过外部的惩罚机制保证司法的独立。司法职业保障需要通过不断丰富组织内部的决策前提予以实现和稳定,其根基在于法院组织的自我调适以及对法规范社会回应功能,也就是反思法模式构建的组织制度支持。司法只能在回应社会中求得稳定,随着社会演进向功能分化转变,社会稳定也只能在动态中形成,甚至我们可以说对稳定的追求促进了社会系统的持续变迁。社会系统需要不断地创新以回应自身的

---

　　[37]　宾凯:《从决策的观点看司法裁判活动》,同前注[12]。

　　[38]　〔德〕尼克拉斯·卢曼:《社会的宗教》,同前注[24],第281页。

　　[39]　See Gunther Teubner, "Substantive and Reflexive Elements in Modern Law", 17 *Law and Society Review* 239 (1983).

功能,"通过创新完成创新"成为现代社会的口号。卢曼认为这体现在功能系统以内部组织不断决策以及决策前提构建的方式展开,简言之,也就是"以决策促决策"。[40]

进一步而言,法规范的回应性可以看成是系统如何构建适当的内部与外部,也就是系统与环境的区分效果。现代社会子系统在这种区分中形成一种自我适应的机制。自我适应消除了组织面对外部环境刺激所产生的内部复杂性的降低,也就是说,通过自我适应,组织能够在与环境产生互动的过程中不致减损组织内部的复杂性。法院对环境的刺激就具有敏感的自我适应,也就是在决策过程中组织参与者能够识别哪些外部因素不符合规范和程序的规定,哪些沟通具有对司法运作上的封闭与自治产生负面影响。因此,司法过程是系统与环境区分在系统中的"再入"(re-entry),也就是不断吸收外部不确定性,构成内部决策确定性的过程。由于参与者一般不具备从外部考察的眼光,他们只能作为参与者将自己的活动限定在一个有限的范围,他们专注于这个范围,可以在这个范围内驾轻就熟。[41] 所以法官对系统外部环境信息的处理,在组织内部决策前提的作用下,呈现出高度选择而非"照单全收"的状态。[42]

通过系统论,我们能够将法律适用的教义学问题与组织决策如何不断产生的问题勾连起来,从而使得我们通常认为较为纯粹的法律解释问题被嵌入一种组织社会学的背景之中,这也使得那些看起来属于司法职业理论研究的法院"人事""分工"与庭审实质化等问题与解释学建立联系,从而真正做到突出司法保障为办案服务、为司法决策服务的重点。系统理论的洞见为我们提供了理解司法职业保障的全新视角,也对弥合日常司法实践中所谓的"教义学研究"与"实践司法"层面的脱钩有着智识上的帮助。

(二)法院是法律系统的中心

通过上述论证我们发现,组织的自我指涉,具体来说,也就是法律职业群体的分工、组织角色的安排、诉讼参与庭审的实质化等作为组织的决策前提,为司法裁判与法规范实现运作上的封闭与认知上的开放提供了制度条件。通过法院组织决策前提的分配乃至重构,系统外部对司法过程的干扰和"对抗"减弱了。当然,这并非排除而是激发了那些对法律规范以及法律系统正义性的质疑溢出司法过程,转而通过政治系统的立法程序寻求救济。作为法院形成的决策自创生并不意味着穷尽了基于合法与非法二元符码(binary code)的法律系统

---

　　[40]　See Luhmann, *Theory of Society*, *supra* note [17], pp. 296-297.

　　[41]　参见[德]弗里茨·B.西蒙、C/O/N/E/C/T/A 作者组:《彻底的市场经济——系统管理基础》,同前注[1],第 47 页。

　　[42]　See Luhmann, *Theory of Society*, *supra* note [17], pp. 142-143.

沟通,而是为系统内部的再次分化提供了条件。[43] 这从而也提供了功能上区分的社会子系统,特别是法律与政治系统互动与耦合(coupling)的稳定机制。

　　系统间的耦合现象涉及系统理论对法律系统中心与边缘(center & periphery)的判断。功能系统,一旦分化出来,便是作为社会的实践,而不是作为统一的组织来运作的。[44] 在具有高度系统复杂性的情况下,系统复杂性的统一性只能透过媒介,只能以未耦合的形式来代表。但如果人们想达成更强地紧密联结在一起的关联的话,那么就必须容许有多个这样的实现。因为这两种情形都必须在一个系统之中获得执行,所以并非涉及"不是什么/就是什么"的情形。相反地,系统持续不断地以自我生产的方式再生产出来的系统的统一,在内部具有两个面向:一与多、未耦合的与耦合的实现、分解与再组合、媒介与组织。[45] 也就是说,"司法规律"并非法律运作媒介(合法/非法判断)的规律。"法律现象"是一种基于二元符码媒介运作的规律,在结构上是松散的。"司法规律"则是法院组织的规律,并非法律现象本身的属性。

　　在卢曼看来,只有法院才能对法律行动者产生纳入与排除(inclusion/exclusion)的效果[46],即对法律职业主体资格与能力的认可、否定以及划分,从而这也就明晰了法官"禁止决策裁判"司法原则的适用范畴,并使得法官的这一司法责任变得特定起来,别的诉讼参与者以及其他法律系统沟通的参与者不再享有也不再承担这一权力和责任。围绕法官这一角色产生了一系列的规范解释方法论。法院成为法律系统的中心。

　　处在法律系统边缘地带的沟通包括"私人法律活动",例如合同的订立与立法活动。中心与边缘的区分标准在于是否在系统的运作上必须对事件产生法律的决策及其递归效果,也就是一种运作类型是否承受系统的不确定性,及是否起到延续系统沟通结构的功能。在系统论看来,作为系统中心的沟通结构是由组织的决策构成的。决策并没有展现组织运作中固有的不确定性,而是对为什么进行这一选择而不是其他选择做出说明。所以,决策的不确定性也可以说是隐形的、决策者自身乃至组织沟通的参与者都无法看到决策,或者说组织自身所存有的、无法消除的不确定性,仅仅是通过决策机制隐藏的不确定性。后续的决策,在相同的组织沟通中,同样无法洞察这些不确定性。通过不断的决策,先前的不确定性或者说那个原初(first)决策的不确定性被吸收了。[47] 决

---

[43]　See Luhmann, *Law as a Social System*, *supra* note [11], p. 158.

[44]　参见〔德〕卢曼:《社会之经济》,汤志杰、鲁贵显译注,台湾联经出版社 2009 年版,第 380 页。

[45]　同上注,第 382 页。

[46]　参见刘涛:《纳入与排除:卢曼系统理论的第三演进阶段?》,载《社会学评论》2016 年第 1 期。

[47]　See Seidl, *Luhmann's Theory of Autopoietic Social Systems*, *supra* note [2].

策中不确定性的吸收也意味着在具体决策情境中,其他选择可能性被排除,由此对风险分担和责任确认具有识别效果。[48] 简而言之,区分系统中心和边缘的标准在于判断特定的沟通是否在系统自创生过程中属于强制性的(compulsory),以及是否具有自我观察的效果。

显然,合同并非必须订立,同时也无法要求所有立法草案必须通过。合同订立者并不会为第三方说明订立合同的理由,作为文本的立法本身也不会充分说明其立法理由。与合同订立和立法相比,作为组织的法院在运转上具有自我观察的效果,也就是说司法裁判必须充分说明判决理由。为了使说理充分并且联络起过去与未来的司法决策,通过决策前提的构建与完善,法律系统中发生的大量沟通只有很小的一部分案件会进入法院,特别是实质的庭审过程。[49] 法院一方面在立案上对当事人和律师而言具有高度的自由,另一方面在司法过程中对可裁判案件基于决策前提进行不断筛选。因此,一旦案件进入组织沟通过程,决策就必须做出,无论案件所牵涉的复杂性如何。[50]

因此,法院必须"自我保护",以使决策的悖论得到隐藏。司法职业保障并不意味着所有社会问题都可"司法化",也不代表所有的论题都能够在法律解释的过程中达成共识。从组织社会学的角度上看,司法职业保障的目标在于对那些进入司法的案件提供"通过实质审判"得到合理司法裁判结果与论证的沟通途径;同时,更为重要的是,通过组织决策前提的建立,法院筛选了能够进入实质司法审判的案件以及能够承担庭审实质化的组织结构、角色与分工。

四、从组织决策视角看当下司法职业保障的改革

系统论将法院看成组织决策的自创生,成为构建和维持法律系统规范期望功能的中心。我们在上述论证中已经对作为组织的法院如何构建决策前提,进而保障司法决策的正当性和有效性这一问题进行了一定的分析。除了职业分工、庭审实质化与律师参与,还有一些决策前提的构建和调整对于司法职业保障以及法院运作,特别是我国司法改革的进程而言同样具有重大意义。

(一)组织的权力与司法职业保障

理论和实践中一种较为一致的看法是,法院至少是庭审的运作不需要垂直的权力结构。对法官的管理应当以平行的审判团队独立裁判为基础,司法职业保障也应当促成法院组织内部的"扁平化"。法院的"去行政化"与"去权力结构",特别是与"去垂直领导",是否形成对应?

---

　〔48〕　See Luhmann, *Theory of Society*, *supra* note 〔7〕, pp. 147-148.

　〔49〕　See Jerome Skolnick, *Justice Without Trial: Law Enforcement in Democratic Society*, Quid Pro Books, 2011.

　〔50〕　See Luhmann, *Law as a Social System*, *supra* note 〔11〕, p. 154.

　　在系统论看来,组织权力的诞生和运行是一种系统内部的沟通。决策的递归式演进构成了组织权力结构。因为在运作上,系统组织和个体分离,所以权力运作并非是直接对个体的规制,而是对组织决策自创生的支撑。权力结构是组织决策前提的组成部分,是组织沟通渠道。权力的作用对象是组织人事,也就是对组织中成员权和职位的认定和调整。法院的案件管理和人事管理产生上下级关系,包括我国法院中职位的"竞争上岗"在系统理论中都可以被理解为组织决策前提。院长、庭长对法官和案件的管理,是激励和限制组织成员勤勉工作的制度结构,也是司法决策在结构上形成封闭的条件。在拥有众多人的我国法院中,作为决策前提存在的人员管理和权力结构是支撑法官决策及其责任承担的系统设置。组织是对风险与责任进行细微分配的巨大网络,并且可以通过权力策略控制。[51]

　　扁平化的审判团结多出现在人员较少的基层法院或派出法庭中,而一旦组织成员人数达到一定规模,如何对组织进行"组织",也就是如何通过不断的决策维持系统的自创生,就需要对组织进行人事管理。成员职位、岗位以及其他司法保障,都无法避免通过垂直的权力结构展开。正如前述,针对外部压力而提出的司法职业保障命题,最终需要通过组织内部的决策机制得以完善。而这意味着考察法院的薪酬、升迁、责任担当、员额时,必须将我国法院的权力结构纳入思考的范围。当然,我国法院的科层结构及其权力运作存在弊端和消极后果,我们需要注意的是司法改革并非意味着可以一劳永逸去除这些弊端,甚至取消法院系统的科层结构(无论是整体的法院体系,还是一个法院内部的科层权力结构)。因为司法改革任务繁重,更多的任务将带来不是更少的科层运作,而是更多。[52] "去行政化"的司法职业保障改革不意味着也不可能在缺少或否定法院组织权力结构这一决策前提的基础上展开。

　　(二)司法职业保障改革仅仅是法院内部的决策调控?

　　在系统理论之下,组织连同社会子系统与面对面的社会互动,都是社会在演进过程中构建的意图解决社会秩序如何可能,也就是所谓的社会交往的双重偶在性(double contingency)问题。[53] 人们在交往之中总会产生期望无法稳定,以及博弈中的"囚徒困境"。进入组织在一定程度上"束缚了手脚",失去组织成员权的风险使得人们"三思而后行"。"每个致力于组织行为的个体都可以

　　[51]　参见〔德〕卢曼:《社会之经济》,同前注〔44〕,第375页。

　　[52]　同上注,第349页。

　　[53]　See Raf Vanderstraeten, "Parsons, Luhmann and the Theorem of Double Contingency", 2 *Journal of Classical Sociology* 77 (2002);泮伟江:《双重偶联性问题与法律系统的生成卢曼法社会学的问题结构及其启示》,载《中外法学》2014年第2期。

'放弃'自己的非普通性。"[54]不过,现代社会的组织成员权与资格、等级社会相比,并不是一种生存所必备的社会声望和地位。现代社会的职业地位、名誉和声望的属性必须考虑到社会流动性因素,从而也就使得职业地位与成员资格的丧失不会直接涉及对个体的全面评价。[55] 如何巩固组织成员权,也就是如何形成组织决策前提对个体行为的规制,在卢曼看来,与一套不仅控制组织成员的准入制度而且还能够不断激励组织成员的机制有关。因为只有如此,才能在社会流动性不断加剧的条件下,缓解社会交往的双重偶在性。法院组织的生成及其功能发挥,是建立在与进入和退出决策相关联的流动性上。[56]

对于法院组织而言,这就意味着司法职业保障与法院责任追究机制是硬币的两面。职业保障包括薪酬、晋升以及案件外部干预排除机制等正面激励(职业必须有吸引力,薪酬必须反映职业荣誉[57]);司法过程趋向于通过内部"程序正当"进行责任追究,其功能则在于从负面抑制组织成员"不愿决策"的风险。通过这种内部追责机制,建立司法职业的"地位"与"声望",使法官与组织的命运更为紧密地结合在一起。相反,如果"错案追究"主要通过外部责任追究完成,则会使司法职业的稳定性下降。基于社会流动性,这将产生法官对追责压力的负面激励,产生"用脚投票"的离职现象。

在我国,由于当下法官职业保障与国家一体化的公务员管理体制仍然紧密结合,并且法官享受公务员的社会待遇和其他生活便利,即使法官办案追责机制通过外部严格监控构建,大量的离职的现象也难以产生。但是随着社会流动性的加剧,以及司法职业保障从一体化的公务员编制中的分出和单列,法官职业声望的提高与责任追究的内部化将会产生更为直接的关联。法官职业进出和职位升降将与作为决策组织的法院功能结合更为紧密交织,而不再仅仅是国家公务员管理的一环。

简而言之,职业声望的构建与追责体系的调整从组织决策运作的角度上来看,都是为了保证法官坚守"禁止拒绝裁判"的司法原则,增强司法的"规则构

---

[54] 〔德〕弗里茨·B. 西蒙、C/O/N/E/C/T/A 作者组:《彻底的市场经济—系统管理基础》,同前注〔1〕,第 50 页。

[55] 从组织社会学的角度来看,古代社区从整体上而言对个体是一种成员权(association membership)。只有在现代功能分化社会,社会成员权才能促进,而非阻碍社会流动性。现代社会不再从整体上被以一种组织对待。See Luhmann, *Theory of Society*, *supra* note〔7〕, pp. 142, 146-147.

[56] 参见〔德〕卢曼:《法社会学》,同前注〔19〕,第 306 页。

[57] See Luhmann, *Theory of Society*, *supra* note〔7〕, 2012, p. 143. 或者说薪水是社会交往中普遍存在的交换中的一种特殊形式。事物之所以也获得了它们的价值,仅仅是由于有人赋予它们一种人为的价值。在这个意义上,金钱也不过是像其他一切商品一样的商品。参见〔德〕弗里茨·B. 西蒙、C/O/N/E/C/T/A 作者组:《彻底的市场经济—系统管理基础》,同前注〔1〕,第 32—34 页。

建"而非仅仅"解决纠纷"的功能。组织化决策的这种不断自我指涉,从系统内部看,能够提升法官职业工作的荣誉感;从系统外部看,则是对社会交往中不确定性的吸收、社会规范期望的建立以及交往风险的降低。从系统论的视角,我们能够将法官责任追究对法律职业内部的意涵与社会外部的功能勾连起来,从而使得司法职业保障改革的社会整合效果更为明晰。[58]

对上述司法职业保障改革功能的实现及其评价仍然需要关注我国法院组织和人事的现状。以"去行政化"为导向的司法改革面对和回应的是我国社会结构,也就是所谓"流动社会"结构的形成。[59] 传统的社会治理与控制机制无法完全覆盖流动社会所需要的社会秩序与规范结构。"去行政化"与法院从嵌入地方的科层治理中逐步分出,法院形成较为封闭和独立的组织系统具有必要性,甚至紧迫性。

不过如前所述,法院组织内部的"科"与"层"设置依旧不可避免,"行政"不会从法院组织结构中消失。法官与司法辅助人员的功能区分是当下司法改革的重点。从系统理论的角度看,司法职业保障中的法官薪酬、升迁与内部化的责任追究主要针对法官"禁止拒绝裁判"的职业特点。如果将司法职业保障的"优待"推而广之,则不符合上述改革的出发点。虽然司法在法律系统沟通运作的意义上是封闭的,但是这并不意味着作为组织的法院不存在其他的社会沟通,后勤、财务等依然在法院组织内部存在。法官员额的调整必然呈现法院内部不同类别人员待遇和地位的差异,司法改革以及司法职业保障首先需要得到法院内部人员的认知和认同。

这并非易事。如前所述,司法职业保障与法官责任追究机制调整的正当性基础在于对现代社会司法决策自我指涉的功能,以及此功能发挥的附随效果,即"法官的声望"与"法官的忠诚"。但从我国现有的法官人员结构上来看,其仍嵌在国家一体化的科层公务员体制中。这也是为什么司法职业保障文件的出台是通过中共中央办公厅、国务院办公厅,而非最高司法机关做出。改革是从有权调整公务员体制的国家治理领导层展开的。

---

　　[58]　这也与组织在社会中勾连其他社会系统沟通的特殊社会功能有关。在卢曼看来,现代社会的跨区域(inter-regionalism)建立在不同组织之间的合作上。组织在现代社会也呈现出分化状态。不过,组织具有渗透(interpenetration)不同社会系统的动力机制。组织通过决策构建了不断沟通的强制,从而一方面连接了社会功能子系统,另一方面将人们的互动(interaction)联系起来。如前所述,社会系统的运作是一种内部机制,不涉及对环境也就是对其他社会系统的直接沟通。但这并不意味着不存在连接不同系统的社会沟通(cross intra-systemic boundaries)。See Luhmann, *Theory of Society*, Vol. 2, *supra* note [7], p. 9. 因此,组织使得不同社会部门的联系更为紧密,我们对"社会"的定义也将不再,也不可能局限在"地区性"的范畴之下。See Luhmann, *Theory of Society*, *supra* note [17], pp. 95&96.

　　[59]　参见曹锦清、刘炳辉:《郡县国家:中国国家治理体系的传统及其当代挑战》,载《东南学术》2016 年第 6 期。

　　党的领导依然是司法职业保障最强有力的"保障"。系统论对现代政治系统做出了"政治"(politics)与"行政"(administration)的区分[60],政治决策特别是政治改革能够弥补行政运作的僵化和官僚主义。法院组织从地方行政管理中的分出是基于政治决策,而非科层行政。增强法官的职业荣誉感、司法职业保障与一般法院非司法人员的区隔是一种政治动议,而政治决策的推广和实施一方面依赖政治宣传对法院内部人员自我认知的改造效果,另一方面与政治决策与科层制行政治理结构之间冲突的化解及调整有关。也就是说,在我国现有严密的科层行政治理机制中,如何在机构设置上衍生出适合法院组织改革目标的路径,成为司法职业保障能否成功的关键。

　　因此,如果说司法职业保障与责任追究从改革的预期来看是为了加强法院内部决策机制的稳定,那么当下司法职业保障改革的制度配套依然内嵌于政治治理体系的调整。"法官的忠诚"、法院内部差异的合理化、对未被纳入员额人员的安排以及安抚等看似是法院组织和职业内部制度培育问题,实则需要强大的政治特别是党内决策的不断供给和支持。而在地方的实践中,则需要各级党委的大力支持与配合,党组织对中央决策的贯彻力度以及党对科层行政设置调整的决心与方法,将决定司法职业保障的制度实现。

　　(三)一个例证:司法考核机制

　　上述的论证也适合分析更为具体的司法职业保障制度设计。激励机制与责任追究机制并不经常使用,组织对个体的刺激、限制以及个体对组织的"依附"和"忠诚"弥散于法院的日常管理中,也就是我们常说的司法考核机制中。"没有任何交易比为某人的业绩交付给他报酬更合法。"[61]尽管存在弊病,考核机制在法院和司法运作中无法取消。组织作为连接社会系统与个体的社会构成,能够不断对个体产生促动和刺激,形成个体与组织结构上的耦合,也就是稳定的社会整合机制。在始终具有双重偶在性风险的现代社会交往中,这种耦合机制对于个体社会归属感,也就是个体的社会化过程具有重要意义。系统与环境区分的再生产也依靠组织不断对个体的行动产生指引和调整。[62]法院的内部考核机制便是促成这种互动与耦合的制度设计。作为一种组织的决策前提(人事与沟通渠道),考核是由组织不断决策产生的,因此不能以静态的观点去看待。

　　如果"是个小组织,比如一百来人甚至更小的法院,或许这件事可以通过大

────────────

　　[60]　See Michael King and Christopher Thornhill, *Niklas Luhmann's Theory of Politics and Law*, Palgrave Macmillan, 2003.

　　[61]　〔德〕弗里茨·B.西蒙、C/O/N/E/C/T/A作者组:《彻底的市场经济—系统管理基础》,同前注[1],第70页。

　　[62]　See Nobles and Schiff, *Observing Law Through Systems Theory*, *supra* note [25], pp. 219-220.

家的主观评价来实现,因为熟识,比较了解,人人心里都有一本账"。[63] 从系统论的角度上来看,小型组织中组织与个体归属感的结构耦合能够通过成员间的互动完成,而不需要建立完整的考核这种组织决策前提。我国法院组织人数庞大,案件众多,不进行考核,无法激励法官"禁止拒绝裁判",特别无法提高结案率。当然,法院组织决策不仅仅"盲目地"追求结案率。对案件审理效率的重视目的在于增强法官的组织意识和组织荣誉感,最终形成自我约束,这就是个体对系统与意识结构耦合产生的内化。

作为一种决策前提,如何在我国法院建立有效、公平和具有激励机制的考核制度,并没有普遍化的方案。《规定》第 10 条也仅仅是提及"不得以案件数量排名、末位淘汰、接待信访不力等方法和理由"对法官进行考评和调整职位的"兜底规定"。作为一种促使法官和组织形成结构耦合的制度设计,司法考核应当与各个具体法院的案件受理数量和类型紧密结合。

考核并非目的。虽然考核自身由于决策的不断指涉形成了一种前后决策的连接和封闭,但是这种封闭并不意味着考核机制与司法审判脱离。"为了考核而考核"司法改革需去除的是考核制度弊病。案件权重计算、案件分配的随机化都是基于"司法规律"的体制改革。而在系统看来,考核制度中正视"司法规律",也就意味着如何使法官"禁止拒绝裁判","认真对待每一个当事人"。如果法官的"组织化"程度,也就是系统与个体的结构耦合已经十分稳定,考核问题将会成为职业道德(professional responsibility)问题,无须过多直接控制与监督。在我国法院组织体系中,这又和案件审判模式有关。增加案件审判模式的多样性,推广各种简易程序,将法官的精力和对案件权重的评判集中到那些"复杂"案件中,是解决是否需要考核以及如何考核这一组织决策问题的基础。

问题在于,在当下我国的法院案件审判中,一味简化案件审理过程是否可行,还需打上问号。司法考核与"庭审实质化"改革的方向之间存在冲突。因为作为转型时期社会规范构建的重要机制,法院必然对数量庞大的案件展开"实质审理"。也就是说,法官在审理中不仅需要诠释法律的功能和法律的正义观,还需要站在当事人的角度,"亲身经历"并分析案件的社会构成性因素,理解"人民群众"。[64] 这必然花费法官大量的时间和智慧,使基于考核要求的案件管理不可能,至少是不可能仅仅通过形式化的数据分析得出。

"努力让人民群众在每一个司法案件中都能感受到公平正义"是社会主义

---

〔63〕 李则立:《法官考核,既非毒药,也非灵药》,http://mp. weixin. qq. com/s? __ biz = MzA3MzIxODIyMg= = &mid=2649797095&idx=1&sn=cdffb3761579c5e9e6b35a30d14193ca&chksm = 87167026b061f930d12f01ce0fab441892d1e311c653e25d1cf871d611a6c9e09674d2009f9b&mpshare = 1&scene=5&srcid=1211ekS8lXftMyZrAWdJxa9L♯rd,最后访问日期 2018 年 3 月 21 日。

〔64〕 这也与前述参与司法的律师绝对数量和在人口中占比依然处于低位有直接关系。

法治的要求。法院组织考核问题的复杂性就在于针对法官考核的组织决策往往牵涉多个社会系统沟通,远不是案件"法律"评价标准能够涵盖,即使建立案件权重等考核制度,也无法解决对司法评判的实质化压力。也就是说,"尊重司法规律"原则下的考核机制改革,一方面需要面对组织内部案件类型、人员知识、经验、教育水平、自我认知上的差异;另一方面还需量化考核权重。"社会子系统的组织化程度是一个可以对于法律变化的接受性有所影响的决定性因素。"[65]也就是说,法院决策的社会认同取决于其他社会系统内部组织分出的程度。司法规律、司法正义及其社会认同无法仅仅依靠法院组织自身案件管理和考核制度完成。

从法院的组织化及其考核机制复杂性上,我们可窥见司法职业保障与司法改革乃至国家治理体系的全面深化改革任务无法割裂。照搬国外经验,甚至仅仅通过法院体系内部的"顶层设计",都无法将司法职业保障恰当嵌入我国社会结构转型之中。现有针对司法考核的研究和实践,虽然借鉴了很多组织学,特别是企业管理领域的研究成果,但是忽略了法院决策与个体法官、司法外部因素之间的紧密互动。如果不从政治改革、治理体系转型和我国当下社会矛盾的角度出发,针对司法改革的思考是不完整的。

司法考核中的"幽暗",确只能由亲历案件的法官自己体会。从个体、组织和系统之间的结构耦合上审视司法考核,我们发现我国的司法职业保障问题不仅仅涉及法院内部"决策前提"的调整,还与整体的改革目标和动力勾连。仅仅通过西方组织学,甚至系统论组织学现有论述,都无法与中国问题建立直接对应。

虽然我们上述论证建立在系统论基础上,并且认为司法考核的目标在于建立法官的职业荣誉感和自控,但是我们同时发现,在改革的预期和改革的进行之间,我国法官需要在考核中承担推进全面深化改革的责任(成本)。这意味着法官职业生涯必然"荣辱共存""受点委屈是正常的"。如何抑制和安抚法官在组织中的"受挫感",则需要我们高度重视党委、党员荣誉和社会主义核心价值观宣传。激励机制不可能仅仅依靠经济手段,也不能以"司法规律"为借口制造部门私利。组织决策的自我指涉并不意味着法官成为抽象意义上"法的化身"。我国法官是"社会主义法治"与司法规律的化身,法官"禁止拒绝"的也是"中国的案件"。党作为一种组织在我国政治乃至社会治理中的核心作用,是法官与组织产生"社会连带"及进发职业道德与职业荣誉的基础性支撑。

司法简化了社会环境的复杂性,为社会在功能区分基础上的整合提供了关键动力。[66] 在这个意义上,建立适合"司法规律"的司法考核,也是对司法社会

　　〔65〕　〔德〕卢曼:《法社会学》,同前注〔19〕,第381页。
　　〔66〕　See Nobles and Schiff, *Observing Law Through Systems Theory*, supra note〔25〕,p. 221.

功能的促进。我们上述论证并没有否认这一点,当下的司法改革也是朝着司法的社会整合方向进行。系统理论通过组织产生系统间结构耦合的洞见,使得我们思考组织的这种再生产社会关系的动力机制在我国当下社会主义制度下应当如何妥当定位。也就是说,在我国社会转型期,法院承当这种结构耦合的角色需要哪些制度条件。

社会主义法治的发生必然依靠党政,特别是党组织提供改革的合法性基础。司法对社会生活规则的调整,也依赖于党的权威与支配地位对法院组织在社会结构中的支持。对我国社会走向功能分化,包括对我国法院体系自创生的分析,不仅需要对"分化"对我国社会的正面意义进行阐释,而且必须关注功能系统自创生的动力机制和承载基础。法院组织决策前提的构建,在我国始终需要与党和国家治理体系的转变建立关联。这是域外系统论研究,较少甚至基本不关注的问题,但不是我们忽视、拒绝乃至边缘化党与法院、党与社会关系研究的理由。司法职业保障不仅牵涉法院组织、司法职业共同体、公务员管理体系,而且必须分析党组织在社会系统结构耦合中所起到的推动乃至决定作用。

五、结语:司法改革的系统组织学视角

通过系统论下组织社会学的考察,我们对司法职业保障问题进行了分析,并将法院与司法审判均放在组织及其决策的自我指涉上来观察。在上述的论证中我们也发现,对法官和其他司法人员的职业保障,以及法院组织的建设和改革,都深嵌在新一轮的司法改革与国家治理体系的全面深化改革中。有必要在这里通过系统论对"改革"的意义及其功能的理解做出阐释。

现代社会的政治改革以及司法改革,都需要通过组织机制展开。这也是现代社会沟通方式制度化(institutionalization)与系统化的后果。从系统论视角来看,司法改革是对法院组织内部决策前提的调整。改革成效的评价也应当通过系统内部吸收外部环境复杂性的程度决定。也就是说,司法改革的目标不仅在于提升个别的司法决策(个案审理)质量,而且,甚至更为重要的是认真对待法院决策前提的构建问题。对案件审理的"司法性质"与"司法过程",我们在理论和实践层面已经有较为深入的研究和经验,但是在法院组织的决策前提,也就是案件管理、评价、考核乃至人力资源合理配置等问题上依然处在探索阶段。一方面我们需要加快去"行政化"的司法制度改革,另一方面我们还需要借鉴包括系统论在内的各种组织理论研究和实践,以现代组织管理的视角改革法院职业保障机制。

但是,正如前述,组织决策运作上的封闭是建立在组织结构上的封闭,也就是建立在法规范以外的组织决策前提的构建及其在成员中的广泛认同(组织和人员的结构耦合)基础上的。司法改革力图将"法律的归法律""政策的归政策"，让审理者裁判，让裁判者负责。司法改革上述系统运作上的目标实现，依赖于改革过程中对法院组织决策前提的调整。在系统论的分析下，法院和法官能够以及在多大程度上实现案件审理在运作上的自创生牵涉组织在结构上的封闭。而在结构的设计和司法决策前提的实践中，并不存在普世的司法审判与管理模式。我们如果仅仅将司法职业保障看作对法官待遇无条件的保障，看作是法官拒斥与其他社会领域理性和情感进行沟通的借口，甚至看作法官徇私舞弊的"令箭"，则是错误理解了"司法规律"以及法律自治的内涵。

司法过程在运作上的封闭以及法官在案件决策中的主体地位的体现，建立在社会的司法认同基础上。除了继续加强对司法领域贪污腐败查处的同时，还应当适时地调整司法的公众参与方式，努力将社会各阶层的价值表达和对法律正义的认知纳入法院组织决策的过程中，从而体现司法过程的民主性。人民陪审制度的改革便是例证。决策过程的民主性也使得对司法的外部监督成本逐渐降低，以组织决策在结构上的丰富性和决策认知层面的开放程度来提升司法裁判的社会认同。

司法规律内生于特定的组织结构。坚守法治的底线并不意味着通过法律"行话"排斥社会、内部人员上下其手。司法改革的底线，或者说法院决策公正、独立和负责的基础，是组织决策前提与我国社会的转型变迁、人民的利益诉求的吻合。是抗辩式审理多一点，还是职权主义庭审规则更重要，相关具体改革方向，不仅与不同案件类型相关，也是对国家治理和司法改革整体设计的回应。

由于近年来时有发生法官遇害，司法机关主要关注如何通过外部制度支撑和外部资源获取来保障法官职业安全。[67] 本文通过对作为组织的法院及其决策内部运作逻辑分析，从如何构建和丰富司法体系决策结构的视角阐述了司法职业保障机制建设的意义、功能和路径。我们认为，法官应当受到社会尊重，司法职业保障也需要政府与社会的支持。但是，司法权威与法治顺利运行的基础性制度条件根植于司法机关对其自身决策能力的认知、反思与调控。只有加强自身组织建设，增强在变动社会结构中的"适应性"，司法才有可能坚守阵地，并为社会大众提供可靠的规范预期。

（审稿编辑　金雨萌）

（校对编辑　康　晓）

---

〔67〕　参见《人民法院落实〈保障司法人员依法履行法定职责规定〉的实施办法》（2017 年 2 月 7 日）。

《北大法律评论》(2017)
第 18 卷·第 2 辑·页 294—320
Peking University Law Review
Vol. 18, No. 2, 2017, pp. 294-320

美国制定法解释中的立法史方法及启示

——基于对 207 个联邦反托拉斯判例的梳理

洪莹莹*

Legislative History Method in US Statutory Interpretation and Its Enlightment：

Summary Based on 207 US Federal Anti-Trust Cases

Hong Yingying

内容摘要：作为一种重要的法律解释方法，历史解释在我国法解释理论和实践中未获足够重视。而在美国，类似的立法史方法在美国联邦制定法解释中发挥了极大的价值。以笔者搜集的 207 个联邦反托拉斯法判例为样本，可以发现，美国制定法解释对立法史方法的使用经历了审慎、兴起、常态及衰落四个阶段，主导这一进程的动因则包括解释理论的变迁、规制国的崛起、遵循先例的普通法传统、国会的立法回应等各种因素。

关键词：制定法　解释　立法史　反托拉斯法

---

　　* 法学博士，安徽财经大学讲师。本文为国家社科基金青年项目"反垄断罚款决定的司法审查标准研究"(项目编号：17CFX077)的阶段性成果。

一、问题的提出

在法律体系渐趋完备的当今中国,学界研究应从对立法论的关注更多转向对解释论的研究已成共识,而解释论的深入需要以对解释方法的充分认知为前提。立法史(legislative history)方法是美国制定法解释中一种极其重要的方法,但长期以来并未受到我国学者的关注。所谓立法史方法,主要是指依据立法者对法案的修订、委员会审议和议员辩论时发表过的言论以及通过官方程序从专家和听证人处收集到的公众意见等立法史料考察立法意图从而对制定法进行解释的方法。[1] 这与大陆法系的历史解释方法虽然名称不同,但本质上却是相通的。在德国,卡尔·拉伦茨的主观目的解释强调通过历史解释考察立法者的主观意图,尽管拉伦茨未抽取出一个确定的立法史概念,但拉伦茨指出,认识参与法律准备及起草工作者之规范想法的根源有不同的草案、讨论记录及添附在草案中的理由说明,认识参与立法者之想法的根源则为国会的报导。[2] 伯恩·魏德士也指出:"不去查明立法者的规范目的或者不经说明就背离它的人将使自己脱离法律约束,从法律的仆人变为法律的主人…历史解释是任何合宪性法律适用的不能放弃的一步(而不是最后一步!)。"[3]

我国因袭了德国传统法教义学的法解释理论,认为法律解释方法一般包括文义解释、体系解释、历史解释及目的解释,但对于历史解释方法的关注却不够充分。一方面,学界对历史解释的探讨尚未深入;另一方面,该方法在司法实践中也鲜有运用。由于运用历史解释方法通常要回溯立法过程,故笔者通过北大法宝网以"立法过程"为关键词对司法案例进行全文精确检索,结果仅获取案例与裁判文书 37 份,而其中,除 1 份重复外,有 13 份对立法过程的分析是出现在判决评析而非裁判文书正文中。对此,王利明教授也指出,实践中我国法院极少采用历史解释的方法。[4] 相较之下,美国学界对立法史方法析理之深、司法界对其运用之广远胜于我国,故对其深入研究可为历史解释方法在我国理论界与实务界的前景提供比较借鉴。

为此,本文拟提出的问题是:立法史方法在美国制定法解释中发挥了怎样的作用?经历了怎样的发展和变迁?其变迁背后的动因为何?从中可以得出

---

〔1〕 Nicholas R. Parrillo, "Leviathan And Interpretive Resolution: The Administrative State, The Judiciary, And The Rise of Legislative History, 1890-1950", 123 *Yale L. J.* 266 (2013).

〔2〕 参见〔德〕卡尔·拉伦茨:《法学方法论》,陈爱娥译,商务印书馆 2003 年版,第 209 页。因此,尽管对这种史料范围的界定,各国因体制差异有所不同,但笔者认为实质均无外乎两类内容:法案演进的动态历史和某一特定法案进入立法程序后产生的所有静态书面立法材料。

〔3〕 〔德〕伯恩·魏德士:《法理学》,丁晓春、吴越译,法律出版社 2013 年版,第 333 页。

〔4〕 王利明:《法律解释学》,中国人民大学出版社 2011 年版,第 142 页。

何种启示？

由于法解释理论的完善最终以具体的部门法解释为现实指向，故本文在研究时选择将一般法解释理论与部门法研究相结合、将解释理论与司法实践相结合的路径。基于此，笔者收集了 1890—2014 年间的 207 个美国联邦反托拉斯法解释的相关判例，对其中立法史解释方法的运用进行历史、整体、系统的观察和分析。[5] 而之所以选择反托拉斯法作为研究对象，主要基于三点原因：一是时间上较为匹配。虽然立法史方法在美国制定法解释领域的兴起并非源于联邦反托拉斯法领域，而是滥觞于 *Dubuque & Pac. R. R. v. Litchfield*（1860）案[6]，加速于著名的圣三一案（*Church of the Holy Trinity v. United States*，1892）中，[7] 但作为第一部联邦反托拉斯立法，《谢尔曼法》（1890）的颁布与圣三一案恰逢同期，其相关判例可以呈现一个较为完整的历史维度。二是因为反托拉斯法以不确定性和模糊性著称，如《谢尔曼法》（1890）全文只有八条且条款极其概括，这意味着仅通过文义和体系解释可能常常难以确定其含义，故立法史方法在理论上应能得到较多运用。三是作为部门法学者，笔者一直关注反垄断法的解释和适用问题，而近年来我国对《反垄断法》的解释和适用分歧明显，故本文亦期冀通过对反垄断法起源地美国的相关判例梳理，为我国《反垄断法》解释提供有益经验。

二、立法史方法在美国制定法解释中的兴衰——以联邦反托拉斯法为例

如前所述，联邦最高法院在 1892 年圣三一案中对制定法的解释体现了向立法史方法的加速转向。[8] 但超越个案，这一方法并未立即得到联邦最高法院的普遍遵循，其兴衰经历了一个动态的变迁过程。由于制定法的繁多和差异，立法史方法的运用难以在不同部门法之间呈现出精准的一致步调，但总体上，207 个联邦反托拉斯判例依然可以为我们勾勒出立法史方法在美国制定法

---

〔5〕 判例的收集主要来自两种途径，一是通过 Westlaw 运用 keynumber（钥匙码检索）检索方法，对其项下 keysearch 中 antitrust 主题之下的 statute 文件夹中所列判例进行搜集。二是在日常研习文献中逐步收集、累积的有关判例。不过需要说明的是，文中判例搜集的截止日期为 2014 年 11 月，而 2015 年之后 Westlaw 数据库的检索方式发生了一些变化。

〔6〕 该案中，立法史第一次作为一个文本之外的资料被用来解释一个私法法案，联邦最高法院同时参考了委员会报告和议员陈述。Harvard Law Review，"Why Learned Hand Would Never Consult Legislative History Today"，105 *Harv. L. Rev.* 1005（1992）.

〔7〕 Carol Chomsky，Unlocking，"The Mysteries of Holy Trinity：Spirit，Letter，And History in Statutory Interpretation"，100 *Colum. L. Rev.* 901（2000）.

〔8〕 在对案中所涉的《外来人员劳动合同法》（Alien Contract Labor Law）条款进行解释时，联邦最高法院明确参考了众议院和参议院的委员会报告以解释一个模糊的制定法条款。"有些含义虽然在制定法文字之中但却仍然不在制定法之中，因为它不在该法的精神之中，也不在立法者意图之内"的经典判词正是出自该案大法官布鲁尔（David Brewer）之手。*Church of the Holy Trinity v. United States*，143U. S. 457（1892）.

解释理论演进中的大致图景。历史地看,立法史在美国联邦反托拉斯制定法的解释中发挥了举足轻重的作用,联邦最高法院对其态度经历了"审慎使用—兴起—常态—没落"四个阶段。

(一)星星之火:早期的审慎使用(1890—1939)

在美国,联邦反托拉斯领域最重要的三部制定法均颁布于这一时期,它们分别是《谢尔曼法》(1890)、《联邦贸易委员会法》(1914)和《克莱顿法》(1914)。[9] 其中《谢尔曼法》被公认为世界现代反垄断立法的鼻祖,同时也是整个美国联邦反托拉斯法的基础,甚至是其代名词。[10] 但是由于《谢尔曼法》(1890)本身之不足及其颁布最初 20 年司法实施的不力,美国国会又于 1914 年颁布了《联邦贸易委员会法》和《克莱顿法》予以补强,期望通过设立联邦贸易委员会以持续、专业、主动、独立的行政执法弥补反托拉斯法司法实施之不足的同时,也通过上述两部法律在规制内容上对《谢尔曼法》进行立法补充。[11]

众所周知,美国是典型的普通法国家,虽然自罗斯福新政至今,国会业已颁布了大量的成文法,但是在联邦反托拉斯法出台的 19 世纪末和 20 世纪初,制定法在美国尚属新生事物,如何在普通法背景下构建制定法解释理论,如何在三权分立理念下正确处理司法权与立法权的关系,都是当时美国法律工作者要面对的重要时代命题。[12] 尤其是,面对极其抽象且最初被视为普通法成文法化产物的《谢尔曼法》,解释任务更加艰巨。一方面,联邦法院要妥善处理反托拉斯制定法术语与普通法术语的关系,如《谢尔曼法》第 1 条规定的"限制贸易"究竟是否应按普通法中的含义理解[13],以及普通法中"限制贸易"究竟是同时包括"合理限制贸易"和"不合理限制贸易"还是专指"不合理限制贸易",均无确定答案。[14] 另一方面,在制定法解释方法的选取上,是应采取严格的字义解释(literal),还是可以通过其他方法以及文本之外的各种资料追寻立法者目的,也是法官们争议的焦点,但总体上,字义解释方法更受青睐,立法史的运用则非常稀少且审慎。

例如,在美国联邦最高法院审理的第一个反托拉斯案件——奈特糖业案(*United States v. E. C. Knight Co.*, 1895)中,多数意见并未运用立法史解

---

〔9〕 此后,三部法律又各自经历了多次修订,但立法框架没有发生根本性变化。

〔10〕 参见李胜利:《美国联邦反托拉斯法的历史经验与世界性影响》,中南大学 2012 年博士学位论文,第 16 页。

〔11〕 例如,《联邦贸易委员会法》第 5 条对不公平竞争行为的禁止,以及《克莱顿法》第 7 条对企业合并行为的控制。

〔12〕 参见洪莹莹:《论〈反垄断法〉的解释及适用范围——美国跨密苏里案及其启示》,载《竞争政策研究》2016 年第 1 期。

〔13〕 该法第 1 条规定:"任何契约、以托拉斯形式或其他形式的联合、共谋,用来限制州际间或外国建的贸易或商业是非法的。"

〔14〕 *United States v. Trans-Missouri Freight Ass'n*, 166 U. S. 290 (1897).

释方法,仅对该法采取了严格的字义解释,将第一条中的"贸易或商业"(trade or commerce)和"制造业"(manufacture)进行了严格区分[15],认为案中涉及的制造业垄断不适用《谢尔曼法》。

在后来的跨密苏里案(United States v. Trans-Missouri Freight Ass'n, 1897)中,多数意见和异议意见在解释《谢尔曼法》时虽都提及立法史方法,但观点不同,其中多数意见代表了当时联邦最高法院的主流解释立场。该案要解释的主要问题是《谢尔曼法》第 1 条及其对铁路行业的适用。[16] 多数意见认为:"国会辩论不是探寻制定法真实含义的恰当信息来源,唯一正确的解释方法是依据法案使用语言并在必要时借鉴其通过之时的历史。"[17]具体而言,大法官佩卡姆(Peckham)首先从法条语言开始分析,认为基于法案严格的语言(strict language),只要合同具备限制贸易的性质,就不能例外。[18] 之后,多数意见回溯了《谢尔曼法》的立法史,指出史料显示该法最初在参议院通过之时,第 1 条与现行规定相同,但在送至众议院后,众议院提交了一个修正案,明确规定"以阻止运输业竞争为目的的合同是非法的",于是修改后的修正案又回到参议院,参议院再次进行了修改,试图将该法适用于任何企图将运输价格提高到合理正当水平之上的合同,但此修正案随后又被众议院否决,于是两个修正案被提交到两院协商委员会,但协商无果,两个修正案均被否决,最终通过的仍是最初的法案。[19] 在这一过程中,国会辩论反映出不同观点,鉴于这种复杂状况,多数意见认为很难从立法史中获取准确信息,仅能依靠法条语言进行解释,并只在必要时借鉴史料。

但是大法官怀特(Edward Douglass White)执笔的异议意见认为,多数意见的严格解释过于僵化,导致了不合理的荒谬后果,"没有任何解释准则要求在产生不合理后果时,还要遵循其字面意义。相反,灵活的立法精神,而不是死板的字词才是正确解读制定法的合适指南"。[20] 他引用了 Smythe v. Fiske (1874)案中的判词:"有些表述可能从文字中可以得出,但却并不包含在法案含义中;有些可能包含在法案含义中,却并不在文字中。立法者意图就是法律。"[21]那么如何做出符合立法者意图的解释呢?怀特采取了几种办法:一是

〔15〕 例如,"毫无疑问,控制生产的能力在一定意义上包括控制转让的能力,但这只是次要的,即使行使这种权利可能导致贸易启动,但它并不控制它,只是附带和间接的影响。贸易发生在生产之后,但并不属于它的一部分"。United States v. E. C. Knight Co., 156 U.S. 1 (1895).

〔16〕 United States v. Trans-Missouri Freight Ass'n, 166 U.S. 290 (1897).

〔17〕 Id.

〔18〕 Id.

〔19〕 Id.

〔20〕 Id.

〔21〕 Smythe v. Fiske, 23 Wall. 374, 90 U.S. 380(1874).

通过分析标题(title)进行体系化解释,二是援引"限制贸易"在普通法中的含义,三是参考立法史,四是运用普通法中的解释准则。

本案中,双方的解释理论及方法选取显然是不同的。多数意见的解释理论是平义规则(plain meaning)的体现,而异议意见则是意图(intent)至上的理论。由此,二者对待立法史的态度也相应不同。虽然在标准石油案(*Standard Oil Co. of New Jersey v. United States*,1911)中,怀特大法官的解释结论最终得到了多数大法官的支持,确立了"合理原则"(rule of reason),但就解释方法而言,平义规则仍然在联邦最高法院占据主流地位。这既体现在标准石油案中怀特对立法史的曲线使用,也体现在之后的一些判例中。标准石油案中,怀特并没有直接推翻跨密苏里案对国会辩论的否定性立场,而是指出"尽管依据跨密苏里案,国会辩论不可以作为解释制定法的手段,但将其作为确定一部特定法律颁布时的环境,即法案通过时的历史的方法并不违反该规则"。[22] 而在之后的一些判例中,如标准服饰公司案(*Standard Fashion Company v. Magrane-Houston Company*,1922),当涉及对《克莱顿法》第3条的解释时,多数意见引用了早期判词以阐明立场:"委员会报告简报对于立法说了很多,但法案词语是平白的,他们的意义显而易见,无须诉诸多余的声明和报告以获取经常不尽如人意的帮助。"[23]

此外,这一时期相关判例的数量统计也可以说明早期对立法史极其审慎的适用。在1890—1939年期间的30个判例中,仅有4个使用了立法史料,其中跨密苏里案中的多数意见还是否定性的使用,而另外3个基本是一笔带过,具体可参见表1。

表1 1890—1939年联邦反托拉斯案件使用立法史简表

案件编号	有无使用	案件编号	有无使用	案件编号	有无使用
156 U.S. 1 (1895)	无	220 U.S. 373 (1911)	无	258 U.S. 346 (1922)	无
166 U.S. 290 (1897)	有	221 U.S. 1 (1911)	有	259 U.S. 200 (1922)	无
171 U.S. 505 (1898)	无	221 U.S. 106 (1911)	无	268 U.S. 563 (1925)	无
171 U.S. 578 (1898)	无	224 U.S. 1 (1912)	无	268 U.S. 588 (1925)	无
171 U.S. 604 (1898)	无	224 U.S. 383 (1912)	无	272 U.S. 476 (1926)	无
175 U.S. 211 (1899)	无	226 U.S. 525 (1913)	无	273 U.S. 392 (1927)	无
193 U.S. 197 (1904)	无	246 U.S. 231 (1918)	无	276 U.S. 311 (1928)	无
196 U.S. 375 (1905)	无	247 U.S. 32 (1918)	无	288 U.S. 344 (1933)	无
203 U.S. 390 (1906)	无	250 U.S. 300 (1919)	无	298 U.S. 131 (1936)	有
208 U.S. 274 (1908)	有	251 U.S. 417 (1920)	无	306 U.S. 208 (1939)	无

---

[22] *Standard Oil Co. of New Jersey v. United States*, 221 U.S. 1 (1911).

[23] *Standard Fashion Company v. Magrane-Houston Company*, 258 U.S. 346 (1922).

（二）渐入佳境：立法史的兴起（1940—1959）

1940 年可以被视为一个转折点，因为在先端袜业案（*Apex Hosiery Co. v. Leader*，1940）中，立法史（legislative history）这一概念在反托拉斯判例中首次被抽取。当然，这种立法史方法的兴起并非仅体现在反托拉斯案例中，同年的货运协会案（*United States v. Am. Trucking Ass'ns*，1940）的意见中也出现了对立法史料引用的激增[24]，这个判例被学者们视为一个极其重要的判例。

先端袜业案的主要争议点是劳工组织及其成员的行为是否适用《谢尔曼法》。对此，大法官斯通（Stone）在判决意见中写道："劳工组织及其行为是否完全不适用于《谢尔曼法》是一个制定法解释问题，无关宪法权利。"[25] 而对于应如何解释，判决意见认为："《谢尔曼法》禁止的行为没有用精确的或晶莹透彻的术语表明，法条本身没有给出定义。作为也许是有意模糊的结果，明确制定法内容的工作被交给法院。在履行该职能时，法院基于立法史及法案旨在消除的特定弊端而解释词语是恰当的。"[26] 于是，通过对立法史和法院早期裁决的回顾，联邦最高法院认为《谢尔曼法》并不意欲对州际运输进行监管，故本案中劳工组织和其成员之间的联合或共谋虽然导致原告的产品的州际运输受到阻碍，但州际商业贸易并未被限制，因此不适用《谢尔曼法》。[27] 本案中，联邦最高法院在认定立法语言模糊之后便主要基于立法史进行了解释，对于该方法的使用不再存有犹豫。此后，立法史方法在联邦反托拉斯判例中逐步得到广泛应用，在这一时期笔者搜集的 42 个判例中，11 个使用了立法史材料，详见表 2。

表 2　1940—1959 年使用立法史解释联邦反托拉斯法判例表

案件编号	案件名称	解释内容
310 U. S. 469 (1940)	Apex Hosiery Co. v. Leader	劳工组织及成员行为是否适用《谢尔曼法》
312 U. S. 219 (1941)	United States v. Hutcheson	劳工组织及成员行为是否适用《谢尔曼法》
312 U. S. 600 (1941)	United States v. Cooper Corp.	美国是否是《谢尔曼法》中的"人"

---

[24]　该案主要涉及对《公平劳动标准法》（*Fair Labor Standards Act*）中雇员的解释问题，大法官里德（Reed）在多数意见中指出，"当文本的意义已经导致荒谬的或无益的结果时，最高法院已经超越词语转向法案的目的。甚至当平义没有产生荒谬的结果，仅仅导致与'整体立法政策不一致'的不合理结果时，最高法院也已频繁遵循立法目的，而不是字面意义"。*United States v. Am. Trucking Ass'ns*，310 U. S. 534 (1940)。

[25]　*Id.*

[26]　*Id.*

[27]　*Id.*

（续表）

案件编号	案件名称	解释内容
325 U. S. 797（1945）	Allen Bradley Co. v. Electrical Workers	劳工组织及成员行为是否适用《谢尔曼法》
334 U. S. 37（1948）	FTC v. Morton Salt Co.	《克莱顿法》第 2 条价格歧视条款及举证责任
340 U. S. 231（1951）	Standard Oil Co. v. FTC	《克莱顿法》第 2 条的善意低价竞争抗辩
341 U. S. 384（1951）	Schwegmann Bros. v. Calvert Distillers Corp.	《米勒-泰丁斯》法案是否批准州《公平贸易法》中的非签字条款
346 U. S. 61（1953）	Automatic Canteen Co. v. F. T. C.	《鲁宾孙-帕特曼法》2 条（f）是否禁止因成本差异给予价格差别对待
351 U. S. 377（1956）	U. S. v. E. I. du Pont De Nemours	《谢尔曼法》第 2 条禁止的垄断
353 U. S. 586（1957）	U. S. v. E. I. du Pont De Nemours	《克莱顿法》第 7 条是否禁止纵向收购
360 U. S. 55（1959）	F. T. C. v. Simplicity Pattern Co.	初步违反《克莱顿法》第 2 条（e）的抗辩

　　但是，此时立法史的外延尚存争议，地位亦未稳固。一方面，关于立法史方法在各种解释方法中的地位，法官通常是在综合考虑了诸多因素之后才回溯立法过程。如库珀公司案（United States v. Cooper Corp.，1941）中，对于美国是否可以依据《克莱顿法》第 4 条提起 3 倍赔偿之诉，即美国是否属于该法条中的"人"的问题，多数意见指出：(1) 在没有超出语言的部分，"任何人"术语的适用不足以授权政府提起诉讼；(2) 一个术语的意义可以参考该术语在该法其他条款中的含义确定，第 1、2、3、7 条以及刑事责任条款的"人"都不包含美国；(3) 立法计划和结构对于恰当确定它的目的和意图是非常重要的；(4) 同时期的其他立法支持此种观点；(5) 已经有相当多的生效司法判决支持这一观点；(6) 立法史对于美国政府无法依据《谢尔曼法》提起诉讼的结论是有说服力的。

　　另一方面，对于如何划定可用的立法史料范围，大法官们意见不同。在史韦曼兄弟公司案（Schwegmann Bros. v. Calvert Distillers Corp.，1951）中，对于应如何解释《米勒—泰丁斯法》(1937)[28]，大法官道格拉斯(Douglas)递交的法庭意见认为："立法史中反对者的担忧和疑问不是解释立法的权威指引，我们对语言有疑问时应该寻求法案发起者的言论。"[29]但是，大法官杰克逊(Jackson)和明顿(Minton)的协同意见则认为："本案回顾立法史没有必要性或恰当性，诉诸立法史仅仅在法案字面存在不可避免的模糊时才是正当的，而且不应该超越经过深思熟虑和精心准备的委员会报告。"[30]综上，这一时期联邦反托拉斯法判例对立法史的使用虽然"稳步增长，渐受欢迎"[31]，但对史料范围和使用条件尚未完全达成一致，也没有步入常态化。

　　(三) 步入常态：立法史的普遍使用(1960—1979)

　　如果说 20 世纪 40 年代和 50 年代对立法史的使用整体仍需停泊在制定法语言模糊的港口之下，并尾随在各种解释要素之后，那么进入 20 世纪 60 年代和 70 年代之后，这种局限便大大减少了。从密度上，立法史已经被频繁运用到联邦最高法院的判例中，在 20 世纪 60 年代的 35 个判例中，使用立法史的占 14 个；在 20 世纪 70 年代的 37 个判例中，使用立法史的竟高达 26 个，具体可参见表 3。

表 3　　1960—1979 年联邦反托拉斯案件使用立法史简表

案件编号	使用	案件编号	使用	案件编号	使用
362 U. S. 29 (1960)	无	386 U. S. 568 (1967)	无	422 U. S. 271 (1975)	有
363 U. S. 166 (1960)	有	386 U. S. 685 (1967)	无	422 U. S. 659 (1975)	有
363 U. S. 536 (1960)	有	388 U. S. 350 (1967)	无	425 U. S. 1 (1976)	有
364 U. S. 656 (1961)	无	388 U. S. 365 (1967)	无	425 U. S. 738 (1976)	无
365 U. S. 127 (1961)	有	389 U. S. 320 (1967)	无	428 U. S. 579 (1976)	有
365 U. S. 320 (1961)	无	390 U. S. 145 (1968)	无	429 U. S. 477 (1976)	有
368 U. S. 464 (1962)	无	392 U. S. 481 (1968)	无	430 U. S. 1 (1977)	有

----

　　[28]　1929 年的大萧条推动了美国许多州允许固定最低售价的运动。各州相继颁布《公平贸易法》，该法规定本州生产者与零售商之间固定最低转售转售价格的行为是合法的。但州内法案无法适用于州际贸易行为，于是 1937 年美国国会通过《米勒—泰丁斯法》，规定如果依据本州《公平贸易法》限制转售价格行为是合法的，那么涉及州际贸易的限制转售价格也可以豁免适用《谢尔曼法》。本案涉及马里兰州、特拉华州和路易斯安那州。依据路易斯安那的《公平贸易法》，不仅自愿达成的固定转售价格行为合法，且一旦某一零售商签署固定转售价格条款，该条款自动适用于所有未签字的零售商。于是，本案的争点在于，生产商依据州法对非签字零售商的强制固定转售价格行为，是否可依据《米勒—泰丁斯法案》在联邦层面豁免适用《谢尔曼法》。*Schwegmann Bros. v. Calvert Distillers Corp.*，341 U. S. 384 (1951).

　　[29]　*Schwegmann Bros. v. Calvert Distillers Corp.*，341 U. S. 384 (1951).

　　[30]　*Id.*

　　[31]　See "Why Learned Hand Would Never Consult Legislative History Today", 105 *Harv. L. Rev.* 1005(1992).

（续表）

案件编号	使用	案件编号	使用	案件编号	使用
370 U.S. 019 (1962)	有	393 U.S. 199 (1968)	有	431 U.S. 720 (1977)	有
370 U.S. 294 (1962)	有	392 U.S. 134 (1968)	无	433 U.S. 36 (1977)	无
370 U.S. 405 (1962)	有	393 U.S. 333 (1969)	无	433 U.S. 350(1977)	无
370 U.S. 460 (1962)	有	395 U.S. 100 (1969)	无	434 U.S. 308 (1978)	有
371 U.S. 38 (1962)	无	401 U.S. 1204 (1971)	有	435 U.S. 389(1978)	有
371 U.S. 296 (1963)	有	404 U.S. 508 (1972)	有	435 U.S. 679 (1978)	有
371 U.S. 505 (1963)	有	405 U.S. 251 (1972)	有	437 U.S. 117 (1978)	有
372 U.S. 253 (1963)	无	405 U.S. 562 (1972)	有	438 U.S. 422 (1978)	无
373 U.S. 341(1963)	无	405 U.S. 596 (1972)	有	438 U.S. 531 (1978)	有
374 U.S. 321 (1963)	有	407 U.S. 258 (1972)	有	439 U.S. 322 (1978)	无
377 U.S. 13 (1964)	无	409 U.S. 289 (1973)	有	440 U.S. 69 (1979)	有
378 U.S. 158 (1964)	无	409 U.S. 363 (1973)	有	440 U.S. 205 (1979)	有
381 U.S. 657 (1965)	有	410 U.S. 526 (1973)	有	441 U.S. 1 (1979)	无
381 U.S. 676 (1965)	有	411 U.S. 726 (1973)	有	442 U.S. 330 (1979)	有
384 U.S. 127 (1966)	无	419 U.S. 186 (1974)	有	442 U.S. 560 (1979)	有
384 U.S. 270 (1966)	有	421 U.S. 616 (1975)	有	444 U.S. 11 (1979)	有
384 U.S. 563 (1966)	无	421 U.S. 773 (1975)	有	422 U.S. 86 (1975)	有

　　而从具体判例中的倚重程度来看，无论制定法语言模糊还是清晰，立法史都成为不可或缺的重要论证环节，甚至于在个别案件中成为解释制定法的唯一依据。

　　通常情形下，法院会综合运用包括立法史在内的多种解释方法，但相较于之前，立法史方法的适用更具优先性。例如在圣保罗案（*St. Paul Fire & Marine Ins. Co. v. Barry*，1978）中，对于保险公司联合抵制与圣保罗公司客户交易的行为是否应受《麦卡伦-弗格森法》规制而豁免适用《谢尔曼法》，大法官鲍威尔（Powell）综合了制定法语言、立法史和制定法结构三种因素进行解释，最终给出了否定回答。首先，鲍威尔明确"任何涉及制定法解释的案件中，解释起点是制定法语言本身。"[32] 其次，其指出："制定法中的词语充满了含混不清的救济目的和同时期的讨论所赋予它们的各种意义。在这种情形下，历史是一个不能被忽视的老师。"[33] 在回顾了《麦卡伦-弗格森法》通过时国会两院的报告、会议辩论等立法史料后，鲍威尔认为立法史不能就国会试图对联合抵制附加限制性意义提供实质性支持。[34] 最后，多数意见对《麦卡伦-弗格森法》

---

[32]　*St. Paul Fire & Marine Ins. Co. v. Barry*，438 U.S. 531 (1978).

[33]　*Id.*

[34]　*Id.*

进行了结构性分析,通过对第 2(b)条和第 3(b)条的体系性解读确认之前的解释结论,即保险公司针对投保人实施的联合抵制交易行为应受《谢尔曼法》规制。在这个三因素解释中,法条字义、立法史、结构分析的篇幅比例为 6∶5∶1,从解释序位来看,立法史是法条字义之后的第二考虑因素,这与前述库珀案仅将立法史作为最后辅助材料显然不同。在之后的集团人寿保险公司案(*Group Life & Health Insurance Co. v. Royal Drug Co., Inc.*, 1979),联邦最高法院也进行了多因素解释,且对立法史的分析占据了多数意见 29 页篇幅中的 13 页。

此外,在有些极端案件中,立法史甚至成为制定法解释的唯一方法。如在著名的布朗鞋业案(*Brown Shoe Co., Inc. v. United States*, 1962)中,就美国鞋业领军制造商及第三大销售商——布朗鞋业公司(Brown Shoe)与第八大零售商及大型生产商——金尼公司(G. R. Kinney)之间以股份交换方式实施的合并是否因可能实质性减少竞争或易于形成垄断而违反《克莱顿法》第 7 条[35],首席大法官沃伦(Warren)撰写了多数意见。意见在解释《克莱顿法》第 7 条时,没有采取先文本分析再援引立法史的传统做法,而是在分析了事实和管辖权之后,便径直以立法史作为第三部分的标题(III, Legislative History)展开分析,且篇幅长达 12 页,占全部判决意见的 1/5。联邦最高法院指出,对于《克莱顿法》第 7 条的目的和含义,第 80 和 81 届国会举行的听证会都展开了深入探讨,虽然对相关立法史的回顾并不能明确在判断某一合并的合法性时,国会希望委员会和法院适用何种具体明确的标准,但是在听证会、参众两院委员会报告、辩论中却可以找到一种一致的、被反复申明的观点,即提供一个可供执法机构参考的评估框架。[36] 以这一框架为背景,联邦最高法院认可了地区法院在该案中对产品相关市场和地域市场划分的界定。可见,此时联邦最高法院对立法史方法的倚重已达到前所未有的程度。

(四) 复归于寂:立法史的没落(1980—至今)

立法史方法在经历了 20 世纪 70 年代的巅峰之后,自 20 世纪 80 年代开始,尤其是随着 1986 年保守的大法官斯卡利亚(Scalia)任职联邦最高法院后,逐渐衰落。在笔者搜集的 63 个判例之中,1980—1989 年的 32 个判例中有 14 个引用立法史,但其中 12 个是在 1986 年之前。1990—1999 年的 18 个判例中使用立法史方法的判例已降至 4 个,2000—2013 年的 13 个案件中,只有阿克特维斯案(*FTC v. Actavis, Inc.*, 2013)1 个案件极为简略地提及立法史,具体可参见表 4。

---

[35]　*Brown Shoe Co., Inc. v. United States*, 370 U. S. 294 (1962).
[36]　*Id.*

表 4　1980—2013 年联邦反托拉斯案件使用立法史简表

案件编号	使用	案件编号	使用	案件编号	使用
444 U.S. 232 (1980)	无	472 U.S. 585 (1985)	无	506 U.S. 447 (1993)	有
445 U.S. 97 (1980)	无	475 U.S. 260 (1986)	无	508 U.S. 49 (1993)	无
446 U.S. 643 (1980)	无	475 U.S. 574 (1986)	无	509 U.S. 764 (1993)	无
451 U.S. 557 (1981)	有	476 U.S. 447 (1986)	无	509 U.S. 209 (1993)	无
451 U.S. 630 (1981)	有	479 U.S. 104 (1986)	有	518 U.S. 231 (1996)	无
455 U.S. 40 (1982)	无	479 U.S. 335 (1987)	有	522 U.S. 003 (1997)	无
456 U.S. 556(1982)	有	485 U.S. 717 (1988)	无	525 U.S. 128(1998)	无
457 U.S. 332 (1982)	无	486 U.S. 94 (1988)	无	525 U.S. 366(1999)	无
457 U.S. 465 (1982)	有	486 U.S. 492 (1988)	无	535 U.S. 467 (2002)	无
458 U.S. 886 (1982)	无	486 U.S. 800 (1988)	有	540 U.S. 736 (2004)	无
459 U.S. 519 (1983)	有	490 U.S. 93 (1989)	无	540 U.S. 398 (2004)	无
460 U.S. 150 (1983)	有	493 U.S. 411 (1990)	无	546 U.S. 164 (2006)	无
460 U.S. 428 (1983)	无	495 U.S. 271 (1990)	有	547 U.S. 001 (2006)	无
465 U.S. 752 (1984)	无	495 U.S. 328 (1990)	无	547 U.S. 028 (2006)	无
466 U.S. 2 (1984)	无	496 U.S. 543 (1990)	无	549 U.S. 312 (2007)	无
466 U.S. 558 (1984)	有	497 U.S. 199 (1990)	无	550 U.S. 544 (2007)	无
467 U.S. 752 (1984)	有	498 U.S. 046 (1990)	无	551 U.S. 877 (2007)	无
468 U.S. 85 (1984)	有	499 U.S. 365 (1991)	无	551 U.S. 264 (2007)	无
471 U.S. 34 (1985)	有	500 U.S. 322 (1991)	有	555 U.S. 438 (2009)	无
471 U.S. 48 (1985)	有	504 U.S. 451 (1992)	无	560 U.S. 183 (2010)	无
472 U.S. 284 (1985)	无	504 U.S. 621 (1992)	无	570 U.S. 000 (2013)	有

在援引立法史的反托拉斯法判例中,在 20 世纪 80 年代初期,虽然大法官们对立法史的运用尚算如常,无论是在多数意见还是异议意见中均有一定体现,但一方面,对平白语言支配性地位的强调非常突出,另一方面,立法史分析所占比重逐步下降。就对文义解释的强调而言,在雅培案(*Jefferson Cty. Pharm. Ass'n v. Abbott Labs.*,1983)中,针对州和当地政府医院在零售市场上以与私人企业竞争为目的、以歧视性价格优势进行的购买是否能援引"州行为"(state action)理论而豁免适用《鲁宾孙-帕特曼法》这一问题,多数意见指出:"平白的语言是具有支配性的,除非从制定法目的和立法史中可以获悉显著不同的立法意图。……《鲁宾孙-帕特曼法》使用的语言并未豁免州购买,其唯一明示豁免的是非营利性机构,法条的语言是宽泛的,足以涵盖政府组织。而回顾立法过程,立法史远远不能支持被告的主张——州为了零售而购买的商品属于豁免事项。因为无论是在参众两院委员会报告还是在议会辩论中,都对该问题无所涉及,最相关的立法史是该法最初起草者蒂加登(H. B. Teegarden)在众议院司法委员会的证词,但该证词能传达的唯一确切信息是该法至少在一些情况下会适用于市政医院的购买。"[37]因此,这一结论非但不支持豁免,反而与

---

〔37〕 *Jefferson Cty. Pharm. Ass'n v. Abbott Labs.*,460 U.S. 150 (1983).

其矛盾。至于立法史分析的比重，*J. Truett Payne Co.，Inc. v. Chrysler Motors Corp.*（1981）一案的多数意见主文约有 10 页，但对立法史的分析仅占据 1 页之中的 8 行，且仅仅是在对条款进行总体分析和对先例进行阐释之后运用立法史加以确证。[38] 再如在 *Texas Indus.，Inc. v. Radcliff Materials，Inc.*（1981），多数意见虽然在两个问题上都运用了立法史解释，但分析篇幅在 15 页的多数意见主文中只占一页有余，且在立法史之外强调了其他解释因素。[39]

总体上，这一时期的立法史运用虽日渐式微，却并未骤降。而在 20 世纪 80 年代末期之后，衰落开始加剧。虽然在 *California v. American Stores Co.*（1990），多数意见的第三部分对立法史进行了专门分析，该分析看似篇幅不短，但却有其特殊性。该案争议点为"放弃财产令（divestiture）是否属于《克莱顿法》第 16 条项下的禁令救济（injunction）"。多数意见持肯定态度，认为制定法词语并不模糊，足够得出解释结论，但尽管如此，仍然考察了之前下级法院据以做出判决的立法史。但多数意见并非对史料本身进行详尽考察，而是认为立法史应置于法律通过之时的历史场景中进行考察，并超越立法材料，着重分析了词语在同时期其他场合的含义，进而在此基础上否定了下级法院的解释结论。[40] 直至阿克特维斯案（2013），立法史只残留只字片语。该案涉及的是专利药品反向支付协议的法律适用问题。[41] 对于此协议是仅受调整药品专利及价格竞争的专门法《哈奇-韦克斯曼法》规范，还是同时应受该法和联邦反托拉斯法规制，最高法院认为："即使协议的反竞争效果落入潜在专利权范围，也不足以使其豁免反托拉斯审查。"在论证时，被认为是当今目的主义者代表的大法官布雷耶（Breyer）在多数意见中虽提及了立法史，但却只是一笔带过地写道："那些对立法史感兴趣的人也不妨考察该法在 2003 年修正前的言论。"之后便只简短回顾了参议员哈奇和众议员韦克斯曼的各自一句评论。[42]

---

〔38〕　*J. Truett Payne Co.，Inc. v. Chrysler Motors Corp.*，451 U. S. 557 (1981).

〔39〕　该案争议焦点是，混凝土价格卡特尔的参加者是否可以依据反托拉斯法向其他共谋者进行追偿。多数意见是否定的。从制定法解释角度看，多数意见认为国会立法无论是明示还是默示都没有对追偿问题做出规定。制定法语言毫无涉及，立法史也未显示国会对此问题有任何考虑，诉请人并非反托拉斯法旨在保护的利益群体，整体的立法计划和州的角色亦不支持权利存在的解释。此外，尽管《谢尔曼法》将发展反托拉斯实体规则的任务授权于法院，但对于救济条款的规定却是详尽而明确的，立法史显示《谢尔曼法》未打算授权普通法院改变或发展救济条款。*Texas Indus.，Inc. v. Radcliff Materials，Inc.*，451 U. S. 630(1981).

〔40〕　*California v. American Stores Co.*，495 U. S. 271 (1990).

〔41〕　反向支付协议是指，某一专利药品的专利权人在面对非专利药品对其专利有效性提出的诉讼时，与非专利药品生产商达成和解协议，通过支付数百万美元的和解费用，换取非专利药品生产商对其专利权的尊重以及被批准的低成本的非专利药物不进入市场的承诺。*FTC v. Actavis，Inc.*，570 U. S. No. 12-416 (2013).

〔42〕　*Id.*

这一时期立法史方法在联邦反托拉斯制定法解释中的衰落与其在整个制定法解释领域的发展趋势是一致的。有研究显示,在 20 世纪 80 年代之前,联邦最高法院有关制定法解释的意见超过一半都引用了立法史[43],但自 20 世纪 80 年代以来,联邦最高法院引用立法史的制定法解释判例所占比例已经下降了一半以上。[44] 尽管有关立法史方法的正当性争议至今依然在美国法学界延续,但该方法在联邦司法实践中的颓势却已成事实。对此,各界普遍认为新文本主义者斯卡利亚大法官应负主要责任。然而,一种法律解释方法的运用、发展是复杂的,其兴起与没落绝非可简单归于一人之功过,背后必然蕴含着多重因素。那么,内含于这一兴衰史中的背后动因究竟包括哪些?

三、立法史方法在美国制定法解释中的兴衰动因

(一)联邦最高法院制定法解释理论的变迁

立法史是否可以作为一种解释材料来源,是现今美国制定法解释理论争议最激烈的问题之一。不同理论相左的解释立场,在立法史的兴起、兴盛和衰落的进程中发挥了举足轻重的作用。尽管有学者指出“在经过几个世纪司法和学术的努力下,最令人难以接受的真相是,美国法院系统没有清晰的、被广泛接受和持续适用的制定法解释理论”[45],但总体上,不同时期在联邦最高法院占据主流地位的解释理论可以从对立法史的倚重程度中发现痕迹。

在《谢尔曼法》颁布的初期,支配联邦最高法院的制定法解释规则是严格的字义规则或平义规则。这种规则是文本主义的早期表现形式,可以追溯至英国法中的“字面规则”和“黄金规则”。[46] 在 *Millar v. Taylor*(1769)案,该规则被表述为:“一部国会立法的意义和内涵必须被从其通过时的表达中传递出来,而不是在提起它的立法机构的变迁历史中。”[47]当时采取这种规则,一方面是基于三权分立所要求的司法克制,另一方面则是基于制定法在普通法系国家中的特殊地位。平义规则最大的问题在于必须首先确定平义的存在,至于如何确定则完全取决于法官。对此,有观点指出,立法材料的潜在价值已经被反复重申的平义规则所限制,它作为一种排除立法材料的方法,为不正当的司法造法提

〔43〕　David S. Law & David Zaring, “Law Versus Ideology: The Supreme Court and the Use of Legislative History”, 51 *Wm. & Mary L. Rev.* 1653 (2010).

〔44〕　Anita S. Krishnakumar, “Statutory Interpretation in the Roberts Court's First Era: An Empirical and Doctrinal Analysis”, 62 *Hastings L. J.* 221 (2010).

〔45〕　Nicholas Quinn Rosenkranz, “Federal Rules Of Statutory Interpretation”, 115 *Harv. L. Rev.* 2085(2002).

〔46〕　刘翀:《美国制定法解释方法向文本主义的回归》,载《西南政法大学学报》2013 年第 6 期。

〔47〕　Harvard Law Review, “Why Learned Hand Would Never Consult Legislative History Today”, 105 *Harv. L. Rev.* 1005 (1992).

供了极其方便的外衣。[48] 也许正因如此,平义规则逐步被弱化。关于 20 世纪 40 年代以前一系列申明平义规则的联邦最高法院判例的研究表明,该规则可能仅仅是作为双方提供的立法材料无法推断出任何具有说服力的结论或存在说服力相当的冲突结论时的一种速记方法。[49] 事实上,虽然在《谢尔曼法》颁布后的前 50 年内,平义规则总体上占据主导地位,但立法史方法的合法性地位从未完全被抹杀。

至 20 世纪 40 年代和 50 年代,"意图主义(intentionalism)或目的主义(purposivism)"解释理论的崛起彻底颠覆了平义规则的主宰地位。虽然在目的主义理论阵营内部,对于立法目的(purpose)和立法意图(intent)是否应予区分,学者们存在不同观点[50],但无论是否区分,这种解释理论都将对立法意图或目的的发现视为解释的终极目的。尤其是对立法者意图理论的拥趸者而言,立法史成为他们最核心的解释来源。因为对于制定法,尤其是对抽象程度堪比美国宪法的《谢尔曼法》[51],其语义本身充满了不确定性,文本本身常常难以完成自我解释。此时,语言的意义必须放置在特定的文本和历史语境之中才能被恰当理解,于是,立法史方法的逐渐兴起及常态化便在情理之中。

然而到 20 世纪 80 年代,情况再次发生变化,目的主义昔日荣辉不在,最高法院在解释制定法时越来越单纯关注和分析单个制定法条款(individual statutory term),不再进行宽泛的结构分析(a broad contextual analysis),明显体现出向文本主义的转向。对于为何发生转变,美国学界主流观点认为是由于联邦最高法院的内部运作机制及大法官意识形态的变化,尤其是保守派大法官斯卡利亚应对此负责。[52] 对此,前述判例统计也表明美国联邦反托拉斯判例中立法史方法的陨落之始与斯卡利亚携其倡导的新文本主义(new textualism)进驻联邦最高法院的时间惊人吻合。

---

[48]　Harvard Law Review, "Legislative Materials to Aid Statutory Interpretation", 50 *Harv. L. Rev.* 822(1937).

[49]　*Id.*

[50]　以亨利·哈特和阿尔伯特·萨克斯为代表的法律过程学派所主张的目的主义将目的和意图严格区分,该理论反对传统制定法解释中的意义论和意图论,强调目的在制定法解释中的优先地位及解释者对制定法目的的建构,要求以能最佳实现目的的方式来确定制定法文本的意义,并对解释施加文本规约意义和"清楚陈述的既定政策"的限制。具体可参见刘翀:《论目的主义的制定法解释方法——以美国法律过程学派的目的主义版本为中心的分析》,载《法律科学》2013 年第 2 期。

[51]　厄恩斯特·费罗因德(Ernst Freund)在 1921 年的一文中指出,制定法语言的语言大体可以分成三种确定性程度,精准用语、普通确定性的抽象和涉及判断或程度性的术语,大部分制定法采用中等程度的确定性,但《谢尔曼法》属于第三种。Ernst Freund, "The Use of Indefinite Terms in Statute", 30 *Yale L. J.* 437 (1921).

[52]　Jarrod Shobe, "*Intertemporal Statutory Interpretation and The Evolution of Legislative Drafting*", 114 *Colum. L. Rev.* 807(2014).

　　相较于早期平义规则对立法史的模糊、例外使用,新文本主义对待立法史更加严苛,它强调除非字义解释结论明显荒谬,否则绝对禁止立法史的使用。其理由主要是:(1) 不符合法治要求。斯卡利亚认为,制定法解释的任务是确定制定法的含义而非不具有法律效力的立法者意图,毕竟"立法者的意图从来没有颁布过"。[53] (2) 难以获取一致的立法意图,不能有效约束法官。立法史受到新文本主义批评的又一个理由是,立法机构是个多中心的机构,立法机构成员,就其投票通过的某制定法的解释争议点,也许未有一致的解决办法。[54] 在成千上万页的委员会报告、议员言论、国会辩论等材料中寻求立法者意图,法官利文撒尔(Harold Leventhal)有个极为经典的比喻:"立法史的使用就好像进入一场鸡尾酒会,并在人头攒动中找出自己的朋友。"[55] (3) 易受私人利益集团左右。斯卡利亚认为,立法史经常由私人利益集团撰写,其中的许多内容,尤其是国会辩论,几乎反应不出任何国会的意愿,因此,对立法史的过分依赖会增加私人利益集团对司法过程的影响和操纵。[56]

　　斯卡利亚的新文本主义及对立法史的强硬立场受到了包括波斯纳(Richard Allen Posner)、桑斯坦(Cass R. Sunstein)、埃斯克里奇(William N. Eskridge)等著名学者的反对。桑斯坦认为,斯卡利亚对立法史的弊端过度夸大了,法院应该谨慎使用立法史而不是完全避免。[57] 波斯纳认为,从形式上看,文本原旨主义是在赞美法官的被动消极,但从实践上看,这只是政治保守主义的一件修辞工具而已。[58] 埃斯克里奇则认为,新文本主义并不能比使用立法史更好地解决法律的可预期性和确定性问题,因为其提倡的准则(cannon)解释和对词典(dictionary)的依赖同样存在"挑肥拣瘦"(cherry-picking)的问题,并且使法官更容易披着政治中立的斗篷灌输自己的政策偏好。[59]

---

　　[53]　Cass R. Sunstein, "Interpreting Statutes In The Regulatory State",103 *Harv. L. Rev.* 405 (1989).

　　[54]　Christian E. Mammen, "Using Legislative History in American Statutory Interpreration",in ch.9(2002);Nourse, *A Decision Theory of Statutory Interpretation.* 转引自〔美〕理查德·波斯纳:《司法反思录》,苏力译,北京大学出版社 2014 年版,第 219 页。

　　[55]　*Conroy v. Aniskoff*, 507 U. S. 511(1993).

　　[56]　Cass R. Sunstein, "Interpreting Statutes In The Regulatory State",103 *Harv. L. Rev.* 405(1989).

　　[57]　*Id.*

　　[58]　〔美〕理查德·波斯纳:《司法反思录》,同前注[54],第 207 页。

　　[59]　威廉·埃斯克里奇(William N. Eskridge)和劳伦·贝尔(Lauren Baer)收集了 1984—2006 年的 1014 份联邦最高法院意见,对大法官们的投票进行多角度分析。他们指出,如果新文本主义是中立的,那么对自由派和保守派意见的投票应该大体相当。但结果显示斯卡利亚的保守—自由意识形态差异比率是 17.8%,而实用主义或目的主义最好的自由派代表大法官布雷耶(Breyer),保守—自由差异的比率是—14.6%。其他大法官也是类似,因此他们认为新文本主义并不比目的主义更能约束大法官。William N. Eskridge, Jr, "The New Textualism and Normative Canons", *113* Colum. L. Rev. 531(2013).

　　然而尽管如此,美国联邦反托拉斯法的司法实践却似乎昭示了新文本主义在该领域的影响力,只是随着斯卡利亚大法官的突然逝去,未来制定法的主流解释方法是否会随之改变又变得难以预期。当然,理论更迭不是立法史方法兴衰变迁的唯一动因,除此之外,机构因素、先例遵循的规则、国会态度等也有力影响、推动了立法史方法之兴衰。

　　(二)其他因素

　　如前所述,虽然早在 19 世纪 60 年代就出现了援引立法史的判例,但是立法史方法真正的兴起及常态化却是在 20 世纪 40 年代以后。对个中因由,尼古拉斯·帕里洛(Nicholas R. Parrillo)在机构(institution)层面给出了一个别样答案:推动立法史司法进程的主要因素是罗斯福新政时期"新规制国"的扩张。[60] 他指出,最初,英国和美国法官不引用立法史是因为没有来源,在近代,英国国会两院成员们担心王权的审查,并将自己视为一个应对公众压力绝缘的精英团体而禁止记录、出版和公开他们的言论,作为殖民地的美国也随之如此,而随着民主进程的推进,两国都逐步公开了立法史料,到 1940 年,美国已经形成了一万余卷的国会文献集。[61] 面对激增的立法史,英国法官们没有立即使用,而美国则选择面对,并且罗斯福时期任命的进步主义大法官和快速崛起的、对利用立法史有着前所未有的机构能力的规制国共同推进了其使用的常态化;而对于其之后的没落,帕里洛(Parrillo)则推断是由于 20 世纪 70 年代的井喷使用导致大法官们筋疲力尽,向文本主义回归则为他们提供了一个好的出口。[62] 用规制国的崛起解释立法史的兴起在大量实证数据的支撑下确实颇具洞见,而对之后为何没落的社会学解读,本文却认为不免牵强。对此,贾洛德·肖贝(Jarrod Shobe)的观点似乎更有说服力,即 20 世纪 80 年代以后文本主义的显著增加是因为在制定法起草过程中国会日益增长的机构能力导致法律条文更加清晰和详尽,运用立法史解释现代制定法也因而没那么必要。[63]

　　此外,笔者认为联邦最高法院的先例遵循准则也是导致立法史引用率下降的原因之一,这一点在联邦反托拉斯法中尤为明显。众所周知,《谢尔曼法》有着深厚的普通法传统,参议员谢尔曼也多次强调,该法并未颁布新的规则,只是普通法的成文化,国会从一开始就希望联邦最高法院以普通法的传统发展该法

---

　　[60] Nicholas R. Parrillo. "Leviathan And Interpretive Resolution: The Administrative State, The Judiciary, And The Rise of Legislative History, 1890-1950", 123 *Yale L. J.* 266 (2013).

　　[61] *Id.*

　　[62] *Id.* 相对于运用立法史方法的案件,将解释范围限定在制定法文本之内可以将法官与行政机构在法律材料的运用上置于相对平等的境地。

　　[63] Jarrod Shobe, "Intertemporal Statutory Interpretation and The Evolution of Legislative Drafting", 114 *Colum. L. Rev.* 807(2014).

的实体规则。由此,《谢尔曼法》虽为制定法,却在这一意义上显著区别于其他管制立法。依据普通法传统,先例遵循可以使联邦最高法院保持司法的内在连续性和一贯性。而当普通法传统与制定法适用相结合时,这意味着联邦最高法院对《谢尔曼法》《克莱顿法》《鲁宾孙-帕特曼法》等制定法的最初适用必须先运用文义、立法史等方法进行解释,并基于此做出判决。而一旦判决成为先例,先例便具有了权威性,得以在类似案件中被直接适用,无须再被重复解释。

最后,国会与联邦最高法院之间的博弈与互动或许也是影响这一兴衰的原因之一。作为对联邦最高法院制定法解释判例的回应,有研究统计显示,"在1967—1974 年间,每届美国国会平均推翻 6 个最高法院的制定法解释判决,1975—1990 年间,每届美国国会平均推翻 12 个最高法院判决",通过对被推翻判例中的字义、历史和其他解释因素的使用情况、大法官意识形态以及其他各方面进行系统分析,揭示出国会不喜欢联邦最高法院在解释制定法时回顾过去的立法史,而是更加推崇符合其当前偏好的解释。[64] 由此,立法史自 20 世纪80 年代以来的没落,也许是对国会回应的再回应之一。

当然,上述推断仍有待进一步论证,但却提供了一种多维度思考,有助于我们对立法史在美国联邦反托拉斯法判例中的兴衰进行更加深入、全方位的观测和理解。

四、启示

(一) 立法史方法的可欲性

从实践来看,立法史方法在美国制定法解释领域的兴衰史揭示出,虽然不同时期、不同大法官对立法史方法的态度不一,但它从未完全退出制定法解释的历史舞台。在理论层面,立法史方法是否可欲取决于以下两个问题:(1) 立法史方法运用的前提假设的有效性;(2) 立法史方法本身的妥当性。

问题(1)是指,立法史方法的合法性首先取决于国会意图的有效性。在司法角色的界定上,赞成在司法裁判中引证立法史的论者无疑是国会代理人理论的追随者,即在制定法解释中,作为司法机关的法院,其角色是作为立法机关的国会的代理人,解释必须忠实于国会意图,遵循立法至上的观念。而在具体解释理论的分野下,立法史方法的使用主要但不仅仅附庸于意图主义理论。一方面,早期的平义规则与新文本主义都存在适用立法史的例外;另一方面,现代的实证政治理论(positive political theory)也存在适用立法史的主张。然而,尽管对立法史如何具体适用存在分歧,但在认可立法史方法的前提下必然隐含一个

---

〔64〕 William N. Eskridge, Jr, "Overriding Supreme Court Statutory Interpretation Decisions", 101 *Yale L. J.* 331(1991).

假设:立法史方法以通过寻找立法机关意图来确定制定法含义为目的,而立法机关意图是存在且可以被发现的。

　　尽管对本问题深入详尽的探讨超出本文主题及笔者能力范围,此处仍有必要简单回顾。有关国会意图是否存在以及可否被发现,美国学术界自20世纪30年代争论至今。1930年,马克思·雷丁(Max Radin)提出了一个经典的"现实主义"主张:没有所谓的立法意图。[65] 之后,对于国会意图的争论便陷入了主客观主义的泥沼。客观主义者问:我们能阅读立法者意志吗? 主观主义者则说:存在没有意志的法律吗?[66] 然而,困难还不止于此。即使承认立法意图的存在,还必须面对下一个问题,立法意图是谁的意图? 即立法机关是一个多成员机构,能将立法机关的意图归结于其中的一群人吗?[67] 对此,支持论点在传统上有两种进路:一是类比公司或其他团体法人的代表意图,即通过辨认其意图会被算作法人团体自身意图的个人,从而将这些个人的意图归属给法人团体;二是多数人模型,即当大多数立法者对他们所制定的法律共有某一特定意图时,立法原意即存在。[68] 而一个更新的洞见是,传统国会意图的概念建立在一个隐喻(metaphor)之上,其部分为真,部分为假,更好的理解是超越这一传统争论,将国会意图视为一种有目的的虚构,其意义在于作为一种合宪性启发(Constitutional Heuristic),警醒法官,禁止其做出不受立法约束的司法评价。[69]

　　问题(2)则是指,在认可立法意图的前提下,运用立法史探寻立法意图是否妥当? 这一质疑包括前文论及的违反法治、容易受私人利益集团左右等。在这些质疑声中,学者们提出了参考国会出版的与立法史不同的《制定法起草指南》、将立法史单独提交国会批准等替代性方法。[70] 对此,本文认为"违反法治"的指控只有在完全忽视制定法语义,不分场合地完全依赖立法史方法时才能成立。诚如斯卡利亚所言,立法者意图并未被正式颁布,但是立法史方法只是借助立法材料还原立法者意图,并通过这种手段确认制定法的含义,因此也

〔65〕　Max Radin, "Statutory Interpretation", 43 *Harv. L. Rev.* 863 (1930). cited in Victoria F. Nourse, "A Decision Theory of Statutory Interpretation: Legislative History By the Rules",122 *Yale L. J.* 70(2012).

〔66〕　Victoria F. Nourse, "A Decision Theory of Statutory Interpretation: Legislative History By the Rules", 122 *Yale L. J.* 70(2012).

〔67〕　〔美〕安德瑞·马默:《解释与法律理论》,程朝阳译,中国政法大学出版社2012年版,第183页。

〔68〕　同上注,第184—188页。

〔69〕　Victoria F. Nourse, "A Decision Theory of Statutory Interpretation: Legislative History By the Rules", 122 *Yale L. J.* 70(2012).

〔70〕　B. J. Ard, "Interpreting by The Book: Legislative Drafting Manuals And Statutory Interpretation", 120 *Yale L. J.* 185(2010).

从未试图直接将立法史作为法源,相应地,其妥当性并不依赖于是否需要遵循立法程序。另有观点认为,过于详尽、琐碎的立法史主要是由委员会工作人员撰写,而非出自国会成员,因此其中是否包含有效的立法意图有待商榷,且其易受私人集团的操控。对此,本文认为,过于琐碎的材料不足以遮蔽极具价值的委员会报告、议员辩论等证明材料,如果以此为由完全否认立法史方法,无异于将婴儿与洗澡水一并泼掉,而记录人员易被操纵的问题亦可以通过制度设计、规则确立等途径加以避免。

(二)立法史方法对我国的可借鉴性

立法史方法在美国制定法解释中的起伏跌宕和由此凝练的丰富经验可否为我国所借鉴需要从理论和现实两个层面来考察。

在理论层面,美国制定法解释中立法史方法的可欲性因目的主义与文本主义的紧张对峙而呈现出整体认可或几近全否的截然对立。尽管随着主流解释理论在联邦最高法院的交互更替,立法史方法的运用也历经兴衰,但迄今为止,其在美国制定法解释实践中发挥的重要作用已是毋庸多言。而在我国,文义解释与目的解释并非以相互排斥、彼此不相容的面目出现,相反却是有机统一于一套完整的法学方法论体系中,这意味着我国并不存在适用立法史方法的理论障碍,但遗憾的是,在实际案件中却少有体现。

前已述及,因袭了大陆法系制定法传统的我国,对当代法教义学中的解释理论,尤其是对卡尔·拉伦茨的字义、体系、主观目的、客观目的四重解释标准有着深刻的认同。在四重解释标准中,主观目的解释即是指在字义和体系仍不能给出有关制定法解释的确切答案时,探求历史上的立法者之规定意向、目标及规范想法。其中,立法者的意志是指各部门中负责起草法案之公务员的规范想法,或者是提出法律或参与法律文字形成之国会议员的想法。[71] 但是这里的意志是指根本的、无异议的、整体的意向。至于具体的规范想法,拉伦茨指出,只能诉诸法律文字的起草者及审查法案之委员会的成员。[72] 立法史对于法律解释的重要价值于此得到了承认。

与此一致,我国主流法律解释理论,如梁慧星教授的法意解释(又称立法解释、沿革解释、历史解释)理论指出,采法意解释时,立法史及立法过程中之有关资料,如一切草案、审议记录、立法理由书等均为解释之主要依据。[73] 王利明教授也指出,我国法律解释在运用历史解释方法时应考虑法律本身的演进历史、立法草案的说明、立法过程中的相关资料和立法当时的社会环境。[74] 可

---

[71] 〔德〕卡尔·拉伦茨:《法学方法论》,陈爱娥译,商务印书馆2003年版,第207页。

[72] 同上注,第209页。

[73] 梁慧星:《民法总论》,法律出版社2011年版,第291页。

[74] 王利明:《法律解释学》,同前注[4],第145页。

见,立法史方法在我国的运用已具理论准备。

虽然无理论上的掣肘,但在现实层面,我国与美国在立法史的形成及公布机制上的差异却成为我国当前推广立法史方法的最大制约。对于我国司法实践中历史解释缘何在裁判文书中少有体现,王利明教授曾指出:"一是我国是成文法国家,强调以现行有效的法律作为裁判依据,否则判决结果可能被上级法院推翻。二是法官对现行法进行立法的历史解释,可能会被误认为是超越权限,难以为当事人所接受。三是我国立法资料的公布较少且难以考察。"[75]可见,我国立法资料的公布较少且难以考察是一个极为重要的影响因素。

在我国《立法法》修订之前,涉及公布立法材料的条文仅有原法第 35 条。该条规定:"列入常务委员会会议议程的重要的法律案,经委员长会议决定,可以将法律草案公布,征求意见。各机关、组织和公民提出的意见送常务委员会工作机构。"因此依据该规定,即使是对立法材料中最重要的法律草案,也只有重要的法律案才可以而不是应当被公布。尽管原法第 48 条还规定:"提出法律案,应当同时提出法律草案文本及其说明,并提供必要的资料。法律草案的说明应当包括制定该法律的必要性和主要内容。"但是,法律草案的说明仍然非常简单。正如梁慧星教授曾指出:"我国立法无附具立法理由书之制度,其他立法资料如审议记录不公开,立法机关通过法律时由起草人所做的立法说明往往非常简单,这就给法意解释方法之采用增加了困难。"[76]

但是这种现实的制约却并不足以根本上否定立法史方法的可借鉴性。面向未来,我国对科学立法和民主立法的不断推进以及《立法法》的最新修订使得立法史方法的运用仍然值得期待,法官、执法者、学者在制定法解释中有更多的立法资料可供参考虽然也许只是远景,但却不失为一种前景。为了推进科学立法和民主立法,依据第十一届全国人民代表大会常务委员委员长会议决定,全国人大常委会审议的法律草案,一般都予以公开,向社会广泛征求意见。[77] 而第十二届全国人民代表大会常务委员会,对二审以后的法律草案也都予以公开。[78] 因此,实践中,2008 年以来列入全国人大常委会会议议程的法律案基本都通过网络等途径向公众公开,已经突破了原法第 35 条的限制。

而且,在我国修订后的《立法法》中,第 37 条规定:"列入常务委员会会议议程的法律案,应当在常务委员会会议后将法律草案及有关起草、修改的说明向社会公布,征求意见,但是经委员长会议决定不予公布的除外。向社会公布征

〔75〕 同上注,第 142 页。

〔76〕 梁慧星:《民法解释学》,中国政法大学出版社 1995 年版,第 220 页。

〔77〕 参见《全国人大常委会公布法律草案征求意见将"常态化"》,http://www.gov.cn/zmyw200804c/content_949572.htm,最后访问日期 2014 年 12 月 1 日。

〔78〕 参见《关于〈中华人民共和国立法法修正案(草案)〉的说明》,http://www.npc.gov.cn/npc/xinwen/lfgz/flca/2014-08/31/content_1876205.htm,最后访问日期 2014 年 12 月 1 日。

求意见的时间一般不少于 30 日。征求意见的情况应当向社会通报。"[79] 由此,从重要的法律案可以公开改为列入常委会会议议程的所有法律案及有关起草、修改说明均应当公开,民主立法的推进已经让我们看到了更多立法材料公开的希望。同时,依据现行《立法法》第 54 条的规定,法律草案的说明应当包括制定或者修改法律的必要性、可行性和主要内容,以及起草过程中对重大分歧意见的协调处理情况。可见,对法律草案说明的内容,现行《立法法》补充了可行性和起草过程中重大分歧意见的协调处理情况,这对于更好理解立法原意显然十分有益。

基于此,立法史方法对我国的可借鉴性,从理论层面不存在实质性障碍,在现实层面虽然受到制约,但这种制约只是一时的,在科学立法和民主立法不断深化的过程中,这种状况会随之改善。但是同时也应该认识到,新《立法法》虽然在立法资料的形成及公布机制上有一定推动,但仍然存在不足。

要让立法史方法发挥更大的作用,需要形成和公布的材料远非法律草案及说明如此简单。依据我国立法程序,立法材料种类很多,除法律草案及修改稿和草案说明之外,还包括代表团审议意见、专门委员会审议意见、法律委员会对修改情况的报告及对重要意见的说明,座谈会记录、听证会记录、论证会记录等等。这些材料对于理解立法原意具有不同程度的重要性,而鉴于草案和说明的精简性,对每次审议后法律委员会的报告以及一些重大问题的听证会记录、专业问题的论证会记录进行公布是非常必要的。

对此,李友根教授提出了更为全面的建议。他认为,我国应建立立法理由书制度及全面的立法审议记录与公开制度。在立法理由书中,法律草案的制定者和提案人需要对每一条文进行具体的解释与说明,尤其是各种冲突意见的分析、法律规范的理论依据与选择理由做充分的说明与介绍。而立法审议记录与公开制度的基本内容是,立法机关与部门在每一部法律草案的审议过程中,设置速录员,将每位立法人员的发言予以全面记录,并按照时间顺序或问题归类予以整理、汇编成册,保存于各立法机关或部门的档案馆,供公众阅读、查询。[80] 若这些制度得以建立,立法史方法在我国运用的现实制约也就不再存在。当然,推动这些制度的建立与完善并非仅是肤浅地为了成就一种制定法解释方法,其本质乃在于民主的精神和法治的要求。而且,从现实性角度,美国经验显示出,其同样经历了从无资料可依到资料渐趋完备的过程,换言之,立法史料的形成、积累和公布机制并非一夕一朝之事,其实现有赖于社会进步、理念更

---

〔79〕 《〈中华人民共和国立法法〉修改前后对照表》,http://www.npc.gov.cn/npc/xinwen/lfgz/flca/2014-08/31/content_1876205.htm,最后访问日期 2014 年 12 月 1 日。

〔80〕 参见李友根:《论法治国家建设中的科学立法——学习〈中共中央关于全面推进依法治国若干重大问题的决定〉的一点思考》,载《江苏社会科学》2015 年第 1 期。

新和出版制度、记录程序等系统的规划和设计。

（三）如何最佳使用立法史

立法史方法应如何及最佳使用也是美国制定法解释理论、实践带来的重要思考。虽然新文本主义拒斥立法史方法，但仍未断言必须完全绝对禁止其使用。桑斯坦也指出，在疑难案件中，这种方法常常被采用。[81] 因此，规范层面的可欲性问题虽是根本理论问题，但如何最佳使用却具有重要的实践意义。

首先，立法史方法使用的前提——高度完备、公开的立法资料。立法史方法的运用与字义、体系解释等方法不同，具有很高的门槛性要求。其有效运用从现实层面首先依赖于立法资料的完整、丰富和可获取，否则此方法只能是无源之水。而这则进一步要求必须有立法史料记录、整理、印制、发布、保存等配套制度和科学机制，因此，看似简单的一种法律解释方法的选取，其背后实则需要庞大、复杂的系统性工程加以推进，作为保障。可见，若无传统经验和制度支撑，想要充分发挥、最佳利用这一解释方法并非一朝一夕可成之事。

其次，立法史方法应于何时使用，是必须依附于文义、体系解释方法之后，停泊在制定法词语模糊的港口之下，还是可以独立使用？前文梳理显示出，美国联邦最高法院曾经对立法史方法的偏爱是近乎疯狂的，不仅在词语模糊时援引，甚至不考虑词语的清晰与否，或者即使清晰仍予论证。但作为解释性使用时，笔者认为仅应在词语模糊之时寻求立法史的帮助，并最终受其指示信息的约束。否则，当语义已经确定之时仍进行论证，这种仅产生影响却不具约束力的使用是多此一举，耗费资源。但是，是否所有词语模糊都适于立法史方法亦是一个值得研究的问题。最近，美国学者提出了一个跨时期解释理论（Intertemporal Statutory Interpretation）颇有价值。依此理论，制定法模糊被分为战略性模糊（国会无力解决而故意留下的模糊）、可以避免的无意识模糊（单纯由于不慎或时间压力导致的疏忽大意）、动态模糊（无意识的、由于情境变化使得对制定法语言适用于当前情形不清晰），在此基础上依据对不同时期国会起草法案时的制度能力的观察，发现立法史对战略性模糊和动态模糊的阐明价值不大，对可以避免的无意识模糊具有最大参考意义，应毫不犹豫运用立法史解决国会起草能力较弱的旧时制定法，同时停止过多依赖立法史解释现代制定法。[82] 本文认为，该理论对制定法模糊的类型化分析极具借鉴意义，而其结合美国实践得出的结论——立法史方法适于解释旧时制定法而非现代制定法，乍看却似乎与我们的通常认知相左：法律越新，历史解释价值越大；法律越旧，

---

〔81〕〔美〕凯斯·R.桑斯坦:《权利革命之后——重塑规制国》,钟瑞华译,中国人民大学出版社 2008 年版,第 143 页。

〔82〕 Jarrod Shobe, "*Intertemporal Statutory Interpretation and The Evolution of Legislative Drafting*", 114 Colum. L. Rev. 807(2014).

价值越低。[83] 然而,深入分析,二者并不矛盾,运用模糊三分法可以合理解释:法律新旧与历史解释妥当性成反比的结论立基于可以避免的无意识模糊,而法律新旧与历史解释价值大小成正比的通识则实以动态模糊为前提假设。

最后,如何最佳使用。由于立法史产生于立法过程之中,因此若缺乏对国会立法规则的熟稔则很难驾驭此种方法。为了探索立法史最佳使用的方法,曾有学者提炼出"依据规则的立法史"(legislative history by rules)方法,指出,对立法史方法的使用必须建立在对国会运作规则的了解上,并进而总结了五项原则:(1) 在不知道国会规则时根本不要阅读立法史;(2) 后面的文本决定优于早期;(3) 最好的立法史不以类别识别,而是针对解释问题和邻近的文本决策;(4) 永远不要在不知道文本辩论中谁赢谁输的情况下引用立法史;(5) 结构诱导的误区:国会规则可能对法院创设误区。[84] 由此也可以发现在美国的制定法解释中,立法史方法的使用是一项高度复杂、技术密集型工作,大陆法系通常遵循的"字义—体系—历史—目的"解释顺序对美国并不具有最佳科学性,至少对于其中的历史解释,应视具体情形而异。

(四)适当关注立法史方法的运用:一些例证

基于立法史方法的可借鉴性及其本身的价值,我国应适当关注立法史方法的运用。事实上,审判实践、学术研究中也已经体现出这一需求,反映出该方法对制定法解释的重要作用,而且对于《反垄断法》当前存在的一些解释争议,运用立法史方法也可在一定程度上予以明确。

从司法实践出发,如在公报案例——重庆正通药业有限公司、原国家工商行政管理总局商标评审委员会与四川华蜀动物药业有限公司商标行政纠纷案中,对于《商标法》第 15 条规定的"代理人"范围问题,最高人民法院指出:"由于在本案中当事人及一审、二审判决对'代理人'的含义具有不同的理解和认定,为消除分歧,正确适用法律,可以通过该条规定的立法过程、立法意图以及参照相关国际条约的规定等确定其含义。"之后,通过对原国家工商行政管理局局长王众孚受国务院委托在第九届全国人民代表大会常务委员会第十九次会议上所做的对《商标法》修正案草案的说明和《巴黎公约》相关规定的考察,最高人民法院认为二审判决对"代理人"的理解不当,应予纠正。[85] 再如金牛区欣祥龙汽车修理厂与刘丹劳动争议纠纷上诉案,关于两倍工资计算基数的问题,成都市中级人民法院指出,在《劳动合同法》立法过程中,对两倍工资存在变化的过程,草案第二次审议稿表述为"应当支付劳动者应得报酬两倍的工资",草案第

---

〔83〕 梁慧星:《民法总论》,法律出版社 2011 年版,第 291 页。

〔84〕 Victoria F. Nourse, "A Decision Theory of Statutory Interpretation: Legislative History By the Rules", 122 *Yale L. J.* 70(2012).

〔85〕 参见最高人民法院〔2007〕行提字第 2 号判决书。

四次审议稿标准为"应当向劳动者每月支付两倍的工资"并最终形成《劳动合同法》的表述,惩罚性赔偿的标准从"劳动者应得报酬两倍的工资"变更为"两倍的工资",可见,两倍工资中的"另一倍工资"的基数并非完全等同于劳动者应得的报酬。两倍工资差额基数应当以劳动者在正常劳动时间提供正常劳动的工资报酬确定。[86] 显然,立法史方法对这些案件中的制定法解释起到了至关重要的作用。

在学术研究中,针对制定法的解释争议,学者们也尝试运用立法史方法确定立法者意图。例如,对于我国《广告法》中的"消费者"应仅理解为个人,还是同时包括广告主等经营者和个人,李友根教授通过探寻各种与立法相关的材料对立法意图进行了分析。由于难以从正式文件中得知立法者删去《广告管理条例》"用户与消费者"中"用户"一词的理由与意图,相关解释、答疑和学术文献中也均无涉及,其通过分析原国家工商行政管理总局宣传教育与国际合作司撰写的广告法讲座中对该法立法目的的阐述得出了解释结论,即《广告法》中的"消费者"与原来的"消费者和用户"等义,之后又通过考察规定了相同术语的《产品质量法》的修订过程对此结论进行了验证。[87] 这一方面说明了立法史方法对于制定法解释的重要性,另一方面也反映出立法史料不完备给这一方法运用带来的困境。

而就我国《反垄断法》的解释而言,也可进行一定验证。以解释《反垄断法》对管制行业的适用为例,这一问题涉及该法第7条。此条规定:"国有经济占控制地位的关系国民经济命脉和国家安全的行业以及依法实行专营专卖的行业,国家对其经营者的合法经营活动予以保护,并对经营者的经营行为及其商品和服务的价格依法实施监管和调控,维护消费者利益,促进技术进步。前款规定行业的经营者应当依法经营,诚实守信,严格自律,接受社会公众的监督,不得利用其控制地位或者专营专卖地位损害消费者利益。"对于该条的理解,王先林教授指出:"虽然我国《反垄断法》第7条一方面明确了这些特定行业经营者的合法垄断地位,另一方面也明确强调这些特定行业经营者的垄断行为要受到监督,但仍然有不少人认为这些行业是整体受到反垄断法豁免的。"[88] 对此,全国人大常委会法制工作委员会经济法室主编的《中华人民共和国反垄断法条文说明、立法理由及相关规定》一书在谈及本条立法理由时指出:"首先,上述企业在法律规定的范围内从事生产、经营活动,受国家的保护。同时由于这些企业处

〔86〕 参见四川省成都中级人民法院〔2014〕成民终字第4614号判决书。
〔87〕 参见李友根:《论广告法中的"消费者"——基于案例与法条的研究》,载《中国工商管理》2012年第9期。
〔88〕 王先林:《我国反垄断法实施的基本机制及其效果——兼论以垄断行业作为我国反垄断法实施的突破口》,载《法学评论》2012年第5期。

于市场支配地位,容易有滥用支配地位,排除、限制竞争,损害消费者利益的行为……反垄断法禁止包括这些企业在内的经营者滥用市场支配地位,任意抬高价格或达成垄断协议,损害消费者利益……"〔89〕可见,反垄断立法并非采取整体豁免的立场。

反垄断法起草组成员王晓晔教授也在一次采访中提道:"2007年颁布的《反垄断法》与当初的草案相比,主要增加了第4条、第7条等。特别是第7条中,提出国有经济占控制地位的关系国民经济命脉和国家安全的行业以及依法实行专营专卖的行业,国家对其经营者的合法经营活动予以保护。在国务院法制办向全国人大提交的时候,草案中增加了1条,内容是部分行业在被行业规定制度监管的时候,要以行业监管为主。如果最后是这个结果,那么对很多行业来说,《反垄断法》就失去了意义。好在全国人大审议讨论阶段,将这一条款最终拿下。"〔90〕此外,2006年6月,当全国人大常委会第一次审议《反垄断法》草案时,该草案曾于第2条第2款规定:"对本法规定的垄断行为,有关法律、行政法规另有规定的,依照其规定。"但是在第二次审议时第2款被删除了,而《反垄断法》最终维持了这个删除结果。结合前述资料,这一动态过程也可以印证立法者对豁免管制行业的否定性立场。

不过,适当关注立法史方法的运用,强化这一方法对裁判思维的影响并不意味着立法史一定能得到更多运用,因为立法史料本身的明确性以及问题是否适于立法史等均会对具体解释产生影响。而且由于政治体制及中美两国在制定法解释中的权限配置和具体制度上的显著不同,立法史方法在我国应进行何种程度以及何种方式的适用才最为妥当仍然需要进一步探讨。具言之,美国三权分立模式下的审判机关拥有独立的法律解释权利,以及因其遵循先例制度,某一判例中做出的解释可以当然对之后的类似案件产生约束力。我国实行全国人民代表大会制度,且第五届全国人民代表大会常务委员会第十九次会议通过的《关于加强法律解释工作的决议》将法律解释权力分别配置给立法、司法和行政机关,由最高人民法院发布司法解释才是审判机关对法律进行解释的主要方式。但此种体制约束与司法现状下并不能否认我国法院在个案具体法律适用过程中必然会进行法律解释活动的现实,指导性案例制度的建立以及指引审判实践的最高人民法院公报案例也说明了在个案中解释法律的重要性,因此,尽管前述差异会对立法史方法在我国的具体应用产生实质影响,需要更为深入的关注和不懈的研究,但首先从方法论角度对立法史方法予以适当关注仍然非

---

〔89〕　全国人大常委会法制工作委员会经济法室编:《中华人民共和国反垄断法条文说明、立法理由及相关规定》,北京大学出版社2007年版,第34页。

〔90〕　参见《〈反垄断法〉起草者:立法就是一场斗争》,http://www.lwdf.cn/article_305_1.html,最后访问日期2016年7月9日。

常必要。

结语

以美国联邦反托拉斯领域的制定法解释判例为棱镜,我们可以看到立法史方法在联邦司法实践中的重要作用与兴衰历程,学界深入的探讨更让我们对其兴衰动因、背后理论有多角度的认知。然而作为一种重要的法律解释方法,类似的历史解释在我国却长期被遗忘在方法论体系的角落,孤芳自赏。尽管有关该方法的妥当性以及如何最佳使用等问题仍需理论层面进一步探讨,但现阶段立法史料可获取的有限性和法官裁判实践中的有意识的忽略极大限制了这一解释方法的潜在价值。在这一意义上,美国的经验或许可以带来一些启示。

（审稿编辑　潘　程）
（校对编辑　洪国盛）

《北大法律评论》(2017)
第 18 卷·第 2 辑·页 321—354
Peking University Law Review
Vol. 18，No. 2, 2017，pp. 321-354

评　论

效率和监管的捷径：该如何监管像
Airbnb 和 Uber 这样的公司？*

〔美〕本杰明·G. 埃德曼 & 达米安·格瑞丁**
薛志远*** 译

Efficiencies and Regulatory Shortcuts：How Should
We Regulate Companies Like Airbnb and Uber?

Benjamin G. Edelman & *Damien Geradin*，
Translated by Xue Zhiyuan

内容摘要：我们对如何监管在运输、短租及其他领域连接平台用户与非正式服务提供者的新型软件平台进行探索。这些平台与以许可、资质、保险为框架的传统监管体系存在紧张关系。一种观点认为，部分监管规则或者已经无法回应市场需求，或者以既得利益者而非平台用户为保护对象。反对者则声称，这些监管规则体现了重要的价值原则，为平台用户及公众权益提供了保障。本文从监管规则何以促进平台经济效率的发挥、实现平台用户及第三人权益保护的视角出发，探讨上述分歧。

＊　Benjamin G. Edelman & Damien Geradin，"Efficiencies and Regulatory Shortcuts：How Should We Regulate Companies Like Airbnb and Uber?"，19 *Stan. Tech. L. Rev.* 293(2016).

＊＊　本杰明·G. 埃德曼，哈佛商学院副教授；达米安·格瑞丁，蒂尔堡大学法学院教授、乔治梅森大学法学院教授(Founeling Partner，ED GE Legal)。

＊＊＊　中国政法大学法学院博士研究生。承蒙本文作者慷慨惠赐中文版权，在此致以衷心感谢。

关键词：软件平台　　效率　　监管

一、引言

新型软件平台利用涵盖全功能的网站与移动应用程序的现代信息技术，在无须昂贵的中介机构介入的情况下，为服务提供者和平台用户进行交易提供便利。平台运营商通常提供以下相关信息：服务提供者（如司机）、所提供的服务（如短租）、在线支付设施、为确保质量而必需的信誉机制及协助解决纠纷的途径。这类系统将提供从前难以接触到的差异化产品（如相较于旅馆更为宽敞的短租酒店），以及更低的价格。

尽管平台用户对这种新型的平台运营模式很感兴趣，但是这些平台公司往往与现有的监管框架关系紧张。一方面，有些规定已经过时或属于贸易保护主义，传统企业比平台用户更能从这些规定中受益。另一方面，反对者则认为，软件平台违反了重要的法律，并且向公众施加了各种各样的成本。从对诸如Airbnb（爱彼迎）和 Uber（优步）等进行讨论所采取的激进立场来看，我们感觉到很多人并没有看到事情的全貌。即使是那些持最严厉批评意见的人士，往往也能够认识到这些软件平台极大地提高了效率，促使资产被更有效地予以利用，以及增加了便利，缓解了信息不对称问题，降低了交易价格等。此外，对于禁入市场这一问题，并无适当的基础予以支持。尽管如此，但当这些软件平台违反了与解决外部性和其他重要的政策目标相关的法律法规时，仍旧能够引发热议。

在我们看来，针对 Airbnb 和 Uber 这样的软件平台，开明的政策需要一种既能保证平台所追求的高效率，又能充分保障平台用户和第三人权利的监管框架。政策制定者一方面应当对平台这种新型商业模式所实现的经济效率（包括取消了传统商业模式中不必要的程序要求以及以主要惠及既得利益者为目标的保护主义条款）资予鼓励，另一方面也要考虑到，监管规则如何促使平台实现用户与第三人权利的双重保障。[1]

---

[1] 关于如何解决网络平台应受监管的问题，尽管有一种新兴的文献处理方式，但本文则是为了确定这些平台所产生的效率，以及一旦市场失灵时，可能必需的监管干预的第一个系统的尝试。现有的文献包括：Daniel E. Rauch & David Schleicher, "Like Uber, But for Local Governmental Policy: The Future of Local Regulation of the Sharing Economy", 76 *Ohio State Law Journal* 901 (2015); Christopher Koopman et al., "The Sharing Economy and Consumer Protection Regulation: The Case for Policy Change", 8 *Journal of Business Entrepreneurship and the Law* 529 (2015); Andrew T. Bond, "An App for That: Local Governments and the Rise of the Sharing Economy", 90 *Notre Dame Law Review* 77 (2015); and Brishen Rogers, "The Social Costs of Uber", 82 *University of Chicago Law Review Dialogue* 85 (2015).

　　关于术语问题提醒一点:我们观察到,许多平台运营商将其所提供的服务,以"共享"之名进行宣传。例如,短期房产租赁服务公司 Airbnb 称其提供了使房主"与房客一起分享……家"的服务[2],运输服务公司 Lyft(来福车)则表示其提供了"车辆共乘"服务。[3] "共享"这一术语一定程度上反映了这些公司活动的某些方面,诸如,同一辆车同时满足车主及付费乘客的出行需求,这种使用单个资源用于多个目的的方式。"共享"一词也可能使人产生误解,因为网络平台居间进行的"经济交换"活动并非完全异于长期的商业关系。[4] 此外,效率提升的关键一般并非来自"共享",而是来自因平台的促进而便利化了的市场结构,包括不用自筹固定成本的临时服务提供者,以及与传统服务相关联的规则。鉴于"共享"一词的重要性有限,且在使用此术语时所引发的相关争议及相关联的主观性,我们在很大程度上避免使用此词。在接下来的讨论中,我们赞成用"软件平台"这个术语来表示那种连接平台用户与服务提供者的服务——尽管这个术语是不完善的,因为这个字面解释将包含无数的其他平台,而这些平台并不会引发我们所探究的政策挑战。

　　本文主体部分分为三个部分。在第二部分中,本文列举了软件平台提供的各种形式的效率措施,包括减少交易成本、优化资源配置、提高信息利用率和定价效率。我们观察到,这些效率措施对于传统运营商来说同样是可用的。因为软件平台所使用的是可被普遍获取的标准技术,并且无人阻止服务提供者和平台用户使用多种系统。在第三部分中,本文探讨了监管框架。一方面,我们认为有必要调整法律法规以允许软件平台能够合法地运作,使服务提供者和平台用户可以享受这些平台所寻求提供的效率。与此同时,软件平台不应该凌驾于法律之上。它们尤其应该遵守那些为了纠正真正的市场失灵所必要的监管要求,这些监管要求应继续有效。因此,我们不赞成"解除管制",而是需要有一个

　　[2]　Patrick Robinson,"Queen Signs Home Sharing into UK Law",*Airbnb*（March 25,2015）,at https://perma.cc/LJZ4-A6PC.(作者未标明最后访问时间——译者)

　　[3]　Logan Green & John Zimmer,"Lyft Community Update",*Lyft Blog*（October 8,2015）,at http://blog.lyft.com/posts/2014/4/4/lyft-community-update;also see Comments of Zimride,Inc.,*Before Public Utilities Commission of the State of California*,Rulemaking 12-12-011(January 28,2013),at http://docs.cpuc.ca.gov/PublishedDocs/Efile/G000/M042/K155/42155832.PDF.(作者未标明最后访问时间——译者)

　　[4]　"分享是一种社会交换的形式,发生在相互认识的人之间,没有任何利润。分享是一种既定的实践,支配着我们生活中的特定方面,如家庭内部关系等。通过分享和集体消费家庭空间,家庭成员建构了一种公共的身份。当一个公司作为互不相识的平台用户之间的中介时,当'共享'成为市场中介时,它就不再是共享。相反,平台用户以付费的方式获取在特定的时间段内使用他人的商品或提供的服务的权利。这是一种经济交换,平台用户是功利的,而非社会性的、价值共享的。"Giana M. Eckhard & Fleura Bardhi,"The Sharing Economy Isn't About Sharing at All",*Harvard Business Review Online*（January 28,2015）,at https://hbr.org/2015/01/the-sharing-economy-isnt-about-sharing-at-all.(作者未标明最后访问时间——译者)

具有足够灵活性的、现代化的监管框架，以允许软件平台良性运作与提供效率，同时确保对服务提供者、平台用户和第三人提供充分的保护，使其免受这些平台所提供的服务所可能产生的危害。第四部分为总结。

二、效率

我们震惊于软件平台可能带来的效率范围和交易的便利性程度。在这一部分中，本文通过聚焦相较于传统企业而言，给予这些平台巨大竞争优势的机制，来探索平台的核心竞争力。

（一）软件平台的主要效率

软件平台提供了包括降低交易成本、优化资源配置、提高信息利用率和定价效率在内的多种效率措施。

1. 降低交易成本

现代软件平台降低了找寻合适的交易对象的成本。[5] 从历史上看，经纪人将从财产所有者处得到的、已打印好的放置于列表中的照片，再转而邮寄给潜在的客户，从而赚取高额的中介费。自助上传和电子化分配能够降低支付给中介的代理成本，提高交易速度，优化交易流程。在运输服务领域，像 Uber 和 Lyft 这样的平台企业，通过借助于大规模生产的智能手机来代替原本需依靠调度员及专业设备（专用收音机和信用卡处理器等）才能获取的服务，进而降低了成本，提升了效率。

沟通成本的降低，反过来为发布更多的信息提供了空间。在预订前后，Airbnb 为房主和租客提供了直接沟通的平台，有助于供需双方详细讨论特殊的需求或独特的房屋特性——如果由经纪人在供需双方间来回传递信息则会降低交易的便捷性。同样，运输平台企业可以通过向乘客展示驾驶员的相貌、车辆外观和车牌，以及向司机显示乘客的照片的方式，帮助双方相互识别。在约好的出租车迟到时，乘客可通过电话调度查询系统来确认车辆位置，但收到的反馈信息可能并不准确。运输平台企业则通过提供持续更新的 GPS 定位服务，来降低消费者在等待出租车时的不确定性和焦虑感。

这些效率措施能够适用于其他无数的软件平台。Uber 的成功促使其他领域也出现了"类 Uber"这样的软件平台企业，如家居清洁领域的 Handy[6]，购

---

〔5〕 Rajeev K. Tyagi, "Technological Advances, Transaction Costs, and Consumer Welfare", *Marketing Science*, Aug. 1, 2004, at 335.

〔6〕 See *Handy*, at https://www.handy.com(last visited on Nov.17, 2015). 这是一家允许用户即刻预定家庭清洁工和杂工的公司。

物和配送领域的 Instacart[7]，家庭医生领域的 Medicast[8]，包装和运输服务领域的 Shyp[9]，汽车维修领域的 Yourmechanic。[10] 这些服务将整个交易流程(包括搜索、定价、支付和评估)都放在网络平台上，降低了查找服务供应商与完成交易的成本。

2. 优化资源配置

软件平台也有助于提高资源配置效率。[11] 按传统来说，业主不太可能在周末外出时出租其住所；只有在几个星期(或更可能是几个月)外出的情况下，才可能与经纪人一起努力，来确定出租事项以及与此交易有关的成本。然而，在那些理想的和高价位的地区，因短租所获得的收入预计可达每天数百美元。同样，如 Turo[12] 那样的平台企业，承诺车辆在没有使用的同时亦能实现其价值的发挥，JustPark[13] 和 Parking Panda[14] 两家平台则承诺发挥停车位未被使用时的价值。因此，软件平台通过确保资产价值最大限度发挥的方式，来实现资源的最优配置。

将同一车辆用于多种用途，属于效率分配的一个独立来源。司机可以在一天中的某个时候将车用作己用，然后在其他时间开展业务，从而避免在出租车内进行个人活动的潜在尴尬的发生。与此相关，司机通过从仓库中约得一辆专车的方式来上下班，而无须驾驶自有车辆或搭乘公共交通工具。相反，司机可以从家里或任何其他地方开启搭乘服务。这减少了司机的通勤时间和运营成本，提高了平台用户的打车成功率，并有助于减轻拥堵。

---

　　[7] See *Instacart*, at https://www.instacart.com(last visited on Nov. 17, 2015). 这是一家在 1 小时内将食品杂货送到顾客家里的公司。

　　[8] See *Medicast*, at https://perma.cc/W4ET-TWYL(last visited on Nov. 17, 2015). 这是一家按需服务网络平台的公司。

　　[9] See *Shyp*, at https://perma.cc/97X8-WHCH(last visited on Nov. 17, 2015). 这是一家快递按需分拣和专业包装的公司。

　　[10] See *Your Mechanic*, at https://www.yourmechanic.com(last visited on Nov. 17, 2015). 这是一家客户可在线预订汽车维修服务的公司。

　　[11] 有关效率配置概念的研究，参见 Richard S. Markovits, "A Constructive Critique of the Traditional Definition and Use of the Concept of 'the Effect of a Choice on Allocative (Economic) Efficiency'；Why the Kaldor-Hicks Test, the Coase Theorem, and Virtually All Law-and-Economics Welfare Arguments Are Wrong", 1993 *University of Illinois Law Review* 485 (1993).

　　[12] See *Turo*, at https://turo.com(last visited on Nov. 17, 2015). 这是一家允许用户租用来自 Turo 自营的、由当地车主组成的全国社区的汽车，或为了赚取额外的钱而出租他们自己的汽车的公司。

　　[13] See *Justpark*, at https://www.justpark.com(last visited on Nov. 17, 2015). 这是一家在线停车服务提供移动和网络应用程序来帮助车主找停车位，同时也帮助停车场业主管理他们的闲置车位的公司。

　　[14] See *Parking Panda*, at https://perma.cc/W9FQA8XH (last visited on Nov. 17, 2015). 这是一家帮助车主寻找停车位的公司。

这种提前预订的替代方式可实时调整,这样也提供了潜在的效率。以前,司机不得不为了已确定的远处的订单而拒绝身边的打车人,但网络平台按需分配订单则允许根据实际情况持续调整。同样,以前司机不得不在"空车"的情况下前往预定地点,开始预定行程。现在,运输平台可以在任何地方为司机提供订单。这些改进可以提高车辆的利用率,包括减少空车行驶的时间(节省时间和燃料)和缩短等待的时长。而空车行驶时间与等待时长的减少,均可以在保持司机收入的前提下,降低平台用户的打车费。

借助于先进的互联网技术,软件平台公司也提供一些其他传统企业无力提供的服务。例如,Uberpool 使用公司的调度平台为两个或两个以上目的地为同一方向的乘客能够有效地共乘提供识别帮助,这超出了 Uber 所提供的服务标准。[15] 在随后的改进过程中,Uber 的"永久搭乘"服务分配司机去接送和放下那些在整个旅程中并没有特定的"开始"或"结束"概念的乘客,司机要按照搭乘请求来实时调整路线。[16] 相比之下,很难想象通过无线电调度员对消费者的出行需求和车辆的实时位置等足够多的数据进行收集与组织,来提供类似 Uber 所能够提供的服务。

软件平台也可能对增加投资有所助益。Airbnb 用户的服务供给方可能会在其房屋空间或房屋设施上增加投资,而投资原因并不再仅仅局限于业主个人的使用需要。例如,在没有 Airbnb 平台的情况下,旅行者在郊外时,可能会选择居住最基础的公寓,从而避免对他无法使用的优质设施付费。相反,借助于 Airbnb 所提供的服务,旅行者有望通过查看对比 Airbnb 网站上列出的房源清单来判断这些设施的价位——以获取优质的服务。原则上,交通运输平台企业同样可以对汽车购买或升级产生刺激作用。尽管很难对这些影响所带来的变化加以度量[17],这些影响甚至有可能减少投资(例如不再兴建酒店或不再购买或更新出租车辆),但总体上软件平台亦可能刺激投资。

3. 信息效率、声誉与责任

信息效率包括做出更好的分配决策,以及发现并制止无用行为的实施。

在交通运输领域,信息效率首先来自优化车辆调度。从历史上看,无线电调度员通过要求司机一个接一个地报告他们的车载状况和位置来调度车辆。

[15] *Uberpool*, at https://perma.cc/X9KA-A35X,(last visited on Nov. 17, 2015).

[16] *Sarah Buhr*, "Lyft Line Gets Into Perpetual Ride Territory With Triple Match Service", *Techcrunch* (July 29, 2015), at http://techcrunch.com/2015/07/29/lyft-line-gets-into-perpetual-ride-territory-with-new-triple-match-service.(作者未注明最后访问时间。——译者)

[17] Airbnb 引用了那些声明使用 Airbnb 基金以支付部分房租或抵押贷款的房东的调查。"Airbnb Economic Impact", *Airbnb Blog* (2015), at http://blog.airbnb.com/economic-impact-airbnb.(作者未注明最后访问时间。——译者)但是货币的可替代性使得这些调查结论显得空洞。

软件平台则可以即时和自动地从驾驶员所携带的智能手机中收集这些信息,使对距离乘客最近的司机进行调度变得容易。因此,软件平台通过提升速度和精度,使调度任务得到了重大改善。

此外,大多数软件平台收集和处理信息,以更好地对服务提供者和系统进行评估。在短租领域,客户通过评价房屋并提交信息,来告知将来的平台用户短租服务的质量如何。在交通运输平台上,乘客对司机的礼貌程度与车况进行评价,既有助于平台运营商收集信息,又可以阻止司机机会主义行为的发生。值得注意的是,由于这些信息是分散的(有许多地理位置),且司机对低质服务有很强的隐瞒动机,所以若不用这样的方法来收集信息,则乘客很难观察到服务的真实样态。相比之下,平台可以很容易地对乘客刚刚完成的乘车体验进行询问,对大多数或全部的交易信息进行收集,而非只对随机检查所能获得的少量信息进行收集。基于这些信息,平台可以与那些提供劣质服务的司机解除合作关系,同时平台的惩戒对于矫正其他司机的不良行为也具有警示功效。

平台也可以使用类似的系统对用户的行为进行评估。如果乘客喧闹或不讲卫生,或承租人损坏租赁物,平台可以发出警告以提醒未来的服务提供者,问题严重时,平台甚至可以禁用客户的账户。客户的账号被封后,可能会注册一个新账号[18],但平台对重复申请的账号具有识别优势,具体的判定因素包括相似的账户名称、社交网络链接、绑定的支付卡、手机序列号或电脑特性等。虽然这种评估与识别机制存在一定的局限性,但整体而言,其优于司机单纯依靠视力甄别乘客从而做出拒载决定。单纯靠视力来甄别,可能会混淆"好"乘客与"坏"乘客。

所有的迹象均表明,信誉机制的实施符合预期效果。大量来自乘客的反馈信息显示,Uber 司机比传统的出租车司机更有礼貌[19],根据现有的激励和补救措施,这一结果的出现并不奇怪。乘客若对出租车司机提供的服务不满,可以尝试记下司机的编号或车牌号,然后试着向车队老板或当地监管机构投诉——但大多数乘客认为这种形式的投诉效果有限(我们赞同)。相比之下,将

〔18〕　Eric J. Friedman & Paul Resnick, "The Social Cost of Cheap Pseudonyms", 10 *Journal of Economics & Management Strategy* 173 (2001).

〔19〕　See Jonathan Lemire, "Uber Growth Unhampered in Surprise Deal with NYC" (July 23, 2015), at http://bigstory. ap. org/article/bb9d8040cfd54235a83b522948346b35/uber-growth-unhampered-surprisedeal-nyc.(作者未注明最后访问时间。——译者). 引用了一个 Uber 用户赞扬 Uber 司机比出租车司机更有礼貌的例子。

差评反馈给 Uber 则更容易,同时似乎也更容易得到回应。[20]

在这个过程中,软件平台通过阻止某些机会主义行为的发生来强化责任意识。例如,一些出租车司机报告说,电话调度员优先将订单直接派给那些向其行了贿的司机。[21] 虽然网络运输平台同样也可能更加青睐一些司机,类似于一些声称受到谷歌的优惠待遇的网站一样,但平台客观化的计算程序,使得内存于其中的偏好行为更容易被识别,从而更有助于争端的解决。

4. 定价效率

软件平台借助于与行情相关的实时信息以及交易各方间便捷的沟通,可以即时调价。在运输中,供需双方的反应影响着定价效率。在高需求时期,更高的收入激励着司机推迟其他活动,并加入平台。同时,较高的价格也激励乘客推迟性价比低的行程。[22] 同样,高峰需求(如会议和特别事件)催生的高房价是 Airbnb 经营短期出租的原动力。[23]

在交通运输平台的背景下,所谓的"激增定价"[24]已被证明存有争议。[25]当然,一些乘客或许会因价格的变化而感到惊讶,尤其是如果他们以前没有对

---

〔20〕 Mark Perry, "Big Taxi vs. Uber. What about Complaints?", *Newsweek* (June 18, 2015), at http://www. newsweek. com/big-taxi-v-uber-what-about-complaints-344661. (作者未注明最后访问时间。——译者)事实上,即便他们的乘客服务评分只是略有下降,运输平台对一些司机仍采取了包括除名在内的严厉制裁。例如,曾担任过 Uber 司机的斯科特·班克斯(Scott Banks)声称其被勒令退出约车平台的原因为平台用户评级从 5 分降到了 4.6 分。Scott Banks, "What's the Convention for Rating an Uber Driver?", *Quora* (January 1, 2014), at https://www. quora. com/Whats-the-convention-for-rating-an-Uber-driver. (作者未注明最后访问时间。——译者)这种严厉的制裁反过来也反映出大多数乘客倾向于对司机的服务给予 5 分好评。也许一些评级系统尚需不断改进,但总体上来看,网络运输平台依托评级和问责机制的监督与激励功效,提供了比依托传统监管模式的出租车更有效与更高质量的服务。

〔21〕 Megan McArdle, "Why You Can't Get A Taxi", *The Atlantic* (May, 2012), at http://www. theatlantic. com/magazine/archive/2012/05/why-you-cant-get-a-taxi/308942(强调了出租车司机为了获取派单经常要贿赂调度员); "For Boston Cabbies, a Losing Battle against the Numbers", *The Boston Globe* (March 31, 2013), at https://www. bostonglobe. com/metro/2013/03/30/spotlight/9eVWW7Y6RaOIqII62n2XlI/story. html. (作者均未注明最后访问时间。——译者)

〔22〕 Liran Einav et al., "Peer-to-Peer Markets", *National Bureau of Economic Research*, *Working Paper* No. 21496, 2015, at http://www. nber. org/papers/w21496. (作者未注明最后访问时间。——译者)

〔23〕 See Morgan Brown, "Airbnb: The Growth Story You Didn't Know", *Growth Hackers*, at http://www. growthhackers. com/growth-studies/airbnb. (作者未注明最后访问时间。——译者)

〔24〕 "What is Surge Pricing?", *Uber*, at http://perma. cc/9XWT-ZHAA; See Jonathan Hall et al., "The Effects of Uber's Surge Pricing: A Case Study", *Chi. Booth*. (尚未发表的手稿), at http://perma. cc/5Y9M-BNNR. (作者均未注明最后访问时间。——译者)

〔25〕 See Connor Simpson, "Uber Busted for Intentionally Surging Prices", at http://www. thewire. com/technology/2014/02/uber-busted-intentionally-surging-prices/358555. (作者未注明最后访问时间。——译者)

价格调整前景关注过或未曾预料到价格会在那个时间和地点调整。原则上,用户界面的设置可能会使客户"接受"因意外而激增的价格,例如点击按键太快,没有注意到屏幕上高价格的提示。但是,价格动态调整的效率似乎大大超过了一些用户因不知情而接受调价这一事故所造成的损害。[26] 在任何情况下,正因为平台用户在运输平台上获得经验,故而他们应该对价格调整变得更为熟悉。在其他领域中,包括短期住宿和航空旅行[27],平台用户有时能够正确预测明显的价格波动,从长远来看,用户很少会惊讶于这样的波动。

一个平台用户所关注的焦点在于,他们可能预期(或至少希望)在需求高峰期偶尔遇到能以一个正常的价格叫到车的"好运",这是一个在价格飙升时不会发生的结果。我们相信他们的失望,他们遭受的损失,超过了在其他方面可能获得的收益,包括在非高峰时段可能以较低的价格就能打到车所获得的收益。总的来说,尽管过程中免不了伴随着一些惊讶或失望,我们仍将价格调整视为提高效率的办法。[28]

(二) 软件平台对于传统企业的可用性分析

软件平台所带来的效率通常也适用于传统企业,它们也可以拥抱类似的平台。短期住宿供应者——酒店业,一直致力于推进现代信息技术,而且确实在 Airbnb 兴起前的数十年前就开始使用电子预订系统。预订系统很容易适应酒店不同属性、不同类型的房间每晚价格的变化。

运输企业也可借助软件平台以促进类似的效率的提升。车队业主可利用现代技术来提高司机的调度效率。车载全球定位系统可帮助调度员观察到车辆位置和可用性。比起无线电,电子通信系统能保障调度员更快更准地将指令发送给司机。此外,现代信息技术系统为乘客直接将请求提交到调度中心提供了技术支持,这种计算程序取代了人工调度员。[29] 许多出租车车队已采用了

---

〔26〕 See "Pricing the Surge: The Microeconomics of Uber's Attempt to Revolutionise Taxi Markets", *The Economist* (March 27, 2014), at http://perma.cc/W6P2-RURY.(作者未注明最后访问时间。——译者)

〔27〕 See Scott McCartney, "What's the Sweet Spot for Buying International Airline Tickets?", *Wall Street Journal Blogs* (June 28, 2012), at http://perma.cc/W6P2-RURY.(作者未注明最后访问时间。——译者)

〔28〕 See James Surowiecki, "In Praise of Efficient Price Gouging", *MIT Technology Review* (August 19, 2014), at http://www.technologyreview.com/review/529961/in-praise-of-efficient-price-gouging.(作者未注明最后访问时间。——译者)

〔29〕 Voytek, "Optimizing A Dispatch System Using An AI Simulation Framework", *Uber Newsroom* (August 11, 2014), at http://perma.cc/44NV-BJ6J.(作者未注明最后访问时间。——译者)

这些方法[30]，在一些城市，车队的业主团体共享为客户约车所常用的工具。[31]车队业主也可以获得软件平台所提供的信息和信誉利益。几十年来，许多商用车上都张贴着带有电话号码和代码的标语牌，以向附近的司机询问"我开车怎么样"等问题。同样地，借助于现代信息技术，乘客可对车辆和司机进行评价。事实上，南美洲的出租车调度公司 SaferTaxi 所践行的正是这个思路，通过手机短信服务来评价司机，而不需要借助司机或车队业主的合作。[32]

动态定价对于大多数行业而言，大体上具有可行性。当然，酒店和航空公司因日期、提前购买和其他因素而改变价格早已是公开的事实了。[33]餐厅会在一天的不同时间、一周的不同天数定期、定时甚至临时根据需求在其黑板上调整价格。在有关短租的印刷小册子上，价格可按季节变化。在所有这些情境中，动态定价的限制主要来自信息的可获取性，提醒平台用户改变价格的机制，以及诸如报纸目录等低技术环境下所能允许的有限的复杂性。随着传统企业进入电子交易领域，它们通常也可如最新的软件平台那般容易地对价格进行调整。

在交通运输领域，动态定价机制的实施受可获取的信息、缔约环境以及机会主义行为风险的影响，因而相对来说更难执行。如果司机根据他所见到的路边乘客招手来判定需求，从而调整运价，那么此时的价格可能只是反映了乘客叫车的不便，而非真正的市场需求。那时，司机可能会视乘客的支付意愿来设定价格。同样地，若电话调度员引述了叫车时讨价还价所得到的价格，将会引发调度员、司机和乘客之间的交流纠纷。因为，自始至终口头讨论并未留下任何关于协议的书面记录，这样只会招致争端。实践中，软件平台为应对意想不到的冲击而对价格加以频繁地调整可能是必要的。拥有电子合同的车队老板

〔30〕　See Quinten Plummer, "Taxi Magic Now 'Curb' As It Drives Back Into the Rideshare App Market", *Technology Times* (August 6, 2014), at http://www. techtimes. com/articles/12325/20140806/another-mobile-app-drives-into-the-taxiindustry. htm. (作者未注明最后访问时间。——译者)

〔31〕　传统的出租车运营商可以使用像 Hailo 和 Gett 等第三方软件平台。See *Hailo*, at http://perma. cc/8YRV-J4KF(last visited on Nov. 19, 2015); *Gett*, at http://gett. com/nyc. (last visited on Nov. 19, 2015)

〔32〕　See Epifanio Blanco, "SaferTaxi, Con Celular y SMS para Taxi Seguro", *Portinos* (September 9, 2010), at http://www. portinos. com/6677/safertaxi-con-celular-y-sms-para-taxi-seguro. (作者未注明最后访问时间。——译者)

〔33〕　关于航空公司和酒店业的动态定价的相关研究，可参见的例子有 R. Preston McAfee & Vera te Velde, "Dynamic Pricing in the Airline Industry", in T. J. Hendershott ed., *Handbook on Economics and Information Systems*, 2007; Graziano Abrate et al., "Dynamic Pricing Strategies: Evidence from European Hotels", 31 *International Journal of Hospitality Management* 160 (2012).

可以实施动态定价，许多老板事实上也确实是这样做的[34]，但法规在很大程度上禁止这种对路边叫车的平台用户使用动态定价的方式计费的做法[35]，原因除了本部分中所提到的之外，也包括其他方面。

此外，通常未对服务供应商或平台用户"多平台接入"设置任何限制。[36]因此，特定的车辆既可以从软件平台，也可以从电话调度员这种长期机制处接收到调度请求。同样，一些酒店甚至登记在了 Airbnb 的房间列表上。[37] 因此，如果一个传统企业想拥有软件平台的效率，但因为种种原因无力生产自己的软件（也许是由于缺乏技术能力，规模不够，提醒客户选择其所提供的服务的营销能力有限），一般可以使用本文中所讨论的软件平台。当然，使用这一战略的传统企业将受到这些平台有关价格和费用规则的约束，以及对以后直接预订的潜在限制。同样，没有什么能阻止平台用户从传统企业以及新的软件平台，或从多个软件平台处购买产品和服务。

迄今为止，软件平台的发展似乎并未引起竞争法方面的足够关注，甚至某些软件平台已经开始主导各自的行业了，几乎看不到市场结构存在防止传统企业进入或阻止其以它们认为合适的方式提供类似的服务的迹象。在许多高科技市场中，单个公司享有暂时的或持久的垄断权，通常以技术兼容性、转换成本或合同限制为基础。[38] 在本文所讨论的市场中，这样的障碍是不明显的。事实上，在许多市场领域中，特别是在亚洲市场，有众多"Uber 的克隆版"激战正酣。[39] 人们可能也会想象到规模对正常的市场竞争环境所造成的障碍——一个新的运输平台将难以与 Uber 旗下的车辆数量相匹敌（从而降低调度效率和增加客户的等待时间），或一个新的短期预订平台将难以与 Airbnb 所能提供的

---

〔34〕 See Martin Romjue, "Getting Your Prices Right", *Limousine*, *Charter* & *Tour* (October 7, 2013), at http://www. lctmag. com/operations/article/42710/getting-your-prices-right. (作者未注明最后访问时间。——译者)

〔35〕 New York City Taxi & Limousine Commission Rules and Local Laws, § 52-04.

〔36〕 "如果它在一个特定的行业里只使用一家平台作为经济代理人则属于单家，如果使用多家平台，则属于多宿主。在付款时，平台用户和商家通常都会使用多个支付平台，因此在这个意义上称之为多宿主。"关于多宿主的问题，参见 David S. Evans & Richard Schmalensee, "The Antitrust Analysis of Multi-Sided Platform Businesses 15", Coase-Sandor Inst. L. & Econ., Working Paper No. 623, 2012.

〔37〕 See Alicia Hoisington, "Hoteliers Learn from Airbnb", *HomeAway*, *Hotel News Now* (February 12, 2014), at http://www. hotelnewsnow. com/Article/13105/Hoteliers-learn-from-Airbnb-HomeAway. (作者未注明最后访问时间。——译者)

〔38〕 例如，微软在操作系统市场就面临着这样的指控。See Anderew I. Gavil & Harry First, *The Microsoft Antitrust Cases*：*Competition Policy For The Twenty-first Century*, The MIT Press, 2014.

〔39〕 See Jennifer Booton, "Sick of Uber? Here Are 27 Alternatives", *Market Watch* (November 21, 2014), at http://www. marketwatch. com/story/dont-want-to-call-an-uber-this-weekend-try-these-instead-2014-11-21. (作者未注明最后访问时间。——译者)

多样化的租房选择相竞争。原则上，这可能会阻碍新生企业的进入，尽管我们对仅以这种情形来支持一个竞争案件的成立表示怀疑。

（三）显著的限制

尽管软件平台所带来的功效显著，我们还是注意到其对业态所造成的限制。在某些方面，传统企业可能更高效。一个酒店的前台接待员可以为数百个单位提供值机服务，而许多 Airbnb 短租房屋的主人还在为如何把钥匙交给客人而努力。在酒店模式（房间只包含客人需使用的财产）中，储藏和保护酒店业主私人财物的不便同样被消除了，酒店员工比起可能远在异地的 Airbnb 房东来说，通常可以更容易地检查房屋可能受到的损害情况。也许，Airbnb 和房东们将设计更为完善的机制来提升上述工作的效率或最终将相关问题消除。例如，有一段时间，RelayRides 安装了帮助租车者不用钥匙就能使用所租车辆的装置，让车主在不需要私下与租车者见面的情况下就可以交出车辆使用权。Airbnb 的房东们当然可以安装类似的技术，现代建筑经常使用电子门禁系统而非机械锁，这就使得远程准入变得越来越可行。人们甚至可能会想象当房客离开时，通过使用轮式移动机器人来检查财产是否被损坏。值得注意的是，RelayRides 因发现采用远程准入设备的成本过于昂贵而决定放弃使用。[40]

Uber 面临类似的限制。目前，Uber 旗下的车辆不能为那些在街上招手叫车的乘客提供搭载服务——既因为目前的法律环境禁止它这样做（只允许有牌照的出租车来提供巡游接乘服务），也由于 Uber 的系统并不能为此项工作流程提供技术支持。此外，想要搭乘 Uber 的乘客，需要拥有一台智能手机以及一份数据计划，到目前为止，国际旅行者因面临着高昂的漫游费用而不适合使用 Uber。也就是说，目前这些限制似乎都不显著。路边巡游接客是否是适合Uber 的业务模式尚不明确，Uber 似乎有很多其他的机会来扩展业务范围。与此同时，漫游成本总体上正在下降，运输应用程序所需耗费的数据流量则很少。

（四）如何保证前述效率的实现

我们震惊于软件平台所带来的前述效率的广泛性，以及它们给服务供给者与需求者带来的潜在影响。这些效率的实现，会使有限的资源得到更好地利用，社会总体收益超过某些群体所承受的成本损失。因此，明智的政策应该允许软件平台合法经营，并提供机制保障前述效率的实现。接下来我们会论述，监管的着重点在于，一方面保证市场的准入机制，从而为效率的实现提供前提条件，另一方确保新型平台模式与传统商业模式公平竞争，并实施必要的保护机制以纠正市场失灵。

---

[40]　See Marcus Wohlsen, "When Sharing Doesn't Make Sense in the Sharing Economy", *Wired*（October 1, 2013），at http://www. wired. com/2013/10/relayrides-drops-hourly-rentals.（作者未注明最后访问时间。——译者）

三、监管干预的适当范围

尽管第二部分中列举了平台企业所带来的多种效率和效益,但是批评者——包括传统企业、持怀疑态度的平台用户和其他主体——提出了从安全到税收再到第三人权利等种种担忧。一些对平台企业的指控得到了有力的支持,并创造了在某些地域范围内禁止某些软件平台运营的极大可能性。例如,Uber 已至少被十个国家宣告禁止运营,在其他三个国家以及美国的六个城市则被勒令暂停运营,[41] Uber 的高管至少在一个国家面临被刑事起诉的风险。[42]

在本部分中,我们提供了一个综合评估方案。一方面,对纠正市场失灵或实现重要政策目标不必需的监管限制持怀疑态度;有些规则似乎在不同的地域范围内得到了适用,但这些规则因缺乏正当的目的而应被取消。另一方面,软件平台不应该凌驾于法律之上,应探索的是那些对于纠正市场失灵和实现合法的政策目标可能是适当的其至是必要的监管干预措施。

（一）结束"保护主义"规则

众所周知,监管计划有时有利于被监管的公司,而不是有利于作为一个整体的平台用户或公众。[43] 一方面,监管机构可能会经常凭借深入的讨论、职业生涯经历或维持监管现状的愿望而与被监管的公司联系密切。[44] 此外,受监管的公司有强烈的动机去试图影响那些若能对其有利则可大幅增加其利润的法律法规的适用。相比之下,很少或几乎没有市民个人能够在试图影响任何特定行业的监管方面有大的收获,这是因为即使监管规则的改变使得某一领域有了大幅度的改善,能够带给平台用户个人的好处也是微乎其微的。我们使用"保护主义"规则这一术语来定义那些以牺牲新进入者的利益为代价,主要目的在于保护"传统运营商"的规则。

平台用户的体验似乎证实了规制俘获的可能性。例如,平台用户往往很难

---

〔41〕 Simran Khosla & Eva Grant, "Here's Everywhere Uber is Banned Around the World", *Business Insider* (April 8, 2015), at http://www. businessinsider. com/heres-everywhere-uber-is-banned-around-the-world-2015-4. (作者未注明最后访问时间。——译者)

〔42〕 See Sam Schechner, "Uber Executives Detained by Police in Paris", *The Wall Street Journal* (June 29, 2015), at http://perma. cc/RMF2-6QX4. (作者未注明最后访问时间。——译者)

〔43〕 关于规制俘获的理论,参见 Georges Stigler, "The Theory of Economic Regulation", 2 *The Bell Journal of Economics and Management Science* 3 (1971); Sam Peltzman, "Toward a More General Theory of Regulation", 19 *The Journal of Law and Economics* 211(1976).

〔44〕 Jean-Jacques Laffont & Jerome Pouyet, "The Subsidiarity Bias in Regulation", 88 *Journal of Public Economics* 255 (2004).

理解为什么要将出租车限制在一个固定的数量上进而导致高峰时期车辆短缺。[45] 相比之下,传统的出租车业显然从该管制方案中受益,因为对于那些取得牌照的司机来说,该管制方案使得他们能够收取更高的打车费,同时出租车牌照在二手市场转卖时也能卖出更高的价格。

牌照的影响同样是复杂的。为保护平台用户免受劣质服务提供者对其合法权益所造成的侵害,以发放牌照的方式实施最低质量标准控制,可能是一个有效的监管手段。然而,牌照还引诱牌照持有人向公共部门施压,以排除新从业者进入市场,因为这样的市场准入将产生新的竞争,降低已获牌照者的牌照价值。

在某些情况下,监管似乎旨在阻止软件平台(或其他新进入者)的发展,以保护传统企业。例如,在法国,Uber 旗下车辆数量的增长引发了示威和暴力,作为回应,法国议会在 2014 年 10 月通过了所谓的《关于出租车和自带司机的运输法案》(又称《德维努法案》)[46]。首先,《德维努法案》禁止所谓的"自带司机的运输车辆"(拟覆盖的范畴包括 Uber 在内的网络运输平台)在预订之前,使用智能手机等工具来获取客户的准确位置。其次,该法案还要求当上一个乘客下车后,如果没有提前的下一个预约,每一个管辖范围之内的司机都要返回到发车地——以防止司机前往他们预计客流量比较大的地方。最后,该法案要求当乘客预订时,应告知其乘车的价格,这与运输平台的典型定价方式和软件平台预期的灵活性是不兼容的。[47] 法案所提出的这些要求,似乎无助于保护用户免受市场失灵的影响。例如,当司机去供不应求的地区提供叫车服务时,乘客是受到了帮助,而不是受到伤害。但这些规则剥夺了用户从运输平台提供的一些关键效率中获益的权利。

---

[45] 例如,在纽约盛行的徽章制度(the medallion system)(徽章指政府授予的一种出租车经营许可的物理表现形式——译者注),来自 1937 年的《哈斯条例》,其将出租车的数目限制在大约 16900 辆左右。限制牌照数量的理由是,在大萧条时期,出租车市场供大于求问题严重。在随后的数年里,徽章总数减少到了 11787 个,由于有些有证的出租车业主未能及时更新他们的执照,这个数字一直保持到 20 世纪 90 年代中期。See Lawrence Van Gelder, "Medallion Limits Stem From the 30's", *New York Times* (May 11, 1996), at http://www.nytimes.com/1996/05/11/nyregion/medallion-limits-stem-from-the-30-s.html.(作者未注明最后访问时间。——译者)。截至 2014 年,它增长到了 13437 个。"2014 Taxicab Fact Book", New York City Taxi & Limousine Commission (2014), at http://www.nyc.gov/html/tlc/downloads/pdf/2014_taxicab_fact_book.pdf.(作者未注明最后访问时间。——译者)

[46] 2014-1104 号法案,2014 年 10 月 2 日官方公报第 0228-15938 号发布。

[47] 在法国宪法法院对上述两项规定的合宪性予以确认之前,Uber 已经挑战了这些规定。然而,法院推翻了当乘客约车时司机应告知其乘车费的规定,从而使得网络运输平台和出租车一样,均以乘客乘车时间和距离为基础计算车费。See Inti Landauro & Sam Schechner, "Uber Dealt Fresh Blow by French Court", *Wall Street Journal* (May 22, 2015), at http://www.wsj.com/articles/uber-dealt-fresh-blow-byfrench-court-1432295784.(作者未注明最后访问时间。——译者)

虽然有些规定可能不是专门用来阻止软件平台运营的,却可能产生相同的效果。例如,《华盛顿州行政法典》要求车辆应至少比乘客预计用车时间提前15 分钟准备好。[48] 这也许有助于区分预约用车与路面扬招用车,但这显然阻碍了在短时间内将订单派遣给司机。然而,这种限制似乎范围有限,事实上正在限缩。例如,加利福尼亚州公共事业委员会经过考虑决定拒绝适用上述限制性规定,并对无论乘客的要求与车辆到达的时间间隔有多短都应预先安排接乘服务的观点表示赞同。[49]

明智的政策制定者应该确保软件平台的活动不被那些除了保护传统企业外几乎没有其他目的规则所禁止或不必要地加以限制。这些限制性规则会阻碍上文所描述的效率的实现。此外,无论这些平台在技术上是否违法,平台用户都更倾向于继续使用这些平台。如此大规模的违法违规现象破坏了法律应受到的尊重,当难以避免的问题发生时,也阻碍了争端的解决。

当然,往往很难取消这些限制性规定。传统企业寻求维持甚至扩大这些限制性规定,并指出不对称监管所造成的监管政策的扭曲给其带来的负担更重。一个可能的策略是对包括传统企业和新兴网络平台企业在内的整体性监管方案进行“瘦身”,例如,同时取消或解除某些对二者共同适用的要求。不过,任何这些变化都可能需要就每个要求的目的与效果达成共识。具体到保险、安全和分区等有争议的话题时,各方可能很难达成共识。

无论重新审视现行法规的难度有多大,这项任务几乎无可避免地需要予以执行。创新正在进行之中,在本文中所讨论的行业必将面临新的变化。例如,即将到来的无人驾驶汽车将与几十年前通过的法律法规相冲突,当车辆由机器而不是人类驱动时,强加限制是毫无意义的。[50] 监管不应该妨碍这些以及其他有价值的服务的推出,这些服务为平台用户和其他人带来了巨大的效率和其他效益,所以必须实时更新监管政策。

尽管存在规制俘获的风险,以及对某些法规重新进行解释的重要支持性证据,我们注意到,监管计划往往也更加细致入微。无论在何时何地,即使是对那些流动性有限的乘客,也要考虑努力为其提供普遍的运输服务。孤立地看,这

――――――――――

〔48〕 Washington Administrative Code § 308-83-200 (2014).

〔49〕 在允许新兴业态进入交通运输行业的同时,决定通过规章制度的适用来保障公共安全。*Before the Public Utilities Commission of the State of California* (September 23, 2013), at http://docs. cpuc. ca. gov/PublishedDocs/Published/G000/M077/K192/77192335. PDF.(作者未注明最后访问时间。――译者)

〔50〕 例如,沃尔沃汽车集团预测,2020 年无人驾驶汽车将出现在澳大利亚的道路上。See "Driverless Cars Could Be on Roads by 2020, Volvo Predicts Ahead of First Australian Trial", *ABC News Australia* (November 6, 2015), at http://www. abc. net. au/news/2015-11-07/driverlesscar-trial-on-southern-expressway/6921060.(作者未注明最后访问时间。――译者)

些愿望的实现都需要或许不具有商业可行性的服务。要使这一系列服务对车队经营者与驾驶员均可行,在为其他平台用户提供服务产生亏损时(例如,提供能够放置轮椅车的服务以及在边远地区提供叫车服务),政策可以给予部分服务以政策支持(例如,对那些理想的容易争取的客户给予超有竞争力的价格优惠)。这种政策可能明智也可能不明智——可能还有其他的方法来保证提供全面的服务,当实施规制措施的成本脱离政府预算时,可能很难看出提供普遍服务的真实成本(潜在地阻碍关于成本和收益的政治决策)。

然而,仅仅是监管利益的存在,即在某些情况下向服务提供者给予一定的优惠政策,本身并不暗示着规制俘获。即使将利益完全放在市场一边,有时将诸如阻碍新兴业者进入市场等做法理解为是一个政治平衡,而非规制俘获,要更加准确。例如,徽章制度最初是为了保护司机和公众免受因司机数量过多所导致的乘车价格过分偏低。[51] 当然,徽章制度或类似的方案的后续效应可能使得那些后来获得经营资格的人得利,对司机并无益处。[52] 但至少在监管方案的启动阶段,司机是有可能受益的,指控所有这些规定都属于纯粹的保护主义的做法欠妥。

(二) 解决市场失灵

监管干预首要的也是最有说服力的理由是市场失灵的可能性——通过一系列的相互作用和关系来阻碍市场交易能够充分服务于每个人的利益。[53]

1. 外部性

政府干预市场的重要原因在于解决外部性问题,即企业所承担或享有的转移到市场交易机制之外的成本或收益。[54] 非顾客因缺乏与软件平台或服务提供者系统之间的合同关系,因此前者不能凭借合同来评价(srape)平台的行为。此外,作为非顾客,他们也无法启动市场激励机制,如扣掉软件平台或服务供应商的赞助等,来规范平台的行为。例如,行人有可能因 Uber 司机没有购买或者没有购买充足的交通保险,而面临着 Uber 司机与乘客合同之外的风险、承担其合同之外的成本损失。同样,如果一位在 Airbnb 平台上注册的房东愿意

〔51〕 Paul Stephen Dempsey, "Taxi Industry Regulation, Deregulation & Reregulation: The Paradox of Market Failure", 24 *Transportation Law Journal* 73 (1996). (徽章制度是市政当局为控制新型出租车市场准入率而制定的制度,也可认为一种有限执照制度,拥有徽章的出租车可在执照许可在内自由接单接送乘客。——译者)

〔52〕 Chris Isidore, "New York City's Yellow Cab Crisis", *CNN Money* (July 22, 2015), at http://money.cnn.com/2015/07/21/news/companies/nyc-yellow-taxi-uber. (作者未注明最后访问时间。——译者)

〔53〕 关于市场失灵的概念,参见 John O. Ledyard, "Market Failure", *in* 5 *The New Palgrave Dictionary of Economics* 300 (2nd ed. 2008).

〔54〕 关于外部性的概念,参见 Jean-Jacques Laffont, "Externalities", *in* 3 *The New Palgrave Dictionary Of Economics* 192 (2d ed. 2008).

提供一套公寓，同时刚好有一个客人想要租用，Airbnb 通常将不需要考虑此事会对邻居造成何种附带的影响。解决这些外部性需要为非顾客设计一种能够影响软件平台的机制。

（1）运输平台的外部性

在运输平台的背景下，第一组外部性来自不安全的司机或车辆的隐患。一般来说，运输平台会确保每个司机都有有效的驾照，但并不要求驾照同时具有营运背书，也不要求其像商业司机等一般的营运驾驶员那样拥有特殊的许可证或培训经历。然而这些疏漏却可能引发安全问题。例如，人们可能会想到，对商业司机进行培训增加了安全性，这可能通过提醒司机关注那些他们可能不知道的风险，或者是建议他们采取那些之前可能不会遵循的预防措施来实现。同样，人们可能会认为定期对营运车辆进行检查，有助于发现司机和乘客都可能忽视的问题。虽然这些影响是直观的，但我们并没有试图去确认影响是否真的存在或其作用范围究竟多大。

原则上讲，从其他类型的司机处得到的保险费率及相关经验，可以为洞察运输平台旗下的司机所面临的相关风险提供参鉴。但也有数据不完善的问题。大多数保险是按照时间定价的，例如每一年为一个计算单位；但使用距离来评估运输安全的外部性，则更符合逻辑。比如，按每百万英里的驾驶事故率来进行评估。营运司机面临每期更高的保险费[55]，但这似乎在很大程度上是由于更远的营运距离[56]和更多的搭乘人员所引起的（因此导致更大范围的伤害事故）。例如，关于纽约出租车司机的一项研究表明，相较于非营运司机，按每英里计算，他们的事故率要明显更低[57]，这既可以归因于经验的差异，也与司机为避免因造成意外事故丢了工作，而采取的额外的预防措施有关。[58] 运输平台企业新招的兼职司机与出租车司机相比，通常缺乏后者丰富的驾驶经验，特别是考虑到各种保险缺口的存在，撞坏自有车辆往往会给司机个人造成损失。最终，事故频率是一个需要予以测量的经验问题。

在等待这些数据时，我们同意以下这种方法，它体现在许多地域范围内所实施的长期政策中，可以对营运司机与车辆保持更高的培训和检查标准。例

---

[55] "How Much Does Commercial Vehicle Insurance Cost?", *Trusted Choic*, at https://www.trustedchoice.com/commercial-vehicle-insurance/compare-coverage/rate-cost (last visited Nov. 20, 2015).

[56] *2014 Taxi Cab Fact Book*, *supra* note [45], p.1.

[57] See "Taxi and Livery Crashes in New York City", *Schaller Consulting* (April 27, 2006), at http://www.schallerconsult.com/taxi/crash06.pdf.（作者未注明访问时间。——译者）报告说，在纽约，出租车比其他车辆每英里撞车率低 32%，这受益于驾驶员的经验以及激励机制的作用。据我们所知，迄今为止还没有类似的对运输平台驾驶员的表现进行分析的成果。

[58] *Id.*

如,纽约市要求出租车司机参加防御性驾驶课程,进行体检和年度药检。[59] 旧金山市交通运输局要求司机提交机动车部门保管的近十年的机动车行驶记录复印件。[60] 芝加哥市要求根据车龄,每隔 6 个月检查一次出租车。[61] 对营运驾驶提出更高的监管要求,是与此类司机造成伤害承担更高的风险的基本意义相匹配的(例如,因为他们的车上搭载了更多的乘客,一旦发生事故,受伤范围将扩张,驾驶持续的时间较长,或收到含糊不清的乘客指令),额外的预防措施可以适当地减少这种风险。[62]

要求营运司机采取额外的预防措施,产生的收益是否大于他们耗费的成本是一个实证问题。因为预防措施涉及各种费用(如上课的时间成本和学费,以及车辆为接受检查而导致的误工损失),而且对于他们能否获益并没有明显的测量标准。如果收益只比成本大一点,投资可能最好集中于那些具有实质性的营运驾驶行为,也许就避开了对那些仅短暂或间歇地提供营运服务的驾驶行为进行投资。但所产生的费用完全由运输平台和司机承担,而效益由公众获得,这是一个典型的外部性。

第二组外部性,关注点在于没上保险或保额不足的司机的前景。在除新罕布什尔州外的每一个美国的州,以及大多数国家,司机均被要求具备一个基本的责任保险水平,以涵盖其可能对他人人身或者财物造成的损害。[63] 像 Uber 和 Lyft 这样的运输平台,通常会提供与乘客有关的重要的保险项目[64],以及和司机相关的一些保险项目[65](往往高于出租车所需的标准)。

---

[59] "Driver New Application and Checklist Requirements (Part B)", *New York City Taxi & Limousine Commission* (2015), at https://perma. cc/2955-92MU. (作者未注明最后访问时间。——译者)

[60] SFMTA, "How To Become A Taxi Driver", *The San Francisco Municipal Transportation Agency* (2015), at https://www. sfmta. com/services/taxi-industry/become-taxi-driver. (作者未注明最后访问时间。——译者)

[61] "Longer Life & Reduced Inspections for Chicago Taxicab Vehicles", *City of Chicago Department of Business Affairs and Consumer Protection* (2014), at http://www. cityofchicago. org/content/dam/city/depts/bacp/publicvehicleinfo/medallionowners/newtaxilaws07242014. pdf. (作者未注明最后访问时间。——译者)

[62] "Commercial Driver License Medical Eligibility", *California Department of Motor Vehicles*, at https://www. dmv. ca. gov/portal/dmv/detail/dl/driversafety/cdl_guidelines (last visited Nov. 20, 2015). 援引"公共安全的风险增高"作为提高营运司机医疗标准的原因。

[63] "The AAA Digest of Motor Laws", *AAA* (2015), at http://drivinglaws. aaa. com/laws/liability-laws. (作者未注明访问时间。——译者)

[64] Nairi Hourdajian, "Insurance For UberX With Ridesharing", *Uber Newsroom* (February 10, 2014), at https://perma. cc/NK59-VD6F. (作者未注明最后访问时间。——译者)

[65] Christian Denmon, "Ride Sharing vs. Traditional Taxis: How do Injury Insurance Claims Compare?", *Huffington Post* (July 7, 2014), at http://www. huffingtonpost. com/christian-denmon/ride-sharing-vstradition_b_5273964. html. (作者未注明最后访问时间。——译者)

　　虽然运输平台提供一定的保险，但在许多地域范围内尚存在广泛的"保险缺口"，司机既无人身保险，亦无运输平台提供的保险。最有名的是所谓的"阶段1"，一个运输平台的司机希望提供出行服务，但还没有收到具体的订单。（"阶段2"，是指司机前往接载特定旅客的途中；"阶段3"，是指乘客上车。）如果司机在阶段1造成了伤害，司机的个人保险通常会拒绝承保，原因在于——该车程以提供商业运营服务为目的，超出了非商业性保险的标准承保范围。

　　几个因素复合导致阶段1保险缺口的严重性。首先，阶段1似乎包括了很大比例的驾驶行为。平台必须确保一定数量的闲置车辆运营，从而迅速回应乘客的需求；如果平台上的车辆一直或者总是处于运营状态，将会导致乘客漫无边际的等待。事实上，在一周中最忙的一天，一天中最忙的时候，纽约市仍有30%的出租车是空置的。[66] 即使经运输平台改进后的调度系统，显著地减少了车辆空置现象，平台也仍需保障相当数量的闲车存在，空车对于及时满足乘客的出行需求确实是必要的。其次，在阶段1中驾驶行为可能特别地随意。在阶段1，司机必须及时回应屏幕上显示的乘客叫车请求，Uber 只提供了15秒时间以供司机做出反应（时间太短以至于难以把车停在路边或者等待红灯）。[67] 其他与运输平台相关的制度设计叠加可能会导致司机分心：在阶段1期间，司机为了实时观察平台用户的位置和叫车金额的激增情况，不得不频繁地查看手机，这降低了他对路况的关注度。

　　保险缺口至少造成了两种类型的外部性。首先，利益受损方可能无法从运输平台、司机或司机的非商业保险中获得损害赔偿。司机和运输平台在评估其活动和注意事项时，将不会考虑这些不被涵盖的损失。其次，运输平台一直以来都鼓励司机在阶段1期间就人身保险提出索赔。这种索赔增加了所有其他司机的保险费，因为保险费根据平均损失率计算，而损失率会因为运输平台司机的额外驾驶行为而上升。[68] 这些情况都是损害非当事人，包括没有加入 Uber 平台的私人司机、行人和旁观者利益的外部性。

　　消除缺口是对"保险缺口"的一种自然反应——确保所有司机在任何时候都能得到适当的保险，无缝隙覆盖可能产生的纠纷或未投保的驾驶活动；明确禁止运输平台司机的非商业性的保险索赔。事实上，在一些国家（至少包括澳大利亚、印度和新加坡），长期以来 Uber 都要求司机需获得商业保险。此外，

---

　　〔66〕　*2014 Taxicab Fact Book*，*supra* note〔45〕.

　　〔67〕　Matt Richtel，"Distracted Driving and the Risks of Ride-Hailing Services Like Uber"，*New York Times*（December 21，2014），at http://bits. blogs. nytimes. com/2014/12/21/distracted-driving-and-the-risks-of-ride-hailing-services-like-uber.（作者未注明最后访问时间。——译者）

　　〔68〕　"Letter from Dave Jones，California Insurance Commissioner，to Michael R. Peevey，President"，*California Public Utilities Commission*（April 7，2014），at https://perma. cc/Z7K9-PCX8.（作者未注明最后访问时间。——译者）

在 2014 年到 2015 年期间,美国几个州通过立法明确禁止任何与支付因运输平台的活动造成的索赔有关的非商业性的保险计划。[69] 作为回应,在 2015 年 7 月,Uber 和 Lyft 均对其政策做出了改变,以覆盖加利福尼亚州司机在阶段 1 期间的责任索赔。[70] 总之,这一缺口似乎是由于运输平台的政策造成的——但在加利福尼亚,当监管者如此要求时,这一缺口很容易地就被弥补了。在我们看来,这是一个成功的政策干预案例——政府直接介入调整外部性,成本最小,且没有明显的副作用。

(2) 短期租赁的外部性

在短租领域,最显著的外部性体现在对邻里的影响。邻居们有时会抱怨租户。租户们造成一些负外部性似乎是明显的,比如迷路、求助、对竞争性的公共资源进行消费(如停车位),对共享资源的共同维护漠不关心。而且因其并不长期居住在社区,故他们不为自身的行动负责任,是大体可以理解的。[71]

在建筑物区分所有权自治管理组织及公寓楼内,大量的私人的事务安排似乎是可能的:协会或公寓楼经理可以设置规则对短期租户加以限制。根据蒂伯特用足投票理论[72],私人决策与个人偏好大体一致,因而会根据租客偏好的不同而产生"Airbnb 友好型"与"Airbnb 拒绝型"两种类型的建筑。即便如此,我们应当注意到转型期间会遭遇的挑战及成本的损耗。例如,居民若要搬迁到符合他们喜好的住宅,将产生相当大的不便和费用。默认或许能够起到转移这些成本的效果。如果默认允许 Airbnb 无处不在,承租人可能需要搬到一个新的楼房(那种禁止 Airbnb 的楼房)以避免与 Airbnb 的顾客成为邻居。相反,如果经所有利益相关方同意,默认对 Airbnb 予以禁止,一个房主使用 Airbnb 必须取得邻居的许可——可能存在的繁琐程序及伴随的高需求风险,将使 Airbnb 运营变得几乎不可能。这两种方法最终产生了一个私人的自我排序,人们在这个维度里排序,但他们对谁受益谁受损提供了不同的影响。

在独立住宅或其他环境中,若缺乏一个私人权威,自我排序将可能难以实

[69] California Public Utilities Code § 5430 et al. (West 2015); S. B. 125, 2014 Gen. Assemb., Reg. Sess. (Colo. 2014); S. B. 5550, 64th Leg., Reg. Sess. (Wash. 2015).

[70] Davey Alba, "California Forces Uber and Its Rivals to Bolster Insurance", *Wired* (July 1,2015), at http://www.wired.com/2015/07/california-forces-uber-rivals-bolster-insurance. (作者未注明最后访问时间。——译者)

[71] Erich Eiselt, "Airbnb: Innovation and Its Externalities", *The Municipal Lawyer Magazine* 6 (November/December, 2014), at http://www.imla.org/images/links/IMLA%20ML%20Airbnb%20Article%20Updated3.pdf; John J. Horton, "The Tragedy of Your Upstairs Neighbors: Is the Airbnb Negative Externality Internalized?", (December 16, 2015)(未发表的手稿),at http://papers.ssrn.com/sol3/papers.cfm? abstract_id=2443343. (作者均未注明最后访问时间。——译者)

[72] Charles Tiebout, "A Pure Theory of Local Expenditures", 64 The *Journal of Political Economy* 416 (1956).

行,实际上是要求短期租赁的反对者去寻求政府援助,最经常的方法是通过分区治理或原则上通过私人诉讼来解决问题。在这个问题上,我们有不同的观点。一方面,负外部性似乎不大——也许多了一些交通量或陌生人。这些入侵主要是影响到了受侵害的邻居所拥有有限利益的公共空间,在大多数情况下,独立住宅之间的分离减少了这些外部性。此外,正外部性有可能被抵消,例如,游客在光顾当地机构的同时,拓展了当地公共设施的范围。同时,禁止偶尔的短期出租将与包含转售贵重房屋的自由在内的个人自治的观念发生冲突,至少是在附带着主要居住者对房屋的实质性使用的有限基础之上。也就是说,各地区情况各不相同,在一些地方,Airbnb 对邻居的影响可能更严重。考虑到社区的街道停车位有限,Airbnb 的客人经常占用停车位——给邻居添了麻烦,且几乎未提供任何补偿利益。

短期租赁的一个单独的外部性在于,从长期市场中消除房屋库存的风险。这种说法在旧金山尤为普遍[73],批评者认为,Airbnb 加剧了房屋租赁资源的短缺,使租金进一步上涨。经济理论表明,一位房东或财产所有者应该将从 Airbnb 得到的出租收入与从长期租户得到的租金进行比较。但短租可能会有副作用,如改变邻里关系的特点,减少能够买得起的住房的数量,或者产生财产所有者未考虑到的危害。我们认为,有可能需要在监管干预的情况下,解决短期租赁所造成的外部性。这种干预的必要性可能取决于地理位置(例如,城市对比农村)和房屋类型(多户住宅对比独立住宅)。在一些地域范围,讨论似乎反映了这一层次的细微差别,但可以肯定的是,在其他方面,重点更多的聚焦于重要法条,而不是对那些需求产生激励作用的原则。

2. 信息不对称

信息不对称为监管干预提供了一个单独的基础。[74]在软件平台中,在各组间的正反两方面都有潜在的不对称性——平台、平台用户和服务提供者——但在实践中,最大的问题往往是由信息无法提供给平台用户或服务提供商而引起的。想一想一个对于 Uber 服务或 Airbnb 房屋相关安全风险缺乏了解的平台用户,最低水平的预防或保护都可能会增加其福利,如要求所有的司机都具备一定的培训水平或所有房屋均安装某些灭火设备。

在一般情况下,当没有其他明显的机制来确保质量时,监管计划就设定了

---

[73] Rachel Monroe, "More Guests, Empty Houses", *Slate* (February 13, 2014), at http://www.slate.com/articles/business/moneybox/2014/02/airbnb_gentrification_how_the_sharing_economy_drives_up_housing_prices.html.(作者未注明最后访问时间。——译者)

[74] 与信息不对称有关的一般问题,参见 George A. Akerlof, "The Market for 'Lemons': Quality Uncertainty and the Market Mechanism", 84 *The Quarterly Journal of Economics* 488 (1970).

最低的服务要求。例如,出租车法规往往要求每辆车都安装有温控系统[75]或达到某一最大行驶里程数。[76] 一些城市只批准特定型号的车辆提供出租车服务。[77] 这种方法降低了平台用户的不确定性,但此法规可能与客户的要求不匹配,因而带来成本的上涨。事实上,一些客户为了能以更低的价格乘车,可能乐于乘坐老旧的或舒适度较差的车辆——但是,在客户需求发生变化后,法规仍可能会持续很久。每个监管要求都缺乏明确的价格衡量,使得监管者和平台用户可能无法洞悉规则背后所蕴含的真正成本。

与此相反,软件平台主要想借助于信誉系统来保证质量。例如,有缺陷的车辆很可能会招致差评,并被从平台上除名或引起平台管理员对其的注意。同样,Airbnb 的客人评价房东提供的短租服务,以帮助其他的平台用户对该短租服务潜在的缺陷有所了解。这种方法往往是更灵活的:如果一个给定的属性是与服务不相关的,服务提供者可以确认没有对其进行评价的必要性——使评级更符合真实的客户需求。

事实上评级系统工作的效果如何,是一个关键的问题。所有迹象均表明,客户对做出负面评价会比较犹豫,Uber 本身也表示,在旧金山只有 1% 的 Uber 司机收到了一颗或两颗星的评价——Uber 将这一统计数字归因于搭乘服务的高品质。[78] 但事实上 Uber 的系统不鼓励任何少于五星级的服务,作为平台用户也认识到了低评级可以造成重罚。[79] 此外,当是否进行评价具有可选性时,已进行的评价可能本身就不具有代表性:Airbnb 的分析表明,并未参与评分的

---

[75] "Regulations of the Orange County Taxi Administration Program", *Orange County Taxi Administration Program* (July 19, 2014), at http://octap. net/regulations. pdf. (作者未注明最后访问时间。——译者)

[76] Kim Lyons, "Yellow Cab Not Happy with Pennsylvania PUC's New Mileage Rule", *Pittsburgh Post-Gazette* (January 29, 2015), at https://perma. cc/9TUX-T6CU. (作者未注明最后访问时间。——译者)

[77] "Understanding the For-Hire Vehicle Industry", New York City Taxi & Limousine Commission(2015), at https://perma. cc/FDE3-BG6D. (作者未注明最后访问时间。——译者)

[78] Nairi Hourdajian, "Feedback Is A Two-Way Street", *Uber Newsroom* (April 23, 2014), at https://perma. cc/UD7J5MXY. (作者未注明最后访问时间。——译者)

[79] Olivia Ferguson, "Uber's 5-Star Inflation", *Consumer's Research* (August 15, 2014), at http://consumersresearch. org/ubers-5-star-inflation; See Kate Kane, "The Big Hidden Problem with Uber? Insincere 5-Star Ratings", *Wired* (March 19, 2015), at http://www. wired. com/2015/03/bogus-uber-reviews. 关于用户对 Airbnb 的评级,参见 Georgios Zervas et al., "A First Look at Online Reputation on Airbnb", *Where Every Stay is Above Average*, at http:// papers. ssrn. com/sol3/papers. cfm? abstract_id=2554500. (作者均未注明最后访问时间。——译者)作者观察到,根据对他们收集到的世界范围内超过 60 万间 Airbnb 短租房屋的评级进行分析,近 95% 的 Airbnb 房屋的平均用户评级为 4.5 或 5 颗星(最大值),且几乎没有一间房屋获得了低于 3.5 颗星的评价。

用户往往比提交评论的用户有着更糟糕的体验。[80] 一些用户似乎害怕被给予低分评价的服务提供者通过对平台数据信息进行查看来对其实施报复；在Airbnb 以前实行的规则中，这确实是可能的[81]，尽管在大多数平台目前实行的规则中，这种报复已不具有可能性了。最后，平台用户似乎发现留下负面的评价将是不愉快的或代价高昂的，这或许反映出房东可能知道提交负面评价的客人是谁，且可能会在平台之外实施报复（让平台用户与经常了解客户姓名、家庭住址，以及其他更多信息的软件平台服务提供者进行互动是不太现实的）。真实的负面评价信息，通过提示后来者注意等功效，能够惠及所有人，提升公共利益，但对于负面评价信息的贡献者而言并无直接的利益。上述这些问题或多或少对评级系统的有效性提出了质疑。

尽管如此，总的来说，我们认为评级系统，可能比所谓的集中针对服务质量最差者进行执法更有效。如果出租车司机是粗鲁的，乘客不太可能向负有监管职责的机构投诉，更不用说跟进任何后续行动或纠正措施。相反，在一个运输平台，强制性的乘车后评级系统对于评级下降的问题可以快速地予以应对，所有迹象均表明，平台的应对行动包括司机自费的私人培训[82]，以及与司机终止合作。值得注意的是，在平台评级体系所覆盖的领域中，涉及的监管利益很少，争议也不大。也没有监管机构试图将特定车型、里程或车龄等要求强加给运输平台，即使这些规则显然是适用于出租车的。

然而，我们震惊于标准商业服务提供者和软件平台的要求之间存在的分歧。酒店必须安装洒水喷头等自动灭火系统[83]，但大多数私人住宅和公寓都缺乏这样的设备。在酒店里必须放置不可燃的床上用品[84]，Airbnb 对在其平台上注册的房东则无此要求。Airbnb 网页现在张贴着关于房东的消防安全安排的一些信息，给租客提供关于房屋保护方面的信息，但页面布局使浏览者很容易忽略这个信息。作为客户和平台对可能出现的问题进行了解的途径之一，平台可以与潜在的客户分享这一信息，正如 Airbnb 所提供的越来越详细的有关各个待租房屋安全性能的报告。但总体而言，信息仍然是有限的，甚至随着

---

[80] Andrey Fradkin et al. , "Bias and Reciprocity in Online Reviews: Evidence From Field Experiments on Airbnb", *Proceedings of the Sixteenth ACM Conference on Economics and Computation* 641 (2015).

[81] Harrison Weber, "Airbnb Tweaks Review Systems So Guests Don't Fear Retaliation from Hosts", *Venture Beat* (August 11,2014), at https://perma. cc/L527-WYYY.（作者未注明最后访问时间。——译者）

[82] Jack Smith IV, "Uber Drivers: The Punishment For Bad Ratings Is Costly Training Courses", *The Observer* (February 3, 2015), at https://perma. cc/3QYE-KE34.（作者未注明最后访问时间。——译者）

[83] See Cal. Code Regs. Tit. 19, § 902 (2016).

[84] See Cal. Code Regs. Tit. 19, § 1292.1 (2016).

所披露信息的增加,强大的监管要求比起冗长的信息披露而言,可能更能使一些客户得到更好的服务。

软件平台的评级系统在一般平台用户的注意程度上,能够有效地保证服务质量。例如,一个粗鲁的或危险的司机很可能会被从网络运输平台开除,一个不如人意的房屋也会被从 Airbnb 平台上除名。然而,评分系统可能对于那些用户无法发现或没有发现的问题无力提供有效的保护。例如,如果一辆车的刹车状况不佳,在日常驾驶中可能仍能够满足众多乘客的出行需求——只在最需要刹车时才会失灵。同样,住宅里维护不善的供暖系统在温度温和时,可能就够用了,但当某天需要大量的热量时有可能因为有毒气体泄漏,而使居住者中毒。在这些情况下,早期平台用户的经验对评估后续可能发生的问题,提供了并不充分的信息。监管可以有效地设置最低标准,以保护那些未能意识到潜在问题的平台用户,并保护平台用户免受那些事前无法注意到的问题的侵害。

3. 认知偏差

即使用户获得了相关信息,他们在进行风险评估时可能会受到认知偏差的影响,进而导致其做出不合理的决定。[85] 多种因素均可能导致认知偏差,包括对相关信息的忽略,对无关信息的依赖,或过分重视问题的一个不重要但显著的特点。由于这些偏见,用户的思维可能被那些虽然是灾难性的,但却是非常不可能发生的事情所占据(例如,被一个真实身份为连环杀手的司机所杀害),而用户可能会忽略或低估那些更频繁的风险(如因不安全驾驶导致的受伤)。在短期租赁领域类似的问题也可能出现,客户可能将注意力集中在突出的问题上(或许是为了避免某些被认为具有较高犯罪率的社区),而忽视隐藏的风险(如消防出口、加热及烹饪系统)。

在这种情况下应当实施监管干预,因为用户或服务提供者可能无法正确地评估风险,也因此无法采取适当的预防措施。即使在乘车后,顾客对许多长期存在的安全方面的运输要求,仍将难以评估——例如,要求对车辆进行高频率或严格的检查。在短期住宿的情况下,法规通常要求业主取得许可证,以确认单元楼符合短期住房的要求[86],如额外的出口[87]、喷头[88]、耐火纺织品[89]等,

---

[85]　Daniel Kahneman & Amos Tversky, "On the Reality of Cognitive Illusions", 103 *Psychology Review* 582 (1996); Martie G. Haselton, Daniel Nettle & Paul W. Andrews, "The Evolution of Cognitive Bias", in David M. Buss ed. *The Handbook of Evolutionary Psychology*, 2005, pp. 724, 724-746.

[86]　See Portland Zoning Code § 33.207 (2015).

[87]　OR. Fire Code § 4604.18.3 (2010).

[88]　Portland Zoning Code § 33.207.040.

[89]　OR. Fire Code at § 4601.

以及其他安全措施,如在每个门安装锁舌,以保护客户免遭外部入侵者的侵害。[90] 大多数平台用户将努力评估这些保护措施为自身带来利益的可能性。根据这些措施的救生潜力,其很有可能产生一种非常可观的净效益,然而认知偏差理论表明,平台用户很可能低估这些利益,从而为节省小额开支放弃使用这些措施。

4. 为包括弱势群体在内的所有人提供全面的服务

大多数监管制度需要为包括少数民族、低收入地区及用户、身患残疾的用户等弱势群体提供全面的服务。例如,纽约出租车及轿车委员会禁止出租车司机基于乘客的种族或残疾情况而拒绝提供搭乘服务,并要求司机对所有目的地在纽约的乘客提供出行服务。[91] 软件平台倾向于规避这些措施,或者通过实行偏重于个人喜好而非政府指令的分散化决策模式,或者通过发布不具备强制执行效力的平台措施的方式。

第一个挑战是确保在服务区域内,服务能覆盖到所有来源地。出租车和软件平台为了完成这项任务采取了不同的方法,也产生了不同的问题。如果乘客住在周围街道没有几辆出租车的居民区里,大多数的监管方案要求调度员根据乘客的要求派遣出租车。这一方案未必是万能的:车辆可能会在耽误了很久后才能到达或根本就没有到达。此外,司机如果在沿途看到另一个乘客,可能就不想再继续驱车前往通过约车电话所指定的位置。此外,如果司机预计乘客已经找到了另一辆出租车或决定放弃用车,他们可能对于是否要继续前往派遣的地点感到特别犹豫。但如果服务供给不足,乘客以此作为投诉的理由,至少是一种合法的权利。与此相反,运输平台通常不会保证车辆在任何特定的区域内均具有可用性。如果乘客打开 Uber 的应用程序,并被告知在他所在的区域内没有可用的车辆,Uber 目前的系统并未给乘客提供任何途径来提交特殊的要求、等待、甚至是抱怨叫车行为。然而,我们注意到,运输平台可以调整这种方法。例如,如果当地法规要求,为了能够在该地区的每个部分都覆盖叫车服务,无论多远,运输平台都需随时将最近的车辆派出。此外,最近的一项审计研究(尽管由 Uber 资助)发现,即使是在低收入地区,Uber 的车辆也能够比出租车更快地达到。[92]

第二个挑战是确保司机能够将乘客运送到其所指定的任何目的地。在这里,运输平台与出租车相比似乎有一个显著的优势,作为电子通信系统,它很容

---

〔90〕　*Id.*

〔91〕　New York City Taxi & Limousine Commission Rules and Local Laws, § 54-20.

〔92〕　Rosanna Smart et al., "Faster and Cheaper: How Ride-Sourcing Fills a Gap in Low-Income Los Angeles Neighborhoods", *BOTEC Analysis Corporation* (July, 2015), at http://perma.cc/2UB7-K8WS.(作者未注明最后访问时间。——译者)

易按照期望的顺序来显露信息。按照目前的结构,首先乘客叫车;然后司机接单,并驱车前往乘客所在的位置;只有当司机接单后(通常通过应用程序或口头)才能获知乘客的目的地。[93] 司机可能会试图拒绝前往乘客指定的目的地,但他这样做需要一些理由来支撑——尤其是考虑到运输平台对基本上所有的搭乘服务都要圆满完成的期望,托词的原因通常会被平台所发现。相比之下,对于在路边扬招叫车的平台用户,出租车司机则更容易拒绝前往他不想去的目的地。一位乘客在向车队老板或监管机构投诉时,可以引述司机的徽章号码或车牌号码,但没有书面证据能够证明接到举报投诉后,负责监督者下达了调查通知,这使得司机因并未受到有效惩戒,故而可以继续按照他们的意愿行事。

　　运输平台提出了一个额外的问题,即为残疾乘客提供出行服务的必要性。在大多数城市,车队运营商必须提供一定比例的能够装载轮椅的车辆。这些安置费用通常在所有的客户间分摊。例如,在纽约市,每辆出租车的附加费为0.30美元,目的是为7500辆能够放置轮椅的出租车支付其到2020年为止所花费的额外费用。[94] 在其他城市,可能没有规定明确的附加费,但票价调整的讨论反映出可供残疾人使用的车辆的成本更高。[95] 与此相反,运输平台通常雇佣自有车辆并不能装载轮椅的司机。

　　短期住宿领域也出现了类似的问题。酒店通常被要求提供一定比例的、可供轮椅进入的房间[96],以及为身患残疾的客户提供的其他服务。[97] 所有迹象均表明,这些房间的利润要比其他的少一些——酒店似乎设置了需要遵守的最低要求,而这些设施并不在最低要求之内,酒店可能根本不提供这些服务。因此,Airbnb 几乎很少有轮椅可进入的房间就不奇怪了。[98] 事实上,没有什么

---

　　[93] Lucy, "Ride Like A Pro", *Uber Newsroom* (January 14,2015), at http://perma. cc/F37F6MGG.(作者未注明最后访问时间。——译者)

　　[94] See Rules of the City of N. Y. tit. 35 § 82-26(a)(1)(i). 自从每辆车 0.3 美元的附加税的标准通过并公告实施后,该规定尚未更新过。"Important Notice Regarding Upcoming Taxicab and SHL Improvement Surcharges", *New York City Taxi & Limousine Commission* (October 30, 2014), at http://www. nyc. gov/html/tlc/downloads/pdf/industry_notice_14_43. pdf.(作者未注明最后访问时间。——译者)

　　[95] John Rawlins, "First Wheelchair Accessible Philadelphia Taxis Unveiled", 6 *ABC News* (July 2, 2015), at http://6abc. com/travel/first-wheelchair-accessible-philadelphia-taxis-unveiled/824647.(作者未注明最后访问时间。——译者)

　　[96] "ADA Checklist for New Lodging Facilities", *U. S. Department of Justice* (October 2, 2001), at http://www. ada. gov/hsurvey. htm.(作者未注明最后访问时间。——译者)

　　[97] "A Guide to ADAAG Provisions", *U. S. Access Board* (2015), at http://www. access-board. gov/guidelines-andstandards/buildings-and-sites/113-ada-standards/background/adaag/422-a-guide-to-adaag-provisions.(作者未注明最后访问时间。——译者)

　　[98] Bruce Golding, "Airbnb Spots Dupe the Disabled on Accessibility: Advocates", *New York Post* (November 3, 2014), at http://nypost. com/2014/11/03/airbnb-spots-dupe-the-disabled-on-accessibility-advocates.(作者未注明最后访问时间。——译者)

能够保证 Airbnb 将为房客提供这些服务,监管义务的缺失使得 Airbnb 及注册到该平台的房东缺乏这样做的动机。

对于每一个要求,最根本的问题在于软件平台是否肩负着为所有客户提供服务的应尽职责(如不论出发地和目的地在哪,平台均为乘客提供出行服务,或为身患残疾的客户提供住宿服务),简而言之,即前文所提到的"普遍服务"。[99]

为确保在软件平台的背景下普遍服务能够得到落实,我们看到两种截然不同的方法。首先,监管者可能要求软件平台应提供相当份额的普遍服务,可能也以同样的比例对传统企业做出了相应的要求。这将结束软件平台和传统企业之间价格扭曲的现象,并保证所有感兴趣的客户都能够通过软件平台得到相应的服务。在软件平台架构中实现上述比例要求是一个显著的挑战。如果一个车队老板拥有 20 辆出租车,要求其中一辆车可供乘坐轮椅的客人搭乘不难;但 Uber 旗下的一名普通司机通常只有一辆车可供驾驶,Airbnb 平台上的房东通常只有一处可供租住的房产,司机和车、房东与房都是难以分割的。人们可能会要求软件平台以某种方式使得其服务的覆盖范围达到指定的比例,可能是通过给服务供应商发放奖励费的方式。事实上,运输平台已经为新进入的司机提供了 500 美元或更多的奖金,所以不排除对能够放置轮椅、为残疾人士提供服务的车辆给予巨额奖金的可能性。[100] 运输平台将在所有客户中分摊成本,正如传统的出租车业和酒店业分摊他们的进入成本(也即份子钱)一样。

其次,公共部门指定一个普遍服务提供者来提供某些公共服务同样是可行的,并且在必要的范围内,对运营商因提供这些服务而花费的成本进行补偿。普遍服务所需的费用可以通过对有关部门的特别税收资助或一般税收来获得。"辅助客运系统"运营商在许多北美城市均已开展了助残服务,这可能是这些运营商业务范围的自然扩张。[101] 预计有些人将会发现这种方法没什么发展前景,因为它需要更大力度的政府干预,同时似乎也不太可能取得技术的进步及由此产生的效益。但是,如果软件平台的服务范围不能涵盖具有特殊需求的客户,这种方法可能是必要的。

缺失这样的干预,会使我们注意到不对称监管的扭曲。例如,搭乘纽约市

---

〔99〕　这一术语与公用事业所承担的在一定范围内以合理的价格和质量提供服务的长期义务相匹配。虽然在交通出行领域中有时也会有很大的相似性要求,但在酒店业中,地理范围的全覆盖是不常见的,因为酒店通常可以自由地决定在哪里,以及以什么价格运营。然而,酒店业须接受其他服务项目对其提出的要求,特别是包括为身患残疾的客人安装相应的服务设施。

〔100〕　Alex, "We'll Bet $500 You'll Like Driving With Uber", *Uber Newsroom*(May 1, 2014), at http://perma.cc/MQA5-4JNA.(作者未注明最后访问时间。——译者)

〔101〕　Richard Weiner, "Integration of Paratransit and Fixed-route Transit Services", *TCRP Synthesis* 76(2008), at http://onlinepubs.trb.org/onlinepubs/tcrp/tcrp_syn_76.pdf.(作者未注明最后访问时间。——译者)

出租车的乘客每次乘坐时都会被收取轮椅附加费,而同一旅程,选择运输平台提供的出行服务的乘客则不需要交纳此种附加费。当一些原本会搭乘出租车出行的乘客转而选择运输平台作为出行方式时,这将使得共同支付轮椅费用的人数减少——如果固定的轮椅费用不得不由更少的出租车及乘客来分担,那么为了获取预想的利益,增加附加费的压力也将更大。值得注意的是,这种监管环境可能会允许运输平台从出租车市场拿走一部分份额,不是因为运输平台真的是更好的市场竞争主体或有真正的成本优势,而是因为它们允许乘客规避使他人受益的监管规定。

此外,经济激励措施似乎对平台和服务提供者为弱势群体提供服务造成了阻碍。假设一个可放置轮椅的房间的单位成本是标准单位成本的120%以上(由于这意味着更大空间的、更宽阔的门和走廊,特殊的固定装置,聘请设计顾问等),当一位坐轮椅的客户预订了一家酒店,这一成本将由所有住在该酒店的客人平摊,这就使得坐轮椅的客户所分摊到的份额几乎为零。相反,在 Airbnb,轮椅使用者将支付额外空间和固定装置的全部成本。如果该成本比 Airbnb 相较于酒店而言所拥有的价格优势要大,坐轮椅的客户将转而理性地选择住酒店。同样,对于一个 Uber 司机来说,买一辆特殊的(而且更昂贵的)能放置轮椅车的汽车也不会得到任何额外的补偿。面对这些激励措施,服务供应商和顾客都有足够的理由为了避免付出高昂的代价,而不去努力满足客户的特殊需要。

对歧视进行仔细地调查,引起了最后一组对普遍服务的关注。根据法律规定,在美国,饭店不能根据种族、肤色、宗教或民族血统的不同而歧视顾客。[102] 酒店业务流程体现了这一要求,在接受客户的预定时,并不考虑这些因素。但软件平台对准客人的住宿资格进行分散决策——让房东个人通过屏幕以一种已被证明与种族有关的方式来筛选客人。[103] 无论主人看到客人的姓名和照片有什么好处,鉴于可能引发的歧视风险,必须考量提前看照片是否必要。Airbnb 已经对在其平台上注册的房主提出了建议,一个潜在的顾客能够从以往的入住记录,具有一定程度的验证功能的电话号码、地址、社会网络身份等获得一定的信誉。有了这些信息,在审查客户身份时,添加客人的姓名和照片,可能并没有什么好处。在这里,我们注意到,为解决长期存在的问题,电子订约环境可以做的事情很多:一些非裔美国人声称其很难打到出租车,然而通过运输

---

[102]　42 U.S.C.A,§ 2000a。

[103]　Benjamin Edelman, Michael Luca & Daniel Svirsky, "Discrimination in the Sharing Economy: Evidence from a Field Experiment", at http://papers. ssrn. com/sol3abstract = 2701902.(作者未注明最后访问时间。——译者)

平台来叫车的成功率则高得多。[104] 但即使这样也不能保证能够彻底防止歧视行为的发生；如果一个运输平台(通过姓名和面部)突出显示乘客的种族特征，则可能会和线下叫车面临一样的问题，即导致对乘客的歧视。

（三）提高收入

政府必须提高公共职能的收入。对大多数商品和服务征税是政府增加税收的策略，这就很难看到一个原则性的基础。为什么由软件平台(如短期住宿和运输领域)促成的交易就应该被豁免缴税？然而，软件平台的分散化使人们很容易规避这些义务：如果软件平台本身不收税，且并不以某种方式迫使参与者支付，税收很可能就不会被缴纳。并且通常情况下，由税务机关来识别哪些人需要缴纳税款通常是行不通的。

这个问题第一次出现在纽约市的 Airbnb，当时该市对是否应要求 Airbnb 遵守 5.875% 酒店客房占用税表示了质疑，这一税收约占全市税收收入的 1%。[105] 此后不久，旧金山、新奥尔良、马里布、柏林、巴塞罗那以及其他城市也爆发了类似的问题。[106] 在每一个实例中，软件平台允许房东在不征收或不代扣代缴税款的情况下出租房间，直到监管机构注意到这个问题，并坚持要求其缴纳税款为止。Airbnb 现在在 16 个城市里征收并代扣代缴税款。[107] 然而 Airbnb 向监管机构进行的代扣代缴是省略了房东的名字和地址的，这就阻碍了监管机构对分区、安全或其他潜在的问题的进一步调查。[108]

同样，运输服务经常被征税以提高公共职能的收入。通常情况下，运输服务许可证不仅是一项行政或监督职能，也是一种提高收入的手段。例如，纽约市在 2014 年通过对 350 个出租车牌照的出售，征税 3 亿 5900 万美元[109]，而其他城市则根据车辆收入来收费。[110] 为规避对这种许可证的需要，运输平台因

---

[104] Jenna Wortham, "Ubering While Black", *Medium* (October 23, 2014), at https://medium.com/matter/ubering-whileblack-146db581b9db.(作者未注明最后访问时间。——译者)

[105] Roberta A. Kaplan & Michael L. Nadler, "Airbnb: A Case Study in Occupancy Regulation and Taxation", 82 *University of Chicago Law Review Dialogue* 103,109 (2015).

[106] Will Coldwell, "Airbnb's Legal Troubles: What Are the Issues?", *The Guardian* (July 8, 2014), at http://www.theguardian.com/travel/2014/jul/08/airbnb-legal-troubles-what-are-the-issues.(作者未注明最后访问时间。——译者)

[107] "In What Areas is Occupancy Tax Collection and Remittance by Airbnb Available?", *Airbnb*, at https://www.airbnb.com/help/article/653/in-what-areas-is-occupancy-tax-collection-and-remittance-by-airbnbavailable.(作者未注明最后访问时间。——译者)

[108] Ari Levy & Henry Goldman, "Airbnb: To Tax or Not Tax a Rented Bed", *Bloomberg Business* (September 27, 2012), at http://perma.cc/VT8W-A2AT.(作者未注明最后访问时间。——译者)

[109] Thomas P. DiNapoli & Kenneth Bleiwas, "Review of the Financial Plan of the City of New York", *State of New York Comptroller* 16 (July, 2011).

[110] See Santa Rosa Cal., Ordinance No. 3964 (July 12,2011).

此扣缴了城市的相应收入。一个接近于传统税收的缺口,一些城市对每次乘车都收取费用,如纽约市对所有从纽约市出发的旅行都要收取 0.50 美元的税。[111] 以软件平台为中介的交易各方,对政府增加财政收入都有充分的规避理由,因为他们作为自愿买卖的双方,没有特别的动机来纳税。然而,向这些人员征税可能具有明确的理由。首先,运输服务通过堵塞交通导致了负外部性。道路上的每辆车都会使得其他车辆的进程减慢,营运车辆可能会时常出现在拥挤的市中心,而在市中心,这种影响是最大的。拥堵是税收的一种自然基础,也是显示税收在原则上特别有效的一个实例,因为税收既提高了政府的收入,也减少了负外部性。我们注意到这个论点的局限性。对运输平台进行征税,可以缩减其运营规模,间接促使平台用户选择搭乘公共交通工具出行,但这些税收也可能导致消费者保留私人车辆,而不是转向运输平台,这可能会增加出行距离,加剧拥堵情况。据悉,并无实证研究对这些影响加以比较。

此外,短期住宿和运输平台均面临着与纳税服务模式相对应的税收。对短期住宿征税,让城市从消费当地的公共设施的游客那里获取收入。同样,运输平台的车辆使用共享道路,燃油税只占道路建设和维护费用的一部分[112],对其收取额外费用有助于覆盖其所使用的服务。不管人们对税收的这个基本原理怎么看待,都将很难得出唯独软件平台应该被豁免纳税的结论。

（四）规范软件平台的可行性

反对规制平台的另两个可能的理由在于:其一,平台以一种网络技术模式存在,规制手段实施的可能性及可行性小;其二,平台作为连接服务供给者与服务需求者的电子中介,不应当对其用户发布的内容或行为负责。在我们看来,无论哪种担忧都不能阻碍本来就应该实施的法律干预。

软件平台倾向于通过电子接口提供服务,而不需要大量的物理设备。尽管如此,大多数平台仍然寻求在它们经营的每个地区提供一些工作人员——例如,Uber 的国家经理和城市经理负责审查当地的广告、招聘司机以及其他执行公司战略的活动。这些工作人员,以及与之配套的办公空间、当地的银行账户、在每个城市和国家的其他公司的资产,提供了管辖权的自然基础以及强制执行判决的直接手段。事实上,法国采用了这种方法,包括逮捕 Uber 的法国首席执行官和 Uber 的欧洲区总经理。[113] 在这种情况下,人们可能会讨论逮捕的正

---

[111]　New York Tax Law § 1280 (McKinney 2015).

[112]　Angie Schmitt, "Updated: Drivers Cover Just 51 Percent of U. S. Road Spending", *Streetsblog USA* (January 23, 2013), at http://usa. streetsblog. org/2013/01/23/drivers-cover-just-51-percent-of-u-s-road-spending.（作者未注明最后访问时间。——译者）

[113]　Claire Groden, "Two Uber Executives Arrested in France", *Fortune* (June 29, 2015), at http://fortune. com/2015/06/29/uber-executives-arrested.（作者未注明最后访问时间。——译者）

当性，但能够肯定的是 Uber 似乎无法因总部设在另一个国家而规避法国的法律。

另一个独立的问题是，平台运营商是否或是否应当对其平台的协调或促进活动承担责任。如果平台的服务提供者被视为雇员（如各种诉讼指控[114]，虽然迄今尚无重大裁决），在长官负责制这一行之有效的原则下，平台应对员工的活动负责。[115] 否则，原则上这可能是次要责任的问题。[116] 举例来说，Uber 认为，和网络旅行社不对其为客户选择的酒店之行为负责一样，其也不对司机的行为负任何责任。[117] 但是事实上，平台在促成连接服务供给者与服务需求者所从事的很多行为，都属于现存法律的有效管辖范围。例如，加利福尼亚州公共事业委员会发现，它对规范公共道路上的旅客运输具有管辖权，即使这一服务是通过软件平台促成的。[118] 因为运输平台允许平台用户约车，且向平台用户筹集资金，故而其应受公共事业委员会的直接管辖。[119] 也没有任何其他负有监管职责的机构宣布其无法监督由软件平台介导的活动，也没有法院这样做。

最后，我们注意到，软件平台并不需要在任何重要意义上"凌驾于法律之上"，并在某些方面，它们有利于法律的实施和执行。综合电子记录系统可以记录谁做了什么——例如，每一个 Uber 短途旅程和每一个 Airbnb 住宿——平台为用户的活动创建了虚拟路线图。事实上，平台的记录往往是既有条理又有组织的。例如，Uber 关于司机的记录包括了搭乘数量、总收入金额、出发地与终点、甚至是车速，这些有利于各种形式的法律调查与进程。与此相反，线下中介机构通常收到的关于供应商和客户活动的信息要少得多。"跳蚤市场"的组织者可能知道参与交易的卖家的名字，但它不太可能有相关的记录——更不用

---

[114] See O'Connor v. Uber Technologies Inc. , 82 F. Supp. 3d 1133（N. D. Cal. 2015）.

[115] 长官负责制是一项普通法原则，指当雇佣行为发生在雇佣范围内时，雇主对雇员的行为负责。在交通运输的背景下，参见 41 American Jurisprudence Proof of Facts 2d 239 § 3 (1985).

[116] 当一方实质上促成、促进、诱导或以其他方式对另一方的侵权行为负责时，产生次要责任。See Giuseppe Dari Mattiacci & Francesco Parisi, "The Cost of Delegated Control: Vicarious Liability, Secondary Liability and Mandatory Insurance", 23 *International Review of Law and Economics* 453 (2003).

[117] *Before the Public Utilities Commission of the State of California*, *Rulemaking 12-12-011*, *Comments of Uber technologies. On Order Instituting Rulemaking*, at 7（01-28-2013）, at http://www. taxi-library. org/cpuc-2013/uber. pdf.（作者未注明最后访问时间。——译者）

[118] *Before the Public Utilities Commission of the State of California*, *Rulemaking 12-12-011*, *Decision Adopting Rules and Regulations to Protect Public Safety While Allowing New Entrants to the Transportation Industry*（Sept. 23, 2013）, at http://docs. cpuc. ca. gov/PublishedDocs/Published/G000/M077/K192/77192335. PDF.（作者未注明最后访问时间。——译者）

[119] *Id.* , p. 13, pp. 15-16.

说有关谁卖了什么的系统数据库。[120] 平台同样承诺会加大控制力度。车队运营商将努力限制司机搭载乘客的地域范围,但一个软件平台可以很容易地宣布对某些地区进行限制——然后通过全球定位系统和软件算法来执行这个规则。同样,软件平台倾向于使用容易跟踪和统计的电子交易,与现金支付相比可知,后者更容易因少申报而避税。总的来说,软件平台可能更有义务接受监管,而不是相反。

四、前进的方向

消除任意的法律干预以及它们强加给服务提供者和软件平台的要求的时机到了。废除这些要求将使得服务提供者和用户能够从现代软件平台所产生的许多效益中受益。这将反过来促进新的、改进了的、以更低成本提供更高质量和更方便的服务的发展。同时,当需要纠正市场失灵或促进重要的公共政策目标时,应维持(或真正地创造)监管要求。

此外,那些对长期供应商而言必须遵守的要求,若软件平台均能够在事实上豁免适用,市场活动估计会移动到新的、不受监管的领域——使之前的监管要求既不相关,又没有效果。我们对任何只存在于文字表面的缺乏政治执行意愿的法律所提出的要求持怀疑态度;遵守那些得不到执行的法律,将成为"傻瓜的游戏",不过是公司忽视实体规则的自然反应。

至于在第三部分所列举的要求,则可能存在更多的分歧。对于每一个监管要求,反对者可能都会发现这些规则过于繁重,不切实际或不相关,如果不对这些要求进行适当的校准,这些批评可能会成为事实。软件平台的现状可能会无视这些规则,平台可能会抵制任何限制其选择或增加其成本的要求。但如果软件平台发现,当规则能公正地对所有公司执行时,它们将难以在竞争中获得成功,事实上,也许它们并不应该在市场上占优势。

虽然,对其他软件平台的许多投诉都是建立在大公司的垄断地位这一点上[121],但迄今为止,我们所讨论的平台似乎是相对具有竞争性的。Uber 可能是众所周知的,但在美国的许多城市,Lyft 则扮演者"二号人物"的角色,在其他国家,在本国提供同类服务的企业则相对较强。此外,没有什么可以阻止出租车公司采用 Uber 和 Lyft 所使用的调度和计费技术,它们在部分城市也已经这样做了。同样,Airbnb 也面临着 VRBO 和 HomeAway 等公司的竞争。原

---

[120] Fonovisa, Inc. v. Cherry Auction, Inc., 76 F. 3d 259 (9th Cir. 1996).

[121] See *Commission Decision COMP/C-3/37. 792 Microsoft*, C(2004) 900, at http://ec. europa. eu/comm/competition/antitrust/cases/decisions/37792/en. pdf. ; *COMP/C-3/39. 740 Foundem and others*, at http://ec. europa. eu/competition/antitrust/cases/dec_docs/39740/39740_502_8. pdf. (作者未注明最后访问时间。——译者)

则上,平台用户和服务提供者都可以使用多种服务(多平台接入),这表明多种服务应同时存在。[122]在这种情况下,服务之间的竞争可能会使得占主导地位的平台流失部分利润。

值得注意的是,即使是最严厉的批评者,似乎对软件平台提供的某些服务也持接受的态度。当一个软件平台只提供在第二部分中所描述的效益,但不产生第三部分所讨论的各种不同的负外部性时,该平台则应当被很少或根本无异议地予以接纳。例如,RelayRides 让私家车主在不需要使用车辆时,将其出租。由于适当地配备有保险,很难看出谁是受害者。事实上,如果这些服务减少了车辆和停车位的数量,很容易看到每个人都过得更好。同样,Instacart 和 TaskRabbit 为几乎所有人提供购物或多种多样的服务创造了平台;Kitchensurfing 帮助宴会主人找到私人主厨;Lawnstarter 提供预约园丁的服务,Handybook 提供家居维修的服务;Uship 提供包装和搬家服务;等等。这些服务提出了工人到底应该如何定性的问题,是属于员工还是独立承包商[123],以及工人和预订服务之间的关系问题(如有争议的晋升机会)。[124] 但目前这些服务对他人可能带来的伤害不大,它们也没有引起多少相关的严厉批评。

争议更可能在服务将促进效率与加强监管相融合时发生。Airbnb 可能是方便的——但当它蔑视分区规则和短期出租税时,不可避免地将受到批评。同样,Uber 或 Lyft 可以提供低成本的、礼貌的、可靠的服务——但如果为司机投保的金额不足或从事保险欺诈,任何被伤害的人都有可能大喊违规。值得注意的是,当这些服务采取监管捷径,很难知道服务是否是通过真正的卓越和效率获得牵引力,还是通过监管套利。一个平台用户可能会因为它更低的价格来赞美 Airbnb——但如果 Airbnb 只比酒店便宜 10%,酒店房间缴纳了 15% 的城市入住税,而 Airbnb 却并未缴纳,如果法规对 Airbnb 和传统酒店一体适用,Airbnb 所谓的成本优势将会消失。就是说,在一些重要的方面,无论是 Uber 还是 Airbnb 都在逐步缩小这些差距,包括 Uber 对保险缺口的终止,以及 Airbnb 在越来越多的城市代缴税款。要真正证明它们的卓越,这些服务应该在一个公平竞争的领域竞争——这意味着前述竞争优势以无视法律为基础。

一个公平竞争的市场(无论服务的架构如何,法律都应该同等地被执行)的最终理由在于,法律规则在构建经济关系时的终极重要性。当一个 Uber 式的竞争对手凭借上述这些预防措施和相关的费用压低了它自己的价格时,什么才

---

[122]　Toker Doganoglu & Julian Wright,"Exclusive Dealing with Network Effects",28 *International Journal of Industrial Organization* 145(2010).

[123]　O'Connor, 82 F. Supp. 3d 1133.

[124]　Umair Haque,"The Servitude Bubble",*Medium*(Jun 8,2015),at https://medium.com/bad-words/the-servitudebubble-c9e998c437c6.(作者未注明最后访问时间。——译者)

是合法授权和适当投保的司机应该思索的呢？司机缴纳所得税或评判委员会服务，其只在表示对法治的尊重吗？或是在法律上履行他的许多其他职责？对此问题我们心存疑虑。在这里，公司蔑视法律与监管机构允许其蔑视法律均会导致损害。对一些法律进行解绑或对一些强制执行措施正式暂停实施具有充分的理由。但如果是这样的话，应当让一切通过公司董事会决议的方式来进行，并服从适当的民主进程。与此相反，如果监管不作为造成了对软件平台在事实上忽视长期有效的法律的行为的豁免，最终的受害者将是法律制度本身。

（审稿编辑　邓　伟）
（校对编辑　邵博文）

《北大法律评论》(2017)

第 18 卷·第 2 辑·页 355—376

Peking University Law Review

Vol. 18, No. 2, 2017, pp. 355-376

个人信息权的建构和立体式法律保障

——由隐私权保护的范式困境展开

裴 炜[*]

Construction of and Safeguards on the Personal Information Rights in Cyberspace:

From the Perspective of the Dilemma of the Legal Paradigm of the Right to Privacy

Pei Wei

内容摘要: 网络时代的到来所引发的"隐私已死"的担忧以及对于新型权利的探索,反映出传统民事权利框架下,以人格权为基本属性、以侵权责任为主要救济方式的隐私权体系在保护个人信息方面所面临的困境。网络环境所具有的风险化、思维化、经济化、公私融合及权力溢出等特征,凸显出个人信息保护领域公民权利与国家权力之间的关系变革,要求统合公法与私法,建立与各项特性相适应的个人信息权利体系。这就需要,一方面将隐私权之概念吸纳入更为宏观的个人信息权的概念当中去,另一方面将个人信息权上升至宪法性权利,以此形成较为体系化的权利框架,并在此基础上统筹各个部门法针对个人

---

 * 法学博士,北京航空航天大学法学院副教授。本文系 2016 年北京市社会科学基金青年项目"网络犯罪电子证据原理探析与规则构建"(项目编号:16FXC026)的阶段性研究成果。

信息的规则。

关键词：个人信息权　隐私权　网络空间　风险社会　宪法性权利

一、引言

随着网络时代个人信息的概念、价值、利用方式、治理模式等方面的变化，围绕着个人信息相关权利及保护这一命题出现了两种声音。第一种声音宣称"隐私已死"[1]，即认为在网络语境下，个人信息遭受到来自各个方面的侵袭——从社会身份到生活经历，从行踪到生活模式，从生理健康到思想状态，个人信息处于大规模、全方位暴露的状态，在这样一种状态之下，个人毫无隐私可言。第二种声音则试图抛开隐私权问题，着重开发个人信息的新型权利，"被遗忘权"的提出即是一例。2015 年任甲玉诉北京百度网讯科技有限公司一案，"被遗忘权"的认定和保护问题在司法实务中首次被提出，法院在终审判决中承认"对这部分网络上个人信息的利益指向的确也并不能归入我国现有类型化的人格权保护范畴"。[2] 除去"被遗忘权""数据可携带权"等已经逐渐确立的新型权利外，还有其他一些权利尚未寻找到合适的话语进行表述。例如，对于政府大规模存储个人数据的行为是否干涉公民个人权利；如果是，干涉的是何种权利。此类问题尚未形成较为统一的解释。[3]

以上两种声音实则一体两面。正是传统意义上的隐私及隐私权在网络语境下的功能失灵，才引发新型权利类型的思考。但是如果考察当前有关个人信息保护的相关研究以及司法实践会发现，尽管新型权利与包括隐私权在内的人格权体系之间似乎存在不相协调的地方，但许多学术研究仍然试图将前者放置

---

〔1〕　See Austin Sarat（ed.），*A World Without Privacy*，Cambridge University Press，2015；Daniel J. Solove，*The Future of Reputation*，Yale University Press，2007；Stephen B. Wicker，*Cellular Convergence and the Death of Privacy*，Oxford University Press，2013；A. Froomkin，"The Death of Privacy?"，52 *Stanford Law Review* 1461（2000）.

〔2〕　参见任甲玉与北京百度网讯科技有限公司名誉权纠纷案（北京市第一中级人民法院（2015）一中民终字第 09558 号）。该案中，尽管原告主张自己的"被遗忘权"，但法院认为我国现行法中并无"被遗忘权"的权利类型，国外之法律及判例不能成为我国此类权利保护的法律渊源。而如果要将"被遗忘权"归入一般人格权的保护范畴，则需对该利益之正当性和受法律保护之必要性进行论证。

〔3〕　学界目前主要包含两种意见：一种是在一般人格权项下设置独立于隐私权的个人信息权并加以保护，另一种则倾向于在隐私权框架下保护个人信息。前者参见王利明：《论个人信息权的法律保护——以个人信息权与隐私权的界分为中心》，载《现代法学》2013 年第 4 期；后者参见任晓红：《数据隐私权》，载杨立新主编：《侵权法热点问题法律应用》，人民法院出版社 2000 年版，第 419 页。

在后者的传统概念体系和规则框架之下。[4]

　　这样一种状况揭示出网络时代有关个人信息相关权利保护亟待解决的问题，即原有隐私权理论框架能否服务于互联网这一新型语境。换言之，我们是需要重新建构权利体系以满足时代发展，还是仍然可以在原有基础上进行调整？一方面，我国《民法总则》第 111 条明确规定，自然人的个人信息受法律保护。我国《民法总则》将其与人身自由、人格尊严并列。该权利之具体内涵如何，以及它怎样与分则内容相协调，以适应网络时代个人信息保护之要求，是不可回避的问题。另一方面，如何解读网络语境下公民针对其个人信息所享有的权利，这个问题已经远远超出民法的规制范畴。以笔者从事的刑事司法研究为例，侦查人员能否要求网络服务提供者提供犯罪嫌疑人的个人信息，能否留存进入刑事诉讼程序但最终未被定罪的人的个人信息，不经令状可否搜集犯罪嫌疑人的全球卫星定位系统信息等，这些问题均因网络时代和数字化社会的到来而日益凸显，并且都意味着需要围绕个人信息相关权利重新划定国家公权力的合法性基础和行使空间。[5]

　　个人信息相关权利亟待构建，而其构建必须要回答以下几个问题：个人信息相关权利与传统意义上的隐私权是什么关系？网络时代对个人信息权利保护提出了哪些新的要求？这些要求能否通过调整传统隐私权权利框架得以满足？如果不能，应当如何建构个人信息权？尽管学界对于个人信息及其法律保护方面的研究由来已久，并已经形成一些研究成果，但以上几个根本性的问题尚未得到充分重视，而相关民事规则、行政规则和刑事规则亦因此呈现出各行其是的发展趋势。笔者试图从公法视角，审视当前个人信息相关权利构建的学术和立法探讨，并在此基础上为回答以上问题做出努力。

二、传统隐私权与个人信息相关权利的话语冲突

　　网络时代下，公民对于其隐私权的担忧正在发生变化。相对于前网络时代人们担心自己的私事被不正当披露，从而造成精神层面的巨大损害，现在的担忧更多来自网络用户数据大规模泄露或过度收集事件、司法或行政机关建立的公民个人信息数据库、大数据交易、地图应用软件对个人位置的精准定位、网络服务提供者利用插件投其所好地推销产品等。在面对大型网络服务提供商、政府机关或者数据交易商时，一方面个人对于其信息的掌控能力在不断弱化，由

---

　　〔4〕　参见张里安、韩旭至：《大数据时代下个人信息权的私法属性》，载《法学论坛》2016 年第 3 期；王学辉、赵昕：《隐私权之公私法整合保护探索——以"大数据时代"个人信息隐私为分析视点》，载《河北法学》2015 年第 5 期。
　　〔5〕　参见裴炜：《犯罪侦查中网络服务提供商的信息披露义务》，载《比较法研究》2016 年第 4 期。

此切实地引发了对于隐私乃至个人自由的担忧;另一方面很难证明某些干预或处理个人信息的行为确实对公民个人造成了实质性损害,甚至一种温水煮青蛙式的隐私漠然心态已经逐渐形成,以至于很少有人在浏览网页时会注意服务商的隐私条款,或者注意保护自己的真实姓名、肖像、身份证号、联系方式等信息。

当我们在网络语境下表达对个人信息的关切和担忧时,很难找到合适的权利话语。信息主体可以主张自己享有个人信息权,但何为个人信息权,基于何种价值基础享有这项权利,以及该项权利在当前权利体系中如何定位,这些问题尚无明确答案。以 GPS 定位信息为例,对于这样一种信息,被定位的主体究竟享有何种权利,这种权利能否被放置在人格权或者财产权项下进行规定,何种行为可以被视为侵犯该权利,现有权利体系对此处于失语状态。

面对此种情形,早期学术研究和立法探索多试图在传统的民事侵权责任框架之下去寻找合适的字眼[6],然而这样又一进步产生了个人信息与隐私权不相兼容的违和感。之所以如此,主要在于传统隐私权与基于个人信息所衍生的公民个人权利存在着多个方面的差异。

第一,传统隐私权建构的基本前提是个人对于自己的生活状态和空间具有相对主动和完整的控制能力,而这样一种能力又依赖于物理世界的特性,例如空间的相对封闭性。但是当我们讨论网络语境下的个人信息时,该环境是一个高度开放、信息高速流动和交互的场域。在该场域中,浏览网页、使用即时通信软件或 GPS 定位系统、发送电子邮件、阅读在线文献或是在云端编辑文本,这些行为都会留下痕迹并且被分散式存储。从这个角度讲,个人生活空间和状态的开放化是网络语境下个人信息的新常态。

第二,权利客体不同。如前所述,隐私权针对的是隐私,而隐私本身具有特定的含义。从中文的角度分析,"隐私"中的"隐"强调不为他者认知的心理或达至该效果的行为,而"私"则意味着仅与或主要与特定个体私人领域相关的事务、信息或空间。[7] 这意味着在使用隐私这一概念时,我们已经预设了两个前提:其一是存在隐匿的可能性,其二是存在公领域与私领域的大致界分。无论采用消极的"独处"(to be left alone)概念,或是积极的有限制接触(limited access)或信息控制(control over information)概念,无论是从隐匿的事实状态还是从个人信息自主的角度进行分析,隐私均基于以上两个前提构建而成。换言之,若所隐之事无关个人,或者个人之事无须隐匿的,均不构成隐私。可以

---

〔6〕 参见华劼:《网络时代的隐私权——兼论美国和欧盟网络隐私权保护规则及其对我国的启示》,载《河北法学》2008 年第 6 期;任伊珊、崔析宗:《网络隐私权立法保护探析》,载《法学杂志》2007 年第 4 期;彭礼堂、饶传平:《网络隐私权的属性》,载《法学评论》2006 年第 1 期;王全弟、赵丽梅:《论网络空间个人隐私权的法律保护》,载《法学论坛》2002 年第 2 期。

〔7〕 有关"隐私"的概念分析,参见马特:《隐私权研究——以体系构建为中心》,中国人民大学出版社 2014 年版,第 16—19 页。

说,能够表述为"隐私",进而被法律确认并被纳入保障范围的信息仅构成个人信息的一部分。相对而言,个人信息的范围要更广一些,它一方面指向任何与"隐私"中的"私"所相对应的概念,另一方面亦包括任何可以识别出特定主体的信息。

第三,对于权利的干预或侵犯模式亦有所差异。侵犯传统隐私权的主要模式是不当披露隐私,构成侵权的判断标准是符合一般侵权行为的构成要件,侵权行为所造成的损害后果通常具有强烈的精神或情感属性,而权利主体对于侵害行为和侵害结果通常具有明确的认知。在信息开放模式下,尽管信息披露仍然可以构成对个人信息的不当干预,但从总体来看,披露行为仅构成侵犯个人信息行为的一小部分。如前所述,网络语境下对个人信息的侵犯已经大大提前,即在信息被存储或搜集之时起已经开始。事实上,布兰代斯(Brandies)在1928年的 *Olmstead v. United States* 案[8]中发表的反对意见已经对其与沃伦(Warren)在1890年的《隐私权》[9]一文中的观点进行了修正,而这一修正的出发点恰恰在于意识到个人隐私面临的威胁不仅仅来源于公开披露,同时也可能来源于政府干预。

由此出发,对于个人信息的干预或侵犯在以下三个方面区别于传统隐私权:其一是这种干预行为并不强调明确的损害后果,权利主体甚至有时不会意识到自己的权利已经遭受侵害[10],侵害行为的情感色彩大大弱化。换言之,在信息环境开闭模式转换的过程中,对于个人信息的干预已经由产生具体且真实的损害后果的行为转向侵害风险。其二是这种干预行为并不必然导向披露这一传统隐私权侵权模式,但由于干预方与被干预方之间力量悬殊,例如大型网络服务商与单个用户,仍然会在权利主体心理上造成压迫感。正因如此,在刑事程序中,如果刑事侦查部门对犯罪嫌疑人采取监听措施,该侦查行为是否正当是与后续行为(包括公开信息与否)分别独立判断的。其三是即便在以信息披露为基本模式的传统侵权框架下来分析,网络环境下侵权行为的严重程度和侵害后果之间处于失衡状态,从而导致传统救济手段与侵权行为之间的比例关系需要重新调整。以2010年轰动美国的泰勒·克莱门蒂(Tyler Clementi)自杀事件为例,泰勒与另一名男性的性爱场景被其室友通过网络摄像头在网上直播,尽管两名犯罪嫌疑人因侵犯隐私而被起诉和定罪,但该直播行为引发的舆

---

〔8〕　*Olmstead v. United States*, 277 U. S., 438 (1928)

〔9〕　Warren and Brandeis, "The Right to Privacy", 4 *Harvard Law Review* 193 (1890).

〔10〕　参见谢远扬:《信息论视角下个人信息的价值》,载《清华法学》2015年第3期。

论压力最终导致年仅 18 岁的泰勒在乔治·华盛顿大桥跳河自尽。[11]

第四,构成隐私的信息在完整性上也区别于个人信息。通常来说,对于隐私权的侵犯会构成一个相对完整的内容,其中包括主体(明示或暗示)、行为或状态。这种完整性体现在两个方面,一方面是隐私权与名誉权的紧密联系,例如我国在修改《侵权行为法》之前,对于隐私的保护基本上基于对名誉权的侵犯而启动;另一方面是上文提及的隐私权中所包含的强烈的情感色彩,而这种情感色彩又通常基于较为明确的个体指向和充分的事实描述。这也是传统隐私权会与言论自由特别是媒体的言论自由产生激烈冲突的原因之一。[12]

反观个人信息相关权利,其所针对的不仅包括故事性的信息,更多地还指向信息碎片,例如姓名、账号、网页登录时间、位置信息等。正因如此,在网络时代探讨个人信息的价值时,由信息论和情报学衍生出来的"镶嵌论"开始进入司法裁判视野。该理论认为,分散的信息碎片尽管对于其占有人来说没有价值或价值有限,但将这些碎片组合起来则会产生不可估量的整体价值。[13] 这种属性衍生出侵犯个人信息的行为的两种特殊模式:其一是大规模、长时间收集零散化的个人信息;其二是由于筛选不当、拼凑、伪造、篡改等原因形成个人信息表述和披露上的错误。[14]

第五,相冲突的利益有所不同。无论是隐私权还是个人信息的相关权利,两者都不属于绝对权利,在特定条件下,基于公共利益或权利均衡的其他考量,可能会对该项权利进行限制。就传统隐私权而言,从私权的角度来看,比较常见的是前文提及的与言论自由之间的冲突[15],而这种冲突在公共媒体领域更为明显。[16] 相对地,个人信息相关权益引发的主要是与公权力以及财产性、商业性权利之间的冲突。例如,侦查机关为了有效打击犯罪,可能建立起包括犯罪嫌疑人或罪犯的姓名、身份、经历、生物等在内的个人信息数据库。又例如,以 400 开头的商业服务电话,通常会提示"为了提升服务质量,您的通话可能会被录音"。以上两例均与言论自由无关,然而仍然在一定程度上干预了个人信

---

[11] 2016 年 9 月 9 日新泽西上诉法院推翻了其中一名罪犯的定罪,并指令限缩指控并进行重新审判。See Patrick McGeehan, "Conviction Thrown Out for Ex-Rutgers Student in Tyler Clementi Case", at http://www. nytimes. com/2016/09/10/nyregion/conviction-thrown-out-for-rutgers-student-in-tyler-clementi-case. html? _r=0(last visited on Mar. 25th, 2018).

[12] 参见张新宝:《从隐私到个人信息》,载《中国法学》2015 年第 3 期。

[13] David E. Pozen, "The Mosaic Theory, National Security, and the Freedom of Information Act", 115 *The Yale Law Journal* 628 (2005).

[14] 以欧洲人权法院 2008 年的 K.U. v. Finland 案为例。本案中,加害人在一个约会网站上擅自发布了当时年仅 12 周岁的申诉人的照片、年龄、出生日期、电话号码等信息,并其描述为正在寻找年长男性伴侣。申诉人因此频繁收到骚扰。K.U. v. Finland, no. 2872/02, § 43, ECHR 2 December 2008。

[15] 参见姜峰:《言论的两种类型及其边界》,载《清华法学》2016 年第 1 期。

[16] 参见刘晗:《隐私权、言论自由与中国网民文化》,载《中外法学》2011 年第 4 期。

息相关权利。

第六,传统隐私权与个人信息相关权利在救济方式上存在差异。针对传统隐私权的救济主要基于侵权责任而构建,具有以下几个特征:一是基于损害结果而产生,无论这种损害是物质上的还是精神上的;二是事后救济为主要途径;三是是否救济以及如何救济具有个案性。

然而就侵犯个人信息相关权利的行为而言,从以上其与传统隐私权的区别可以看出,事后的、个案性质且基于损害后果的救济已然不足。首先,权利主体可能完全没有意识到侵权行为或侵权后果的发生,这正是瓦克斯(Wacks)所说的"隐私困境"(privacy dilemma)。[17] 其次,由公共机关或大型网络服务提供商进行的大规模个人数据采集所形成对个人信息相关权利的干预,权利主体相对分散且数量庞大,并且干预者与权利主体之间力量对比悬殊。以 2016 年的"百度云事件"为例,用户在发现自己存储的文件被清空且空间被塞满淫秽类文件时,难以有效地向百度主张权利并获取救济。[18] 最后,基于风险而非实际损害结果构建的个人信息相关权利,需要将救济模式由事后转移到干预行为的各个阶段,从而形成一整套以个人信息为中心的治理架构。在这一架构中,单纯的民事侵权责任仅属于其中的一小部分。

三、网络环境的特性

在网络语境下,传统的隐私权在保护个人信息甚至个人生活不受外界不当干预方面面临诸多困境。这些困境需要对原有权利体系进行调整,但有效的调整必须建立在精准把握网络环境的基本脉络的基础上,从而实现对症下药。基于此,有两个问题需要解决:其一是从个人信息保护和私人空间完整性的角度出发,网络环境具有哪些区别于传统物理环境的特征;其二是基于这些特征,需要构建怎样的个人信息权利。本部分首先从网络环境的特性进行分析。

（一）风险化的网络环境

网络环境下的个人信息保护与风险社会这一大背景相契合。风险社会具有以下几个特征:第一,相对于回溯性的视角,风险社会体现出的是未来导向的前瞻思维模式。[19] 第二,基于思维模式的转换,风险社会的着眼点由现实性转

---

[17] Raymond Wacks, *Privacy: A Very Short Introduction*, Oxford University Press, 2010, pp. 35-37.

[18] 参见邓海建:《百度云事件:网络安全岂能云里雾里?》,载《检察日报》2016 年 8 月 10 日。

[19] 安东尼·吉登斯(Anthony Giddens)将风险社会描述为以未来和安全作为关注重心并在此基础上建立起"风险"概念的社会。See Anthony Giddens and Christopher Pierson, *Conversations with Anthony Giddens: Making Sense of Modernity*, Blackwell Publishers Ltd., 1998, p. 209.

换为可能性,而在社会治理模式上亦引发由救济向防控的转化。第三,风险社会中的风险区别于自然灾害等"外在风险"(external risks),其是由社会及社会活动现代化过程引发的"人造风险"(manufactured risks)。[20] 正是基于这一特征,马尔里希·贝克(Ulrich Beck)在论述风险社会时,一方面强调了其与技术理性化进程(technological ationalilation)的密切联系,另一方面强调了社会不同群体、机构、层级之间的信任关系在应对此类风险时的关键作用。[21] 第四,对于"风险"一词的选用同时体现出这一社会现象的相对客观和常规性。基于此,以技术理性为指导,这些社会风险亦有可能被科学地分析、监控、评估、测量,并在此基础上导出相对合理有效的应对策略。[22] 后现代语境下发展出来的犯罪控制论正是从这个角度去审视犯罪现象,试图从社会学的角度寻找犯罪诱因并加以规制。[23]

在该语境下,网络环境呈现出强烈的"风险化"的特征。在网络环境中进行的日程活动和产生或处理的个人信息虽然大多看似离散、无规律和无足轻重,但信息主体的保护意识淡薄、信息高度分散且易于获取、信息搜集处理者与信息主体力量失衡等网络环境的特征使得网络上的日常活动亦有可能引发潜在的、不可预知的损害。这些风险并非单纯来自对包括法律、政策、道德等在内的社会规范的直接违反,更多的是网络环境剥离了物理属性而直接且赤裸裸地反映思维活动这一特性所致,这也是我们即将探讨的网络环境的第二个特征。

(二)作为纯思维载体的网络环境

早在 20 世纪 60 年代,约瑟夫·利克莱德(J. C. R. Licklider)就曾预言未来的某一天人脑与机器将高度结合。[24] 国际电子前沿基金会(Electronic Frontier Foundation,EFF)的创始人之一约翰·佩里·里洛(John Perry Barlow)在 1996 年发布《网络空间独立宣言》,强调人们在网络上或计算机中进行的不单单是行为,而是人的思维本身。[25] 在网络环境中,人们依靠搜索引擎来提出和解答疑问,通过云端来存储记忆,通过社交网站来交流和通信。无论是"百度一下,你就知道",还是苹果的"think different",或是谷歌的"browse the web as fast as you think",这些标语都在暗示人类思维与网络相融合的

---

[20] See Anthony Giddens, "Risk and Responsibility", 62 *Modern Law Review* 1 (1999).

[21] See Ulrich Beck, *Risk Society*, *Towards a New Modernity*, Sage Publications, 1992, p. 260.

[22] See Anthony Giddens, *Consequences of Modernity*, Polity Press, 1990.

[23] See Gordon Hughes, *Understanding Crime Prevention*: *Social Control*, *Risk and Late Modernity*, Open University Press, 1998.

[24] J. C. R. Licklider, "Man-Computer Symbiosis", HFE-1 *IRE Transactions on Human Factors in Economic* 4 (1960).

[25] See John Perry Barlow, "A Declaration of Independence of Cyberspace", at https://www. eff. org/cyberspace-independence(last visited on Mar. 23th, 2018).

态势。

　　之所以要强调这样一种态势,是因为它意味着当其他主体接触数据主体在网络中遗留的痕迹时,看到的直接是思维的轨迹。以林森浩投毒案为例,侦查人员通过查询犯罪人的网页浏览记录,发现其在作案前查询了二甲基亚硝胺的相关信息,这些记录本身即反映出犯罪人在作案之前进行的准备和意图。[26]与之异曲同工的是,约翰·巴特勒(John Battelle)在研究谷歌时将其描述为"意图的数据库"(database of intentions)。[27] 通过搜集这些信息便可大致勾勒出一个人的思想内容。相对于物理世界中对于私密信息的公开,网络环境中真正让人不寒而栗的恰恰是这种与公开与否无涉的思想窥探。

（三）公私边界渐淡的网络环境

　　网络环境的第三个重要特征是公领域与私领域的边界进一步模糊化,以至于传统划定边界的标准失灵。这主要表现在两个方面:第一是以物理空间作为公私领域划分标准失灵。在传统隐私权的意义上,我们可以较为容易地将个人的生活空间例如住所标注为私人空间,进而将在该空间内产生的信息归于隐私权保护的范畴。相对而言,在公共场合隐私的概念就会被弱化。互联网颠覆了以空间为标准的公私划分。第二是以是否将信息对外披露或发布作为公私划分标准失灵。美国隐私权相关判例中的"第三方条款"(Third-Party Doctrine)在互联网语境下的内涵变化集中体现了这一失灵的状况。该规定由美国最高法院在 Smith v. Maryland[28] 和 United States v. Miller[29] 案中确认,核心含义在于明确当权利主体主动向第三方提供信息时,该主体不得继续对该信息主张隐私权保护。

　　在网络语境中,这一规定受到越来越多的冲击,其中一个主要问题在于,向网络服务提供者提供特定个人信息是用户获取相关服务的前提。以电子邮件为例,要想通过电子邮件进行沟通,这些邮件及其内容必须通过服务商的服务器进行传递。区别于传统的邮政系统,服务器之间显示和传递的不仅仅是"发件人""收件人"等附属信息,同时还包括信件内容,从这个角度讲,电子邮件更类似于明信片。这种情况是否能够被视为权利主体自知自觉地将通信内容提

---

〔26〕　参见(2013)沪二中刑初字第 110 号判决书。

〔27〕　John Battelle, *The Search*, Boston: Nicholas Brealey Publishing, 2006, pp. 1-18.

〔28〕　*Smith v. Maryland*, 442 U. S. 735 (1979)

〔29〕　*United States v. Miller*, 425 U. S. 435 (1976)

供给服务商而已经弃权,正是 *United States v. Warshak* 案[30]的争议焦点。通过本案,法院认定当事人对其电子邮件享有合理的隐私期待,即便该邮件由第三方服务器存储。

(四)权力重组和溢出的网络环境

网络环境的第四个重要特征在于,在这个环境中,规则的制定和执行呈现出一种去中心化的发展趋势[31],一方面以规则制定权和执行权为核心的权力开始由国家向社会组织分散,另一方面自上而下的国家管理体系和自下而上的行业自治体系开始融合,形成扁平化的网状治理模式。

这一特征的最突出表现是大型网络服务提供者的崛起,以及由此带来的商业行为公共化的态势。以浙江省高级人民法院 2015 年推出的与阿里巴巴合作,通过淘宝地址送达法律文书的实践为例[32],淘宝网自 2003 年成立以来,经过十余年的发展,集合了体量惊人的用户个人信息,其中就包括用户住址。这些信息的搜集始于单纯的商业行为,例如商品的浏览、咨询、交易、物流、售后等,但在集合之后则形成了公权行使的辅助手段。2015 年年末以来最高人民法院通过与芝麻信用开展合作,进而通过淘宝、天猫、神州租车、趣分期、去啊旅游、我爱我家等网络应用平台在日常生活的各个方面限制失信被执行人的做法[33],同样反映出当前国家社会治理权力溢出的趋势。

大型网络服务提供者积累的用户信息以及在此基础上进行的大数据处理,本身即具有公共资源的属性,而掌握公共资源并能够加以利用,本身又构成权力的实质来源。在此基础上,基于商业行为形成的用户大数据同时兼具了经济属性和权力属性,这种属性的交叉则成为一系列行为规范冲突的根源。就经济属性而言,用户大数据的商业属性可以用于本机构分析、改善商业模式及用户体验,亦有机会作为商品进入市场交易领域;就权力属性而言,用户大数据亦可转化为社会管理、行政执法等公权行为的资源而被强制征用或使用,而这又涉及"法无规定即禁止"的基本行政原则。

2016 年苹果公司与美国联邦调查局就是否可以因反恐之考虑而开放软件

---

[30] *United States v. Warshak* , 631 F. 3d 266 (6th Cir. 2010)。本案中,Berkeley Premium Nutraceuticals 公司涉嫌欺诈客户,相关部门在未获取令状的情况下,要求网络服务提供商 NuVox Communications 披露该公司控制人 Steven Warshak 的电子邮件内容,法院依据这些邮件判定 Warshak 有罪。Warshak 提出上诉,认为政府的取证行为违反了《宪法第四修正案》对个人隐私的保护。

[31] See Eric Brousseau *et al* (eds.), *Governance, Regulations and Powers on the Internet* , Cambridge University Press 2012, pp. 1-4.

[32] 参见刘珈彤:《我国"送达难"问题的成因与对策》,载《公民与法》2016 年第 5 期。

[33] 相关报道参见《最高法联手芝麻信用网络惩戒失信见成效》,http://www. court. gov. cn/zixun-xiangqing-16351. html,最后访问日期 2016 年 10 月 2 日。

后门的争议[34]，是这两种属性相冲突的一个典型案例，该案件亦体现出权力化的商业组织对传统社会管理机构——政府的对抗，其背后恰恰反映出了网络时代社会权力分化充足的现实状况。这一冲突最终通过第三方破解得以平息，但在整个过程中我们看到的是商业巨头与权力公器的争夺，看到的是强大的技术力量，唯独缺少了与这些信息最为相关的公民个体维护自身权利的有效抗争。这种关键利益主体失语的现象同样出现在了前文提到的"百度云"事件中，基于私法框架而设立并依此救济的隐私权，在权力相争之中的弱势地位被暴露无遗。

（五）信息经济化与经济信息化的网络环境

从苹果与美国联邦调查局之争引申出去，我们可以总结出网络环境的第五个特征，即信息的经济化和经济的信息化。信息论的奠基人香农将信息定义为"用以消除随机不确定性的事物"[35]，这一定义随后成为"信息"概念的经典表述。这里对于不确定性的消除不仅服务于社会活动对于可预期性的期待，亦可服务于满足好奇心这一人类共有的特征。正由于信息具备消除不确定性这样一种特性，而以不确定性为基本特征的风险则是社会治理的重点，这就使得信息本身成为风险控制所必不可缺的资源，进而具备了经济价值。

网络环境作为纯粹的思维载体，其中进行的任何活动都是以信息为客体，由此网络语境下经济价值的创造、挖掘和提升直接围绕信息展开，而信息本身亦与经济价值形成了直接对接。作为传统人格权的肖像权、姓名权等已经呈现出经济化的特征，而传统意义上的知识产权重在保护智力成果，更是信息经济价值的直接回应。所不同的是，网络环境下的信息与经济价值相结合是全方位的，经济化的信息不再限于经过智力加工后所形成的成果，亦不必再直接与某个特定权利主体形成一一对应的关系。正因如此，在现实生活中出现了大量大型网络用户信息泄露、用户信息非法买卖的现象，我国 2016 年接连发生大学生遭遇电信诈骗死亡的事件[36]，精准诈骗的背后即是对传统权利体系的真空之地——既非产权又非人格权保护对象但又具有经济价值的个人信息的肆意获取和滥用。

---

〔34〕　See David W. Opderbeck & Justin Hurwitz, "Apple v. FBI: Brief in Support of Neither Party in San Bernardino iphone Case", at http://papers. ssrn. com/sol3/papers. cfm? abstract_id =2746100(last visited on Mar. 25th, 2018).

〔35〕　C. E. Shannon & W. Weaver, *The Mathematical Theory of Communication*, University of Illinois Press, 1949.

〔36〕　参见《追问电信诈骗：为何如此精准？个人信息有多廉价？》，http://www. chinanews. com/sh/2016/08-27/7985845. shtml，最后访问日期 2018 年 3 月 22 日。

四、网络环境对个人信息权利设置和保护提出的新要求

网络环境以及这个时代的根本性特征对个人信息的保护和有效利用提出了挑战,在这样的时代背景下,传统的权利话语显得苍白无力。如果不能进行权利的有效重构,个人权利保障失语的现象将继续下去,并且有愈演愈烈之势。本部分分两个步骤分析网络环境对个人信息权利设置和保护提出的新要求:首先基于网络环境之属性,分析我们需要什么样的个人权利;其次分析新型权利与传统权利框架的兼容性问题。

（一）网络时代需要什么样的个人信息权利

基于网络环境的风险化、思维化、公私界限模糊、权力溢出、信息经济化等属性,从保护个人信息及由此产生的信息主体所享有的相关利益的角度出发,与之对应的个人权利应当具有以下几个特征:

第一,这种权利需要适应风险化这一属性。其一,对于个人信息的保护在时间轴上的覆盖范围需要向前延伸;其二,信息披露或公开仅构成干预个人信息的众多行为中的一种,信息公开并非核心干预形式,信息收集、存储、处理等行为需要单独认定,不再被视为公开行为的前置或后置行为;其三,围绕个人信息相关权利所实施的救济不再或者至少不再主要以损害结果的实际发生作为要件;权利救济的关注点由结果转向行为。

第二,这种权利需要适应网络环境公私界限模糊这一属性。其一,物理界限在划定权利边界中的作用需要弱化,侵犯传统意义上的私人领域可以构成个人信息相关权利受到干扰的证据之一,但后者并不以前者为构成要件。其二,"公开"与否的判断标准需要脱离或者至少弱化权利主体的主观认识或意愿。其三,新型权利对应的不仅仅是私法意义上的义务,还对应公法意义上的职责;就后者而言,既包括在消极意义上的公权谦抑,又包括积极意义上的保护职能。

第三,这种权利需要适应网络思维化的属性。思维活动的特征在于碎片化、即时性和易扩散性,由此衍生出个人信息相关权利所应具备的三个特性。其一,该权利所针对的客体不仅要像传统的知识产权和带有财产属性的人格权那样保护单一且完整的信息,更要关注对于信息碎片的搜集、重组和使用。其二,网络环境中思维的高速扩散意味着在衡量侵犯个人信息行为的严重程度时,不应当以量作为评价的唯一或核心标准,相应的责任设置应当转换到以风险为核心的思路上来。其三,这种权利不单以守护个人隐私作为目标,更以维护个人思想之自由为目的。蒂英西·麦克勒姆(Timothy Macklem)认为:"人与人之间的差异来自隔离(isolation),它使得人们得以进行创造性活动并得出不同的结论,进而形成不同的生活方式,尊重多元化和自由的社会由此产生。"[37]作为思维与其载体高度融合的网络环境,一方面,使思想易在其成熟之前就被公之于众,这种来自外界的过早的审视极易使信息主体龃龉不前,进而可能阻碍信息主体人格的自由发展;[38]另一方面,思想的碎片或者其发展过程中的某一版本容易因断章取义而被误读,由此引发的否定态度更易使自由之言论则归于沉默。从这个角度来看,个人信息相关权利已经远远超出了隐私权所能涵盖的范围。

第四,这种权利的设置需要适应权力重组和溢出的属性。这意味着在权利保护和救济方式上要做出以下两个方面的调整:其一,传统的基于隐私权对个人信息的保护主要针对的是私法领域的侵害行为,而当网络环境下权力溢出公领域而向私领域渗入时,再单纯地以私法构建权利和权利救济框架就会显得力不从心。在这一语境下,以宪法为主导,在国家根本大法的层面明确个人信息相关权利,是以权力制衡为核心统筹公私融合的必行之路。其二,公共权力的扩散意味着在保护个人信息时难以延续传统做法,以行为主体之"公"或"私"来判断行为的性质,需要从信息或信息集合本身与公共利益或社会公共职能之间的联系入手,来分析干预相关权利的行为的公私属性,从而相对应地启动救济程序。

第五,这种权利需要适应信息经济化的属性。信息产权或信息财产权的概念在学界的提出已经体现出这一特征,但彼时中国尚处于互联网发展初期,概念折射在规则上的突破不大。[39] 从网络的各个特性来看,个人信息相关权利的设置需要更进一步贴合信息经济化的趋势。首先,对个人信息相关权利的人身权与财产权的二分仍然体现出较重的私法色彩,而新型权利的设置可以考虑从资源的角度看待个人信息及其集合,淡化公私界分而强化对信息实质价值的确认。其次,传统人格权与其客体需要经历一个分离的过程,例如肖像与肖像权、姓名与姓名权、隐私与隐私权,其中与个人相关之信息并入个人信息权利的范畴,并适用相应的规范体系。换言之,隐私权可以是一项单纯的人格权,但隐私并不必然落入隐私权的保护范畴。长久以来存在的对于隐私能否交易,能否具有商品属性的讨论[40],本身也反映出信息资源化的特征。此外,经济化反映一种权利由初始状态向新状态演变的趋势,但就该项权利的本质而言,仍然需

[37]　Timothy Macklem, *Independence of Mind*, Oxford University Press, 2008, p.56.

[38]　谢远扬:《信息论视角下个人信息的价值》,同前注[10]。

[39]　参见郭瑜:《个人数据保护法研究》,北京大学出版社 2012 年版;蒋继生:《试论数据库的信息产权》,载《图书情报知识》2007 年第 4 期。

[40]　See L. H. Scholz, "Privacy as Quasi-Property", 101 *Iowa Law Review* 1113 (2016); Lawrence Lessig, "Privacy as Property", 69 *Social Research*, 247(2002);刘德良:《个人信息的财产权保护》,载《法学研究》2007 年第 3 期。

要围绕个人加以定义和明确,如此才能更好地发展出新型权利的权能。

（二）个人信息权与传统权利框架的兼容性

通过将网络环境的特有属性与个人信息相关权利进行映射,可以看出,对原有权利体系的调整不可避免。但是这一调整是在原有框架内进行,特别是以对私法人格权项下的、以侵权救济为核心的隐私权的改造,还是需要另起炉灶,有必要展开进一步的分析。

放眼世界范围内的学术研究,已经有学者从第一种思路出发,试图通过改造传统隐私权来实现对个人信息的有效保护。例如尼尔·理查兹（Neil Richards）在隐私权的框架下发展出了"智力隐私"（intellectual privacy）的概念,一方面旨在保护尚未成型的思想和人格,使其免受数字时代来自四面八方的过早审视;另一方面则试图在此概念下解读数字时代隐私权与言论自由之间的矛盾异化。[41]

我国在《侵权责任法》中将"隐私权"独立表述,《民法总则》亦对个人信息保护有所呼应,将个人信息权上升至宪法性规则的呼声亦不绝于耳。[42]但这并不意味着我们也可以效仿外国,通过丰富隐私权的内涵来适应网络环境的要求。之所以作出这一论断,主要是基于以下几个层面的考量:

第一,从概念本身入手,"隐私"在汉语中具有特定的表意。[43]如前所述,"隐私"一词包含心理上的"隐"和性质上的"私"。中国社会自古以来强烈的集体主义传统造就了相对狭窄的私人领域[44],而在私人领域之内不愿为外人所知的事项又进一步限缩,以至于在我国立法早期"隐私"一词都和与性相关的"隐私"等同[45],姓名、家庭成员、收入、信仰、职业等个人信息甚少被纳入隐私的范畴。

反观"privacy"一词,脱胎于个人主义与自由主义之背景,相较于强调"不愿为外人所知"的私隐心态,更注重外界特别是公权力不得肆意介入的自由。[46]从这一概念延伸出去,隐私的概念呈现出强调个性化和内涵不断扩张的趋势,由早期的对于私人物理空间的划定逐渐扩展到对于信息的控制以及独处的权利,从需要隐匿的私事扩展到任何与个人相关或者能够识别出特定个人

---

〔41〕　Neil Richards, *Intellectual Privacy*, Oxford University Press, 2015, pp. 95-152.

〔42〕　参见郭明龙:《个人信息权利的侵权法保护》,中国法制出版社 2012 年版,第 44 页。

〔43〕　《现代汉语大辞典》将隐私定义为"不愿暴露的私事";《伦理学大辞典》认为隐私是指"私人生活中的不愿诉诸公众社会或为非所意愿的他人知悉、干预的情况和事态";《心理咨询大百科全书》中的隐私是指"不愿告人或不愿公开的个人事情"。

〔44〕　参见刘泽华、张荣明:《公私观念与中国社会》,中国人民大学出版社 2003 年版。

〔45〕　我国 1979 年《刑事诉讼法》第 111 条在规定不公开审理的情形时,其但书采用的即是"个人隐私"的表述。相关论述参见杨自元:《一字之见——建议"阴私"与"隐私"统一起来》,载《法学》1982 年第 6 期;许残翁:《隐私与阴私》,载《法学杂志》1986 年第 2 期。

〔46〕　Janice Richardson, *Law and the Philosophy of Privacy*, Routledge, 2016, pp. 10-32.

的信息。

从中西文化差异的起点出发,能够发现"隐私"一词在内涵、外延及扩张能力上的差异,进而影响中西法律制度在保护隐私过程中所采用的基本范式和保护力度。这解释了为什么隐私权在当前我国法律体系和司法实践中常被归入的人格权项下,并与其他与个人相关的权利包括肖像权、姓名权等权利并列出现。正如王利明教授所言,当前我国人格权的体系日趋完善,在此框架下构建起来的隐私权有其独特内涵,很难直接扩展到个人信息的其他类型上去。[47]

第二,从个人信息的经济化特征入手,个人信息同时兼有人格属性和财产属性。在网络语境下,已经难以断言这两种属性中何种是个人信息的本质或第一属性,因此难以将其归入现有民事权利体系的"人格权—财产权"的基本二分结构。这一特征与知识产权逐渐形成一项相对独立的权利体系有异曲同工之妙,学界通过拟化知识产权而构建起来的"信息产权",是在网络语境下突破这一二分结构的积极尝试。

这种经济化的特征在一些现实案例中尤为明显。以侵犯个人信息罪为例,通过查询中国裁判文书网并对侵犯个人信息罪的相关 490 份判决书进行总结[48],可以发现如下几个特征。首先,尽管侵犯公民个人信息罪隶属于《刑法》第四章"侵犯公民人身权利、民主权利罪",但侵犯个人信息的相关犯罪方式集中表现为批量搜集或买卖公民个人信息并营利。其次,这些犯罪行为均未对应任何特定的被害人,因此也并未涉及任何附带民事诉讼问题。最后,相关判决均未提及隐私权的保护问题。事实上,如果参看刑事领域关于强奸罪、强制猥亵罪等相关判例,则部分判决会提及"隐私权"一词。[49] 从这些判决书也可以看出,个人信息的相关权利和对这类权利的侵犯已经超越人格权的规范范畴,需要以更为综合的方式加以规制。

第三,从个人信息及其集合所具备的公私混合属性出发,将个人信息权纳入现有权利体系将面临挑战。综合考察我国当前涉及"个人信息"的相关法律规定,位阶最高的当属《刑法》,其第 253 条之一就侵犯公民个人信息罪进行了规定;《反恐怖主义法》第 76 条从保护证人的角度出发,对特定主体个人信息隐匿做出了规定;2014 年《关于审理利用信息网络侵害人身权益民事纠纷案件适用法律若干问题的规定》就网络用户或网络服务提供者侵犯个人信息时的侵权责任进行了规定。此外,《网络安全法》相关内容涵盖个人信息的搜集、使用、存

---

〔47〕　参见王利明:《论个人信息权的法律保护》,载《现代法学》2013 年第 4 期。

〔48〕　案例筛选条件设定为:(1)日期截止到 2016 年 9 月 18 日;(2)案件类型为刑事案件;(3)审级为初级人民法院;(4)案件名称含有"个人信息";(5)案由为"侵犯公民人身权利、民主权利";(6)文书类型为"判决书"。通过以上条件共筛选出 490 份判决书,本文此处研究结果来自对这 490 份判决书的分析。

〔49〕　参见(2015)鄞刑初字第 10 号判决书。

储、监督等多个事项,可以说这是一部对个人信息保护较为综合全面的高位阶法律。

除此之外,我国行政法规、规章、司法解释等也已经在多个领域展开了个人信息保护方面的探索。例如,2016年《消费者权益保护法实施条例(征求意见稿)》、2013年《电信和互联网用户个人信息保护规定》、2013年《关于依法惩处侵害公民个人信息犯罪活动的通知》、2012年《关于加强网络信息保护的决定》、2012年《信息安全技术、公共及商用服务信息系统个人信息保护指南》等文件。

通过分析以上文件,我们可以总结出当前法律规则的两个特点:首先,以上文件对于个人信息的定义基本上都以“识别特定自然人”作为定义标准,而与隐私之关系不甚紧密。明显呈现出这两个标准分离的文件是2012年《关于加强网络信息保护的决定》,其第1条明确将个人信息区分为“能够识别公民个人身份和涉及公民个人隐私”这两种类型。与之相类似的,《网络安全法》也将个人信息和隐私并列,而2014年《关于审理利用信息网络侵害人身权益民事纠纷案件适用法律若干问题的规定》第12条则采用了“个人隐私”和“其他个人信息”的表述。其次,尽管有关个人信息的学术研究集中在民商事领域,现有立法及制度规范集中在刑法、行政法等公法领域,并且零散地针对特定领域或行业的个人信息。前一个特点再次表明难以在原有隐私权框架下构建个人信息相关权利保护制度,后一个特点则意味着该项制度的构建难以单独在私法框架下进行。

第四,从公民权利与国家权力互动的角度来看,将个人信息权划入现有权利框架难以就平衡权利保障与权力制约形成统一的法理脉络。再以侵犯公民个人信息罪为例,该项犯罪究竟对应现有权利体系下哪项权利,或者说该项犯罪所意欲保护的法益究竟为何? 我们无法从其他法律文件中找出相应规定。

与之形成鲜明对比的是《刑法》第252条规定的侵犯通信自由罪,该条文明确表述“侵犯公民通信自由权利”,违法行为与所侵犯之法益之间有一个明确的对应。而论及“公民通信自由权利”,《宪法》第40条有十分明确的规定。该条文一方面确认公民通信自由为基本权利,即规定“中华人民共和国公民的通信自由和通信秘密受法律保护”;另一方面亦明确该权利为相对权利,可以在特定情形下因国家权力行使之必要而受到限制。与之相类似的还有非法剥夺公民宗教信仰自由罪、非法搜查罪、非法侵入住宅罪、强迫劳动罪等。

事实上,通过前文的分析我们可以看出个人信息保护的两个特征:一是该保护不再限于民法,而是民事、行政、刑事等多个部门法相互配合交织而成的体系;二是相对于来自私主体的干预,传统国家权力以及在网络语境下衍生出的新型权力是侵犯个人信息相关权利的最主要来源。现有权利框架存在着各个部门法分而治之、不相匹配的情形,以至于一方面相关保护措施师出无名,另一方面权力行使边界不清。

五、个人信息权之建立路径探索

基于以上分析,我们可以得出结论:对于围绕个人信息进行权利构建有必要突破现有的以人格权为核心、以侵权责任为首要救济途径的权利保护模式。本文提出以下几个方面的建设思路。

(一)个人信息概念建构

围绕个人信息进行权利体系的建设,需要首先明确两个概念:一是个人信息,二是个人信息权。这是后续进行制度建设的基石,同时也能明晰个人信息权与其他相关概念之间的边界。

就个人信息而言,应当延续相关立法中弱化隐私而强化个人可识别性的趋势,同时适应网络环境信息碎片化和分散化的特征,将其定义为任何能够单独或者在与其他信息结合后识别出特定个人身份的信息。这不限于社会管理意义方面的个人信息,还包括从生理、心理、经济、文化等方面对个人身份所做的定义。

从该定义出发,考虑到个人信息所涉范围甚广,依照单一标准进行一刀切的制度建设难免顾此失彼,因此有必要对个人信息划分不同类型。从当前国际立法例来看,一般采用两分法或三分法,前者如欧盟《一般数据保护条例》[50]将个人信息区分为与基本权利和自由相关的敏感信息和非敏感信息;后者如《网络犯罪公约》说明文件中对注册人信息(subscriber information)、交互信息(traffic data)和内容信息(content data)的区分。

我国当前法律规范涉及个人信息分类的主要有以下几项:2014年《关于审理利用信息网络侵害人身权益民事纠纷案件适用法律若干问题的规定》第12条规定了"个人隐私和其他个人信息",即将隐私视为特殊类型的个人信息;2013年《关于依法惩处侵害公民个人信息犯罪活动的通知》第2条将个人信息区分为"能够识别公民个人身份或涉及公民个人隐私的信息";2012年《信息安全技术、公共及商用服务信息系统个人信息保护指南》在第3条第2款中将个人信息划分为"个人敏感信息和个人一般信息"。

鉴于我国当前权利体系中隐私权已渐成一脉,而隐私权与个人信息权过去在概念上存在的模糊不清的状况,以及考虑到现有法律规范多已采用隐私这一概念,笔者认为宜以是否构成隐私为标准对个人信息进行二分。一者有助于延续和充实隐私权现有框架体系,从而避免制度重复建设;二者明确需要制度加

---

〔50〕　Regulation(EU)2016/679。

以补强之部分,有的放矢地进行规则建构。

(二)个人信息权概念建构

就个人信息权而言,其核心是一种个人信息自由权,集中体现为个人对于与其本人及其生活息息相关的信息的控制权,而其中的关键问题在于谁可以获取或分享个人信息,以及如何使用和处理个人信息。

对于个人信息权我们可以参照公民的通信自由权加以理解。在我国,通信自由权规定在《宪法》第 40 条:"中华人民共和国公民的通信自由和通信秘密受法律保护。"其中通信自由是指通信主体"向他人自由表达思想、意志和接收信息受法律保护的权利"[51],而通信秘密是指通信主体"在通讯中所表达、传递的思想和信息,非经法定程序不受任何组织或个人的非法检查、泄露、涂改、传播、旁受或窃听的权利"。[52]

参照公民通信自由的规定,所谓个人信息自由权,也可以从两个层面加以理解:一是个人信息自由,即信息主体对于如何处理、向谁处理自己的个人信息所享有的不受非法干预的权利;二是个人信息秘密,即个人信息免受非法检查、泄露、篡改、传播、窃听等的权利。换言之,在法律未有另外规定时,个人对于个人信息享有完整的控制。需要在这里加以说明的是,目前有研究主张提出"个人信息所有权"的概念[53],笔者认为这一概念的提出无助于明晰个人信息权的核心概念,亦无从体现网络时代权利客体与权利内容的特殊性。

个人信息权包含有以下几项核心内容。第一,个人有决定个人信息内容和形式的权利;第二,个人有决定个人信息交互对象、方式、时间、地点、程度等的权利;第三,对任何干预个人信息的行为,个人享有知情权;第四,对于任何不当干预个人信息的行为,个人有权获得保护和救济。国家有义务保障公民对个人信息享有的以上权利,并对侵犯个人信息自由和信息秘密的行为从民事、行政和刑事三个领域设定责任。

个人信息权并非一项绝对权利,该项权利的设置一者需要平衡个人信息保护与该类信息的社会功能,二者需要平衡个人信息与包括言论自由等在内的其他基本权利的关系。前者的核心在于充分认同个人信息及在此基础上建立起来的大数据所具有的经济价值和社会治理价值,后者则需要借助比例原则来协调权利与权利之间可能产生的冲突。

在平衡以上两对关系的过程中,不可避免地会对个人信息权构成干预。就干预的形式而言,任何非由权利主体实施的针对个人信息的处理行为均可构成干预,从这个意义上讲,单纯的存储行为同样是对个人信息权的干预,更毋庸提

---

〔51〕 刘素华:《论通信自由的宪法保护》,载《法学家》2005 年第 3 期。

〔52〕 同上注。

〔53〕 参见汤擎:《试论个人数据与相关的法律关系》,载《华东政法学院学报》2000 年第 5 期。

对个人信息进行搜集、处理、分析、流转、披露、销毁等行为。就干预行为的性质而言,它既可能是基于授权或同意而实施的合法行为,亦有可能构成侵权等违法违规行为,甚至可能构成犯罪。

从这两种价值平衡的需求出发,可以简要归纳出以下五类对个人信息权的合法干预情形:第一,出于维护国家安全、追查刑事案件、维护公共利益或基本人权的合理且必要的需要;第二,出于政府社会管理职能的合理且必要的需要;第三,出于商业经营目的的合理且必要的需要;第四,出于包括教学研究、媒体报道、社会公益等在内的社会组织正当活动的合理且必要的需要;第五,基于权利主体授权或同意的其他合理且必要的情形。

(三) 个人信息权对应的义务

从个人信息权的概念出发,我们可以进一步推衍出与之相对应的义务,这些义务的设立一方面是确保个人信息不受非法干预,另一方面是确保即使在正当干预的情形下,也应当尽量避免可能对个人信息权造成的不利影响。在这两方面,美国在 1973 年的《记录、计算机和公民权利报告》[54]中首次提出"公平信息原则"(fair information principles,FIPs),用于保护和规范个人信息的流转和利用。在过去数十年间,经济发展与合作组织(OECD)、欧洲理事会等机构逐渐丰富了公平信息原则的内涵,主要包括告知或知情原则、选择或同意原则、接触或参与原则、完整性与安全性原则、执行与救济原则。[55] 通过借鉴国际层面的较为成型的实践经验,我国建立个人信息权所对应的义务体系可以从以下几个层面出发。

首先是保障知情权的义务。任何针对个人信息的干预行为,除非法律另有规定,行为主体均负有保障权利主体对干预行为知情的义务。这一义务包含以下四层含义。其一,行为主体不仅应当告知干预行为,还应当以一般认为可以知晓和理解的方式告知。其二,行为主体不仅应当告知要对个人信息进行干预,还应当告知干预的目的或用途、方式、时间或期间、涉及的个人信息类型、可能产生的风险、相关权利义务、责任及救济等关键事项。其三,如果干预行为发生变更,特别是当行为目的和信息用途发生变化时,应当重新告知。其四,原则

---

〔54〕 *Records, Computers and the Rights of Citizens*, at https://aspe. hhs. gov/report/records-computers-and-rights-citizens(last visited on Mar. 25th, 2018).

〔55〕 "Basic Principles of National Application", *OECD Guidelines on the Protection of Privacy and Transborder Flows of Personal Data*, Part Two, at http://www. oecd. org/internet/ieconomy/oecdguidelinesontheprotectionofprivacyandtransborderflowsofpersonaldata. htm # part2 (last visited on Mar. 24th, 2018);"Principles relating to data quality", *Directive 95/46/EC of the European Parliament and of the Council of 24 October 1995 on the Protection of Individuals with Regard to the Processing of Personal Data and on the Free Movement of Such Data*, Section I, at http://eur-lex. europa. eu/LexUriServ/LexUriServ. do? uri = CELEX:31995L0046:EN:HTML (last visited on Mar. 24th, 2018)。

上干预行为主体应当设置常规渠道,便于权利主体获知个人信息处理的相关事项。

其次是保障个人信息安全与完整的义务。这一义务可以进一步分解为两个层面的要求,一个是个人信息安全性要求,另一个是个人信息完整性要求,两者密不可分。就安全性而言,要求干预行为主体采取合理的信息安全和保密制度、技术,避免信息遭受非法接触、获取、泄露、使用等。这其中既包括信息网络安全,亦包括信息载体安全;既包括对个人信息内容的保护,亦包括对信息主体接收服务的权利、知情权等权利的保护,例如采取相关技术避免拒绝访问的问题的出现。就完整性而言,则主要要求干预行为主体采用任何合理措施以确保矫正或删除不准确的、虚假的或错误的个人信息。

再次是干预行为程序正当义务。这主要包含以下三项核心原则:其一是干预行为透明原则,该原则与保障权利主体的知情权是一体两面,既包括干预行为告知义务,亦包括知情渠道构建义务。其二是干预行为合法原则,即能否干预、由谁干预、如何干预均应当符合法律规定,干预主体应当具备法律所规定的资质或条件,干预行为应当遵守相应的程序性要求。其三是干预行为合比例原则,即干预个人信息权的行为应当具有正当目的,该行为应当有助于实现该目的,应当采用对个人信息权干预程度较小的方式,并且应当在收益成本之间尽量达至平衡。

从比例原则出发,我们可以进一步得出以下四项具体要求:一是应当在事前明确干预行为决定和实施主体的身份信息,明确干预行为的方式和边界,以及干预行为的目的;二是应当针对不同类型的干预个人信息权的行为设定明确的期间;三是应当在干预行为的执行和审批之间通过程序设计形成权力制衡,其在干预主体是公权力或者所涉信息为隐私类信息时尤为关键;四是应当设立同意明示原则,特别是在干预行为主体与权利主体的力量对比失衡的情况下,避免采用默示许可、推定同意的方式,例如,网络服务平台试图在用户电脑里安装插件时,"是否安装"的提示应当以明显可见的方式出现,并且不应当将"同意"设定为预设选项。

最后是国家在保护公民个人信息权时应当履行的积极义务。第一,国家有义务制定和更新相应的法律、法规和政策规章,一方面确保个人信息权有明确的法律基础,另一方面通过明确法律责任和救济途径等方式,确保以上义务得到充分履行。在制定这些规范体系时应当做三组区分:一是隐私类信息和非隐私类信息的区分;二是营利性干预行为、社会治理性干预行为和社会公益性干预行为的区分;三是信息搜集、存储、处理、使用、流通行为的区分。第二,基于社会的普遍网络化与相关主体经济和技术能力不均之间的矛盾,这需要国家在必要时采取财政、税收等措施,推动与保障个人信息权的基础设施建设和技术推广,鼓励干预行为主体采用或研发有助于保障个人信息权的相关技术,鼓励相关行业组织制定具体的行为规范、资质规范等,并提供必要的培训。

（四）个人信息权的立法模式

从立法层级的角度来看,有必要将个人信息权上升至宪法性权利加以保障。这主要是出于以下几个方面的考虑:第一,从上文的分析可以看出,基于信息具有的资源属性和个人信息权利行使过程中明显的"公民权利—国家权力"互动关系,这使得一方面个人信息权的构建难以在现有民事权利框架内进行,另一方面对国家权力以及网络语境下的权力溢出个人信息权需要通过更高层级的法律规范加以规制。第二,从"信息革命"或者"网络革命"等表述可以看出,社会生活的在整体意义上的网络化,以及由此产生的现实社会与网络社会的融合是大势所趋。在这一背景下,个人信息权将不可避免地成为公民的一项基本权利,而单个部门法难以独自承担起全面规定和保障公民基本权利的重任。第三,对于个人信息权的保障需要多个部门法相互配合,这些法律在规则制定上需要加以统筹,避免出现概念不一、规则冲突的情况。

在法律层面,自 21 世纪以来我国一直有学者呼吁制定独立的个人信息保护法[56],2008 年第十一届全国人民代表大会常务委员会立法规划将个人信息保护列为有关方面继续开展研究论证、视情况做出相应安排的法律制度,但这一指示并未明确体现在后续的立法规划中。立法上的踌躇在一定程度上反映出个人信息权及相关法律制度建设的复杂性,特别是在如何协调民事、刑事、行政三个领域现有规则,并在此基础上填补空白和避免冗余方面,需要立法者慎重考虑。也正因如此,目前关于个人信息保护的著作有许多是从特定部门法角度出发。[57]

考虑到目前民事领域已经围绕隐私权在发展个人信息保护制度,而刑事领域又已针对侵害个人信息之行为规定了一些罪名,个人信息保护法则不可避免地主要从市场监管和社会治理角度进行考量,具有强烈的行政法性质。这也意味着即便制定该法,如无上位法进行协调统一,将仍然存在三个领域各行其是的现象,无助于转变当前个人信息保护法律制度碎片化的现状。

六、结论

网络时代隐私未死,只是对于隐私的传统界定和以事后救济为主的民事权

---

〔56〕 参见周汉华:《个人信息保护法(专家建议稿)及立法研究报告》,法律出版社 2006 年版;齐爱民:《中华人民共和国个人信息保护法示范法草案学者建议稿》,载《河北法学》2005 年第 6 期。

〔57〕 参见谢远扬:《个人信息的私法保护》,中国法制出版社 2016 年版;吴苌弘:《个人信息的刑法保护研究》,上海社会科学出版社 2014 年版;洪海林:《个人信息的民法保护研究》,中国法制出版社 2010 年版。

利保护模式已不足以对个人信息进行有效保障。对于个人信息的描述,应当由"敏感的"这一带有强烈主观色彩的词语转变为"个人的"这一相对客观的描述。这是因为互联网语境下个人对于与自己相关的信息的敏感程度有降低的趋势,但这并不意味着对于这些信息的搜集不会侵害到信息主体的合法权益,抑或者不会将其置于损害风险之中。隐私权依然可以在民事权利体系项下发展,但个人信息权在规则制定上必须跳出民事侵权的传统框架,从宪法的高度进行解释,从而建立起普遍适用于网络时代各个部门法的个人信息权保护体系。

通过分析网络环境的基本特征以及由此带来的传统权利体系对于个人信息保护方面的缺陷,我们要形成统一的个人信息权法律保护体系,需要以明确且统一的权利概念为基础,在各个部门法之间形成协调一致的权利话语,从而在同一概念框架下从不同角度保障公民的个人信息权。当前研究和立法之所以出现信息产权、个人信息财产权、个人信息人格权、个人信息自决权、隐私权等多个概念之间的混乱使用,进而导致不同法律之间的规则错配,正是因为未能结合网络与现代社会治理之大背景,对个人信息的本质以及由此形成的公民个人的基本权利进行一个体系化的认知。因此,无论将来是要单独制定个人信息保护法,还是延续各个部门法现有规则,从本部门之特质出发进行个人信息权利保护制度建设,首先都需要解决个人信息权的权利地位和权利属性问题。

(审稿编辑　洪国盛)

(校对编辑　王泓之)

编后小记

《北大法律评论》（2017）
第 18 卷·第 2 辑·页 377—378
Peking University Law Review
Vol. 18，No. 2，2017，pp. 377-378

　　呈现在各位读者面前的是《北大法律评论》第 18 卷第 2 辑。如同以往各卷，本辑设有"专题""论文"及"评论"等 3 个栏目，共收录 16 篇文章。在"专题"栏目中，本辑围绕肖尔教授《法律的强制力》讨论强制力在我们理解法律的规范性、法律的性质、法理论的性质等议题时发挥的作用。该专题收录的 7 篇文章，从不同的研究范式与理论背景出发，或补充、或质疑、或重构了肖尔教授这部富有启发意义的理论著作提出的观点与命题。在我国法理学史中，以往讨论法的强制力大多与法的阶级性相关，具有浓厚的政治色彩或意识形态意味。在此意义上，本辑"专题"栏目试图在思想史语境与哲学传统中"摆正"法律强制力的位置，是一次开风气之先的尝试。当然，这一尝试是否成功、是否还有其他可能性，则有待诸君的判断。

　　在"论文"栏目中本辑收录了 7 篇文章。其中布莱恩·Z. 塔玛纳哈教授《法律的必然和普遍真理?》与本辑"专题"栏目构成了一组互补的命题。在有关法律强制力的分析中，许多学者坚持认为法律存在本质（或性质），并且强制力构成法律的本质；因此，我们能够通过强制力来区分法律与不是法律的社会现象。塔玛纳哈教授则完全反对"法律具有本质"这一观点。他认为判定"什么是法律"的核心，不在于法律的本质而是人们日常生活中因袭的传统。这一观点最早可追溯至他于 2001 年出版的《一般法理学：以法律与社会的关系为视角》（*A General Jurisprudence of Law and Society*），同时又在其晚近力作《法律的概念：一种现实主义视角》（*A Realistic Theory of Law*）中得到发展。对此议题感兴趣的读者不妨比照参看，继续有关法律本质的思考。

　　在"评论"栏目中本辑收录了 2 篇文章。它们都具有鲜明的现实指向性，涉及公司的监管、个人信息权的保障等内容。与前两卷的不同在于,本辑中"评论"栏目并未收录书评。这是因为本辑"专题"栏目中的文章或多或少都可以看作是对肖尔教授著作的评论,因此从实质内容来说,书评在本辑中反而更为重要。突显书评的地位与作用,编者主要有以下两点考量。一方面,鼓励书评写作可以推动经典著作的阅读与讨论,倡导学者与学生关心重要而非时髦的学术问题,注重学术传统的传承和积累;另一方面,鼓励书评写作可以推动更为质朴务实的治学品格与学风,摆脱政策评论式写作、"问题—对策"式研究,注重写作与研究的论证逻辑与表达。

以上是有关本辑组稿目的与背景的简要说明,这些"初心"是否圆满实现则有待诸位读者的品读和赏鉴。在此,《北大法律评论》第18卷编委会的任务暂告段落,我们非常感谢在组稿与出版过程中帮助我们的老师、朋友与编辑,同时也非常感谢各位作者。囿于各种因素,集刊的出版周期比较漫长,在很多学校也并不列入教师或学生的成果考核。在此背景下依旧有许多老师、朋友无私地帮助《北大法律评论》,这无疑是项目制与数目字管理下抽象而冰冷的现实中坚定而不退却的暖意。我们会牢记这份暖意,行之于途而应于心。

赵英男

2018 年仲夏

引 征 体 例

援用本刊规范：

苏力：《作为社会控制的文学与法律——从元杂剧切入》，载《北大法律评论》第 7 卷第 1 辑，
北京大学出版社 2006 年版。

一 般 体 例

1. 引征应能体现所援用文献、资料等的信息特点，能（1）与其他文献、资料等相区别；(2) 能
   说明该文献、资料等的相关来源，方便读者查找。

2. 引征注释以页下脚注形式连续编排。

3. 正文中出现一百字以上的引文，不必加注引号，直接将引文部分左边缩排两格，并使用楷
   体字予以区分。一百字以下引文，加注引号，直接放在正文中。

4. 直接引征不使用引导词或加引导词，间接性的带有作者个人的概括理解的，支持性或背
   景性的引用，可使用"参见""例如""例见""又见""参照"等；对立性引征的引导词为"相
   反""不同的见解，参见""但见"等。

5. 作者（包括编者、译者、机构作者等）为三人以上时，可仅列出第一人，使用"等"予以省略。

6. 引征二手文献、资料，需注明该原始文献资料的作者、标题，在其后注明"转引自"该援引
   的文献、资料等。

7. 引征信札、访谈、演讲、电影、电视、广播、录音、未刊稿等文献、资料等，在其后注明资料形
   成时间、地点或出品时间、出品机构等能显示其独立存在的特征。

8. 不提倡引征作者自己的未刊稿，除非是即将出版或已经在一定范围内公开的。

9. 引征网页应出自大型学术网站或新闻网站，由站方管理员添加设置的网页，应附有详细
   的可以直接确认定位到具体征引内容所在网页的 URL 链接地址，并注明最后访问日期。
   不提倡从 BBS、BLOG 等普通用户可以任意删改的网页中引征。

10. 英文以外作品的引征，从该文种的学术引征惯例，但须清楚可循。

11. 其他未尽事宜，参见本刊近期已刊登文章的处理办法。

引用例证

一、脚注格式

（一）中文

1. 著作
   - 朱慈蕴：《公司法人格否认法理研究》，法律出版社 1998 年版，第 32 页。

2. 译作
   - 孟德斯鸠：《论法的精神》（下册），张雁深译，商务印书馆 1963 年版，第 32 页。

3. 编辑（主编）作品
   - 朱景文主编：《对西方法律传统的挑战——美国批判法律研究运动》，中国检察出版社 1996 年版，第 32 页。

4. 杂志/报刊
   - 张维迎、柯荣住：《诉讼过程中的逆向选择及其解释——以契约纠纷的基层法院判决书为例的经验研究》，载《中国社会科学》2002 年第 2 期。
   - 刘晓林：《行政许可法带给我们什么》，《人民日报》（海外版）2003 年 9 月 6 日。

5. 著作中的文章
   - 宋格文：《天人之间：汉代的契约与国家》，李明德译，载高道蕴等主编：《美国学者论中国法律传统》，中国政法大学出版社 1994 年版，第 32 页。

6. 网上文献资料引征
   - 梁戈：《评美国高教独立性存在与发展的历史条件》，http://www.edu.cn/20020318/3022829.shtml，最后访问日期 2008 年 8 月 1 日。

7. 古籍
   - （清）汪辉祖：《学治臆说》，卷下，清同治十年慎间堂刻汪龙庄先生遗书本，第 4 页 b。
   - （清）薛允升：《读例存疑》（重刊本），黄静嘉编校，台湾成文出版社 1970 年版，第 858 页。

8. 档案文献
   - 《沈宗富诉状》，嘉庆二十二年十二月二十日，巴县档案 6-2-5505，四川省档案馆藏。
   - 《傅良佐致国务院电》，1917 年 9 月 15 日，北洋档案 1011-5961，中国第二历史档案馆藏。
   - 《党外人士座谈会记录》，1950 年 7 月，李劼人档案，中共四川省委统战部档案室藏。

（二）英文

（著作名、期刊名用斜体，其他不斜体）

1. 英文期刊文章 consecutively paginated journals
   - Frank K. Upham, "Who Will Find the Defendant if He Stays with His Sheep? Justice in Rural China", 114 *Yale Law Journal* 1675 (2005).

2. 文集中的文章 shorter works in collection
   - Lars Anell, "Foreword", in Daniel Gervais, *The TRIPS Agreement: Drafting History and Analysis*, Sweet & Maxwell, 1998, p.1.

3. 英文书 books
  - Richard A. Posner, *The Problems of Jurisprudence*, Harvard University Press，1990，pp. 456—457.

4. 英美案例 cases
  - *New York Times Co. v. Sullivan*, 76 U. S. 254 (1964). （正文中出现也要斜体）
  - *Kobe, Inc. v. Dempsey Pump Co.*, 198 F. 2d 416, 420 (10th Cir. 1952).

5. 未发表作品 unpublished manuscripts
  - Yu Li, *On the Wealth and Risk Effects of the Glass-Steagall Overhaul：Evidence from the Stock Market*, New York University，2001 (*unpublished manuscript, on file with author*).

6. 信件 letters
  - Letter from A to B of 12/23/2005, p. 2.

7. 采访 interviews
  - Telephone interview with A，(Oct 2，1992).

8. 网页 internet sources
  - Lu Xue, "Zhou Zhengqing Talks on the Forthcoming Revision of Securities Law" (XXXX, 5 July 2017), at http://www.fsi.com.cn/celeb300/visited303/303_0312/303_03123001.htm (last visited on Aug. 1，2018).

（三）德文
（著作名、期刊名用斜体，其他不斜体）

1. 教科书：作者、书名、版次、出版年份、章名、边码或页码
  - Jescheck/Weigend, *Lehrbuch des Strafrechts Allgemeiner Teil*, 5. Aufl. , 1996，§ 6, Rdn. 371/S. 651ff.【注意：ff. 之前没有空格】

2. 专著：作者、书名、版次、出版年份、页码
  - Roxin, *Täterschaft und Tatherrschaft*, 7. Aufl. , 2000, S. 431.

3. 评注：作者、评注名称、版次、出版年份、条名、边码
  - Crame/Heine, in：*Schönke/Schröder*, 27. Aufl. , 2006, § 13, Rdn. 601ff.

4. 论文：作者、论文题目、刊物名称、卷册号、出版年份、首页码、所引页码
  - Schaffstein, Soziale Adäquanz und Tatbestandslehre, *ZStW* 72 (1960), 369, 369.

5. 祝寿文集：作者、论文题目、文集名称、出版年份、页码
  - Roxin, Der Anfang des beendeten Versuchs, *FS-Maurach*, 1972, S. 213.【注意：文集名称保留简写方式。例如，*Festschrift für Küper zum 70 Geburtstag* 简写为 *FS-Küper*】

6. 一般文集：作者、论文题目、编者、文集名称，出版年份、页码
  - Hass, Kritik der Tatherrschaftslehre, in：Kaufmann/Renzikowski (Hrsg.), *Zurechnung als Operationalisierung von Verantwortung*, 2004，S. 197.

7. 判例：判例集名称或者发布判例机构名称、卷册号、首页码、所引页码
  - BGHSt 17, 359 (360)；BGH NJW 1991, 1543 (1544).

二、同前注标明规则

(一) 次第紧连文献

注释中重复引用文献、资料时,若为注释中次第紧连援用同一文献的情形,应根据文献语言类型,按以下方式分别标明:

1. 中文文献:"同上注,第 2 页";

2. 英文文献:"*Id.* ,p.2"。

3. 德文文献:"Kaser/Hackl, a. a. O. , S. 35."

(二) 非次第紧连文献

若为非次第紧连的文献,可将文献的版次、出处等简略,根据文献语言类型,按以下方式分别标明:

1. 中文文献:"同前注〔X〕,第 2 页";

2. 英文文献:"*supra* note〔X〕, p. 2";

3. 德文文献:"(Fn. X), Rdn. 2."

但是,应注明引用文献的名称和作者,以便于识别。如"苏力:《送法下乡》,同前注〔4〕,第 2 页;Posner, *The Problems of Jurisprudence*, *supra* note〔2〕, p. 2;Kindhäuser (Fn. 19), § 19, Rdn. 2."

(三) 文集文章

如果是文集中的另外一篇文章被引用,可使用同前注的形式。但是,必须同时标注出文章信息和书籍信息,如:Jerry Weinberg, "Ethics and Politics in the New Atlantis", in Bronwen Price (ed.), *Francis Bacon's New Atlantis:New Interdisciplinary Essays*, *supra* note〔18〕, p. 126.

(四) 连续引用前注同一文献时的处理办法

如果两个连续脚注都引用同一前注中的文献,无论第一个连引的脚注是否为次第紧连,第二个脚注均应使用"同上注"(同第一个连引的脚注)。具体格式如下:

1. 中文文献:"同上注,第 2 页";

2. 英文文献:"*Id.* ,p.2."

3. 德文文献:"a. a. O. , S. 35."